다문화 상담 면접 기법

-다문화 면담의 준비 과정에서 보고서 작성까지-

INTERVIEWING
CLIENTS ACROSS
CULTURES

A Practitioner's Guide

Lisa Aronson Fontes 저
강영신 역

학지사

역자 서문

> 자유로운 삶이란 단순히 사슬을 벗어 던지는 것이 아니라, 타인의 자유를 존중하고
> 더 북돋워 주면서 사는 것이다.
>
> – 넬슨 만델라

3년이라는 오랜 기간에 걸쳐 이 책의 번역을 완료하게 되어 기쁩니다. 하루 빨리 이 책이 담고 있는 유용한 내용을 독자들과 나누고 싶었으나, 현실은 차분히 번역에 집중할 수 있는 환경을 허락하지 않았습니다. 시간을 두고 이 책의 내용과 사례를 읽고, 다시 읽으면서 새삼 감탄스러운 것은 매우 구체적인 면담 상황의 핵심 기술과 내용에 관한 사례가 풍부하게 제시되어 있다는 점입니다. 이 책의 주요 주제인 문화적 역량(cultural competence)은 상담자의 전문적 역량이라고 할 수 있습니다. "모든 상담은 다문화 상담이다."라는 말은 각 개인이 성, 종교, 지역, 교육수준, 사회경제적 수준, 신체조건 등에 있어 모두 다양하다는 것을 고려할 때 정확한 표현이라고 할 수 있습니다. 때문에 다문화 상담을 한다는 것은 단지 인종, 민족, 국적 등이 다른 사람과의 면담이나 상담만을 의미하는 것이 아니라, 매우 다양한 조건, 상황, 관점 등을 이해하고 상담 및 면담 계획에 반영한다는 것을 의미합니다. 이것은 모든 상담 및 심리치료의 기본이 되기도 합니다.

역자는 이 책이 상담자뿐 아니라 교육자, 의사, 경찰, 사회복지사, 법조인, 군인, 보호관찰관 등 문화적 배경이 다른 다양한 사람을 만나는 모든 분야의 전문가에게 매우 유용할 것이라고 확신합니다. 저자인 Fontes 박사는 대표적인 다문화 사회인 미국

에서 오랫동안 쌓은 다문화 상담 및 면담에 관한 풍부한 경험과 전문적인 지식을 이 책에 담았습니다. 홍미로운 것은 한국 내담자에 관한 사례가 많이 제시되어 있다는 것입니다. 아쉽게도 우리나라에는 문화적 배경이 다른 사람을 어떻게 면담해야 하는 지, 그들의 문화적 배경을 어떻게 이해하고 실제적인 접근을 취해야 하는지에 대한 구체적인 안내서가 없다고 해도 과언이 아닙니다. 우리나라가 다문화 사회로 빠르게 변모하고 있다는 것에 동의하지 않는 사람은 거의 없을 것입니다. 비록 이 책에서 제 시한 사례나 권고사항이 현재 우리나라의 실정과 거리가 멀다고 느끼는 독자도 있을 것입니다. 하지만 이 책에서 소개한 다양한 분야의 전문가가 접하는 어려움과 그를 통해 얻은 경험과 지식을 미리 접하게 된다면, 앞으로 다문화 상담 및 면담과 관련하 여 장애물이 될 사항을 미리 대비함으로써 예방할 수 있을 것입니다. 더불어 효과적 인 사항을 미리 도입한다면 이 책이 줄 수 있는 유용한 정보를 최대로 활용하는 것이 라고 생각합니다.

이 책의 원제목은 'Interviewing Clients across Cultures'입니다. 이 책은 단순히 상 담자뿐 아니라 다양한 곳에서 문화적 배경이 다른 사람을 만나는 모든 전문직 종사 자를 위해 쓰였기 때문에 'interview'라는 단어를 썼으나, 저는 '면담' '상담 장면' 등 맥락에 보다 적합한 용어로 바꾸어 번역하였습니다. 동일하게 몇몇 원어들(예를 들면, bias는 심리적 현상을 설명하는 이론 용어로는 '편향'이라고 번역하였고, 일반 사람들 이 갖고 있는 왜곡된 견해나 관점을 가리킬 때에는 '편견'이라고 번역하였음)이 원래 의미 에서 벗어나지 않는 범위에서 다양한 용례를 고려하여 번역하였습니다. 다양한 문화 적 요인을 책에서 제시하다 보니, 우리에게는 생소한 문화적 용어들(예를 들면, 콴자 기념일 등)은 역자 주를 사용하여 독자들의 이해를 도왔습니다. 다양한 의미로 해석 될 수 있거나 독자가 이해하는 데 원어가 더 도움이 될 것 같은 용어들은 혼선을 줄이 기 위해 원어를 덧붙여 썼습니다. 독자들이 읽을 때 어떻게 하면 편하게 읽을 수 있을 까 많은 고민을 하였습니다. 그러한 점에서 역자의 부족한 부분이 있다면 언제든지 피드백을 주시면 감사하겠습니다. 앞으로 더욱 노력하여 반영하도록 하겠습니다.

마지막으로, 이 책을 번역하는 과정에서 도움을 준 모든 분께 깊은 감사를 표하고 싶습니다. 먼저 책을 초역하는 과정에서부터 마무리까지 모든 여정에서 역자의 허술한 측면을 보완해 준 심윤지 선생에게 감사의 마음을 전합니다. 앞으로 훌륭한 심리학자가 되리라 믿습니다. 또한 번역 원고를 읽고 교사의 입장에서 그리고 의료인의 입장에서 세심한 피드백을 제공해 준 강요순 님과 심재홍 님께 또한 감사를 표하고 싶습니다. 무엇보다 다문화 면담에 관한 책을 흔쾌히 출판해 주신 학지사 김진환 사장님과 출판 과정 내내 꼼꼼한 일처리로 역자를 감동시킨 민구 선생님을 포함한 편집부 여러 선생님께 깊은 감사를 드립니다.

2016년 9월
역자 강영신

저자 서문

오랫동안 방해받지 않고 혼자 차분히 앉아서 작업할 때 글이 가장 잘 써지긴 하지만, 이런 호사가 흔하게 찾아오는 것은 아니다. 동료, 학생, 친구, 가족, 특히 나의 자녀들 때문에 글 작업에 몰두하기는 힘들었지만, 바쁘게 보내는 날들이 축복이라 느끼고 있다. 지리적인 거리와는 상관없이 많은 사람의 도움과 지원으로 이 책을 완성하였다. 매일 해도 싫증나지 않는 일을 가진 것과, 여러 아이디어를 숙고할 수 있는 시간을 갖는 것, 다른 사람과 아이디어들을 나눌 기회를 갖는 것, 내 지식의 짧음을 느끼게 하여 나를 겸손하게 만드는 탁월함과 솔직함을 가진 동료들을 둔 것 등에 대한 고마움은 말로 표현할 수가 없다. 오랜 세월 나에게 영향을 끼친 사람들이 많았지만, 특별히 이 책을 완성하는 데 도움을 준 몇몇 사람들에게 감사의 뜻을 전하고자 한다.

이 글의 초고를 읽고 코멘트를 해 주거나, 관련 있는 사례를 들려주거나, 자신이 쓴 글이나 아이디어들을 나누어 준 친구들과 동료들에게 고마움을 전한다. Karen Anderson, Jan Cambridge, Christi Collins, Kathy Conlon, Ilia Cornier, Niki Delson, Kathleen Faller, Bert Fernández, Elizabeth Fernández-O'Brien, Carlos Fontes, María Gallagher, Kim Gerould, Roberto Irizarry, Irv Levinson, José Lopez, Mohamud Mohamed, Bill Moore, Carol Plummer, Gretchen Rossman, Richard Seelig, Rita Sommers-Flannagan, Lisa Suzukí, Anne Velázquez, Michael Williamson 등은 나에게 사려 깊고, 솔직하고, 통찰을 주는 코멘트를 주었다. 또한 내 언니인 Magdalena Gomez에게도 진심 어린 감사를 표하고 싶다. 그리고 어서 빨리 언니의 소설도 마무리되기를 바란다!

나에게 '어려움을 이기고 제자리로 돌아오는 것'의 의미를 가르쳐 준 아프리카 친구들과 동료들에게 또한 감사한다. Mohamud Mohamed, Nasir Arush, Yasmin Ahmed, Sorie Koroma와 매사추세츠 주 스프링필드에 살고 있는 이들의 형제자매들에게 특히 고맙다. 우간다의 굴루 지역에 있는 Stella Ojera에게 따뜻한 인사를 전한다. 그녀는 전쟁으로 멍든 지역사회를 치료하기 위해 많은 일을 하고 있다. 이 책의 수입 중 일부는 그녀가 일하고 있는 Acholi Community Empowerment Network에 기부될 것이다.

내 동료인 Janine Roberts, Fred Piercy, Rachel Hare-Mustin에게 또한 감사한다. 그들의 가르침과 나에 대한 신뢰를 통해, 나는 생각과 말을 글로 옮길 수 있는 지속적인 힘을 얻을 수 있었다.

나는 유니온 대학의 박사 프로그램의 다른 동료 교수들에게도 감사의 절을 하고 싶다. Bill Lax, Richard Sears, BeeGee Lynch 등은 우리가 지닌 이상과 헌신이 꽃피울 수 있는 직장을 만듦으로써 내 꿈을 실현시켜 주었다. 내 동료이자 단짝인 Magui O'Neil-Arana에게도 특별히 고마움을 전하고 싶다. 그녀는 매일매일 친구로서 반짝이는 아이디어들을 나누어 주었을 뿐 아니라 정서적으로 지원해 주고, 모범을 보여 주었다. 또한 고마운 것은 그녀가 해 준 맛있는 Arroz con Gandules❶다!

Jane Keislar, Paul Gordon, Louise Farkas, Cassie Bosse와 길포드 출판사의 편집자인 Jim Nageotte에게 고마움을 표하고 싶다. 어쩜 그렇게 훌륭히 일을 하는지 경탄스러울 뿐이다.

파이브 대학의 여성학 연구 센터에 고마움을 전하고자 한다. 센터에서 한 학기 동안 연구하면서 다른 사람을 통해 배울 수 있는 기회를 가질 수 있었고, 여성주의 학자들의 지원 가운데서 나의 생각을 정리할 수 있었다. 또한 풀브라이트 재단에 감사를 표할 것은, 재단의 지원으로 나의 아들과 함께 부에노스아이레스에서 잠시 거주하면서 이민자로서 사는 삶은 어떠한가를 조금이나마 맛볼 수 있었다. 부에노스아이레스

❶ 푸에르토리코의 전통 음식으로 완두콩과 쌀을 기름에 볶은 후 전통 소스를 더해서 끓여 먹는다.

에서 만났던 유능한 동료들인 Ruth Teubal, Alicia Gandulia, Irene Intebi에게도 고마움을 전한다.

개인적으로, 40년 넘게 내 삶을 축복하여 주었고 자긍심을 잃지 않으면서 이민자로서의 어려움을 극복할 수 있도록 몸소 보여 준 Carlos, Carmina, Moisés, Alda Fontes에게도 감사함을 표하고 싶다. 또한 나의 어머니 Muriel Fox에게도 고마움을 전한다. 인생의 모든 걸음걸음 함께 해 주시고, 이 책의 초고를 수없이 읽어 봐 주셨다. 그런 어머니에게 날마다 조금씩 더 가까워지는 것 같다. 나의 형제 Eric Aronson은 정의에 대한 헌신을 지닌 사람으로서 나에게 많은 영감을 주었다.

Michael Williamson에게 따뜻한 포옹을 전한다. 그는 우리가 함께한 세월 동안 내 삶을 가능성으로 넘치게 하였고, 늘 행복하게 만들어 주었다. 함께할 미래가 더욱 기대된다.

가장 깊은 고마움은 내 아이들에게 보내고 싶다. 큰아이인 Ana Lua Aronson Fontes는 내가 아는 사람 중에 가장 재미있는 아이다. 그 아이의 넓은 마음과 영리함, 사회 정의에 대한 헌신, 그 아이가 발견한 다른 사람을 돕고, 이끌고, 가르치는 수많은 방식을 통해 나는 영감을 얻는다. Marlena Aronson Fontes는 솔직하며 대담함을 지녔고, 글재주가 뛰어나서 나를 항상 놀라게 한다. 언젠가 그 아이가 쓴 책을 직접 읽게 될 날을 기다려 본다! Gabriel Sol Aronson Fontes는 우리 집 즐거움의 원천이다. 새로운 나라와 언어 속에서 분투하고 있는 네 모습에 동기를 얻어 아이들에 대한 장을 추가하게 되었다. 파이팅, 내 아가!

이 책은 불평등이 없어지고, 정의가 사회의 기준이 되는 세상에서 살고자 하는 진정한 바람을 갖고 썼음을 밝혀 둔다.

차 례

03 ◆◆ 편향과 경계선의 문제   69

04 ◆◆ 적절한 분위기를 형성하기: 라포를 형성하고 존중심을 전달하기   93

05 •• 언어를 넘어서: 면담에서의 비언어적 의사소통   125

01
다문화 면담에 대한 지침

'지옥 같은 면담'을 해 본 적이 있는가? 면담자와 내담자가 서로를 이해하지 못하고, 서로에게 편안함을 느끼지도 못하고, 정보의 교환도 효율적이고 정확하게 이루어지지 못하는 인터뷰 말이다. 이런 건 누구에게나 일어날 수 있는 일이다. 심지어 면담을 하는 사람과 받는 사람이 성별, 연령대, 종교, 민족적 배경이 같아도 일어날 수 있다. 하지만 두 사람 사이에 문화적 차이가 있을 때는 더욱 흔하게 일어나는 일이다. 이 책은 면담에 방해가 되는 불편한 오해를 낳지 않기 위해 도움을 주고, 문화적 차이에서 비롯되는 장벽들을 어떻게 하면 극복할 수 있는지 가르치기 위해 집필되었다.

면담 장면에서 면담자는 적어도 가끔, 아니면 자주 '자신과 비슷하지 않은' 사람들을 인터뷰할 것이다. 내담자는 인종, 연령, 성별과 같이 눈에 보이듯 명확하게 면담자와 다른 사람일 수 있다. 아니면 종교, 민족성, 성적 기호, 건강 상태, 교육적 배경, 사회 계급처럼 가급적 바로 알아차릴 수 없는 부분들에서 면담자와 차이가 날 수 있다. 이러한 차이에도 불구하고, 만약 면담자가 잘 준비되고 동기부여되어 있다면,

인터뷰를 통해 충분히 다문화 면담의 목표를 성취할 수 있을 것이다.

　이 책은 다문화 면담의 내용(content)보다는 과정(process)에 대해 보다 많은 부분을 할애하고 있다. 내용은 면담의 목적, 즉 신체적 또는 정신적 건강, 사회적 복지, 교정, 교육, 법 등의 분야에 따라 다양해질 것이다. 면담자는 면담을 통해 무엇을 얻어야 할 것인가에 따라 각기 다른 요소들에 초점을 맞춘다.

　대부분의 면담은 중요한 결정들을 내리기 위해 실행된다. 예를 들면, 누가 유죄인가의 여부를 결정하는 것, 의료 및 심리치료 계획을 수립하는 것, 누구에게 양육권을 부여할 것인가 혹은 어떤 사회복지 사례를 종결시킬 것인가의 여부를 결정하는 것, 고용 혹은 입학을 허가할 것인가의 여부를 결정하는 것, 혹은 여러 유형의 복지 및 치료 서비스를 활용할 수 있도록 영향을 끼치는 것 등이다. 필요한 서비스의 유형이나 수준 혹은 피면접자의 자격 요건을 결정짓기 위해 많은 면담들이 마련되었기 때문에 면담은 평가의 목적을 띠고 있다. 기자와 연구자들은 데이터를 수집하여 특정 아이디어를 만들어 내기 위해 면담을 실시한다.

　면담의 목적은 종종 그저 정보를 모으는 것 이상이다. 비록 그것이 면담의 중요한 목적의 일부일지라도 말이다. 여기에 덧붙여, 면담자는 동시에 관계를 맺는다. 대개의 경우 면담자는 너무도 제한된 시간, 인력, 장소, 비용만으로도 효율적으로 과업을 수행하기 위해 노력한다. 종종 면담자는 실시한 면담을 바탕으로 신속하게 보고서를 쓰거나 의사 결정을 해야 한다. 때문에 이리저리 변죽을 두드리며 한가하게 있을 여유가 없다. 면담자는 특히 다문화 면담을 실시할 때 집중하고 준비를 잘 갖춰야 한다.

　다음 예시들에 대해 생각해 보자.

- 의사나 간호사가 어떻게 해야 아동의 고통을 덜어 줄 수 있을지 파악하기 위해 아동과 부모님을 면담한다.
- 실행 가능한 자녀 양육 계획을 짜기 위해 양육권 평가자가 이혼하는 부모와 다른 가족 구성원을 면담한다.
- 사회복지사가 다양한 유형의 서비스가 필요한 노숙자 가족을 면담한다.

- 상담자가 (자발적으로 또는 법원 명령으로) 상담하러 온 사람을 위해 접수 면접을 실시한다.
- 심리치료사가 자살 사고를 보이는 신규 내담자를 면담한다.
- 경찰이 범죄 용의자를 심문한다.
- 법정 조사관이 학대 피해 가능성이 있는 아동에게 질문을 한다.
- 학교 심리학자 혹은 학교 상담자가 교육적 평가의 일환으로 아동과 그 가족들에게 질문을 던진다.
- 변호사가 잠재적으로 변호를 맡을 수 있는지의 여부를 파악하기 위해 의뢰인을 면담한다.

이 모든 상황들에서, 면담을 통해 정확하고 유관한 정보를 얻어야만 하는데, 이를 위해서는 생산적인 면담 관계가 필수적이다. 이 과정에 지나치게 많은 시간이 소요되면 안 되며, 주어진 제한적 자원을 활용해야만 한다. 대개 첫 면담은 앞으로 상담 개입 가능성을 예측할 수 있는 기반을 제공한다.

면담은 정보를 얻고자 하는 면담자의 필요, 유익한 면담 관계를 형성할 필요, 그리고 정상과 거리가 먼 상황에서도 면담 관계를 형성할 필요, 이 세 가지 실재에 의해 진행된다. 종종 정치적인 요소가 개입되기도 한다. 예를 들면, 면담을 통해 다양한 이익 집단이 서로 상반된 결과를 얻고자 할 수 있다.

볼테르(Voltaire)는 사람을 답이 아니라 질문으로 판단하도록 촉구했다. 이는 우리가 던지는 질문의 내용과 방식이 우리가 누구인지를 드러내는 피할 수 없는 사실을 나타낸다. 질문을 던질 때 우리는 가상의 거울을 마주 대할 필요가 있다. 숙련된 전문가적인 태도뿐만 아니라 존중과 돌봄의 태도가 우리에게서 드러나는가? 오직 그럴 때만 사람들은 우리의 질문에 솔직하게 답할 것이며 우리가 필요로 하는 정보를 제공해 줄 것이다.

면담자가 인터뷰하는 사람들은 여러모로 면담자와 다를 수 있다. 이러한 차이는 너무나 커서 면담자는 전략, 태도, 접근법, 어조, 언어, 면담실 좌석 배치, 몸짓 등을 조절하여 인터뷰를 잘 끝마칠 수 있도록 철저한 계획을 세울 필요가 있다.

'인터뷰'라는 단어 자체는 사이 혹은 가운데라는 뜻의 'inter'라는 전치어와 보다, 살피다, 검토하다의 뜻을 지닌 'view'를 합친 것이다. 다시 말하면, 인터뷰란 다양한 방식의 보기가 섞여 있는 것을 의미한다. 다문화 맥락에서 이 말은 더욱 선명하게 와닿을 것이다. 면담자는 특정한 문화적 배경을 지닌 내담자를 이해하는 것 혹은 이해하지 못하는 것이 어떻게 인터뷰 과정에 영향을 끼치는지 스스로에게 질문을 던져야만 한다.

 ## 다문화적 이해의 틀

면담자 중 대다수는 보편적 접근(universalist approach)을 통해 인터뷰를 진행하도록 훈련받았다. 즉, 면담자는 특정한 문화적 배경과 관계없이 동일한 방식으로 인터뷰를 하라고 배웠다. 이런 접근은 사람들 간의 유사성을 강조하고, 차이는 무시한다. 언뜻 보기에는 면담자가 모든 사람들을 동일한 방식으로 면담하는 것이 더 공평한 것처럼 보일 수 있다. 불행하지만 결과적으로 이런 접근은 주로 소수 문화 집단의 내담자들을 기만하는 것일 수 있다. 이른바 '다 맞아라'식의 프리사이즈 접근(one-size-fits-all approach)은 다수 집단의 면담 스타일, 형식 그리고 질문들에 기반하기 때문이다. 이 책은 왜 이런 접근이 효과적이지 않은지에 대한 예시들을 많이 담고 있다. 가장 간단한 예는 영어를 못하는 사람들을 포함하여 모든 사람들을 영어로 면담하는 상황일 것이다. 또 다른 간단한 예를 들면, 만약 우리가 내담자와 말을 나누기 전에 습관적으로 악수를 하는데, 이것이 특정한 종교집단에게는 불쾌한 제스처라는 것을 알지 못한다면 이런 행동은 그 집단의 사람들과 라포를 형성하는 데 장애물이 될 것이다.

종종 세부 문화에 맞춘 면담 훈련을 통해 사람들은 집단 간 차이를 알아차리게 되지만 보편적 문제나 개인적인 요인들을 놓칠 수 있다. 우리가 오직 문화적 차이밖에 보지 못할 때, 우리는 사람들이 지닌 고유한 개인적 요인들을 놓치곤 한다. 이를테면 성격, 꿈, 연령, 성별, 성적 지향, 개인사 등과 같은 것들이다. 우리가 다른 요인들은 배제하고 문화적 요인만을 지나치게 강조하면, 우리는 특정 사람들을 단순히 이국적이거나 전형적인 사람처럼 대할 위험을 안게 된다. 우리는 내담자의 문화에 대해 배워야 할 의무가 있다. 동시에 우리는 지나치게 단순화된 고정관념에 사로잡히지 않고 개개인의 개성(individuality)을 고려해야 할 의무가 있다.

면담을 진행할 때 다문화적 접근을 한다는 것은 사람들을 고유한 개인으로 바라보는 동시에 문화의 구성원으로 간주한다는 것이다. 우리는 면담자가 개개인을 그들 문화의 맥락 속에서 바라볼 때 면담의 성과가 증진될 것임을 안다. 하지만 그렇다고 해서 이전에 우리가 면담에 대해 배운 모든 것을 버릴 필요는 없다. 내담자와 같이, 면담자 또한 문화적인 존재다. 면담을 실시할 때 면담자도 자신의 습관, 선호, 세계관을 버릴 수 없다. 따라서 이 책은 면담자가 나고 자란 문화가 면담자의 사고방식에 어떻게 영향을 미치는지를 염두에 둘 수 있도록 도움을 줄 것이다.

 ## 다문화 면담과 기타 다른 대화는 어떻게 다른가

면담은 격식을 차려 이루어질 수도 있고, 격식 없이 자유 형태로 이루어질 수도 있으며, 세심하게 계획되거나, 비교적 즉흥적으로 이루어질 수도 있다. 비록 언뜻 보기에 이러한 면담이 다른 종류의 대화와 그다지 달라 보이지 않는다 하더라도, 그 둘은 중요하게 구별되는 특징이 있다. 면담을 계획할 때나 실시할 때 면담자는 이런 특징들을 기억해야 한다.

1. 면담을 위한 대화는 확실한 목적이 있다. 면담자는 마음속에 특정 목표를 갖고 있다. 내담자는 그 목표를 함께 공유할 수도 있고, 아니면 완전히 다른 면담 성과를 기대하고 있을 수도 있다.

2. 면담자와 내담자는 확실한 관계를 가지고 있다. 이 관계는 종종 위계질서를 포함하기도 하는데, 대부분의 경우 면담자가 더 강력하게 면담에 참여한다. 면담자는 어떤 질문을 언제 할 것인지를 결정하고, 결과를 어떻게 제시해야 할지도 결

정한다. 따라서 보통의 경우 면담자보다 내담자가 더 큰 위험 부담을 안게 된다.

3. 정보의 흐름은 주로 내담자에게서 면담자에게로 이루어진다. 물론 많은 면담자들이 인터뷰 말미에 가능한 서비스 유형이나, 절차 및 과정 등에 대한 정보를 내담자에게 제공한다. 하지만, 면담의 주요한 목적은 내담자로부터 정보를 얻는 것이다. 내가 대학원에 재학 중일 때 교수님 한 분이 "만약 자네가 내담자보다 더 많이 말을 하고 있으면 인터뷰를 하는 게 아니라 강의를 하고 있는 거야."라고 말씀하셨다.

4. 면담자는 구체적인 목표를 마음에 두고 대화의 방향을 주도하면서 상호 작용에 대한 계획을 수립하고, 체계화한다. 실제로, 내담자는 어떤 주제에 대해 더 이야기하고 싶어 하거나 하고 싶지 않은 정도를 결정하는 영향력을 행사할 수 있다. 하지만 과정을 구조화하는 것은 면담자의 몫이다.

5. 면담자는 비밀보장에 관한 윤리적 지침을 지켜야 하지만, 내담자는 오고 간 내용이 무엇이었는지 아무런 제약 없이 타인에게 말할 수 있다. 즉, 정신과 의사에게 상담을 받은 환자는 면담에서 무슨 말이 오갔는지를 누구에게나 이야기할 수 있다는 것이다. 반면 정신과 의사는 환자와 면담에서 나눈 이야기를 다른 사람에게 말하는 것이 윤리적 지침과 법적 의무 규정에 따라 엄격하게 금지된다.

전문가로서 면담자는 면담이 기타 다른 대화와 같지 않다는 점을 알고 있다. 하지만, 면담에 익숙하지 않은 사람에게는 이 점이 뚜렷하게 보이진 않는다. 다음의 예를 살펴보자.

고메즈(Gomez) 가족은 임대 주택을 신청하기 위해 시청을 방문했다. 그들은 당연히 받을 자격이 있는 주택을 요청한다고 생각했다. 하지만 그들이 알지 못했던 것은 주택을 임대할 때 정부로부터 보조금을 받으려면 그러한 혜택을 받기에 적합한지, 적절한 자격을 갖추었는지를 평가받아야 한다는 점이었다. 시청 직원이 가족의 수입원이 무엇인지, 가족 중 누가 범죄로 기소된 적이 있는지와 같이 점점 더 사적인 질문을 할 때마다 고메즈 씨는 걱정이 되면서 화도 났다. 고메즈 씨는 이 임대 관련 부서가 하는 일이 도대체 무엇인지 책상 뒤에 앉아 있는 사람의 의도가 의심스러웠다. 그는 이 상황이 단순한 인터뷰의 일종이고, 그런 질문들은 통상적 절차에 따른 것으로 모든 임대주택 지원자들에게 똑같이 묻는다는 것을 이해하지 못했다. 이 같은 인터뷰 절차에 익숙하지 않았던 고메즈 씨는 적대적인 태도로 대답했고, 신청하는 사람이 취해야 할 가장 적합한 모습을 보여 주지 못했다.

이 책에 대한 오리엔테이션

이 책의 여러 장을 통해 면담자는 고메즈 씨와 고메즈 씨를 인터뷰했던 직원이 경험했던 좌절스러운 상황을 피하는 데 도움이 되는 정보를 얻을 수 있다. 예를 들어, 2장에서는 면담을 어떻게 준비하는지, 면담을 시작하기 전에 어떤 정보가 필요한지, 누가 면담에 참여해야 하는지, 그 외에 초기에 내려야 하는 결정들이 무엇인지 등에 관한 내용을 담고 있다. 3장에서는 면담 관계를 왜곡할 수 있는 편견이나 경계선 문제(boundary issues)에 대해 논하고 있다. 4장은 면담 관계를 형성하는 것에 초점을 맞춘다. 즉, 일련의 면담 초반 단계에 해당되는 과업들에 집중하면서, 어떻게 라포를 형성하고 존중심을 전달하는지에 대해 다룬다. 적절한 사전 면담 작업과 면담 시작 직후 적절한 오리엔테이션을 실시했더라면, 고메즈 가족은 면담의 특성을 보다 명확하게 이해했을 것이고, 면담 상황에서 더 편안하게 느꼈을 것이다. 두 사람의 관계가 더 친근해져서 아마도 고메즈 씨가 직원에게 더 전적으로 협조했을 수 있다. 단도직입적으로 말하자면, 면담이 더 성공적으로 이루어졌을 것이다.

5장에서는 관계 형성에 대한 이야기를 계속하되, 비언어적 의사소통에 초점을 맞추고 있다. 상대방을 불쾌하게 만들 수 있는 몸짓을 피하는 방법, 그리고 내담자의 비언어적 신호를 해석하는 방법에 대해 논할 것이다. 6장에서는 면담 시 사용하는 언어와 다른 모국어를 사용하는 사람들을 면담하는 방법에 대해 기술하고 있다. 이 장에서는 모국어를 사용할 때와 나중에 학습된 언어를 사용할 때 그 사람의 기억과 감정이 어떻게 달라지는지에 관한 연구 결과들에 대한 논의를 담고 있으며, 면담자가 자신의 모국어와 다른 내담자를 상담할 때 어떻게 해야 가장 좋은 결과를 얻을 수 있는지에 대해서 다룬다. 7장은 면담할 때 통역을 사용하는 것의 장단점에 대해 서술하며, 통역을 활용한 면담을 어떻게 성공적으로 이끌 수 있는지에 대해 살펴본다. 8장은 내담자들이 특정한 주제와 연관된 이야기를 꺼리는 이유와, 면담자가 그러한 상황을 다루는 방법을 소개한다. 9장은 아동과 청소년 면담과 관련된 특수한 문제들과 책 전반에 걸쳐 다루어진 청소년과 관련된 주제들을 보완하여 다루고 있다. 10장에서는 편견 없는 보고서를 쓰고 제시하는 방법을 제시하고 있다. 11장에서는 특정 직업을 가진 사람들과 관계있는 문제들에 대해 서술한다. 12장은 다문화 면담에서 가장 흔히 발생하는 몇 가지 오해와 이를 피하는 방법에 대해 살펴본다. '후문 (Afterward)' 부분에서는 문화적 역량이 뛰어난 면담자의 기능을 잘 수행할 수 있도록 격려하는 것과 직무 능력 계발에 관한 몇 가지 제안을 담고 있다.

각 장은 특정 영역에 대한 심층적 정보를 제공하기 위해 다양한 글상자를 포함하고 있을 뿐 아니라 해당 주제에 관한 논의를 제시하고 있다. 이들 대부분의 글상자는 매우 실용적이어서 면담 실습을 할 때 구체적인 안내서로 사용될 수 있다. 또한 각 장마다 '토론하기'가 있는데, 만약 이런 유형을 싫어한다면 그냥 넘어가도 좋다. 이 책을 개인적으로 읽는 사람은 해당 장에서 논의된 복잡한 문제들을 다시 한 번 고려해 보고, 실제 면담 시 적용해 보는 데 도움이 된다라고 여길 수 있다. 내 여러 저서들은 여러 과목들의 교재로 사용되고 있기 때문에 이러한 질문들이 대학 강의에서 토론을 유도하기 위한 목적으로 사용되거나 글쓰기 과제로 활용될 수 있다. 마지막으로, 상담 기관에서 다문화 역량을 향상시키기 위한 정기적 모임을 조직할 때 내 저서들을 이용하기도 한다. 예를 들어, 직원들에게 한 달에 한 장씩 읽으라고 요청한 후에, 각 장마다 실려 있는 질문들을 가지고 토론을 할 수도 있다. 각 장마다 해당 장에서 다루는 주제와 관련된 참고문헌 목록이 제시되어 있다. 대부분이 도서목록인데, 이유는 도서관에서 구하기 가장 쉬운 것이 책이기 때문이다. 주제와 관련된 도서가 없는 경우에는 도서의 일부, 논문 혹은 온라인 자료들의 목록을 적어 놓았다.

이 책에는 수많은 사례가 제시되고 있다. 이름과 신분을 확인할 수 있는 정보는 변경되었고, 한 번에 여러 원리들을 설명하기 위해 여러 사례를 하나로 묶어 놓기도 하였다. 이 예시들은 저자의 실제 상담 사례, 연구, 슈퍼비전, 상담 훈련을 통해 얻어진 것이다. 당연히 저자의 직접적 경험으로부터 가져온 사례가 아닌 경우에는 출처를 밝혔다.

 ## 문화적 역량은 윤리적 문제다

면담과 관련된 크고 작은 의사결정은 윤리적 원리들과 관련되어 신중하게 고려되어야 한다. 면담자가 하는 말과 행동이 다른 문화의 맥락에서는 어떤 암묵적 의미를 띠는지 자세히 이해하는 것이 어려울 수 있으므로, 면담자와 다른 문화에서 온 사람과 함께 일할 때는 특히 조심스러울 필요가 있다. 서로 다른 문화를 갖는 사람들이 만나는 상황은 윤리적 지뢰밭으로서 실수로라도 넘어질 위험성이 커진다.

윤리적 문제와 관련된 의사결정이 선물, 통역, 평가 도구, 인터뷰에 대해 기록하거나 증언하기 위한 언어 선택과 관련되어 요구된다. 면담자만이 알 수 있는 전문 용어를 사용하지 않기 위해 저자는 이 책에서 다루는 윤리적 원칙의 명칭을 항상 거론하지는 않았다. 이를 테면 인간에 대한 존중, 속임수, 강압, 비밀 보장, 안전, 사생활 보장, 정의, 선을 행할 것, 그리고 해를 끼치지 않을 것 등이 윤리적 원칙에 포함된다.

대부분의 주요 전문 상담 기관에서는 윤리적인 의무 규정으로서 다문화 상담 서비스를 제공한다. 이런 차원에서, 이 책은 직업적 윤리 규정과 윤리적 문제들을 매 장마다 풍부하게 담고 있다.

 ## 실패한 다문화 면담 사례들

다음으로는 다문화 면담이 실패한 극단적 사례들을 보여 줄 것이다. 비슷한 경우에 처한 면담자들에게 도움이 될 수 있도록 관련 내용을 담고 있는 장을 제시하였다.

하산의 사례: 순조롭지 못한 학업 성취 평가

하산(Hassan)은 공문서에는 14세라고 기재되어 있지만 실제로는 16세인 소말리아 난민이다. 오하이오 주의 콜럼버스 시에 있는 하산의 학교에서 하산은 이른바 문제아로 알려져 있다. 하산의 가족은 케냐의 난민 캠프에서 12년을 살다가 2년 전에 지금 살고 있는 콜럼버스 시로 이사했다. 지속적으로 낮은 점수를 받았기 때문에 하산은 6학년을 유급하기로 되어 있었다. 이는 하산이 열두 살짜리 아이들과 함께 수업을 들어야 한다는 것을 의미했다. 하산은 이미 사춘기에 한참 접어들었고 다른 아이들보다 키도 훨씬 컸다. 하산은 진로 상담 교사와 담임 교사에게 1년을 유급하지는 않겠다고 단호히 말했다. 유급을 하느니 아예 중퇴를 하겠다는 것이다. 어떻게 해야 하산을 도울 수 있을지 난처했던 진로 상담 교사는 총괄 학업 평가(comprehensive learning assessment)를 실시하기로 하고 심리 검사를 의뢰했다.

하산의 학교가 속한 학군에서는 영어와 스페인어 이외의 다른 언어를 사용하는 학생들에게 검사를 실시하는 것에 대한 명확한 정책이 없었고, 실시한 경험도 없었다. 그 학군의 유일한 소말리아 출신 과외교사인 시야트(Siyat)는 하산의 어머니로부터 하산을 평가하는 것에 대해 허락을 받았다. 하산의 어머니는 학교에 발을 들여 본 적이 없었고, 어떤 언어도 읽거나 쓰지 못했으며, 영어로는 겨우 몇 개의 단어만을 구사할 수 있었다. 하산의 어머니는 집에서 거의 모든 시간을 다섯 아이와 함께 보냈다. 시야트는 영어로 시행되는 평가를 통역해 달라는 부탁을 받았다. 시야트의 영어는 말 그대로 기본적인 수준이어서, 교육적 평가와 관련해서는 아무것도 몰랐다. 평가가 시행되는 동안 그는 하산이 몇몇 과제를 완성하지 못하는 것을 꾸짖었고, 앞으로 더 잘하지 못한다면 조그만 아이들과 함께 교실에 처박혀 있어야 할 거라고 경고했다. 그리고 고의는 아니었지만, 시야트는 검사 과제를 본인이 이해하지 못해 가끔 잘못된 설명을 하산에게 하기도 했다.

검사자는 통역을 담당한 시야트가 무슨 말을 하는지 알 도리가 없었고 그저 그를 믿는 수밖에는 없었다. 검사자 입장에서도 이 같은 일반적이지 않은 검사 환경을 어떻게 다뤄야 할지 당황스러웠고, 통역하느라 느려지는 검사 시간을 어떻게 통제해야 할지 몰랐다. 검사자는 '보슬비'라든지 '악몽'과 같은 읽기 지문에 나온 특정 단어들에 대한 하산의 이해력이 수준 이하라는 것을 알고는 있었지만, 이와 같은 상황에 대한 경험이 전무했기 때문에 이러한 변수를 어떻게 하산의 영어 실력에 반영해야 하는지 알지 못했다. 하산은 점점 더 좌절감을 느꼈다. 그러는 중에 진로 담당 교사가 검사 장소에 들어와서 검사자인 학교심리학자에게 말을 걸었다. 시야트는 두 사람이 하산에 대해 이야기하고 있다고 확신했다. 두 사람이 웃고 미소를 지으며 하산 쪽을 본 순간, 하산은 지긋지긋해 하며 뛰쳐나가고 말았다.

이 안타까운 이야기는 이 책 전반에서 심층적으로 다루게 될 수많은 문제들을 보여 준다. 첫째, 개발 도상국에서 온 이민자나 난민은 개인적인 정보가 부정확하게 기재된 서류를 갖고 있는 경우가 흔하다(이에 관해서는 2장 '면담 준비하기'에서 다룰 것이다). 둘째, 교육기관은 청소년의 전쟁과 난민 캠프에서 살아남은 트라우마 이력에 대해 놓치기가 쉬울 수 있으며, 현재의 맥락에 맞추어 그 청소년을 바라볼 뿐 청소년의 초기 생애 경험이 주는 영향력을 고려하지는 못한다. 하산의 힘든 과거사와 여전히 불안정한 생활로 인해 학교에서 하산은 문제아 혹은 지적 장애가 있는 것처럼 보일 수 있다. 하지만 이 두 가지 모두 정확하지 않을 수 있다(이에 관해서는 9장 '다문화 아동과 청소년을 위한 면담'에서 살펴볼 것이다.). 비록 하산의 어머니가 평가에 대해 공식적으로 허락을 했지만, 평가의 함축적 의미와 어머니가 취할 수 있는 평가 이외의 다른 선택 대안에 대해 완전히 이해했을 가능성은 낮다. 검사 상황 자체가 해석과 관련하여 문제 투성이고, 이러한 문제에 관해서는 7장에서 다룰 것이다. 마지막으로, 5장에서는 비언어적 의사소통에 관한 내용인데 학교심리학자와 진로 담당 교사 간의 알고 있다는 눈초리가 야기한 오해를 어떻게 하면 피할 수 있는지에 대해 논의할 것이다.

엘레나의 사례: 보건 복지 분야의 직장에 지원하기

엘레나 산체스(Elena Sanchez)는 복지 분야의 취직자리에 지원하였는데 조만간 있을 면접에 신이 나 있었다. 엘레나는 자신의 흥미와 자격이 그 자리에 적합할 것이라고 낙관적으로 생각했다. 엘레나는 직장의 웹 사이트도 미리 살펴보았고, 이력서도 한 부 더 출력해 두었다. 가장 좋은 정장을 입고 거울을 보며 자신의 모습이 어떻게 보이는지도 확인했다.

엘레나는 자신이 좋은 인상을 줄 거라고 확신했다.

인사 담당 직원인 샘 존스(Sam Jones)는 엘레나와의 면접을 고대하고 있었다. 샘은 엘레나의 정보를 인사위원회에 넘겨서 최종 점검만 남겨 두면 될 거라고 기대했다. 샘의 직장은 인종적 다양성을 적절하게 지키지 않고, 스페인어를 쓰는 고객들과 편안하게 일할 수 있는 직원들이 충분하지 않아서 비판을 받았던 적이 있었다. 따라서 샘은 엘레나의 이력서를 읽으며 그녀의 이름이 확실히 히스패닉계 같아 특히 만족스러웠다.

하지만 엘레나를 만나자 샘은 갑자기 혼란스러웠다. 엘레나는 백인 같았다. 또한 히스패닉계 억양도 없어 보였다. 샘은 마음이 심란해져서 엘레나의 직업 이력에 대해 질문을 던지며 그녀의 인종적 배경을 알아보려고 했다. 샘은 이력서에 엘레나가 스페인어를 할 수 있다고 적은 것을 가리키며 어디서 스페인어를 배웠는지 물었다. "고등학교와 대학교에서요. 1학년을 멕시코에서 보내서 완전히 유창합니다. 매일 스페인어를 했어요."라고 엘레나는 대답했다. "연수한 거 말고 멕시코와 다른 관계는 없나요?" 그가 물었다. "적어도 1년에 한 번은 멕시코에 가요. 전 멕시코를 사랑해요!"라고 엘레나는 대답했다.

샘은 엘레나의 인종적 배경을 확실히 알 수 없어서 좌절스러웠다. 결국 그는 그녀에게 물었다. "당신의 인종적 배경은 어떻게 되나요?" 엘레나는 얼이 빠진 표정으로 그를 바라보았다. 그런 질문은 법에 저촉된다는 것을 알고 있는 표정이었다. "저의 자격을 보고 저를 판단해 주셨으면 좋겠습니다. 저의 인종적 배경 말고요." 그녀가 대답했다. 그 순간, 엘레나는 입사 지원을 철회하겠다고 결심했고 면접을 중단하였다. 엘레나는 그 직책을 자신이 잘 수행할 수 있다는 것과, 스페인어를 쓰는 고객들과도 훌륭히 일할 수 있다는 것을 알았다. 하지만 엘레나는 그녀의 인종을 보고 그녀를 고용할지 말지 결정하려는 직장에서 일할 생각은 추호도 없었다. 그런 직장은 그녀가 즐길 수 있는 환경이 될 수 없었다.

샘은 어디서부터 잘못되었는지 궁금했다. 또한 그는 아직도 엘레나가 '어떤' 사람이었는지 알 수 없었다는 점에 대해 골똘히 생각했다. 아마 그녀는 라틴계 이민자의 2세대이거나 3세대일지도 몰랐다. 혹은 그녀는 라틴계와 다른 인종 간의 혼혈이었을지도 몰랐다. 그는 결코 알 수 없었다. 이 직장은 장차 큰 기여를 할 수 있는 직원이 될 자질을 갖춘 사람을 잃게 된 것이다.

이 사례에서 우리는 좋은 의도를 갖고서도 전도유망한 직원을 자신도 모르게 탈락시킨 한 면접자를 볼 수 있다. 샘이 8장에서 다룰 금기시된 주제들, 12장에서 다룰 흔한 오해들을 먼저 살펴보았더라면 이런 실수를 피하는 데 도움이 되었을 것이다.

클라라의 사례: 왜곡된 심리 평가

클라라(Clara)는 25세로 브라질의 리우데자네이루의 가난한 집안 출신이다. 현재 그녀는 미국 중서부의 한 대학 도시에서 살고 있다. 클라라는 그녀보다 스무 살 연상인 대학교수 남편과 각각 세 살과 다섯 살인 두 아이들과 함께 현재 사는 곳으로 이사를 왔다. 클라라는 남편을 만나기 바로 전에 리우데자네이루의 한 고등학교를 중퇴했다. 남편은 공원에서 주스를 팔고 있던 그녀를 만났고, 첫눈에 그녀에게 반했다. 원래 클라라는 검정고시(General Education Development: GED)를 치르고 대학에 다닐 계획이었지만, 미국에 온 지 얼마 안 되어 임신을 하게 되었다. 클라라는 대학에 다니는 대신 제2외국어로 영어를 공부하기 위해 몇 강좌 수업을 듣는 것으로 타협점을 찾았다. 클라라에 따르면, 그녀는 집안일을 하고 아이들을 돌보고, 남편이 좋아하는 음식을 정성스레 만들고, 집에서 컴퓨터로 브라질 웹 사이트들을 둘러보며 하루하루를 보낸다. 남편은 클라라가 빈번하게 눈물을 흘리거나 갑작스럽게 분노를 폭발시키는 것을 보고 심리치료사를 찾아가 보라고 격려했다.

접수 면접 동안 클라라는 감정적이고 짜증스러워하는 것처럼 보였고, 가끔은 큰 소리로 흐느꼈으며, 깊게 한숨을 쉬거나, 주먹을 꽉 쥐었다. 클라라는 결혼 생활이 앞으로 어떻게 될 것인지에 대해 극심한 걱정을 토로했다. 클라라는 그녀의 아버지가 어머니에게 그랬던 것처럼 남편이 그녀를 버리고 아이들을 전혀 만나 주지도 않으며 자신과 아이들을 경제적으로 궁핍하도록 내버려 둘까 봐 두려워했다. 또한 남편이 자신을 다시 브라질로 돌려보낼까 봐 두려워했다. 브라질은 다시 돌아가 얼굴을 내비치기가 부끄러운 곳이고, 미국에 비해 경제적으로 안정되기가 훨씬 어려운 곳이라고 클라라는 말했다. 클라라는 하느님과 작년에 돌아가신 할머니 외에는 아무에게도 이런 걱정을 털어놓지 않았다고 했다. 클라라는 매일 제단 앞에 무릎을 꿇고 촛불을 켜고 할머니와 성모 마리아와 몇몇 성자들에게 기도를 올린다고 말했다.

치료자인 진(Jean)은 50대의 미국 중서부 출신의 루터교 신자로 기혼녀다. 진은 자녀들이 모두 대학에 입학하여 외지로 나가자 공부를 시작하여 최근에 상담심리학으로 대학원 과정을 마쳤다. 진은 자신과 다른 배경을 지닌 사람들과 개인적으로도 직업적으로도 아무런 경험이 없었지만, 선한 마음을 지녀서 자신의 내담자를 위해서 옳은 일을 해야 한다고 늘 생각하는 사람이었다. 진은 클라라에게 남편도 '흑인(Black)이냐'고 물었다. 클라라는 질문을 이해하지 못하는 것처럼 보였다. 진이 인종에 대해 묻고 있는 거라고 설명하자, 클라라는 자신은 '까맣다'기 보다는 '옅은 갈색'이라고 대답했다. 진이 클라라에게 그녀와 남편의 관계에 대해 성생활을 포함해서 보다 더 자세히 이야기해달라고 하자, 클라라는 마루를 내려다보았고 아무 말도 하지 않았다. 그 질문을 받은 후부터 클라라는 무뚝뚝하게 대답했고 시선을 피했다.

진은 그런 클라라에 불편해졌고, 그런 불편함의 원인을 클라라의 명백한 성격 장애로 돌렸다. 진은 클라라가 연극적으로 (과도하게 극적으로) 행동하며 남편에게 지나치게 의존한다고 생각했다. 진은 클라라가 돌아가신 할머니에 대해 이야기한 것을 정신병이 의심되는 증상이자 죽음에 대한 동경이라고 생각했다. 진은 클라라의 국외 추방에 대한 공포심, 그리고 인종과 성생활에 관련된 질문에 클라라가 보인 '이상한' 반응이 피해망상과 사고 장애를 나타낸다고 생각했다. 진이 클라라에 대해 가진 전체적인 인상은 클라라가 한 가지 이상의 성격 장애를 갖고 있고 심리치료에는 부적절하다는 것이었다. 진은 클라라가 우울과 불안, 그리고 의심되는 정신병 증상에 대해 적절한 약을 처방받기 위해 정신과 의사의 진단을 받는 게 더 나을 거라고 생각했다. 진은 자신의 결론을 클라라에게 이야기했고, 또한 외로움을 덜 느끼도록 지역 교회에 나가라고 충고했다. 클라라는 상담소를 나섰고 다시는 상담소를 찾아오지 않았다. 그날 밤, 남편이 어땠냐고 물어보자, 클라라는 '그 여자는 내가 미쳤다고 생각했고 약을 주려고 했으며 나를 개종하려는 변태였다.'고 대답했다. "딱 내가 생각한 대로예요." 그녀가 말했다. 클라라의 접수 면접 보고서에 진은 클라라가 '두 아이가 있는 흑인 어머니로 연극적이며 편집적인 경향이 있고, 치료적 동맹 관계를 형성하기가 불가능해 보인다. 정신증 소인이 있는 우울증이 의심되므로 이에 대해 정신과적 진단 평가를 받는 것을 추천한다.'고 기록했다.

진은 클라라의 비언어적인 감정 표현을 성격 장애의 표시라고 잘못 해석했다. 그러한 감정 표현은 단순히 클라라의 문화권에서는 미래에 대한 혼란과 슬픔, 걱정을 표현하는 모습일 수도 있었다(감정 표현과 비언어적 표현의 문화적 다양성에 대해서는 5장과 6장에서 각각 논할 것이다.). 둘째로, 진은 클라라에게 인종과 성에 관한 직접적인 질문을 던졌는데, 이런 종류의 질문들은 민감한 주제이며, 다른 문화권에서는 북미 문화권과는 또 다른 방식으로 받아들일 수도 있다는 점을 이해하지 못한 행동이었다(질문하는 방식이 어떠해야 하는지, 터부시되는 주제들을 어떻게 다루어야 하는지에 대해서는 4장 '적절한 분위기를 형성하고 유지하기'와 8장에서도 내담자의 저항에 대처하는 방법에 대해 다룰 것이다.). 마지막으로, 진은 심리치료사로서의 역할이 갖는 위력을 과소평가했을 뿐만 아니라, 정신과와 교회로 누군가를 보낸다는 것이 얼마나 복잡한 일인지도 과소평가했다(이런 종류의 주제들은 책 전반에 걸쳐 다룰 것이다.).

 ## 결 론

면담에 관한 이 같은 간단한 사례들에서 우리는 다문화 면담을 할 때 나타나는 다양한 종류의 실패를 엿볼 수 있다. 이러한 실패의 결과는 면담의 목적에 따라 달라지겠지만, 내담자가 잠재성을 계발하지 못하고 불필요한 심각한 문제에 맞닥뜨리게 되는 것이 실패의 결과가 될 수도 있다. 실패한 면담 때문에 면담자에게 초래되는 결과들로는 좌절감, 무능감, 기회 상실, 최상의 전문적 수준의 서비스를 제공할 수 없는 것이 포함된다. 사회적 비용은 셀 수 없이 크다. 여기에는 사회 구성원의 온전한 기여를 앗아가는 것, 범죄 증가 가능성, 인종/민족 집단 간의 긴장 고조, 그리고 여기저기에 만연한 분쟁과 소외가 포함된다.

이 책은 면담자에게 실용적인 제안을 하고, 면담자로 하여금 다문화 면담에서의 기술적 어려움을 극복할 수 있도록 도움을 주기 위한 의도를 지녔지만, 저자는 이 책이 또한 다양한 문화가 서로 접촉하는 상황에서 필요한 정신을 전달할 수 있기를 바란다. 면담자는 어떤 면담에서는 자신에게 익숙하지 않은 다양한 종류의 고통, 이를

테면 정서적 및 신체적 고통, 부당함, 공포 등에 대해 내담자가 묘사하는 내용에 노출될 것임을 안다. 면담자는 몸부림치게 괴로운 역경을 겪고 있어서 원초적으로 생생한 감정을 드러내는 사람들과 마주 앉아야 할지도 모른다. 면담자는 자신의 편견과 선천적이어서 어쩔 수 없이 타인에게 야기할 수 밖에 없는 불편함에 직면해야 할지도 모른다. 가끔 면담자는 인터뷰의 기술적인 측면에 지나치게 많이 주목함으로써 민감한 주제에 대해 이야기를 나눌 때 야기되는 불편한 감정을 피하려고 한다(Gunaratnam, 2003a). 면담자는 '기술적으로 올바른' 것에만 급급한 나머지 면담자 자신과 내담자의 인간성을 외면하지 않도록 주의해야 한다.

학습문제

1. 각자의 직업과 관계없이, 면담에서 가장 중요한 세 가지 관심사는 무엇인가?
2. 면담과 기타 다른 대화의 차이점에 대해 토의하라.
3. 당신과 달랐던 사람에게 실시한 성공적인 면담이 있었다면 그 경험에 대해 서술하라. 당신과 그 사람의 차이점, 당신이 그 차이점을 어떻게 다뤘는지, 그리고 그 면담이 성공적이었다고 생각하는 이유에 대해 서술하라.
4. 당신과 달랐던 사람을 인터뷰했는데 그다지 성공적이지 않았던 경험을 말해 보라. 내담자와 당신의 차이점, 당신이 그 차이점을 어떻게 다뤘는지, 그리고 상담이 성공적이지 않았다고 생각하는 이유에 대해 서술하라.

더 읽을거리

Sue, S., & Sue, D. (2007). *Counseling the culturally diverse* (5th ed.). New York: Wiley.

Webb, N. B. (2001). *Culturally diverse parent-child and family relationships*. New York: Columbia University Press.

02
면담 준비하기

이 장에서는 누가 면담에 참여할 것인가를 결정하고 다양한 문화적 배경을 지닌 내담자들을 위한 따뜻한 분위기를 조성하면서, 면담에 앞서 준비해야 할 것과 면담을 시작하는 방법에 대해 이야기하고자 한다. 또한 면담을 시작하는 데 영향을 미칠 수 있는 문화적인 쟁점들과 이러한 사안들을 어떻게 다룰 것인가에 관해 설명할 것이다. 면담을 잘 준비한다면 예기치 못한 유감스런 일들을 줄일 수 있고, 면담을 통해 얻어진 정보의 질과 양을 향상시킬 수 있다.

 ## 사전에 필요한 정보

만약 면담자가 의료 기록, 복지 수혜 기록, 법적 기록 또는 기타 다른 기록 등에 접근할 수 있는 권한이 있다면, 내담자를 만나기 전에 이런 정보들을 미리 훑어보는 것이 대개의 경우 도움이 된다. 동시에, 내담자로부터 새로운 정보를 얻게 될 것을 예상해야만 하고, 기록 파일에 포함된 정보가 항상 옳은 정보라고 지레짐작하지 말아야 한다. 그 이유는 이전의 다른 전문가들이 부주의했거나, 편견에 사로잡혔거나, 내담자의 언어를 잘못 해석하고 혼동하였거나, 진실된 정보를 얻기 위해 반드시 필요한 라포를 형성하는 데 실패했을 수도 있기 때문이다. 한 연구 결과에 따르면, 문화적으로 민감한 방법으로 평가가 행해지지 않을 때 푸에르토리코 아동 표본의 절반이 정신 질환을 앓고 있다는 결과가 나왔다(Bird et al., 1988). 이 어린이들이 받은 진단이 일생 동안 그들의 삶을 따라다닐 것을 생각해 보라. 너무나도 흔하게 일어나는 일이지만, 다음 사례에 제시된 대로 전문가들이 내담자에 대해 형성한 부정확한 첫인상으로 인해 파일에 적은 하나의 잘못된 메모가 영구적으로 남게 되고 만다.

나는 사전 정보가 담긴 내담자의 개인 파일을 단지 하나의 데이터로만 간주한다. 이 데이터는 내담자와의 지속적인 만남과 내담자의 주변 사람들과의 연락 등을 통해 입증되거나, 수정 혹은 추가될 수 있다. 다음은 부정확한 상담 개입 전략을 초래할 수 있는 부정확한 정보를 보여 주는 사례다.

어떤 가족을 담당하고 있던 한 사회복지사가 학교로 전화를 걸어 간호사에게 메모를 남겼다. 새로 온 소말리아 학생인 압둘라히(Abdulahi)가 주말에 자전거 사고가 났는데 몸에 난 멍들을 살펴봐 달라는 내용이었다. 압둘라히는 최근에 미국으로 이사했고 영어를 할 줄 몰랐다. 압둘라히가 양호실에 들어섰을 때 그는 굉장히 불안해 보였고, 몸을 좌우로 흔들면서 땀을 흘리며 떨고 있었다. 간호사는 압둘라히의 팔, 손, 얼굴을 주의 깊게 살펴보았지만 멍든 자국을 찾을 수 없었다. 간호사가 셔츠를 올리라고 한 뒤 배와 등을 살펴보자, 소년은 겁에 질렸다. 간호사는 사회복지사에게 전화를 걸어, 압둘라히가 굉장히 불안해하는 것만 빼고는 괜찮은 것 같다고 말했다. 2주 뒤 사회복지사는 자전거에서 떨어져 정작 치료가 필요한 사람은 압둘라히가 아니라 압둘라히의 형인 모하메드(Mohamed)라는 것을 알게 되었다. 또한 압둘라히는 그때 선생님이 자기를 따로 불러냈을 때 불려가서 맞을 것으로 짐작했다는 것을 알게 되었다. 그런 일은 압둘라히가 자란 난민캠프의 학교에서는 흔한 일이었다. 간호사가 셔츠를 올리라고 했을 때 그가 보인 반응이 불안했던 것은 그래서였다. 압둘라히는 학교에서 간호사가 하는 일을 이해하지 못했고, 간호사와 만나야 하는 이유도 몰랐던 것이다. 이 사례에서, 중요한 세부사항(이 경우에는 해당 학생의 이름)이 잘못 보고되자, 한 아이에게 필요한 것은 살펴 주지 못하고, 대신 다른 아이를 겁주는 결과를 낳았다.

면담자 다수가 이렇게 잘못된 정보로 인해 어설픈 실수를 했던 것과 관련한 오싹한 이야기들을 알고 있다. 이런 종류의 일화들 중 가장 잘 알려진 것은 잘못된 다리를 수술한 외과 의사 이야기다. 외과 의사만의 문제가 아니다. 나는 녹음된 인터뷰에서 얻은 중요한 정보를 빼먹고 기재한 경찰 사건 보고서도 보았고, 부모가 연관된 사건들에 관해 상반되는 가족사 기록도 보았고, 기록 실수로 인해 아동을 제대로 추적조사할 수 없게 만든 학교 생활 기록부도 보았다. 서류가 한 시스템에서 다른 곳으로 옮겨질 때 오류 발생 가능성이 더 커진다. 예를 들어, 많은 국가에서 성적을 1~20까지의 등급으로 매기는데, 가장 잘하는 학생들도 17 이상의 점수는 거의 받지 못하고, 대다수는 약 13 정도의 점수를 받으며, 낙제를 받는 것도 흔한 일이다. 만약 이 등급 체계가 미국의 등급 체계 하에서 잘못 해석되어 '13'이 낙제로 간주된다면, 외국 학생들이 실수로 불이익을 받게 될 것은 명백한 일이다.

개인이나 가족에 관한 과거 기록과 평판은 부지불식간에 우리에게 영향을 미칠 수 있다. 우리 모두는 확증 편향(confirmatory bias)이 있는데, 이는 우리가 이미 가지고 있는 생각을 확인시켜 주는 정보는 알아채지만 그 밖의 정보는 무시하는 경향을 말한다(편향에 대한 더 심층적인 논의는 3장의 편향과 경계선 문제를 참고하기를 바란다.). 저자는 이런 편향에 대해 경각심을 갖고 있기 때문에, 면담을 할 때 일부러 파일에 적힌 것을 반증하거나 상충되는 면모들을 알아보려고 한다. 그렇다고 동료 상담자들이 했던 작업을 존중하지 않는 것이 아니다. 더 정확히 말하면, 나는 사람은 성장하고 변한다는 것을 깨달았고, 과거 기록으로부터 자유롭게 새로운 인상을 형성할 수 있는 기회를 내담자에게 부여하고 싶다. 이전 기록은 어떤 부분을 앞으로 더 면밀하게 살펴보아야 할 것인지에 대한 방향을 설정하는 데 도움은 주지만, 면담할 내담자의 완전하고 정확한 초상을 제공한다고 생각하지는 않는다.

또 어떤 것을 준비해야 할까

다음에서 제시하는 의견이 전부는 아니다. 오히려 면담 준비에 문화적인 영향을 끼칠 수 있음을 환기하는 출발점일 뿐이다.

첫째로, 내담자의 모국어로 작성된 적절한 기록 양식지가 구비되어 있어야만 한다. 그리고 만약 필요하다면, 반드시 통역을 구하도록 한다(7장의 통역에 관한 내용을 참고하라.).

인터뷰를 실시할 때 일방경[1]이나 비디오카메라, 또는 마이크로폰 등의 특별한 장비들을 사용하고자 한다면, 이런 물건들을 면담 도중 어떻게 사용할 것인지에 대해 내담자에게 알려 주어야 하고 허락을 받아야 한다. 내담자의 나이가 어리든 많든, 내담자는 자신의 면담 내용이 녹음된다는 사실과 왜 녹음되는지를 알 권리가 있다. 몇몇 내담자는 녹음을 거부할 수도 있다. 만약 내담자가 미성년자라면, 상황에 따라서는 성인 보호자가 아이를 대신해 녹음에 동의해야 할지도 모른다. 하지만 이때도 아이에게 녹음에 대해 알려야 하고 동의를 구해야 한다. 몇몇 면담자는 인터뷰가 녹음된다는 사실로 인해 어린이 내담자가 겁을 먹거나 자유롭게 이야기하지 못할까 봐 인터뷰가 녹음되거나 관찰된다는 것을 말해 주지 않으려 한다. 나는 어린이 내담자에게 우리가 인터뷰를 요청하는 한 전반적인 과정에 관해 가능한 한 많은 이야기를 해 줄(발달상으로 적절한 방식으로) 도덕적, 윤리적 의무가 있다고 굳게 믿는다. 어린이 내담자들도 거부할 권리가 있다. 만약 알지 못하는 사이에 자신의 말이나 모습이 녹음되어 기록에 남았다는 사실을 나중에 알게 된다면, 속은 기분을 느끼고 차후의 조사나 면담에 덜 협조적일 수도 있다(Fontes, 2004; King & Churchill, 2000).

성인들도 자신이 녹화되거나 녹음되는 것을 거부할 수 있다. 그 테이프가 결국 어떻게 쓰이게 될지, 누가 그 테이프를 볼 수 있을지에 대해 우려하거나, 또는 예전에

---

[1] 역자 주: 한쪽 방향에서만 투명하게 보이는 유리.

녹화 혹은 녹음되는 심문을 당한 부정적인 경험이 있기 때문일 수 있다. 어떤 사람들은 종교적인 이유 때문에 거부할 수도 있다. 예를 들어, 아미시파,[2] 펜테코스트파,[3] 그리고 몇몇 기독교 종파들은 비디오테이프로 찍는 것을 반대하고 심지어 사진을 찍는 것도 거부한다. 왜냐하면 그들은 그런 행동이 '우상'을 취하는 방식으로 여기기 때문이다. 전통적으로 보수적인 사람들은 사진이나 비디오테이프를 찍히면 영혼을 빼앗긴다고 믿는다. 어떤 무슬림 여성들은 낯선 남자에게 얼굴을 보여 주어서는 안 되기 때문에 정숙함을 지키기 위해서 머리나 얼굴을 베일로 일부 혹은 전체를 가리지 못한다면 사진 찍기를 거부한다. 일반적인 사람들도 사생활 보장에 대한 걱정 때문에 인터뷰를 비디오나 녹음기로 기록하는 것을 주저하곤 한다. 대다수의 상황에서, 사람들은 스스로의 허락 없이는 녹음당하지 않을 법적인 권리가 있다. 어떤 일이 있어도 윤리적으로 당사자가 녹음을 원하지 않는다면 그러한 의사는 반드시 존중되어야만 한다.

저자가 라틴계 사람들의 문화 적응(acculturation)에 관한 초점 집단 연구(focus group study)를 도왔던 적이 있었다(Fontes, Cruz, & Tabachnick, 2001). 연구에 참여했던 연구자들은 개발도상국의 저소득 계층 출신인 참가자들이 면담 과정의 기술적인 면, 예를 들어 일방경의 사용이나 녹화 같은 측면을 더 불편해한다는 것을 발견했다. 참가자들은 면담 과정 내내 더욱 긴장하고 경계하는 것처럼 보였다. 사람들이 이러한 기술적 장치들에 익숙하지 않다면, 일방경을 쓸 때는 그 뒤에 있는 관찰자들을 만나도록 해 주고, 비디오카메라 안에 있는 뷰파인더를 들여다볼 수 있는 기회를 주는 등 참가자들에게 장치의 이런 저런 기술적인 면들을 소개하고 설명하는 데 추가적인 시간을 할애해야 할지도 모른다. 만약 내담자가 면담의 기술적인 측면들에 좀 더 익숙해질 수 있는 조치를 취한다면, 내담자가 긴장을 풀기는 더 쉬울 것이다.

---

[2] 역자 주: 개신교의 종파로서 자동차나, 전기, 전화 등의 현대 문명을 거부하며, 외부 세계로부터 스스로를 격리시킴.

[3] 역자 주: 20세기 초 미국에서 시작된 근본주의적 개신교의 종파로서 성령의 힘을 강조함.

초기에 작성해야 할 서류

어떤 상황에서는 내담자가 면담자를 만나기 전에 아주 긴 양식을 작성하도록 요구받는다. 다른 상황에서는 면담자가 초기 서류 작업을 완수하기 위해 내담자에게 일련의 질문들을 해야 한다. 또 다른 상황에서는 아주 긴 서류 작업을 필요로 하지는 않지만, 내담자가 면담이 끝날 무렵에 면담자 도움 없이 독립적으로 양식을 작성해야 한다. 비록 서류를 형식적으로 채우더라도, 이 절차는 전략적으로 접근해야 한다. 여러 중동 국가들에서는 서류에 적힌 서명보다도 사람이 직접 한 말과 악수가 더 가치 있고 신뢰할 만한 것으로 여겨진다. 그러므로 우리가 중동에서 최근에 이주한 사람에게 상담 회기에 대해 지불할 용의가 있는지 확인하는 서류나 비밀보장 관련 조항에 대해 제대로 이해하는지를 확인하는 서류, 또는 치료에 동의하는지를 확인하는 서류를 낸다면, 그들의 말을 의심하는 것으로 비칠 수 있다. 그 사람은 아마도 미소를 짓고 서류 더미를 우리에게 다시 건네주면서 이렇게 말할 것이다. "물론이지요, 상담 선생님. 제 말을 믿으시지요. 이걸로 충분합니다." 아니면, 그 사람은 아마 서류를 읽으면 전문가를 신뢰하지 않는 행동으로 보일 것이라 믿으며 서류를 읽지도 않고 서명할지도 모른다. 북미 원주민들은 대부분 글로 쓰인 동의서에 꽤 회의적이다. 미국이 조약을 배신한 사례가 있기 때문이다. 원주민들은 상담자 개인이 믿을 수 있는 사람인지 아닌지를 알아내기 위해 대인 간 상호 작용 신호들을 유심히 살펴보는 반면 서류는 무시해 버린다.

비록 내담자가 서류 작업을 하려고 하지 않아도, 면담자는 서류를 반드시 작성해야 한다고 주장할 필요가 있다. 이럴 때에는 서류 작성이 짐스럽다는 점을 알고 있다고 부드럽게 인정하는 것이 도움이 되지만, 면담자는 직업 수행의 일환으로 서류를 완성해야만 한다. 내담자가 문맹이거나, 영어를 읽지 못하거나, 읽을 수는 있지만 서류 양식을 이해할 수준은 아니거나, 시각 장애가 있거나, 돋보기안경을 깜빡하고 가져오지 않아서 등의 이유로 언어적 도움이 필요할 수 있음을 고려해야 한다.

만약 서류 작업이 갈등이나 스트레스를 초래할 것 같으면, 애초부터 절대적으로 필요한 양식만을 작성하도록 하고, 보다 덜 중요한 서류 작업은 연기하거나 아예 포기하는 것을 고려해야 한다.

 ## 누구를 면담할 것인가

다문화 가족을 상담할 때, 가족 구성원의 범위에 누가 포함되는가(그리고 잠재적으로 누가 심리평가와 심리치료의 대상이어야 하는가)라는 개념에 관련 당사자들이 모두 포함되는지를 명확하게 해야 한다. 어떤 가족은 확대 가족 구성원과 대부모[4]가 모든 상담 장면에 참석하기를 원할 수도 있다. 예를 들어, 확대 가족 구성원 중 한 사람 혹은, 성직자나 친구가 실제로는 상담 중에 무슨 말이 오고 가는지 감시하려는 의도를 가지고 내담자를 '도와주기 위해' 상담 시간에 같이 앉아 있겠다고 할 수도 있다. 아내를 때리는 남편은 아내가 행여나 그런 말을 할까 봐 자기 어머니가 아내와 함께 상담에 참여해야 한다고 주장할지도 모른다. 또는, 교회 장로 등이 상담에 참여할 수도 있는데, 표면적으로는 내담자에게 문화적 차이를 설명해 주기 위해서이거나 통역으로서 앉아 있는 것이지만 실제 의도는 특정한 주제에 대해 말하지 못하게 하기 위해서일 수도 있다.

부정적인 면에서 만약 추가적인 가족 구성원을 상담에 참여시킨다면 상황이 더 복잡해진다. 오고 가는 여러 대화와 서로 상반되는 관점들을 조정하는 것은 어려울 수 있다. 상담자가 오케스트라 지휘자의 역할처럼 다양한 순간마다 어떤 사람의 목소리는 증폭시키고 어떤 사람의 목소리는 낮추는 역할을 하지 않는다면 혼란만이 있을 것이다. 이것은 섬세한 작업이다. 만약 가족 중에서 서열이 높은 사람이(예를 들어, 아버지) 사회적으로 서열이 낮아 보이는 사람(예를 들어, 젊은 여성)에게 조용히 하라는

---

❹ 역자 주: 주로 가톨릭, 그리스 정교에서 쓰는 용어로, 태어난 아기의 세례식에 입회하여 그 아이에게 세례명을 주고 보증인이 되어 신앙적 후견인으로서 대리부모 역할을 하는 사람.

말을 듣는다면, 그 아버지 혹은 가족 전체가 굉장히 화를 낼 수 있다. 그러므로 상담을 하기 전에 '규칙'을 설명해 주는 것이 중요하다. 상담자가 하는 일은 모든 사람에게 말할 기회를 주는 것이므로, 때에 따라서 어떤 사람들에게는 조용히 해 달라고 요구할 수도 있음을 설명해야 한다. 그럴 때라도 상담자는 참을성 있게, 그리고 요령 있게 진행해야 한다.

나는 가족이 함께 상담에 참여해 주기를 요청한 사람을 면담에 기꺼이 초대하도록 장려하지만, 어떤 때에는 가족 구성원 각각 따로 대화를 나누는 것도 필요할 수 있다. 여러 다른 사람들을 참여시킴으로써 발생할 수 있는 잠재적인 위험성에 대해 인식하기 위해 다양한 대인관계의 진정한 역동을 이해하도록 노력하라. 이것이 항상 수월하거나 단편적인 과정이 아니기 때문에, 다양한 가족 구성원과 개별적으로 대화를 나누고, 가족 간 상호 작용을 관찰하며, 관련 전문가들에게 자문을 구하거나 제공하는 것이 이 과정에 포함될 수 있다.

긍정적인 면에서, 면담에 새로운 인물을 포함시킴으로써 원래 면담에 포함된 내담자들을 안정시키거나 안심시킬 수 있으며, 추가적인 정보를 제공받거나, 상담자의 영향력을 가족과 가족이 속한 지역 사회로 확장시킬 수도 있다. 한 사람 이상과 동시에 면담을 행하는 것은 가족의 기능 상태에 관한 총체적 그림을 보여 주면서 내담자들 간의 상호 작용을 관찰할 수 있는 기회를 제공한다.

가족 혹은 부부가 언어적인 유창성 정도에 있어 서로 상이할 때, 말을 잘하는 사람에게 귀를 더 기울이는 것이 손쉽다. 또한 말을 덜 잘하는 사람을 '대신해서' 말을 잘하는 사람이 말하도록 하는 것이 더 수월할 수 있다. 상담자는 이러한 덫에 걸리지 않도록 반드시 조심해야 하며, 상황을 정확하게 평가하기 위한 해석을 내려야 한다. 종종 타국에서 이민 온 가족의 남자는 보다 정규 교육을 많이 받고, 새로운 언어를 배우기 위한 더 많은 기회를 갖고, 권위자와 이야기하는 것을 더 편안해한다. 이러한 가족과 작업할 때 면담자는 반드시 여성의 목소리와 필요를 간과하지 않도록 최선의 노력을 기울여야 한다.

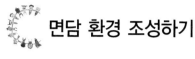

면담 환경 조성하기

전문가로서의 역할과 기관의 관행에 따라 일부 면담자는 어디서 면담을 진행할지에 대한 선택권이 있는 반면, 다른 면담자는 그렇지 못할 수도 있다. 일반적인 지침으로는 중립적인 환경에서 면담을 진행할 것을 권장한다. 그러나 어떻게 해야 '중립적인' 환경을 조성할 수 있는지, 그리고 누구를 위해 조성해야 하는지에 대해서는 구체적인 지침이 없다. 아마 완전히 중립적인 장소란 없을 것이다. 오히려, 내담자들은 우리가 어떤 장소를 고르든지 긍정적인 연상(association)과 부정적인 연상 둘 다를 갖게 된다. 좋은 면담자는 특정 환경이 면담에 어떻게 영향을 미칠지를 인식해야 하며, 면담을 통해 결론에 다다를 때 장소의 영향력을 고려해야 한다.

심리치료사로서 내가 첫 번째 한 일은 작은 도시에서 응급심리치료사로 일하는 것이었다. 근무 시간 동안 나는 심리치료실에서 위기에 처한 사람들과 면담을 했다. 호출이 될 때 내담자가 있는 장소 및 상황에 따른 결과가 어떠할 것인지와 내담자들이 제시하는 위험의 정도에 따라, 주말과 야간에 병원 응급실, 경찰서, 내담자들의 집 또는 지역 정신 병원의 대기실에서 면담을 했다. 이들 장소 각각은 내 관점뿐 아니라 내담자들의 관점을 형성하는 것처럼 보였다[이것은 행위자-관찰자 편향(actor-observer bias)이라고 일컬어진다. 만약 내가 어떤 사람을 경찰서에서 상담한다면 나는 아마 육체적인 위협에 보다 신경을 쓸 것이고, 정신 병원에서 상담을 한다면 나는 정신병 문제들에 더 주의를 기울일 것이다. 그리고 이런 염려들이 환경적 요인보다는 내담자의 특성으로 인해 생겼다고 간주하게 될 것이다.] 나는 위기에 처한 사람을 가능한 한 정확하게 평가하고 면담 장소의 영향을 떨쳐버리기 위해 부단히 노력해야 했다.

한 장소에서 한 번에 한 사람만 면담을 할 때, 우리는 그 시각, 그 장소에 있는 그 사람에 대한 순간 사진을 얻는다. 이 사진은 단 하나의 제한된 이미지일 수밖에 없어서, 단 한 번의 접촉만을 가지고 그 사람에 대해 추론하는 우리의 능력 또한 매우 제한적일 것이다.

'장소 밖'에서 면담할 가능성이 있는 면담자는 내담자에게 어디서 만나는 게 좋을지 두세 가지 대안을 줄 수 있다. 예를 들어, 아동을 면담해야 하는 사회복지사는 학교의 지정된 장소 또는 상담 기관에서 보자고 제안할 수도 있다. 피해자 진술을 받아야 하는 경찰은 피해자의 집이나 경찰서에서 피해자를 만날 수 있다. 면담을 자주 실시하는 상담자는 다른 문화적 배경을 갖고 있거나, 경제적 수준이 다른 내담자들에게 친숙한 다양한 장소, 이를 테면, 종교 시설, 학교, 아동지원센터, 병원 등과 같은 장소에서 면담을 하도록 장려된다. 인종, 문화, 경제적으로 소외된 지역의 면담자들은 그 지역 내의 다양한 잠재적 면담 장소들을 확보해 놓아야 한다. 만약 내담자들이 쉽지 않은 주제들을 이야기하기 위해 낯선 지역의 장소로 가야 한다면 그리 편한 마음이 들지는 않을 것이다.

　만약 경찰이 면담에 동참해야 한다면, 대부분의 경우 반드시 평범한 복장을 갖춰야 한다. 극히 예외적 상황이 아니라면 내담자들을 두렵게 하거나 겁먹게 하는 장면들을 보게 하지 않아야 한다(예를 들어, 무장한 경찰 혹은 수갑이나 족쇄를 찬 사람을 보는 것). 면담자가 따뜻하고 친절하면, 내담자는 보다 정확한 정보를 제공할 가능성이 높고, 필요한 경우에 상담자의 실수를 기꺼이 바로잡는 것으로 연구 결과 확인되었다 (Davis & Bottoms, 2002).

수용적인 환경 만들기

　대기실에 어떤 '에스닉(ethnic)'[5]한 가리개를 벽에 걸어 두는 것만으로는 소수민족인 내담자에게 환영받는 듯한 기분을 심어 주지 못할 수 있다. 민속적인 장식을 해 두는 것은 면담자가 할 수 있는 작은 일에 불과하다. 면담자는 다양한 문화적 배경을 지닌 내담자가 사무실을 방문했을 때 집에 있는 듯이 편안하고 환영받는 환경을 만들어 주어야 하는데, 종종 장식이 유용할 수 있다. 방이나 복도에 있는 책, 잡지, 그

---

[5] 역자 주: '민족적, 이교도의' 라는 뜻으로 특히 현대 서구 문화와 다른 민족의 토속적 양식을 의미함.

림, 표지판, 사진 그리고 포스터 등은 면담 기관에 방문하는 다양한 문화적 배경을 지닌 내담자 집단을 반영해야 한다. 소수인종 혹은 소수민족인 내담자는 이 기관이 자신의 존재와 필요를 알아차리는지를 살펴보기 위해 눈에 보이는 환경적 단서들을 흔히 훑어보게 된다. 예를 들어, 안내판이 영어로 쓰여 있는 동시에 스페인어로도 쓰여 있는가? 다양한 명절을 기념하는 관련 장식물들이 장식되어 있는가? 아니면 오직 크리스마스와 같은 기독교의 기념일 장식물만이 있는가? *Ladies Home Journal*[6] 옆에 *Essence Magazine*[7]이 꽂혀 있는가? 구내식당의 음식은 이를 테면 쌀과 국수처럼 다양한 문화적 배경을 가진 사람들에게도 거부감이 없는 음식이 포함되어 있는가? 무슬림이나 유태인처럼 종교적인 이유 때문에 돼지고기나 갑각류를 먹지 않는 사람들을 위한 음식이 준비되어 있는가? 낮에 시간을 마련할 수 없는 사람들을 위해서 초과 근무를 할 수 있는가? 통역을 언제든지 활용할 수 있는가? 다른 사람이 듣지 않을까 하는 염려 없이 내담자가 접수면접자에게 이야기할 수 있는가? 화장실에 기저귀 교환대가 있는가? 눈치 보지 않고 엄마가 아이를 수유할 수 있는 은밀한 공간이 있는가? 가족이 면담에 왔을 때 부모가 일을 보는 동안 아이들이 편안하게 기다릴 수 있는 놀이 공간이 있는가?

미국의 여러 대기실과 건물에는 국기나 애국적인 슬로건 또는 상징물이 장식되어 있다. 특히 2001년 9·11 테러 이후 더욱 그렇다. 어떤 면담자는 자신의 애국심을 강하게 표현하고 싶어 할 수도 있다. 하지만 그 같은 국수주의적인 상징물이 이민 경험에 따라 다르겠지만 다른 국가에서 온 사람들을 얼마나 당황스럽게 하는지 깨닫지 못할 수 있다. 나는 거대한 미국 국기가 매달려 있는 회의실에서 스페인어를 쓰는 상담자들과 일주일간 연수를 하다가 이 점을 알게 되었다. 엘살바도르와 니카라과에서 온 사람들은 미국이 그 국기를 내걸고 자신들 나라에 얼마나 끔찍한 일들을 자행하였는지 내게 말하였다. 직원이 내 요청을 받아들여 다음 날부터는 그 국기를 치웠다.

[6] 역자 주: 1883년에 미국에서 발행된 미국 내 대표 여성 잡지 중 하나로, 주로 백인 여성이 주 독자층임.
[7] 역자 주: 1970년에 미국에서 발행된 여성 잡지로, 흑인 여성을 독자층으로 삼음.

셋째 날 아침, 몇몇 미국인 직원들이 그 깃발을 치운 것에 대해 화를 냈으며 그 깃발을 다시 걸어 놓으라고 강력히 주장했다고 한 관리자가 내게 전해 주었다. 이를 통해 명백하게 알 수 있듯이 많은 사람들에게 국기를 걸어 놓는다는 것은 절실하면서도 민감한 문제다.

여기, 국기를 전시한 것으로 인해 소외감을 경험한 가족의 이야기가 있다.

> 레바논에서 온 한 가족은 3학년 된 딸의 선생님으로부터 딸이 학급의 다른 아이에게 성적인 접근을 하는 것을 발견했다는 연락을 받았다. 부모는 딸을 데리고 지역아동보호지원센터(local children's advocacy center)로 상담을 받으러 갔다. 혹여나 딸도 이전에 누군가로부터 비슷한 학대를 받았는지 알아 보기 위해서였다. 센터로 들어섰을 때 로비에 걸린 커다란 미국 국기와 대기실을 장식한 애국적인 플래카드들을 보기 전까지 그들은 협조적으로 행동하려고 마음먹고 있었다. 부모는 갑자기 불편함을 느꼈다. 상담자를 만났을 때 그들은 단지 마음이 바뀌어서 상담을 받지 않겠다고 말했다 (Fontes, 2005a, p. 202).

상담 기관에서 불편함을 느꼈다는 이유로 얼마나 많은 사람들이 상담을 받지 않기로 결심하거나, 덜 협조적이 되었을지 상담자는 알 수 없다. 내가 추천하는 바는, 최대한 많은 사람이 전문적인 서비스를 받도록 하기 위해 내담자에게 환영받는 느낌과 수용 받는 환경을 만들어 준다는 측면에서, 자신의 국가나 정치적인 상징을 직장에 놓아두는 것은 적절하지 않다는 것이다. 특히 이민자인 내담자에게 서비스를 제공하는 장소에서는 더욱 그렇다. 면담자는 할 수 있는 한 모든 잠재적인 내담자에게 따뜻하게 환영받는 환경을 만들어 주어야 한다(물론 개인 소유의 자동차나 집에는 애국적인 상징물을 쓸 수 있다 - 이것은 별개의 문제이므로).

나는 어떤 사람이 국가나 기타 국가의 상징물에 반대한다면 이민 와서 살게 된 새 국가에 반대하는 것이라는 인상을 심어 주는 것이 싫다. 오히려 그 반대로, 많은 이민자들은 새로이 정착한 땅에 깊이 감사하는 마음을 가지는 한편, 동시에 국가의 상징물에 불편함을 느낀다. 여호와의 증인 신도들을 포함한 어떤 소수 종교 집단들은 국기를 전시하는 것을 거부하기도 한다.

적절한 전시란

사무실에 무엇을 놓아야 할까? 물론, 그것은 면담자의 지위와 면담 분야의 일반적 규정에 따라 결정된다. 어떤 면담자는 자신의 학위 수료증들을 벽에 걸어 놓기도 한다. 특히 이러한 수료증은 해당 분야에 익숙하지 않은 내담자에게는 중요할 수 있는데, 학위 수료증은 면담자의 숙련도, 권위 그리고 전문성을 보여 준다. 이외에 어떤 면담자들은 자신의 전문적인 신뢰도를 보여 주기 위해 전문 서적이나 저널을 놓아두기도 한다. 전문 분야에 따라 가족의 사진이나 다른 개인적인 물품을 놓아둘 수도 있다. 법 집행과 관련된 직업을 가진 사람들은 가족을 위험에 빠뜨리고 싶지 않기 때문에 대부분 그렇게 하지 않는다. 정신건강과 관련된 일을 하는 사람들도 개인적인 사진을 놓아두지 않는데, 상담자에 대한 내담자의 지각에 영향을 미칠 수 있다고 생각하기 때문이다. 의료, 교육, 사회복지, 인사 관리 등과 같은 분야에서 일하는 면담자들은 그런 식으로까지 제한을 두진 않고, 업무환경을 보다 친근하게 만들기 위해 가족의 사진을 놓아둘지도 모른다. 중요한 것은, 모든 사진이 뭔가를 표현하고 있다는 것을 기억해야 한다. 만약 당신이 가족과 함께 몸을 가린 듯 만 듯한 수영복을 입고 비싸 보이는 보트에 타고 있는 사진을 놓아둔다면 그 사진이 당신에 대해 뭔가를 전달하고 있으며, 별 특징 없는 막연한 환경 속에 놓아둔 단순한 가족사진과는 대조적일 수 있다. 사무실의 장식을 통해서도 면담자가 의사소통을 한다는 것을 잊지 말자.

내담자의 집에서

내담자의 집에서 면담을 할 때는, 스스로 자신이 내담자의 집에 있다는 사실을 상기하는 것이 중요하다. 만약 비가 오거나 눈이 내리거나 우중충한 날씨에 내담자의 집을 방문했다면, 안으로 들어서기 전에 세심하게 발을 닦는 것을 잊지 말자. 만약 현관에 신발이 가지런히 정리되어 있고, 그 집 가족들은 양말을 신거나 슬리퍼를 신은 채로 걸어 다니고 있다는 것을 알아챘다면, 신발을 벗었으면 좋겠느냐고 묻고 어디서 벗으면 좋을지 물어보라. 초대를 받기 전까지는 집에 발을 들여놓는 것을 피해야 한다. 만약 당신이 안으로 들어가야 하는데 아직 초대를 받지 못했다면, 안으로 들어가기 전에 "들어가도 될까요?"라고 물어보라. 일단 문 안으로 들어오면, 집 안으로 더 들어와도 좋다는 말을 듣거나 그런 뜻이 담긴 제스처가 없는 이상은 더 이상 안으로 들어가지 말라. 또는 필요하다면 더 들어가도 될지에 대해 다시 한 번 허락을 구한다. 이렇게 함으로써 면담자는 상대방이 이 집의 통제권자임을 인정하는 것이다. 스페인어나 포르투갈어를 쓰는 많은 국가들에서는, 들어오라는 말을 들었을지라도 집안에 들어서기 전에 '꼰 뻬르미쏘(Con permiso)'나 '꽁 리 쎙싸(Com licença)'('당신의 허락하에' 뜻)라는 말을 해야 한다. 영어에서는 "들어가도 될까요?"나 "실례합니다."와 같은 말이 될 것이다. 이러한 말들은 손님이 비록 초대되어 왔다 하더라도, 집주인을 존중하는 의미를 담고 있다.

일단 집 안으로 들어왔고, 앉으라는 말을 들었다면, 일단 "어디에 앉으면 좋을까요?"라고 물어보라. 어떤 가족에게는 연장자나 아버지가 앉는 특별한 의자가 있을 수도 있으며, 그 의자에 앉는 것은 모욕적인 일로 여겨질 수도 있다. 내 동료 중에 한 명은 동물을 이용한 심리치료를 위해 양로원에 동물을 데려가는데, 최근 나에게 이런 이야기를 들려주었다. 토끼 한 마리를 데리고 어떤 집을 방문했는데, 사람들이 자신에게 다가와서 토끼를 만질 수 있게 하려고 중앙에 있는 의자에 앉았다고 한다. 그런데 발달장애가 있는 사람이 방 안으로 들어오더니 주먹으로 다른 손의 손바닥을 치며 발을 구르기 시작했고 그 사람의 흥분은 더 심해졌다. 간호보조원 한 명이 내 동료에게 그 의자는 지금 발을 구르고 있는 사람의 '것'이라고 정중하게 알려 주었다. 결론은 다음과 같다. 앉기 전에 물어보라.

일단 집 안으로 들어오라고 초대를 받으면, 대부분의 가족들이 뭔가 먹을 것이나 마실 것을 가져다 줄 것이다. 그들은 아마도 면담자가 무엇을 좋아하는지 묻거나, 간단하게 과자와 차가 담긴 쟁반을 들고 나오거나, 그들이 막 식사를 하려고 했다면 식탁에 면담자를 위해 별도의 공간을 만들 것이다. 어떤 경우에는 음식을 먹는 것이 일하는 기관의 지침에 어긋날 수도 있다. 이런 종류의 엄격한 지침은 면담자를 곤경에 처하게 할 수 있다. 지침을 따를지, 다과를 함께 함으로써 가족과의 유대를 좋게 할지 사이에서 고민하게 될 것이다. 이 딜레마를 어떻게 해결하느냐에 따라 상담자가 가족에게 받아들여지는 방식이 달라질 것이다. 어떤 문화에서는 물 한 잔, 차 한 잔 또는 사이다 한 캔과 같은 접대를 받아들이지 않으면 제공하는 사람이 모욕당한 것으로 느낀다. 한 사회복지사가 최근 캘리포니아에서 이주해 온 사람들을 만날 때마다 음식을 먹음으로써 신뢰를 다진다고 이야기하였다. 그리고 미소를 지으며 음식을 함께 나누어 먹었다는 것이 얼마나 그 가족들을 행복하게 하는지 그리고 자신이 매운 음식을 좋아해서 얼마나 다행인지에 대해 말했다. 애팔래치아 지역의 한 가정방문 아동복지 상담원은 어떤 가족이 그녀의 방문에 너무나 감사해한 나머지 가죽을 벗기고 깨끗이 씻은 다람쥐들을 특별히 그녀에게 집에 가서 요리해서 먹으라고 선물로 주었다고 한다. 그녀는 따뜻하게 그 선물을 받았다(하지만 실제로 먹는 것은 사양했다.). 식탁은 가족의 생활에서 종종 중심이 되곤 한다. 식사를 같이 함으로써 면담자는 가족의 환경에 함께할 수 있게 되고, 보다 이완된 상태에서 가족 구성원들이 어떻게 상호 작용하는지를 관찰할 기회를 얻을 수 있게 된다.

성범죄를 수사하는 데 수년을 보내다가 최근 은퇴한 한 경찰관은 스페인어를 쓰는 집에 방문했다가 요리하는 냄새를 맡으면 "냄새가 아주 좋군요! 밥과 콩 요리인가요, 닭 요리인가요, 아니면 다른 건가요?"라고 말할 수 있을 만큼 스페인어를 배웠다고 말한다. 그녀는 이렇듯 조금이라도 다른 문화의 음식에 대해 그 나라의 말로 말하는 것이 그 문화에 대한 친숙함을 보여 주는 것이고, 이렇게 함으로써 그 가족으로부터 신뢰를 얻을 수 있는 가능성을 높여 준다고 느꼈다.

반면에 어떤 여러 문화권에서는 음식을 제공받았을 때 단번에 받아들이는 것은 예의에 어긋나는 것으로 여겨진다. 만약 상담자가 음식을 받아들일 계획이라면, 안전한 방식은 다음과 같은 말을 하는 것이다. "폐 끼치고 싶지 않은데요." 그리고 나서도 그 사람이 한 번 더 제안한다면, "조금만 주세요, 감사합니다."라고 말하며 받아들일 수 있다. 만약 음식을 먹고 싶지 않다면 "방금 먹고 왔습니다. 그냥 물 한 잔만 주시면 될 것 같습니다. 정말 감사합니다."라고 말한다.

전통적인 아시아 계통의 가정에서는 일반적으로 누구에게나 해당될 수 있는 칭찬을 해도 된다. 예를 들어, "정말 멋진 집을 가지고 계시군요!" 라든지 "창문으로 빛이 들어오는 게 정말 멋있어요." 그러나 만약 집안의 특정 물건에 대한 칭찬을 한다면, 집주인은 그걸 면담자에게 선물로 주어야 할 것 같은 기분을 느낄 수 있다(Chan & Lee, 2004). 한 번은 내가 일본인 친구의 가족을 방문한 적이 있는데, 래커칠을 한 신발 한 쌍에 대해 칭찬을 했다가 너무 당황스럽게도 친구는 기어이 그 신발을 내게 선물로 주었다.

다양한 가치를 존중하기, 다양한 의미를 탐색하기 그리고 자기문화중심주의를 지양하기

면담을 시작할 때 면담자가 한순간에 비문화적 존재가 되는 것은 아니다. 오히려 무엇이 정상적이며, 자연스러운 것이며, '있는 그대로의 것과 반드시 되어야만 하는 것'에 대한 개인적인 태도를 지닌 채 면담에 임하게 된다. 비록 이러한 관점들이 문화적인 영향을 띠는 것일지라도 말이다. 이러한 태도를 가리켜 '자기문화중심주의(ethnocentrism)'라고 한다. 학교와 방송 매체에서는 대체로 주류 사회의 가치와 규준을 전파하기 때문에, 주류 사회(대부분의 서양 국가에서는 백인이며 기독교 신자이고, 자신이 살고 있는 곳에서 태어나고, 중산층이며, 이성애자를 가리킨다.)에 속한 사람들은 자신의 행동 방식을 '정상적'인 것으로 지각하고, 자신과 다른 행동 방식을 보이는 사람을 이상하거나, 비정상적이거나, 혹은 치료가 필요한 것으로 지각할 가능성이 특히 높다. 서양에서는 유럽식 가치들이 정상적인 것으로 간주되는 경향이 있는 반면, 역사적으로 다른 집단의 가치는 '에스닉'한 것으로 정상 범주에서 벗어난 것으로 여긴다(McGoldrick, Giordano, & García-Preto, 2005). 힘을 가진 사람은 문화적 배경이 없는 존재처럼 여겨지며, 힘이 없는 사람은 문화적 존재, 혹은 '에스닉'한 존재로 간주된다(Volpp, 2005).

주류 문화는 우리가 숨 쉬는 공기처럼 너무 만연해서 당연하게 여겨질 수 있다. 그러므로 주류 문화에 속한 구성원들(그리고 그 문화 내에서 훈련을 받은 면담자)은 다른 가치와 신념 체계를 지닌 사람들과의 면담 시 자기-성찰적이며 존중심을 잃지 않는 태도를 갖는 것이 특히 필수적이다. 면담자는 다른 문화적 배경을 지닌 내담자가 내리는 삶의 결정들과 어려움들이 단지 면담자에게 낯설다는 이유만으로 가치판단적이 되지 않도록 주의를 기울여야만 한다. 내담자와 면담자 사이에 관습, 종교 혹은 사회적 지위로 인한 차이가 어떻게 나타나는지 다음 사례를 살펴보자.

● 한 아프리카계 미국인 어머니는 아들을 유치원에 데려간 첫날, 아들을 양팔에 단단히 껴안고 말했다. "자, 이제 선생님 말씀을 잘 들어야 하고 선생님이 시키는 대로 해야 한다. 알아들었니?" 그러고 나서 어머니는 아들의 이마에 뽀뽀를 했다. 어머니는 소년의 외투를 옷걸이에 걸면서 아이가 착해서 아무 말썽도 일으키지 않을 것이라고 선생님에게 말했다. 백인 교사는 어머니의 말투가 지나치게 엄격하고 가혹하다고 느꼈고, 어머니에게 인상을 찌푸렸다. 교육의 중요성을 강조하면서 직설적이지만 따뜻한 지도를 하는 것이 아프리카계 미국인 가정에서는 흔하다는 것을 그 교사는 알지 못했다(Boyd-Franklin, 2003).

● 한 경찰관이 어느 중국계 가족의 집에서 닭 같이 보이는 것이 창문마다 걸려 있고, 그 밑에는 쟁반을 받쳐 두었는데, 닭으로부터 뭔가가 뚝뚝 떨어지고 있는 것을 보고 비위생적 환경으로 적발하였다. 그 경찰관은 북경오리 요리를 한 번도 접해 보지 못하였기 때문에 오리의 바삭함을 내기 위해서는 기름 제거를 위해 그렇게 하루 이상 걸어 두어야 한다는 것을 알지 못하였다.

● 한 간호사가 아이티에서 이민 온 가정을 방문한 후 가족이 살고 있는 아파트가 '지나치게 덥다'고 표현하면서, 그 가족 모두가 여름옷과 샌들을 집에서 신고 있었다는 점을 말하였다. 간호사는 그 가족이 보스턴에서 처음 겨울을 보내고 있다는 점을 알지 못하였다. 비록 그 가족은 스웨터나 두꺼운 옷을 갖고 있지만, 집 밖을 나갈 때만 껴입었다. 집에서만은 고국처럼 익숙한 대로 지내기 위해 집 안 온도를 높였던 것이다.

● 어떤 가정을 방문한 사회복지사는 혼이 나갈 정도의 혼란스러운 분위기 때문에

면담 약속을 연기해야 할지도 모른다. 생전 처음 본 아이들이 집안을 끊임없이 들락거리고, 음악은 시끄럽게 틀어져 있고, 여기저기에 빨래 더미와 옷가지가 널려 있다. 하지만 그 가족은 '빨래의 날'을 맞이하여 축제 분위기에 쌓여 있는 것이다. 이날에는 도시의 이곳저곳에 흩어져 살던 친척들이 한꺼번에 빨래를 하고, 음식을 함께 먹고, 아이들은 신나게 놀도록 내버려 둔다.

● 소송을 위한 후견인이 '항상 야간 근무에 빠지지 않으려고' 하는 점을 양육 태만의 증거로 보고하며 어떤 어머니의 양육 능력을 부정적으로 평가할 수도 있다. 그 후견인은 가족이 안전하게 살 곳을 마련하기 위해 충분한 돈을 벌기 위해 열심히 노력하는 것을 긍정적으로 여기지 않을 수 있다(Azar, 2006).

면담자가 가족의 배경이나 문화적 관습에 대해 더 많이 알수록 단지 친숙하지 않다는 이유만으로 다른 사람의 행동을 판단하지 않을 가능성이 더 높다.

하지만 친숙하지는 않아도 해가 되지 않는 것과 문제를 유발하거나 중재가 필요한 것을 구별하는 것이 항상 쉬운 일만은 아니다. 예를 들어, 가족 상담 중에 말레이시아 가족의 어머니가 남편과 아들에게 지속적으로 무시당하는 것을 사회복지사가 관찰했다고 하자. 이는 문화적 관습으로 인해 아내와 어머니를 억압하면서 여성이 선택하는 삶을 살 수 없도록 제한을 가함으로써 야기되는 가족 간 갈등인 것인가? 아니면, 이 어머니에게 이러한 관습은 자연스러운 것이어서 전혀 문제되지 않는 것인가? 혹은, 이러한 행동이 남편과 아들이 그 어머니를 신체적, 정서적으로 학대하는 이 가족만이 가진 병리적 형태를 보여 주는 것인가? 이러한 가족 역동을 상담자는 어떻게 보고할 것인가? 쉬운 일은 절대 아닐 것이다. 말레이시아 가족의 보편적 특성과 이 가족만의 특수한 배경에 대한 정보를 상담자가 갖고 있다면 답을 얻기는 더 수월할 것이다.

문화적인 관습인 것인지에 대해 의문이 들면, 비밀보장의 원칙을 깨지 않은 상태에서 그 문화에 더 익숙한 사람에게 자문을 구하라. 그리고 가족 구성원을 따로 만나서 각자가 자신의 삶을 어떻게 지각하는지 살펴보라. 상담자가 가족을 짧은 시간 동안 만나게 되면, 결론을 내리지 못한 채로 고작 관찰된 것만을 기술할 수밖에 없을 것이다.

내 스스로에게 끊임없이 되새겨야만 하는 것은 나에게 문제가 된다고 해서 반드시 내담자에게도 문제가 되는 것은 아니라는 점이다. 예를 들어, 십 대에 임신해서 아이를 양육하는 것은 바람직하지 못하며, 부정적 결과들을 낳게 될 가능성이 높다라고 나는 배웠다. 통계적으로 미국에서 십 대 임신과 양육은 다양한 문제들과 상관이 높다. 하지만 십 대에 부모가 되는 것이 모든 시대에 걸쳐 모든 가족들에게 항상 문제가 되는 것은 아니다. 코울(Koul, 2002)은 인도의 카슈미르 지역에 관해 다음과 같은 이야기를 하였다.

> 아이들도 어리고, 부모도 어리고, 조부모도 어리다. 집집마다 증조부나 증조모가 있다. 사람들은 쉴 새 없이 들락날락한다. 가족이 우리 삶의 전부이며 우리는 그 점을 사랑한다(p. 60).

해당 문제의 발생 비율과 같은 인구통계학적인 정보가 우리의 흥미를 자극하기는 하지만, 긍정적인 측면을 배제시키지 않고서 각 상황을 평가해야만 한다.

상담자와 본질적으로 다른 가치를 지닌 사람을 상담하고 면담한다는 것은 지극히 어려운 일이다. 사회에서 제기되는 가장 논란이 많은 주제들, 예를 들면 성 역할, 낙태, 전쟁, 체벌, 종교, 마약, 술, 돈 그리고 정치 문제 등이 상담실 안에서 유사한 방식으로 등장한다. 개인이 지닌 가치와 두려움 등을 없는 척하기는 쉽지 않으므로 상담 장면을 우리가 지닌 개인적 가치를 표출하는 포럼으로 만들기보다는, 내담자를 알아가는 포럼의 장이 되어야 한다. 내담자가 지닌 가치들 중 일부는 상담에서 다룰 주제들과 관련이 있기 때문에 탐색의 의미가 있지만, 다른 무관한 가치들은 상담의 초점을 흐리게 하는 것밖에 되지 않는다.

하지만 몇몇 문화적인 관습이나 가치들은 면담에서 주의 깊게 다루어질 필요가 있다. 면담자의 문화와 다른 문화에서 비롯된 행동 등은 단순히 '문화가 그러려니'하고 간주되기 싶다. 서양에서는 아동이 지나치게 많은 시간을 텔레비전을 보거나 컴퓨터 게임을 하는 데 보내는 것을 바람직하지 못하다고 여긴다. 왜냐하면 아동의 학습 시간이 줄어들고, 비만을 불러일으킬 수 있기 때문이다. 다른 예로는 여자 청소년들의 섭식장애의 원인이 될 수도 있는 날씬한 체격을 유지하도록 압력을 가하는 것이 해당된다. 서양 사람들은 대부분 이러한 것이 너무나 당연한 것이어서 '문화적'이라고 여기지 않는다.

면담자는 면담의 목적이 무엇인가에 따라 내담자의 문화적인 관습이 내담자에게 해를 끼치는지의 여부를 탐색해 볼 필요가 있다. 예를 들면, 여성의 할례는 여성에게 고통, 질병, 심지어는 사망을 초래할 수 있다. 또한 학대 수준의 훈육 방식, 조혼, 강제 결혼, 입증되지 않은 전통적인 민간요법 등을 들 수 있다.

그렇다면 문화적인 관습이 면담에서 탐색할 가치가 있는지를 결정하는 조건들은 무엇인가?

- 해당 관습이 면담의 목적과 유관한 것인가?
- 취약 계층자(예를 들면, 아동, 노인, 장애인)가 신체적 혹은 심리적 위험에 처할 가능성이 높아서 관련 기관에 보고해야 하는가?
- (비록 내담자가 관련 기관에 보고해야 하는 범주에 속하지는 않다 하더라도) 위험에 처한 상황인가?
- 관습이 야기할 해로움의 정도가 높은가?
- 관습이 법을 어기는 행위인가?
- 관습이 보편적인 인권에 반하는 행위인가?
- 피할 수 있는 관습인가?

위의 문제들은 간단하지 않다. 한 번은 학교심리학 전공 학생을 슈퍼비전한 적이 있었는데, 그 학생은 한 중학교에서 인턴 과정을 밟고 있었다. 그 중학교에는 어린아이들의 마리화나 사용을 지지하는 라스타파리(Rastafari)⑤ 종교를 믿는 가족이 많았

⑤ 역자 주: 1930년대에 자메이카에서 발생한 종교로서, 예수 그리스도를 흑인으로 보고 에티오피아의 황제 하일레 셀라시에 1세(1892~1975년)를 재림한 그리스도로 섬기며 백인 문화를 거부함. 마리화나 등을 흡입하는 것은 평화를 가져다주는 신비한 체험으로 간주함.

다. 많은 사람들을 거쳐 담당 지방 검사와의 자문 끝에, 학교는 라스타파리 종교를 믿는 가족에게 마리화나를 피우는지의 여부를 탐문하지 않기로 결정하고, 대신에 흡연의 잠재적인 해로움과 특히 마리화나의 위험에 관한 서적을 나누어 주고, 학생들 스스로가 술과 마리화나를 포함한 다양한 물질 남용의 위험에 대해 깨닫도록 하였다. 학교는 특히 학업에 방해가 되지 않도록 학기 도중에 잘 먹고, 잘 자고, 정신을 흐트러뜨리는 약물을 복용하지 않는 것과 같은 건강한 습관을 유지하는 것에 대한 강한 의지를 표명했다. 이와 관련된 자료를 상담실과 보건실에서는 특정 문화를 배격하지 않도록 적절한 방식으로 작성해서 배부하였다. 학기 도중에 약물을 복용하는 문제는 특정 문화에만 국한된 것은 아니기 때문이다.

상담자에게 찾아오는 내담자는 누구일까: 내담자의 문화적 배경 정보 파악하기

> 우리는 왜 한 개인의 정체성이 선천적이며 고정된 것이라고 가정하는 걸까? 그보다는 사회에 의해 선택되고 형성된 것이며, 끊임없이 변화할 수 있는 것은 아닐까?
>
> – 마사 미노(Martha Minow)

내담자의 문화적 배경에 관한 정보는 가능하면 첫 회기 모임 전에 수집해야 한다. 유용한 정보들로는 내담자의 연령, 종교, 가족 구성, 출신 국가(해당될 경우에는 언제 이민을 왔고, 이민을 오게 된 정황, 그리고 영어의 유창성 정도) 등이 포함된다. 인종적 정보만으로는 충분하지 않은데, 그 이유는 문화가 단순히 피부색만으로 결정되는 것이 아니기 때문이다. 예를 들어, 도미니카 공화국 출신의 피부색이 검은 사람의 문화는 뉴욕 시에서 자란 아프리카계 미국인의 문화와 같지 않다. 내담자의 인종, 문화, 종교에 관해 첫 회기 전에 조금이라도 미리 읽어 두면 내담자를 이해하는 데 훨씬 도움이 된다. 미국 원주민이 내담자라면 어느 부족 소속인지, 원주민 보호구역에서 자랐는지에 대해 물어보라. 또한 부족의 문화와 전통, 의식 등을 따르는지, 현재 거주하고 있는 지역에서 부족의 다른 사람들과 일종의 공동체를 이루면서 살고 있는지도 물어보라. 면담자 자신의 거주 지역의 역사와 더불어 내담자의 인종 집단에 관한 역사를 살펴보라. 이 인종 집단이 언제 처음 옮겨 오게 되었는가? 원래 거주지는 어디였는가? 어떤 이유로 이 지역으로 오게 되었는가? 이민 과정에서 어떤 대우를 받았는가? 그들이 원거주지를 떠나기 전, 혹은 떠나는 과정에서, 아니면 떠난 이후에 어떤 트라우마를 경험하지는 않았는가? 전반적으로 이 인종 집단에 속한 학생들은 학교 적응을 잘하고 있는가? 이 인종 집단이 한 국가 안의 다양한 인종 집단 중 하나에 속하는가? (예를 들면, 과테말라나 멕시코의 마야족, 소말리아의 반투스족, 러시아 내 유대인, 하와이제도 내 일본인 혹은 하와이 원주민)

한 집단의 문화에 관한 일반적인 정보는 인터넷, 믿을 만한 도서와 자료 등(이 책의 끝부분에 참고할 만한 문헌을 제시하였다.)을 통해 얻을 수 있다. 또한 비밀보장이 지켜지는 한 같은 문화에서 온 사람에게서 정보를 얻을 수도 있다. 나는 다른 문화에 속한 내담자를 면담하기 전에, 그 문화의 음악, 시각 예술, 영화, 시, 소설 등을 충분히 접하려고 노력한다. 이렇게 함으로써 마치 예술가가 어떤 것을 해석하듯이 내담자의 국가나 문화에 대한 '풍미'를 조금이라도 느낄 수 있다. 한 문화에 친숙해짐으로써 면담의 모든 단계에서 발생할 수 있는 오해, 예를 들면 적대적이고 불쾌감을 주는 설문지, 내담자에 대한 부적절한 환영 방식 혹은 면담 결과를 마음의 상처를 주는 방식으로 전달하는 것 등으로부터 벗어날 수 있다. 사실을 말하자면, 면담자는 자신의 문화가 아닌 다른 문화의 구성원이 될 수 없다. 하지만 문화적 이해를 더 향상시키고자 하는 노력을 기울이면 문화가 서로 다른 내담자와 면담자 간의 인터뷰와 그에 따른 면담 보고서를 위한 토대를 더욱 튼튼하게 할 수 있다.

어떤 사람에게는 정체성과 관련하여 인종보다는 국적이 덜 중요할 수 있다. 다시 말하면 힌두인은 인도, 아프리카 혹은 카리브해에 퍼져 있고, 중국인은 중국, 홍콩, 대만, 싱가포르, 필리핀 등에 살고 있다. 하지만 신중을 기울여야 할 것은 대만에 살고 있는 중국인은 누군가가 자신을 '중국인'이라고 부르면 모욕감을 느낄 수도 있다. 역사적 사건들을 통해 대만인이라는 독립된 정체성을 형성한 것에 자부심을 느끼기 때문이다. 트리니다드에서 자란 레바논계 사람은 트리니다드인이라기보다는 레바논인이라고 느낄 수 있어서 직접 개인적으로 물어보지 않고서는 알 수가 없다. 보스니아, 나이지리아, 수단, 아일랜드와 같은 국가에서는 집단 간 종교 분쟁이 있기 때문에, 어떤 사람에게는 종교가 자신의 정체성에 핵심적인 역할을 한다. 항상 그렇듯이 면담자가 정체성을 범주에 맞춰 짐작하기보다는 내담자 스스로 자신의 정체성을 밝히도록 물어보는 것이 최선이다.

또한 사람들의 세대 정보도 아는 것이 유용하다. 미국에 처음 이민 온 세대를 가리켜 일본계 미국인은 이세이(Issei)라고 부른다. 니세이(Nisei)는 미국에서 태어난 첫 세대를 일컫는다. 산세이(Sansei)는 3세대, 욘세이(Yonsei)와 고세이(Gosei)는 각각 4세대와 5세대를 가리킨다(Shibusawa, 2005). 모든 언어가 세대 정보를 담고 있지는 않지만, 이민 온 가족들 대부분은 세대 간의 차이를 매우 잘 인식하고 있다. 이민 가족들과 면담할 때, 누가, 언제, 어디에서 이민을 왔는지 파악하도록 노력하라. 왜냐하면 이러한 정보가 그들이 겪는 문제와 스트레스원을 이해하는 데 도움이 될 수 있기 때문이다(국가가 다르다는 이유로 차별을 금지하는 법을 제정한 주(州)에서는 위와 같은 정보를 취업 면접에서 묻는 게 부적절하다. 불법일 수 있기 때문이다.).

 ## 문화와 문화 적응 정도를 평가하기

면담하고 있는 사람이 소수 민족에 속한다면, 문화와 문화 적응, 즉 내담자가 주류 문화에 어느 정도 융합되어 있는지, 내담자가 어느 정도 자신의 원래 문화를 유지하고 있는지에 관한 정보를 수집할 수 있다. [그림 2-1]은 문화 적응의 각기 다른 입장과 내담자의 문화 적응 정도를 결정할 때 고려할 수 있는 몇 가지 요인들을 보여 준다.

또한 면담의 목표에 따라 내담자의 가족 구성원들의 문화 적응 패턴과 문화 적응의 차이에 따른 갈등에 관한 정보를 수집하고자 할 수 있다. 내담자와의 첫 면담 전에 다른 사람들 혹은 내담자 기록이 담긴 파일로부터 이러한 정보를 얻을 수도 있다.

문화를 평가하는 다양한 모델들이 있어서, 문화를 평가하는 것이 어떤 경우에는 바람직할 수 있다. 예를 들면, 문화 평가를 위한 면담 실시 요강(Cultural Assessment

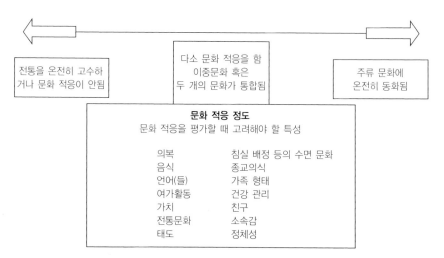

[그림 2-1] 문화 적응 스펙트럼

Interview Protocol; Grieger, 2008)은 면담에 대한 내담자의 태도, 문화적 정체성, 문화 적응 수준, 가족 구조 및 기대, 인종/문화적 정체성 발달, 편견에 대한 경험, 이민 관련 문제, 실존적/영적 문제 등을 포함한 통합적 평가에 관한 개요를 설명하고 있어서 면담 장면에 추천할 만하다. 또한 이 모델을 통해 면담자의 특성 및 행동 그리고 면담자와 내담자 간의 문화적 차이가 어떤 의미를 갖는지 고려하면서 면담자-내담자 이인관계를 평가할 수 있다.

다음의 글상자 안의 질문들에 대한 답을 고려해 보면 면담을 받고 있는 사람이 새로운 나라의 문화 안에서 얼마나 편안해 하는지를 이해하는 데 도움이 되기 때문에, 그에 따라 표준 면담 절차를 조정할 수도 있을 것이다.

이민 오지는 않았으나 소수 민족에 속한 사람들은 자신이 지닌 소수 문화를 어떻게 주류 문화에 통합시킬 수 있을지 매일매일 고민한다. 따라서 면담의 성격에 따라 이러한 고민이 탐색의 여지를 많이 남기는 장점이 되기도 한다. 예를 들자면, 카보베르데 공화국에서 온 이민자의 자녀와 심지어 증손자 세대의 자손들 중 많은 수가 가톨릭 교회와 카보베르데 사람들로만 구성된 단체나 모임을 통해 대부분의 대인관계를 형성한다. 기도 모임, 지역 사회 봉사 모임, 친교 모임, 파티 그리고 축제 등에 많

문화와 문화 적응에 관해 질문하기

다음과 같은 질문을 기술적으로 하되, 심문처럼 진행해서는 안 된다. 질문을 연이어 하지 말고, 대화를 나누는 중에 가랑비를 뿌리듯 자연스럽게 질문을 던지도록 하라. 물론, 다음의 모든 질문이 모든 상황에 항상 적절하지 않을 수 있다.

- 어디에서 태어나셨죠?
- 가족이 누구누구인지 말해 주실 수 있을까요?
- 모국어가 무엇이죠?
- 제2외국어를 할 수 있나요?*
- 집에서 사용하는 언어는 무엇인가요? (미리 짐작하지 말라. 내담자가 미국 원주민이라고 자신의 정체성을 주장한다고 하더라도 집에서는 조부모와 대화하기 위해 나바호 언어를 사용할 수도 있고, 여전히 영어를 사용할 수도 있다. 또한 친족 중 멕시코에서 온 사람이 있다면 스페인어를 사용할 수도 있다.)
- 종교는 무엇이죠? 어느 정도로 종교를 지키는지 말씀해 주시겠어요?
- 여가시간에는 무엇을 하시죠?
- 본인의 문화적 정체성은 무엇인지 말씀해 주시겠어요?
- _____ 의 어떤 측면이 당신에게 가장 중요한가요? (내담자가 응답한 용어를 사용하여)
- 본인의 가정과 이웃에 대해 말해 주실 수 있을까요?
- 만약 문제가 생긴다면 대체로 누구에게 도움을 청하시나요?
- 오늘 면담에 오신 목적은 무엇인가요?

이민 온 내담자를 위해 추가적으로 다음과 같은 질문을 할 수 있다.

- 이 나라로 오기 전에 사셨던 곳은 어디인가요?
- 언제 이 나라로 처음 오셨지요?
- 이 나라에 산 지는 총 몇 년이나 되었나요?
- 이민 과정은 어땠는지 말해 주시겠어요?**

- 이민 과정에서 가족이 겪은 경험은 어땠나요? (필요한 경우, 각 가족 구성원 간의 차이에 초점을 두고 탐색한다.)
- 이민 오신 이후 이 나라에 본인(및 가족)이 어떻게 적응하고 있는지 말해 주시겠어요?
- _____ (본국)과는 어떤 연결 고리가 남아 있는지 말씀해 주세요.
- 이 나라에 이민 오신 것과 이곳에서의 본인의 신분과 관련하여 제가 알면 도움이 될 수 있는 문제가 있을까요?

---

* 미리 짐작하지 않는 것이 중요하다. 에콰도르에서 온 사람은 대부분 스페인어를 하겠지만, 어떤 사람들은 케추아어(Quechua)를 사용하기도 한다. 또한 스페인어 대신에 볼리비아에서 온 사람은 아이마라어 (Aymara)를 사용하기도 하고, 멕시코에서 온 사람은 나와틀어(Nahuatl), 마야어(Maya) 혹은 기타 다른 토착어를 사용할 수도 있다. 카보베르데 공화국(Cape Verde) 출신인 사람은 대부분 세네갈에서 살았으므로 불어(French) 대신에 포르투갈어(Portuguese)나 크리오루어(Kriolou)를 사용하는 게 더 편할 수도 있다. 다른 언어가 더 편하더라도 아이들의 학교 적응을 돕기 위해, 혹은 이웃 사람들과 친해지려면 영어를 사용하는 게 바람직하다는 말을 듣고 집에서는 영어를 사용할 수도 있다.

** 이민을 오게 된 정황이 중요할 수 있다. 왜냐하면 새로 이민 온 국가 및 당국자들에 대해 내담자가 어떻게 느끼는지에 영향을 끼칠 수 있기 때문이다. 예를 들어, 대학원에 다니기 위해 이민을 온 내담자는 교육 수준이 높아서 공공 체계에 쉽게 적응할 수 있다. 반면에, 저임금으로 장시간 노동해야 하는 공장, 농장 혹은 매음굴에서 일하기 위해 불법 입국한 내담자들은 사회의 공공 체계 안에서 권한을 지닌 사람들에 대해 의심을 품거나 두려워하여 이들을 피하려고 하거나, 혹은 즉각적인 보호가 필요한 상황에 처해 있을 수도 있다. 이민을 오게 된 정황에 대한 질문이 내담자의 트라우마를 자극할 수 있으므로, 면담의 목적에 따라 신중히 주의를 기울여 질문해야 한다.

은 시간을 할애하는 것은 카보베르데 공동체에 둥지를 틀면서도 타국 땅에서 사는 것을 가능하게 하며, 본인들의 모국어인 크리오루어를 잊지 않게 한다. 다른 카보베르데 사람들은 주류 사회에 철저하게 동화되어, 이웃이 단지 그들의 이국적인 이름 때문에 이들이 외국에서 오지 않았을까 하고 추측할 정도로 여러 인종이 모인 지역 사회에 쉽게 융화되기도 한다.

미국 원주민도 마찬가지다. 일부는 원주민 보호구역에서 살면서 조상의 전통을 유지하기도 하고, 또 다른 일부는 보호구역에서 살되 원주민처럼 살지 않기도 한다. 많은 이들은 보호구역으로부터 멀리 떨어진 도시나 외곽 지역에서 살면서 부족의 전통이나 대인관계를 지키기도 한다. 또 다른 일부는 비원주민들과 유대를 형성하여, 비원주민의 생활양식을 갖고 자신의 뿌리는 역사적인 가공물일 뿐이라고만 지각하기도 한다.

주류 문화에서 극히 독립되어 전혀 동화되지 않은 사람들부터, 어느 정도 동화된 중간 지점의 사람들, 그리고 온전히 동화된 사람들에 이르기까지 하나의 스펙트럼을 생각할 수 있다. 아래에 논의되는 것처럼 이러한 스펙트럼이 유용하긴 하나, 지나치게 단순할 수도 있다.

한 모델에 따르면 사람들이 문화 적응이라는 도전을 극복하는 데에는 5가지 보편적인 방식이 있다(Sue & Sue, 2007).

1. 전통주의(traditionalism): 자신의 원래 문화를 유지하고, 실천에 옮기며, 소중히 여긴다. 나이가 들어 이민 온 사람들에게서 보다 흔히 나타난다.

　　예를 들어, 안토니오(Antonio)는 미국에서 살고 있는 아들 가족과 지내기 위해 50대에 그리스에서 이민 왔다. 영어를 배우려고 몇 년 동안 애썼지만 허사로 돌아가 매우 낙심했다. 새로운 나라에 대한 호기심은 사그라들고, 위성 안테나를 설치하여 그리스 텔레비전의 프로그램을 시청하고 그리스 라디오 프로그램을 듣기 시작했다. 정년을 하면 그리스로 돌아갈 거라고 끊임없이 말하면서 가능한 한 오랫동안 모국을 방문하기 위해 돈과 휴일을 아꼈다. 그리스 음식과 명절을 좋아하고, 비록 새로운 나라의 어떤 측면들은 장점도 있다고 인정하면서도 자신은 완전히 그리스 사람이라고 간주한다. 안토니오의 이런 입장은 전통주의자의 입장에 해당된다.

2. 과도기(transitional period): 과도기 동안 사람들은 모국의 문화와 새로운 나라의 문화 모두를 거부하지 않지만, 그렇다고 어떤 문화도 편안하지 않게 여기며 의구심을 품는다. 정서적으로 '이곳도 아니고 저곳에도 속하지 않는다.' 예를 들어보자.

　　아바(Abbar)는 파키스탄에서 온 십 대 청소년으로 이슬람교를 믿는다. 아바는 미국에 온 후 크리스마스 즈음에 사람들의 떠들썩한 분위기가 못마땅하다. 학급에서 하는 비밀 산타 놀이, 크리스마스 장식, 한 달 넘게 끊임없이 들리는 캐럴 등 때문이다. 아바가 가는 곳이면 어디든지 사람들이 '메리 크리스마스'라고 하는 것 같은데, 이럴 때마다 자신도 '메리 크리스마스'라고 응답하면서 그 말이 갖는 좋은 의미로 기분이 좋아지기도 한다. 반면에, 그 말이 자신에게는 무의미하고 동떨어진 말인 것처럼 느껴지기도 해서, 자신이 이슬람교를 믿는지 어떤지 이 새로운 나라의 사람들은 아무 관심이 없는 것 같아 조금 우울해지기도 한다. 하지만 아바의 삼촌 3명과 숙모들, 사촌들이 이슬람교 명절인 이드 알 아드하(Eid al-Adha), 즉 희생절을 축하하기 위해 3일 동안 아바의 작은 아파트에 몰려올 때면 고리타분한 전통처럼 느껴진다. 아파트 단지의 주차장에서 이웃들이 보는 앞에서 가족이 염소구이를 할 때면 창피하다. 밤에 여러 사촌들이 자기 방에서 함께 잠을 자는 게 무엇보다도 싫다. 모국의 문화를 좋아하기도 하지만, 어떤 면에서는 자신이 겉도는 것 같아 불편하기도 하다.

3. **주변인으로 살기**(Marginality): 어떤 사람들은 이전 국가와 새로운 국가의 문화 사이의 간격을 좁히지 못해 양 문화로부터 고립되기도 한다. 이 사람들 중 일부는 직장을 유지하지 못해 노숙자가 되기도 하고, 약물 남용에 빠지거나 범죄에 연루되기도 한다. 한계 상황에 몰리는 이민자의 많은 사람이 해결되지 않거나 치료되지 않은 트라우마 경험을 갖고 있어서 사회에서 제 역할을 수행하지 못하게 된다. 다음 예를 살펴보자.

솔레다드(Soledad)는 정치 압제를 피해 도망다니던 엘살바도르의 한 농부의 자녀로 1983년에 태어났다. 그녀는 어렸을 때 물을 길어 오던 중 친하게 지내던 사람이 총에 맞아 사망한 것을 바로 앞에서 목격했다. 이목을 끌지 않으려고 그냥 지나쳐 걸었지만 죽은 사람의 영혼이 자신을 따라오는 것을 느꼈다고 말했다. 그녀는 이른바 네르비오스(nervios)를 그 이후로 줄곧 경험하면서 악몽을 꾸고, 겁에 질려 잠에서 깨고, 큰 소리에 화들짝 놀라기도 한다고 말했다. 솔레다드의 판잣집이 2001년 지진으로 인해 무너졌고, 그녀는 남편, 딸과 함께 노숙자가 되었다. 그 당시에 솔레다드의 남편은 술을 심하게 마시기 시작했고, 솔레다드에게 점점 더 심한 폭력을 휘두르기도 했다. 솔레다드는 죽을지도 모른다는 두려움 때문에 딸을 친정어머니에게 맡기고 미국 국경으로 몰래 밀입국하여 미시간 주의 작은 마을에 살고 있던 여동생의 집으로 왔다. 솔레다드는 지역의 포도 농장과 젤리 공장에서 일하기 시작했고, 이 몇 달이 자신의 삶에서 가장 평온한 시기였다고 후에 진술했다. 하지만 남겨 둔 딸이 무척 걱정되었고, 여동생의 남편이 성적으로 추근거리자 직장에서 알고 지낸 멕시코 남자의 집으로 옮기게 되었다. 비록 멕시코 남자가 합법적인 영주권을 지닌 사람이었지만, 솔레다드를 합법적으로 미국에서 살게 할 방도는 없었다. 솔레다드는 남겨둔 딸, 어렸을 때 목격한 사망 사건, 첫 남편에게 받은 학대 그리고 지진으로 인해 잃어버린 것들에 대한 생각과 환영에 끊임없이 시달렸다. 솔레다드는 점점 편집적으로 변했고, 같이 살고 있던 남자에 대해 분노감을 표출하고, 직장에서는 점점 더 엉망이 되어 갔다. 해고를 당한 후에 무임승차로 시카고까지 간 후 결국에는 노숙자가 되었다. 솔레다드는 자신의 트라우마 경험 그리고 이민법과 가난으로 인해 제대로 사회적인 역할을 수행하기가 힘들었고, 가족의 해체를 불러올 수밖에 없었다. 솔레다드는 미국 사회의 일원이 될 수도 없었고, 엘살바도르 혹은 미국 내 이민자 사회의 일원이 될 수도 없었다.

4. **동화(Assimilation):** 동화하는 사람들은 새로운 문화의 관습과 의례를 받아들이면서 기존의 전통을 거부하거나 평가절하한다. 이러한 이민자 부모들은 모국의 언어나 전통은 고리타분하고 부적응적이라고 간주하면서 자녀들에게 모국어를 가르치지 않는다. 다음은 그러한 예다.

비토(Vito)가 어렸을 때, 이탈리아인인 어머니와 푸에르토리코인인 아버지는 영어만 배워야 하고, 되도록 빨리 미국인이 되어야 한다고 생각했다. 비록 집에서 가족끼리 있을 때는 이탈리아어와 스페인어를 섞어 말하기도 했지만 다른 사람들 앞에서는 영어로만 대화했다. 돈이 모이자마자 이민자들이 거의 없는 지역으로 이사를 갔다. 이제 어른이 된 비토는 지나치게 동화되어 성장한 자신의 모습이 후회스럽지만, 부모의 모국 문화에 거의 '마음이 가지 않는다'고 말한다.

5. 이중문화(Biculturalism): 이중문화적인 사람들은 모국 문화와 새로운 문화의 요소
들을 바탕으로 정체감을 형성한다. 두 언어 모두를 말할 수 있고, 두 문화의 명
절들을 지키고, 두 문화의 음식을 먹는다. 나아가 두 문화를 조합한 새로운 관
습을 만들 수도 있다.

　　밀워키에서 살고 있는 마이라(Mira)는 인도인이다. 부모는 집에서 힌두어를 사용하
고, 인도 음식을 먹고, 마이라가 인도 전통 무용 강습을 받도록 하기도 하고, 인도의
전통 명절을 지키기도 한다. 현재 대학생이 된 마이라는 친구들에게 인도 음식을 만들
어 주기도 하고, 인도에서 유학 온 학생들이 새로운 환경에 잘 적응할 수 있도록 자신
의 집에서 며칠을 재워 주기도 한다. 마이라의 친구들은 다양한 민족과 인종으로 구성
되어 있고, 마이라 자신은 미국 음악과 패션을 좋아한다. 마이라는 자신이 미국과 인도
의 좋은 문화를 모두 물려받아 운이 좋다고 느낀다.

　　이중문화적인 사람들 중 많은 이들은 위의 마이라처럼 두 문화의 요소를 혼합하여
독특한 정체성을 만들어 가되 각 문화의 맥락에서는 자신을 잃어버리지 않고 비교적
일관되게 행동하는, 이른바 섞인(blended) 정체성을 형성한다. 다른 이중문화적인 사
람들은 교대하기(alternation)라고 불리는 이중문화 전략을 사용한다(LaFromboise,
Coleman, & Gerton, 1993). 이 모델에 따르면 두 문화를 인식하고, 이해하며, 두 문화
의 일원으로 행동할 수 있으며, 관련 맥락에 따라 적절하게 행동을 교대할 수 있다.
달리 말하면, 집에서는(혹은 모국 문화의 다른 일원들과 함께 할 때는) 어떤 한 방식으로
행동하며, 학교, 직장 혹은 다른 공적인 맥락에서는 또 다른 방식으로 행동하는 것을
의미한다.

　　동화에 대한 위의 입장들이 고정적인 것은 아니다. 사람들은 다양한 삶의 단계에
서 다양한 방식을 취한다. 위기 시에는 자신이 어렸을 때 했던 혹은 자신의 조상들이
취했던 방식으로 회귀하기도 한다.

　　수재너(Susana)는 나바호족으로 원주민 보호구역에서 자라서 십 대 후반에 로스앤젤

레스로 이주하였고, 그곳에서 유대인 남자를 만나 결혼하였다. 자신들의 문화적 배경을 크게 의식하지 않고 자녀를 단지 미국인으로 키웠다. 결혼 30년이 지나 남편은 세상을 떠났고, 크게 상심한 수재너는 원주민 보호구역으로 되돌아갔다. 그녀의 장성한 두 딸이 수재너를 따라 보호 지역으로 갔고, 현재는 그곳에서 두 딸이 사회복지사로 일하면서 나바호 전통 방식으로 자신들의 자녀를 양육하고 있다.

앞의 사례에서 알 수 있듯이, 한 사람이 문화와 관계를 맺는 방식은 역동적이고, 유동적이며, 다면적이다. 가족은 시간이 지남에 따라 단순히 더 문화 적응적이 되거나 동화되지 않는다. 실제로 유대인 가운데 자식 세대가 부모 세대보다 더 종교적이 되기도 한다. 비슷하게, 아프리카계 미국인들 가운데 젊은 세대가 더 전통적인 아프리카 이름을 취하며 콴자(Kwanzaa)[e] 및 전통 아프리카 관습을 지키면서 주류 문화와 더 분리되려고 할 뿐 아니라 부모 세대보다 더 아프리카 뿌리를 찾으려고 한다.

한 가족 안에서도 서로 다른 속도로, 혹은 다른 방식으로 동화되는 것을 볼 수 있다. 이를 부조화된 동화(dissonant acculturation)라고 부르는데, 언어 발달 및 기타 문화 적응 간의 간격이 서로 달라서 세대 간 갈등 및 오해가 가속화되어 더 동화된 자녀가 덜 동화된 부모를 돌보게 되는 역할 뒤바뀜(role reversal)이 발생한다(Portes & Rumbaut, 2001). 예를 들어 보자.

아홉 살 된 카롤리나(Carolina)는 보스턴에서 2년을 지내고 난 후 엘살바도르 출신 엄마보다 영어를 더 잘하고, 미국 문화에 편안함을 느낀다. 카롤리나는 가족을 대신해 집에 걸려 오는 전화를 받고, 우편물을 읽어 주고, 집주인과 집세를 흥정하기도 한다. 이 때문에 카롤리나는 집안 내에서 과도한 권력을 갖게 되어 갈등이 발생하게 되었다.

[e] 역자 주: 12월 26일부터 1월 1일까지 열리는 미국 흑인들의 기념일을 가리킴. 그 해의 첫 번째 수확에 감사드리던 아프리카의 전통에 바탕을 둠.

동화의 정도가 다르다고 가족 안에서 갈등이 항상 유발되는 것은 아니다. 많은 사람들은 개인 및 가족 공동체로서 놀라울 정도로 탄력성 있게, 성공적으로 문화 적응을 하기도 한다.

이(Lee) 씨네 가족은 한국식당을 운영하고 있다. 종업원은 대부분 한국인이고, 물품 공급업체도 대부분 한국인이다. 손님들은 한국인뿐 아니라 그 외의 다른 인종 사람들이다. 부모는 한국 교회를 다니며 문화 적응에 있어 전통주의자적 입장을 취하고 있다. 큰 아들인 관(Kwan)은 고등학생인데 방과 후에 식당에서 서빙을 하고 있다. 그는 자신이 한국음식을 좋아하지 않기 때문에 비한국인 손님들에게 한국 음식을 추천하지 않는다. 관은 부모가 이탈리아 식당을 운영했으면 한다. 비록 관이 한국어를 할 수 있어도 한국인 손님들을 서빙하고 싶어 하지 않는다. 친구들에게는 '관'이라고 부르지 말고 '척(Chuck)'이라고 부르라고 한다. 관은 분명한 동화주의적 입장을 취한다. 관의 누나인 영희(Yung Hee)는 대학 2학년으로 집에서 떨어져 지내고 있다. 대학을 다니는 동안 자신이 한국인의 뿌리를 지니는 것에 대해 긍정적으로 생각했지만, 이와 동시에 영희는 영어가 더욱 유창해지고, '미국' 청년 문화에 더 편안해하고 안정감을 느끼게 되었다. 영희는 이중문화적인 입장이다.

이 씨네 가족은 딱 봐도 문화적인 복합성 때문에 곤란함을 겪고 있다. 부모는 자녀들에게 한국의 문화에 대한 자부심을 불어넣지만, 자신들보다 자녀들이 더 미국 문화에 동화될 것이라는 사실을 수용하는 듯하다. 관은 적어도 사람들 앞에서는 자신의 문화적 유산을 거부하지만, 부모는 그다지 걱정하지 않는다. 부모는 '다르다'는 것을 의식하는 것이 청소년들에게는 흔한 일임을 이해한다. 부모는 영희처럼 관이 시간이 지나면 한국인이라는 것을 포용할 것이라고 기대하고 있다.

 결 론

면담이 시작되기도 전에 미리 내린 결정은 면담에 많은 영향을 끼친다. 예를 들면,

내담자에 관한 기존의 서류들을 요청하고 검토하는 것, 면담에 누가 참석할 것인가를 결정하는 것, 어디에서 면담을 실시할지를 결정하는 것 등이 이런 결정에 포함된다. 면담 장면에 익숙하지 않은 사람들이 면담자를 만날 때 불편감을 갖는다는 사실을 기억해야 한다. 면담의 목적과 횟수를 가능한 한 분명히 전달하는 것이 중요하다. 전화 통화 시에 이러한 부분들에 대해 미리 알려 주었다고 하더라도 직접 만났을 때 다시 한 번 설명해 줄 필요가 있다. 영어를 유창하게 하지 못하는 사람이나 청력 문제가 있는 사람은 전화기에서 전달되는 정보를 이해하기가 쉽지 않을 수 있다.

면담자의 목표는 내담자, 내담자의 가족, 내담자가 속한 민족, 면담 의뢰자의 목표와 비슷하거나 크게 다르지 않다. 면담은 종종 시작할 때부터 신호가 어긋날 때가 있다. 상담자는 심리치료를 위한 접수면접을 실시한다고 생각하지만, 내담자는 망명 여부에 도움이 되려고 면담을 할 수도 있다. 길거리에서 자신에게 신분을 밝히며 다가오는 경찰을 보고 어떤 사람은 공권력 남용을 당하고 있거나 자신이 범죄 용의자로 간주되고 있다고 생각할 수 있으나, 그 경찰은 단지 시민에게 친절히 다가간다고 생각할 수 있다. 교사가 학생의 가족을 더 파악하고 싶다는 단순한 욕구로 부모님을 학교에 오시게 할 수 있지만, 해당 부모는 자녀가 학교에서 무슨 나쁜 짓을 하지는 않았는지 의심한다. 이러한 오해는 항상 일어나기 때문에 주의 깊게 내담자를 면담에 준비시키는 작업을 통해 이러한 오해를 피할 수 있다.

우리는 면담으로 인한 잠재적인 결과들에 대해 내담자들에게 알려 주어야 한다. 한 푸에르토리코 출신의 어머니가 상담센터에서 20분간 접수면접을 한 후 5일이 지나서 상담심리학자에게 전화를 걸어 아이가 하나도 바뀌지 않았다고 불평을 쏟았다. 그 어머니는 접수면접을 한 번 방문하면 바로 치료되는 의사와의 면담과 같다고 단순히 생각한 것이다(2007년 6월, M. O'Neill과의 개인적 대화에서 인용).

가정에서든, 사무실에서든, 혹은 기타 다른 장소에서 사람을 만날 때 그 사람들이 우리와 다르다고 해서 그들이 지닌 풍습을 거부하거나 부정적으로 판단하지 않도록 주의해야 한다. 한 사람의 문화, 가족, 개인이 살아 온 역사에 대해서 배움으로써 그들을 이해할 수 있다. 문화 적응의 정도와 삶에서 문화(혹은 여러 문화)가 그들의 삶에 어떤 영향을 끼치는지를 탐색함으로써 면담을 어떻게 적절하게 조율할 수 있는지 파악할 수 있다. 대부분의 삶에서 그렇듯이 면담 전에 숙제를 하고 온전히 준비된 상태로 면담에 임하게 되면 역할을 더 훌륭히 수행하게 될 것이며, 보다 생산적이고 타당하면서도 유쾌한 면담을 실시할 수 있을 것이다.

학습문제

1. 내담자에 관한 기존 자료들이 면담의 방향을 설정하는 데 어떻게 도움이 될 수 있는가?
2. 내담자에 관한 기존 자료들에 담긴 정보에만 의존하게 되면 어떤 잠재적인 위험이 발생할 수 있는가?
3. 한 번에 두 명 이상을 면담한 경우를 떠올려 보라. 이러한 면담이 갖는 장점과 단점은 무엇인가?
4. 사무실에서 면담을 실시하는 것과 내담자의 집에서 면담을 실시하는 것의 장점과 단점을 논의하라.
5. 다른 문화적 배경을 지닌 사람을 한 명 떠올려 보라. 그 사람의 문화 적응 정도 혹은 문화 적응 방식이 면담 과정에 어떤 영향을 끼칠 수 있는지를 고려하라.

더 읽을거리

Lynch, E. W., & Hanson, M. J. (Eds.). (2004). *Developing cross-cultural competence: A guide for working with children and their families* (3rd ed.). Baltimore: Brookes.

Portes, A., & Rumbaut, R. G. (2001). *Legacies: The story of the immigrant second generation.* Los Angeles: University of California Press.

Sommers-Flanagan, J., & Sommers-Flanagan, R. (2003). *Clinical interviewing* (3rd ed.). New York: Wiley.

03
편향과 경계선의 문제

이 장에서는 상담에 영향을 미칠 수 있는 편향(biases)과 경계선(boundaries) 문제에 대해 다루고 있다. 편향은 우리가 보는 것, 행동 방식, 특정한 행동이나 상태에 어떤 비중을 두는지, 그리고 면담에 대한 기록을 왜곡한다. 어떤 편향들은 정신 내면의 기본적인 과정이나 다름없을 수도 있다. 그런 편향들은 동료 면담자, 내담자 그리고 면담자 자신에게 영향을 미친다.

사람을 만날 때 많은 경우 적절한 경계선이 어디까지인지를 파악하기 힘들 수 있다. 특히 상이한 문화권의 사람들을 만날 때는 더욱 그렇다. 경계선이 침해됨으로써 편향이 형성되거나, 혹은 편향의 결과로 경계선이 침해될 수 있다.

 편 향

몇몇 편향들은 면담을 왜곡시킨다(Miller, 1984). 이런 편향에는 동기적 편향

(motivational bias)이 포함된다. 동기적 편향이란 한 개인이나 집단을 만족시키기 위해 면담자나 내담자가 특정한 결과를 만들고자 하는 것을 뜻한다. 면담을 진행하는 사람의 입장에서의 동기적 편향의 예로는, 상관의 '잡아 와'라는 명령에 압박을 받기 때문에 용의자에게서 혐의가 있는 듯한 증거를 찾아내려고 하는 경찰관의 사례를 들 수 있다. 또는 담당 건수를 20% 줄여야 한다는 말을 듣고, 내담자에게 서비스가 필요 없다는 증거를 찾아내려고 하는 사건 초기 담당관(entitlement officer)을 떠올릴 수도 있다. 내담자의 동기적 편향의 예로는, 호감 가는 인상을 주기 위해 면담자의 얼굴을 열심히 살피며 '가장 좋은 대답'을 하려는 것이다. 이러한 동기적 편향의 문제는 이 책 전반에 걸쳐 다루고 있으며, 동시에 면담자 자신의 동기에 대해 알아보고 내담자가 강압적인 분위기나 왜곡의 영향으로부터 벗어날 수 있는 여러 가능한 방법에 대해 논의할 것이다.

동기적 편향에는 간혹 문화적인 요소가 포함된다. 가끔 어떤 기관의 직원들은 한 특정 집단에서 누가 편익을 받을 것인지 또는 누가 불이익을 받을 것인지 인원수를 늘리거나 줄이라는 말을 듣게 된다. 이것은 그들을 잘못된 문화적 집단으로 분류하거나 면담 결과를 미묘한 방식으로 왜곡하는 것과 같은, 면담자가 내담자를 부정확하게 바라보는 결과를 낳을 수 있다. 내담자 또한 문화적인 동기적 편향에 영향을 받을 수 있다. 예를 들어, 내담자는 특정한 민족적 배경을 지닌 면담자에게는 더 잘 보여야 한다고(또는 그 반대) 동기화될 수 있다.

기호적 편향(notational bias)도 상담자에게 왜곡된 인상을 심어 줄 수 있다. 기호적 편향은 측정 도구, 용어, 분류 기준, 작성 양식 등과 관련이 있다. 이것에 대해서는 10장에서 훨씬 더 자세하게 다룰 것이다.

세 번째는 인지적 편향(cognitive biases)이다. 인지적 편향이란 지나치게 단순화된 정보처리 전략 때문에 사고에 오류가 생기는 것을 뜻한다. 인지적 편향은 기억이나 추정과 같은 사고 과정에 영향을 미친다. 관측 편향(observational biases)은 인지적 편향의 하위 범주로, 적절하게 관찰하는 능력을 왜곡하거나 제한시킨다.

편향 없는 관찰

언젠가 내가 내 형편없는 그림 솜씨에 대해 미술 선생님에게 불평한 적이 있었다. 선생님은 그건 전부 보는 것(seeing)의 문제라고 언급하시면서 만약 내가 정확히 보는 법을 배운다면 그림을 잘 그릴 수 있을 것이라고 말씀하셨다. 나는 그림을 그리는 것과 보는 것의 관계는 면담을 관찰하는 것과 기록을 하는 것의 관계와 비슷하다고 생각한다. 즉, 면담을 진행할 때 만약 우리 앞에 있는 사람을 위해 온 마음을 다해 함께 있을 수 있고, 왜곡 없이 그 사람을 관찰할 수 있다면, 우리는 훨씬 더 편향 없이 그 사람에 대해 기록할 수 있을 것이다. 불행하게도 어떤 심리학적 절차들은 우리가 자신과 다른 사회적 집단의 구성원들을 면담할 때 차별적인 편향이 실린 관찰을 할 가능성을 높이기도 한다.

기억의 첫 번째 단계는 부호화(encoding)다. 부호화란 사물을 충분히 지각해서 기억에 새기는 것을 뜻한다. 우리는 감각들을 통해 자세한 사항들을 알아차릴 수 있다. 면담자가 자신과 상이한 배경을 가진 사람들을 면담할 때, 이 단계에서 심각한 편향이 발생할 수 있다. 면담자가 면담을 하고 메모를 할 때, 무엇에 주목하고, 무엇에 주목하지 못하는지가 면담자의 최종 보고서에 영향을 미칠 것이다.

면담과 메모, 보고서에 영향을 미칠 수 있는 관측 편향과 인지적 편향

- 확증 편향(confirmatory bias)이란 자신의 기대에 부합하는 것은 알아차리지만 나머지는 무시하거나 가치 없는 것으로 치부하는 경향을 뜻한다. 이런 경향은 고정관념이 지속되는 이유 중 하나다. 우리는 타인을 볼 때 그 개인이 속한 집단에 대한 고정관념을 확인시켜 주는 측면에 주목하기 십상이다.

- 근본적 귀인 오류(fundamental attribution error)는 다른 사람의 행동을 그 사람의 성격이나 지속적인 특성에서 기인하는 것이라고 보는 반면, 상황의 영향은 과소평가하는 경향이다. 이런 경향은 문제가 될 수 있는데, 예를 들어 우리는 다른 서류를 살펴보거나 추가적인

면담을 실시하거나 또는 다른 정보들은 확인하지 않고, 내담자와 진행한 한 번의 면담을 기반으로 보고서를 쓴다. 만약 내담자가 한 번의 면담 도중 어떤 이유 때문에 슬픔을 느꼈고, 화가 났고, 지쳤고, 몸이 아팠고, 졸음이 왔고, 의심을 보이고, 또는 불안 때문에 너무 긴장되어서 면담을 제대로 진행하지 못했다면, 면담자는 특정한 정황으로 인한 일시적인 모습이라고 생각하기보다는 내담자의 변하지 않는 특성으로 짐작하는 경향이 있다.

• **후광 효과**(halo effect)는 어떤 사람의 외모나 성격의 한 측면이 다른 측면까지 '확대'되어 그 사람에 대한 전체적인 평가에 영향을 미치는 경향을 말한다. 예를 들어, 종종 잘생긴 사람들은 덜 매력적인 사람들에 비해 더 외향적이고 친절하다고 여긴다. 이런 경향은 보다 부정적인 특성에도 똑같이 작용하는데, 사람들은 덜 매력적이라고 여겨지는 사람들에게는 다른 부정적인 특성들을 함께 연결시켜 짐작하곤 한다. 이런 경향이 면담을 어떻게 왜곡하는지는 쉽게 찾아볼 수 있다. 예를 들어, 내담자의 옷에서 나는 음식 냄새가 면담자에게 불쾌하게 느껴지거나, 내담자가 입은 옷이 면담자가 보기에 형편없는 취향을 반영하거나, 또는 내담자가 사용하는 용어나 말이 어색하다고 느끼면, 면담자는 서로 관련이 없는 다양한 특성들 때문에 그 사람을 더 부정적으로 평가하는 경향이 있을 수 있다. 마찬가지로 면담자는 내담자의 피부색, 억양 혹은 기타 외부에 드러난 표면적인 특성에 의해 편향될 수 있다. 이것은 면담 전체에 걸쳐 면담자의 지각을 편향시킬 수 있으며, 더 중요한 특성(신뢰성, 정직, 지성 같은)에 대한 면담자의 평가에 영향을 미친다.

• **내집단 편향**(in-group bias)은 자신의 집단에 속해 있다고 여겨지는 사람에게 더 우호적인 태도를 보이는 것을 말한다. 면담을 진행할 때 면담자는 무의식적으로 내집단 편향을 보일 수 있다. 의도하지는 않았지만 면담자는 자신과 같은 연령대, 성별, 인종, 사회적 계급, 정치적 동향, 종교, 그 밖의 특성이 면담자와 유사한 사람들에게 더 집중할 수도 있다. 아마 우리는 자신과 비슷한 사람들을 더 편안하게 느끼게 되고, 결과적으로 그들을 도와주려는 마음을 더 강하게 느낄지도 모른다.

• **자기충족적 예언**(self-fulfilling prophecy)은 자신이 가지고 있는 믿음을 확인시켜 주는 행동을 이끌어 내는 경향이다. 이것은 긍정적인 방향으로도 부정적인 방향으로도 일어날

수 있다. 예를 들어, 한 의사가 말하길 자신은 이탈리아인 여성이나 라틴계 여성 환자에게는 무뚝뚝하게 대하는데, 그 환자가 '맘마미아 증후군(the mama mia syndrome)' (Fontes, 2005a, p. 8)을 가지고 있어서 관련 없는 이야기들을 과도하게 하기 때문이라고 한다. 말을 막고 퉁명스럽게 대하는 의사의 이러한 태도로 인해, 오히려 그 환자는 가능한 한 더 자세히 이야기를 해야 하지 않을까 하고 느낄 수도 있다. 모든 증상을 자세히 설명하지 않으면 의사가 모든 요인을 고려하여 살펴보지 않을 것이라고 생각할 수 있기 때문이다. 더 긍정적인 맥락에서는, 낙관적인 태도로 면담을 진행하는 상담자는 본인의 의도와 상관없이 성공적인 면담을 위한 조건을 마련할 수도 있을 것이다.

이런 인지적 편향이 면담의 결과를 어떻게 왜곡하는지를 찾아보기는 어렵지 않다. 여기에 묘사된 인지적 편향들은 자연스러운 것이고 인간적인 것이지만, 동시에 문제를 야기할 수 있으며 불공정한 결과를 이끌어 낼 수도 있는 것들이다. 하지만 이런 인지적 편향을 바로잡을 수 있는 방법들이 있다. 자기 이해를 증진시킴으로써 면담자는 자신이 간과했던 특정 부분을 볼 수 있고, 자신이 지닌 편견을 극복할 수 있게 스스로를 확장시킬 수 있다. 또한 면담자의 자기 이해가 증진되면 다른 문화적 배경을 가지고 있는 사람들에게 다가가는 것과 면담자 스스로 공정하게 행동하고 있는지를 점검하기가 보다 더 수월해진다.

덧붙여, 면담에 임하기 전에 면담자 자신을 솔직하게 살펴봄으로써 확증 편향을 갖지 않도록 자기 자신을 바로잡을 수 있다. "나는 이 사람이 어떤 사람일 것이라고 기대하고 있는가? 내가 이 사람에게서 찾고 싶어 하는 것은 무엇인가?" 첫 단계에 일단 접어들면 면담자는 면담자의 고정관념에 맞서는 이 사람의 어떤 특정한 측면이나, 이 사람이 하는 특정 진술들을 알아차리고 기록해야 한다. 면담자가 보고 기록하는 것을 의도적으로 왜곡하라는 것이 아니다. 단지 우리 모두는 관찰 시에 잠재적으로 일어날 수 있는 편향을 알아차릴 필요가 있고, 보고 듣는 것을 기록할 때 편향되지 않도록 깊은 주의를 기울여야 할 필요가 있다는 것이다.

진실된 정서적 공감과 지적인 이해를 통해 근본적 귀인 오류를 바로잡을 수 있다. 이 두 가지를 통해 '완전한 상태로' 수행할 수 있는 면담자의 능력 발휘에 방해가 되는 제약들(예를 들면, 면담에 있어서 언어적 어려움 혹은 안절부절못함)을 볼 수 있게 되고, 앞으로 발생 가능한 문제들을 탐색해 볼 수 있게 된다. 면담자는 한 번의 면담으로 내담자의 '진짜 모습'을 다 알 수 있다고 교만하게 가정하지 않고, 적절한 다른 자료들을 통해 추가적인 정보를 구할 것이다.

이민자, 테러나 자연재해의 생존자, 풍파와도 같은 삶의 변화를 최근에 겪은 사람들은 특히 확증 편향과 근본적 귀인오류의 부정적인 결과로 인해 고통을 받을 수도 있다. 역기능적 행동이 삶의 비정상적인 상황에 대한 반응이라고 보는 대신, '그들의 성격' 때문이라고 가정하는 것을 반드시 주의해야 한다. 내담자에게 이주를 하기 전, 사고가 나기 전, 재난을 겪기 전, 노숙자 보호시설에서 살기 이전에는 어땠느냐 등 '이전에는' 어땠냐고 물어보는 것이 도움이 될 수 있다. 만약 이전에는 그렇지 않다가 갑작스럽게 기능이 악화되었다면 주목할 가치가 있다. 왜냐하면 상황이 나아지거나 외부의 지원을 얻게 되면 외상 사건 이전에 기능하던 수준으로 되돌아 갈 수 있다는 뜻이기 때문이다.

예를 들어, 이민은 '매우 혼란스러운 경험이다'(Maiter & George, 2003, p. 426). 이주로 인해 부모와 자식 간의 관계가 악화될 수 있고 세대 갈등이 심해질 수 있으며 사춘기 아이들의 위험 행동 비율이 증가한다는 연구 결과들이 있다(반면에 이주는 매우 긍정적인 경험이 될 수도 있으며, 한 나라에서 다른 나라로 이사한 사람들 모두가 불행한 이주 경험을 겪지는 않는다.). 그러므로 비교적 최근 이주한 가족을 면담할 때는 이 가족이 특정한 기간에 특정한 방식으로 현재 기능하고 있음을 고려하는 것이 중요하다. 그들의 현재 행동은 미래에 잠재적으로 발생할 것을 보여 주는 것이라기보다는 정상 궤적에서 벗어난 행동에 가까울 수 있다.

면담자는 부정적인 자기충족적 예언을 긍정적인 것으로 바꿀 수 있다. 면담을 시작하면서부터 모든 면담이 다 성공적일 것이며, 관계에 필요한 라포를 형성할 수 있을 것이라고 가정해야 한다.

특별한 친분 관계와 경계선 문제

개인보다 집단을 강조하는 문화를 지닌 사람은 면담자와 내담자의 분리가 인위적인 것으로 보일 수 있어서, 전문적인 면담 관계에 대한 경계선을 형성하기가 쉽지 않다. "아프리카계 미국인의 관점에서, 도움을 주는 사람과 받는 사람은 서로 분리되어 있지 않고 정서적으로, 영적으로 연결되어 있다." (Sue & Sue, 2007, p. 65) 이런 관점을 공유하고 있는 사람들(나는 다양한 문화적 집단 사람들이 이에 포함된다고 믿는다.)은 면담자가 '객관적으로' 또는 '과학적으로' 행동하려고 노력한다는 것과 면담으로 인해 얻어지는 결과에 대해 개인적으로 관심을 두지 않는다는 개념을 이해하거나 수용하지 않을지도 모른다. 그런 내담자는 원하는 결과가 나오게 하려면 어떤 종류의 대답을 하면 좋을지 면담자에게 드러내 놓고 물어볼 수도 있다. 또는 면담자로부터 미묘한 신호들을 탐지해내어 어떤 대답이 '가장 좋을지'를 알아보거나 어떤 대답이 유리한 결과를 낳을지 파악하려고 할 수도 있다.

여러 개발 도상국과 동유럽의 국가들에서는 공공 제도도 관계를 기반으로 해서 돌아간다. 다시 말하면 개인 혹은 그 개인의 가족 중 누가 누구를 알고 있는가, 개인이 어떤 특정 정치 집단에 속하는가, 어떤 경우에는 누구에게 뇌물을 주었는가에 따라 원하는 것을 얻을 수 있다. 이민자인 내담자는 이 나라에서 최고의 대우를 제공해 줄 것이라 믿는 사회적 지위나 인맥이 없다는 사실에 절망감을 느낄 수도 있다. 그들은 힘이 있는 관리와 인맥이 없으면 면담에 '실패할' 것이라고 믿기도 한다. 반대로, 내담자는 배려심 많은 면담자가 개인적으로 개입을 해 줌으로써 모든 것을 올바르게 만들어 줄 것이라고 믿을 수도 있다[포르투갈어로 이것은 제이띵뇨(jeitinho), 도움의 손길이라고 불린다.]. 또는 내담자가 자신의 사회적 지위로 인해 특정 면담을 피할 수 있는 자격이 있거나 긍정적인 결과를 가져올 수 있을 것이라고 느낄 수도 있다. 이를테면, 한 남성이 경찰과의 면담 중 원래 자신이 살던 나라에서 자신도 경찰이었음을 언급하면서 이로 인해 특혜를 받을 것이라고 가정할 수 있다.

문화적인 사안들이 직업상의 경계선과 어떤 관련이 있는지 자각하는 것이 중요하다. 심지어 같은 문화권의 내담자를 면담할 때도 이것은 중요하다. 나는 경계선 문제에 있어 지나치게 융통성 없는 규칙을 지지하는 것이 아니다. 정반대로, 유연함을 유지하는 것이 중요하다. 예를 들어, 상황에 따라 면담자는 도움이 필요한 내담자에게 편지를 읽어 주거나 번역해 주기로 결정할 수도 있고, 도움이 되는 전화를 해 줄 수도 있고, 또는 만나는 시간에 대해서도 유연해질 수 있다. 동시에, 규칙을 왜곡하거나 본래 주어진 역할의 한계를 넘어서는 것은 면담자와 내담자 모두에게 문제를 가져다줄 수 있다. 면담자가 전문적 경계선을 잃어버리고 있음을 알았을 때, 면담자 스스로 다음과 같은 질문들을 던질 수 있다.

- 이것이 정말 내담자에게 최선의 도움이 될 것인가?
- 왜 나는 다른 사람들에 비해 특히 이 사람에게 경계선을 긋는 데 덜 단호한 것일까?
- 내가 경계를 느슨하게 둔다면, 나 자신, 내담자, 내담자의 가족 그리고 공동체의 다른 일원들에게 어떤 영향을 끼칠 것인가?
- 나는 경계를 느슨하게 만듦으로써 윤리적인 규정을 어기고 있지는 않는가, 아니면 별도의 도움이 필요한 사람에게 내 방식대로 단순히 방어적으로 도와주고 있지는 않는가?
- 나는 동료들이나 상사(슈퍼바이저)에게 내 행동을 비밀로 하려는 마음이 들지는 않는가?

앞의 질문들에 대해 생각해 보는 것은 면담자가 경계선 문제에 대해 올바른 결정을 내리도록 도와줄 것이다. 조금이라도 어떻게 해야 할지 모르겠다면, 동료들이나 슈퍼바이저와 상의하라.

면담자와 내담자 간 인종의 매칭

조직이나 기관에서는 간혹 단순히 고객들과 전문가들(또는 내담자와 상담자)의 인종 혹은 민족을 같게 매칭함으로써 문화적 딜레마를 해결할 수 있다고 믿는다. 내가 여러 가지 이유에서 직장 내 민족적 다양성을 강하게 옹호하기는 하지만, 몇몇 문제들은 인종이나 민족으로만 너무 기계적으로 매칭하는 데서 생긴다. 첫째로, 만일 우리가 내담자의 인종이나 민족에 기반해서 누가 면담을 실시할 것인가를 선택한다면, 우리는 내담자의 다른 측면들의 중요성을 부정하는 것이자, 필연적으로 내담자가 누구인지에 있어 가장 중요하며 유일한 측면이 인종이나 민족이라고 말하는 셈이다. 또한, 민족에 따른 매칭은 종종 소수집단 출신인 고객이나 내담자의 선택의 폭이 좁아지는 것을 의미한다. 즉, 다수집단 출신인 사람들은 자신들의 문제에 대해 특별한 이해를 하는 사람이나 그러한 문제를 어떻게 다루어야 하는지 보다 더 고급 훈련을 받은 사람과 작업할 수 있는 반면, 소수집단의 사람들은 선택이 제한되거나 아예 없을 수도 있는 것이다. 또한 민족에 따른 매칭은 그 자체로 질 높은 유대관계나 의사소통을 보장해 주는 것이 아니다. 오히려 면담의 다른 측면, 이를테면 힘의 불균형이나 압력과 같은 측면 때문에 유대관계나 의사소통을 더 저하시킬 수 있다(Gunaratnam, 2003a).

어떤 사람들은 전문가와 내담자를 인종이나 민족에 맞춰 짝지어 주는 것이 바람직하다는 주장을 하기도 한다. 이들은 같은 민족적 배경이 있는 전문가는 내담자를 더 잘 이해할 수 있고, 같은 인종적 집단에 속한 사람들은 자동적으로 더 나은 라포를 형성할 수 있으며, 같은 공동체에 속한 사람들의 안녕에 더 큰 관심을 기울일 것이라고 말한다. 요약하면, 매칭은 두 사람 간의 거리를 감소시키는 수단으로서 더 정확한 면담과 서비스를 얻게 하는 것으로 간주된다(Gunaratnam, 2003a). 하지만 다른 전문가들은 그러한 가정에 의문을 던지기도 한다. 예를 들어, 드수자(De Souza, 1996)는 정신건강관리 영역에서 민족에 따른 매칭은 '환원주의적이고 지나치게 단순화한'(p. 8) 것이라고 주장하였다. 그녀는 사람들을 인종이나 피부색에 기반해 매칭하는 것은 개개인을 그들의 문화적 특징으로만 환원시키는 것이고, '우리의 일에서 필수적인 부분인 전인간적인 측면에 대해서는 잊어버리게 만든다'고 주장한다(De Souza, 1996, p. 8). 또한 어떤 사람들은 내담자가 자신과 같은 인종적 배경을 지닌 사람이 자신을 면담하는 것에 대해 별로 달가워하지 않을 수도 있다고 지적한다. 그 사람들은 소수집단에 속한 전문가의 지위나 자격에 의심을 가질 수도 있고, 같은 문화집단 안에 소문이 퍼질까 봐 두려워할 수도 있고, 전문가가 다른 문화에 너무 성공적으로 동화되어서 자신들을 도와주기엔 같은 민족적 뿌리로부터 지나치게 멀어졌다고 느낄지도 모른다.

인종이나 민족에 따른 매칭 연구들에서는 현재까지 혼합된 연구결과들이 나타났다(예를 들면, Sue, Fujino, Hu, Takeuchi, & Zane, 1991). 어떤 연구들에서는 전문가의 역량과 개인적인 자질이 인종 또는 민족적 유사성보다 더 중요하다는 연구결과가 나왔다. 다른 연구들에서는 인종이나 민족적 유사성이 면담에서 중요한 것으로 드러났다(Dunkerly & Dalenberg, 1999). 반면 아동의 경우 다른 인종인 면담자에게 성학대(sexual abuse) 경험에 대해 더 잘 털어놓는 경향이 있었다(Springman & Wherry, 2006). 분명한 것은 이 주제가 단순하지 않아서 다양한 연령대, 배경 및 조건을 지닌 사람들을 인종이나 민족에 따라 매칭하는 것의 장단점에 관한 연구가 앞으로 많이 필요하다는 점이다.

인종이나 민족에 따른 매칭이 문화적 역량(cultural competence)을 성취하는 가장 중요하고도 유일한 방법으로 간주되면 조직이나 기관은 문화적 역량을 향상시킬 일련의 다른 많은 조치들을 취하는 데 경각심을 덜 갖게 된다. 인종 차별을 종식시키고자 하는 적극적인 시도가 마치 모든 사람의 책임이 아니라 소수집단에 속한 몇몇 직원들만의 고유한 문제라고 여겨질 가능성도 있다. 문화적으로 다양한 직원들을 확보하는 것은 한 기관의 문화적 역량을 함양하는 데 중요한 단계지만, 유일한 해답은 결코 아니다.

심지어 특정한 유사성에 따른 매칭이 바람직해 보일 때도, 특정한 내담자에게서 어떤 정체성이 가장 중요한 것인지 파악하기 어려울 수 있다. 성별, 나이, 교육 수준, 사회적 지위, 성격, 피부색, 문화적응 정도, 성적 지향, 생활 방식, 정치, 종교, 가치,

지역적 혹은 세대 차이, 유머 감각, 언어적 능력 등은 모두 라포에 영향을 미칠 수 있는 요소들이다. 이것 모두가 차이를 만들어 내는 축이기 때문에 특정 시점에, 특정 내담자와, 특정한 주제를 논의하기 위해 어떤 것이 가장 중요할지 미리 결정하는 것은 어려울 수 있다.

어떤 경우에는 같은 민족 혹은 국가 출신이더라도 두 사람이 부족이나 종교가 서로 다를 수 있다. 이러한 차이 때문에 면담 관계를 진전시키기가 거의 불가능해진다. 예를 들어, 내가 살고 있는 지역의 한 상담 기관이 수단 난민들을 돕기 위해 최근에 수단 출신의 사회복지사 한 명을 고용했다. 난민들은 하나같이 그 사회복지사와 일하기를 거부했다. 자기와 일할 사회복지사가 자신들을 자국에서 쫓아낸 지역의 출신이라는 이유였다. 그들은 이 사회복지사를 신뢰할 수 없었다. 난민들은 여전히 그 사회복지사를 적으로 바라보고 있었다. 이들은 자신들의 모국어를 할 수는 있지만 반목하고 있는 민족적 집단 출신인 사회복지사와 일하는 대신, 통역의 도움을 받아서라도 미국인 전문가와 상담하고자 하였다.

 ## '같은' 문화 출신인 사람과 일하기

몇몇 전문가들은 소수집단 출신이든 다수집단 출신이든 상관없이 자신이 속한 민족 출신인 내담자와 적절한 경계를 유지하는 것이 특히 어려운 일임을 깨달았다. 우리는 다른 민족 출신인 사람들에 비해 같은 민족 출신인 사람들이 원하는 직업을 얻거나 현재 제공하는 서비스로부터 이익을 받기를 보다 더 원할 수 있다. 따라서 문제를 부인하거나, 축소하거나 또는 눈감아 주려는 유혹에 빠질 수 있다. '나와 같은' 사람들이 그런 문제를 가지고 있다는 것을 공개적으로 인정하기가 너무 힘들기 때문이다. 면담을 하는 사람들은 자기와 '비슷한' 사람들이 아동복지나 형사 사법 제도, 정신건강, 그 외에 공공 제도권에 연루되지 않도록 보호해 주고 싶을 수 있다. 또한 면담자는 마치 확대 가족의 일부인 양 느껴지는 이런 사람들이 잘못된 일을 했다고 동료들에게 인정하기가 망설여질지도 모른다. 면담자는 이러한 내담자들이 처한 어려움에 지나치게 공감한 나머지 개입이 필요한 문제들을 간과할 가능성이 있다. 또는 같은 문화적 배경을 지닌 내담자가 피상적으로 말한 것을 그대로 의심 없이 받아들이고 싶어 할 수도 있는데, 다른 문화적 배경을 지닌 사람들에게는 절대로 어림없을 것이다.

반대로 빈곤이나 인종 차별, 그 외의 장애물을 스스로 극복해낸 몇몇 전문가의 경우에는, 비슷한 환경의 내담자가 가족에 대해 설명하는 것을 '눈물 짜는 이야기'라고 일축해 버린다. '나는 해냈는데 왜 당신은 못하나?' 식의 태도가 겉으로 드러날 수 있다.

많은 경우 면담자와 유사한 사람들로부터 정보를 온전히 얻어내는 것이 어려울 수 있다. 민족적 배경이 유사한 내담자는 이런 식으로 말할 수 있다. '어떤지 잘 아시잖아요.' 이렇게 말하면서 부연 설명은 하지 않는다. 인종적, 문화적, 종교적 또는 성적 지향의 유사성이 자신들의 역경에 대한 통찰을 자동적으로 가져다준다고 생각하면서 상세한 설명의 필요성은 배제하는 것이다. 이러한 현상은 또한 역으로 나타날 수 있는데, 면담자가 내담자와 비슷한 배경을 가졌기 때문에 내담자의 상황을 전부 알고 있다고 믿으면서 내담자의 구체적인 상황에 대해서는 더 알려고 하지 않는 것이다.

가끔 내담자가 서로의 공통성에 기반해 특별한 대우를 요구해올 수도 있다. 푸에르토리코에서 온 한 아버지는 마찬가지로 푸에르토리코인인 사회복지사에게 이렇게 말할지도 모른다. "형님(mano; brother), 좀 봐주십시오. 우리 보리쿠아스(boricuas)❶ 끼리는 서로 뭉쳐야죠." 비슷하게 백인 중산층 가정의 어머니는 자기 과신과 특권 의식을 내세우며 자신은 그런 부모들과는 다르게 스스로 알아서 혹은 개인 심리치료사나 주치의의 도움을 받아서 문제를 처리할 수 있기 때문에 자신은 다른 엄마들처럼 자신의 일에 끼어들 제도권 사람이 필요 없다고 말할 수 있다.

어떤 면담자들은 자신과 동일한 집단에 소속한 사람과 성적 주제 또는 기타 민감한 주제에 대해 이야기하는 것을 어려워한다. 특정한 주제를 꺼내서 이야기하거나

---

❶ 역자 주: 푸에르토리코인을 가리키는 속어.

금지된 단어를 말하는 것은 내담자 가족을 모욕하는 것과 같기 때문이다(상반된 입장
도 있다. 자신이 속한 집단 내의 사람들과 민감한 주제에 대해 토론하는 것이 더 수월하다는
사람도 있다.).

　물론 많은 상황에서 내담자와 민족적, 인종적, 문화적으로 또는 다른 정체성이 동
일하다는 것은 장점이 될 수 있다. 리치(Richie, 1996)는 흑인 여성으로서 자신의 정체
성이 가정 폭력을 참다가 폭력을 휘둘러 감옥에 수감된 흑인 여성들과의 라포를 더
쉽게 형성하게 해 주었다고 말한다. 한 유대인 변호사는 '라크모나스 간청(Rachmonas
plea)'을 하고 싶다고 언급함으로써 유대인 판사에게 접근하였다고 말한 적이 있다.
이는 성경에 나오는 요청으로, 자비를 구하는 겸손한 간청이다. 이 변호사는 판사와
공유하고 있는 공통된 문화적 지식을 이용해서 특별한 유대를 만들어 내는 것이다.
한 멕시코인 경찰은 자신이 중앙아메리카인과 멕시코인 성범죄자에게서 자백을 받
아내는 데 절대 실패하지 않을 기술을 가지고 있다고 말한다. "당신이 한 일을 하느
님은 다 알고 계시오."라고 하면 그들이 울면서 자백하게 된다는 것이다. 이 경찰은
범죄자의 문화와 종교에 대한 지식을 이용해 진실을 말하도록 만든다. 이들은 모두
의사소통을 촉진하는 데 사용된 문화적 공통성의 예다.

 ## 면담자의 자기노출

　면담자의 자기노출은 개인적인 스타일과 면담 상황에 따라 다양하다. 가끔 면담자
의 자기노출은 면담자를 보다 더 인간적으로 보이게 만든다. 예를 들어, 한 물리치료
사가 환자에게 "나도 작년에 손목이 부러졌어요. 얼마나 아픈지 압니다."라고 말한다
고 하자. 이것은 논란거리나 문제의 소지가 없다. 그러나 심리치료자가 내담자에게
"나도 편집망상에 시달리고 있어요."라고 말하는 것은 다른 문제다. 정신건강의 맥락
에서, 이러한 언급은 내담자의 관심사에 초점을 맞추지 못하게 하는 방해 요소로 간
주될 뿐 아니라 전문가에 대한 신용을 떨어뜨린다. 아메리카 원주민 내담자들은 전문
가가 어디 출신인지 스스로 밝히기를 기대한다(Sutton & Broken Nose, 2005).

면담자의 특정한 자기노출이 내담자에게 무슨 의미로 받아들여질지 알기는 어렵다. 일반적인 지속적 관계와는 별개로 면담에서의 자기노출은 "맞아요! 저도 겨울이 끝나기만 기다리고 있어요."와 같은 피상적인 자기노출이 아닌 한, 거슬리는 화제 전환이 될 수 있다.

의사의 자기노출에 대한 한 연구에서 의도한 바와는 반대인 결과가 나타났다. 의사들이 자기 자신에 대해 말하는 것은, 환자의 관심사에 대한 이야기를 더 촉진시키기보다는 오히려 방해한다는 것이다(Kolata, 2007). 많은 경우에 의사가 개인적인 이야기를 하게 되면 대화는 누가 끼어들기 전까지는 원래 토론 중이었던 문제로 절대 돌아오지 않는다. 의사들만 이 상황에 해당된다고 생각할 이유는 없다. 면담자가 자신들에 대한 정보를 자진해서 말하기 전에 자기노출이 내담자를 위한 것인지를 먼저 생각해 보는 것이 중요하다.

종교적인 상징물을 착용하기

'전문적인 영역'과 '사적 영역' 사이의 적절한 경계선에 대해서는 이 책 전반에 걸쳐 다양한 방법으로 다룰 것이다. 전통적인 훈련을 받은 심리치료자는 전형적으로 어떤 형태로든 자기노출을 피하고, 자기 자신에 대해 잘 드러내지 않고 중립성을 유지하려는 방식으로 옷을 입고 사무실을 꾸민다. 기업, 의료, 그 외 다른 영역에서의 이러한 규준은 덜 명확하다.

일터에 종교적(또는 정치적이거나 기타) 신념을 얼마만큼 드러내야 할까? 분명한 것은 상황에 따라 답이 달라진다는 점이다. 목회상담센터에서 일하는 상담자는 회기 중에 자신의 종교적인 가치를 활용해도 되며, 심지어 어떤 경우에는 기관 내 자신의 위치를 보여 주는 의복을 입는다. 반면, 일반 직장에서는 많은 사람들이 종교적(이거나 정치적)인 소속을 드러내는 차림은 피한다. 나는 십자가나 다윗의 별(a star of David),[2] 파티마의 손(a hand of Fatima),[3] 피구(figo),[4] 그 외 다른 종교적이거나 민족적인 상징물을 달거나 입음으로써 보호를 받는다고 믿거나 만족스러워하는 사람들을 지지한다. 하지만 나는 다양한 집단의 사람들을 환영하고 맞이하는 상황에서는 이러한 것들을 드러낼 필요는 없다고 생각한다. 나 같으면 이런 상징물을 가능한 한 시야에서 치워 주길 바랄 것이다(예를 들어, 상징물이 걸린 목걸이를 옷 속으로 숨길 수 있다.). 나에게 있어, 이는 자신의 정체성을 감추는 것의 문제라기보다 면담자에게 오는 모든 사람들(비록 그들이 다른 배경을 갖고 있다 하더라도)에게 면담자가 개방되어 있다는 것을 온 마음으로 표현하는 것의 문제일 수 있다.

물론, 무슬림 여인들의 히잡(hijab, 머리에 쓰는 두건)이나, 유대인 남자의 키파(kipa, 둥그런 반원 모자)나, 시크족의 파그리(pagri, 터번)와 같이 특정 종교에서는 불가피하게 눈에 띄는 시각적인 물건이 필수적일 수 있다. 하지만 이런 물품들은 그들의 종교적 관습에 대한 믿음에 따른 것이어서 감출 수 없는 것이다. 이는 쉽게 시야에서 치울 수 있는 종교적 상징물을 자발적으로 드러내는 것과는 다르다. 심지어 같은 종교를 가진 사람들끼리 면담을 할 때도, 종교적인 물품을 훤히 전시해두는 것은 당황스러울 수 있다. 나는 십자가를 단 면담자와는 대화를 피하는 천주교 신자들을 알고 있다. 자신들이 이미 포기한 천주교 정통 교리적 관점에서 그 면담자가 판단하는 것이 두렵기 때문이다.

나는 모든 사람이 이런 입장에 동의하지는 않는다는 것을 알고 있다. 합리적이고 사려 깊은 사람들이 동의하지 않을 여지가 존재한다고 믿는다. 하지만 나는 사회적으로 우세한 집단(백인, 크리스천, 현지에서 태어난 국민 등)의 사람들이 우세 집단의 상징(예를 들어, 국가나 예수의 수난상)을 사용하는 것이 소수집단 사람들에게 위압감을 줄 수 있음을 사려 깊게 고려하라고 권장하고 싶다. 그에 해당하는 사례다.

내가 사는 마을에서 최근 우리는 초등학교 교장 후보자 여럿을 면담했다. 한 후보자와의 공개 면담 도중에 십자가 목걸이가 그 후보자의 옷 밖으로 나와 있었다. 이를 본

---

❷ 역자 주: 정삼각형 두 개가 맞물린 육각별 모양의 표지로 유대교의 가장 대표적인 상징임.
❸ 역자 주: 이슬람에서 이용되는 호신 부적의 일종. 편 손을 밖으로 향한 형태가 일반적임.
❹ 역자 주: 터키나 슬라브 지역을 포함한 기타 지역에서 저주나 질투 등을 쫓기 위해 사용하는 상징물. 주먹을 쥔 상태에서 검지 손가락과 중지 손가락 사이로 엄지 손가락을 삐죽이 내민 모양이 일반적임.

유대인, 무슬림 그리고 무신론자인 가족들은 아연실색하였다. 결국 크게 동요된 한 학부모가 그 후보자에게 학교의 종교적 다양성에 대해 알고 있느냐고 묻고, 다양한 모든 아이들을 지지해 줄 수 있겠냐고 물었다. 후보자의 대답은 만족스러웠고, 그 후보자는 교장이 되었다. 하지만 우리 중 많은 사람들은 이후의 공적인 행사에서도 그녀가 계속 옷 밖으로 십자가를 보이도록 착용하는 것에 불편함을 느꼈다. 우리는 왜 그녀가 모든 집단에 개방적인 모습으로 보이는 것보다 십자가를 계속 차고 있어야 하는 것이 더 필요한지에 대해 이해할 수 없었다. 그녀가 자신의 말과는 상반되게 지속적으로 공적인 자리에 십자가를 달고 나오는 것을 보아서는 스스로 말한 바와 같이 인종적 다양성을 개방적으로 받아들일지에 대한 여부는 지켜봐야 알 일이었다. 많은 사람들은 교장이 십자가를 셔츠 안으로 집어넣어서, 모든 문화적 집단에 속한 아이들이 즉시 교장 선생님이 그들의 편이고 자신들이 이 학교에서 환영받으며, 학교도 교장도 특정 믿음을 지닌 아이들을 다른 종교를 가진 아이들보다 더 선호하지 않을 것이라고 느낄 수 있기를 바란다. 덧붙여 소수 종교집단의 아이들은 공적인 자리에서 기독교적인 상징물을 볼 때마다 자신들이 소수집단이라는 것을 상기하게 된다.

특정한 집단을 더 선호한다고 해석할 수 있는 상징물을 피하는 것은, 모두를 환영하며 그 누구도 모욕하지 않는 한 가지 방식이 될 수 있다.

 ## 뇌물과 선물의 차이

현재 거주하고 있는 나라에서는 뇌물이 불법이라고 알고 있음에도 어떤 내담자는 자신이 받은 호의적인 대우에 대한 감사의 표시로 자신이 뭔가 할 수 있는 게 있을지, 전달할 선물이 없을지, 어떤 종류의 백시시(baksheesh)[5]를 할 수는 없을지를 여전히

---

[5] 역자 주: 페르시아어에서 비롯한 말로 서양에서 행해지는 팁에 해당됨. 중동 지역이나 일부 아시아 지역에서 사례금이나 보시의 의미로 사용되기도 함.

알아볼 수도 있다. 노골적인 뇌물은 전 세계적으로 불법인 반면, 환심을 사기 위한 선물이나 돈은 세계의 여러 곳에서 일반적인 절차다(다른 나라를 살펴볼 필요도 없이 미국에서도 흔한 예로, 제약회사에서 의사들에게 식사를 대접하고, 휴가를 보내주고, 그 외 다른 선물을 주는 것 등이 있다.). 만일 그런 행동이 당연한 것으로 여겨지거나 심지어는 의무적인 것으로 여겨지는 국가에서 온 사람에게 선물을 받게 된다면, 여러 종류의 반응을 할 수 있다. 화를 내거나 방어적으로 반응하는 대신, 이런 행동이 현재 살고 있는 나라에서는 어떤 식으로 받아들여지는지 단순히 가르쳐 주는 기회로 삼을 수 있다. 내담자의 호의에 감사를 표하면서 동시에 이런 선물을 받는 것은 비윤리적인 일이 될 것이라고 설명한다. 현재 살고 있는 국가나 기관에서는 선물을 하는 것이 꼭 필요한 일이 아니고, 오히려 받아들여지지 않는 행동이라는 것을 내담자에게 이해시킨다. 물론 만약 이런 종류의 상황에 대처하기 위한 지침사항이 기관에 마련되어 있다면, 반드시 준수해야 할 것이다.

반면에, 어떤 문화권의 사람들은 전문가에게 정기적으로 작은 선물을 보낸다. 어떤 보답을 받으리라는 기대 없이 그저 감사의 표현으로 보내는 선물이다. 예를 들어, 북아메리카의 많은 교사들은 연말이 되면 일본인, 한국인, 태국인 학부모들로부터 정성스럽게 포장된 작은 선물을 받고 놀라곤 한다. 보통의 경우 금전적 가치가 별로 없는 물품들이긴 하지만, 해당 문화에서는 당연히 서로 할 것이라고 기대하는 감사의 표현이다. 따라서 그런 선물들은 자신의 자녀에게 특별 대우를 해달라고 주는 것이 아니어서 선물을 거절하면 학부모들의 마음이 상할 가능성이 높다.

한국어의 '은혜(unhae)'라는 개념은 이러한 호혜성과 관련이 있다. '정중하게 받고, 기꺼이 보답하는 호의'(Chan & Lee, 2004, p. 282)다. 전문가에게 도움을 받으면, 도움 받은 사람들은 일종의 빚을 진 것으로 생각한다. 하지만 전문가는 그들에게 도움을 받을 필요가 없어서, 내담자나 그 가족들은 선물을 주거나 저녁식사에 초대하는 식으로 감사의 표현을 한다. 이런 제안을 거절한다면 이는 거부의 표현으로 받아들여지고 제안한 사람은 면목이 없어질 것이다. 이런 상황에 처하게 되면 어떤 방법이 요령 있고 세심한 방법일지 사려 깊게 생각해야 한다.

많은 문화권에서 선물을 주고받는 데에는 특정한 의례가 있다. 예를 들어, 한국인들은 선물을 준 사람 앞에서 선물을 풀어 보지 않는다. 일본인들은 선물을 주거나 받을 때 살짝 절을 하면서 두 손으로 건네야 한다.

선물이 선의를 증진시키기 위한 감사와 애정의 표현인지, 아니면 노골적인 뇌물인지 구분하기는 어려울 수 있다. 일반적으로 면담자가 일하는 기관이 선물을 받는 것에 대한 정책을 세워 놓은 것이 없고, 선물의 금전적 가치가 미미하고, 그 사람에게서 선물을 받았다고 해서 그 사람에 대한 태도가 변하지 않을 것이 확실하고, 동료들이나 상사에게 선물을 받은 사실을 숨길 필요를 느끼지 않고, 그 선물이 특별 대우를 기대하고 주어진 것이 아니라는 확신이 있다면, 그때는 아마 선물을 받아도 될 것이다. 뭔가 확실치 않다면, 동료들과 상사의 의견을 확인해 보라.

전문가로서 면담자도 가끔 선물을 주고 싶은 유혹에 빠진다. 도움이 필요한 가족에게 식료품을 사주고 심지어는 집세를 내준 경찰들과 사회복지사들, 또한 아이들에게 봉제 인형이며 장난감들을 선물한 상담자나, 내담자에게 책을 선물한 심리치료자 등이 있다. 많은 경우 전문기관에서는 이런 상황에 대한 지침사항을 마련해 놓고 있으며, 대부분 선물을 주는 것을 명백히 금지한다.

세상에는 많은 종류의 선물들이 있으며, 각각 다른 의미가 있다. 면담이나 병원 검진이 끝나고 나가는 길에 아이들에게 작은 장난감들이 담긴 바구니, 칫솔, 책 등의 선물을 고르도록 하는 것은 논란거리가 되지 않는 것으로 보인다. 이런 선물은 모든 아이들에게 동일하게 주어지는 것이고, 명백하게 보답을 받을 의도가 없는 것들이다.

우리는 여러 다른 종류의 선물이 갖는 의미를 스스로 물어보아야 한다. 한 변호사는 법인 관련 사건 때문에 증언 조사를 위해 일본으로 갔는데, 진술을 하려는 남자에게 주려고 의도적으로 비행기 안에서 와인 한 병을 샀다. 그 변호사는 일본에서는 격식을 갖추지 않고 세심한 배려가 담기지 않은 선물은 받는 사람에게 모욕으로 여겨질 수 있다는 말을 이전에 들었는데, 이것은 증인의 심사를 흔들어 놓기 위한 변호사의 계획 중 일부였던 것이다.

아이에게 선물을 주기 전에는 부모의 허락을 구해야 한다. 장난감을 많이 사줄 수 없는 형편인 일부 부모에게는 가족 외의 사람이 아이에게 커다란 선물을 해 주는 것은 아이의 애정을 빼앗아 가려는 시도로 보일지도 모른다. 또는 부모의 체면이 사라지게 하는 행동으로 보일 수도 있다. 나는 집안 형편이 어려운 가정의 아이를 장난감 가게에 데려가서 "네가 원하는 장난감 하나를 사주마."라고 말한 전문가들을 알고 있다. 물론 아이는 매우 기뻐했지만 그 부모는 당황스러워했다. 그들은 아이에게 그렇게 해 줄 수 없었기 때문이다. 또한 미니스커트를 입은 바비 인형이나, 무기를 본 딴 것과 같은 일부 장난감들은 어떤 가정에서는 부적절한 것으로 받아들여져서 허용하지 않을 수 있다.

가끔은 여러 기관에서도 저소득 가정의 아이들에게 선물을 주기도 한다. 명절 동안 시행하는 프로그램으로 부모가 특정한 장난감을 자신의 아이를 위해 요청하면 기관의 직원이 요청한 선물을 사 주는 것이다. 그 기관은 장난감을 포장지와 함께 주어서 부모가 장난감을 포장하고 직접 아이에게 가져다줄 수 있도록 한다. 이런 방법을 통해서 기관의 직원들은 관심 있는 아이들에게 선물을 해 주는 기쁨을 느끼고, 부모들은 구매할 형편이 되지 않았던 선물을 아이들에게 줄 수 있다. 또한 다른 사람이 사 준 것을 전달했다는 사실이 겉으로 드러나지 않아, 그 가정은 굴욕감을 느끼지 않고 자존감을 유지할 수 있다. 이런 방법은 선물을 주는 사람이 익명으로 처리된다는 것 때문에 기부자가 덜 만족스러울 수도 있지만, 이런 방식이 받는 사람에게는 더 나은 방법일 수 있다는 것을 알게 되면 나름 보상이 된다.

면담에서 선물은 어떤 의미를 가지는가

- 도움과 협조에 대한 감사의 표현
- '아무런 대가 없이' 주는 것
- '빚을 진' 관계로 이해해서, 선물을 줌으로써 더 이상 빚을 지지 않으려는 의도
- 받는 사람에게 굴욕감을 주려는 의도
- 받는 사람의 입을 막으려 압박을 하거나, 다른 사람들을 배신하라거나, 특정한 반응을 보이라거나, 그 외 정직성이 의심스러운 행동에 가담하라고 압력을 넣는 의도
- 보답으로 성적인 호의를 얻을 거라는 기대

위기 상황에서 경계선을 유지하기

소머스 플래너건(Sommers Flanagan, 2007)은 윤리적 문제와 위기 개입(crisis interventions)에 관한 흥미로운 기사에서 다음과 같이 서술했다. 위기나 재난은 개입에 참여한 모든 사람들의 정서적 강도를 증가시키고, 꼼꼼한 검토 절차를 덜 거친 상태에서 종종 일어난다. 위기 상황과 인도주의적 상황에서 면담자가 고려할 수 있는 문화적인 사항을 살펴보도록 하자.

내담자는 위기 상황에서 심리적인 자기방어를 제대로 하지 못하게 되고, 따라서 평소와는 다르게 행동하거나 다른 상황이었다면 드러내지 않았을 정보를 드러내게 된다. 비록 이것이 면담자의 목적에 부합하더라도, 우리는 이 사람이 그 드러난 기억과 함께 살아가야 한다는 사실과 그것이 초래할 수 있는 모든 중요한 결과들, 예를 들면 지역 사회로부터의 배척, 물리적 폭력을 가하겠다는 위협, 수치심 등을 안고 살아가야 함을 반드시 기억해야 한다. 그러므로 우리는 드러나는 정보를 적절히 조심스럽게 그리고 비밀보장의 원칙을 통해 다루어야 한다.

위기 상황에서 면담을 하고 상담을 위한 개입을 실시할 때 상담자는 종종 내담자가 경험하는 스트레스원과 같은 종류의 스트레스원을 접하게 되므로 최상의 분별력을 통해 판단하지 못할 가능성이 있다. 비록 면담자가 위기 상황에서 쉬운 길을 택하여 빠져 나오려 하더라도, 면담자는 여전히 내담자와 같은 냄새를 맡고 내담자와 같은 시선으로 바라본다. 위기 상황에 놓인 사람을 면담할 때에는 그 사람에 대해 강렬한 감정을 갖게 되기 쉽다. 그리하여 그 사람을 '모두 좋은' 완벽한 희생자라고 보거나, 또는 어떤 식으로든 그 역경을 받아 마땅하고 도움을 받을 가치가 없는 '모두 나쁜' 사람으로 바라보는 실수를 범하기 쉽다. 이렇게 내담자를 극과 극으로 나누는 것은 면담자가 내담자의 문화에 대해 이해하지 못하고 있을 때 더욱 잘 일어나는 일이다. 면담자는 내담자의 몸짓을 오해할 수 있다. 예를 들어, 단순히 절망의 표현이거나 도움을 주는 사람에게 도움을 요청하려는 표현일 수 있는 울면서 달려드는 행동을 성적 또는 로맨틱한 접근으로 잘못 이해할 수 있다. 플래너건은 면담자가 구원자나 슈퍼히어로가 될 수 있다는 환상을 버리라고 강력히 충고한다. 나도 주의 사항을 덧붙이자면, 우리가 내담자를 개인적으로 고칠 수 있고 사람을 믿도록 만들 수 있다고 상상하는 것, 심지어는 절박한 사람의 배우자, 연인, 부모의 역할을 떠맡는 것은 삼가야 한다. 이런 상황에는 비윤리적인 행동이 일어날 가능성이 만연하다(면담자의 내담자에 대한 착취를 예로 들 수 있다.).

 같은 이유로, 면담자는 내담자의 거친 반응이나 적대적인 행동을 그 사람이 나쁘다는 것으로 해석하거나, 우리에게 특별히 화가 난 것으로 생각할 수 있다. 그 사람은 단순히 절망에 빠졌거나, 세상 전체에 화가 났거나, 그의 절망을 불러일으키는 데 공헌한 어떤 종류의 권위를 면담자가 대표하는 게 아닌가 단지 의심스러워하고 있을 수도 있다. 면담자는 내담자가 고마움을 확실히 표현하지 않는 것을 보고 모욕당한 기분이 되거나 혐오감을 느낄 수도 있다. 특히 무보수로 자원해 면담을 제공한 경우에는 더욱 그럴 것이다. 가끔씩 위기 상황에 놓인 사람들은 우리의 눈에 탐욕스러워 보일 수 있다. 면담자가 그들에게 제공한 것을 폄하하고(가끔은, 아예 손상시킨다.), 더 많은 것을 요구하거나, 다른 사람이 제공한 것과 우리가 제공한 것을 불리하게 비교하며 깎아내릴 때 그렇다. 때때로 위기에 놓인 사람은 자기 자신을 방어할 능력이 적은 사람들, 아마 가족 중 여자나 아이들에게 냉담하게 굴거나 심지어는 잔인해질 수 있다. 우리는 응징이나 고통을 가하고 싶은 개인적인 욕망에서 위기에 놓인 내담자에게 화를 내거나, 처벌적으로 반응해서는 안 된다. 요약하자면 면담자는 위기 상황이 야기하는 공격적인 충동에 굴복하지 말아야 한다.

 면담자가 처하는 강력한 맥락하에서는 전문적인 윤리적 지침이나, 슈퍼바이저나 기관을 통한 지침이 면담자 자신과는 상관이 없는 것처럼 보일 수 있다. 위기나 갈등 상황에서 면담자나 심문자는 제네바 협정(Geneva Convention)과 같은 중요한 문건을 잊어버리거나 무시할 수 있다. 또한 가끔은 스스로의 인간성마저 저버리기도 한다. 위기 상황에서는 다른 상황에서보다 윤리적 위반이 더욱 심각해진다. 위기 상황에서도 면담자는 면담에서 요구되는 윤리적 규범을 지키기 위해 동료들, 슈퍼바이저들, 그리고 우리 자신의 양심을 확인해 보아야 한다.

결 론

우리는 면담이 공정하고 정의롭기를 바란다. 하지만 그것이 간단히 이루어질 수는 없다. 면담자, 면담자가 접촉하는 여러 사람들, 내담자들 모두가 편향에 영향을 받는다. 면담의 결과에 관심이 있는 이해 당사자들은 면담자에게 순수하게 객관적이고 편견 없는 정보를 제공하지 않는다. 따라서 면담자는 다른 곳에서 얻은 정보를 포함하여 고려할 필요가 있다.

마찬가지로 내담자와의 관계에서 적절한 경계선이 어딘지 알아내기는 쉽지 않다. 윤리적인 문제를 고려했을 때, 슈퍼바이저나 동료들과 상의하고 윤리적 지침을 참고해 합리적인 결정을 내리는 것이 필수적이다. 전문성 영역의 경계선을 넘어가고픈 유혹과 같은 윤리적 딜레마에 마주했을 때에는, 진실한 자세로 '옳은 일을 행하는' 것이 중요하다. 심지어 옳은 일을 하는 것이 불쾌하거나, 실망스럽거나, 어떤 면에서는 면담자에게 위험한 일일지라도 말이다. 더불어 윤리적 경계선이 분명하지 않은 상황에서는 면담자의 판단 과정과 조치했던 행동 모두를 문서화하는 것이 중요하다.

편향과 경계선에 대한 윤리적 문제들은 여러 문화가 섞인 상황에서 일할 때 특히 신중을 요한다. 이런 문제가 발생하면 면담자는 경계심을 갖고 주의 깊게 대처해야 한다.

학습문제

1. 이 장에서 논의한 인지적 편향들, 즉 확증 편향, 근본적 귀인오류, 후광 효과, 내집단 편향, 자기충족적 예언을 검토해 보라. 이런 편향들이 나타난 개인적 경험이나 전문적 경험에 대해 토론해 보라.

2. 예를 들어, 내담자가 당신에게 수제 케이크를 선물한다면 당신은 어떻게 하겠는가? 그렇게 하겠다는 이유는 무엇인가? 내담자가 당신에게 은으로 만든 열쇠고리를 선물해 주었다면

어떻게 하겠는가? 그렇게 하겠다는 이유는 무엇인가?

3. 다음 시나리오에 대해 상상해 보라. 스티브는 당신과 같은 직업을 가지고 있는데, 그날의 마지막 면담을 진행하고 있었다. 저소득 가정 출신인 내담자는 집 근처의 교통이 좋지 않으므로 자신을 집까지 태워다 줄 수 있냐고 물었다. 스티브는 차가 있다. 스티브는 이 내담자를 집으로 태워다 주어야 할까? 그렇다면 그 이유는 무엇이고 그렇지 않다면 그 이유는 무엇인가? 어떤 요인들을 고려해 보아야 하는가? 내담자가 젊은 여성이거나 나이든 남자라면 그것이 문제가 될 것인가?

더 읽을거리

Dana, R. H. (2005). *Multicultural assessment: Principles, applications, and examples*. Mahwah, NJ: Erlbaum.

Sommers-Flanagan, R., & Sommers-Flanagan, J. (2006). *Becoming an ethical helping professional: Cultural and philosophical foundations*. New York: Wiley.

Yoshino, K. (2006). *Covering: The hidden assault on our civil rights*. New York: Random House.

04

적절한 분위기를 형성하기:
라포를 형성하고 존중심을 전달하기

　면담자의 어조, 태도 그리고 단어들의 미묘한 사용은 내담자로 하여금 다양한 기분을 느끼게 할 수 있다. 내담자는 수치스러움을 느끼거나, 피해를 입은 것처럼 느끼거나, 비난받은 것처럼 느끼거나, 괴롭힘을 당한 것 같거나, 굴욕감을 느끼거나, 용기가 북돋워지거나, 힘을 얻은 것 같거나, 확인을 받은 기분이거나, 지지를 받는 느낌을 가질 수 있다. 이 장에서 나는 면담을 통해 결과적으로 단절이 아닌 유대를 얻을 수 있는 방법들을 살펴보고자 한다. 이 같은 면담 과정은 면담을 보다 유쾌한 경험으로 만들 뿐만 아니라 면담자가 얻을 수 있는 정확한 정보의 양도 늘려 줄 것이다. 다문화 장면에서는 면담자의 접근 방법 중 몇 가지는 반드시 바뀌어야 한다.

　일반적으로 우리는 이 장뿐만 아니라 5장에서 다루게 될 목소리, 말씨 등 일련의 비언어적 의사소통을 이루는 주요 요소들에 특별한 주의를 기울임으로써 상대방을 강압적으로 대하는 듯하거나 밀어붙이는 것 같은 분위기를 최소화해야 한다. 면담자는 가능한 한 내담자가 자신의 개인적인 경험에 대해 스스로 선택한 방법과 속도로 이야기하고 평가할 수 있도록 내버려 두어야 한다. 면담자의 탐색은 면담에 응하는 사람들의 진가와 가치를 확인하는 작업이어야만 한다.

 태 도

　내담자에 대한 면담자의 관심을 전달하기 위한 비언어적 행동들은 '관심 기울이기 행동(attending behaviors)'이라고 불리며, 이에 대해서는 5장에서 다룰 것이다. 명백히 면담자는 적절하게 눈을 맞추고, 고개를 끄덕이고, 몸을 앞으로 기울이는 식의 관심을 보이는 행동으로써 내담자와 관계를 쌓는다. 하지만 이런 행동들이 마음속에서 나오는 대신 너무 기계적으로 시행되는 것이라면, 그것만으로는 부족하다. 나는 면담자가 마치 주의를 기울이는 것 '처럼' 보이기 위해 특정한 행동들을 단순히 보여 주는 것 이상의 행동을 하기를 권장한다. 더 정확히 말하면, 면담자가 자신 앞에 있는 내담자에게 마음을 열고 인간애를 드러내기 위해 최선을 다하고, 그럼으로써 실제로 그들의 안녕(well-being)에 주의를 기울이라고 격려하는 바다. 내담자가 거짓되거나 불쾌한 느낌을 주는 사람이더라도, 진정한 감정의 차원에서 내담자와 연결될 수 있다면, 면담자가 얻는 정보의 양과 질은 보다 더 향상될 것이다.

　면담자는 면담이 진행되면서 새로운 주제가 떠오르고 관계가 깊어지는 동안에도 지속적으로 라포를 형성해야 한다. 많은 사람들은 전문적인 역할을 맡을 때 차갑고 거리를 두는 태도를 취한다. 대신, 나는 면담자가 따뜻하고 이완되며 지원을 아끼지 않으며 판단을 내리지 않는 태도를 보이도록 장려한다. 내담자가 상당히 안심을 해야 하는 다문화 면담에서는 더욱 그렇다. 면담자는 자신이 주의를 기울이고 있으며 내담자의 이야기에 관심이 있고, 자신이 믿을 수 있는 사람이라는 것을 내담자에게 전달하고 싶을 것이다. 면담자가 일반적인 공감을 보여 주는 대신에, 내담자 개인을 향한 개인적이고 구체적인 돌봄을 보여 주어야 한다. 이는 친교의 시간으로 면담을 시작하고, 내담자의 구체적인 상황에 관한 세부적인 내용을 기억하고, 내담자의 관심사에 진심으로 경청함으로써 성취될 수 있다.

　개인적인 관계는 많은 문화권에서 면담의 주요 열쇠로 작용할 수 있다. 한국어에는 정(jeong)이라는 단어가 있는데 이는 '사회적 맥락에 따라 그 정도는 각기 다르지만, 공감, 동정, 감정적 애착, 온화함의 조합'을 뜻한다(Kim & Ryu, 2005, p. 353). 한국인은 면담자에게서 이런 정의 신호를 관찰하려고 하면서, 면담자가 타인의 평안에 대한 관심을 드러내는지, 상담자 본인의 인간성을 드러내고 있는지 살피려고 할 것이다. 영어에는 정과 완벽히 대응하는 단어가 없다. 그럼에도 불구하고 내담자들은 이와 같은 특성을 감지하고 이러한 특성이 표현되었을 때 잘 반응할 것이다.

면담을 하는 사람은 자신만의 목표(agenda)가 있다. 면담은 하루의 일과 중 하나로 평범한 일상이거나, 또는 어떠한 이유로 그다지 별로 중요하지 않은 업무일 수도 있다. 하지만 면담은 내담자의 삶에서 엄청나게 중요한 것일 수 있다는 사실을 유념해야 한다. 대부분의 면담이 내담자에게는 삶을 바꿔 놓을 전조가 되기 때문에 내담자를 겁에 질리게 하거나, 방어적으로 만들거나, 불안하게 하거나, 화가 나게 하거나, 또는 과도하게 순응하는 태도를 이끌어 낼 수도 있다. 따라서 면담자는 내담자를 마음 편하게 하는 데에 필요한 추가적인 노력을 기울임으로써, 내담자가 우리에게 마음을 열고 이야기할 가능성을 높여야 한다.

온전히 주의 기울이기와 메모하기

사람들이 서로에게 온전히 주의를 기울이며 경청하는 경우가 얼마나 드문가! 너무나 자주 우리는 개인적인 일상과 직장에서 서로 대화하면서도 동시에 운전을 하거나 설거지를 하거나 음악을 듣거나 이메일을 확인하거나 그날 저녁에 무슨 일을 할지 계획을 짜는 등의 다른 일을 하고 있다. 공식적인 면담은 내담자에게 완전히 주의를 기울이며 온전한 한 개인으로서 내담자의 감정 등에 파장을 맞춰야 하는 의무와 기회를 동시에 제공한다. 면담자가 자신의 모든 주의를 내담자에게 기울이면, 내담자는 마음을 열고 이야기하게 된다(예외의 경우는 어린아이들과의 면담이다. 아이들은 우리가 크레용으로 그림을 그리거나 다른 방법을 사용함으로써 '바로 그 자리에 있는' 느낌을 보다 덜 느끼게 해 주는 편을 때때로 더 선호한다.).

가능한 한 면담자는 면담의 맥을 끊는 것을 피해야 한다. 전화를 받거나, 심지어는 누가 전화한 것인지 보려고 휴대폰을 살펴보거나, 점심을 먹거나, 손톱을 정리하거나, 껌통을 열거나, 내담자에게는 마시겠냐고 묻지도 않고 음료수를 마시는 등의 이런 모든 행동들은 여러 문화권에서 무례한 것으로 비친다.

의도적으로 내담자에게 위압감을 주거나 내담자에게 거리를 두고 싶은 것이 아닌 이상, 면담자는 자신과 내담자 사이에 책상을 놓고 싶지 않을 것이다. 만약 면담자가 메모를 한다면, 면담자는 책상 건너편의 모서리 쪽에 앉길 바랄 것이다. 이렇게 자리를 잡으면 면담자가 책상에 메모를 놓을 수도 있고, 쉽게 내담자와 눈을 마주칠 수 있으며 편안하게 다른 쪽으로 시선을 돌릴 수도 있다. 책상 모서리 쪽에 앉는 것은 내담자의 맞은편에 앉거나 서서 똑바로 바라보는 것보다는 덜 대립적으로 보인다.

만약 면담자가 면담 도중에 메모를 한다면, 자신이 무엇을 쓰는지와 왜 쓰는지를 설명해야 한다. "오늘 제게 말씀하시는 내용은 아주 중요합니다. 하나라도 잊어버리지 않고 정확히 기억하기 위해 메모를 하고 있습니다."라고 말할 수 있다. 읽지 못하거나 잘 쓰지 못하는 사람들에게 메모를 하는 행위는 아마 이상하거나 당혹스러운 행동으로 보일지도 모른다. 때때로 내담자는 그저 자신이 약간이나마 통제를 할 수 있다는 기분을 느끼고 싶기 때문에, 비록 자신이 영어를 하지 못하거나 면담자의 손글씨를 읽을 수 없다고 하더라도 면담자가 쓴 메모를 들여다보고 싶어 할 것이다. 나는 면담자가 메모를 할 때, 내담자가 그 메모를 읽고 싶다고 요구할 때에 마음 편하게 건네줄 수 있는 내용을 담은 메모를 쓰도록 추천한다. 이 정도의 투명성을 보여주려면 면담자는 메모를 정중하게, 그리고 정확하게 할 필요가 있다. 만약 면담자가 메모를 보여 주기를 주저한다면, 내담자는 결국에는, 변호사를 통해 그것을 볼 수도 있음을 잊지 말자.

존중심 전달하기

차별을 당한 경험이 있는 소수민족, 소수인종, 그 외 소수종교 집단의 사람들이나 이민자들은 무례한 태도나 행동에 매우 민감해질 수 있다. 다음의 예를 보라.

로베르토(Roberto)의 아들 카를로스(Carlos)는 다니고 있는 초등학교에서 몇 안 되는 라틴계 학생 중 한 명이었다. 어느 날 로베르토가 카를로스를 데리러 학교에 도착했을 때, 교장 선생님이 다가와 말했다. "아, 야스민(Yasmin) 아버지시군요. 야스민이 얼마나 밝은 아이인지 몰라요!" 로베르토는 정중하게 그 말을 정정했으나 속으로는 화가 나기 이를 데 없었다. 그는 나중에 나에게 이렇게 말했다. "거의 모든 학생들이 백인인 학교에 아들을 보낸 것이 문제였어요. 그 사람은 내 피부색이 갈색인 걸 보고 내가 그 학교에 다니는 모든 갈색 피부 어린이의 아버지일 거라고 짐작한 겁니다. 그 교장은 심지어 라틴계 사람들을 구분하지도 못해요. 야스민의 아버지는 푸에르토리코인이고 나는 멕시코인인데 교장에게는 전부 똑같은 겁니다." 로베르토가 이 악의 없는 실수에 지나치게 민감하고 거칠게 반응하는 면이 있다고 볼 수도 있겠지만, 로베르토는 다수 집단의 일부 사람들은 소수 문화권의 사람들을 구분하지 못하고, 자신들이 진정으로 어떤 사람인지에 대해 배우려는 생각도 하지 않는다고 느꼈던 것이다.

이런 종류의 경험이 반복되면 과격한 반응으로 발전할 수 있다. 마치 맞지 않는 신발을 계속 신고 다니면 물집이 생기는 것처럼 말이다(다수집단의 사람들도 드물게 이런 경우를 겪기도 한다. 물론 전혀 사실이 아니지만, '백인'이나 금발에 푸른 눈인 사람들은 모두 같은 기회와 태도, 성격을 가진 것으로 가정하는 곳에서는 다수집단 구성원도 그런 상황을 겪을 수 있다.). 차별을 받거나 무시당한 경험을 여러 번 겪게 되면, 몇몇 소수집단 사람들은 지치거나, 화가 나거나, 완강해지거나, 방어적으로 되거나, 멍한 기분을 번갈아 느끼게 된다. 그들은 면담자와의 면담을 포함한 이후의 여러 만남에 이러한 기분을 느낀 채로 온다.

다수집단에 동화된 사람들 중 직접적으로 차별을 당한 경험이 없는 사람들은 이러한 차별이 얼마나 지속적이고, 광범위한 영향을 미치고, 괴로운 것인지를 과소평가할 수 있다. 어떤 푸에르토리코 심리치료사는 자신의 라틴계 내담자들이 겪는 여러 부담에 대해 이렇게 말했다.

> 그 내담자는 완전히 부당하고 무관심한 학교 내 시스템과 맞서고 있었어요. 그는 이중언어 강좌를 듣고 있었기 때문에 바보 취급을 받았죠. 다시 말하면 두 가지 언어를 할 줄 알았지만 영어를 잘하지 못했기 때문에 바보 취급을 받았겠죠. 이것 때문에 출세하고 성공하는 데 방해가 되는 걸 이해하셔야 해요. 머리 위를 차별적인 시스템이 덮고 있는데 어떻게 희망이라는 게 [가당하기나 하겠어요](Fontes, 1992, p. 68에서 인용).

어떤 기관이 개입되는 것은 내담자에게 종종 당황스러운 일이거나 심지어는 굴욕적인 일이다. 면담자는 존중하는 마음을 전달하기 위해 최선을 다함으로써, 내담자의 그런 수치스러운 기분을 가라앉히고 스스로 품위를 유지하거나 회복할 수 있도록 도울 수 있다.

면담자가 내담자를 존중하는 태도를 보이고 있는지 어떻게 알 수 있을까? 우리는 우리가 스스로를 드러내는 방식과 말하고 있는 것에 세심하게 주의를 기울이고, 내담자가 어떤 식으로 우리의 말을 경청하고 있는지 알아내려고 한다. 내담자의 입장이 되기 위해 우리는 우리가 보여 주고 싶은 모습과 우리가 실제로 전달하고 있는 모습 간의 불일치를 받아들일 필요가 있다. 질문을 할 때, 절차에 대해 설명할 때, 캐비닛 안을 들여다볼 때, 차 안을 뒤질 때, 상처를 진찰할 때, 구술된 내용을 받아쓴 것을 검토할 때, 그리고 서류를 작성할 때 우리는 반드시 우리의 태도를 점검해야 한다. 그리고 이러한 행동들이 내담자의 관점에서는 어떻게 보일지 살펴야 한다. 자신이 어떤 식으로든 존중하지 않는 듯한 태도를 보이고 있는 것 같다면, 새로운 것을 시도해 볼 용기를 가져야 한다. 전문가로서 면담자는 내담자가 우리에게 기대하지 않는 행동을 할 필요가 있을지 모른다. 물론 존중하는 태도가 이러한 행동을 더 받아들이기 쉬운 행동으로 만들어 줄 것이다.

또한 면담자는 "제가 제대로 하고 있습니까?" "어떤가요?" "괜찮으신가요?" 등의 의미를 지닌 여러 유형의 질문을 통해 내담자를 주기적으로 확인해야 한다.

많은 문화권에서, "부탁드립니다." "해 주시겠습니까?" 나 "그렇게 해 주시다니 정말 친절하시군요."와 같은 친절한 표현을 덧붙이면 사람들은 다른 사람의 요구에 더 수용적이 된다. "따라오세요."나 "이걸 작성하세요."와 같은 직설적인 지시는 무례하고 상대방을 존중하지 않는 태도로 비칠 수 있다. 일반적으로 면담자는 공손하게 행동해야 한다. 미국에서는 누군가가 자신의 이름을 불렀을 때 "뭐 때문에요 (What)?"라고 대답하는 것이 일반적이다. 아랍어를 쓰는 사람들에게, 이것은 꽤 무례하게 들린다. 이름을 불렸을 때 아랍에서는 존중을 나타내는 "내암(Na'ahm)"❶을 덧붙여 대답한다. 만약 우리가 이름을 불렸을 때 공손하게 대답하기 위해 더 주의를 기울인다면, 우리는 "뭐 때문에요?"라고 답하기보다는 "네, 존슨 씨?"라고 답할 수 있다.

내가 면담했던 한 푸에르토리코 내담자는 전문가들이 다음과 같은 의사소통을 목표로 하면 어떻겠냐고 제안했다.

> "나는 당신을 판단하려고 여기 있는 것이 아닙니다. 나는 신이 아닙니다. 그저 당신과 같은 한 명의 인간일 뿐입니다. 당신이 겪고 있는 것이 무엇이든 간에, 나는 도움을 주려고 여기 있는 겁니다. 내가 도움을 줄 수 있는 것이 있으면 당신에게 그걸 알려 줄 것입니다. 도와주지 못하더라도 알려 줄 것이지만, 그래도 도우려고 노력할 것입니다. 그리고 우리가 함께 노력하게 된다면, 노력한 만큼 어느 지점에 도착은 하겠지요. 우리는 함께 노력해야 할 필요가 있고, 상대방을 자기 쪽으로 끌어 당겨서 본인의 이득을 취하려 하기보다는 서로에게 정직해야 합니다."

❶ 역자 주: 아랍어로 '예'에 해당되는 말.

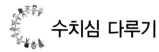

수치심 다루기

소수 집단이 갖는 특징은 어떤 경우에는 자부심의 근원이 되기도 하지만, 수치심의 근원이 될 수도 있다. 한 파키스탄 심리치료사는 캐나다로 이민을 가서 겪은 '여성이자 유색인종인 이민자'로서의 경험에 대해 "누군가와 만날 때마다 우리의 정체성이 거부당하지 않을까 하는 부담을 느낀다."라고 서술했다(Javed, 1995, p. 18). 수치심은 두 가지의 구성요소로 이루어졌다고 여겨지는데, 하나는 자기 가치감의 부족이고 다른 하나는 다른 사람의 눈으로 보기에 자신이 가치가 없을 것이라 느끼는 것(사회적 가치감)이다.

전형적으로 소수 민족이나 소수 종교집단의 구성원들은 그들의 정체성이 어떤 맥락하에서는 자신들에게 힘을 부여한다고 느끼고, 주류 문화와는 구별되는 문화를 가졌다는 것에 기쁨을 느낀다. 그러나 소수 집단의 구성원 중 많은 사람들은 주류 사상(dominant ideal)에 순응하지 않는 것으로 인해 다른 사람들로부터 수치를 당한 경험이 있다. 한 아프리카계 미국인 학생은 자신이 기억하는 최초의 차별적 사건에 대해 이야기한 적이 있는데, 유치원의 백인 보모가 그녀의 손이 갈색이기 때문에 손 잡길 거절했었다고 한다. 내 딸이 여섯 살이었을 때, 동갑의 다른 아이가 딸아이에게 다가가서 "네 기분을 상하게 하고 싶지는 않지만, 예수님을 믿지 않으면 넌 지옥에 갈 거야."라고 말했다. 이런 경험들은 억압받는 집단 구성원들의 수치심 속에 자리 잡고 있다. 이후에 수치스러운 경험을 또 하게 되면, 이를 테면 슈퍼마켓에 갔는데 경비원이 뒤를 따라온다든가, 또는 학교나 직장에서 놀림을 받거나 희롱을 당한다든가 하면 이러한 수치심이 표면으로 올라올 수 있다.

소수민족 출신의 많은 작가들은 그들의 피부색, 머릿결, 눈 모양, 사회적 지위, 악센트 또는 이름과 관련한 부정적인 말 때문에 느꼈던 수치심에 대해 서술한다. 한국인 입양아가 생모를 찾는 내용인 리(Lee, 2005)의 소설에는, 주인공이 미네소타에서 학교를 다닐 때 학생들이 자기 눈을 양쪽으로 잡아당기고는 "중국인, 일본인, 더러운 무릎" "칭-총 중국인", 그 외의 여러 모욕으로 끊임없이 놀려대는 묘사가 담겨 있다

(p. 18). 주인공은 미네소타의 학교 친구들과 너무나도 어울리고 싶었기 때문에, 거울을 보고 자신이 금발에 곱슬머리가 아니라는 사실을 발견할 때마다 충격을 받았다.

또 다른 예를 통해 우리는 저소득층의 멕시코계 미국인 남자가 겪었을 겹겹의 수치심에 대해 숙고하게 된다.

디에고(Diego)와 가족은 밀입국자여서 자신들의 신원이 발각될 것에 대한 두려움 속에서 살았다. 그는 자신의 피부색과 억양, 그리고 출신 국가 때문에 자신이 어떤 집단의 표적이 된다는 것을 알고 있었다. 그의 검은 머리와 작은 키는 다른 사람들과는 달랐다. 그는 페인트칠을 하며 생계를 유지했다. 그의 옷과 손을 보면 그가 어떤 직업을 갖고 있는지가 드러나곤 했는데, 디에고는 이것이 쑥스러웠다. 그는 할 수 있을 때마다 말쑥하게 차려입고 자존심을 챙겼다. 디에고는 멕시코에서 고등학교를 졸업했지만 미국에서 계속 교육을 받을 수는 없었다. 때문에 멕시코로 돌아가서 동창들을 만났을 때 친구들이 전문직에 종사하는 것을 보고 창피함을 느꼈다. 디에고는 아이들이 반드시 대학에 가기를 바라는 마음에 아이들을 교구 부속학교에 보냈다. 하지만 디에고는 아이들이 반 친구들에게 자신의 직업을 드러내길 부끄러워한다는 것을 알게 되었다.

반외국인 정서가 점점 더 심해지자, 디에고는 거리에서 욕을 얻어먹는가 하면 심지어는 사람들이 그에게 침을 뱉기도 했다. 만약 그가 특정한 문제와 관련되어 사회복지부서, 경찰 또는 전문 의료진과 연루된다면, 그는 아마 그것들 때문에 또 한 번 수치심을 느낄 수도 있다. 우리는 디에고가 면담 시에 마음을 열고 스스로를 드러내길 기대하기 전에, 그의 겹겹이 쌓인 수치심을 이해하고 해결할 필요가 있다.

수치심을 상쇄시키기 위해 면담자는 디에고가 스스로에 대해 드러내는 모든 면을 기꺼이 받아들여야 할 것이다. 면담자는 전반적인 태도를 통해 디에고를 환영한다는 것을 전달해야 한다. 면담자는 그가 2개 언어를 사용한다는 것을 가치 있게 여기고, 그가 영어 단어를 잘못 사용한다고 해서 그가 바보스럽다고 여기지 않음을 그에게 알려준다. 상담자는 그의 수치심을 증가시키는 행동을 하지 않고 디에고와 상호 작용함으로써 그의 수치심을 상쇄시킬 수 있다.

목소리의 질, 어조, 속도 그리고 크기

오른손잡이인 사람들의 경우, 뇌의 좌반구는 단어를 듣는 반면 우반구는 단어의 선율을 듣는다(Givens, 2005). 따라서 우리가 말을 할 때 우리는 문자 그대로 듣는 사람의 뇌의 서로 다른 부분에 대고 이야기를 하는 것이다. 하나는 말이 갖는 의미를 처리하고 다른 하나는 목소리의 질과 비언어적인 신호를 처리한다. 듣기 좋은 음역과 억양이 있는 목소리는 내담자의 뇌 한쪽에는 말의 의미를 전달하는 동시에 다른 쪽에는 친절한 인상을 전달한다.

전 세계적으로 사람들은 화가 나지 않은 상태에서 아이들에게 말할 때는 높은 음역의 목소리로 가락을 넣듯 부드럽게 말하는 경향이 있다. 이것은 '모성어(motherese)'라고 불리는데, 어린아이에게 적절한 친근한 말투로 여겨진다. 다양한 어조의 부드러운 목소리는 상담자가 공격적인 의도를 갖고 있지 않다는 것을 시사한다. 하지만 십 대 청소년들이나 성인들에게 이런 식으로 말하는 것은 주의해야 한다. 왜냐하면 그런 말투는 그 사람을 일부러 공손한 척함으로써 동정하는 것처럼 들릴 수 있기 때문이다.

감정 없이 단조로운 목소리로 말하는 면담자는 불친절하고, 냉담하고, 위화감을 주는 사람으로 보일 수 있다.

> 억양이 전혀 없고 단조로운 목소리는 열성이 없고 지루하게 들린다. 큰 목소리는 지배하려 들고 지나치게 밀어붙이는 것처럼 들린다. 날카로운 목소리는 불만스럽고 화난 것 같고 무례하게 들린다. 관심을 갖는 것처럼 보이기 위해서는 경쾌한 목소리를 내라 (Givens, 2005, pp. 85-86).

당신의 목소리를 어떻게 사용하는지는 당신이 내담자에게 관심을 갖고 있다는 것을 전달하는 데에 많은 도움이 된다. 많은 경우에 면담자는 부드럽지만 단호한 목소리를 내고 싶을 것이다. 하지만 내담자가 극도로 불안해할 경우에는 아마 달래는(누

그러진) 목소리를 사용할 것이다. 내담자의 상태가 불안정하다면 면담자는 침착한 목소리로 말하면서 안정감과 침착함을 두드러지게 할 것이다.

때때로 당신의 면담을 녹음하거나 비디오로 촬영해 살펴보고 당신이 면담 도중에 어떤 식으로 말하고 있는지에 주의를 기울여 보자. 당신이 너무 조용하게 말하는 바람에 내담자가 당신의 말을 들으려고 안간힘을 쓰고 있는가? 당신이 너무 크게 말해서 내담자에게 공포를 유발하거나 내담자에게 위협적이지 않은가? 당신이 얼굴을 손으로 가리고 있거나 껌을 씹고 있어서 우물우물하며 말하는 바람에 무슨 말을 하는지 알아듣기가 힘이 드는가? 당신의 목소리가 친절하고 공감하는 것처럼 들리는가? 내담자를 지지하는 느낌을 잘 전달하고 있는가? 내담자가 말을 꺼내기를 망설일 때, 당신은 참을성 있고 민감하게 반응하는가, 아니면 참을성 없고 위협적이고 밀어붙이는 것 같고 무시하듯이 반응하는가? 만약 영어가 모국어가 아닌 내담자라면, 통역을 쓰고 있는가?(7장의 '통역과 함께하는 면담'을 참고하라.) 내담자가 영어 단어를 알아들으려고 애쓰는 것처럼 보였을 때, 당신은 간단한 단어로 바꿔 말함으로써 무시하는 태도를 보이지 않으려고 했는가?

지지적인 목소리를 통해 내담자가 민감한 정보를 드러내고 제도권에 협조하도록 격려할 수 있다. 비판적이거나 참을성 없는 어조는 내담자가 감정적으로 문을 닫아버리게 만들고 향후의 개입에 대해서도 돌아서게 만든다(나는 이런 주제에 특히 민감한데, 나 자신이 영어가 모국어가 아닌 사람들과 함께 일할뿐더러 가족 중에 난청이 있는 사람이 있기 때문이다. 우리가 좋은 언어 사용 습관을 가지면 청력에 이상이 있는 사람들과도 잘 일할 수 있을 것이다.).

일반적으로 어떤 언어를 못 알아들을 때, 우리는 그 언어가 우리가 쓰는 언어보다 더 빠르다고 생각한다. 미국에서 "그 사람들은 [스페인어를] 너무 빨리 말해!"는 자주 들을 수 있는 말이다. 하지만 연구결과에 따르면 언어에 따른 말의 속도는 차이가 별로 없다. 말의 속도는 말하는 순간의 감정과 상황에 보다 더 영향을 받는다(Roach, 1998).

후두음이 많은 언어(아랍어, 독일어, 네덜란드어 그리고 일부 동아시아 지역의 언어와 같은)는 익숙하지 않은 사람에게는 '거칠게' 또는 '불쾌하게' 들릴 수 있다(Giles &

Niedzielski, 1998). 중국어나 베트남어 같은 언어에는 성조가 존재한다. 성조란 음의 높낮이에 따라 단어의 의미가 달라지는 것을 뜻한다. 후두음이 많은 언어나 성조를 쓰는 언어는 그 어조 때문에 영어 사용자들에게는 종종 화가 난 것으로 오해받곤 한다. 비슷하게 아랍어나 몇몇 아프리카어를 쓰는 남성들은 크게 말하는 경향이 있기 때문에 종종 화가 나서 고함을 치는 것처럼 들린다. 모국어로 말하든지 영어로 말하든지 간에, 많은 사람들은 자신이 배운 다른 언어에도 모국어의 억양과 음량을 넣어서 말한다. 이런 언어습관에 익숙하지 않은 면담자는 아랍어를 하는 사람이 화가 났거나, 통제력을 잃었거나, 공격적으로 말하는 것으로 간주하여 반응하지만, 정작 그 사람은 이 중에 어느 것에도 해당하지 않을 수도 있다. 에티오피아인, 동인도인, 필리핀인, 방글라데시인, 파키스탄인 그리고 많은 아메리카 원주민들은 부드럽게 말하는 경향이 있고, 큰 소리로 말하거나 큰 목소리로 직설적으로 지시를 내리는 사람은 무례한 사람으로 받아들인다.

이탈리아인, 그리스인, 이스라엘인, 푸에르토리코인, 도미니카 공화국 사람, 쿠바인, 브라질인, 폴란드인, 유대인, 아랍인 그리고 아프리카계 미국인은 종종 큰 목소리로 활발하고 열정적으로 대화한다. 이들은 단지 적극적으로 대화에 참여하고 있을 뿐인데도, 외부인이 듣기에는 성격이 급하거나 적대적이거나 위협하는 것처럼 들릴 수 있다. 면담자가 다른 사람의 목소리나 말의 크기, 또는 표정을 가지고 그 사람의 의도를 짐작해서 개입을 하기 전에, 대화의 내용과 맥락, 몸짓 언어를 살펴봐야 한다. 높은 강도의 감정표현을 하는 문화권에서는 미국이나 캐나다, 영국과 북유럽 사람의 '침착한' 태도는 관심이 없는 것으로 비치거나 열중하지 않는 것으로 비칠지도 모른다.

목소리에 있어서 민족 간의 차이는 전문적 상황에서 오해를 불러일으킬 수도 있다.

미국 뉴잉글랜드 지역의 다소 고지식한 가정 출신인 한 백인 심리치료사는 최근 나에게 어떤 아프리카계 미국인 가정과 일한 경험을 들려주었다. 그 치료사는 그들에게 진정하라고, 목소리를 낮추라고 지속적으로 말했다. 세 번째 회기 도중, 그 가정의 어머니는 마침내 심리치료사를 향해 "이게 우리가 말하는 방식이에요. 이게 싫은가요?"라고 말했다. 그 치료사는 자신이 그 가족의 크고 열정적인 목소리에 지나치게 신경을 썼고, 그런 목소리를 위압적인 것으로 받아들이고는 그 가족을 '가라앉히는' 것이 자신의 의무인 것처럼 느꼈음을 깨달았다. 그때부터 그녀는 자기문화중심적인 반응을 억제하고 그녀 자신의 개인적인 반응에 귀기울이는 법을 배웠다. 그 이후로 그 심리치료사는 1년 동안을 그 가족과 성공적으로 함께하고 있다. 그 가족은 아직도 회기 동안 큰 소리로 이야기하며, 행복하고 즐거울 때도 그렇게 대화를 나눈다. 그리고 가끔씩은 심리치료사를 향해 농담을 던진다. "오늘 우리가 너무 시끄러웠나요, 선생님?"

또한 목소리의 어조와 크기는 성별에 따라 다양하다. 프랑스 여성들은 미국이나 캐나다 여성보다 훨씬 더 높은 톤으로 말한다. 이것은 성대의 차이 때문이 아니고, 사회적 습득에 의한 것에 가깝다. 서인도 제도와 일본에서 여성은 특히 부드럽고 단정적이지 않은 어조로 말할 것이라 기대된다. 권위자의 위치에 있는 여성의 경우, 자신의 영향력을 확고히 하고 싶지만 동시에 적대적으로 보이고 싶지는 않을 때 이 점이 까다로울 수 있다. 일본어에는 남성이 쓰는 말과 여성이 쓰는 말이 다른데, 일본 여성들은 아이가 어른에게 쓰는 것과 같은 형태의 표현을 남성에게 사용한다.

 ## 말의 속도와 시간 관리

가능한 한 내담자가 속도를 정할 수 있어야 한다. 그리고 우리는 내담자의 말이 갖는 리듬을 들어야 한다. 종종 사람들은 우리가 기대하는 것보다 질문에 대답하는 시간을 더 소요할 수 있다. 영어가 모국어가 아니지만 영어로 면담을 해야 하는 사람들의 경우, 맞는 단어를 생각해 내느라 보통보다 더 시간이 걸릴지도 모른다. 그들이 단지 몇 해 동안 영어를 해 왔거나, 특히 모국어를 영어보다 더 많이 써 왔을 경우 더욱 그럴 것이다(Heredia & Brown, 2004)(상담에서의 일시 멈춤, 망설임, 침묵에 대해 더 상세한 사항을 보고 싶다면 8장을 참고하라.).

어떤 사람들에게 있어 상호 작용의 질은 그들이 얼마나 많은 시간을 보냈느냐에 따라 부분적으로 결정된다. 콜(Koul)은 "어떤 것을 하는 데에 들이는 시간만큼, 더 나아진다."라는 카슈미르 지역의 믿음에 대해 썼다(Koul, 2002, p. 69). 남유럽과 라틴 아메리카 사람들 중 미국 문화에 덜 동화된 사람들은 면담 도중 이런저런 이야기를 하느라 오랜 시간을 보내고 내용들을 지나치게 상세하게 늘어놓을지도 모른다. 참을성 없는 면담자는 이런 경우에 화가 날 것이다. 두 명의 다른 치료사에게 심리치료를 받았던 한 푸에르토리코 여성은 당시의 회기를 이렇게 설명했다.

> 그곳에서 나는 너무나 불편했다. 재미있지 않았다. 왜냐하면 내가 말하는 동안 치료사가 서류를 들여다보고 손목시계 또는 벽시계를 보거나 그 밖의 딴짓을 했기 때문이었다. "말하세요! 계속 하세요! 계속 이야기 하세요!"라고 할 때마다 마치 나는 계속 무언가 이야기를 해야만 하고 조용히 있어서는 안 된다는 것처럼 느꼈다. 그 치료사는 주의를 분산시키지 않고 나에게만 집중하는 대신 다른 일들을 하고 있었다……. 다른 때는 남자 치료사가 들어왔는데, 그는 상담이 언제 끝나는지에 더 관심이 있는 것처럼 보였다……. 그는 계속 손목시계를 들여다보았다……. 세상에, 나는 눈이 붓도록 울고 싶을 지경이었다……. "시간이 다 됐습니다!"……. 사람에게 시간을 주어야지, 그저 마구 몰아댈 수는 없는 것이다……. 나는 마치 쫓기는 것 같은 기분이었다. 그들은 그 즉시 뭐가 문제인지 알아내고, 바로 이어서 다음에 뭘 해야 할지 알려고 했던 것이다
> (Fontes, 1992, pp. 52-53에서 인용).

만약 면담자가 수많은 사례 건수, 마감, 업무 할당량, 바쁜 스케줄, 관리 의료 제도(managed care)의 압박에 시달리고 있다면, 바쁘게 행동하거나 바쁘게 보이는 것을 피하기가 어렵다는 것을 알고 있다. 면담을 천천히 시작하면서 관계를 형성한다면, 이후에 어느 정도 바쁘게 행동하는 것은 덜 문젯거리로 보일 것이다. 북유럽, 미국, 캐나다보다 더 느긋한 시간개념을 지닌 문화권 출신의 내담자에게 맞추기 위해, 많은 전문가들은 보다 더 긴 회기로 스케줄을 잡는다. 특히 면담의 초기 과정에서는 더욱 그렇다.

때때로 면담자는 유난히 말을 많이 하는 내담자의 경우 말을 중단시킬 필요를 느낄 것이다. 여러 가지 요령들 중에 면담자 스타일에 맞는 적합한 것을 찾을 수 있기 바란다. 적절한 요령들은 다음과 같다.

- "오늘 우리가 시간이 많지 않아서요, 대화에 조금 더 집중해야 될 것 같습니다."
- "이게 당신께 중요하다는 것을 알겠습니다. 나중에 좀 더 이야기하지요."
- "우리가 이야기하고 있던 것과 맞는 이야기인가요, 다른 방향의 이야기인가요?"
- "하던 이야기로 돌아가자면⋯⋯."
- "오늘은 중요한 문제 모두를 살펴야 할 것 같습니다. 그래서 제가 이야기를 생략해 달라고 말씀드리더라도 양해해 주시기 바랍니다."
- "이제 딱 15분밖에 남지 않아서, 제가⋯⋯."

어떤 갈등은 면담을 시작할 때 시간 제한에 대해 명확하게 짚고 들어감으로써 피할 수 있다. 예를 들어, "오늘은 45분간 이야기할 거지만, 필요하다면 다른 약속을 잡을 수도 있습니다." 또는 "이 과정은 보통 2시간이 걸립니다. 괜찮으시겠어요?" 또는 "오늘은 질문을 많이 할 겁니다. 그리고 살펴봐야 하는 부분을 모두 살펴봐야 하기 때문에 아마 말하시는 도중에 제가 끼어들어야 할 수도 있습니다. 제가 그랬을 때 기분이 상하지 않으셨으면 좋겠습니다."라고 말함으로써 내담자가 면담에 대한 어느 정도의 기대치를 형성할 수도 있다. 중요한 것은 많은 문화권의 사람들은 서구 산업 국가에서 흔히 들을 수 있는 직설적인 대화 방식이 아니라 우회적인 방식으로 대화하는 경향이 있다는 것이다. 내담자가 최선을 다해서 질문에 대답하고 있음에도 주제에서 벗어난 이야기인 줄 알고 말을 끊는 것은 부끄러운 일이 될 것이다.

다른 문화권의 내담자와 신뢰 있는 관계를 형성하는 데에는 보통보다 더 많은 시간과 노력이 들지도 모른다. 이런 경우 아마도 관계의 초기에는 가족에 대해 이야기하거나, 면담의 분명한 주제와는 특별한 관계가 없는 실용적인 문제와 관심사에 대해 이야기해야 할 수도 있다.

모든 가족 구성원과 면담하기

많은 가정의 경우 가족의 위계에 대한 존경을 보이기 위해 가족 중 가장 연장자(부모나 심지어는 조부모)에게 처음으로 인사하고, 이후에 아이들을 소개시켜 달라고 부탁하는 것이 좋다(5장 '비언어적 의사소통'에서 '맞이하기'에 관한 부분을 참고하라.). 대개의 경우 가족 구성원 중 아버지를 가장 처음 아는 척하는 것이 좋다.[2]

대기실에 있는 내담자들을 관찰할 때와 면담을 시작하며 라포를 형성할 때, 면담자는 내담자의 기저선 태도를 평가할 것이다. 기저선 태도(baseline demeanor)란 내담자가 비교적 이완된 상태에 있을 때의 몸짓, 자세, 말하는 방식을 뜻한다. 기저선 태도를 알면 면담이 점차 스트레스를 받는 부분으로 접어들 때 내담자에게서 드러나는 중요한 변화를 기록하는 데 도움이 된다. 가만히 있지 못하거나 긴장하는 기질을 가진 사람들은 아마 지속적으로 안절부절못할지도 모른다. 만약 그게 지속적인 습관이라면, 그걸 속임수나 스트레스의 지표로 오해해서는 안 된다.

 ## 이름이 무슨 문제인가: 사람들을 적절한 호칭으로 부르기

일반적으로 성인과 대화할 때 친근하다고 지레짐작하고 이름을 부르기보다는 성으로 부르거나 '~씨'로 불러야 한다. 특히 아프리카계 미국인과 같은 사회적 약자 집단의 연장자를 친근하게 이름으로 부르는 것은 그 사람을 모욕하는 것처럼 여겨질

---

[2] 저자 주: 몇몇 집단(예를 들면, 아미시 집단)에서는 여성전문가가 남성 가족구성원에게 직접적으로 말을 걸면 무례한 것으로 간주된다. 부인과 자녀들이 참석하는 중요한 가족 회의에 남성이 당연히 참석할 것으로 여겨지지만, 전문가가 여성일 경우 남성 가족구성원은 적극적으로 면담에 참여하기보다 면담을 '지켜볼' 것이다. 마찬가지로, 아미시 집단에서는 남성전문가가 남편이 없는 상태에서 부인에게 말을 거는 것을 부적절하다고 여긴다. 많은 경우처럼 면담 가족이 속한 문화에 진정으로 친숙해지는 것이야말로 면담을 어떻게 진행하는 것이 적절한지를 이해하는 방법이 된다.

수도 있다. 미국에서는 백인들이 몇 세기 동안 흑인들을 이름으로 불렀지만, 흑인들은 백인들을 '선생님' '부인' '아가씨' 등으로 부를 것으로 기대되었다. 때문에 성인인 아프리카계 미국인은 전문가가 사전에 허락을 받지 않고 그들을 이름으로 부르면 모욕적으로 받아들인다. 그리고 남성 전문가가 자기 자신은 성으로 소개하면서 여성들은 이름으로 부르는 것에 대해 많은 여성들이 모욕적인 기분을 느낀다. 그 여성들은 이것이 비하적인 행동임을 알아차린다.

　　우리가 평등주의자로서 행동하려고 해도, 내담자와 만났을 때 힘을 쥐고 있는 쪽은 면담자다. 내가 새 치과의사를 처음 만났을 때가 생각난다. 그는 나보다 나이가 어린 남자 의사였는데, 내 허락을 받지 않고 나를 이름으로 부르기 시작했다. 그는 나와 악수를 하고는 "안녕하세요, 리사(Lisa). 나는 카버 박사(Dr. Carver)입니다."라고 말했다. 이 호칭의 불균형은 모욕적인 것으로 느껴졌고 나는 단지 그 자리에 있는 것만으로도 이미 기분이 상하고 있었다. 비록 속으로는 '본인은 카버 박사고, 나는 폰테스 박사(Dr. Fontes)라고 하거나, 아니면 둘 다 이름으로 리사, 그리고 샘(Sam)이라고 할 수 있을 텐데.'라고 생각했지만, 그 의사가 나에게 불필요한 고통을 가할 수 있는 가능성을 갖고 있었으므로, 그의 면전에서 논쟁을 하지는 않았다. 우리가 면담하는 사람들도 똑같은 식으로 느낄 수 있다. 면담자가 괘념치 않는다면 내담자에게 이름으로 불러도 좋다고 말할 수 있다. 하지만 성인인 내담자가 자신을 이름으로 불러도 된다고 허락하지 않는 이상은 그런 친밀함을 미리 가정해서는 안 된다. 심지어 몇몇 젊은 성인들도 자신이 허락하기 전까지는 이름으로 불리고 싶지 않아 한다. 18세인 신디(Cindy)가 어느 날 나에게 말하길 "처음 만났을 때 의사 선생님이 저를 이름으로 불렀어요. 제가 어리기 때문에 저를 덜 존중하는 거라고 생각했어요. 기분이 좋지는 않았지만 어쩌겠어요? 그분은 의사인걸요."

　　우리는 내담자가 우리를 어떻게 부르고 싶어 하는지 알아낼 필요가 있다. 스페인, 포르투갈, 이탈리아, 미국 남부 지역의 많은 사람들은 두 단어로 된 이름을 가지고 있다. 마리아 테레사(María Teresa), 호세 안토니오(José Antonio), 메리 수(Mary Sue)와 같이 말이다. 내 큰딸의 이름은 '애나 루아(Ana Lua)'이고 딸은 자기 이름을 그렇게 소개한다. 그런데 어른이 "안녕, 앤(Ann)." 이나 "애니(Annie)"라고 부르면, 딸은 그 사람으로부터 단절된 기분을 느낀다. 이 사람이 자신의 이름을 제대로 듣지 않았거나 제대로 부르려고 하지 않는다고 느끼기 때문이다.

물론 많은 사람들이 별명으로 불린다. 하지만 어떤 사람들은 이름을 줄여 부르는 것을 질색한다. 윌리엄이 '빌(Bill)'이라 불리기를 원하는 게 확실하지 않은 이상은 그렇게 부르지 마라. 상대방이 원하는 방식으로 이름을 부르고, 필요하다면 제대로 발음하기 위해 몇 번 연습해 보라. 스페인어, 포르투갈어, 폴란드어, 그 외에 슬라브어에서는 이름에서 파생되어 나온 별명들이 매우 다양해서 별명의 느낌도 각각 다르다. 예를 들어, 포르투갈어에서 호베르투라는 이름은 호베르팅뇨(Robertinho; 작은 호베르투)가 될 수 있고, 호베르따웅(Robertão, 큰 호베르티노), 베투(Beto), 호비(Robi), 그 외에 여러 가지가 될 수 있다. 만약 당신이 그 사람이 가족에게 불리는 별명을 들었다면, 당신도 그 별명으로 부르기 전에 그에게 먼저 확인을 해 보아야 한다. 그렇게 함으로써 그 사람을 부적절한 이름으로 부주의하게 부르는 것을 삼갈 수 있다.

중국, 방글라데시, 그 외의 여러 아시아 이름은 성으로 시작하고 이름으로 끝난다. 따라서 '로 엔 첸(Lo En Chen)'이라고 이름을 적은 사람은 '로'에다 존칭을 붙여 '로씨'라고 불러야 한다. 이름을 잘못 기재하는 것은 수많은 문제를 낳을 수 있다. 이름에는 그 사람의 정체성이 있고, 또한 그들이 불리는 방식에서 얻는 이득도 있기 때문이다. 질문을 통해 그 사람의 이름을 정확히 알아듣고 올바른 철자로 기재하도록 하자.

러시아나 다른 슬라브 문화에서는, 이름은 그 사람이 남성이냐 여성이냐에 따라 다른 어미로 끝난다. 다만 일부 슬라브 가정의 경우 새롭게 이주한 나라의 이름 짓는 전통을 받아들여서 그들의 성별과 관련된 어미를 떼어 내기도 한다. 문화에 익숙하지 않은 사람들은 이것을 곧바로 알아차리기 어려울 수 있다. 우리는 이러한 가능성에 대해 항상 염두에 두고 최선을 다하는 것이 중요하다.

소말리아나 다른 아프리카 무슬림들은 보통 출생일로부터 3일이 지난 뒤에 아이의 이름을 짓는다. 소말리아인은 보통 세 가지 이름, 즉 자신의 이름, 그 뒤에 아버지의 이름, 그리고 할아버지의 이름을 가진다. 하지만 많은 경우에는 이주한 뒤 영어권의 전통을 받아들여 그들의 이름을 이름으로, 아버지의 이름은 가운데 이름으로, 할아버지의 이름은 성으로 사용하기도 한다. 소말리아인은 이름이 다양하지 않기 때문에, 같은 이름이 처음, 가운데, 마지막에 다 올 수 있다(모하메드 알리 하산 또는 하산 모하메드 알리 또는 알리 하산 모하메드 또는 알리 하산 알리 등등). 고를 이름이 너무 적기 때문에, 소말리아인 커뮤니티에서 당신은 동명이인들을 수도 없이 만날 것이다. 따라서 함께 일하는 소말리아인들을 구분하는 것은 기관에게 있어 거대한 도전이 될 수도 있다. 소말리아 여성은 결혼 뒤에 이름을 바꾸지 않는다. 혼외로 태어난 소말리아 사람들은 아버지의 성을 받지 않았기 때문에 이름이 하나일 수도 있다. 확실한 아버지가 없는 아이는 불명예로 여겨지기 때문에, 이름에 대한 질문은 민감한 질문이 된다. 강간을 당해 아이를 낳게 된 소말리아 여성들은 사회 내에서 자신과 아이들을 보호하기 위해 아이들에게 성을 붙이고 스스로는 과부를 표방할 수도 있다. 앞에서 설명한 대로 그들을 성에다 경칭을 붙여 부르는 경우를 제외하면, 소말리아 사람들은 이름이야말로 자신만의 이름이기 때문에 성 대신 이름으로 불리기를 선호하는 경향이 있다. 성은 그들의 조부 이름인 경우가 흔하기 때문에 소말리아 문화에서는 그들 자신보다 '자신의 뿌리'를 뜻한다. 의심스러울 때면 다른 경우에서와 같이 소말리아 사람들에게 어떻게 불리고 싶은지 물어보자.

 ## 직업에 대한 호칭

나이지리아에서 에콰도르에 이르기까지 다양한 국가에서는 누군가를(특히 남자인 경우) 전문적인 직함으로 맞이하는 것이 중요하다. 예를 들어, 제임스 오에니크 (James Oyenike)라는 사람이 교수라면 그는 '제임스'나 '오에니크 씨'보다는 '오에니크 교수님'이라고 불리는 것을 선호할 것이다. 만약 마가리타 다빌라(Margarita Dávila)가 학사 학위를 가진 사람이라면, 그녀는 단지 마가리타라고 불리기보다는 리센씨아다 다빌라(licenciada Dávila)❸라고 불리고 싶어 할 것이다. 다른 나라의 직함에

---

❸ 역자 주: 스페인어로 여성형의 대학 졸업자를 뜻하는 말.

는 예를 들어 변호사, 국장, 교수, 경찰, 기술자, 교사 그리고 간호사 등처럼 미국에서 그리 흔하지 않은 것들도 포함되어 있다. 어떤 국가에서는 존경과 경의를 보이기 위해 인사할 때 상대방의 직함을 특히 강조한다. 예를 들어, 페드루 네투(Pedro Neto)가 아직 박사 학위를 따지 못했음에도, 포르투갈에 있는 그의 대학교 학생들은 그를 네투 박사 교수(Doutor Profesor Neto)라고 부르곤 한다. 상대방이 실제보다 더 높은 지위를 가지고 있다고 가정하는 실수를 범하는 게 그 반대보다는 낫다. 즉, 병원에서 필리핀 여성을 만난다면 간호조무사보다는 의사로 추측하자. 물론 불확실할 때는 "여기서 무슨 일을 하고 계시나요?"라고 언제든지 정중하게 물어볼 수 있다.

　이런 문화에 익숙하지 않은 전문가들에게는 이 같은 부풀리기나 과장이 어색하게 느껴질 수도 있다. 예를 들어, 라틴 아메리카에서는 치과위생사, 간호사, 물리치료사, 심리학 인턴, 임상사회복지사들은 비록 자신들은 의사(닥터)가 아니라고 한 번 이상을 설명했음에도 그들의 환자나 내담자들로부터 자주 '닥터 누구 씨'라고 불린다. 어떤 사람이 경칭을 처음 잘못 사용했을 때 정정을 해 주되, 진심으로 당신의 전문성을 실제보다 더 높게 생각하고 있는 것 같아도 정정하라. 어떤 경우에는 그 경칭을 당신의 지식과 지위에 대한 존경의 표시로 감사하게 받아들이라. 기억해 둘 것은, 때때로 사람들은 당신의 이름을 기억하지 못하기 때문에 당신을 '의사 선생님'이나 '교수님'이나 '경찰관'이라고 부를 수도 있다는 것이다.

　필리핀에서는 개인적이고 격식을 차리지 않는 관계를 형성한 후로도 격식을 차린 직함이 고수된다(Santos & Chan, 2004, p. 328). 즉, 친해진 뒤로도 의사는 계속 닥터 라모스(Dr. Ramos)이고 간호사는 계속 간호사 라미레스(Nurse Ramírez)인 것이다. 미국에서 짧은 시간 내에 서로를 이름으로 부르는 것과는 대조적이다.

체면을 세우는 것과 체면을 깎는 것

　동아시아 문화에 익숙하지 않은 사람은 체면을 '세우는' 것과 '깎는' 것의 두 개념을 이해하기 어려울지도 모른다. 이 개념은 자부심의 과장된 형태 또는 빠르게 화를 내는 것에 대한 변명으로 미화되어 왔다. 한국어로 그 중심 개념은 '체면(chae-myun)'이라고 불린다. 체면이란 '개인과 가족의 품위, 명예, 자기존중감을 지키는 것'이다(Kim & Ryu, 2005, p. 356). 상담자의 체면을 지켜 주기 위해 한국 사람들은 전문가에게 직설적으로 질문을 던지거나 이의를 제기하는 것을 삼간다. 마찬가지로 상담자는 내담자로 하여금 체면을 깎게 만드는 일은 피해야 하며, 비판적이거나 존중심 없는 태도로 해석될 수 있는 비언어적 표현이나 언급, 이의 제기, 직면하는 것은 삼가야 한다. 한국인 남성을 면담할 때는 특히 그래야 하지만, 이와 같은 태도를 취하는 것이 결코 쉬운 일은 아니다. 재치를 발휘하는 것이 핵심이다.

　서구 산업화 국가에서는 직설적이고 적극적으로 말하는 것이 미덕으로 여겨진다. 아시아에서 이런 식으로 행동하는 것은 집단의 응집력을 위협하거나 통제력을 상실한 증거로 여겨지며 심지어는 나쁜 성격의 소유자로 보일 수도 있다. 달리 말하면 다음과 같다.

> 미국인의 관점에서 수동성 또는 적극성의 치명적인 부족으로 보이는 것이 많은 동아시아권 국가에서는 매우 긍정적인 것들, 예를 들면 지성, 유연성, 체면 관리 (managing face), 협조성, 배려 그리고 성숙함이 조합된 것으로 받아들여진다(Kim & Markus, 2002, p. 440).

　몇몇 아시아계 내담자들은 체면을 잃을 것에 대한 두려움 때문에 처음에는 문제에 대한 정보를 드러내기 망설인다. 챈과 리(Chan & Lee, 2004)는 상호 신뢰와 존중을 쌓고, 내담자나 그 가족의 행복에 대한 진정한 염려를 보여 주는 작은 세부사항들에 주의를 기울일 때에는 우회적인 접근(circular approach)을 하도록 추천한다. 이러한 인간적인 관계는 전통적인 아시아계 내담자가 민감한 문제에 대해 더 편하게 이야기하도록 만든다(주저함을 극복하기에 관한 8장 내용을 참고하라.).

　한 번 그 사람의 '체면'을 구기게 되면, 그 관계를 다시 되돌리기 어렵거나 혹은 아예 되돌리지 못할 수도 있다. 내가 이웃의 체면을 깎이게 만들어 관계가 영구적으로 손상된 불운한 경우를 살펴보자.

나와 우리 가족은 대학 내 거주 지역에서 여러 다른 나라에서 온 젊은 가족들과 함께 살았다. 중국에서 온 가족이 우리 옆집으로 이사 와서 새 이웃이 되었다. 나는 쿠키한 접시를 가지고 그 집의 문 앞으로 가서 그 이웃을 환영했고, 중국에서 막 이주를 했기 때문에 영어를 그리 잘하지 못하는 것을 알아차렸다. 다음 날, 그들은 커다란 스테이크가 담긴 접시 하나를 들고 우리 집 문 앞에 나타났다. 직설적인 의사소통과 솔직함을 강조하는 문화권 출신인 나는 아낌없는 감사를 표했지만, 우리 가족은 고기를 먹지 않는다고 말했다. 큰 실수였다. 나는 그들의 음식을 거절했고, 이것은 필연적으로 그들의 음식은 내가 먹기에는 충분히 좋지 않다고 표현한 셈이었다. 그들은 나와 내 가족에게 다시는 말을 걸지 않았다. 그 가족은 나로 인해 체면이 깎였던 것이다.

전통적인 아시아계 내담자들은 대안을 고르길 망설이거나 결정을 미룰지도 모른다. 그들이 사회적으로 실수를 저질러서 '체면을 잃게 될지'도 모른다고 두려워하기 때문이다. 또한 전통적인 아시아계 내담자는 주어진 대안들 가운데 스스로 느끼기에 가장 좋다고 생각하는 것을 고르기보다는, '올바른' 일련의 행동들을 알아내기 위해 표면적인 단서를 찾으면서 전문가가 가장 가치를 두는 것을 고를 수 있다(Chan & Lee, 2004).

수치심 문제와 체면을 지키는 것이 중요한 사회에 속한 면담자는 내담자에게 민감한 질문을 던지지 않음으로써 그들을 '과보호'하는 경향을 경계할 필요가 있다. 늘 그렇듯이, 면담의 의뢰 문제를 해결하기 위해 어떤 정보가 중요한지를 잊지 않음으로써 재량껏 행동하고자 하는 것과 존중심을 보이고자 하는 것 사이에서 균형을 잘 맞춰야 한다.

그저 제도권 내에서 어떤 유형의 면담이든지 하게 되었다는 것 자체가 내담자의 체면을 깎는 것이 될 수도 있다. 예를 들어 경찰, 사회복지사, 의사, 그 외 건강 전문가들로부터의 면담은 종종 수치스러운 주제일 수 있어서 면담을 받는 사람이 체면을 구길 만한 내용일 수 있다. 심지어 어떤 중국인 남성에게는 취직 면접도 체면에 대한 도전이 될 수 있다. 그 사람이 본국에서는 의사였는데 새로 이주해 온 이곳에서는 건물 관리인과 같은 직업을 찾고 있는 경우를 예로 들 수 있다. 특정한 종류의 질문들,

이를테면 성 정체성에 대한 질문, 특정한 질병, 재정 상태, 글을 읽고 쓸 줄 아는 능력 등에 관한 질문들은 일부 아시아계 내담자들의 수치심을 증가시키고 체면을 잃게 할 수도 있다(주저함에 관한 8장 내용을 참고하라.). 체면을 잃은 것에 대한 반응은 분노, 수치심, 저항으로 나타날 수 있으며, 심각한 경우에는 자살로도 나타날 수 있다.

강간을 당한 후 심리치료를 받은 어떤 한국 여성의 생생한 기사에서, 챈(Chan, 1999)은 가야(Kaya)가 중국계 미국인 여성 치료사인 자신에게 털어놓은 수치심에 관하여 기술하였다. 또한 챈은 수치스러운 주제를 다루는 것과 '체면'의 중요성에 대해 기술했다.

> 나는 가야에게 그 경험들을 나에게 털어놓는 동안 마치 체면을 잃은 것처럼 느꼈냐고 물어보았다. 가야는 잘 모르겠다고 대답했다. 체면을 잃는 것이 그녀에게 어떤 의미인지를 내가 완전히 이해했는지가 확실하지 않았기 때문이다. 나는 그 개념에 대해 잘 이해하고 있다고 장담했고, 우리 가족은 가능한 한 명예롭게 행동하며 창피해지거나 체면을 잃는 것을 무슨 수를 써서라도 피하려고 하기 때문에 그런 가족에게서 단련이 되었다고 말했다. 문화적인 경험으로 인해 나는 그녀가 체면을 잃는 것을 얼마나 두려워하는지 이해할 수 있었고, 가야가 그 사건에 대해 누구에게도 드러내지 않은 것 역시 이러한 이유였기 때문에, 가야는 안도감을 내비쳤다. 내가 가야에게 그녀의 [강간당한] 경험이 그녀의 이미지를 어떤 방식으로도 깎아내리지 않는다고 말하자……그녀는 약간 놀란 것 같았다. 이 순간 나는 가야와 다른 아시아계 미국인 치료사로서 나의 역할이 무엇인지 이해했다. 내 역할은 일종의 문화적 다리가 되는 것이었다(p. 82).

다양한 주제에 따라 수치심은 면담에 등장하고, 면담을 억제하고, 왜곡할 가능성이 크다. 우리가 수치심이라는 주제를 어떻게 다루느냐에 따라 면담의 성공 여부를 결정할 수도 있다.

질문도 또한 분위기를 좌우할 수 있다

모든 질문이 대답할 가치가 있는 건 아니다.

– 푸빌리우스 사이러스(Pubililius Syrus)

많은 면담이 질문으로 시작한다. 하지만 우리는 질문이 그 자체로 얼마나 압도적인 영향을 끼치는지에 대해서는 거의 고려하지 않는다. 우리의 의도가 어쨌든, 질문은 중립적이지 않다. 질문은 가치를 전달하고 영향력을 끼친다. 질문은 전문적인 관계를 형성한다. 질문은 논의의 범위를 정한다. 즉, 어떤 주제가 포함되고 포함되지 않을지를 정한다. 질문은 권력 관계를 형성한다. 그것은 '문제'의 정확한 성격을 결정하고 상담자와 내담자가 그 문제를 어떻게 말할지를 결정한다. 질문은 의도를 담고 있고, 특정 가정(assumption)에 기반을 두고 만들어진다(Tomm, 1988).

우리가 면담 도중에 하는 질문들은 면담의 목적과 내용, 내담자의 나이에 따라 크게 달라진다. 처음 질문은 간단한 것부터(예를 들면, "나이가 어떻게 되시나요?") 좀 더 복잡한 것(예: "오늘은 기분이 어떠신가요?") 그리고 내담자가 대답을 하기 전에 약간의 복잡한 결정을 내릴 필요가 있는 질문(예: "자기 자신이 어떤 사람인지 말씀해 주시겠어요?")까지 다양하다.

면담에서 질문은 정보를 얻기 위한 특정한 방법이지만, 분명 유일한 방법은 아니다. 질문을 하는 것은 지시적인 의사소통 방법으로 내담자에게 그 순간 무엇에 대해 이야기해야 할지 알려 준다. 당신이 질문을 할 때면, 대화의 주도권을 잡는 쪽은 당신인 것이다(Sommers-Flanagan & Sommers-Flanagan, 2003). 어떤 상황에서는 이것이 바람직할 수 있다. 예를 들어, 주어진 시간 내에 특정한 주제에 대한 상세한 정보가 필요하거나, 특히 말이 장황한 내담자의 횡설수설을 중단시키고 싶을 수도 있다. 질문은 면담에 집중하게 하는 수단이기도 하며, 또는 면담의 한 부분이다.

또한 질문은 위기상황에 놓인 사람을 편하게 만들어 주는 수단이 될 수 있다. 나는 커리어 초반에 위기 개입 팀에서 일했다. 내 슈퍼바이저는 내담자의 증상, 생각, 행동,

그리고 감정에 대해 아주 상세한 질문을 함으로써 내담자를 안심시킬 것을 제안했다. 의료 진찰 도중에 의사가 자세한 질문을 하는 것 자체로 환자를 안심시키는 것처럼 말이다. 이는 전문가가 무엇이 잘못된 것인지 알아낼 능력이 있다는 것을 전달하고, 환자는 다소 안심을 느끼게 된다. 자세하게 질문을 하고 내담자의 대답을 주의 깊게 경청하는 것은 또한 면담자가 내담자에게 주의를 기울이고 있다는 것을 전달한다.

　면담에서 질문은 간혹 문제를 일으킬 수 있다. 한 질문을 받은 뒤 바로 또 다른 질문을 받으면 내담자는 마치 취조당하는 것처럼 느낄 수도 있기 때문이다. 질문은 또한 면담자에 의해 수집되고 실행되는 정보의 제공자로서 내담자를 수동적인 상태에 놓기도 한다. 이런 수동성은 특정한 상황, 이를테면 앞서 설명한 응급 상황 평가(emergency assessment) 장면에서는 이로울 수 있는데, 이러한 상황에서 내담자는 안전감을 느낄 필요가 있기 때문이다. 그러나 다른 상황에서는 내담자의 수동성을 유도하는 것이 매우 바람직하지 못하다. 예를 들어, 만약 당신이 심리 평가나 학업 수행 평가를 하는 데 초점을 맞춘 제한적인 질문으로 시작한다면, 흔히 내담자는 수동적으로 행동하며 자신의 적극성, 호기심, 임기응변적인 재능을 충분히 보여 주지 못한다. 또는 만약 당신이 내담자와 심리치료적 관계를 맺으려고 많은 질문을 한다면, 아마 내담자로부터 "좋아요, 의사 선생님, 그러면 제가 뭘 해야 할지 선생님이 말씀해 주시죠."와 같은 태도를 유도한다는 인상을 줄 것이다.

　내가 아는 어떤 심리학 교수는 인턴에게 단 하나의 질문도 하지 말고 접수 면접(intake interview)을 하라고 보냈다. 그 학생은 다른 상황에서보다 더 말이 유창해졌고, 정보를 얻는 데에 격식을 보다 덜 차린 태도를 취하게 되었다. 이를테면, "왜 당신 주치의가 저를 만나 보라고 하신 걸까요?" 대신에 "그래서 주치의가 저를 보러 가라고 제안하셨군요." 그리고 "자녀들에 대해 어떻게 느끼십니까?" 대신에 "아이들 이야기를 하면서 어째서인지 슬퍼 보이셨어요." 이런 것들은 내포된 혹은 간접적인 질문들이라고 부른다. 이런 질문은 직접적인 질문보다 덜 밀어붙이는 듯하거나 덜 취조하는 듯하게 보일 수 있다.

　때때로 우리는 새로운 주제를 탐색해야 할 것 같은 육감이나 직감 때문에 평소의 면담 절차로부터 벗어나고픈 유혹을 느낀다. 이때 조심해야 한다. 충동적으로 질문

을 하는 것은 면담자를 비윤리적인 영역 또는 말 그대로 '면담자가 알 바 없는 영역'
으로 이끌 수 있기 때문이다.

질문의 유형[*]

질문 유형	예 시	목 표	문화적 코멘트
비지시적이거나 내포된 질문	1. 어떤 아이들은 저와 만날 때는 불안해하곤 한답니다. 2. 강도를 목격했다고 말씀하셨는데요.	상대방이 긴장을 풀고 감정을 정상화하도록 도움, 상황에 대한 논의를 장려함.	만약 사람들이 더 구체적인 방향을 필요로 하는 것처럼 보인다면, "……에 대해 말씀해 주시겠습니까?"로 시작할 것.
그랜드 투어 질문 (Grand tour)	1. 어떻게 미국에 오게 됐는지 이야기해 주세요. 2. 제가 당신에 대해 알아야 할 것이 무엇인가요?	논의를 넓은 영역에서 시작함, 내담자 본인의 말과 개념으로 이야기하라고 격려함.	그랜드 투어 질문은 내담자의 관점과 우선순위에 대해 많은 것을 알려 줄 수 있음.
가설적 질문	1. 당신의 문제가 해결되었다고 상상해 본다면…… 2. 만약 당신에게 요술지팡이가 있다면……	내담자가 특정한 결과에 대해 상상하도록, 또는 원하는 결과에 대해 표현하도록 내담자를 초대함.	영어를 잘하지 못하는 사람, 또는 발달장애가 있는 사람에게는 힘든 질문일 수 있음.
변화에 대한 질문	1. 그의 죽음으로 인해 당신은 어떻게 변하게 되었습니까? 2. 당신이 과거에 반응한 것과 다른 방식으로 반응했습니까?	과거 기능 수준에 대한 정보를 제공함. 과거는 과거였고, 변화가 삶의 일부분임을 내담자에게 상기시킴.	영어를 잘하지 못하는 사람의 경우 시제를 이해하는 것이 어려울 수 있음.
예상 질문	1. 학교에서는 어떤 식으로 편하게 느끼나요? 2. 술을 마심으로써 당신에게 미친 영향은 무엇입니까? 3. 새로운 직업으로 인해 당신이 어떻게 변하게 될 것 같습니까?	부정적 진술을 피함. 범죄 수사(forensic) 맥락에서는 유도하는 질문처럼 보일 수 있음.	민족적 또는 사회 계층적 예상을 하지 않는 것이 중요함. (예: 모든 사람들이 크리스마스를 축하할 것이라고 예상하거나, 모두가 각자의 침실을 갖고 있을 거라고 예상하는 것)

범주화 질문	1. 어떤 종류의 친구들을 사귀고 있나요? 2. 주말에는 어떤 일들을 하십니까?	내담자가 자신의 세상을 범주화해서 정리할 수 있도록 함.	내담자가 자신의 세상을 어떤 식으로 범주화하는지는 흥미로운 문화적 정보를 드러낼 수 있음.
비교와 대조	1. 이곳에서 사는 것은 ○○ 지역과 비교해서 어떻게 다른가요? 2. 당신의 아들들과 다른 아이들은 어떤 면에서 다릅니까?	비교를 이끌어 냄.	문화적 기준의 차이를 아는 데 도움이 될 수 있음. 만약 내담자가 당신의 기분을 상하게 할까 봐 두렵다면 면담자의 문화나 나라에 대한 부정적인 말을 삼갈 수 있음.
예시	1. ……때의 일을 묘사해 보세요. 2. ……에 대한 예를 들어 주세요.	내담자가 구체적이고 특정한 사건에 대해 이야기하도록 함.	내담자의 삶을 더 잘 이해하기 위해 이런 식으로 세부사항을 말해달라고 요청하는 것이 도움이 될 수 있음.
극단적 예시	1. ……에서 가장 어려웠던 것은 무엇인가요? 2. 최고의 ……에 대해 이야기해 주세요. 3. 최악의 사고에 대해 이야기해 주세요.	특정한 행동이나 상황의 한계 또는 범위를 알아냄.	만약 당신이 부정적인 극단 사례에 대해 묻는다면, 당신과 내담자가 마음이 상할 수도 있는 정보에 대해서도 준비가 되어야 함.
현재	1. 지금 우리 두 사람이 잘하고 있는 것 같나요? 2. 지금 어떤 느낌이 드세요?	면담 과정에 대한 정보를 이끌어 냄. 내담자의 현재 상태에 대한 관심을 보여 줌.	면담 과정의 진행을 평가하는 데에 중요하며, 내담자의 대답에 따라 면담자가 조정을 할 수 있음.
미래	1. 다음에는 무슨 일이 일어났으면 좋겠습니까? 2. 1년 뒤에 이것을 되짚어 보면 어떻게 보일 것 같나요? 3. 이것에 대해 10년 뒤에는 어떻게 느낄 것 같습니까?	내담자의 미래에 대한 지향과 계획을 평가함. 변화의 가능성을 강조함. 내담자가 사건에 대해 다양한 시각을 갖도록 도움. 내담자에게 사건이 주는 함의를 면담자가 이해할 수 있도록 도움.	내담자가 다음 단계를 뚜렷이 인식할 수 있도록 하고, 그로 인한 가능한 결과에 대해 면담자에게 알려 주도록 함.
논란거리	1. 이제 어려운 질문을 할 것입니다만…… 2. 어떤 사람들은 이렇게 말하겠지만……	까다로운 주제에 대한 논의의 장을 열 수 있고 강렬한 반응을 유발함.	내담자의 문화에 친숙하지 않은 경우, 이러한 질문이 모욕적으로 받아들여질 수 있으니 주의할 것.

* 면담에 관한 여러 통찰력 있는 견해를 제공해 준 그레첸 로스먼(Gretchen Rossman)에게 감사를 표한다.

만약 우리가 필요 이상으로 내담자의 사생활을 캐거나 지나치게 궁금해하는 것처럼 보인다면 내담자와의 관계를 손상시킬지도 모른다. 예를 들어, 면담과는 관련이 없음에도 불구하고, 우리는 내담자가 이야기한 사람이 마치 아는 사람 같기 때문에 그 사람에 대해 더 물어보고 싶은 유혹을 느낄 수도 있고, 또는 흥미롭다는 이유만으로 필요보다 더 성에 관한 질문을 하고 싶은 유혹을 느끼거나, 단지 호기심이 생기기 때문에 내담자의 문화적 관습에 대해 질문하고 싶을 수 있다. 면담자는 자신의 관심을 만족시키기 위해서가 아니라, 내담자에 대한 관심을 바탕으로 전문적인 목표를 성취하기 위해서 질문을 해야 한다.

성에 관련된 질문을 할 때, 실제로는 그런 질문을 하는 이유가 있지만 종종 내담자들은 상담자가 성적인 것에 지나치게 관심이 많아서 그런 질문을 한다고 생각한다. 질문을 "이제 ……에 대해서 질문을 할 건데, 왜냐하면……"으로 시작하는 것이 내담자가 면담자의 동기를 이해하는 데에 도움이 될 수 있다.

정보를 얻기 위한 여러 가지 방법들 중에서 질문은 한 가지 방법으로만 여겨져야 한다. 많은 면담 상황에서 질문은 면담자에게 최고의 도구이자 가장 필수적인 도구 중 하나가 될 것이다. 다음 부분에서 우리는 정보를 최대로 자유롭게 교환할 수 있는 면담의 시작 방식을 살펴볼 것이다.

내러티브 훈련

범죄 수사(forensic) 면담 전문가들은 '내러티브 훈련(narrative training)'이라고 부르는 방식으로 면담을 시작하기를 추천한다. 이것은 개방형 질문(open-ended question)을 사용함으로써 내담자가 단답형이나 매우 짧은 대답을 하는 대신 서술식 답을 하도록 훈련시키는 것이다. 전형적인 면담 상황에서 하는 첫 질문은 흔히 짧은 대답을 유도하는 질문이다. 이를 테면, "존 스미스 씨 맞나요?"와 같은, 예 또는 아니요로 대답하게 되는 질문이거나, "오렌지타운에 사신 지 어느 정도 되셨죠?"처럼 짧은 대답이면 충분한 질문이거나, "아주 행복하신가요, 보통으로 행복하신가요, 아니면 전혀 행복하지 않으신가요?"처럼 선택할 수 있는 질문이다. 면담을 이런 종류의 질문으로 시작한다면 내담자가 짧은 대답을 하도록 유도하는 것이기 때문에, 이후 더 길고 서술적인 대답을 해야 할 때, 예를 들어 "목요일 밤에 어떤 일이 일어났는지 전부 말해 주세요."나 "학교에서 어떻게 지내고 계신가요?"와 같은 질문을 던질 때 내담자는 모드를 전환하기 어려울 수 있다.

　면담자는 내러티브 훈련을 통해 내담자가 이야기를 길게 하도록 도움으로써 모든 측면에서 이익을 볼 수 있다. 예를 들어, 폐쇄형 질문(close-ended question)보다는 "가족에 대해 이야기해 주세요." 또는 "오늘은 어떤 일로 오셨나요?"와 같은 질문을 할 수 있다. 이런 접근이 아이들과 십 대 청소년들에게 효과적이라는 연구 결과가 있다(Orbach & Lamb, 2000). 긴 이야기를 이끌어 낼 수 있는 개방형 질문으로 시작하는 것이 내담자에게 어떤 대답 방식이 면담에 있어서 좋은지를 알려 주는 셈이 된다.

자유로운 이야기를 끌어내기

　면담에 있어서 가장 많은 연구가 이루어진 분야는 성적 학대의 피해자일 수 있는 아이들에 대한 범죄 수사 상황에서의 면담일 것이다. 이런 면담을 통해 법정에서 필수적인 증언을 끌어낸다. 때문에 가장 정확한 세부사항을 얻을 수 있는 방법에 대해 수많은 연구가 이루어졌다. 나는 이 연구에서 얻을 수 있는 교훈이 성인을 면담할 때도 충분히 관련이 있다고 믿는다. 불행하게도 이들 범죄 수사 면담 연구 중 아주 일부의 연구만이 문화적인 문제에 초점을 맞추고 있다.

　아이들을 대상으로 한 범죄 수사 면담에 관한 연구들을 살펴보면, 만약 면담자가 내담자의 입장에서 본 사건 이야기를 이끌어 내고 싶다면, 예를 들어 내담자가 자신이 받은 성적 학대에 대해 이야기하는 것을 듣고 싶다면, '자유로운 내러티브(free narrative)'를 이끌어 낼 수 있는 '일반적'이고 '초대식의' 질문으로 시작할 수 있음을 시사한다. 이런 식으로 포괄적인 개방형 질문을 한다면 내담자의 마음과 경험에서 우러나오는 정보를 얻을 수 있을 것이다. 왜냐하면 이 정보들은 면담자로부터 암시를 받은 것이 아니기 때문이다(Saywitz, Goodman, & Lyon, 2002). 일반적인 질문의 한 예로는 "제가 도와드릴 것이 있나요?" 혹은 "오늘 당신이 왜 여기에 있는지 아세요?"와 같은 것이 있다. 초대식 질문은 약간 더 구체적이다. 이 질문은 사건이나 경험이 존재한다는 것을 가정한다. "제가 듣기로 어떤 일이 당신에게 일어났다고 하던데요. 저에게 기억나는 대로 말씀해 주세요."가 한 예다. 의료 진찰을 위한 맥락에서는 "건강이 어떤지 말해 주십시오."가 일반적인 질문이 될 것이고, "오늘은 어떤 일로 오셨습니까?"가 초대식 질문이 될 것이다.

내러티브 면담의 지지자들은 내담자가 자신의 상황에 대해 스스로의 자발적인 언어로 이야기할 때 내담자의 관점을 가장 잘 드러낸다고 주장한다(Bauer, 1996). 이를 위해 면담자는 가능한 한 면담에서 뒤로 빠지고 내담자가 '자유로운 내러티브'를 할 수 있도록 도움이 되는 질문을 할 것이다. 다시 말하면, 면담자는 내담자의 이야기를 유도하는 식의 말은 가능한 한 적게 하고, 내담자가 자유롭게 말할 수 있도록 해야 한다. 보다 포괄적인 질문을 하고 대답을 길게 할 수 있을 만큼의 시간을 주면 내담자는 생각을 방해받거나 곁길로 새지 않고 이야기를 할 수 있다. 나중에 어느 정도 줄거리가 드러나면, 초점 질문을 더 많이 사용하여 공백을 채워야 할 필요성을 느낄 것이다(개방형 질문은 어린 아이들이나 발달장애가 있는 사람들, 또는 자유롭게 말하기에는 너무 겁을 먹은 사람들에게는 효과가 덜할 수 있다. 이 주제에 대해 더 많은 정보를 얻고 싶다면 8장을 참고하라.).

자유롭고 개방적으로 이야기하는 것에 익숙하지 않은 사람들과 작업할 때에는 자유로운 내러티브를 권장하는 것이 특히 중요하다. 서구의 산업화된 국가, 특히 미국과 비교할 때, 많은 문화권의 사람들이 일반적으로 말을 더 적게 한다. 또한 예속적 지위에 있는 사람들(예를 들어, 여성, 아이들, 저소득층이나 하층민들)은 지배적인 계층의 사람들을 만날 때에는 말을 더 적게 한다. 만약 면담이 이런 규범들과 모순된다면, 시작부터 분명한 기대를 세워 놓는 것이 중요하다. 이와 더불어 우리는 사람들을 불편하게 이야기하도록 밀어붙이지 않게 조심해야 한다. 만약 우리의 노력이 자유로운 내러티브를 끌어내는 데 실패한다면, 초점 질문과 직접적인 질문으로 바꿀 수 있다.

결 론

우리는 면담의 절차와 목적을 분명히 함으로써 성공적인 면담을 위한 기반을 쌓는다. 당신이 의사소통의 맥락에 대해 더 많은 정보를 제공할 수 있다면, 내담자에게는 더 유용하다. 간단히 말해, 내담자에게 면담자의 역할과 위치에 대해 이야기하고, 정보가 어떻게 사용될 것인지를 말해 주라. 면담자가 대화를 결정하는 절차(예를 들면, 시간제한과 면담에 대한 기대)에 대해 가능한 한 자세히 내담자에게 이야기하라. 한 번의 면담으로 끝나는 것인지 아니면 앞으로 지속되는 관계의 시작인지를 내담자에게 알려 주라. 내담자가 질문을 할 수 있도록 허용하라.

우리는 내담자를 적절한 호칭으로 부르고, 존중을 전달하고, 따뜻이 맞이하는 목소리로 이야기하고, 질문을 주의 깊게 선택함으로써 내담자와 라포를 형성한다. 물론, 존중하는 분위기는 면담의 처음 몇 분에만 한정되거나, 여러 차례의 회기 중 첫 번째 회기에만 한정되는 것도 아니다. 공감적인 태도로 경청하고, 말을 지키고(지키지 못할 약속은 하지 말자.), 가능한 한 내담자가 면담의 속도를 결정할 수 있도록 해 줌으로써 시간이 지나서도 내담자에 대한 존중은 계속 유지되어야 한다. 예전에 이야기했던 주제를 다시 이야기하는 것이 적절하다 싶으면 그렇게 함으로써, 면담자가 내담자의 말을 귀 기울여 듣고 있으며, 말한 바를 기억하고 있음을 보여 주라. 할 수 있다면 내담자의 언어와 문화적 전통에 대해 감탄을 표현하고, 적절한 비언어적 행동을 사용하자(이것은 다음 장에서 논의할 주제다.). 생산적인 상담 관계의 기초 작업이 일단 완성되면, 그다음 단계는 쉬워질 것이다.

학습문제

1. 당신은 파키스탄인 아버지, 어머니 그리고 두 아이들을 당신 사무실에서 상담하려고 한다. 존중심을 전달하기 위해 당신이 할 수 있는 세 가지의 방법을 서술하라.

2. 왜 면담에서 존중심을 전달하는 것이 중요한가? 당신이 면담자로서 목표를 달성하는 데 그것은 어떻게 도움이 되는가?

3. 서류를 작성하려는 데 내담자의 이름 중 어떤 것이 이름이고, 성이고, 중간 이름인지 확실치 않다. 어떻게 하면 그 사람을 어떻게 부를지 알 수 있을까? 당신이라면 그 내담자에게 어떤 말을 하겠는가?

4. 내담자가 자유롭게 이야기할 수 있도록 면담 초기에 할 수 있는 몇 가지 단계는 무엇인가?

더 읽을거리

이 주제와 관련해서는 함께 작업할 사람의 문화에 대해 읽어 보는 것이 특히 도움이 된다. 아래의 책들은 다양한 문화권의 사람들에 관한 정보를 제공하고 있다(장에 따라 각기 다른 문화에 관한 내용이 제시되어 있음).

Boyd-Franklin, N. (2003). *Black families in therapy* (2nd ed.). New York: Guilford Press.

Falicov, C. J. (1998). *Latino families in therapy.* New York: Guilford Press.

Lee, E. (1997). *Working with Asian Americans: A guided for clinicians.* New York: Guilford Press.

05
언어를 넘어서:
면담에서의 비언어적 의사소통

대기실에 있던 후안(Juan)은 자신의 이름이 불리자 위를 올려다보았다. 면담자인 린다(Linda)는 자신을 소개하고 미소를 지으며 후안에게 따라오라는 손짓을 해 보였다. 심지어 면담실에 들어가기도 전에, 그들은 서로에 대해 평가할 기회가 있었다. 그들은 상대방의 동작, 외모, 말하는 태도, 상호 작용하는 방식에 대해 평가했다. 그들은 서로의 '향기 단서(aroma cue)'를 알아차리고 무의식적으로 처리했다. 이 단서는 체취, 음식, 알코올, 담배, 향수, 면도 크림 등의 냄새를 포함한다. 후안과 린다는 상대방이 친절한지 불친절한지, 수동적인지 적극적인지 또는 남성스러운지 여성스러운지에 대해 나름 의견을 형성했을지도 모른다. 서로의 첫인상에 기반해 면담이 만족스러울 것인지 따분할 것인지와 좋은 결과가 나올지 아닌지에 대해 또한 나름의 잠정적인 결론에 도달했을지도 모른다.

3장에서 논의한 다양한 편향들의 결과로서, 우리는 미묘한 비언어적 단서로 인해 어떤 사람을 좋아하거나 싫어하게 되기도 하고, 반대로 그 사람이 우리를 좋아하거나 싫어하게 되기도 한다. 이것은 면담 과정을 거치면서 더 증폭될 수도 있고, 미래에 받아들일 정보에 대한 필터로 작용하게 될 수도 있다. 결국 자각할 수 있는 의식 수준에 도달하지도 못하는 사소한 세부사항이 면담 과정과 차후의 보고서에 실제보다 더 큰 영향을 미칠 수 있다. 만약 우리가 이런 비언어적 신호, 즉 우리가 전달하는 것과 전달받는 것 모두에 대해 경각심을 갖는다면 비언어적 신호가 우리에게 미치는 영향을 줄일 수 있을 것이다.

면담자와 내담자가 각기 다른 문화권 출신일 때, 이러한 단서는 양쪽에서 잘못 이해될 수 있다. 때때로 이 때문에 정보를 정확하게 전달하기가 어려워지게 되어 종종 굳건한 작업 관계의 형성을 방해한다. 정확하고 적절한 비언어적 표현을 배우기 위해 가장 좋은 방법은 그 문화권 사람들의 습관과 다양한 상황에서의 행동 방식에 대해 집중적으로 관찰함으로써 해당 문화권의 사람들과 매일매일 접촉하며 사는 것이다. 물론, 다양한 문화권의 사람들과 일할 때 각각의 문화에 대해 모두 체험한다는 건 불가능에 가깝다.

이 장에서는 당신이 다양한 문화권의 사람들과 면담을 할 때의 비언어적 의사소통에 대해 이해하도록 도울 것이다. 몸짓, 자세, 접촉과 같은 비언어적 행동을 통해 당신이 의도하는 바를 전달할 수 있는 능력을 키울 것이다. 또한 타인의 비언어적 신호를 당신이 이해하는 것에도 도움이 될 것이다. 이러한 것을 더 잘 깨닫게 되면, 최종적으로 당신이 비언어적 신호를 오해하거나 타인에게 불쾌한 의사소통을 스스로 하지 않도록 도와줄 것이다.

 ## 비언어적 세계

언어학자와 인류학자는 언어 너머의 의사소통 영역을 '비언어적 세계'라고 부른다. 이것은 '구술된 내용 뒤에 숨은 영역으로, 단어 속에 있는 의미는 아니지만 말로 전달되지 않은 신호와 단서에 담긴 의미'(Givens, 2006)다. 우리는 다른 사람과 함께 있을 때 비언어적으로 의사소통하는 것을 멈출 수 없다. 우리가 말을 하고 있든지 하지 않고 있든지 우리는 자세, 손동작 그리고 얼굴 표정을 통해 지속적으로 신호를 보내고 있다. 심지어 우리가 '그저 듣고만' 있다고 생각할 때조차 우리는 우리의 몸으로 이야기하고 있다. 그리고 내담자는 우리가 듣고 있을 때 우리를 관찰하면서 우리의 반응을 가늠하려고 한다. 내담자들은 면담자가 얼마나 주의를 기울이고 있는지, 면담자가 자신을 좋아하는지, 자신을 믿고 있는지, 면담자에게 이야기한 것에 대해 면담자가 겁에 질리거나 즐거워하는지, 자신을 면담자가 흥미롭고 매력적이라고 생각하는지 등 그 외의 여러 가지에 대해 알아내려고 한다.

비언어적 의사소통에는 네 가지의 주된 기능들이 있다. 감정을 표현하는 것, 호/불호나 지배적인/복종적인 태도와 같은 대인관계에서의 태도를 전달하는 것, 그 사람의 성격을 다른 사람들에게 전달하는 것, 대화에서 주도권을 잡거나 주의를 끌거나 주제를 바꾸거나 그 외의 것들을 목적으로 언어적인 말을 보충하는 것이다. 비언어적 의사소통은 또한 누군가를 맞이하거나 헤어지거나 대화를 끝낼 때와 같은 의례적인 상황에서도 중요하다(Knapp & Hall, 2005).

비언어적 의사소통의 초기 연구자이자 중요 연구자인 데즈먼드 모리스(Desmond Morris, 1994)는 이렇게 적었다. "세상을 분리시키는 것은 말로 표현된 언어이고, 그걸 합치는 것은 신체 언어다."(p. 47) 심지어 다른 사람과 동일한 언어를 공유하고 있지 않더라도, 우리는 종종 비언어적 의사소통을 통해 그 사람의 감정을 측정할 수 있다. 하지만 불행하게도 우리는 종종 비언어적 단서를 잘못 '읽는다'.

많은 비언어적 표현이 전 세계적으로 공유되며, 그중 몇몇은 심지어 영장류와도 공유된다. 흥미로운 예로, 오늘날 여러 인간 사회에서 쓰이는 몸짓을 침팬지가 사용하기도 한다. 침팬지들은 축 늘어진 손을 쭉 뻗어서 다른 침팬지를 맞이하고, 키스를 받을 수 있도록 손등을 내민다. 사교적인 침팬지라면 그 손가락 마디에 부드럽게 입을 맞출 것이다(Morris, 1994). 대조적으로 언어는 인간을 동물들과 구별 지으며 말로 표현된 언어는 그 언어에 익숙한 사람들만이 이해할 수 있다.

어떤 비언어적 의사소통은 학습되기도 한다. 이를 테면 부대 지휘관에게 경례를 하는 것이다. 어떤 것은 선천적인 것이며 다른 영장류들의 행동과 닮아 있다. 경멸을 드러내며 으르렁거리는 것이 한 예가 될 수 있다. 대부분의 비언어적 행동은 선천적인 것과 문화적인 것이 혼합되어 있다. 혼합된 행동에는 울음, 웃음, 미소, 한숨, 그 외 여러 것이 포함된다. 이런 행동들은 선천적인 활동이지만, 그 타이밍이나 강도, 쓰임새는 문화에 따라 다르다. 최근 나는 에티오피아 어린이 몇 명을 입양한 친구의 일화에서 그 상이함을 크게 느끼게 되었다. 친구는 새롭게 입양한 어린이들에게 미국에서의 삶에 대해 이야기하기 위해 건너편에 사는 에티오피아인 남자를 초대했다. 그는 그 어린이들이 쓰는 언어인 암하라어(Amharic)로 설명을 했는데, 에티오피아에서는 큰 소리로 재채기를 해도 괜찮지만 미국에서는 재채기를 크게 하는 것은 예의에 어긋나며 미국인들은 재채기를 할 때 조용하고 조심스럽게 하려고 노력한다고 설명했다. 나는 내가 재채기하는 방식이 문화에 의해 만들어졌을 줄은 꿈에도 생각하지 못했다. 하지만 그 순간 내가 집에 혼자 있을 때, 가족과 함께 있을 때, 격식을 차린 상황에 있을 때 각각 다른 방식으로 재채기를 한다는 사실을 깨달았다. 심지어 너무나 선천적이고 부지불식간에 나오는 행동처럼 생각되는 재채기조차 그 사람에 대한 무언가를 다른 사람들에게 전하는 것이다. 이것의 다른 예로는 트림이 있다. 트림 또한 부지불식간에 일어나는 행동처럼 느껴지지만, 열 살 먹은 어린이들이 트림 시합을 하는 것을 본 적이 있는 사람이라면 트림 또한 사회적 맥락에 따라 그 방식이 만들어진다는 것을 알 수 있을 것이다.

　가끔 우리가 대화 도중 이유를 알 수 없는 불편함을 느낄 때, 그것은 비언어적 의사소통의 문화적 차이 때문이다. 우리가 일하는 사람들로부터 그런 신호를 느꼈을 때 그것을 그 사람에게 부정적인 낙인을 찍는 방식으로 해석하지 않는 것이 중요하다. 역으로, 우리가 의식하지 못하는 사이에 면담에 부정적인 영향을 미칠 수도 있는 비언어적 행동을 함으로써 내담자에게 당황스럽거나 모욕적인 메시지를 전달하는 것을 반드시 피해야 한다.

　이 장에서는 다문화 면담을 할 때, 메시지의 전달자이자 수신자로서 보다 더 효율적인 비언어적 의사소통을 할 수 있도록 도움이 되는 내용을 담고 있다.

 **제스처**

인간은 손과 손가락만으로 최소 3,000개 이상의 제스처(gesture)를 만들어 낼 수 있으며, 이는 구체적인 수신호나 청각장애인이 쓰는 수화를 포함하지 않은 숫자다 (Morris, 1994). 언어학자, 인류학자, 그 외에 비언어적 의사소통의 여러 연구자들은 인간이 하나의 종으로서 몇 만 개의 제스처와 동작을 갖고 있지만, 인간 개개인은 놀라우리만큼 적은 수의 제스처와 동작 언어(movement vocabulary)만을 정기적으로 반복한다는 사실을 밝혀냈다. 즉, 우리 개개인은 미소를 짓고, 앉고, 코를 닦고, 신발을 신는 것을 거의 항상 똑같은 방식으로 한다는 것이다(Morris, 1994).

제스처는 단지 의사소통에만 도움이 되는 것이 아니다. 제스처는 우리가 생각할 수 있도록 돕는다. 이는 왜 사람들이 종종 전화에 대고 말을 할 때도 제스처를 사용하는지에 대한 설명이 될 것이다. 말을 하면서 제스처를 사용하는 것은 기억을 해내고 문제에 대해 생각하는 것에 도움이 되는 것으로 밝혀졌다. 어린이와 성인을 대상으로 한 소규모 연구에서 수학 문제에 대해 설명하는 도중 제스처를 사용할 수 있었던 집단이 기억력 시험에서 20% 나은 수행을 보였다. 손을 가만히 두도록 지시를 받았던 피험자들은 그리 좋은 수행을 보여 주지 못했다(Goldin-Meadow, 2003). 이 실험의 연구자들은 제스처가 뇌의 공간지각영역과 그 외 비언어적 영역을 자극하기 때문에 생각하기가 더욱 쉬워진다는 의견을 제시했다.

한 가지 언어를 쓰면서 성장한 사람들 중 다수는 제2언어를 쓰면서도 모국어의 제스처를 사용한다. 이는 그 사람의 모국 문화에 익숙하지 않은 면담자에게는 혼란스러운 것이 될 수 있다. 예를 들어, 엘살바도르 청소년에게 질문을 했는데 그 청소년이 어깨를 으쓱했다면, 면담자는 그 제스처가 '모른다'는 뜻일 거라고 짐작할 수 있다. 하지만 많은 라틴계 문화권에서 그 제스처는 '개의치 않는다' 또는 '그것에 대해서 이야기하고 싶지 않다'는 의미로 매우 다른 뜻을 갖는다. 또한 갱단의 구성원들은 흔히 다른 사람들은 이해할 수 없는 암호 제스처를 만들어 서로 의사소통한다. 다음에서 우리는 때때로 자주 쓰이지만 잘못 해석되는 제스처에 대해 알아보고, 그렇게 잘못 파악하는 것을 피하는 방법을 알아볼 것이다.

삿대질 그리고 손짓으로 부르기

법정에서 한 변호사가 중국인 증인에게 폭행범을 가리키라고 요청할 때, 아마도 검지 손가락으로 가리킬 것이라고 기대할지도 모른다. 인도, 중국, 인도네시아, 필리핀을 포함한 여러 아시아 국가에서 손가락으로 가리키는 것은 무례한 행동이다. 따라서 그 증인은 턱과 입술로 가리키거나 손을 펴서 가리킬 것이다. 아프간 사람들과 많은 북미 원주민들도 손가락으로 사람을 가리키는 것을 무례하게 여긴다(Lipson & Askaryar, 2005; Axtell, 1998; Shusta, Levine, Wong, & Harris, 2005).

손가락으로 가리키는 행동에 대해서는 특히 조심해야 한다. 영어가 모국어인 사람들은 대화 도중에 상대방이 메시지를 알아듣게 하려고, 또는 자신이 말을 거는 사람이 누구인지 나타내려고 흔히 손가락으로 가리킨다. 나는 최근 한 소말리아 가족과 진행한 면담을 참관하게 되었는데, 면담자는 가족 중 다른 사람을 부르려고 할 때마다 클립보드를 내려다보고 이름을 확인한 뒤 그 사람에게 고개를 돌리고, 손가락으로 가리키면서 "당신이 아메드(Ahmed)이시고, 당신은……?" 이런 식으로 말했다. 불행하게도 그녀의 삿대질은 무례한 행동으로 받아들여졌고 그 가족은 화가 났다. 포르투갈 남성들도 가끔 자신이 부르는 사람을 손가락으로 가리키는데, 나에게는 약간 공격적인 행동으로 느껴져서, 그 행동이 포르투갈 문화에서는 공격적인 제스처가 아니라는 것을 스스로에게 상기시켜야 한다.

나이지리아에서는 손가락으로 가리키거나 손가락을 흔들어 보이면서 어린이를 훈육하지만, 성인에게 그런 행동을 하는 것은 모욕으로 받아들인다(Ogbu, 2005). 반면에 아랍 문화권의 사람들은 강조를 하기 위해 다른 사람을 손가락으로 가리키거나 그 사람을 향해 손가락을 흔들기도 한다. 그들은 모욕적으로 행동하려는 의도가 없음에도 불구하고, 이런 행동은 다른 문화권에서는 불쾌한 것으로 받아들여질 수 있다(Meleis, 2005). 일반적인 다문화 상황에서는 요점을 강조하기 위해 누군가를 손가락으로 가리키는 행동은 하지 않는 게 아마 현명할 것이다. 그리고 면담자가 특정 개인을 가리킬 필요가 있을 때에는 한 손가락으로 가리키기보다는 손가락을 다 편 손으로 그 사람 쪽을 가리키는 것이 나을 것이다.

사무실의 대기실에 있는 누군가를 부르고 싶을 때 면담자가 사용할 수 있는 제스처는 무엇일까? 많은 미국인들이 하듯이 검지를 구부려서 이쪽으로 오라는 손짓을 하는 것은 문화에 따라서는 대단히 모욕적인 제스처가 될 수 있다. 중국에서뿐만 아니라 오스트레일리아, 말레이시아, 인도네시아 그리고 동유럽의 몇몇 국가에서 실제로 그렇다. 만약 당신이 누군가에게 이쪽으로 오라고 손짓하고 싶다면, 많은 나라에서는 손바닥을 아래로 해서 손을 내밀고 마치 무언가를 긁듯이 손가락을 힘차게 잡아당기는 것이 가장 좋은 방법이다.

위험한 제스처들

미국에서 극히 흔하고 평범한 제스처들 중 몇몇은 다른 나라에서는 무례한 제스처다. 예를 들어, 검지 손가락과 엄지손가락으로 동그라미를 만들고 나머지 손가락은 바깥쪽으로 펴는 것은 미국에서 '좋다'는 뜻이지만, 브라질과 러시아에서는 외설적인 뜻이고, 프랑스에서는 '0'을 뜻하며, 일본에서는 '돈'을 가리킨다. 아랍 국가들에서 이 '오케이' 손짓을 누군가를 향해 흔드는 것은 저주 서린 눈초리를 보내는 것으로 해석될 수 있다. 아프리카의 많은 국가들, 오스트레일리아, 이란, 방글라데시, 그외 여러 국가들에서 엄지손가락을 올리는 손짓은 '엿먹어라'라는 뜻이다. 독일과 일본에서 엄지손가락을 들어 올리는 것은 숫자 '1'을 의미한다. 엄지손가락을 옆으로 펴는 손짓은 미국에서 히치하이킹을 의미한다.

미국에서 많은 사람들, 특히 남성들은 특별한 의미 없이 한쪽 손바닥에 주먹을 철썩 부딪치거나 손바닥을 주먹에 부딪치곤 한다. 프랑스, 이탈리아, 칠레, 그 외 국가들에서 이 동작은 외설적인 것으로 여겨진다(Axtell, 1998). 한 손으로 주먹을 쥐고 공중으로 들어 올리는 행동은 아랍권과 파키스탄을 포함한 많은 나라에서 외설적인 행동이다(Axtell, 1998). 가운뎃손가락과 검지 손가락을 꼬는 것은 미국에서는 행운을 의미하는 제스처이지만, 몇몇 아시아 국가에서는 외설적인 상징이며, 검지손가락과 가운뎃손가락으로 만드는 승리의 첫 글자를 의미하기도 하는 'V'자 또한 외설적으로 여긴다(Chan & Lee, 2004). 많은 문화권에서 손을 들어 올리고 마치 전구를 돌리듯이 비트는 것은 '그저 그렇다' 또는 '어느 정도'를 뜻한다. 아랍에서 이 손동작은 '뭐라고 말씀하시는 거죠?'라는 뜻이다.

확실하지 않을 때 다양한 문화권의 사람들과 대화를 나누는 동안에 제스처를 많이 사용하지 말고 대신 가능한 한 명료하고 단순하게 말로 설명하는 것이 아마 현명할 것이다. 제스처 대신 단순하고 명료하게 말로 설명하자. 마치 우리가 이제 막 영어를 배우기 시작한 사람에게 제스처에 의존해서 대화를 하는 경향처럼 이것은 직관에 어긋나는 것으로 느껴질 수 있다. 하지만 오해를 불러일으킬 수 있는 제스처는 피하는 것이 아마 가장 안전한 방법일 것이다.

비언어적 의사소통의 다양함은 무궁무진하면서 매혹적이다. 당연히 면담자가 모든 문화권의 제스처에 대해 배울 수는 없다. 하지만 비록 면담자가 통역과 함께 일하더라도 면담자가 접하는 주요 문화권의 중요한 제스처에 대해서는 배워야 한다. 그럼으로써 면담자는 대화의 감정적인 톤을 더 잘 따라가는 동시에 불편함과 오해를 피할 수 있을 것이다.

제스처에 대해 묻기

가끔 내담자들은 면담자가 중요한 주제를 다루다가 민감한 부분을 건드렸을 때 신체 언어를 통해 신호를 보낸다. 내담자들이 우리에게 말을 하지 않더라도 그들의 신체 언어, 예를 들면 갑자기 표정이 변한다거나, 의자에서 몸을 꿈틀대거나, 다리를 꼬거나 혹은 꼬았던 다리를 풀거나, 상체의 각도를 바꾸는 등을 통해 현재 어떤 일이 일어나고 있는지를 드러내 줄 수 있다. 이런 행동들은 앞으로 추가적인 탐색이 필요한 말로 드러나지 않은 기분, 감정 또는 의견을 시사할 수 있다. 때때로 사람들은 윙크를 하거나 우리가 이해할 수 없는 뜻의 손짓과 같은 비언어적 제스처를 보내기도 한다. 우리는 그 제스처가 무슨 뜻인지 말로 물어볼 수 있다. "제가 당신의 사촌에 대해 물었을 때 인상을 찌푸리는 것을 보았어요. 왜 인상을 쓰셨죠?" 또는 익숙지 않은 제스처에 대해 "당신이 그런 식으로 손짓을 하는 게 무슨 뜻인지 확실하지 않네요. 무슨 뜻인지 설명해 줄 수 있으신가요?"라고 반응할 수 있다.

우리는 의식하지도 못한 채 자주 비언어적 신호를 보낸다. 우리가 사람들에게 제스처에 대해 물어볼 때, 특히 아이들의 경우에는 우리가 뭘 언급하고 있는지 확실히 알지 못할 수 있다. 따라서 제스처에 대해서 말로 질문하는 것은 도움이 될 수도, 도움이 되지 않을 수도 있다.

만날 때의 인사와 헤어질 때의 인사

사람을 만나는 것과 헤어질 때에 대한 문화별 관습에 대해 서술하면 그것만으로도 한 장을 채울 수 있을 것이다. 세계의 여러 곳에서 누군가를 맞이하는 절차는 미국과 캐나다에서 맞이하는 절차보다 훨씬 중대한 의미를 지니고 그 시간도 더 오래 걸린다. 흔히 사람들은 만날 때마다 서로의 안녕과 그 가족들의 안녕에 대해 묻는다. 심지어 그들이 마지막 만난 것이 바로 어제 일이었다고 할지라도 말이다. 라틴 아메리카와 남유럽의 여러 지역에서는 여성이 방 안에 들어올 때 남성은 존중심을 보여 주기 위해 일어선다. 이 국가들에서는 친구를 만났을 때 서로 포옹하거나 실제로 입은 대지 않고 얼굴에 키스를 하듯 인사하며 따뜻하게 맞이한다. 심지어 바로 몇 시간 전에 서로 만났더라도 그렇게 한다. 이런 인사법은 익숙하지 않은 사람에게는 굉장히 의식적인 것으로 보일지도 모른다.

전화로 인사하는 것도 비슷한 방식으로 의식화될 수 있다. 예를 들어, 전통적인 포르투갈 사람들은 서로의 가족을 알고 있는 사람과 만나면 흔히 "어떻게 지내? 가족은 어떻고?"라고 말한다. 이것은 그 사람과 만날 때마다, 또는 전화를 할 때마다, 업무를 보기 전마다 반복된다. 대답은 주로 간단하게 서로 "괜찮아, 잘 지내."라고 하거나 특정 가족 구성원에 대해 간결히 언급한다. 그러한 질문은 순전히 정보를 구하는 것 이상으로 그 사람에 대해 신경을 쓰고 있다는 것을 함께 드러낸다. 대조적으로 미국과 캐나다의 인사는 종종 타국 사람들에게는 쫓기는 듯하고 냉담하며 불친절하게 느껴지곤 한다.

많은 문화권에서는 일단 두 사람이 전문적으로든 개인적으로든 관계를 맺게 되면 그들 사이의 인사도 그에 부합해서 보다 따뜻해진다. 예를 들어, 수단의 어린이들은 함께 축구를 한 것을 매우 친밀한 유대 경험으로 여길 수도 있다. 그 날 같이 축구했던 미국인 어린이가 그다음에 다시 만났을 때 그저 "안녕" 하고 손을 흔들며 인사하는 것으로 그치면, 마치 모욕당한 느낌을 받거나, 편견이나 적대심의 신호라고 생각할 수 있다(Potter, 2002). 유사하게, 수단이나 아프리카의 어떤 국가에서 온 가족은 예전에 만난 적이 있는 전문가와 슈퍼마켓에서 만났는데 그 전문가가 감정이 넘쳐흐르는 따뜻한 인사를 하는 대신에 단지 고개를 끄덕여 인사하고는 쇼핑을 계속하면, 모욕당한 것으로 느낄 수도 있다. 전문적인 관계가 개인적으로 어떤 의미를 지니는지에 관해서 이 책의 다른 부분에서 다루었으니 살펴보길 바란다. 멕시코와 같은 많은 국가들에서는 만약 전문가가 마음에 들거나 그 사람이 자신에게 도움을 주었다면, 그 전문가를 단지 직무를 수행하는 유능한 사람으로 보기보다는 우정 관계로 간주하고 그 전문가를 친구로 여긴다.

일반적으로 나이나 지위에 따라 사람들을 맞이하는 것이 좋다. 이 말은, 즉 만약 아버지나 할아버지가 참석을 했다면 주로 그들부터 맞이해야 한다. 사람들을 처음 만날 때 간단하게 미소를 짓거나 고개를 끄덕이는 것에 대해 자유롭게 느끼자. 내담자에게 당신의 명함을 주면 당신의 이름을 배우는 데 도움이 될 것이다. 비록 그들이 읽지 못한다고 할지라도 그 명함은 당신과 연락할 수 있는 수단이 될 수 있다.

악수를 할지 하지 않을지, 언제 악수를 할지, 어떤 식으로 악수를 할지도 문화에 따라 다양하다. 미국에서는 여자들에 비해 남자들이 악수를 하려는 경향이 더 있으며, 선호하는 방식은 단단히 손을 잡되 짧게 끝내는 것이다. 그러나 아프리카의 여러 지역에서는 악수를 할 때 가볍게 접촉하지만 시간은 길다. 소말리아, 수단, 케냐 남성과 미국 여성이 악수를 했을 때, 미국인 여성은 상대방 남성이 예상한 것보다 더 오랫동안 손을 잡고 있는 것을 보고 추파를 던지고 있는 것으로 생각할 수도 있다. 하지만 그 남자는 그럴 의도가 전혀 없었을 수 있다. 만약 미국 여성이 너무 짧게 악수를 하면, 악수를 하던 아프리카 사람은 그녀의 태도가 불친절하다고 느낄지도 모른다. 일본인과 한국인은 시선을 마주치지 않으면서 가볍게 손을 쥐는 식으로 악수를 하는 경향이 있다.

많은 국가에서 나이가 많은 아이들, 특히 남자아이들은 성인과 인사를 할 때 악수를 한다. 언젠가 한 소말리아 가족의 집을 방문해서 내가 문 안팎으로 나설 때 그 가족의 아버지, 어머니 그리고 심지어 세 살밖에 안 되어 보이는 아이들도 나와 악수를 하는 것에 놀랐던 적이 있다.

유럽의 일부 지역(프랑스, 스페인, 포르투갈, 이탈리아, 러시아 등)과 라틴 아메리카의 일부 지역, 중동, 아프리카에서는 심지어 서로 모르는 사람들도 첫 만남에서나 다음 만남에서 서로의 뺨에다 한 번 이상의 키스를 한다. 심지어 낮에 직장에서 함께 일했던 동료를 저녁에 다른 사교 모임에서 만났을 때도 이런 식으로 인사할 수 있다. 그리고 단지 짧은 순간 만난 이후에도 "잘 가." 하면서 다시 키스할 수도 있다. 어떤 나라에서는 뺨에 실제로 키스를 하기도 하고, 다른 나라에서는 뺨만 서로 갖다 대는 '허공 키스(air kiss)'를 하기도 한다. 아르헨티나 사람들은 거의 이 같은 허공 키스를 끊임없이 하면서 인사를 나누는데, 여자끼리, 여자와 남자끼리, 서로를 잘 아는 남자끼리, 성별에 관계없이 어른과 아이끼리 이렇게 한 번만 키스를 한다. 나는 심지어 가깝지 않은 관계나 공식적인 관계, 예를 들어 학교의 행정실장과 새로 전학 온 학생과 학생 어머니 간에, 학교에서 아이들을 데리러 온 어머니들끼리, 새로 직장에서 만난 사람들끼리 이런 식의 아르헨티나 인사법으로 인사하는 것을 보았다. 다른 국가들에서는 두 번의 키스나 심지어 세 번의 키스가 관습이다. 엄격하게 전문적인 만남에서는 키스를 나눌 가능성은 줄어든다.

반면에, 많은 국가에서 누가 누구에게 키스를 할지, 언제 키스할지, 그리고 어떻게 키스할지에 대한 것은 일상적으로 관찰되는 수준보다 더 철저하게 절차화되어 있다. 예를 들어, 많은 곳에서 여성은 여성에게 키스를 할 수 있지만 남성에게는 하지 않는다. 또는 첫 만남에서는 악수를 하지만 다음에 만날 때는 직접 닿지 않는 '허공 키스'로 인사할 수 있다. 시간이 지남에 따라 다문화 가족이 전문가들을 신뢰하게 되었을 때 전문가들을 필히 애정 관계 집단 안으로 받아들이면서 전문가들의 뺨에 키스하거나 포옹을 하거나 둘 다 하는 식으로 인사할지도 모른다. 가능하다면 이런 애정의 표현을 받았을 때에는 진심으로 순수한 감사를 표해야 한다. 확실하지 않을 때는 내담자로부터 단서를 얻으라.

어떤 전문가들은 '어떤 상황에서든 키스도 포옹도 하지 않는다.'는 방침을 유지한다. 그들은 이러한 방침이 성희롱으로 고발당하는 것을 막아 줄뿐더러 성적인 학대나 폭력 또는 그 외의 폭행을 당한 사람들과 적절한 경계선을 만들어 준다고 믿는다. 어떤 전문가들은 내담자의 집에 방문해서도 포옹하는 인사는 피하는데, 비록 집을 방문했더라도 우정의 표시가 아니고 전문적인 관계임을 강조하기 위해서다. 만약 당신이나 당신이 일하는 기관이 키스도 포옹도 하지 않는다는 정책을 유지하고 있는데 내담자가 당신의 이런 태도를 서름서름한 것으로 받아들이고 마음을 다칠까 봐 걱정이 된다면, 따뜻하고 개인적으로 보일 수 있는 다른 인사법을 고안하라. 예를 들어, 어떤 전문가는 함께 일하는 아이들과 '하이파이브'를 하면서 인사를 하고 "만나서 너무 반갑다!"라고 말한다.

만날 때의 인사처럼, 헤어질 때의 인사는 많은 문화권에서 유사하게 그 시간이 길고 중요하다. 칠레의 격언 중에 *Los gringos se van sin despedirse y los chilenos se despiden sin irse*(미국 사람들은 '안녕'이라 말하지 않고 떠나고, 칠레 사람들은 '안녕'이라 말해 놓고 떠나지 않는다.)는 이 차이를 분명히 보여 준다. 이 말은 미국에서는 파티나 모임에서 자리를 뜰 때 그 자리에 있는 모든 사람에게 개인적으로 작별인사를 하지 않는 경향을 강조한다. 대조적으로 칠레에서는 개개인 모두에게 '작별인사'를 하느라 떠나려고 했던 시각보다 더 오래 머물게 되는 경향이 있다.

다시 말해, 그 문화에 진정으로 익숙해지게 되면 앞으로 면담을 어떻게 진행할지 아는 데 도움이 된다. 라틴 아메리카 사람들이나 아프리카 사람들과 함께 했던 사교적 또는 직업적 행사가 끝날 때, 상황에 따라 나는 자주 그 사람들과 개인별로 악수를 나누거나 뺨에 키스를 한다. 이는 존중과 애정의 표현이다. 몇몇 무슬림이나 정통파 유대교 남성은 그저 미소나 고개를 끄덕이는 인사처럼 접촉을 하지 않는 인사를 선호할 것이다.

주의를 기울이고 있음을 보여 주기

4장에서 언급했듯이, 우리가 주의를 기울이고 있으며 대화에 집중하고 있음을 보여 주기 위해 하는 말이나 행동을 통틀어 '주의 기울이기 행동'이라고 한다. 모든 문화권에서 의자의 앞쪽에 앉는 것은 당신이 세심한 주의를 기울이고 있음을 보여 주는 행동이다. 의자 뒤쪽으로 기대어 앉는 것은 보다 부정적으로 여겨지며, 무관심이나 유대감의 부족을 나타내는 것으로 받아들인다. 비록 면담자가 내담자가 말하는 모든 것에 동의하지 않더라도, 비언어적 의사소통을 통해 주의를 기울이고 있다는 것과 내담자의 입장을 이해하고 있다는 것을 전달할 수 있다.

앉은 자세를 바꾸는 것, 눈을 굴리는 것, 손가락 관절을 꺾는 것, 한숨을 쉬는 것, 종이를 뒤적거리는 것, 연필이나 펜, 혹은 발로 두드리는 것, 발을 흔드는 것, 종이 클립이나 다른 물건들을 가지고 노는 것, 볼펜을 딸깍거리는 것, 손톱을 만지작거리는 것 등의 행동을 해서 초조하게 보이는 것은 피하라. 많은 문화권에서 하품을 하는 것, 몸을 긁는 것, 기지개를 켜는 것, 머리를 손질하는 것은 공적인 자리에서 보여서는 안 되는 무례하고 개인적인 행동으로 여겨진다(이런 행동들은 미국에서 코나 잇새를 후비는 것과 엉덩이를 긁는 것에 맞먹는다.). 많은 문화권에서 껌을 씹는 행동을 상스럽고 천박한 것으로 받아들인다.

당신과 내담자 사이에 서류 작업이 일종의 장벽 노릇을 하게 되는 것은 피하라. 특히 면담의 초기에는 더욱 그렇고, 가급적 면담의 진행 도중 다양한 시점에서는 클립보드, 파일 또는 차트를 내려놓고 당신이 내담자와 직접적으로 관계를 맺고 있음을 확실히 하라. 어떤 면담자들은 내담자와 사람 대 사람으로서의 접촉을 유지하는 동시에 노트를 내려다보지 않고 필기를 할 정도로 숙련되기도 한다. 내담자는 항상 자신을 서류보다 중요한 한 명의 사람으로서 느끼고 싶어 한다.

한국어에는 말을 하지 않거나 눈으로만 살펴보고 서로에 대해 재는 것을 뜻하는 '눈치(nun-chi)'라는 단어가 있다(Lee, 2005; Kim & Ryu, 2005). 한국 사람들은 눈치가 주변 상황에 대한 단서를 읽고 적절한 행동을 할 수 있게 도와준다고 믿는다. 한국인들이 완전히 미국 문화에 동화되지 않는 한, 다른 문화권 사람들과의 대인관계 상황에서 사회적 단서를 읽지 못하고 가장 최선의 행동을 하지 못할까 봐 불안을 느낄 수 있다. 한국 사람을 만날 때 당신은 그 사람이 비록 공손하게 거리를 두는 것처럼 위장하고 있을지언정 당신에게 세심하게 주의를 기울이고 있다는 것을 알아차릴 수도 있다. 그 사람은 아마 다음에 어떤 행동을 해야 하는지에 대한 단서를 열심히 찾고 있을지도 모른다.

 ## 자 세

　　면담자의 자세, 즉 상담자가 앉아 있거나 서 있을 때 등, 어깨, 머리, 목, 다리를 어떤 식으로 두고 있는지는 면담자에 대해 수많은 것을 전달할 수 있다. 자세는 면담자의 권위, 사람을 얼마나 좋아하는지, 얼마나 이완되어 있는지, 그리고 위협적인 태도를 취하고 있는지에 대해 많은 것을 전달한다. 십 대 소녀들은 종종 한쪽 엉덩이는 앞으로 내밀고 고개는 옆으로 기울인 채 서 있는 자세를 취하곤 한다. 이런 독특한 자세를 십 대 소녀들끼리는 공유하는 것에서 볼 수 있듯이, 사람들은 어떤 사람의 소속 집단을 알아내는 한 가지 방법으로 그 사람의 자세를 보기도 한다. 당신이 면담 도중에 서 있거나 앉아 있을 때, 당신의 자세는 당신에 대해 무엇을 말해 주고 있을까? 어깨를 쫙 펴는 것, 고개나 턱을 쳐드는 것, 그리고 눈으로 보기에도 자신감이 있어 보이는 것은 전 세계적으로 권위를 나타내는 자세들이다. 이런 자세들이 어떤 면담에서는 바람직한 자세일 수 있다. 다른 면담에서는, 이를테면 어린아이들과 하는 면담에서는 권위보다 따뜻함을 강조하고자 할 것이다. 따라서 면담자는 작은 의자에 앉거나 바닥에 앉음으로써 아이의 눈높이에 맞추고, 뻣뻣하게 뒤로 기대어 앉기보다는 아이 쪽으로 몸을 기울이고, 팔과 몸은 가능한 한 이완된 방식으로 둘 것이다.

　　머리 뒤쪽으로 두 손을 깍지 끼고 뒤로 기대어 앉는 자세는 우월함(dominance)을 드러내는 자세로 보일 수도 있다. 이런 자세는 당신이 이 상황에서 완전히 주도권을 쥐고 있기 때문에 열의나 집중을 보일 필요가 없다는 것으로 보일 수 있다. 많은 문화권에서 이런 자세는 공식적인 면담에서 매우 친숙한 자세로 여겨질 수 있다. 미국과 캐나다에서 우월한 위치에 있는 화자는 일반적으로 이완된 자세를 유지함으로써 자신의 우월성을 드러내지만, 일본에서 우월한 입지의 화자는 발을 단단히 마루에 딛은 채로 뻣뻣하고 곧은 자세를 유지할 것이라고 가정한다(Burgoon et al., 1995, p. 194).

흔히 '양손 허리 자세(arms akimbo)'라고 불리는 양손으로 허리를 짚는 자세는 전 세계적으로 권위, 세력 또는 지위를 나타낸다(Givens, 2006). 이런 자세를 취하고 있는 내담자는 아마도 협조하고자 하는 의지가 없음을 드러내면서 '나한테서 떨어져'나 '뒤로 물러나'라는 신호를 보내고 있을지도 모른다. 어떤 아프리카계 미국인 소녀들과 여성들은 한 손이나 두 손을 허리에 얹는 자세를 하기도 하는데, 이는 경멸이나 혐오를 표현하거나 또는 그렇게 가장하기 위한 인습적 행동이다(Givens, 2006). 우리가 양손을 허리에 얹는 자세를 취하면 아마 내담자와 거리를 두거나 내담자를 겁먹게 하는 것일 수 있음을 자각해야 한다.

남성 면담자는 자신의 자세에 대해 더욱 조심스러울 필요가 있다. 특히 다른 문화권의 여성이나 아이들을 만날 때 그렇다. 한 나라에서는 전혀 성적인 의미가 없는 행동이나 자세가 다른 나라에서는 추파를 던지는 행동이거나 성적으로 부적절한 것일 수 있다. 예를 들어, 남성은 다리를 쩍 벌리고 앉는 것은 피해야 한다. 이것은 성기를 드러내는 자세로 보일 수 있기 때문이다. 심지어 옷을 다 입고 있더라도 그렇다. 많은 국가들에서 남성들은(그리고 여성들의 대다수도) 앉을 때 다리를 모으고 앉도록 교육받는다. 덧붙여 덩치가 큰 남성은 자신의 덩치를 사용하는 법에 대해 유념해야 하며, 가능한 한 위협적이지 않은 자세를 취해야 한다. 경찰과 같은 남성 법집행관(law enforcement officer)은 용의자를 위협하기 위해 자신의 몸집을 사용하도록 훈련을 받는다. 겁에 질린 피해자나, 안심이 필요한 증인에게는 이런 방법이 부적절할 수 있다.

많은 문화권에서 발은 더러운 것으로 여겨진다. 만약 당신이 실수로 누군가나 어떤 물건을 발로 건드렸다면 사과를 하라. 가구 위에 발을 올려놓는 것은 피하라. 만약 당신이 신체검사를 하고 있다면, 가능하면 고무장갑을 끼고 가장 마지막으로 발을 검사하고, 환자를 다시 만지기 전에 장갑은 벗어서 버린 후 손을 씻도록 하자. 이것은 로마(집시) 환자들을 검사할 때 특히 중요하다(Sutherland, 2005).

싱가포르, 태국, 중동의 무슬림 국가들에서는, 자리에 앉았다가 실수로 또는 의도적으로 발바닥을 보여 주는 것은 '당신은 내 발 아래다'라는 뜻의 무례한 제스처다. 신발 바닥은 몸에서 가장 더러운 부분으로 여겨진다. 중동과 아시아 사람들을 만날 때 상담자는 자신의 발바닥이 그 누구를 향하게 해서는 안 되고, 대신 발바닥이 땅을 보게 하고 앉아야 한다.

 ## 걸음걸이

우리가 걷는 방식은 우리의 기분, 성별, 문화, 건강 그리고 나이에 대해 많은 것을 알려 준다. 하지만 걸음걸이는 너무나 몸에 밴 것이라 우리는 이것에 대해서는 별로 생각하지 않는다. 연구 결과에 따르면 사람들은 다른 사람이 걷는 방식을 보고 그 사람의 성별을 알아볼 수 있으며, 가끔은 국적이나 민족도 알아낸다. 한 의학 연구에서는 영국에 사는 중국인과 백인 여성을 비교했는데 백인 여성은 전형적으로 더 빨리 걷고 발뒤꿈치에 더 많은 힘을 실으면서 걷는 것으로 밝혀졌는데, 이런 걸음걸이 때문에 백인 여성의 관절염 발병률이 더 높다(Chen, O'Connor, & Radin, 2003). 때때로 사람의 걸음걸이는 부분적으로 그 문화권에서 신발을 신는 방식과 옷을 입는 방식에 따라 형성된다. 선진국의 여성들이 뾰족한 하이힐을 신고 다녔을 때는 보폭이 더 짧아지고 걸음이 조심스러워졌다. 티베트의 전통 의상 추파(Chupa)는 길고 달라붙는 치마이기 때문에 그 옷을 입은 사람은 느리게 걸어야 하는데, 티베트 사람들은 이런 걸음걸이를 통해 차분한 기품을 몸에 배게 하고 에너지를 보존할 수 있다고 여겼다 (Tibetan Culture Preservation in Canada, www.geocities.com/tcpc2001ca/에서 2006년 9월 20일 인용).

젊은 아프리카계 미국인 남성은 때때로 명백하게 리듬이 있고 으스대는 걸음걸이인 '쿨한 포즈(the cool pose)'로 걷는다. 이런 자세와 걸음에 익숙하지 않은 사람들은 이것을 비행이나 반항의 표시로 종종 오해한다. 골먼(Goleman, 1992. 4. 21일자)은

"교사, 교장, 경찰관은 그 포즈를 반항하는 태도로 오해한 반면, 이것에 대해 연구한 심리학자들은 그것이 흑인 젊은이들이 통합성(a sense of integrity)을 유지하는 하나의 방법이라고 말한다. 또한 존경과 성공을 얻을 수 있는 주된 경로들이 차단당한 분노를 억제하는 방법 중 하나라고도 한다."(Shusta et al., 2005, p. 172에서 인용)라고 썼다. 면담자는 내담자의 걸음걸이를 해석하는 방식에 있어 조심스러울 필요가 있다. 그리고 면담자가 일을 할 때 걷는 방식에도 약간의 신경을 쓸 필요가 있다. 대담하게 으스대며 걷고 싶을 때도 있을 것이고, 약간 차분하고 신중하게 걷기로 결정할 때도 있을 것이다. 이는 면담자가 어떤 것을 전달하고자 하느냐에 달렸다.

눈으로 의사소통하기

눈을 마주치는 것은 강한 정서를 불러일으킨다. 그것이 연결된 느낌인지 위협을 당하는 느낌인지는 상황에 따라 다르다. 백인이고 중산층인 영국계 미국인들은 종종 대화를 나눌 때 상대방이 자신의 눈을 바라볼 것이라 기대한다. 그러나 많은 문화권에서 상대방의 눈을 정면으로 쳐다보는 것은 무례한 행동이라고 가르친다. 상대방이 지위가 더 높거나 권위가 있는 사람이라면 특히 그렇다. 만약 상담자가 내담자의 눈을 똑바로 쳐다보며 시선을 마주치려고 한다면, 그 내담자는 아마 자신이 벌을 받거나 질책을 당하는 것이라고 믿을지도 모른다. 미국의 흑인과 백인 사이에도 눈 맞춤에 대한 차이가 존재한다. 듣는 사람이 아프리카계 미국인인 경우에는 상대방이 말할 때 눈길을 돌리는 경향이 있고, 백인인 경우 말하는 사람의 눈을 보다 자주 쳐다보는 경향이 있다(Grossman, 1995). 일반적으로, 북미 원주민 문화에서는 나이가 많은 사람의 눈을 정면으로 쳐다보지 않고 가끔씩만 눈을 마주친다. 오드와이어(O'Dwyer, 2001)의 연구에 따르면 "아일랜드 사람들은 계속 눈을 마주치는 것이 몹시 거슬리고 지나치게 꿰뚫어 보는 듯하며 결과적으로 무례하다고 보는 경향이 있다." (p. 210) 그는 보다 자연스럽고 서먹서먹한 접근이 덜 위협적으로 받아들여질 것임을 시사했다.

일본에서 듣는 사람은 말하는 사람의 눈을 마주치는 것을 피하기 위해 말하는 사람의 목에 시선을 고정하라고 교육받는다(Burgoon, Buller, & Woodall, 1995). 한국과 일본에서 오랫동안 눈을 똑바로 마주치는 것은 무례한 것으로 간주되며 심지어는 위협적인 것으로도 여겨진다. 주의를 기울이고 집중을 하고 있다는 것을 보여 주는 한 방법은 생각에 잠겨서 눈을 감고 고개를 가볍게 끄덕이는 것이다.

면담자는 내담자에게 친근하고 자연스럽게 접근해야 하지만, 적극적으로 눈을 마주치려고 하거나 눈 마주치길 피하지는 말아야 한다. 내담자를 편안하게 바라보되 그 사람을 뚫어지게 바라보지는 말라. 가끔 눈길을 밑으로 떨구거나 다른 곳을 쳐다보면 내담자가 당신을 관찰할 수 있는 기회를 제공해 줄 수도 있다.

눈을 마주치거나 마주치지 않는 것으로 그 사람의 진실성, 주의 집중, 대화에 대한 참여도를 판단하면 안 된다. 많은 문화권의 아이들은 어른과 잠시 동안만 눈을 마주치려 하고 오랫동안 눈을 마주치려고 하지 않는다. 또한 사람들은 연애나 성적인 관심이 있는 것으로 오해받을까 봐 이성과 눈을 마주치기 망설인다. 어떤 대학의 파키스탄인 입학사정관은 파키스탄인 여성 지원자의 면접을 봤던 일화에 대해 이렇게 말했다. 그 지원자는 위원회의 여성 면접자들과는 눈을 마주쳤지만 남성 면접자와는 눈을 마주치지 않았고, 심지어 남성 면접자가 한 질문에 대답을 하면서도 눈을 마주치지 않았다. 위원회는 그 습관 하나만 가지고도 그 지원자의 입학을 거부할 준비가 되어 있었다. 파키스탄인 입학위원이 끼어들어 지원자의 이런 행동은 문화적으로 학습된 것이고 이 지원자가 대학에서 성공을 거두는 데에 저해가 되지 않을 것이라고 설명했다. 그 지원자는 입학을 허가받았다(2005년, 개인적 대화에서 인용).

윙크는 여러 가지를 의미할 수 있다. 심지어 한 나라 안에서도 윙크는 성적이거나 로맨틱한 관심을 나타낼 수도 있고, 비밀에 대한 공모를 의미할 수도 있다. 칠레에서 윙크는 흔히 '예'라는 의미다. 인도에서 여성에게 윙크를 하는 것은 품위 없는 것으로 여겨진다. 베트남에서 윙크는 외설적인 것으로 간주되고 이성을 직접 겨냥하고 윙크를 했을 경우에 특히 그렇다. 일반적으로 면담자는 윙크를 하지 말아야 하는데, 애매모호한 의사소통이고 잘못 이해되기 쉽기 때문이다.

많은 문화권에서 사람들은 질문에 대한 대답을 하기 전에, 사랑하는 사람이나 권위자를 눈으로 살펴본다. 이것은 눈 확인(eye checking)이라고 불린다. 따라서 예를 들어 면담자가 부부를 면담하고 있는데 부인에게 뭔가를 질문했다면, 남편이 말해도 좋다는 허락을 하거나 그가 대화를 이끌어 주기를 바라면서 부인은 아마 대답을 하기 전 남편을 잠깐 쳐다볼지도 모른다. 남편은 고개를 살짝 젓거나 눈을 가늘게 뜨는 방식으로 찬성이나 반대를 표할지도 모른다. 아이도 질문에 대답하기 전에 부모나 교사를 살펴볼 수도 있다. 이런 눈 확인은 그 사람이 속임수를 쓰고 있음을 뜻하는 것이 아니다. 오히려 권위에 대한 문화적인 패턴을 뜻하며, 개인의 필요보다 집단이나 가족의 필요를 우선적으로 여기는 많은 문화권의 집단 지향성을 가리킨다.

'알고 있는 눈빛(knowing glance)'은 두 사람이 어떤 사람에 대해 부정적인 의견을 공유하고 그 의견을 서로 교환할 때, 서로를 바라보고 똑같은 표정을 지어 보이는 것이다. 이를테면 눈을 가늘게 뜨거나 눈동자를 굴리는 것, 눈썹을 올리는 것, 입술을 오므리는 것(Givens, 2006) 등이다. 때때로 우월한 위치에 있는 두 사람, 이를테면 두 명의 상담자가 서로를 바라보고 '알고 있는 눈빛'을 교환한다면, 그 두 사람이 그럴 의도가 전혀 없었어도 덜 우월한 위치에 있는 사람은 두 사람이 자신을 놀리거나 비판하는 것으로 받아들일 수 있다(이것의 예시는 1장에 나온 하산의 사례에서 찾아볼 수 있다.).

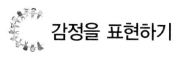

감정을 표현하기

내담자가 말한 것과 비언어적으로 드러낸 것 사이의 일치성에 주의를 기울이는 것은 내담자의 진실성, 정신적 상태, 정신 질환을 알아내는 방법으로 추천되어 왔다(Sattler, 1998). 하지만 어떤 문화권에서는, 이를테면 일본과 영국의 사람들은 어릴 적부터 스스로의 내적 상태를 드러내는 말과 표정을 숨기도록 배운다. 많은 북미 원주민들도 표정을 적게 드러내고 말을 적게 한다. 특히 외부인을 상대로 할 때 그렇다.

우리는 '적절한' 비언어적 표현은 문화에 따라 다르다는 것을 유념해야 한다. 예를 들어, 미국에서 대다수의 사람들은 당황스럽거나 부끄러울 때 고개를 숙이고 구슬프게 바라본다. 반면 일본에서는, 부끄러움과 후회를 느끼고 있을 때 미소를 지을 지도 모른다. 그 사건이 우스워서가 아니라 후회하고 있음을 드러내는 문화적인 방법이 그렇게 웃는 것이기 때문이다. 유사하게, 선진국의 영어권 사람들은 나쁜 소식을 전하게 되었을 때 일반적으로 아래를 바라보면서 조용히 말하고, 인상을 찌푸린다. 일본에서는 나쁜 소식을 전할 때에도 미소를 짓는 것이 좋은 예의다(Wierzbicha, 1994). 일본 문화에 익숙하지 않은 사람에게 이런 표정은 명백하게 부적절한 표정으로 보일지도 모른다.

대화를 나누면서 눈썹, 눈, 입술, 고개, 팔, 손을 얼마나 움직이는지도 문화에 따라 다양하다. 면담자는 기대한 것보다 내담자가 더 표현적이거나 혹은 덜 표현적인 경우 조심스럽게 해석할 필요가 있다. 육체적으로 더 표현적인 사람은 화가 난 것으로 보이거나 연극적인 것으로 보일 수 있고, 보다 뻣뻣한 사람은 비협조적이거나 불편해하거나 우울한 것으로 보일 수 있다. 하지만 그 사람들은 그저 문화적으로 학습한 대로 행동하고 있을지도 모른다.

일본, 중국, 한국처럼 유교 문화권에서는 '중도를 걷는 것'에 가치를 두는 경향이 있다. 이는 모든 종류의 극단을 피하는 것으로, 그 극단에는 감정 표현도 포함된다. 그들은 감정, 의견, 심지어 말을 하고 싶은 욕구조차 미묘하고 간접적으로 표현하는 경향이 있다. 다른 문화권의 사람들은 그러한 단서를 놓칠 수 있다(Uba, 1994). 이들 문화권에서 온 사람들은 표정 변화가 적고, 말을 할 때에만 눈썹, 입술, 안면 근육을 약간 움직이는 경향이 있다. 이들의 감정 표현의 기준에 익숙하지 않은 서구 사람들은 이 같이 상대적으로 '무표정한' 얼굴을 비협조적이거나 거짓말을 하는 것으로 생각할지도 모른다(Axtell, 1998). 예를 들어, 외상사건을 겪은 중국 여성은 얼굴과 목소리에 그리 많은 감정을 싣지 않을 수 있다. 이것은 그 여성이 감정적으로 괴로움을 겪고 있지 않다는 것을 의미하지 않는다. 그저 속내를 보여 주지 않고 있을 뿐이다. 챈과 리(Chan & Lee, 2004)는 이 점에 대해 다음과 같이 서술했다.

> 일반적으로 아시아 집단은 감정 표현을 통제하는 것에 가치를 두기 때문에 그들의 태도는 유럽문화 중심적인 사람에게는 종종 '생기 없는' '금욕적인' '수수께끼 같은'

심지어는 '뜻을 알기 어려운' 것으로 보이곤 한다. 예를 들어, '조용한 아침의 나라'로 서의 국민성을 유지하는 한국인들의 경우엔 무표정(myu-po-jung)한 모습을 보일지도 모른다. 낯선 사람을 만나거나 그 사람과 이야기할 때 가벼운 미소를 짓고 눈을 똑바로 쳐다보는 것은 부적절한 행동으로 여겨진다(p. 273).

　일반적으로, 유대인, 라틴계, 아프리카계 미국인은 대조적인 모습을 보인다. 아프리카계 미국인인 베로니카 애브니(Veronica Abney)는 정신분석 전문의이자 사회복지사다. 그녀는 정기적으로 로스앤젤레스 병원의 응급실로 호출을 받는데, 백인과 아시아인인 의료 전문가들이 '히스테리컬'하다고 묘사한 흑인 어머니들과 이야기를 하는 데에 도움을 주기 위해서다(1998년, 개인적 대화에서 인용). 그 어머니들은 아이가 응급실에 있기 때문에 당연히 혼란스러워하고, 괴로움을 강하게 드러낸다(예를 들어, 흐느끼기, 심호흡하기, 한숨을 쉬기, 얼굴을 문지르기, 하나님의 이름을 부르는 것 등). 이런 행동은 응급실 직원들에게는 익숙하지 않은 것이다. 이런 행동에 '히스테리컬'하다는 꼬리표를 붙여서 병리적이라고 보는 것은 부정확하고 도움이 되지도 않는다. 애브니는 우리가 그 어머니들의 고통에 공감하고 현실적으로 안심을 시켜주고, 다른 가족이나 성직자 또는 도움을 줄 수 있는 친구와 어머니들이 연락을 할 수 있도록 도와주라고 권한다.

　많은 문화권에서 사람들은 가족이나 믿을 수 있는 지인들 사이에서는 감정 표현을 잘하고, 잘 모르는 사람들 사이에서는 감정 표현을 보다 억제한다. 새로운 나라에 오래 머물고 주류 문화에 더 익숙해질수록, 그들의 감정 표현은 현재 살고 있는 지역의 기준에 따르게 된다.

　많은 문화권에서 여성이 남성보다 더 다양하게 감정을 표현하는 것을 용인한다. 나의 할아버지는 폴란드에서 온 유대인 이민자이셨는데, 내가 어렸을 때 그분이 드러내놓고 눈물을 흘리는 것을 보고 그런 행동은 남자로서 '꼴사나운' 행동이라고 느꼈던 기억이 있다. '남자는 울지 않아.'라는 가르침을 받은 전형적인 미국 남성의 행동과 그분의 행동은 대조적이었던 것이다. 미국의 소년들은 흔히 육체적으로 거친 스포츠와 체벌을 통해 '강해지고' 그런 상황에서 눈물을 참는 법을 배운다. 슬픔, 낙심, 부드러움, 연약함 등의 다양한 감정을 터놓고 드러내는 남성은 사내답지 않다는 의심을 받을지도 모른다. 1972년의 미국 대통령 선거를 기억하는 사람이라면, 부통령 후보자였던 에드윈 머스키(Edwin Muskie)의 눈에 눈물이 고였기 때문에 민주당 후보로 지명받지 못했던 것을 기억할 것이다. 이러한 관념이 변하고 있음을 드러내는 몇 가지 지표가 있다. 이를테면 최근 몇몇 남성 스포츠 선수들은 경기에서 지거나 이겼을 때 솔직하게 눈물을 흘렸다. 또한, 미국의 많은 남성 정치인들은 최근 몇 년간 공적인 자리에서 드러내 놓고 울었고, 그 세심함으로 존경을 얻었다.

가족을 포함해 다른 사람들 앞에서 감정을 표현하는 것은 전통적인 한국 남성에게는 부끄러운 일이다. 임(Im, 2005)의 연구에 따르면, 한국인들은 일반적으로 '남자는 태어나서 딱 세 번 운다. 첫 번째는 태어났을 때, 두 번째는 부모가 돌아가셨을 때, 세 번째는 나라를 잃었을 때다'라고 믿는다(p. 321).

판사들, 망명 판정 관리들, 경찰들, 그 외 여러 사람들은 흔히 다른 사람의 표정을 보고 진실성을 판단하려고 한다. 위에 서술한 감정 표현의 강도에 대한 문화적 영향에 더해, 사람들은 특정한 역사적 사건 때문에 감정 표현의 강도가 낮을 수도 있다. 예를 들어, 크메르 루주나 그 외 극도로 억압적인 정치적 상황 하에 살았던 사람들은 가능한 표정을 드러내지 않도록 학습된다. 취조나 고문을 당한 경험이 있는 사람들, 가정폭력 피해자들도 종종 생존을 위해 감정을 속에 감추는 법을 배운다. 오카와(Okawa, 2008)는 한 보스니아 난민에 대해 '눈물을 초월하여'라고 서술했다.

 ## 고통과 괴로움을 표현하기

많은 문화권에서 사람들은 금욕적으로 행동하도록 배우고 얼마나 고통스럽든지 간에 괴롭다는 표현을 하지 않는다. 보건 및 정신건강 의료인이 그 사람의 걱정, 병, 고통이 얼마나 극심한지를 그 사람의 표정으로 측정하려고 할 때 이 점이 측정을 어렵게 만들 수 있다. 예를 들어보면, 나이 많은 포르투갈인 친구가 신장결석으로 고통스러워하고 있을 때 나는 그녀의 눈썹에 땀이 고인 모습과 숨을 참는 방식을 보고 그

너가 얼마나 고통스러워하는지를 읽어낼 수 있었다. 의사가 그녀에게 고통스럽냐고 물었을 때 그녀는 간단하게 "예."라고만 대답했다. 그녀는 시간도 오래 걸리고 까다로운 두 번의 출산 도중에 비명을 지르지 않은 것에 대단히 자랑스러워하면서 내게 그 이야기를 들려주었다. 어떤 환자들은 문화적인 금욕주의 때문에 의료인이 그들의 고통을 과소평가하도록 유도하기도 한다. 중국인, 베트남인, 태평양 제도인들 또한 고통에 대하여 참을성이 강하며, 고통을 드러내는 것은 약함의 표시라고 믿는다 (Lipson & Dibble, 2005). 한국에서는 변하지 않는 운명이니 불평하지 말고 괴로움을 받아야만 하는 것을 일컫는 말인 팔자(pal-ja)가 있다(Kim & Ryu, 2005). 가톨릭 신자들도 고통을 그들이 져야 하는 십자가로 믿기도 한다.

어떤 국가들에서는 '부정적인' 감정이나 심리적 고통에 대한 표현에도 이런 종류의 금욕주의가 발휘되기도 한다. 예를 들어, 포르투갈 여성에게 감정적으로 어떻게 느끼는지를 물으면, 그 여성은 "괜찮아요."라고 대답할 가능성이 높으며, 전문가가 "알베스 씨(Ms. Alves), 우리가 마지막으로 만났을 때, 슬픔을 느낀다고 말씀하셨지요. 얼마나 슬픈지 손으로 보여 주세요. [양손을 서로 가까이 붙이며] 조금 슬픈가요, 아니면 [양손을 멀리 떼면서] 많이 슬픈가요?"와 같은 식으로 보다 구체적인 질문을 했을 때에만 더 자세히 말할 것이다. 이렇듯 어떤 사람들의 경우에는 자신 밖에 있는 뭔가에 대해 이야기하는 것처럼 하게 했을 때 보다 더 쉽게 그들이 겪고 있는 육체적이고 감정적인 고통을 겉으로 드러낼 수 있다. 그러나 "당신의 불안에 대해 1부터 10까지 점수를 매긴다면, 얼마 정도 되나요?"처럼 심리적 고통이나 감정을 수적인 등급으로 표현해 보라고 요구하는 것은, 이렇게 숫자로 점수를 매기는 시스템에 익숙하지 않거나 학력이 낮은 사람들에게는 어려운 질문일 수 있다. 이런 경우 상담자는 대신 손으로 보여 달라고 하거나, "전혀 걱정이 안 되시나요, 조금 걱정되시나요, 아니면 아주 많이 걱정되시나요?" 같은 식으로 말로 설명해야 한다. 어떤 사람들은 웡-베이커 얼굴 통증 등급(Wong-Baker FACES pain rating scale)처럼 그림을 이용해 등급을 매기는 방법을 쓰기도 한다(Hockenberry, Wilson, & Winkelstein, 2005). 그리고 사람들에게 그들이 어느 정도로 느끼는지를 보여 주는 얼굴을 가리키라고 부탁한다([그림 5-1]을 보라).

0	2	4	6	8	10
전혀 아프지 않다	조금 아프다	조금 더 아프다	좀 더 많이 아프다	매우 많이 아프다	정말 많이 아프다

[그림 5-1] 웡-베이커 얼굴 통증 등급

각각의 표정을 가리키면서 그 표정이 나타내는 고통의 강도를 말로 설명한다. 환자가 느끼는 고통을 가장 잘 묘사한 얼굴을 고르도록 요청하고 해당하는 숫자를 기록한다. Hockenberry, M. J., Willson, D., & Winkelstein, M. L. Wong's Essentials of Pediatric Nursing, Ed. 7, St. Louis, 2005, p. 1259에서 인용함. 인용 허락받음. 저작권은 Mosby에 있음.

    푸에르토리코 사람들과 도미니카 공화국 사람들은 금욕적이라기보다는 오히려 신체적 고통에 대해 남을 개의치 않고 크게 표현한다. 그들은 아픈 부분을 움켜쥐거나 문지르면서 "아!" 또는 "아이고!(Ay bendito)"라고 외치거나 신음한다(Juarbe, 2005). 이러한 고통의 표현을 가로막거나 하찮게 취급하거나 과장된 것으로 보면 안 된다. 그들의 고통은 진짜이며, 단지 다른 사람들보다 더 강하게 표현되는 것일 뿐이다. 몇몇 푸에르토리코 여성들은 표현의 강도 때문에 '연극적(histrionic)'이라고 불리기도 한다. 우리는 문화적으로 적절하게 행동하고 있는 사람에게 성격 장애를 나타내는 꼬리표를 붙이는 것을 주의해야 한다.

    유대인들은 흔히 정서적인 고통과 삶의 어려움에 대해 기꺼이 이야기하고 싶어 하는 것으로 묘사된다[이디시어로 '투덜대는(kvetching)'](Wex, 2005). 우디 앨런이 자신의 초기 영화들에서 연기한 캐릭터는 이런 특징을 코믹하게 묘사하고 있다. 이 투덜댐을 어떻게 보느냐는 그러한 행동에 어느 정도 익숙한가와 편안함 정도에 따라 다르다. 이와 같은 대인관계 스타일에 익숙하지 않은 사람들에게 이런 태도는 유쾌하지 못하고 유대인들이 '자기들의 문제를 소매에 달고 다니는' 것처럼 보일지도 모른다. 그러나 많은 유대인들에게 있어 자신의 문제를 이야기하는 것은 다른 사람과 유대를 맺는 하나의 방법이다. 내가 당신에게 고민을 조금 털어놓고, 당신이 나에게 불평을 조금 털어놓는다면, 우리는 이런 방식을 통해 친밀감을 공유하고 관계를 단단하게 할 것이다. 감정을 덜 표현하는 사람들은 유대인이 보기에는 냉담하고 인간미 없고 자신에 대한 정보를 주지 않는 사람으로 보일지도 모른다(유대인 코미디언들은 미국 와스프**❶**(WASPs)들이 감정 표현을 잘하지 않는 것에 대해 수많은 농담을 한다.).

중동의 여러 국가들에서 오른손 바닥으로 가슴의 심장 쪽을 두드리는 것은 '도움이 필요하다'는 뜻이다. 이 행동은 '빠른 심장박동을 표현한 몸짓으로, 공황상태에 빠졌다는 의미를 함축한 제스처'를 뜻한다(Morris, 1994, p. 148). 중동 지역의 아랍 사람들은 만약 위급한 상황이거나 충격적인 소식을 들었다면, 얼굴을 손으로 가리고 "신이시여, 도와주소서! 신이시여, 도와주소서!"와 같은 구절을 외치면서 자신들의 심란함을 표현할 수도 있다. 이런 습관에 익숙하지 않은 사람에게는 마치 그 사람이 드라마틱한 효과를 노리고 과장하는 것으로 보일 수 있다.

이렇듯 복잡한 감정 표현에 관한 숙제는 우리가 생각하기에 감정을 표현하는 '옳은 방법'을 우리와 다른 문화적 배경을 지닌 사람들에게 적용시키지 않도록 주의해야 한다는 것이다. 우리는 비언어적 지표의 다양성(얼굴 표정, 몸의 움직임, 목소리의 톤)에 주목해야 하고, 가능한 한 그 사람에 대한 전체적인 그림을 완성하기 위해 말로 질문해야 한다.

 ## 신체적 접촉

접촉은 친밀감에 따라 다섯 개 수준, 즉 ① 기능적-전문적인, ② 사회적-정중한, ③ 우정-따뜻함, ④ 사랑-친밀함 그리고 ⑤ 성적 흥분으로 분류되어 왔다(Heslin, 1974). 그러나 한 문화에서는 사교적인 것으로 간주되는 접촉이 다른 문화에서는 위협적인 것으로 보일 수 있다. 여기에서 우리는 여러 다른 방식의 접촉에 대해 알아보고, 상담 과정에 영향을 끼칠 가능성이 있는 접촉의 몇 가지 규칙에 대해 알아볼 것

---

❶ 역자 주: White Anglo-Saxon Protestant의 약자, 앵글로 색슨 혈통의 기독교 신자인 백인.

이다. 언제나 그렇듯이 만약 상담자가 특정한 문화권의 특정한 사람들에게서 정보를 찾고 있다면, 그 문화권에 대한 구체적인 문헌을 읽어 보고, 그 문화권의 사람들과 시간을 보내고, 그 사람들이 받아들일 수 있는 접촉 방식에 대해 본인들에게 물어보고, 상담자와 함께 일하는 특정 개인이나 가족을 관찰해서 그들의 구체적인 기준을 알아내는 것이 좋은 방법이다. 심지어 같은 문화권의 사람들끼리도 접촉을 좋아하는 정도는 다양하다.

어떤 문화에서는, 이를테면 아프리카계 미국인 사이에서는 서로 좋아하는 사람들끼리 습관적으로 신체적 접촉을 많이 하는 게 전형적인 모습이다. 예를 들어, 다른 사람의 팔을 만지는 것, 껴안는 것, 등을 때리는 것, 소녀들의 경우에는 서로의 머리카락을 만지는 것 등등의 신체적 접촉을 많이 한다. 그러나 잘 알지 못하거나 믿을 수 없는 사람의 경우 접촉을 덜 하고 상대적으로 신체적 거리를 멀리 둠으로써 안전감을 얻으려고 할지도 모른다. 미국 내 백인도 집단에 따라 신체적 접촉의 정도는 다르다.

호프만(Hoffman, 1989)은 미국으로 이주한 폴란드계 유대인으로서의 성장 과정에 대해 쓴 회고록에서 접촉에 대한 문화적 표준이 서로 달랐던 경험을 설득력 있게 서술했다.

> 우리 어머니는 내가 '미국인'이 되어 간다고 말했다. 이 말은 나에게 상처를 주었다. 내가 점점 차가워진다는 뜻임을 알았기 때문이다. 나는 이전보다 더 차가워지지 않았지만, 드러내 놓고 표현하지 않는 법을 배우고 있었다……. 나는 나와 대화할 때 뒤로 한 발짝 물러서는 사람들에게 신중함을 배웠다. 그들은 내가 너무 가까이 바싹 붙어 섰기 때문에 뒤로 물러난 것이었다. 나중에 사회학 수업에서 문화적인 거리가 다르다는 것을 배웠지만, 나는 이미 그걸 알고 있었다. 나는 페니(Penny)로부터 행동을 억제하는 법을 배웠다. 내가 신이 나서 페니의 팔을 잡고 흔들면 페니는 불쾌한 것처럼 보였다. 마치 내 행동이 우정에 대한 표현이기보다는 공격의 일종인 것처럼 말이다. 나는 한 소녀로부터 비슷한 것을 배웠다. 내가 그녀와 길을 걷던 도중 팔짱을 끼자 그녀는 팔을 빼냈다. 나에게는 다정한 친근감의 표현이었던 행동이 그녀에게는 당황스러운 것이었다(pp. 146-147).

　호프만이 쓴 '차갑다'는 표현은 무정하다는 뜻이다. 그리고 그녀의 유대계 폴란드 문화에서는 부분적으로 신체적 접촉과 제스처를 통해 어떤 사람이 얼마나 깊은 감정을 느끼는가와 감정을 느끼는 사람의 상태를 상대방에게 전달한다. '폴란드 문화에서 감정을 드러내는 행동은 이상적인 것이 아니라 정상적인 것으로 여겨진다.' (Wierzbicka, 1994, p. 158). 폴란드 사람들(그리고 일반적으로 슬라브계 사람들)은 자주 키스하고, 끌어안고, 포옹하고, 접촉하고, 자신이 마음을 쓰는 사람에게 애정 어린 말들을 퍼붓는다. 대화하는 상대에게 긍정적인 감정을 느끼면 그걸 드러내는 것이 그 문화권에서는 기대되는 행동이다(Wierzbicka, 1994).

　신체적 접촉은 미국과 캐나다의 주류 문화에서보다 세계 곳곳의 여러 문화권에서 더 빈번하게 일어난다. 푸에르토리코 사람들은 대화할 때 전형적으로 상대방의 상체를 건드린다. 푸에르토리코에서 대화 도중에 일어나는 다양한 제스처에는 상대방을 만지는 것, 잡는 것 또는 상대방의 손, 팔, 어깨 등을 두드리는 것 등이 포함된다. 이런 종류의 신체적 친밀함에 익숙하지 않은 사람들에게는 이런 제스처가 불편할 수 있다. 하지만 그런 제스처를 하지 않을 경우 몇몇 푸에르토리코 사람들은 자신이 대화하는 사람이 냉담하고 비우호적이라고 생각하게 될 수도 있다. 본토에서 오랫동안 거주한 푸에르토리코 사람의 경우에는 접촉에 있어 두 가지 문화적 양상을 보이곤 한다. 그들은 라틴계 사람들과는 보다 더 신체적으로 상호 작용하고 다른 집단의 사람들과는 상대적으로 덜 상호 작용한다.

　특정한 종류의 접촉은 문젯거리가 될 수 있다. 예를 들어, 캐나다와 미국에서는 어른이 애정의 표시로서 아이의 머리를 자주 쓰다듬는다. 하지만 몇몇 중국인, 필리핀 사람, 남아시아인, 인도네시아 사람, 중앙아메리카 사람 그리고 아프리카계 미국인에게 그런 행동은 모욕적인 행동일 수 있다. 이들은 머리를 쓰다듬는 것은 사람이 아닌 동물에게나 어울리는 행동이라고 본다. 몇몇 북미 원주민, 하와이 사람, 크메르족에게 정수리 부분은 성스러운 부분으로 여겨지며 별 생각 없이 건드려서는 안 되는 부분이다. 동남아시아의 몽족은 아기의 발을 간질이면 안 되고, 만약 그랬다가는 아기가 나중에 도둑으로 자란다고 믿는다(Arax, 1996, Chan & Lee, 2004에서 인용).

　많은 전문가들은 내담자에 대한 지지를 보여 주는 제스처로 내담자의 팔이나 어깨를 건드린다. 대체로 라틴 아메리카에서는 그런 접촉이 위로가 되지만, 아시아와 중동의 많은 지역에서 그런 행동은 생색내는 것처럼 보이거나 모욕적인 것으로 간주될 수 있다.

　　중동과 아프리카의 여러 국가에서는 누군가와 인사를 하거나 그 사람을 건드릴 때 왼손으로 건드리는 것 또는 돈이나 물건을 왼손으로 건네는 것은 무례한 행동으로 여긴다. 왼손은 화장실에서 볼일을 보는 데 쓰이는 손이고, 오른손이 사회적인 행동, 식사, 기도 전 정화를 위한 손이다.

　　몇몇 무슬림, 정통파 유대교도, 아미시교도, 보수적인 기독교도들을 포함해 종교적인 규칙을 엄수하는 많은 사람들은 친척이 아닌 이성과는 신체적으로 접촉하지 않는다. 면담자가 이성인 내담자와 악수를 하려고 손을 내밀었을 때 무시를 당하거나 거절을 당할지도 모른다. 이것은 면담자라는 사람 자체에 대한 거절로 해석되어서는 안 된다. 많은 무슬림들은 상황이 어떻든지 간에 이성이 무심코 접촉을 하면 불쾌하게 여긴다. 하지만 똑같은 접촉도 동성과의 접촉이라면 반갑게 받아들일지도 모른다. 이것은 어느 국가 출신인가와 종교적 정통성 정도에 따라 다양하다. 다른 것과 마찬가지로 해당 문화권의 사람들과 진정으로 익숙해지는 것과 해당 문화권 출신이어서 조언을 해 줄 수 있는 사람에게 물어보는 것이 유용하다.

　　세계 곳곳의 많은 나라에서 동성 간의 접촉은 꽤 흔하고, 성적인 의미 없이 그저 친밀감의 표현으로 서로를 건드린다. 로맨스나 성적인 의미 없이, 소년들은 다른 소년들에게 팔을 두르고 걸어 다니며 때때로 남성들도 서로의 팔짱을 끼거나 손을 잡고 걷는다. 아르헨티나에서는 서로를 잘 아는 남성들은 뺨에 직접 닿지는 않고 허공에 입을 맞추며 인사한다. 많은 국가들에서 여성들과 소녀들 또한 흔히 서로 팔짱을 끼고 손을 잡거나 서로에게 팔을 두르고 걷는다. 여성들의 경우에는 서로의 머리를 가지고 장난을 치거나 빗겨 주기도 한다. 공간이 여유롭지 않은 곳에서 온 사람들이나 생존을 위해 자원을 쟁여 놓을 필요가 있는 사람들의 경우에는 자동차나 방, 침대, 옷, 그 외의 개인적인 물품들을 공유하는 것이 흔한 일이다.

　　만약 당신이 신체검사를 하고 있다면, 환자를 만지기 전에 허락을 구하고 접촉 이유를 간단히 설명하자. 예를 들어, 당신은 "이제 환자분의 폐가 괜찮은지 알아보기 위해 호흡 소리를 들어 보겠습니다. …… 이제 목의 내분비선이 부었는지를 살펴보기 위해서 목을 좀 만져 보겠습니다."와 같이 말할 수 있다. 많은 문화권에서 여성들은 여성 의료인에게 신체 검사받는 것을 선호하며, 특히 성기와 가슴에 대한 검사를 받을 때 그렇다. 몇몇 여성들에게는 심지어 생식, 성, 월경에 대해 남성과 이야기하는 것도 몹시 쑥스러울 수 있다(Lipson & Dibble, 2005). 남성들 또한 종종 전립선 검사와 다른 은밀한 종류의 검사들을 남성 의료인에게서 받고 싶어 한다. 여성들과 마찬가지로 남성들도 이성의 의료인과 성적인 이야기를 하고 싶어 하지 않을 수 있으며, 주제가 이상 성욕이나 성적인 능력에 관련된 것일 때는 더욱 그렇다. 의료인과 환자를 같은 성별의 사람들로 매칭할 수 없는 상황에서는, 각각의 절차에 대해 조심스럽게 설명해 주는 것이 환자 또는 환자의 남편이나 아버지의 걱정을 가라앉히는 데 도움이 될 것이다. 여성 환자는 남성 의사에게 진찰을 받는 도중 방 안에 여성 간호사가 있으면 매우 편안함을 느낄지도 모른다. 마지막으로 몇몇 여성들은 남성에게 검사받는 것을 거부할 것이며, 그들의 이런 바람은 존중받을 필요가 있다.

어떤 문화에서는 위로를 얻기 위해 말보다 신체적 접촉을 더 필요로 하기도 한다. 면담 도중 속이 상했을 때 아이들은 가끔 안기고 싶어 하거나 면담자의 무릎 위에 앉으려고 한다. 물론 이런 상황은 모든 문화권의 아이들에게서 일어날 수 있지만, 특히 신체적 거리가 가깝고 애정을 숨기지 않는 경향이 있는 문화권의 아이들에게서 더 흔할 수도 있다. 일반적으로 면담자는 면담 도중 아이들이 무릎에 앉도록 하면 안 된다. 아이가 스스로의 경계선을 침해당한 적이 있는 아이라면 경계선을 확실히 유지하는 것이 특히 중요하다. 나는 "네가 내 무릎에 앉을 수는 없지만, 의자를 내 쪽으로 가까이 당겨 앉을 수는 있지 않을까?"라고 간단히 말하는 게 효과가 있음을 알아냈다. 이러면 일반적으로 아이들은 '가까이 가고 싶은' 자신들의 욕구를 내가 알아차렸다는 것을 인식한다. 그러면서도 신체적 경계선은 확실히 유지할 수 있다.

상황에 따라서 아마 아이로부터의 신체적인 애정 표현, 이를테면 상담이 끝났을 때 아이에게 포옹을 받는다든가, 상담실에서 대기실로 가는 도중 아이와 손을 잡고 걸어간다든가 등을 받아들이기로 선택할지도 모른다.

나는 지나치게 조심하는 경향이 있긴 하다. 전문가로부터 위협을 받는다고 느끼는, 이를 테면 내가 아이의 애정을 가져가려고 하는 것 같거나 아이의 양육권을 뺏어갈까 봐 걱정하는 부모들은 종종 나와 아이 사이에 애정이나 따뜻함의 표시가 약간이라도 있으면 의심스러워하고 몹시 싫어한다. 이렇게 되면 부모가 아이에게 앙갚음을할 수 있다. 만약 내가 아이에게 신체적 접촉을 시도하면(예를 들어, 하이파이브를 하는것) 그런 행동이 성적인 것으로 오해받을 만한 행동이 아니라는 것을 확실히 해야 한다. 만약 내가 선을 넘는 것 같은 걱정이 조금이라도 들거나 아이의 양육자가 아이의신체적 경계선에 대해 민감해하는 것 같다면, 아이와 접촉하는 것은 삼가고 다른 방식으로 따뜻함과 공감을 전달하도록 노력하라. 예를 들면, 나는 아이의 눈높이로 몸을 낮추고 나와 이야기를 해 주어서 진심으로 고맙게 생각한다고 감사를 표한다.

　　부부나 부모를 상담하거나 심리평가를 할 때는 신체적 애정표현의 유무를 가지고부정확한 해석을 내리지 않는 것이 중요하다. 예를 들어, 전통적인 일본 문화에서는신체적인 애정표현을 바깥으로 드러내지 않는다. 부부는 아이들 앞에서 신체적인 친밀함을 드러내지 않으며, 쓰다듬기, 뽀뽀, 그 외 다른 형태의 신체적 애정표현도 아이들한테 잘하지 않는 경향이 있다(Shibusawa, 2005).

개인 공간

　　다른 사람과 함께 서 있거나 앉아 있을 때 얼마나 가까이 있느냐에 대해서는 문화에따라 극적인 차이가 있으며, 상대방이 친근한 사이냐 지인이냐 낯선 사람이냐에 따라다양하다. 인류학자인 에드워드 홀(Edward Hall, 1959)은 대인 간 거리(interpersonal distances)를 4가지, 즉 공적인(10피트[2]나 그 이상), 사회적인-전문적인(4~10피트), 개인적인-평상시의(1.5~4피트), 친밀한(0~18인치) 거리로 규정했다(이것은 앞서 서술한신체적 접촉의 분류와 비슷하다.). 홀은 문화에 따라 친밀함의 기준이 다르며, 비즈니

---

[2] 역자 주: 1피트(feet)는 30.48cm, 1인치(inch)는 2.54cm에 해당됨.

스, 평상시의 대화, 연애 중과 같은 다양한 상황에서 그 기준이 또 달라진다고 서술했다. 너무 가까이 또는 너무 멀리 서거나 앉는 것은 오해를 부를 수 있다.

아프리카의 많은 지역에서는 종종 여러 가정이 벽으로 둘러싸인 하나의 공동 구역 안에서 산다. 서구의 산업화 국가로 이주한 아프리카 사람들은 흔히 비용과 공유재를 아끼기 위해서(돈, 음식, 아이 맡기는 비용과 같은) 친척, 친구들, 지인들과 함께 이사를 온다. 그들은 아마 거처, 침대, 차, 옷, 그 외 개인적인 용품들, 심지어 신발까지도 공유할지 모른다. 아이들은 신체적으로 거칠게 놀며 개인 공간에 대한 감각은 거의 없을 것이다. 나는 소말리아 난민들과 함께 일하면서 이를 알아차리게 되었는데, 가끔 이것 때문에 시험에 들곤 했다. 그들과 친해지고 그들이 나를 믿게 되자, 한번은 아이들이 온통 내 위로 올라와서 내 가방 안의 물건들을 살펴보곤 했다(열쇠들! 휴대전화! 선글라스! 얼마나 가지고 놀기 좋은 물건들인가!). 한편으로는 아이들이 나와 신체적으로 가깝게 행동할 만큼 나를 받아들였다는 것이 기뻤다. 다른 한편으로는 내 개인적인 물품들에 대해 걱정이 되었고, 아이들에게 적절한 경계선을 가르쳐 주는 것이 중요하다는 사실을 알았다.

만약 당신이 대인 간 거리가 가깝지 않은 것에 익숙하다면, 아마 대인 거리가 가까운 문화의 사람과 만났을 때 그 사람이 공격적이거나 지나치게 친밀하게 군다고 느낄 수도 있다. 당신과 가까워지려는 그들의 노력을 개인 공간을 침범하는 것으로 여길지도 모른다. 예를 들어, 브라질, 쿠바, 아랍계, 이탈리아 사람들은 일반적으로 미국과 캐나다의 사람들보다 대인 거리가 가깝다. 이들 문화는 '팔꿈치 문화(elbow cultures)'라고 불린다(Morris, 1994, p. 32). 즉, 그들은 옆에 있는 사람과 팔꿈치가 닿을 만한 거리로 서는 것을 가장 편안하게 느낀다. 미국, 영국, 캐나다의 주류 문화는 '손끝(fingertips)' 문화인데, 이 문화의 사람들은 대화 상대와 팔을 뻗어 닿을 만한 거리에 서는 것을 가장 편하게 느낀다. 당신이 손끝 문화 출신이라면 팔꿈치 문화의 사람이 점점 다가올 때마다 뒤로 조금씩 물러나는 자기 자신을 발견하게 될 수도 있다. 당신과 대화를 나누고 있는 사람이 당신의 문화보다 대인 거리가 더 적은 문화의 사람이라면, 그 사람은 당신이 점점 뒤로 물러나면서 차갑고 쌀쌀해진다고 느낄지도 모른다. 반대의 상황도 가능하다. 가까운 대인 거리에 익숙하지 않은 사람, 이를테면 많은 북미 원주민들은 당신이 좀 더 가까이 서거나 앉으려고 한다면 답답하게 느끼면서 자신의 개인 공간이 침해당한다고 느낄 수도 있다. 많은 북미 원주민 내담자들은 자신과 면담자 사이에 보다 넓은 개인 공간을 선호한다. 일본, 한국, 파키스탄, 아일랜드 사람들은 익숙하지 않은 전문가와의 대인 간 거리를 미국과 캐나다보다 더 넓게 유지하려는 경향이 있다.

　개인 공간에 대해 면담자가 할 수 있는 것은 무엇일까? 첫째로, 이런 역학 관계에 대해 경각심을 갖고서 내담자에게서 신호를 읽고, 그 사람이 불편해 보인다면 어느 때든 면담자와 내담자와의 거리를 조절하라. 둘째로, 당신이 다양한 문화의 사람들과 친숙해질수록 그 사람들이 잘 아는 사람과 상대적으로 낯선 사람을 대할 때 개인 공간을 어느 정도로 유지하는지를 살펴보라. 이를 통해 면담자가 특정한 문화권의 사람들을 대할 때 어떻게 해야 하는지에 대한 실마리를 얻을 수 있을 것이다. 마지막으로, 관계, 성별, 감정, 맥락, 이야기의 주제에 따라 대인 거리의 문화적 기준이 달라지거나 상쇄될 수 있다는 것을 기억하라. 문화적인 일반화와 관련하여, 하나의 기준이 모든 상황과 모든 사람에게 딱 들어맞지는 않는다는 점을 기억할 가치가 있다.

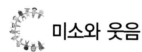 미소와 웃음

　여러 문화에서 미소는 다양한 감정으로부터 나온다. 이 감정들에는 행복, 불확실함, 조롱, 사과, 혼란스러움, 굴욕, 수치심, 불편함이 포함된다. 미국에서는 사진을 찍기 위해, 감사를 나타내기 위해, 다른 사람을 환영한다는 것을 보여 주기 위해, 다른 사람의 존재를 알아차렸을 때 미소를 짓는 경향이 있다. 미국에서는 침통한 상황을 제외하면 다른 사람과 인사할 때 미소를 짓는 것이 거의 의무적이며 심지어 장례식에서조차 많은 사람들이 서로 미소를 지으며 인사한다. 미국에서 교수나 상관과 같은 상급자에게 하급자는 더 자주 미소를 띨 것을 기대하며, 전형적으로 여성이 남성보다 더 자주 미소를 짓는다.

　모든 문화권에서 사람들은 같은 이유로 혹은 같은 빈도로 미소를 짓지 않는다.

예를 들어, 일본 사람들은 쑥스럽거나 창피하거나 그 상황이 불편할 때 자주 미소를 짓고 심지어는 약간 웃기도 한다. 긴장을 어느 정도 해소하기 위해서다. 나는 한때 일본인 여자 친구가 있었는데, 그 친구는 내가 가장 슬프고 가장 어려운 주제의 이야기를 해도 습관적으로 미소를 지어서 처음에는 당황스러웠다. 한 미국 변호사는 일본에서 증언 조사를 할 때는 '이야깃거리(the tell)'를 찾아내는 것이 쉽다고 했는데, 왜냐하면 일본인 증인들, 특히 여성들은 그가 민감한 주제를 건드리면 피식 웃는 경향이 있기 때문이었다('이야깃거리'란 증인들 스스로 문제라고 인식은 하지만 드러내지 않으려 하는 주제를 말한다.)(2007년, Irving Levinson과의 개인적 대화에서 인용). 아시아의 많은 지역의 사람들은 굴욕, 당황스러움, 창피 또는 고통을 감추기 위해 미소를 짓는데, 특히 '체면이 깎였을' 때 그렇다. 그 사람이 미소를 지음으로써 '잘난 체하는 놈'처럼 굴려고 한다거나 과시하려 든다고 느끼지 않게 하는 것이 중요하다. 반대로 아시아에서 미소란 종종 긴장을 완화시키는 수단이거나 항복의 의미를 전달하는 데 쓰인다. 일본, 베트남, 그 외 다른 몇몇 아시아 국가의 여성들은 미소를 짓거나 웃을 때 손으로 입을 가린다. 낯선 사람이 여성의 벌린 입을 보는 것은 부적절하다고 여겨지기 때문이다.

베트남 문화에서 미소를 짓는 것은 다음과 같이 설명된다.

때때로 미국 관찰자의 눈에는 수수께끼처럼 보이는 이 미소는, 베트남 문화에서는 존중을 전달하는 또 다른 비언어적 상징이다. 미소는 사소한 위반 행위, 이를테면 수업에 늦게 오는 것에 대해 사과를 표현하는 데 쓰이거나, 실수를 저질렀을 때 당황스러움을 표현하는 데 쓰인다. 베트남 사람들에게 미소란 말로 하는 표현이 필요하지 않거나 부적절한 상황일 때 대다수에서 선호하는 반응이다. 미소는 "미안합니다." "고맙습니다." 또는 "안녕!"의 대체물로서 사용된다. 이것은 기다렸다는 듯이 그렇다고 말하는 것 대신 사용되기도 하는데, 지나치게 열정적으로 보이는 것을 피하기 위해서다. 또한 미소는 꾸짖음을 듣거나 혹독한 말을 들었을 때의 적절한 반응이기도 하다. 그 사람에게 어떤 악감정도 품지 않는다는 것을 드러내거나, 실수 또는 잘못을 저질렀음을 진심으로 인정한다는 뜻이기 때문이다. [베트남인과의 비언어적 의사소통, 휴인 딘 테(Huynh Dinh Te),

매사추세츠 법률 서비스 다문화 연합 웹 사이트(Massachusetts Legal Services Diversity Coalition website)]

　반대의 상황 또한 일어날 수 있다. 전문가가 편하게 미소를 짓기를 기대하는 일본인이나 베트남 내담자는 면담자가 당혹스러운 이야기를 들으며 진지한 표정을 짓는 것을 보고 당황스러워할 수 있다.

　미소처럼 웃음 또한 문화에 따라 다른 의미를 전달한다. 한국인 사이에서 웃음은 여러 감정들을 위장하는 데 쓰인다. 분노, 좌절, 공포 등이 여기 포함된다. 필리핀 사람들에게 웃음은 즐거움과 기쁨을 전달하는 데 쓰일 뿐 아니라 다른 사람의 불운에 대한 어색함을 가리는 데에도 쓰인다.

 ## 의사소통에 대한 의사소통

　우리는 고개를 끄덕이는 것, 바라보는 것, 눈썹을 올리는 것, 격렬하게 숨을 들이마시는 것, 기타 등등을 통해 의사소통하는 것에 대해 의사소통한다['메타커뮤니케이션(metacommunicating)']. 미국인들은 모임을 끝낼 준비가 되면 종종 손바닥으로 다리를 찰싹 때린다. 마치 "걸어갈 준비가 됐소!"라고 말하는 것처럼(Givens, 2006) 말이다. 아이들은 대화의 순서를 바꾸는 것과 이야기할 때 누구를 바라보아야 할지와 같은 규범을 배워야 한다. 아이들은 종종 이런 관습들에 서투르기 때문에, 어른들은 아이들이 대화에 대한 실수를 저질렀을 때 "말할 때 끼어들지 마라." 또는 "내 말 들은 거니?" 등의 말을 하게 된다. 대화에 관한 규범 또한 문화에 따라 다양하기 때문에 다른 문화에서 온 사람과 이야기할 때 어색함을 느끼게 된다. 대화가 부드럽게 진행되지 못하고, 어색한 정적이 흐르거나, 어색하게 끼어드는 일이 생길 수 있다. 말할 순간, 조용히 있어야 할 순간, 새로운 주제로 넘어갈 순간에 대해 각자 이전에 해 온 대로의 습관적인 단서를 찾으려 하지만 헛수고일 뿐이다.

　이러한 비언어적 의사소통의 부재는 전화를 통한 의사소통이 제2언어를 쓰는 사람들에게 특히 어려운 하나의 이유이기도 하다. 메타커뮤니케이션의 부재는 또한 이 메일의 의도를 잘못 이해하게 만든다. 글 뒤의 의도를 읽기에는 충분한 정보가 없기 때문이다.

 ## 동의함과 동의하지 않음에 대한 비언어적 신호

나에게 있어 동의한다는 의미로 고개를 끄덕이는 것과 동의하지 않는다는 의미로 고개를 젓는 것은 매우 자연스럽게 느껴진다. 이것은 거의 내 유전자에 쓰여 있는 것처럼 느껴질 정도다. 하지만 이것은 문화적으로 학습된 신호들이다. 한번은 불가리아로 여행을 갔다가 그 사실을 발견했는데 불가리아에서는 고개를 끄덕이는 것이 동의하지 않음을 뜻하고 고개를 흔드는 것이 동의를 뜻한다. 작은 원을 그리며 고개를 돌리는 것은 대화를 여념 없이 듣고 있다는 뜻이다. 온통 고개를 젓거나 부드럽게 고개를 돌리는 사람들 사이에서 이야기하는 것이 얼마나 당황스러웠는지는 말로 설명할 수 없다. 나는 문장 하나하나마다 말을 멈추고 "어떤 부분이 동의가 안 된다는 거지?"라고 묻고 싶었다. 그리스에서도 고개를 끄덕이는 것이 '아니요'를 뜻하며, 고개를 젓는 것이 '예'를 뜻한다. 유고슬라비아, 터키, 이란, 벵골에서도 그렇다.

'아니요'는 지구의 여러 곳에서 다양한 방식의 신호로 표현된다. 아랍에서는 머리를 뒤로 젖히고 혀를 끌끌 차는 것이 '아니요'라는 뜻이다. 소말리아에서는 벌린 손을 재빨리 뒤집는 것이 '아니요'를 뜻한다(Axtell, 1998).

일반적으로 중국 사람들은 '아니요'라고 말하는 것을 피하는데, 부정적인 대답을 이렇게 직설적으로 말하는 것은 무례하다고 여기기 때문이다. 중국에서 '아니요'나 '뭔가가 굉장히 어렵다'(다시 한번 생각하려는 듯이 멈추면서)는 제스처는 고개를 뒤로 젖히고 소리 내어 치아 사이로 공기를 들이마시는 것이다. 타이완과 중국에서 '아니요'를 나타내는 또 다른 제스처는 손바닥을 바깥쪽으로 향하게 한 채 손을 얼굴 높이로 들어 올리고 마치 자동차 와이퍼처럼 왔다 갔다 하는 것으로, 미인대회에서의 손 흔들기 같은 그런 제스처를 하면서 가끔씩 미소를 짓기도 한다. 미국에서 아이들을 꾸중할 때 쓰는 제스처와 비슷한, 검지를 위로 향하고 자동차 와이퍼처럼 양 옆으로 흔드는 제스처는 라틴아메리카의 여러 지역에서는 '아니요'나 '당신은 잘못 알고 있어요.'를 뜻한다.

입술을 입 안으로 당겨 오므리거나 바깥쪽으로 미는 것은 많은 문화에서 동의하기에는 뭔가 부족함을 나타낸다(Givens, 2006). 그리고 이것은 종종 불화의 첫 번째 신호다. 당신이 이런 종류의 입술 움직임에 주목했을 때, 아마 내담자에게 "이것이 당신에게는 어떻게 들리나요?" 또는 "이것에 대해 어떻게 생각하십니까?" 또는 "당신이 생각하는 바를 이야기해 주세요."와 같은 말을 함으로써 내담자가 그 비언어적 반응을 말로 바꾸어 표현하도록 요청할 수 있다.

고개를 끄덕이는 것은 동의를 뜻하거나 그 사람이 말을 들었다는 신호일 수 있다. 하지만 그 말을 이해하거나 인정한다는 뜻은 아니다. 만약 당신이 지시를 내리거나 권고를 하고 있다면, 듣는 사람이 이해했는지 확인하기 위해 그 사람에게 당신이 말한 것을 말하거나 반복해 보라고 부탁하는 것이 좋다. 만약 당신이 질문을 하는 중이고 그 사람이 고개를 끄덕였을 때 그것이 동의의 표현이 맞는지를 확실히 하고 싶다면, "그게 '예'라는 뜻인가요?"와 같은 질문을 할 수 있다. 앞서 언급했듯이, 칠레에서는 질문을 듣고 한쪽 눈을 깜빡이는 것이 '예'라는 뜻이며, 에티오피아에서는 날카롭게 숨을 들이마시는 것이 '예'를 뜻한다.

옷차림

당신은 내담자들의 옷차림에 대해 얼마나 이해하고 있는가? 그리고 내담자들은 당신의 옷차림에 대해 얼마나 이해하고 있는가? 비록 우리가 이런 것에 대해 거의 생각하지 않을지라도 옷차림 또한 의사소통의 형태다. 물론 우리가 입는 옷은 전문적인 위치와 면담의 상황에 따라 다르다. 선택할 수 있으면 젊은 전문가들은 대부분 청바지와 스니커즈를 신고 격식을 차리지 않는 옷차림을 하길 좋아한다. 이런 옷차림은 때때로 적절할 수 있다. 예를 들어, 어린이들과 일하는 상황에서는 적절할 수 있다. 하지만 성인의 경우에는 면담자가 그런 옷차림을 한 것을 보면 그것을 전문성의 부재로 받아들이고 매우 모욕적으로 느껴서 두 번째 면담 약속 때에는 나타나지 않을지도 모른다. 이민자인 소수민족 내담자들도 '약식 복장'을 한 면담자는 존경할 만하지 않으며 스스로의 직업을 진지하게 받아들이지 않는다고 여기고, 따라서 유능하지 않거나 믿을 만하지 않다고 생각할 수 있다.

반면에, 물론 범죄현장의 피해자를 면담하기 위해서 진흙 위로 터벅터벅 걸어갈 때 이브닝드레스 혹은 대단히 격식을 차린 옷을 입거나 섹시한 옷을 입으면 부적절할 것이다. 만약 면담자가 저소득층 지역에 매우 격식을 차린 옷차림을 하고 나타난다면 원하지 않게 주목을 끌 수도 있다. 물론 우리는 편한 옷차림을 하고 싶고, 위생 상태가 의심스러운 집에서 면담을 한다면 쉽게 세탁할 수 있는 옷을 입고 싶을 것이다. 하지만 그러면서도 여전히 단정하고 전문적으로 보여야 한다. 당신의 옷차림이 내담자에게 어떻게 영향을 미치는지를 잘 살펴보고 그에 맞춰 조절하도록 노력하라. 반면에 나는 관습을 중시하는 무슬림 가족을 면담하기 위해 내 스스로 부르카를 입지는 않겠지만, 면담을 하는 날에 보다 더 얌전한 옷차림을 갖추어서 맨팔이나 맨다리가 드러남으로써 그 가족에게 모욕감을 주거나 심란한 마음이 들게끔 하지는 않을 것이다.

우리는 내담자의 옷차림에 반응(그리고 기록)하는 것에 대해 조심스러워야 한다. 내담자가 청결한지 비위생적인지, 단정한지 단정치 못한지를 알아차리는 것은 합당하다. 그러나 그러한 관찰의 의미에 대해 결론을 내릴 때는 조심스러워야 한다. 3장에서 논의했던 근본적 귀인오류에는 다른 사람의 행동을 상황에 귀인하기보다는 내적인 특성에 귀인하는 것이 포함된다. 예를 들어, 만약 내가 지저분한 옷을 입고 가게로 달려갔을 때, 나는 내가 막 부엌 바닥을 문질러 닦던 중이었기 때문에 내가 보통 입는 옷은 이와 다르다는 것을 안다. 그러나 만약 내가 어떤 사람이 더러운 옷을 입은 걸 보면, 나는 그녀가 정신이 이상하다고 생각하거나 또는 그가 자기 모습에 신경을 쓰지 않는다고 속단할 것이다. 나는 일시적인 상황(더러운 옷을 입은 것)을 내적인 조건으로 귀인하고 있다. 옷의 상태에 대해 수많은 일시적 설명들이 존재한다.

사람들은 자신의 이미지에 맞게 옷을 입으려고 한다. 하지만 어떤 사람들은 입고 싶은 옷에 접근할 수 없고, 헌 옷을 주어진 대로 입도록 강요받는다. 나는 아프리카 난민들과 함께 일할 때 그런 상황을 보았다. 가끔씩 남자 아이들이 분홍색 스니커즈를 신거나 너무 큰 옷을 입곤 했다. 처음 도착했을 때 그 아이들은 갱단인 블러드 집단(The Bloods)과 연루되어 있음을 나타내는 것으로 오해받을 수도 있는 빨간 재킷이나 셔츠를 입었을지도 모르겠다. 성인 여성들은 스팽글이 달리고 풍성한 프릴 또는 금색으로 가장자리를 단 셔츠를 입었을지도 모른다. 아침에 동네 슈퍼마켓에서 그런 옷차림이 얼마나 안 어울리는지에 대한 생각의 여지없이 말이다. 몇몇 국가들에서는 가슴을 성적으로 도발적인 신체 부분으로 여기지 않아서, 여성들이 브래지어를 입는데 익숙하지 않기도 하다. 그래서 그 여성들은 공공장소에서 젖을 먹이거나 자주 브래지어를 하지 않고 돌아다닌다. 남성 난민들은 때때로 자신이 받은 신발이 너무 커서 대체할 신발을 찾을 때까지 여성용 신발을 신기도 한다. 이 모든 옷차림에 대한 곤란한 상황들은 그들의 옷차림에 대한 '차이'를 두드러지게 하고, 이웃이나 전문가가 그들을 만났을 때 인상을 찌푸릴 가능성을 높인다. 그러나 그런 옷차림이 그들에게는 종종 '선택'이 아니라 힘든 상황에서 입을 수 있는 최선의 옷차림으로 여겨진다는 것을 기억하는 게 중요하다.

마지막으로, 그 사람이 특정 옷을 입기로 선택했다고 해서 그 사람의 라이프스타일이 그 옷차림에 부응한다는 것을 뜻하지는 않는다. 어린 소녀가 성적으로 활동적이지는 않으면서 성적으로 유혹하는 듯한 옷차림을 할 수 있고, 젊은 남성이 부유층이 사는 교외 출신이면서 '너무 편한(homey)' 옷차림을 할 수 있고, 그 외 여러 경우가 있다. 옷차림은 우리에 대해 무언가를 드러내 주지만, 타인의 옷을 보고 과대 해석을 하지 않도록 조심해야 한다. 한 심리학 전공 대학원생 인턴은 일하러 온 첫날, 긴 이브닝 가운을 입고 가슴골을 많이 드러낸 옷차림으로 면담하려고 했다. 나는 남몰래 그녀에게 그 옷차림에 대해 물었는데, 그녀는 자신이 가진 옷 중 가장 잘 차려입은 것이므로 적절할 것이라고 생각했다고 말했다. 그녀는 농업에 종사하는 가족 출신이었고 잘 차려입은 옷차림과 전문적인 옷차림의 차이에 대해 배우지 않았던 것이었다.

내담자들은 종종 종교적이거나 영적으로 중요한 장신구를 달거나 또는 그런 옷차림을 한다. 예를 들어, 아랍의 몇몇 국가에서는 악마의 눈을 피하기 위해 청석으로 만든 부적을 단다. 가톨릭교도들은 종종 십자가를 달거나 자신의 수호성인을 새긴 큰 메달 모양의 부적을 목걸이에 단다. 몇몇 북미 원주민 집단은 보호의 의미로 자녀들의 손목에 실을 묶는다(Joe & Malach, 2004). 많은 유대인들은 모겐 다비드(다윗의 별)나 '차이(chai)'(히브리 글자로 '삶'을 뜻함)라는 표식을 단다. 또는 정통파 유대교인의 옷차림 아래로 탈리스(tallis)라고 부르는 기도용 숄의 가장자리에 달린 술이 삐져나온 것을 볼 수 있을지도 모른다. 후기 성도(Latter Day Saint, 모르몬교도의 정식 호칭)인 내담자가 특별한 긴 속옷을 입고 있는 것을 알아차릴지도 모른다. 비록 우리가 보고 있는 것이 무엇인지 모르면 주의를 끌지 않겠지만 말이다. 물론 머리에 쓰는 것으로도 유대인 남성의 야물커(yarmulkes)부터 시크교도 남성의 터번, 무슬림 여성의 머리 스카프까지 흔히 볼 수 있다.

　우리는 내담자의 옷차림에 감정적으로 반응하는 것을 피할 수 없다. 따라서 자신의 반응에 명백한 경각심을 가지는 것이 도움이 된다. 그럼으로써 세부적인 옷차림이 내담자에 대한 인상에 지나치게 영향을 미치고 후광 효과를 불러오는 것을 피할 수 있다. 호기심을 느끼는가? 혐오를 느끼는가? 연민을 느끼는가? 매력을 느끼는가? 그리고 이러한 감정들이 면담에 어떻게 영향을 미칠 것인가?

 ## 문신, 피어싱 그리고 다른 종류의 신체 변형

　세계 곳곳의 선진국에서는 문신, 피어싱, 흉터, 낙인을 통해 신체에 변형을 가하는 추세가 증가하고 있다. 사람들이 이런 종류의 신체 개조를 하는 이유는 다양하다. 장식용으로, 사회적 집단의 회원임을 보여 주기 위해, 심심해서, BDSM(Bondage, dominance, sadomasochism; 유대, 지배, 가학피학증)의 일환으로, 갱단이나 감옥에 들어가는 의례로, 또는 신체 변형의 고통과 동반되는 엔도르핀이나 아드레날린 때문에 등이 있다.

　전통적인 사회의 구성원들이나 자기주장이 확실한 젊은이들에게 한때 이런 신체 변형은 금지되었지만, 현재는 모든 연령대와 다양한 배경의 집단들에 확산되었다.

어렵겠지만, 신체 변형에 대한 판단을 내리지 않도록 노력하자. 그걸 가지고 내담자의 인격이나 삶의 방식에 대해 판단을 내리기보다는 단지 내담자에게 있다고 기록하고 신체 변형의 유형에 대해 쓰는 것이 낫다. 만약 문신이 면담 목표와 관련이 있고 중요하다면, 문신에 대해 물어볼 수 있을 것이다.

 결 론

면담 과정은 말과 합리적인 정보의 교환인 동시에, 비언어적이고 감정적인 단서의 교환이기도 하다. 내담자와의 첫 만남에서 면담자가 내보낸 비언어적 신호들이 그 후의 모든 상호 작용의 분위기를 형성할 수 있다. 면담자가 전달하는 비언어적 신호는 내담자에게 자신이 어떻게 행동하고 있는지, 우리가 자신을 좋아하는지, 우리가 자신의 편인지를 파악할 수 있는 인상을 제공한다.

다양한 문화권에서 대화하는 사람 간에 서로에 대한 어울림과 이해가 있다면, 서로의 자세와 움직임을 따라 하기 시작한다. 몇몇 면담자는 의도적으로 내담자의 움직임과 동일하게 움직임으로써, 예를 들어 내담자가 하는 방식으로 자세를 바꿈으로써 이를 충분히 활용한다. 능숙하고 공감을 잘하는 면담자들은 이것을 의식적으로 하지 않고 본능적으로 한다.

특정한 제스처에 대한 문화적 의미를 배우는 것이 내담자를 더 잘 이해하는 데 중요하다. 그러나 다른 문화의 제스처를 쓰는 것은 훨씬 민감한 문제다. 종종 나이, 성별, 사회적 지위, 친숙함, 상황, 그 외 여러 조건에 따른 미묘한 규칙들이 언제 누구와 무엇을 비언어적으로 의사소통해야 되는지에 영향을 미친다. 그 문화에 직접적으로 익숙해지지 않은 채 그 문화 사람과의 비언어적 의사소통에 의도적으로 적응하려고 하는 사람은(예를 들어, 허리를 숙여 절하거나 누군가의 뺨에 입을 맞추는 것) 진실되지 못하거나 거들먹거리는 것으로 보일 위험성이 있다.

나는 이 장이 면담자에게 몇몇 복잡한 사항과 비언어적 의사소통에서 일어날 수 있는 곤란에 대해 경각심을 일깨웠길 바란다. 만약 비언어적인 실수를 저지를 가능성 때문에 지나치게 불안해졌다면, 내 의도를 전달하는 데 실패한 것이다. 나의 의도는 면담자가 피해야 할 특정 제스처들과 주의를 요하는 영역들에 대해 배우기를 바라는 것이다. 면담자가 내담자의 비언어적인 행동을 해석하는 데 조심스럽기를 바란다. 만약 당신이 특정 문화의 사람들과 함께 일하고 있다면, 그 문화 사람들과 격식에 얽매이지 않는 시간을 보냄으로써 그 사람들 사이에 통용되는 비언어적 의사소통에 대해 배우기를 바란다. 그렇게 하면 당신은 그들의 전형적인 움직임과 제스처에 대한 감각을 쌓아 갈 것이다.

우바(Uba, 1994, Sattler, 1998, p. 270에서 인용)는 면담자가 주류 문화에 속한 사람의 성격 문제나 기질 문제를 암시하는 행동들이 다른 소수 민족 집단에 속한 사람에게도 유사하게 반영될 수 있는지 결정하기가 얼마나 어려운지에 대해 서술했다.

> 예를 들어, 소수 민족 집단에 속한 내담자가 침묵을 지키고, 조용히 말하고 또는 오랫동안 시선을 마주치는 것을 피하면 수줍음과 약함을 드러내는 것인가 또는 말하기를 꺼려하는 것인가, 아니면 공손하고 존중하는 태도를 보이는 것인가? 감정을 간접적으로 표현하고, 감정표현을 축소해서 적게 드러내는 것은 부인(denial), 정동(affect)의 부재, 감정을 알아차리는 능력의 부재를 시사하는가, 속임수를 쓰고 있는 것을 의미하는가 또는 저항을 뜻하는가, 아니면 대인관계에서 조화를 유지하려는 것인가?

이처럼 비언어적 행동에 대한 오해는 부적절한 평가와 효과적이지 못한 평가를 낳게 되고, 심지어는 해로운 개입을 야기할 수도 있다.

다문화 면담 상황에서 면담자에게 가장 중요한 자질은 친근하고 개방적인 태도다. 당신은 당신의 몸, 목소리를 이용하는 방식, 사용하는 단어들로써 이러한 태도를 전달한다. 이런 태도는 내담자와의 관계를 장기적으로 유지하도록 돕고, 나중에 문화적으로 부적절했음을 깨닫게 되는 말이나 행동을 했음에도 그 실수를 회복할 수 있도록 돕는다.

학습문제

1. 당신이 비언어적 의사소통의 차이로 인해 실수를 저지르거나 혼란스러움을 경험했던 상황을 서술하라.
2. 다른 문화에서 온 사람을 맞이하고 있음을 기억하면서 면담을 시작할 때 내담자에게 무슨 말을 할 것인가?
3. 당신은 어린아이를 면담하고 있으며 아이가 신뢰를 느끼고 편안하게 느끼도록 돕고 싶다. 이때 당신은 면담실을 어떻게 꾸밀 것이며 자세를 어떻게 할 것인가?
4. 당신의 내담자가 미소를 짓고 고개를 끄덕이고 있다. 이 행동으로 나타날 수 있는 세 가지 의미에 대해 서술하라.
5. 당신의 내담자가 누가 봐도 낡고 닳은 옷을 입고 있다. 이것이 그 사람에 대한 인상에 어떻게 영향을 미칠 수 있는가? 그 사람의 옷차림에 대한 당신의 관찰을 바탕으로 합리적인 결론은 무엇이며, 비합리적인 결론은 무엇인가?

더 읽을거리

Givens, D. (2006). *The nonverbal dictionary of gestures, signs, and body language cues.* Available at members.aol.com/nonverbal2/diction1.htm.

06

언어 역량:
다른 언어를 사용하는 내담자와 소통하기

언어의 차이는 소리와 부호의 차이가 아니라 세계관의 차이다.

– 빌헬름 폰 훔볼트(Wilhelm Von Humboldt)

다른 모국어를 쓰는 사람과 영어로 일을 할 때나, 영어를 사용하기는 하나 상담자와는 다른 형태의 영어를 사용하는 사람과 일을 할 때는 오해가 생길 가능성이 많다. 예를 들면 다음과 같다.

한 남아시아계 가족이 심하게 아픈 삼촌을 보기 위해 병원에 들렀다. 도착했을 때 한 간호사가 삼촌은 "지금 잠들어 계신다."고 정중하게 알려 주었고, 그래서 그들은 집으로 돌아갔다. 돌아간 다음날 아침 그들은 다시 병원으로 갔는데, 어제 간호사가 한 말은 조심스럽고 정중한 완곡어법으로 "지금 돌아가셨다."는 뜻이었음을 알게 되었다. 삼촌이 막 돌아가신 것을 알았다면 자신들의 종교에 적합한 기도와 의식을 했을 텐데 하지 못했다는 것 때문에 그 가족은 더욱 괴로워했다. 언어적 오해 때문에 그 기회를 놓치고 말았던 것이다(2006년 11월 21일, J. Cambridge와의 개인적 대화에서 인용).

다문화 정신건강, 형사 사법 사회복지, 의료 영역에서 언어적 차이와 이중언어 사용 능력은 중요하지만 과소평가되어 연구되지 않는 요인이다(Santiago-Rivera & Altarriba, 2002). 이 장에서 우리는 면담에서 언어능력이 어떻게 중요한 역할을 하는지를 살펴볼 것이다. 면담자와 내담자의 언어 차이를 어떻게 다루어야 하는지, 언어가 기억과 감정 그리고 성격에 어떻게 영향을 미치는지, 2개 또는 그 이상의 국어를 하는 사람들을 면담하는 법, 다른 형태의 영어를 다루는 법에 대해서도 다룰 것이다. 그리고 마지막으로 언어적 역량이 잘 발휘되는 면담을 위한 언어 권리(language rights)와 '현황'(state of the field)에 대해 살펴볼 것이다. 이 장은 여러 개의 언어를 쓰는 내담자를 면담할 경우나 공용어를 유창하게 구사하지 못하는 내담자를 면담할 경우에 면담자가 더 잘 이해하고 더 효과적으로 일할 수 있도록 도움을 줄 것이다.

겸손하게 지지하는 태도

내담자의 모국어가 아닌 언어로 면담을 해야 할 때 겸손한 태도를 취하길 추천한다. 처음 면담을 시작할 때 내담자의 제1언어(폴란드어, 스페인어, 광둥어, 스와힐리어, 그 어떤 언어든 간에)를 쓰지 못하는 것에 대해 사과하는 것이 도움이 된다. 영어를 유창하게 하지 못하거나 외국인 악센트를 섞어서 영어를 하는 사람들은 종종 영어가 유창하지 못하다는 이유로 편견과 심각한 문제들에 부딪히고, 자주 거절을 당하거나 수치심을 느낀다. 가능한 한 그 사람을 환영하는 태도를 보여 주기 위해, 나는 관례적으로 내가 내담자의 언어를 하지 못하는 것이 나의 결점이라고 명확히 다음과 같이 말한다.

"허버트 씨(Mr. Hubert), 제가 크레올어(Creole)❶를 하지 못해서 정말 유감입니다. 크레올어를 할 줄 알았다면 우리가 더 쉽게 대화할 수 있었을 텐데요. 오늘 서로에 대해

잘 이해할 수 있도록 통역의 도움을 받으려고 합니다. 만약 제가 크레올어를 할 줄
안다면 대화하기 편안한 언어로 직접 이야기할 수 있었을 텐데 그러지 못해서 죄송
합니다."

위와 같은 말을 들은 아이티인 내담자는 기대하지 않았던 인정을 받는 느낌과 나
를 기꺼이 신뢰할 마음을 갖게 된다.

몇몇 면담자들은 영어를 아예 하지 못하거나 유창하게 하지 못하는 내담자를 접했
을 때 겸손한 태도를 보이기보다는 불만스럽고 조급하게 반응하고픈 유혹을 느낀다.
우리가 쓰는 영어를 쉽게 풀어 말하거나 우리가 이해한 것이 맞는지 확인하기 위해
통역을 부르는 것이 성가신 일일 수 있다는 것을 안다. 심한 억양과 맞지 않는 구절
들을 다 이해하면서 느릿느릿 진행하는 것은 어려운 일일 수 있다. 그러나 면담자는
내담자의 영어 능력과 관계없이 최선을 다해 면담을 진행해야 할 윤리적, 도덕적 그
리고 법적인 의무가 있음을 기억하는 것이 중요하다. 사람들은 면담자가 면담이 늦
게 진행되는 것 때문에 짜증스러워한다는 것을 감지하면 면담자에게 마음을 열고 대
화하는 것을 중단하거나 기대보다 일찍 면담을 끝낼 것이다. 언어능력 부재로 인한
차별을 피하기 위해, 면담자는 인내심을 가지고 지지하는 태도를 유지해야만 하며
필요한 경우에는 통역을 불러야 한다(통역에 관한 사항은 7장을 보라.).

일반적으로, 내담자는 면담자와 더 편안하게 느낄수록 언어능력을 충분히 발휘할
수 있게 된다. 면담자가 위협적이거나 조급해하는 것처럼 보일수록 내담자는 더욱
불안하게 느낀다. 그 스트레스 때문에 내담자는 충분히 발휘할 수 있는 영어 능력을
제대로 발휘하지 못하게 될 수도 있다. 사람들은 또한 괴로울 때, 아플 때, 약물에 취
했을 때, 충격을 받았을 때, 피로할 때 또는 겁을 먹었을 때 영어 능력이 더 나빠진다.
비록 그 내담자가 영어를 어느 정도 할 수 있더라도 그 사람이 통역을 요구하면 들어

❶ 역자 주: 여러 언어들이 혼합되어 파생된 또 다른 유형의 언어로서, 지역에 따라 다른 토착 언어
로 정착됨. 예를 들어, 아이티(Haiti)는 프랑스어로부터 파생된 크레올어를 사용하고, 자메이카
(Jamaica)는 영어로부터 파생된 크레올어를 사용함.

줄 의무가 있다. 혹은 통역이 의사소통을 더 쉽게 만들어 줄 것 같은 상황이면 통역을 부를 수 있다.

영어가 능통하지 못한 사람들을 면담하기

면담자는 가능한 한 내담자의 말을 이해해야 하며, 동시에 거들먹거리거나 윗사람 행세를 하며 가르치려 드는 것처럼 보이면 안 된다. 이 사이에서 균형을 잡는 것은 까다로운 일일 수 있다. 면담자가 쓰는 언어를 내담자가 완전히 유창하게 구사하지는 못해도 통역이 꼭 필요하지는 않거나 통역을 부를 수 없는 상황에서의 몇 가지 팁이 있다.

- 천천히 말하고 발음을 명확히 하라(웅얼거리지 말라.). 당신이 면담을 진행해 나가며 의식하지 못한 채 말을 점점 더 빨리 하지 않도록, 자신이 말하는 속도를 계속 살펴보라.
- 상대방과 얼굴을 마주치고 똑바로 말하라. 그 사람이 당신의 입술과 표정을 볼 수 있도록 하라. 손이나 클립보드로 얼굴을 가리지 않도록 주의하라. 얼굴의 단서는 의사소통을 더 용이하게 만든다.
- 눈 마주치기를 고집하지 말자(5장의 비언어적 의사소통을 참고하라.).
- 전문용어, 속어, 약자, 축약어를 피하라(예를 들면, 'the slammer', [2] 'gonna', [3] 51A, [4] CPS, [5] EKG, [6] Ed plan [7]).
- 수동적인 표현보다는 능동적인 표현을 사용하라(예를 들어, "이쪽으로 가시는 것이 좋을 겁니다." 보다는 "저를 따라오세요.").
- 복잡한 문법은 피하라(예를 들어, 가정법을 사용하여 "좀 더 일찍 도움을 요청하셨더라면 지금

---

[2] 역자 주: 교도소를 뜻하는 속어.
[3] 역자 주: 'going to'의 축어식 발음.
[4] 역자 주: 아동에 대한 학대, 방임, 폭력 등에 관하여 관련 전문가들(교사, 의사, 상담자 등)이 의무적으로 해당 기관에 보고해야 하는 법률의 조항을 가리킴.
[5] 역자 주: Child Protective Services의 약어로 아동 보호 및 복지를 위한 정부 소속 기관을 가리킴.
[6] 역자 주: Electrocardiography의 약어로 심전도 검사를 의미함.
[7] 역자 주: Education Plan의 약어로 정규 교육 과정이나 특수 교육 과정을 위한 학교 등의 포괄적인 교육 목표를 수립하는 것 혹은 한 개인을 위한 교육 목표를 수립하는 것을 의미함.

보다 나은 상황에 있으셨을 텐데요."라고 말하는 것).

- 내담자의 확실한 이해를 위해 중요한 주제와 질문들은 여러 다른 방식으로 반복해 말하라.
- "예" 또는 "아니요"로 대답하게 되는 질문은 피하라. 내담자가 당신의 질문을 진짜로 이해하지는 못한 채 둘 중에 하나로 대답하기 십상이다.
- 짧고 간결한 문장을 사용하고 한 문장에 하나의 뜻만 담자.
- 누구나 알 수 있는 시각적 단서를 사용하라. 이를테면 내담자의 이해를 도울 수 있음직한 제스처, 실연(demonstration), 사진, 차트, 물건 그리고 간결한 문구들이 있다. 하지만 글을 잘 배우지 못한 사람들은 그래프, 지도, 차트를 어떻게 읽어야 하는지 모를 수 있고, 제스처는 잘못 이해할 수 있다는 것을 기억하자.
- 내담자의 모국어로 쓰여 진 자료를 주어서 내담자가 집으로 가져갈 수 있도록 하라(비록 내담자가 글을 읽을 수 없어도 대신 읽어줄 친구나 친척이 있을 수 있다.). 만약 내담자의 모국어로 쓸 수 없다면, 영어로 쓰인 자료를 주라.
- 충분한 시간을 주라. 잠깐잠깐 쉬도록 하라. 면담 도중 중간중간 말을 멈추라.
- 내담자가 대답을 생각할 수 있도록 침묵을 지키라.
- 내담자가 면담자에게 질문을 하도록 격려하라.
- 내담자의 의사소통 능력에 대해 격려의 말을 하라. 이를 테면 "영어를 하는 게 쉽지 않다는 걸 저도 압니다. 아주 잘하고 계십니다."
- 주의 깊게 듣자. 사람들은 진심을 다해 주의를 기울이고 있는지 아닌지 감지할 수 있다.
- 내담자의 청력에 이상이 있지 않은 한 비정상적으로 크게 말하지 말라. 크게 말하는 것은 내담자의 이해를 돕지 않고 오히려 위세를 부리는 것처럼 보인다.
- 당신의 한계를 명확히 하라. 그 주제에 대해 이야기하고 싶어 하는 면담자의 모습은 그것을 '이해하는' 것 또는 '고칠' 능력이 있는 것으로 보일 수 있다. "그 주거 문제에 대해 제가 도와드릴 수는 없지만, 도와줄 수 있는 사람의 번호를 드릴게요."라고 말하는 것이 중요할 수 있다. 만약 당신이 이렇게 말하지 않는다면, 내담자는 자신이 주거 문제에 대해 말한 바를 당신이 들었으니 그 문제가 해결된 것으로 짐작할 수 있다.
- 인내심을 갖자. 제2언어로 자기 자신을 표현하는 것은 어려운 일임을 기억하라.
- 조용한 방에서 면담을 진행하라.

주. 슈스타 외(Shusta et al., 2005, p. 99)의 저서에서 일부 발췌함.

나는 '이민자들이 영어를 배우면 더 낫지 않느냐'는 질문을 많이 받는데, 내 대답은 "전적으로 그렇습니다."이다. 우리는 미국 내에서 영어를 배우고자 하는 누구든지 영어 강의에 쉽게 접근할 수 있도록 보조금을 지원해야 한다. 이것은 그 사람들 개인에게 도움이 될 뿐만 아니라 그들의 가족, 그들의 커뮤니티 그리고 사회 전체에 도움이 된다. 그러나 많은 지역에서 제2언어로 영어를 배울 수 있는 강의가 존재하지 않거나, 엄두도 못 낼 만큼 비싸거나, 또는 대기자가 몇백 명 또는 몇천 명에 달한다.

이런 현실의 장벽들에 더해서 새로운 언어를 배운다는 것 자체가 위압적일 수 있다. 특히 나이든 성인들, 교육을 조금밖에 받지 못한 사람들, 트라우마나 다른 중대한 삶의 위기로 고통 받고 있는 사람들, 그리고 인종이나 문화 때문에 지역사회로부터 거절당하거나 다수집단과 '다르기' 때문에 거절당한 사람들의 경우에는 그렇다. 어떤 사람들에게는 삶의 특정 시점에서 영어를 배운다는 것 자체가 그저 '너무 어려운' 일일 수 있다.

영어를 배울 기회 또한 사람에 따라 다양하고 삶의 시점에 따라 다양하다.

산드라(Sandra)는 오십 대 초반에 멕시코에서 미국으로 이민을 와서 1년 정도 대학 식당에서 일했다. 이 일을 하면서 그녀는 학생들뿐 아니라 동료들과 하루 종일 영어를 할 기회가 있었기 때문에 그녀의 영어실력은 엄청나게 향상되었다. 그러나 여름에는 이 일을 할 수 없었으므로 그녀는 건물 관리인으로 직업을 전환할 기회를 얻었다. 이 일은 여름 동안에도 할 수 있었지만 혼자 하는 일이었다. 이 새로운 직업에 종사한 1년 동안 그녀의 영어 실력은 거의 늘지 않았고, 심지어 악화되기까지 했다. 산드라의 보수적인 남편은 그녀가 영어 강의실에서 낯선 남자들 옆에 앉을 수 있기 때문에 영어 강의를 듣지 못하게 했다. 이것은 산드라가 영어를 배울 또 다른 기회를 빼앗은 것이었다.

몇몇 이민자들의 영어 학습 능력이 정서적 갈등 때문에 방해받기도 한다. 아마 그들은 새로운 언어에 능숙해지는 것은 원래 살던 나라를 배신하는 것이라 믿을지도 모른다. 다른 면에서는 새로운 언어를 해 보려다가 바보처럼 보이거나 실수를 할까 봐 두려워한다. 대다수 이민자들은 새로운 언어를 어색함 없이 사용하면서 쉽게 새로운 나라에 적응하길 바라며, 그렇게 되기 위해 열심히 노력한다.

억양이 강하거나 영어를 잘하지 못하는 사람과 면담을 할 때, 우리는 그 사람이 지적인 문제가 있거나 교육을 받지 못했다고 생각하기 쉽다. 또는 그 사람이 외국에서 태어났거나 밀입국자라고 짐작할 수 있다(3장에서 후광 효과의 예시와 근본적 귀인오류에 대해 다뤘다.). 면담자는 이런 종류의 속단을 양심적으로 피해야 한다. 앞서 이야기했듯이, 가장 높은 교육을 받았고 지적인 사람들도 영어를 잘하지 못할 수 있으며 영어를 잘 못하는 것에 대한 수많은 다른 이유들이 존재한다.

다음 부분에서 우리는 이중 언어 사용자들에게 하나의 언어 혹은 또 다른 언어가 그 사람의 기억 회상 능력에 미치는 영향에 대해 살펴볼 것이다.

 ## 기억하려고 노력하기

첫 번째로 우리는 기억이 어떻게 작동하는지를 이해할 필요가 있다. 어떤 기억들은 저절로 기억이 난다. 예를 들어, 길을 걷고 있는데 빗방울이 떨어지자 갑자기 집에 창문을 열어 놓고 온 것이 기억날 수 있다. 이것은 기억하려고 노력하지 않아도 저절로 떠오른 기억이다. 이 장에서 주로 다루는 기억은 이것과는 다른 종류의 기억으로, 의도적으로 떠올려야 하는 기억이다. 면담 도중 질문을 받았을 때 대답으로 나올 기억들은 이런 종류의 기억들이다.

특정한 기억을 떠올리기 위한 절차는 다음과 같이 서술된다. "연상(형상화, 언어, 느낌, 개념)의 고리를 통한 단계적인 절차가 활성화되고, 목표한 기억이 촉발될 때까지 필요한 정보를 맞추고 찾는다……. 목표로 하는 기억이 활성화될 때까지 그 사람은 정보를 이용해서 더 많은 정보를 '촉발'시킨다."(Schrauf, 2003, p. 235) 우리에게 일어난 사건에 대한 기억은 그 사건을 다시 경험하는 느낌을 포함한다. 어떤 점에서 우리는 그 사건에 대해 상기할 때마다 그 상황을 다시 체험하는 우리 자신을 상상한다. 마지막으로, 우리는 기억을 해내려는 그 순간에 가진 목표와 관련지어, 특정한 시점에 특정한 목적을 가지고 우리에게 일어난 일에 대해 기억을 하려고 한다.

기억은 우리가 그것을 떠올리면서 약간 바뀔 수도 있다. 같은 사건을 몇 번씩 기억해내고 이야기한 뒤, 우리는 '정준 설명(canonical account)'이란 것을 만들기 시작한다. 이것은 그 사건에 대한 우리의 '공식적인 기억'이 되는 이야기이기도 하지만, 반복으로 이야기하는 과정에서 조금씩 다를 수 있는 이야기다. 예를 들면, 나는 첫아이를 낳던 기억에 대해 여러 해 동안 이야기해 왔다. 그러면서 나는 그 사건을 기억하고 이야기하는 '표준적인' 방법을 발전시켰다. 이것이 그 사건에 대한 나의 '정준 설명'이다. 나는 그 이야기가 사실이라고 믿지만, 극적인 효과를 위해 특정한 부분은 강조했고 쑥스러운 세부사항들에 대해서는 이야기하지 않고 무시하거나 심지어 기억하지도 않았다. 또한 나 스스로는 기억하지 못하지만 다른 사람이 그 사건에 대해 묘사해 준 세부사항을 내 이야기에 포함시켰다. 사실, 나는 그 이야기에 첫아이가 아닌 다른 아이를 낳던 기억의 세부사항을 포함시켰을지도 모른다. 어떤 세부사항이 어떤 이야기에 속하는지 헷갈려서 말이다. 나는 그 이야기를 할 때마다 특정 부분들은 빼고, 다른 부분들은 강조하면서 대체로 같은 방식으로 이야기한다. 아마 심지어 그 사건에 대한 내 기억의 진정한 부분이 아닌 세부사항들을 포함시키면서 말이다. 이것이 전형적인 '정준 설명'이다.

감각적인 경험이 어느 정도이며 언어로 어느 정도 전달되는지를 고려해 볼 때 우리는 개별적인 사건을 달리 경험한다. 쉬라우프(Schrauf, 2003)는 더운 여름날에 차가운 호수로 뛰어드는 예시를 들었다. 심지어 우리가 "너무 차가워!" 하고 소리를 지를지라도, 감각의 경험이 앞서고 이 감각 경험이 언어적 경험을 덮어버릴 것이다. 하지만 우리는 대다수의 사회적 경험을 언어를 통해 경험하며 감각적 요소는 대체로 덜 중요하다. 예를 들어, 지나가던 동료와 인사를 나누고 스스로에게 말한다. "조앤(Joan)은 오늘 기분이 좋은 게 분명해. 주말에 뭐했냐고 물어봤어야 했는데. 점심시간에 잊지 말고 물어봐야겠어." 비록 스트레스가 많은 사회적 상황에서 우리의 몸이 '흥분상태'가 되더라도 우리는 여전히 경험을 언어로 처리하곤 한다. 예를 들어, 내가 운전을 하다가 다른 차와 거의 부딪칠 뻔 했다면, 나는 직후에 스스로 혼잣말을 할 것이다. "와, 정말 아슬아슬했네! 내일은 그 교차로에서 속도를 줄여야겠어." 여기에 덧붙여 내가 만약 친구들에게 그 이야기를 한다면, 나는 그 기억의 언어적 측면을 덧붙이게 된다.

우리는 스트레스가 전혀 없었던 사건보다 스트레스가 있었던 사건의 중심 세부사항을 더 잘 기억할 수 있다. 스트레스가 없는 사건에는 주의를 덜 기울이기 때문일 것이다. 그러나 극도로 정신적 외상을 초래하거나 공포에 질리거나 끔찍했던 사건들, 이를테면 성폭행, 전투, 사고 또는 고문과 같은 사건들은 전부 기억해내기 어려울 수 있다. 이런 사건들은 부분만 기억나거나, 기억하려고 하지 않아도 섬광 기억(flashbacks), 악몽, 정서적 각성 또는 감각적 각성의 형태로 떠오를 수도 있다(Pezdek & Taylor, 2002).

 ## 이중 언어자의 언어와 기억

이중 언어자에게 사건이 일어나는 도중 또는 일어난 뒤의 언어적 처리 과정은 어떤 언어로든 또는 두 언어로 일어날 수 있다. 처리 과정에 사용된 언어와 단어들이 그 사람의 기억에 영향을 미칠 것이다. 그러나 우리는 이중 언어를 구사하는 사람들이 사건의 기억을 어떤 언어로 부호화할지에 영향을 미치는 요인이 무엇인지 모르며, 면담 도중 사건에 대한 질문을 받고 기억을 해내려고 할 때 이러한 부호화가 어떤 영향을 미칠지도 알지 못한다.

언어학자, 인지심리학자 그리고 인류학자들은 최근에서야 이중 언어 사용자에 대한 연구를 시작했다. 언어의 선택, 언어의 편안함 그리고 다양한 정서가 이중 언어 혹은 다중 언어 사용자의 기억력에 어떻게 영향을 미치는지에 대한 연구 등이다(Heredia & Brown, 2004; Altarriba & Morier, 2004). 이 연구들의 대다수는 단어나 문장을 기억해 내는 것과 같은 간단한 과제를 통한 실험 연구로서, 다음과 같은 보다 복잡한 질문들을 미해결된 채로 남겨 놓았다.

- 사건이 일어날 당시의 언어와 다른 언어로 그 사건에 대해 묻는다면, 그 사람은 사건을 기억해 내는 데 더 많은 어려움을 겪을까?

- 사건에 대해 주로 모국어로 기억하는가, 아니면 사건이 일어났던 상황의 언어로 기억하는가? 그 두 가지는 다른가? 상황의 종류에 따라 기억에 쓰이는 언어가 달라지는가?

- 가장 정확한 정보를 얻기 위해 우리는 그 사람이 가장 많이 쓰는 언어로 면담을 해야 하는가, 면담의 목표가 되는 사건이 일어났을 때의 언어를 써야 하는가, 아니면 그 사람의 모국어로 해야 하는가?

- 만약 사건이 하나의 언어로 일어났는데(영어라고 치자.), 그 사람의 모국어는 다를 때(스페인어라고 가정하자.) 각각의 언어로 그 사건에 대해 물어보면 무엇을 얻게 되고 무엇을 잃게 되는가? 우리가 두 개의 언어로 차례대로 물어본다면 그 사람은 사건에 대해 더 잘 기억해 낼 수 있을 것인가? 언어에 따라 기억 자체가 달라지는가? 각 언어에서 기억의 묘사는 다를까?(예를 들어, 세부사항의 개수나 기억의 순서)

- 이중 언어를 쓰는 사람들이 제2언어로 면담을 받을 때 일어나는 인지적 과정은 어떠한가? 어떤 사람들은 제2언어를 모국어로 번역하지 않고 자동적으로 대답한다. 제2언어가 덜 유창한 사람들은 질문을 모국어로 번역하고 대답도 모국어로 생각하고 나서 그 대답을 제2언어로 번역해 대답한다. 이것은 복잡하고 느리며 진이 빠지는 작업이다.

- 이중 언어 사용자가 한쪽 언어를 사용하길 그만뒀을 때, 그 언어로 처음 부호화된 기억은 시간이 흐르면 어떻게 되는가?(이것은 하나의 언어로 외상사건을 경험한 뒤 그 언어를 쓰지 않는 가정에 입양된 사람들에 대한 특별한 관심사다. 이러한 외상 기억은 어떤 식으로 저장되는가? 이 기억들은 어떤 식으로든 드러나게 되는 것인가?)

이 질문들은 우리의 면담 작업에서 매우 중요해졌다. 불행하게도 이들 질문 중 다수에 대한 대답은 '아직 확실히 알 수 없다.'이다. 영어가 모국어가 아닌 사람들과 면담을 진행하기 위해, 여기서 나는 몇 개의 선행연구들과 그것들이 시사하는 바에 대해 이야기할 것이다. 간결하게 하기 위해, 여기서 나는 영어를 포함한 '두 가지 언어를 구사하는 사람'들에 대해서만 이야기할 것이다. 물론 많은 사람들이 실제로 여러 언어를 구사하며, 목표어인 영어뿐 아니라 두 개 이상의 언어를 구사한다.

이중 언어 사용자들이 모두 같은 것은 아니다. 어떤 사람들은 두 가지 언어를 모두 말하고 이해하고 읽고 쓰는 데 정말로 능숙하지만, 어떤 사람들은 두 언어 모두를 말할 수는 있지만 한쪽의 언어만으로 읽고 쓴다. 아프리카와 아시아의 많은 난민들은 수많은 언어를 유창하게 구사하지만, 그 언어들을 읽고 쓰지는 못한다(사실 아프리카와 인도의 몇몇 언어들과 몇몇 북미 원주민의 언어들은 글로 쓰는 방식으로는 많이 사용되지 않는다.). 어떤 사람들은 기능적 이중 언어자(functional bilinguals)다. 이 말은 제2언어를 학교나 직장에서 생활할 만큼 구사할 수 있지만, 유창함은 제한된 수준이며 그리 많지 않은 단어들만을 쓸 수 있다는 뜻이다(Baetens-Bearsmore, 1986).

이중 언어 사용자들 간의 차이는 그 두 언어를 배웠던 연령대와 환경에 기인한다. 하나의 환경에서 두 개의 언어를 학습한 사람들, 이를 테면 부모 중 한쪽은 영어를 사용하고 다른 쪽은 만다린(Mandarin)❽을 쓰는 집에서 자란 사람은 복합적 이중 언어자(compound bilinguals)다. 복합적 이중 언어자들은 경험을 두 개의 언어로 동시에 부호화하는 경향이 더 강하며, 그들의 생각과 감정에 대해 두 가지 언어 체계로 동시에 이름을 붙이는 법을 배운다(Altarriba & Morier, 2004). 이 경우에는 두 언어 모두가 '태생어'이거나 '제1언어' 또는 '모국어'다.

하나의 환경, 예를 들면, 가정에서 제1언어를 배우고, 다른 환경, 즉 학교나 직장에서 제2언어를 배운 사람들은 협응적 이중 언어자(coordinate bilingual)다. 협응적 이중 언어자들은 다른 상황에서 두 언어를 배웠고, 각각의 환경은 사람들, 감정들 그리고 그것들의 연합이 달랐다. 따라서 협응적 이중 언어자들은 구별되는 '기억 흔적(memory trace)'을 가질 수 있다. 즉, 각기 다른 기분과 환경적 촉발 요인들은 각 언어에서 각기 다른 단어 및 개념과 연합되어 있다(Heredia & Brown, 2004, p. 229). 우리

❽ 역자 주: 중국의 북부 지역과 남서부 지역에서 광범위하게 사용되는 표준 중국어.

가 면담하는 이민자 내담자들은 협응적 이중 언어자일 가능성이 높다. 집에서 하나의 언어를 습득하고 이후 보다 공식적인 환경에서 영어를 습득한 경우가 많기 때문이다(현실에서 이런 구별은 어느 정도 희미해진다. 대다수의 이중 언어 사용자들은 인생을 통틀어 각각의 언어에 대해 새로운 단어들과 개념들을 학습해 나가는데, 이러면서 협응적 이중 언어자로서의 요소와 복합 이중 언어자로서의 요소 둘 다 갖게 된다.).

다양한 이중 언어자들 사이의 차이 이외에, 질문이 요구하는 특정한 기억에 따라 사람 간의 차이가 있을 수 있다. 즉, 같은 사람이어도 어떤 기억에 대해서는 한쪽 언어로 떠올리는 것이 더 쉽고, 어떤 기억은 다른 언어로 떠올리는 것이 더 쉽고, 어떤 기억은 두 가지 언어 다 쉬울 수 있다. 기억에 대한 질문을 받은 뒤, 이중 언어 사용자들은 때때로 특정한 사건을 한쪽 언어로 이야기하는 게 더 쉽다는 것을 알게 된다(또는 다른 쪽의 언어로 이야기하는 게 더 쉬울 수도 있다.). 특정한 일은 특정한 언어의 설명에 더 잘 들어맞는 것처럼 보인다. 내담자가 면담이 진행되는 도중 어떤 언어를 사용할지 고르는 것이 이상적일 수 있다.

마지막으로, 면담자가 이중 언어 사용자와 면담을 진행할 때 사용하는 언어가 내담자에게서 끌어내는 기억에 대해 부분적으로 영향을 미친다는 몇 가지 증거가 있다. 한 연구에서는 유창한 이중 언어 사용자들에게 흥미롭거나 드라마틱했던 개인적인 삶의 경험에 대해 5분간 묘사하도록 했다. 그 뒤, 그 경험에 대해 다른 언어로 이야기해 보라고 하였다. 결과는 명백했다.

- 그 사건이 일어났을 때의 언어로 묘사한 내용이 제2언어로 묘사한 것보다 내용과 질적인 면에서 더 풍부했다.
- 언어 특수화 정보(language-specific information)에 대한 분명한 증거가 있었다. 특정한 언어로 부호화된 기억에 대해 회상한 사람들은 그 언어로 질문을 받았을 때 더 상세하게 기억해 냈다.
- 사건이 일어났을 때의 언어로 이야기했을 때 그 경험이 보다 더 생생하게 묘사되었다(Javier et al., 1993, Altarriba & Morier, 2004에서 인용).

또 다른 연구에서 연구자들은 스페인어가 모국어지만 미국에서 최소 30년 이상을 살아서 두 언어에 모두 능숙한 라틴계 사람들을 대상으로 실험을 했다. 참가자들에게 특정한 단어를 제시하고(예를 들어, '꿈' '사랑' '개') 하루는 영어로, 다음날은 스페인어로 그 단어와 과거 경험을 연관시키도록 했다. 참가자들은 이민 전의 경험을 스페인어로 회상하는 경향이 있었고, 영어로 회상된 기억은 이민 후에 일어난 일인 경우가 더 많았다(Schrauf & Rubin, 1998, Altarriba & Morier에서 인용). 이 연구는 면담이 특정한 언어로 진행되면 그 언어를 사용했던 때 경험한 일(그래서 그 언어로 부호화된)에 대한 기억을 더 잘 회상해낼 가능성을 시사했지만, 증명하지는 못했다.

이런 연구들이 다문화 면담과 어떤 관계가 있을까? 다음의 예를 보자.

> 여섯 살인 라켈(Raquel)은 멕시코에서 온 가족 출신으로 집에서는 오직 스페인어만 쓰지만 학교에서는 영어를 배우고 있다. 라켈은 서로 다른 맥락에서 각각의 언어를 습득하고 있으며, 두 상황은 각기 다른 연합과 감정을 가지고 있다(그러므로 그녀는 협응적 이중 언어자다.). 라켈은 어머니의 남자친구인 로베르토(Roberto)에게 2년 넘게 성폭행을 당했다. 라켈은 폭행에 대한 기억을 스페인어로 부호화(기억으로 집어넣는 것)했는데, 그 것이 그녀가 주로 사용하는 언어이자 그 폭행이 일어났을 때 사용했던 언어였기 때문이었다. 라켈이 여덟 살이 되자 로베르토는 이사를 해서 집을 나갔고 라켈은 어머니에게 무슨 일이 일어났는지 말해도 안전하겠다고 느꼈다. 어머니는 경찰에 연락을 했고, 라켈은 조사관과 영어로 면담을 하였다. 라켈은 학교에서 영어를 배우긴 했지만 여전히 스페인어가 더 편했고, 그 폭행도 원래 스페인어로 일어난 것이었다. 라켈은 스페인어로 말했다면 전달할 수 있을 정보들을 영어로는 잘 전달할 수 없었고, 면담에 대해 점점 더 스트레스를 느끼게 되었다. 이뿐만 아니라 조사관이 로베르토의 성적인 의도를 확실히 하기 위해 "로베르토가 그때 뭐라고 말했니?"와 같은 질문을 하면, 라켈은 로베르토가 한 말을 스페인어로는 할 수 있었지만 영어로 정확하게 바꿔 말할 수는 없었다.

앞의 연구들은 면담에서 사용할 언어를 고르는 것이, 면담에서 얻을 수 있는 정보의 질과 양에 중대한 영향을 미칠 가능성을 시사한다. 정확함과 세부사항이 중요한 상황, 이를테면 법과 관련된 상황에서, 면담에 쓰이는 언어는 중요한 문제다.

다음 부분에서는 사람들의 언어 능력이 스스로에게 영향을 미치는 수많은 방식에 대해 살펴볼 것이다. 언어 능력은 그 사용자가 겉으로 보이는 방식과 어떤 것에 대해 느끼는 방식에 영향을 미친다. 짧게 말하면, 그들의 성격에 영향을 미친다.

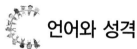 ## 언어와 성격

기억뿐만 아니라 언어 능력 또한 사람들의 분명한 성격, 즉 그들이 다른 사람들에게 어떻게 비치는지에 영향을 미친다. 다른 언어를 쓰는 나라로 여행을 간 경우 대개는 말도 잘하고 침착하고 자신감 있게 행동했던 사람도 마치 자신이 실수를 연발하는 바보가 된 듯이 느낄 수 있다. 쉽게 의사소통할 수 있는 능력을 잃게 되면 우리가 누구인지, 우리가 얼마나 유능한지에 대한 스스로의 느낌, 심지어 우리가 일반적으로 안전하며 자신(과 가족)을 돌볼 수 있다는 느낌까지도 의문스럽게 된다. 사실 새로운 언어에 유능해진다는 것은 그 사람이 그 언어로 '자기 자신인 것처럼 느끼기' 시작한다는 것이다. 다양한 연구들에서 이중 언어 사용자들은 언어에 따라 다른 성격 특징을 보인다는 것이 드러났다(Perez Foster, 1999).

작가이자 시인인 줄리아 알바레스(Julia Álvarez, 2004)는 제2언어를 쓰는 것에 대한 소외감을 이렇게 썼다. "빌려온 말로 내 진정한 감정을 보여 줄 수 있을지 모르겠다."(p. 29) 제1언어, 가슴으로부터의 언어를 사용한다면 그 사람의 성격, 기분, 심지어 정신적 상태까지 밖으로 환하게 드러낼 수 있지만 제2언어로는 불가능할 수 있다. 예를 들어, 브라질인 어머니와 영어로 면담할 때는 그 어머니가 거리를 두는 듯하고, 관심이 없고, 격식을 차리고 차가운 것처럼 보일 수 있지만, 포르투갈어로 아이들과 이야기할 때 그 어머니는 상당히 밝고 활기차게 상호 작용할 수 있다. 만약 그녀가 공식적인 자리에서 영어를 썼던 것에 대해 겁이 났던 경험이 있었다면, 영어로만 진행되는 평가 과정에서는 그녀의 진정한 성격이 드러나지 않을 수 있다.

연구결과에 따르면 제2언어로 면담을 받은 이중 언어 사용자는 종종 모국어로 면담을 받았을 때보다 더 우울한 것으로 잘못 진단되곤 한다(Perez Foster, 1999). 그들은 맞는 단어를 골라야 한다는 걱정 때문에, 그런 걱정이 없을 때보다 더 '가라앉은' 것처럼 보인다. 페레스 포스터(Perez Foster, 1999)는 자살하겠다고 협박한 뒤 병원의 응급실로 실려 온 한 유고슬라비아 남자의 예를 들었다.

> 까다로운 면담 도중, 마침내 그는 더듬거리는 영어로 이렇게 말했다. "당신은 나를 몰라요. 당신이 내 말을 듣고 판단할 수 있는 것은 내가 미쳤는지 미치지 않았는지에 대한 것뿐이에요. 그리고 나는 영어를 그리 잘하지 못해요. 그러니 내가 왜 당신에게 내 생각을 전부 말하겠어요?"(p. 98)

페레스 포스터는 이렇게 물었다. "우리는 그 사람을 편집적인 의심을 가지고 있다고 평가해야 할까, 현실 검증 능력이 좋은 것으로 평가해야 할까?" 어쨌든 이 남자는 심리평가의 결과로 원치 않는 입원을 해야 할 가능성에 직면하게 되었다. 분열된 언어, 조직화되지 않은 생각들, 단조롭거나 부적절한 정동(affect)은 정신병의 지표가 아니라 스트레스 상황과 잘하지 못하는 영어 때문에 나타난 증상일 수도 있다. 영어를 잘하지 못하는 사람들은 영어만으로 면담을 받을 때 수동적이며 두서없고 둔하거나 피상적인 사고를 하는 듯이 보일 수 있다. 그들은 종종 자신이 그렇게 보인다는 것을 알아차리고 더 불안해진다. 자신의 외관에 대해 의식하고 '체면을 지키려고' 열심인 한국인의 경우 자기 자신에 대해 영어로 적절하게 표현하지 못한다는 것 때문에 자존심에 큰 타격을 입을 수 있고, 결과적으로 면담 내내 방어적이 되거나 수줍음으로 인한 침묵을 지킨다(Kim & Ryu, 2005).

다른 언어를 쓰는 사람들과 매일 상호 작용하는 것은 스트레스와 불안 그리고 어리둥절함의 연속일 수 있다. 이민자들은 자신이 겉도는 듯한 느낌을 지속적으로 받을 수 있다. 자신들은 이해하지 못하는 암호로 쉽게 대화를 나누는 사람들 사이에 둘러싸여 있기 때문이다. 몇몇 이민자들은 공적인 상황에서는 자신감을 잃고 침묵을 지키거나 수동적인 태도를 보인다. 새로운 나라의 언어를 잘 익히지 못한 사람들에게 이런 상태가 몇 년에 거쳐 지속되면, 이런 식으로 자신을 드러내는 방식은 아예 영구적인 성격 특질이 될 수도 있다. 이런 불편함은 그들의 말을 쓰는 사람들의 커뮤니티 속에 섞여 있을 때에만 없어진다. 당연하게도 몇몇 이민자들은 가능한 한 자신들의 소수민족 거주지에서 시간을 보내고자 한다. 그곳에서는 모국어로 '진정한 자신'을 드러낼 수 있기 때문이다.

유창한 영어를 멋지게 구사하는 푸에르토리코인 심리학자 욜란다(Yolanda)는 최근 나에게 이렇게 털어놓았다. 욜란다는 자신이 더 조용하고 영어에 덜 능숙한 사람처럼 느껴진다며 이것이 자신의 직업적 발전을 어떻게 저해하고 있는지에 대해 털어놓았다. 욜란다는 10년 전에 미국 본토로 처음 이주해 왔는데, 자신의 전문 분야에서는 고용이 되지 않았다. 그녀는 결국 자신이 대학원을 다녔던 대학교의 학생식당에서 일하게 되었다. 그녀는 '빗자루'라는 단어를 기억하지 못했던 창피함, 그래서 훨씬 어린 학생에게 '쓰는 것'이 어디 있는지 물어봐야 했던 괴로움에 대해 묘사했다. 그로부터 10년 이상의 시간이 지났고 그녀는 박사학위를 땄으며 상당한 전문적 성취를 이루었지만, 욜란다는 아직도 공적인 자리에서 영어로 자기 주장을 하라는 요구를 받으면 자신이 마치 최근 이주한 더듬거리는 이민자인 것처럼 느꼈다.

또 다른 예로는 이것이 있다.

데릭(Derek)은 내 강의 몇 개를 듣는 대학원생이다. 그의 보고서 숙제는 훌륭했다. 하지만 그는 내가 자주 격려했는데도 수업 도중에 거의 말을 하지 않았다. 결국 어느 날 나는 그에게 왜 그렇게 조용하느냐고 물었다. 그는 자신이 다섯 살 때 자메이카에서 미국으로 이주했을 때는 활발하고 말을 많이 했지만, 보스턴에서 학교를 다닐 때 친구들이 그의 억양과 자메이카식 표현을 가지고 잔인하게 놀렸다고 말했다. 그는 그이후로 말문을 닫고 '조용한 사람'이 되었다고 말했다. 그때로부터 20년이 지났고 지금은 외국인 억양이 없는 미국식 영어를 구사하고 있지만, 데릭은 여전히 자메이카 사람이 아닌 사람들 앞에서는 침묵을 지키게 되는 버릇을 떨쳐버릴 수가 없다고 말했다.

모국어가 아닌 언어를 사용하는 것이 어떤 영향을 끼치는지에 관한 이 부분이 주류 언어를 사용하는 사람들에게서 일종의 공감을 불러일으킬 수 있기를 바란다. 때때로 영어를 쓰는 사람들은 다른 언어를 쓰는 집단이 그들 주변에서 자기네 언어를 사용하면 참을성이 없어지거나 화가 나기도 한다. 소외당한 기분을 느끼게 하거나, 마음을 심란하게 하거나 무슨 말을 하는지 이해할 수 없어서 짜증이 날 수도 있다. 이런 반응은 정상적인 것이지만, 그 사람들이 매일 자기 자신을 억제하도록 강요받는 것의 어려움을 이해하면서 조절되어야 한다.

 ## 언어와 추상적 개념

추상적인 단어(이를 테면 '정의'와 '진실') 그리고 정서적인 단어('공포'와 '슬픔')는 구체적인 대상에 대한 단어('의자'와 '지갑')보다 여러 언어들에서 더 다양하게 표현된다(Ritchie & Bhatia, 2004). 이것은 면담에서 추상적인 개념과 정서가 중심이 된다는 것을 시사한다. 또한 주로 쓰는 언어가 아닌 다른 언어로 면담을 받는 사람들은 자신이 말하고자 하는 바에 대해 근사치만을 표현할 수 있을지도 모른다는 것을 시사하기도 한다.

트라우마, 정신건강, 발달지체, 우울, 적절함, 불안과 같은 추상적인 개념들은 혼란스러울 수 있다. 이런 개념들은 예를 들어 '잠을 자지 못한다.' '항상 한숨을 쉰다.' 그리고 '어린아이처럼 행동한다.'와 같은 행동에 대한 말로 표현하면 더 쉽게 이해되곤 한다. 또는 '머리가 아프다.' 또는 '가슴이 뜨겁다.'와 같이 신체 건강에 관한 말로 표현하는 것이 이해시키기 더 쉽다.

나는 이것이 사실이라는 것을 직접 경험했다. 나는 스페인어를 사용하는 범죄 수사 조사관을 위한 5일 연수를 몇 번 주관했다. 그 조사관들(원래는 영어로 훈련을 받았던)은 이를테면 '당신은 곤경에 빠져 있지 않습니다.' '그것에 대해 어떻게 느꼈나요?' '힘든 시간' 그리고 '데이트 강간'과 같은 추상적인 문장과 개념을 통역하는 데에 매우 어려워했다. 이와 같은 말은 단지 일어난 일을 이야기하게끔 하지만, 우리가 면담하는 사람들이 모국어로 진행되지 않는 면담에서 추상적인 개념을 정확하게 설명하는 데에 큰 어려움을 느낄 가능성을 시사한다. 이런 추상적인 개념은 맥락에 따라 가치, 동의(consent), 힘, 진실, 감정, 이해, 그 외 면담에서 중심적인 주제가 될 수 있는 여러 가지 주제를 포함할 수 있다. 게다가, 영어로 진행되는 면담은 영어라는 언어의 가치체계와 영국 또는 북미 문화권의 가치체계를 반영한다. 이 때문에 특정한 종류의 정서표현은 용이하게 되지만, 다른 것은 제약을 받기도 한다.

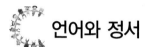

언어와 정서

우리의 감정은 사회적 맥락에 영향을 받는다. 예를 들어, 중요한 비즈니스 회의와 같은 엄숙한 자리에서는 웃긴 생각이 들어도 다른 자리에서처럼 신나해하지 않는다. 여기에 덧붙여 우리가 감정을 느끼는 지속적인 방식에 문화가 영향을 미친다. 예를 들면, 인도 사람들은 장례식에서 드러내 놓고 크게 울고 흐느끼면서 극적인 방식으로 슬픔을 표현한다. 하지만 다른 맥락에서는, 이를테면 낭만적인 애정 표현과 같은 맥락에서는 감정 표현을 억누르는 경향이 있다. 반면 미국의 앵글로색슨 백인 중산층 사람들은 장례식에서는 슬픔을 억누르는 경향이 있고, 짧은 대화를 나누거나 심지어 가끔은 웃기도 한다. 하지만 낭만적인 애정 표현은 다른 사람들 앞에서도 종종 드러내 보인다.

의료와 정신건강에 관한 면담에서 우리는 내담자에게 그들의 감정에 대해 묻곤 한다. 어떤 언어는 '생각하다'와 '느끼다'를 구분하기가 쉽지 않다(Okawa, 2008). 통역이 유능하거나 내담자가 영어를 이해해도, 내담자의 모국어가 영어가 아닌 경우 오해가 일어나기 아주 쉽다. 예를 들어 '행복'은 미국에서 매우 가치 높게 여겨지는 단어이며, 잠시 동안만 지속되는 감정뿐만 아니라 그 사람의 심리적·사회적 적응에 대한 지표이기도 하다(Wilson, 2008). '행복'은 미국에서는 매우 자주 사용되는 단어지만 대부분의 슬라브어에서는 그렇지 않다. 슬라브어에서는 깊은 축복감이라는 드문 감정을 이 단어로 주로 부른다(Baranczak, 1990, Wierzbicka, 1994에서 인용). 다른 문화의 내담자가 '행복'하게 느끼기를 바라고 행복하다고 말하기를 바라는 면담자와 평가자는 타 문화에 미국의 세계관을 투영하고 있는 것이다. '행복'이 모든 문화에서 정확히 같은 의미인 것은 아니다.

통역하기 어려운 또 다른 감정은 영어의 '분노'다. 이것은 일본어로는 '이카리(ikari)'라고 번역된다. 이것은 기술적으로는 옳은 번역이며 '이카리'는 '분노'의 영어적 개념과 많은 측면에서 닮았지만, 두 개념의 정확한 구성요소들은 다르다. 심지어는 이 단어들이 묘사하는 종속 감정도 다르다(Kitayama & Markus, 1994). 분노에 대한 이 두 가지 형태가 동일하지 않기 때문에, 면담자가 일본인의 분노를 영어권 사람과 정확히 같은 방식으로 평가한다면 오해의 소지가 다분하다고 할 수 있다. 심지어 일본인이 영어로 말을 하더라도, 그 사람은 아마 일본 문화에서의 '이카리'의 개념을 갖고 있을지도 모른다.

감정을 이해하는 데 언어가 갖는 중요성에 대한 또 다른 예를 들자면, 스페인어에는 분노의 개념과 분노의 강도를 표현하는 여러 가지 방식들이 있다. 이 단어들은 *enojado, enfadado, furioso, con ira, con rabia*이다. 마지막 두 단어는 분노에 찬이라는 뜻인데, 문자적으로는 '분노로서'를 의미한다. 하지만 제일 마지막 단어는 어떤 나라에서는 오직 동물들에게만 사용되는데 이를테면 광견병에 걸린 개에게 사용하는 말이다. 다른 나라에서 이 단어는 매우 격분한 사람을 묘사하는 데 사용된다. 전자의 나라 출신인 내담자를 "*con rabia*처럼 보이시네요."라고 말한 면담자에게 어떤 일이 일어날지 생각해 보라!

언어는 그 문화권에서 살아가도록 개인을 준비시킨다. 독립성을 강조하는 서구 문화권에서 분노는 불공정하게 대우받거나 개인의 권리와 필요가 좌절되었을 때 나오는 '자연스러운' 반응이다(Kitayama & Markus, 1994). 상호의존성과 타인의 필요를 살피는 것을 강조하는 많은 아시아 문화권과 동양 문화권에서는 서구 문화권과는 달리 완벽하게 집단의 기대를 충족시키려는 욕구에서 비롯된 다른 종류의 분노 또는 다른 반응을 요구할 것이다.

아마에(amae)는 일본 문화의 중요한 개념이다. 이 단어는 '상호 의존하는 관계에서 다른 사람들에게 받아들여지고 돌봄을 받는다는 수동적인 느낌'이라고 묘사된다(Ellsworth, 1994, p. 38). 이 개념은 아기가 어릴 때 어머니와 형성하는 관계를 모델로 삼은 것으로 생각된다. 이것은 고용주와 피고용인, 학생과 교사, 기타 관계에서도 나타난다. 서구 문화권에서 분노가 그런 것처럼 일본 문화에서 '아마에'의 느낌은 '자연스럽고 기본적인' 감정일 수 있다.

언어는 또한 정서적인 삶에도 영향을 미친다. 단어는 우리의 경험에 대한 형상을 만든다. 다듬어지지 않은 경험이자 우리의 삶에서 하루하루 지속되는 경험은, 단어를 통해 의미 있는 순간, 감각, 느낌, 생각으로 만들어진다. 언어는 특정한 감정을 가능하게 하고 다른 것은 억제한다. 어떤 감정은 특정한 언어에서는 인식 가능하지만 다른 언어에서는 마땅히 대응되는 말이 없다. 예를 들어, 한국어에 존재하는 단어 '한(han)'은 '비통하고 치유할 수 없는 후회스러운 감정'이라고 서술된다(Lee, 2005, p. 231). 다른 예를 들면, 포르투갈어에 존재하는 단어 '사우다지(saudades)'는 과거의 시간, 장소 또는 관계에 대한 깊은 그리움이라고 묘사된다. 이 단어의 영어 번역인 '노스탤지어(nostalgia)'나 '향수병(homesickness)'은 원래 단어의 느낌을 담아내기에는 충분하지 않다. 그것을 칭하는 단어가 없으므로, 나는 포르투갈어를 하지 못하는 사람이 '사우다지'의 정확한 느낌을 경험해 볼 수 있을까에 대해 묻고 싶다. '사우다지'는 포르투갈의 예술 역사에 구석구석 스며들어 있고, 그 전의 식민지들인 브라질, 앙골라, 모잠비크, 포르투갈령 카보베르데제도에서도 포르투갈 본토보다는 덜하지만 '사우다지'의 영향이 있다. 적어도 포르투갈어를 하는 사람이 포르투갈어를 하지 않는 사람에게 '사우다지'의 느낌을 전달하기 위해 다른 단어들을 사용해서 설명할 수는 있을 것이다.

어떤 언어에서는 다른 언어들보다 감정이 더 높은 가치를 부여받는다는 증거가 있다. 예를 들어, '감정적이다'는 단어는 영어에서는 약간 부정적인 의미를 내포하고 '감정에 좌우되지 않는(dispassionate)'은 약간 긍정적인 의미를 담고 있다. 그러나 폴란드어에서는 이 단어들과 완전히 대응하는 단어들은 없지만 가장 가까운 의미의 단어를 살펴봤을 때 '감정적이다'에는 긍정적인 느낌이 가미되며, '감정에 좌우되지 않는다'에는 부정적인 느낌이 더해진다. 후자 쪽에는 냉담함, 무관심, 차가움 등의 의미가 함축되어 있다(Wierzvicka, 1994). 폴란드 사람들은 과장된 표현을 좋아하는 경향이 있으며 '끔찍하게'와 같은 수식어를 자주 사용한다. 대조적으로 호주인들은 절제된 표현을 좋아하는 경향이 있고 '상당히' '약간'과 같은 수식어를 자주 사용한다.

르완다어인 키냐르완카(Kinyarwanka)에는 감정의 상태를 묘사하는 단어가 영어에 비해 그 수가 제한적이다. 여기서는 '긴박한' '조마조마한' '걱정되는'과 같은 단어들은 모두 '침착하지 않은(not calm)'이라고 번역된다(Okawa, 2008). 이렇게 르완다어와 영어 사이에 대응하는 단어가 부족하기 때문에, 르완다 사람을 영어로 면담할 때는 심지어 통역이 있더라도 그 사람의 감정에 대해 확실히 아는 것이 어려워진다.

또한 어떤 언어와 문화는 보다 감정적이라는 것을 나타내는 몇몇 증거가 있다. 예를 들어 스페인어와 영어 둘 다 유창한 사람들을 대상으로 한 연구에서는, 참가자 중 절반이 스페인어를 모국어로 배우고 다른 절반은 영어를 모국어로 배웠는데, 어느 언어를 먼저 익혔고 어느 언어를 다음에 익혔느냐에 상관없이 모든 참가자가 스페인어를 쓸 때 자신의 기분 상태와 불안을 더 강하게 보고했다(Guttfreund, 1990, Altarriba & Morier, 2004, p. 252에서 인용). 이 연구는 이중 언어 사용자들은 어떤 언어를 사용하느냐에 따라 자신에 대한 심리평가나 기타 다른 평가에서 자신을 드러내는 방식이 달라질 것임을 시사한다. 그러므로 우리는 다른 언어의 감정 표현을 영어의 기준으로 비교하기 전에 주의해야 한다. 게다가 내담자의 내적이고 정서적인 삶은 외부에 드러난 모습으로 언제나 쉽게 '읽을' 수 있는 것이 아니다. 특히 우리가 그 문화에 익숙하지 않다면 더욱 그렇다(5장의 비언어적 의사소통에 관한 내용을 참고하라.).

많은 사람들은 모국어를 집에서 배운다. 집은 지지적이고 사랑이 담긴 환경이다. 그리고 제2언어는 학교나 직장에서 배운다. 학교나 직장은 더 많은 불안을 불러일으키는 환경이다. 심지어 완전히 이중 언어에 유창한 사람들일지라도, 제1언어는 인간관계와 따뜻함에 연관된 언어로 남는 반면, 제2언어는 공적인 수행과 불안에 관련된 언어다.

이중 언어자들이 제2언어에 느끼는 거리감은 분리 효과(detachment effect)라고 불린다(Marcos, 1976, Altarriba & Morier, 2004, p. 252에서 인용). 몇몇 심리학자들은 제1언어는 정서적인 내용에 더 잘 접근할 수 있도록 해 주는 반면, 제2언어는 다른 이득을 제공한다는 의견을 제시했다. 외상 경험에 괴로워하는 사람들이 자신의 경험에 대해 이야기할 때, 제2언어는 그 사건에 대해 자세히 설명하지 못할 수 있다(Altarriba & Morier, 2004). 제2언어를 사용하면서 감정 표현이 절제되는 것은 면담의 성질에 따라 장점이 될 수도 있고 단점이 될 수도 있다. 나는 새아버지로부터 성적으로 학대를 당한 두 멕시코 소녀들의 면담을 녹화한 비디오테이프를 한 번 본 적이 있다. 그들은 정확하고 확실한 정보를 전달했다. 그러나 지방 검사는 그 소녀들이 마치 예행연습을 한 것처럼 경직되고 딱딱하다고 말하며 기소를 거절했다. 나는 그 소녀들이 모국어로 면담을 받았다면 보다 많은 감정을 표현하고 더 진실하게 보였을 것이라고 믿는다.

몇몇 사람들에게는 반대의 상황이 일어날 수 있다. 브리짓(Bridget)은 약물을 남용하고 폭력을 휘두르는 아버지 밑에서 자랐다고 나에게 털어놓았다. 그녀는 어른이 되어 스페인어를 배웠고 현재의 반려자와 스페인어를 사용한다. 브리짓은 어린 시절에 대해 영어로(그녀의 제1언어로) 이야기할 때면 현재의 관점을 유지하기가 좀 더 어렵다고 말했다. 어려운 주제에 대해 영어로 말하고 있으면 그녀는 다시 연약한 어린 아이가 된 것처럼 느꼈다. 반면 어린 시절에 대해 스페인어로 이야기할 때면, 브리짓은 보다 감정에 좌우되지 않고 어린 시절을 되새길 수 있었고, 성인의 관점에서 그때를 바라볼 수 있었다. 스페인어는 그녀의 제2언어이자, 성인이 되고 안전해진 그녀 자신의 언어였다.

페레스 포스터(1999)는 이중 언어를 사용하는 정신분석가로 이중 언어자의 심리치료에 대해 광범위하게 서술했다. 그녀가 이중 언어를 사용하는 내담자들에게 두 가지 언어를 사용하는 것을 어떻게 높이 평가하게 되었는지 그리고 그녀가 이중 언어 내담자들의 두 개의 언어 세계를 어떻게 이용하게 되었는지에 대해 다음과 같이 서술했다.

> 나는 내 내담자들의 두 가지 언어로 이루어진 세상과의 싸움에 들어가게 되었다. 나는 환자가 이끄는 대로 스페인어를 사용하기도 하고 영어를 사용하기도 했다. 가끔은 경험의 깊은 곳을 파고들고, 가끔은 경험의 표면만을 훑어보지만, 두 가지 문화가 반영된 언어 상징들로 조직화된 내적인 세상에 대해 새로운 이해를 항상 얻을 수 있었다 (p. 54).

정신분석가에게 요구되는 깊은 수준의 이해를 통해 포스터는 이중 언어 사용자들을 면담할 때 두 가지 언어로 접근하는 것을 지지했다. 우리가 행하는 일반적인 면담에서 이런 종류의 이해는 꼭 필요하지는 않거나 혹은 불가능할 수도 있지만, 이중 언어를 사용하는 사람들을 한 가지 언어만으로 면담할 때 우리가 무언가를 놓치고 있을 수도 있음을 유념해야 한다. 특히 그 언어가 그 사람의 모국어가 아닌 경우에는 더욱 그렇다.

언어적 역량에 대한 조작적 정의: 미국의 가이드라인과 필수 사항

캄보디아, 러시아, 폴란드, 수단, 소말리아, 보스니아, 몽족과 같은 이민자 집단의 사람들은 자신들의 언어를 사용하는 전문가와 일할 기회가 거의 없다. 때문에 영어가 모국어인 사람에 비해 서비스로부터 받는 이익이 사실상 더 적다.

많은 경우 공공 기관과 사적인 기관에 이중 언어 사용자들, 통역사들, 번역 자료가 심각하게 부족하기 때문에, 질적인 서비스를 제공하는 데 심한 장벽이 있을 수 있다. 의료기관이 언어적으로 유능한 서비스를 제공하도록 연방지침은 다음과 같은 기준을 제공한다. 여러 분야에서 소수언어를 구사하는 내담자들에 대한 대응이 의료기관에 비해 뒤처지므로, 나는 아래의 기준이 다른 전문적 상황들에서도 적용되어야 한다고 믿는다.

영어가 능통하지 못한 내담자들을 위해 기관이 제공해야 할 것

- 기관은 이중 언어를 구사하는 직원과 통역 서비스를 포함해 언어 보조 서비스를 반드시 제공해야 한다. 제한된 영어를 구사하는 환자나 소비자에게는 이러한 서비스를 추가 비용 없이 제공해야 하며, 기관으로부터 서비스를 받는 동안 시기적절하게 지속적으로 제공해야 한다.
- 기관은 환자/소비자가 선호하는 언어를 통해, 그들이 언어 보조 서비스를 받을 권리가

있다는 것을 구두와 서면으로 전달해야 한다.

- 기관은 제한된 영어를 구사하는 환자/소비자에게 통역사와 이중 언어 사용 직원을 통해 능숙한 언어 보조 서비스를 제공할 것을 보장해야 한다. 가족과 친구가 통역 서비스를 제공하지 말아야 한다(단, 환자/소비자가 요청했을 경우에는 예외).
- 기관은 환자와 관련된 자료를 환자가 쉽게 이해할 수 있도록 제공해야 하며, 서비스 영역에서 자주 접하게 되는 언어권 사람들을 위해 그 사람들의 언어로 반드시 표지판에 공고해야 한다.

주. 미국 보건복지부의 '의료 분야에서 문화적 및 언어적으로 적합한 서비스를 위한 국가적 기준'에서 발췌함.

문화적 및 언어적으로 적합한 서비스(The Culturally and Linguistically Appropriate Services: CLAS) 기준은 1964년 미국 민권법 제6장의 누구든지 연방정부가 재정적으로 지원하는 서비스를 받을 때 국적에 의해 차별받지 않는다는 원칙에 기반하고 있다. 이것은 법정에서 모든 개인에게 적절한 서비스를 제공하기 위해 영어를 모르는 사람에게도 번역되어 설명된다. 여기에는 통역 서비스를 주선하거나, 내담자 또는 환자에게 통역을 쓸 수 있음을 고지해 주는 것이 포함된다. 이중 언어를 구사하는 직원을 고용하는 것, 통역을 고용하는 것, 전문적인 훈련을 받고 기밀유지 서약을 지킬 의무가 있는 자원 통역자를 쓰는 것, 통역 서비스와 계약하는 것, 소수 언어를 사용하는 집단에 관련된 기관과 파트너를 맺는 것 등이 이러한 대안들에 포함된다(Suleiman, 2003).

2000년 8월 11일, 빌 클린턴 대통령은 연방정부의 지원을 받는 모든 기관은 영어에 능숙하지 않은 사람들에게 적절한 서비스를 제공해야 한다는 대통령령 안에 서명했다. 이 조항은 대다수의 의료 기관, 법정 관련 기관, 범죄 수사 관련 기관, 교육 기관, 사회복지 기관에 적용된다. 인도주의적이고 도덕적인 의무 외에도, 기관은 이러한 법적인 의무를 무시한다면 기관 스스로 위험에 처해진다는 것을 고려해야 한다.

이민자들은 실력이 뛰어난 통역과 지체 없이 접촉할 수 있는 권리가 있다. 이것은 법에 명시되어 있다. 금지 사항으로는 다음과 같다.

1. 이민자들에게 선택의 범위가 좁거나 질이 낮은 통역 서비스를 제공하는 것. 예를 들어, 영어를 쓰는 내담자에게는 다양한 치료 옵션을 제공하는 반면 다른 언어를 쓰는 고객에게는 오직 하나의 옵션만 제공하는 것은 금지되어 있다. 절대 해서는 안 되는 범주에 속하는 다른 예시로는 영어를 쓰는 사람들에게는 사회복지사가 매주 직접 방문할 것을 제안하는 반면 다른 언어를 쓰는 사람들에게는 전화로 확인만 하는 것이 해당된다.

2. 이를테면 이중 언어 구사 직원을 쓰지 않거나 통역을 부르지 않아 누군가를 계속 유치장에 붙들어 놓거나, 지나치게 오래 기다리도록 하는 것과 같은 비합리적인 지연.

3. 프로그램이나 활동에의 참여를 제한하는 것. 이를테면 영어를 못하는 사람은 집단 상담 과정을 일방향 거울 뒤에서 통역과 함께 관찰할 수 있지만 그 집단 활동에 직접 참여할 수는 없는 상황이 여기 포함된다.

4. 제한된 영어 실력(Limited English Proficiency: LEP)을 지닌 사람들에게 통역을 부를 수 있는 권리가 있음을 고지하지 않는 것.

5. 그 사람들이 알아서 통역을 부르도록 요구하는 것.

이것은 연방정부에서 지시한 의무이기 때문에, 영어 전용 법(English-only law)이 시행되는 주에서도 시행되고 있다. 기관이 언어 관련 서비스를 어느 정도 제공해야 할 것인지와 어떤 집단이 그 서비스를 받을지 결정하는 것에 대해, 연방정부의 가이드라인은 네 가지 요인 가운데서 균형을 맞추라고 권고한다(제한된 영어를 구사하는 사람들을 대할 때의 의무에 대해서는 미국 사법부 웹 사이트를 보라.).

일반적으로 기관은 다음과 같은 상황에서 언어의 장벽을 제거하기 위해 무엇이 필요할지 판단하고 그것을 시행하는 것이 중요하다. 그 상황이란 다수의 사람들이 그 언어장벽에 영향을 받을 때, 특정한 언어를 사용하는 사람들과 자주 접촉할 때,

그 프로그램이 반드시 필요한 것일 때, 그런 장벽을 제거할 수 있는 자원이 준비되어 있을 때다. 언어 장벽에 영향을 받는 사람들이 소수일 때, 프로그램이 덜 중요할 때, 자원이 적을 때는 기관이 언어의 장벽을 제거하기 위한 서비스를 덜 제공하는 것이 허용된다. 예를 들어, 영어를 쓰는 사람이 99%인 지역사회에 있는 소규모 기관은 이중 언어를 쓰는 직원을 고용하는 것보다 전화로 통역 서비스를 받는 것을 선택할 수 있다. 그러나 모든 기관은 언어 장벽을 줄이기 위한 어떤 계획을 가지고 있어야 한다.

사법부에서는 기관의 언어 역량을 함양시키기 위해 몇 가지 제안을 제시했다. 첫 번째 단계는 평가다. 당신의 기관이나 프로그램에 필요한 언어 능력은 무엇인가? 학교들, 종교 기관들, 인구 통계자료, 노동부 통계자료 등이 당신의 지역사회에 필요한 언어에 대해 가치 있는 정보를 제공할 수도 있다. 그리고 나서 당신의 기관은 서비스를 받을 수 있거나 기관에서 접할 가능성이 높은 LEP 사람들의 수 또는 비율, 그리고 당신의 프로그램이나 활동에 최근 LEP 사람들이 접근했던 빈도에 대해 알 필요가 있다. 또한 당신은 당신의 프로그램, 활동 또는 LEP 사람들의 삶에 대한 서비스의 중요성, 그리고 LEP 사람들을 도울 수 있는 잠재적 가능성에 대해서도 함께 평가하고 싶을 것이다. 이 가능성에는 당신이 처리할 수 있는 자원, 파악된 요구를 충족시키기 위해 필요한 비용 등이 포함된다.

두 번째 단계는 계획이다. 당신의 기관은 LEP 사람들과 만났을 때 겪을 수 있는 다양한 상황에 대해 주의 깊게 계획을 수립해야 한다. 통역을 선택하거나 연락할 수 있는 방법이 무엇인가? 직원들은 번역된 자료를 어디서 접근할 수 있는가? 필수적인 서비스일수록 이중 언어 또는 통역 서비스를 준비해 두는 것이 더 중요해진다. 기관은 자주 쓰이는 언어와 자주 쓰이지 않는 언어에 대해 각각 다른 계획을 수립할 것이다.

세 번째, 다른 언어를 읽는 사람들이 서류를 볼 수 있도록 해야 한다. 필수적인 것으로 여겨지는 모든 서류, 정기적으로 내담자에게 주어지는 대다수의 서류는 기관이 주로 접촉하는 사람들의 다양한 언어로 읽을 수 있어야 한다. 연방정부가 제공하는 서비스나 혜택에 대한 중요한 정보가 포함되어 있을 때, 또는 법에 따라 요구된 것일 때 그 서류를 '필수적'이라고 본다. 필수적인 서류에는 초기면접 양식(intake forms), 지원서, 공지사항, 불만 처리 양식, 그 외 여러 가지가 포함된다. 서류의 양이 많을 때는 서류에 포함된 정보 중 가장 중요한 정보만을 번역하는 것이 중요하고, 나머지 전부를 반드시 번역할 필요는 없다. 번역본을 제공해야 한다는 의무 규정은 웹 사이트뿐 아니라 출력된 서류에도 적용된다.

영어가 능통하지 못한 내담자를 위한 서류 작업

영어가 아닌 언어가 모국어인 몇몇 사람들은 서류를 자신의 모국어로 읽는 것을 선호할 것이다. 서류를 다양한 언어로 번역하는 것에 더해, 기관이 다음과 같은 제안을 따르게 되면 다른 언어를 쓰는 사람들이 기관의 특정 서식들에 더 쉽게 접근할 수 있다.

- 글의 내용에 대한 삽화나 글을 보완하는 그림을 첨부하라(장식용이 아님).
- 가능하다면 간단한 어휘를 사용하라.
- 짧고, 능동적인 표현과 직설적인 문장을 사용하라. 문장 하나에 오직 한 개의 의미만을 담아라.
- 특수한 용어, 속어, 구어체 표현, 전문용어의 사용은 피하라. 만약 반드시 전문용어를 사용해야 한다면, 간단한 어휘와 표현으로 그 뜻을 설명하라.
- 재미를 주거나 빈정거리려는 의도로 글을 쓰는 것을 삼가라. 당신의 언어를 잘 읽지 못하는 사람들에게 그런 어조는 오해를 불러일으킬 수 있다.
- 당신이 다른 문화의 사람들을 대상으로 서면으로 문서를 작성할 때 해당 문화권 사람들에게 미리 보여 주고 피드백을 받으라.
- 글자의 색깔과 종이의 색깔을 확실하게 대조시키고 굵은 활자체로 출력하라. 글을 잘 읽지 못하는 사람들은 글자가 너무 작거나 희미해서 읽기 어렵기 때문에 서식을 제대로 작성하기가 어렵다.

다양한 언어로 작성된 서류

나는 학생의 50%가 라틴계이지만 그 어떤 아동 보호 서비스 서류도 스페인어로 제공되지 않았던 어느 대도시에서 연수를 진행한 적이 있었다. 직원들은 나에게 이전 서식이 스페인어로 작성된 것은 있지만, 이전 서식이라 4년 전에 바뀐 중요한 변동 사항을 포함하고 있지 않다고 했다. 매일 학부모들은 심리치료 계획과 같은 서식에 서명하라는 요구를 받았지만, 학부모들은 그 서식이 어떤 의미를 담고 있는지 이해할 수 없었다. 이렇게 이해를 하지 못해 간과하고 넘어가게 되면, 그 가정은 상담 계획을 준수하지 않는 것으로 판단되어 친권이 박탈될 수 있었다. 비록 이 대도시의 국가기관은 몇 개의 서식을 10년 전에 번역했지만, 컴퓨터로 작성하는 최신 서식은 번역이 되어 있지 않았다.

불운하게도, 필수적인 서류가 다양한 언어로 번역되어야 하는데 그렇지 못한 상황은 미국 전역을 통틀어 아주 흔한 일이고, 스페인어보다도 덜 사용되는 언어를 쓰는 가정의 경우에는 이런 현상이 특히 심각하다. 소규모 기관들은 비슷한 서식을 번역하기 위해 돈을 지불할 필요는 없다. 종종 몇몇의 기관들이 함께 작업하여 표준 서식을 개발하고, 개발된 서식을 다양한 언어로 번역하기 위해 각자의 자원을 모을 수 있다. 또는 범용 서식을 번역한 후 그 번역본을 각 기관의 필요에 따라 약간씩 변형시켜 사용할 수도 있다.

이 점과 관련해서 또한 과학 기술을 더 많이 활용해야 한다. 나는 기관이 번역한 서류를 인터넷으로 볼 수 있게 함으로써 다른 기관들이 그 서류를 개정하고 사용할 수 있도록 하는 것을 추천한다. 상위 기관이 기본 형식을 다양한 언어로 번역하고 하위 기관들이 그 번역본을 사용할 수 있도록 하는 방법을 고려해 보아야 한다. 예를 들어, 국립 가족계획 협회(National Planned Parenthood)는 이렇게 함으로써 미국 전역 내 지역 출산 건강 기관(local reproductive health agencies)이 그 번역된 형식을 이용하거나 변형시켜 사용할 수 있도록 하는 방법을 고려하고 있다(2006년 6월, K. Anderson과의 개인적 대화에서 인용).

이중 언어를 사용하는 전문가들은 내담자들이 읽지 못하는 서류에 서명하도록 요구해야만 하는 상황에서 느끼는 좌절감에 대해 서술했다. 이중 언어를 쓰는 직원들은 서류를 번역해 주기 위해 자발적으로 최선을 다하지만, 내담자들은 여전히 그 서류를 꼼꼼히 검토할 기회가 없다. 즉, 이들은 작은 글자로 쓰인 부분을 살펴보는 것, 가능한 결과에 대해 심사숙고하는 것, 또는 믿을 만한 친구에게 충고를 받기 위해 서류를 보여 줄 기회가 없다. 전문가가 영어를 읽지 못하거나 내담자의 언어를 유창하게 구사하는 경우에 이러한 상황은 더 악화될 수 있다. 이런 경우에는 전문가가 말로 번역해 주는 것은 단순히 서류의 내용을 근사치에 맞게 번역해 주는 것에 불과하기 때문이다.

서식을 작성하기 위해 한 내담자당 통역 한 명을 부르는 것은 많은 시간과 비용이 들 수 있다(그러나 영어가 모국어가 아닌 사람이 스스로 알아서 하기를 기대하기보다는 통역을 부르는 것이 여전히 더 윤리적인 일이다.). 자신이 사용하는 언어로 서식을 작성할 수 있는 기회가 있는 내담자들은 기본 서식을 채워 넣기 위해 다른 사람의 도움을 받아야 하는 내담자들에 비해 더욱 자율권을 부여받고 환영을 받는 것처럼 느끼곤 한다.

가끔 서면 자료가 다양한 언어로 번역은 됐지만 그 번역의 질에 대해서는 아무도 확인해 보지 않은 상황이 일어난다. 나는 초기면접 양식, 조사연구 자료, 전단지, 건물 표지판이 스페인어나 포르투갈어로 번역되었지만 번역의 질이 형편없어서 거의 이해할 수 없는 수준이었던 경우를 본 적이 있다. 종종 철자나 문법이 틀리거나 심지어 영어를 적용해서 단어를 새로 만들어 버리는 경우가 일어나기도 한다. 가끔은 특정한 나라에서 쓰이는 구어체 단어들을 사용하기도 한다. 이 경우 다른 나라에서 온 사람들이 보기에는 이해할 수 없는 말이거나 심지어 불쾌할 수도 있다. 공식적인 서류를 번역할 때는 그 언어로 유창하게 글을 쓸 수 있는 사람이 번역해야 하며 제3자가 그 번역본을 확인해야 한다. 이민자 가정에게 오류투성이 자료를 제공하는 것은 영어를 쓰는 가정에게 오류투성이 자료를 제공하는 것과 다름없이 어처구니없는 일이다. 이것은 기관의 신뢰성을 손상시키고, 소수 언어 집단에 대해 기관이 책무를 다하고 있는지 의문을 갖게 만든다.

글로 쓰인 서류에 대한 마지막 메모 하나는 다음과 같다. 그 언어를 사용하는 집단의 사람들이 읽을 수 있을 적절한 수준으로 번역되어야 한다. 예를 들어, 대학교 학생들을 위한 서류는 대학교 수준으로 번역될 수 있지만, 농업에 종사하는 이주자를 위한 서류는 훨씬 낮은 수준의 독해가 가능하도록 번역될 필요가 있다.

 ## 언어에 대한 선호

이민자들과 함께 일할 때는 그들이 선호하는 언어와 그들의 언어 능력에 대해 물어보는 것이 중요하다. 다른 나라에서 태어나서 강한 억양으로 영어를 구사하는 몇몇 사람들의 경우에는 모국어보다 영어가 더 편할 수 있지만, 그 반대의 경우도 가능하다. 반면 푸에르토리코 출신인 가브리엘라(Gabriela)는 아들의 성이 라틴아메리카 식이라는 이유로 아들이 자동적으로 이중 언어 교실에 배정되었을 때 얼마나 화가 났는지 나에게 털어놓았다. 가브리엘라의 아들은 스페인어가 아니라 영어를 모국어로 쓰는 아이였다.

가족이 무슨 언어를 쓰는지 물어봄으로써 종종 풍부한 정보를 얻을 수 있다. 예를 들면, 아버지와 어머니가 같은 국가 출신이더라도 서로 다른 민족 출신이어서 아버지는 아이들과 자신의 언어를 쓰는 반면, 어머니는 자신의 민족 언어를 사용하고, 그리고 그 가족 전체는 원래 살던 나라에서 공식 언어로 사용했던 또 다른 언어를 배웠을 수도 있기 때문이다. 가끔씩 가족이 통역을 부르길 거부하기도 하는데, 중요한 가족 구성원, 이를테면 어머니가 영어를 전혀 하지 못한다는 사실을 간과하고 그럴 수 있다. 그 가족은 어머니가 대화에 참여하지 않은 문화에 익숙하거나 또는 아이가 어머니에게 통역을 해 주는 것에 익숙하기 때문에, 공식적인 통역을 쓰면 어머니의 이해와 참여를 증진시킬 수 있다는 사실을 심지어 깨닫지 못하기도 한다.

면담에 사용할 언어를 선택하기

면담자는 진술을 하는 언어 능력과 일반적 지능 영역으로서의 언어 능력을 혼동하면 안 된다. 어떤 사람은 영어로 진술하는 것은 잘하지만 다른 언어로 진술하는 것은 그리 잘하지 못할 수 있다. 영어를 쓰면서 불안하고 망설이고 자신감이 없어 보이는 사람은 모국어를 쓸 때 자신감이 드러날 수도 있다.

영어가 모국어가 아닌 사람들과 면담을 진행할 때는 네 가지 선택권이 있다. 면담을 오직 영어로만 진행하는 것, 그 사람의 모국어로만 진행하는 것, 이중 언어를 사용하는 면담자가 면담을 진행하는 것, 그리고 통역을 쓰는 것이다. 처음 3개의 선택에 대해 살펴보자. 통역을 쓰는 것에 대해서는 7장에서 살펴볼 것이다.

영어만으로 면담하기

내담자가 영어를 충분히 유창하게 구사하는 것 같다면 영어로만 면담을 진행할 수 있을 것이다. 이것은 내담자의 모국어를 구사하지 못하는 면담자에게 가장 쉬운 선택이지만, 문제를 일으킬 수 있다. 때때로 워크숍에서 나는 영어 말고 다른 언어를 공부해 본 적이 있는 사람은 손을 들어 보라고 한다. 주로 방안에 있는 거의 모든 사람이 손을 든다. 그리고 나서 나는 자신이 겪은 가장 당황스럽거나 무서운 경험에 대해 모르는 사람에게 그 언어로 설명해 보라고 한다. 그러면 사람들은 종종 키득거리곤 한다. 나는 우리가 내담자의 모국어가 아닌 언어로 민감한 면담을 진행할 때 우리가 내담자에게 요구하는 것이 바로 이것과 같다고 지적한다. 우리는 성인과 아동에게 민감한 정보를 드러내도록 요구하면서, 동시에 그들이 언어적 장벽과 문화적 장벽을 극복하기를 바란다. 너무 많은 것을 기대하는 것이다.

때때로 면담자들이 내게 자신이 면담하는 사람이 영어를 완벽히 편안하게 사용하는 것 같다가, "그냥 갑자기 영어로 말하길 멈추더니 '이해가 되지 않는다'고 했어요."라고 말한다. 너무나 자주 면담자들은 이민자인 내담자가 스스로의 영어 실력의 한계에 대해 거짓말을 한다고 추정하거나, 내담자가 '그냥 더 열심히 하면' 영어를 이해할 수 있고 면담자에게도 자신의 말을 이해시킬 수 있다고 가정한다. 물론 가끔은 그럴 수도 있겠지만, 나는 더 효과적인 다른 방법을 제안하고 싶다. '기능적 이중 언어자'인 몇몇 사람들은 학교나 직장에서 정기적으로 최소한의 영어 대화는 가능하겠지만, 성적, 정서적, 의학적, 법적 또는 개인적인 문제에 대해서는 영어로 이야기할 수 없을 수도 있다. 만약 면담이 민감한 주제에 관한 것이라면 내담자는 불안해지고 말이 덜 유창해질 수도 있다. 게다가 어떤 사람들은 납득이 간다는 것처럼 미소를 짓고 고개를 끄덕임으로써 우리로 하여금 그들이 현재 일어나는 일에 대해 이해하고 있다고 믿도록 유도한다. 그러나 직접적으로 질문을 해 보면 그들이 제대로 이해하고 있지 않음이 너무나 명백해진다. 다음 예시는 이런 복잡한 상황을 보여 주고 있다.

> 한 십 대 소녀는 범죄 수사를 위한 면담을 하다가 스페인어를 하는 면담자를 요구했다. 스페인어를 구사하는 면담자는 한 명도 없었기 때문에, 그녀는 통역을 두고 영어로 면담을 받게 되었다. 소녀는 통역이 필요하다는 것에 대해 비웃었는데, 그녀가 매일 학교에서 영어를 쓰기 때문이었다. 그러나 면담이 진행될수록, 영어로 질문했을 때 소녀가 하는 대답과 똑같은 질문을 스페인어로 물었을 때 하는 대답이 약간 다르다는 것을 면담자가 알아차렸다. 다시 말해서, 그녀의 영어는 그녀 스스로가 믿는 만큼 유창하지 않았다. 그녀의 스페인어 어휘들이 영어 어휘들보다 훨씬 포괄적이었고, 그래서 그녀는 스페인어를 썼을 때 자신의 생각을 보다 정확하고 구체적으로 전달할 수 있었다.

비록 면담자가 면담을 영어로 진행하기로 했어도 내담자가 이중 언어를 쓰는 사람이면, 면담자 또한 이중 언어 사용자인 것이 가장 좋다. 만약 그렇지 않다면, 필요하다면 통역이 가끔 단어를 메워 주도록 면담에 함께 참여해야 한다.

이중 언어자는 종종 언어학자가 코드 변환(code switching) 또는 코드 혼합(code mixing)이라고 부르는 언어적 활동을 한다. 이것은 하나의 언어를 사용하면서 다른 언어의 단어나 구절을 사용하는 것을 뜻한다. 다른 언어의 용어를 사용하는 이유는 현재 쓰는 언어보다 다른 언어의 특정한 용어를 기억하는 게 더 쉬워서, 그 용어를 다른 언어로 사용하는 것이 더 좋아서, 그리고 다른 이중 언어자와 동질감을 얻으려는 노력의 일환이기 때문이다(Ritchie & Bhatia, 2004). 중요한 문제에 대해 영어로 면담을 받고 있는 이중 언어자들은 영어만을 사용해야 한다는 것 때문에 스트레스를 받을 수도 있다.

　　많은 사람들은 십 대들의 나이와 신체적 성숙함을 보고 그들이 영어를 잘 다룰 수 있을 거라고 짐작한다. 나는 십 대들의 성숙함이나 보이는 허세를 기반으로 평가를 내리는 데에 주의할 것을 충고한다. 어떤 십 대들은 현지 문화에 아주 동화된 것처럼 보여도 최근에 이민왔거나 영어 교육을 부적절하게 받았을 수도 있다. 전형적으로 언어 실력보다 옷차림이 더 문화에 동화된 흔적이다. 심지어 이중 언어를 잘 구사하는 사람도 영어가 제2언어라면 면담이 진행되면서 피곤해지고 영어 구사가 덜 유창해진다.

내담자의 모국어로 면담하기

　　면담을 진행하는 사람이 그 사람의 모국어를 유창하게 구사할 줄만 안다면 내담자는(영어가 아닌) 모국어로 면담을 받을 수 있다. 예를 들어, 한국어를 할 줄 아는 경찰관은 한국인 용의자를 면담할 수 있다. 그러나 제한된 영어 능력을 지닌 사람도 다른 사람들과 똑같은 질의 면담을 받는 것이 중요하다. 나는 때때로 일종의 두 등급 시스템을 보게 되었는데, 영어를 하는 내담자들은 고급 학위를 지니고 훈련을 많이 받은 전문가에게 면담을 받는 반면 스페인어를 하는 내담자들은 스페인어를 할 줄 알지만 전문 분야에 대한 자격을 덜 갖췄을지도 모르는 전문가에게 면담을 받는 것이다. 명백하게 단순히 영어를 한다는 것 때문에 면담을 할 자격이 주어지지 않는 것과 마찬가지로 그 사람이 스페인어(혹은 만다린어나 불어)를 한다는 것 때문에 그 사람에게 민감한 면담을 할 자격이 주어지는 것은 아니다. 영어가 아닌 다른 언어로 면담을 진행하는 면담자들도 다른 사람들과 같은 종류의 훈련과 감독을 받아야 한다. 예를 들어, 영어로 아동과의 면담을 진행하는 경찰관이 아동을 면담하는 방법에 대해 훈련을 받았다면, 영어가 아닌 다른 언어로 아동 면담을 진행하는 경찰관들 역시 비슷한 훈련

을 받아야 한다.⑨

　내담자가 모국어로만 면담을 받을 때, 면담자는 면담을 어떻게 진행해야 할지에 대한 분명한 계획을 수립할 필요가 있다. 예를 들어, 면담자가 크메르어로 면담을 진행하다가 멈추고, 일방경 뒤에서 보고 있는 사람들에게 면담 내용을 전부 영어로 통역하는 것은 비현실적이다. 차라리 자격이 있는 통역을 두고 일방경 뒤에서 보고 있는 사람들에게 통역을 해 주도록 하는 것이 낫다. 그러면 면담자는 할 수 있는 한 최고의 면담을 진행하는 데 집중할 수 있을 것이다.

　만약 법적 문제로 면담을 진행하고 그 내용을 녹화한 비디오나 오디오 테이프가 법정에서 인정될 것이라면, 기록을 어떤 식으로 보여 줄 것인지에 대한 계획이 필요하다. 대안으로는 테이프 전체를 글로 기록해서(또는 중요한 부분만) 그것을 나중에 번역하는 것, 테이프에 영어 자막을 다는 것, 법정에서 테이프를 보면서 동시에 통역하는 것이 포함된다. 비용 문제를 포함하여 각각의 옵션마다 장단점이 있다. 또한 변호사는 면담 내용 전체를 녹화한 테이프를 제출하기보다 면담 도중 얻은 정보를 모아서 요약해 제출하는 것을 선택할 수도 있다.

　면담자는 면담 도중 영어로 메모를 할 것인지, 면담에서 사용된 언어로 메모를 할 것인지에 대한 결정을 내릴 필요가 있을 것이다. 영어로 메모를 하려는 면담자는 내담자의 중요한 말들은 내담자가 실제 말한 언어로 기록하고 싶을 수도 있다. 그럼으로써 그 말의 내용이 보다 정확하게 보존될 수 있으며, 공식적인 서류에 내담자가 한 말을 정확하게 입력할 수 있다(메모를 하는 것에 대해서는 10장의 보고서 작성하기 부분을 참고하라).

---

⑨ 저자 주: 영어 아닌 다른 언어가 모국어인 사람과 그 언어를 하지 못하는 전문가가 함께 면담을 할 때, 어떤 사람들은 전문적 훈련을 받은 통역과 함께 진행하는 동시면담(cointerviewing)이나 적극적 통역 모델(active interpreter model)을 채택할 것을 추천하기도 한다(Burnard, 2004; Pitchforth & van Teijlingen, 2005). 동시면담자(cointerviewer)는 전문적 자격이 없다. 동시면담자는 문화적으로 그리고 언어적으로 내담자와 유사하며, 자신의 언어적 능력과 문화적 지식을 이용해서 상담 혹은 면담을 하게 된다. 이러한 접근에 어려움이 없는 것은 아니다. 이러한 어려움들로는 질문에 대한 답의 왜곡, 면담의 목적이나 면담자의 소속에 대한 부적절한 의사소통, 그리고 주 면담자(primary interviewer)의 개입이 매우 중요할 수도 있는 상황에 주 면담자가 때때로 배제되는 것 등이 있다(Pitchforth & van Teijlingen, 2005).

이중 언어로 면담하기

모국어가 아닌 언어로 면담을 받는 사람들을 위한 세 번째 옵션은 이중 언어를 사용하는 전문가가 이중 언어로 면담을 진행하며, 내담자가 그러듯이 면담자도 한 언어에서 다른 언어로 바꾸어 면담하는 것이다. 이 전문가는 대화에 담긴 문화적인 이슈와 뉘앙스를 이해할 수 있을 것이며, 만약 내담자가 "____를 이 언어로는 어떻게 말하죠?"라고 했을 때 도움을 줄 수도 있을 것이다. 또한 이 전문가는 "잘하고 계세요. 괜찮아요."와 같은 말을 내담자의 모국어로 말함으로써 안심을 시킬 수도 있다. 내 의견으로는 이중 언어를 쓰는 면담자가 이중 언어 내담자들을 면담하는 것이 명백하게 가장 좋은 방법이며, 모든 기관과 사무소는 가능하면 자격을 갖춘 다중 언어 사용자를 고용해야 한다. 어떤 이중 언어 내담자들은 사건에 대해 이야기할 때 그 사건이 일어났을 때의 언어로 이야기하기를 선호한다. 다른 사람들은 그 사건으로부터 거리를 두기 위해 다른 언어로 이야기하기를 선호하며, 그 사건의 기억으로부터 덜 괴로울 때까지 적어도 다른 언어를 디딤돌로 사용하고자 한다(Altarriba & Morrier, 2004; Javier, 1995). 어떤 사람들은 두 가지 방법을 다 사용한다. 일부 이중 언어자들은 영어로 면담받는 것이 편하다고 말하며 영어로 면담을 시작한다. 면담 도중 불쾌한 내용에 대해 더욱 감정적으로 느끼게 되면, 의식하지 못한 채 모국어로 대답하기 시작하거나 모국어의 단어를 사용하기 시작한다(언어 코드 변환). 이중 언어 면담자는 그 사람이 이끄는 대로 따라갈 수 있다.

이중 언어를 사용하고 이중 문화[10]를 지닌 전문가는 면담 도중 드러나는 문화적인 단서를 알아차리고 통역할 수 있으며, 그 단서가 한 문화에서 다른 문화로 쉽게 통역될 수 없는 개념을 확인할 수 있다. 이중 언어 전문가는 가족 구성원이나 지역사회

---

[10] 저자 주: '이중 문화'는 특정 소수 문화 출신이면서 주류 문화에도 친숙한 사람을 가리킬 때 대개 사용된다. 나는 주류 문화 혹은 소수 문화권 출신일지라도 특정 다른 소수 문화권 사람들과 개인적으로, 직업적으로 밀접한 관계를 맺고 있는 사람들 또한 이중 문화를 지녔다라고 할 수 있음을 말하고 싶다. '이중 문화'를 지닌 사람들은 각각에서 마치 나고 자란 사람처럼 느끼고 행동하는 사람들이다.

구성원 중 영어를 하지 못하지만 면담에 포함될 필요가 있는 사람과도 효과적으로
의사소통할 수 있다.

 ## 영어의 대안적인 형태

특정 지역에서 흔히 사용하는 영어의 형태에 익숙하지 않은 사람들에게는 면담이
또 다른 긴장을 조성할 수 있다. 아프리카계 미국인이 사용하는 고유 영어(African
American Vernacular English, 이전에는 흑인 영어라고 불린)나 자메이카식 영어, 영국식
영어, 남아프리카식 영어, 케냐식 영어를 쓰는 아이들이나 어른들이 권위 있는 면담
자로부터 면담을 받을 때, 그 면담자의 영어가 자신들의 귀에는 이상하게 들리고 부
적절하게 들리면 얼마나 어려움을 느낄지 당신은 상상할 수 있겠는가? 트리니다드계
학자인 다우디(Dowdy, 2002)는 '개인적인 표현의 언어'가 아닌 '지배 담론(master
discourse)'으로 말해야 하는 것의 어려움에 대해 썼다(p. 4).

> '백인'들의 언어로 이루어진 세상에 대한 느낌을 정확히 묘사할 수 있는 단어는 없
> 다. 그녀의 머리에 떠오른 생각들은 그녀 가족들이 친밀한 어휘들로 이루어진 것들이
> 었고, 그녀는 그 생각들을 공적 대화에서 받아들여지는 어휘로 번역하려고 안간힘을
> 썼다. 그녀는 자신이 주로 발휘하던 언어 실력을 공적인 자리에서 말할 때에도 발휘할
> 수 있을 것이라 기대했다. 하지만 그녀의 입에서 차가운 쇳소리가 튀어나왔고, 그녀의
> 생각에 담긴 열정은 번역의 과정에서 차갑게 식어갔다……. '지배 담론'에 대한 지속
> 적인 실망은 그녀가 하는 모든 발언에 일종의 장막을 드리웠으며, 그녀의 말이 가치가
> 있는 것인지에 대한 의심을 드리웠다. 그녀의 머릿속에 있는 목소리는 목에서 나오는
> 목소리와 맞지 않았다. 그녀는 자신이 잘못된 속도로 재생되는 테이프가 된 것처럼 보
> 였고, 그렇게 들렸다(p. 12).

우리의 면담이 이렇게 불행한 상황을 초래해서는 안 된다. 내담자가 말하는 것이

괜찮다는 신호를 면담자는 개방적이고 따뜻한 태도로 전달해야 하며, 내담자의 말을 듣고 이해하기 위해 최선을 다할 것임을 보여 주어야 한다.

　다른 문화에서 온 사람을 면담할 때 그 사람의 언어에 대한 작은 거절이라도 보이게 되면, 이는 내담자와의 신뢰 형성에 심각한 장애물이 될 수 있다. 델핏(Delpit, 2002)은 이것을 설득력 있게 다음과 같이 묘사했다. "언어란 그 사람의 정체성을 표현하는 데 가장 밀접한 관계가 있는 것들 중 하나이며, 정말로 '말하는 피부'와 같기 때문에, 그 사람의 언어를 거절하는 것은 마치 우리가 그 사람을 거절하는 것처럼 느껴질 수밖에 없다."(p. 47) 우리는 내담자의 영어를 고쳐주지 않도록 주의해야 하며, 내담자의 말을 이해하기 어려울 때 조급함을 드러내지 않도록 조심해야 한다. 영어 사투리를 쓰는 사람들에 대한 우리의 반응은 그저 '다름'에 대한 반응 이상의 것이다. 그것은 이질성과 빈곤에 대한 반응이다. 퍼셀-게이츠(Purcell-Gates, 2002)는 사람이 말하는 언어에 대하여 "그 사람의 사회경제적 계층에 대한 가장 명백하고 안정적인 지표"라고 했다(p. 133).

> 힘이 있는 지역의 사투리는 사회정치적으로 힘이 없는 지역의 사투리만큼 자동적으로 무시와 결함을 불러일으키지 않는다. 예를 들어, 케네디가 사람들의 보스턴 사투리나 지미 카터의 남부 사투리는 그들이 인지적, 언어적으로 결함이 있다는 증거로 지적된 적이 한 번도 없다. 그러나 도시에 살면서 애팔래치아 지방의 억양을 쓰는 빈곤층 여성이 딱 몇 분만 이야기를 하면, 그 사람이 열등하다고 가정하거나 그 사람에 대해 강한 편견을 형성하게 된다(pp. 133-134).

　어떤 면담자들은 육감으로 그 사람이 말하는 방식을 통해 교육 수준이나 지적 수준을 드러낸다고 가정한다. '촌놈(hillbillies)[11]'이나 '백인 쓰레기(White trash)[12]'로 여겨지는 백인들, 이민자들, 남부 시골에서 온 아프리카계 미국인들, 살짝 다른 문법과

---

[11] 역자 주: 미국 애팔래치아 산악 지대에 사는 사람을 가리키는 말.
[12] 역자 주: 미국의 가난하고 교육을 받지 못한 백인을 비하하여 일컫는 말.

억양을 사용하는 토종 미국인들이 이런 추측을 당할 수 있다. 우리는 이런 반응을 보이지 않도록 반드시 조심해야 하며, 이런 반응은 사회적 계층과 차이의 인식에 기반해 뿌리 깊게 박힌 선입견이라는 것을 알아야 한다.

 결 론

만약 내담자가 영어를 유창하게 하지 못한다면, 많은 경우 우리는 즉시 자격을 갖춘 통역을 부를 것이다(7장을 참고하라.). 그러나 우리는 여전히 영어가 모국어가 아닌 사람들, 강한 억양으로 영어를 구사하는 사람들, 또는 우리가 익숙하지 않은 형태의 언어를 구사하는 사람들과 대화할 일이 흔하다. 이런 상황에서 우리는 반드시 지지적이고 이해하는 태도를 보여야 하며, 그 사람을 창피하게 하지 말고 그 사람의 말을 이해하기 위한 최선의 노력을 기울여야 한다.

언어 역량은 문화적 역량에 있어 크고 새로운 개척지일 수도 있다. 윤리적 지침이 명백하고 분명한 반면, 여러 기관들은 이런 지침을 여전히 위반하고 있다. 만약 면담을 성공적으로 진행해서 정확한 정보를 얻고 싶다면, 내담자의 성격과 정서에 대해 전반적으로 이해하고 내담자가 자신의 기억에 잘 접근할 수 있도록 도우라. 우리는 내담자가 선호하는 언어(그들이 선호하는 문화를 나타내는 것일 수도 있다.)로 말할 필요가 있다. 우리가 내담자의 언어를 쓸 줄 아는 이중 언어자라면 직접적으로 그렇게 할 수 있다. 그렇지 않는 경우에는, 통역의 도움을 요청할 필요가 있다.

학습문제

1. 당신이 면담을 시작하려고 하는데 내담자가 영어를 더듬거린다는 것을 알아차렸다. 어떻게 할 것이며 무슨 말을 할 것인가?(이것은 상황의 맥락에 따라 다양할 것이다.)

2. 당신은 스페인어가 모국어인 내담자를 영어로 면담하고 있다. 영어로 면담을 진행하는 것에 대한 몇 가지 단점을 논하라.

3. 당신의 개인 또는 기관의 언어 역량을 증진시키기 위해 할 수 있는 세 가지 단계에 대해 논하라.

4. 영어가 유창하지 않은 사람과 영어로 면담을 진행했거나 대화했던 경험에 대해 묘사하라. 언어의 차이가 서로를 이해하는 데 어떤 영향을 미쳤는가? 내담자의 말을 잘못 번역했거나 오해했을 가능성을 나중에 깨달은 적이 있는가?

더 읽을거리

Bhatia, T., & Ritchie, W. C. (Eds.). (2004). *The bilingual handbook.* Malden, MA: Blackwell.

Delpit, L., & Dowdy, J. K. (2002). *The skin that we speak: Thoughts on language and culture in the classroom.* New York: New Press.

Perez Foster, R. (1999). *The power of language in the clinical process: Assessing and treating the bilingual person.* New York: Jason Aronson.

U. S. Department of Health and Human Services, Office of Minority Health. (2001, March). *National Standards for Culturally and Linguistically Appropriate Services in Health Care* [Final report]. Washington, DC: Author.

07
통역과 함께하는 면담

통역자는 면담에서 침묵하는 내담자에게 대화를 받아들일 수 있게 한다. 질 높은 통역은 면담자로 하여금 정보를 얻게 하고, 내담자에게 자신감을 얻게 하고, 내담자의 고립된 느낌을 감소시키고, 내담자의 세계관을 이해할 수 있게 하고, 필요한 정보를 전달할 수 있게 한다. 수준이 낮은 통역은 관련자 모두를 불만스럽게 만들고, 내담자로 하여금 면담을 하기 전보다 더 취약하게 느끼도록 만든다. 마찬가지로, 통역이 부적절하게 이용되었을 때도 문제가 일어난다.

이 장에서는 통역을 언제 이용해야 하는지, 어떻게 이용해야 하는지, 그리고 이 점에서 면담자가 선택할 수 있는 것은 무엇인지를 이해할 수 있도록 관련 내용을 다룰 것이다. 면담자는 통역 과정에서 일어나는 몇 가지 미묘함에 대해 고려할 필요가 있다. 이 장은 당신이 면담에서 통역 서비스를 최적으로 이용할 수 있도록 도울 것이며, 면담자가 내담자와 맺는 관계를 발전시키고 가능한 한 가장 정확한 정보를 얻을 수 있도록 도와줄 것이다.

통역자의 힘

우리는 면담에서 통역자의 힘을 과소평가할 수 없다. 미국의 한 주요 사립 병원의 통역 서비스를 총괄 담당하는 사람이 다음과 같이 말했다. "통역자는 의료 관련 대화 시 가장 힘 있는 사람들이다."(Davidson, 2000, p. 379) 나는 통역자가 의료 상황이 아닌 영역에서도 똑같이 중요하다고 믿는다.

통역자는 양쪽이 한 말을 단순히 전달하기만 하는 것이 아니다. 그 일이 비록 앞서 언급한 그들이 해야 하는 주요 기능적 역할이긴 하지만 말이다. 통역자는 또한 면담자의 세상과 내담자의 세상 사이에서 교환과 협상을 하는 대리인으로서의 역할을 한다(Davidson, 2000). 불행하게도, 문화에 따라 의미와 맥락의 미묘함이 달라지기 때문에 절대적으로 완벽한 통역을 받는 것은 불가능하다. 가장 좋은 것은 통역자가 양측이 말한 것과 그 의미를 상호 이해가 가능하도록 '충분히 좋은' 수준으로 전달하는 것이다.

모든 면담에 참여하는 사람들에게는 목표가 있다. 때때로, 면담자와 내담자의 목표는 다르기도 하고, 아예 반대일 수도 있다. 통역자들은 이런 종류의 상황에서 중립을 지켜야 하지만, 종종 그들은 자신에게 임금을 지불하는 기관의 편을 든다. 예를 들어, 한 여성이 장애인 복지 서비스를 받을 자격이 되는지 알기 위해 평가를 받으려고 할 수 있다. 그 여성은 자신이 지원 자격이 있기를 바라지만, 평가자는 새로운 등록자의 수를 줄이라는 상부의 지시가 있었을 수도 있다. 이 상황에서 통역자는 서비스 수혜자 수를 제한한다는 기관의 목표를 지지하려고 할지도 모른다. 이것은 중립적인 입장과는 거리가 멀다.

다른 예를 들면, 의료 장면에 고용된 통역자는 의사의 시간을 효율적으로 쓰기 위해 면담 약속을 빨리 진행시키는 것이 자신의 역할이라고 간주할 수 있다. 어떤 통역자는 자신과 같은 민족 출신으로 형사 고발되어 면담에 오게 된 사람에게 자신의 민족 커뮤니티의 평판을 보호하기 위해 "걱정하지 마세요! 제가 처리할게요."라고 말하는 것이 자신의 역할이라고 간주할 수도 있다. 그래서 그들은 정확하게 통역을 하기보다는 자신이 생각하기에 악영향을 가장 덜 미칠 이야기 버전을 제공할 수도 있다.

우리는 주로 통역자를 대화의 참여자라기보다는 일종의 통로로 생각한다. 그러나 연구결과에 따르면 통역자는 양측의 진술을 자주 편집하고, 삭제하고, 과장하고, 축소하고, 윤색한다. "통역자들은 단지 메시지를 전달만 하는 게 아니다. 그들은 이야기를 다듬고, 보다 정확히 말하자면, 자신이 대변하여 통역하는 그 사람의 이름으로 메시지를 만들어 낸다."(Davidson, 2000, p. 382) 통역자는 전달하는 내용을 빚어내는 것뿐만 아니라 언제 말을 할지, 말할 때 누구의 말에 끼어들지, 그리고 어떤 내용을 통역하지 않고 '넘어갈' 것인지를 선택한다.

면담이라는 것은 불공평한 상태에 있는 사람들 간에 일어난다. 종종 내담자는 서비스나 지위를 구하거나 면담으로부터 나올 수 있는 비판적인 결과를 피하고자 한다. 내담자는 가장 좋은 결과를 얻기 위해 면담자의 판단에 종종 의존한다. 통역에 의존하는 내담자의 경우에는 더욱 영향력이 없어진다. 통역을 통해 말하는 내담자는 이민자인 경우가 흔하며, 종종 개발도상국 출신이고, 새로 이민 온 나라에서 안정감을 느끼지 않을 수 있다. 이런 불안감은 내담자를 더 취약하게 느끼게 만들고, 결과적으로 통역자의 힘을 증가시킨다.

확실히 통역에 의존하는 사람들은 스스로를 취약하게 느낄 만한 이유가 있다. 한 도시 지역의 병원에 근무하는 스페인어 통역자들을 대상으로 한 데이비드슨(Davidson, 2000)의 연구에 따르면, 환자와 의사가 같은 언어를 사용할 때 의사는 거의 모든 환자의 질문에 대답한다. 그러나 통역자가 참여하게 되면, 반 이상의 질문이 의사에게로 전달되지 않는다. 몇몇 경우에는 통역자가 질문에 대답을 하기도 했다. 또 다른 경우에는 통역자가 질문을 그저 무시했다. 환자가 자신의 걱정에 대해 충분히 설명할 기회를 통역이 주지 못하기 때문에, 의사들은 종종 이민자인 환자들은 지나치게 수동적이라고 보거나 그 환자들이 있지도 않은 문제를 가지고 불평한다고 믿는다.

페레스 포스터(1999)는 의료 면담에서 통역자로 참여하곤 했던 한 도미니카공화국 출신인 수위의 이야기를 예로 든다. 시간이 흐르면서 의사들은 그가 환자들의 성적인 문란함과 마약 사용에 대해 과장한다는 것을 알아차렸다. 이 수위는 최근 이주한 이민자가 환자일 경우 그 환자들로부터 자기 자신을 분리시키면서 그들보다 더 우월하게 느끼고 싶었던 것이다. 면담자는 통역의 잠재적인 힘에 대해 알고, 통역자를 선택하고 훈련시키고 감독하는 것에 주의를 기울여야 할 필요성을 인식해야 한다.

 ## 통역을 사용해야 하는 때

제2언어를 조금 할 줄 아는 전문가들은 내담자의 언어로 면담을 진행하고픈 유혹을 느낄 수 있으며, 따라서 통역의 필요성을 배제하게 된다. 이것은 시간과 돈을 절약하는 방법으로 보이지만, 면담자가 내담자의 언어에 진정으로 능숙하고 내담자의 문화에 정말로 익숙한 것이 아닌 한 추천할 만한 일이 아니다. 명백하게 언어를 전적으로 장악하지 못하면서 중대한 면담을 진행하는 것은 잘못된 의사소통의 가능성을 높인다. '레스토랑 프랑스어' 또는 '길거리 스페인어' 또는 심지어 '크레올어 조금'을 안다고 해도, 그 언어들로 중요하고 민감한 면담을 진행하는 것은 부적절하다. 만약 면담자가 내담자의 언어를 사용하기 시작했지만 그 언어를 적절하게 말하지 못한다면, 내담자는 어색한 상황에 놓이게 되거나, 면담자를 모욕하는 것이 될까 봐 통역을 요청하지 않게 된다.

보고서를 제출하기 위해 면담 약속을 잡는 것에서부터 추후 약속을 추진하는 것까지 면담 과정의 다양한 단계에서 통역이 필요할 수 있다. 제한된 영어 능력을 지닌 사람들은 자신이 통역을 요청할 권리가 있다는 것에 대해 고지를 받을 필요가 있다. 그들은 서비스를 받는 동안의 어떤 시점에서든 통역을 요구할 수 있으며, 처음에는 통역을 사양했다 하더라도 다음에 다시 부를 수 있다는 것을 알 필요가 있다. 어떤 내담자는 자존심 때문에, 또는 전문가에게 곧장 영어로 이야기하지 않으면 자신을 진지하게 다루지 않을 것이라는 두려움 때문에 통역 서비스를 거절한다. 때때로 그들은 통역 서비스 제안을 이해하지 못해서, 혹은 통역자가 비밀유지 조항을 위반할까 두려워서, 또는 통역 서비스에 대한 요금을 청구 받을까 봐 걱정되어서 통역 서비스 요청을 거절한다. 많은 상황에서 영어로 '그럭저럭 살아 온' 사람들은 종종 사소한 오해가 인생을 뒤바꿔버릴 영향을 미칠 수도 있는 중요하고 공식적인 면담에서도 통역을 부르지 않음으로써 대단히 불리한 상황에 스스로를 처하게도 한다. 이런 잠재적인 위험에 대해 그들에게 주의 깊게 설명해 주어야 한다.

전문가들은 통역을 부르는 데 들어가는 비용, 면담의 지연, 그 밖에 포함되는 문제들 때문에 통역자에게 연락하지 않을지도 모른다. 흔히 면담자는 내담자가 영어로 스스로를 충분히 잘 표현할 수 있는 것처럼 보이기 때문에 통역을 요청할 필요가 없을 것이라고 짐작한다. 그러나 면담이 진행되면서 대화가 더 정밀해지고 감정적인 색채를 띠게 되면, 내담자는 피곤함과 스트레스를 느끼게 되고, 그렇게 되면 종종 내담자가 사용하는 영어도 악화된다. 제2언어로 소소한 대화를 하거나 식료품을 사는 것과, 심각한 결과를 낳을 복잡한 정보를 제2언어로 주고받는 것은 별개다(6장의 '언어 역량'을 보라.).

 통역자 찾기

통역이 필요할 때 기관은 전문적으로 훈련받은 통역자의 서비스를 받도록 노력해야 한다. 몇몇 지역에서는 통역자를 위한 법정 자격증, 의료 자격증 또는 그 밖에 공식적인 자격증이 존재하는 반면, 다른 지역에서는 그렇지 않다. 법정 장면이 아닌 대부분의 상황에서, 법원이 자격을 부여한 통역자는 반드시 필요하지 않거나 엄두를 못 낼 만큼 비싸다. 그러나 만약 그 자료가 법정에서 사용될 예정이라면, 전문가는 그 관할권에서 요구하는 정확한 필요사항들을 반드시 확인해야 한다. 불운하게도 어떤 영역에서는 심지어 법원 자격증조차 그 통역자가 자격이 있고 제대로 훈련받았다는 것을 보장해 주지 않는다. 예를 들어, 2001년 텍사스에서 법원 통역자들에게 자격증을 부여했고, 판사들은 자신이 아는 사람이 법원 통역자로 자격이 있음을 선언하는 편지를 쓸 수 있는 권한이 있었다. 이 프로그램으로 인해 자격이 없는 사람들이 계속 남게 되었다.

비록 특정 면담에 법원 자격증이 있는 통역이 법적으로 필요하지 않다 하더라도, 중요한 면담에 참여하는 통역자는 전문적인 훈련을 받은 사람이어야 한다. 기관은 다양한 언어별로 전문적 훈련을 받은 통역자의 명단을 구비해 놓을 필요가 있다. 손

놓고 있다가 위기가 닥쳐서야 그 기관의 관할 영역에서 그다지 사용되지 않는 언어를 통역해 줄 사람을 찾아서는 안 된다.

　제한된 영어 능력을 지닌 사람들에게 적절한 서비스를 제공하라는 연방정부의 지침 덕분에 기관들은 자격이 있고 비밀 유지에 동의하는(confidentiality agreement)❶ 지역사회 통역 자원봉사자들의 도움을 받을 수 있게 되었다. 내 거주 지역에 있는 몇몇 여성보호센터들은 이중 언어를 쓰는 자원봉사자들을 통역으로 교육시키는 집중 훈련 프로그램을 만들기 위해 함께 뭉쳤다. 이들 이중 언어를 쓰는 자원봉사자들 중 많은 수는 전화 위기 상담 서비스를 통해 위기상황을 처리하는 법을 훈련받게 된다. 수십 개의 언어별 자원봉사자들은 전문적인 훈련을 받았으며 24시간 상담 가능하다. 이것은 센터들이 이민자 커뮤니티에 더욱 잘 기여할 수 있게끔 해 줄 뿐 아니라 이들 커뮤니티들이 센터가 제공하는 서비스를 잘 이해할 수 있도록 해 준다. 이중 언어자 자원봉사 프로그램은 지역 주민에 대한 기관의 적극적인 사회봉사활동(outreach) 형태다.

　베이커(Baker, 1981)는 자신이 다양한 언어에 유창하다고 주장하는 통역자를 고용할 때 조심하도록 충고했다. 그 통역자는 일자리를 얻으려는 열성 때문에 능력을 과장하는 것일지도 모른다. 예를 들어, 어떤 폴란드인 이민자는 단지 기초적인 러시아어밖에는 구사하지 못하면서도 자신이 러시아어 및 폴란드어를 통역할 수 있다고 주장할 수도 있다. 또는 소말리아인 통역자가 모스크에서 기도할 때만 아랍어를 사용할 뿐 매일 아랍어를 쓰지는 않았는데도 자신이 아랍어를 한다고 말할 수도 있다. 통역자는 통역하려는 특정한 언어에 대해 훈련을 받았음을 증빙하는 자료나 자격증을 보여줄 수 있어야 한다. 자격을 갖춘 통역자를 찾을 수 없어서 자격이 증명되지 못한 통역자를 사용해야 할 때, 다른 통역자나 이중 언어를 쓰는 전문가가 면담에 필요한 언어로 그 통역자와 먼저 면담을 해 봄으로써 이후에 처할 수 있는 난처한 상황과 문제들을 피해야 한다. 이 면담은 단지 언어 능력에만 초점을 맞춰서는 안 된다. 통역자의 대인관계에 대한 민감성, 대상 지역 주민들의 문화적 이슈에 대한 지식, 통역된

---

❶ 자자 주: 미국 보건복지부의 출신 국가 차별 금지(제한된 영어 능력을 가진 사람)에 관한 지침을 참고하라.

대화에서 드러날 수 있는 몇몇 어려움들에 대해서도 평가해야 한다.

　기관의 담당자는 여러 언어를 사용하는 직원에게 추가적인 훈련이나 보상 없이 통역을 부탁하기 전에 주의 깊게 생각할 필요가 있다. 예들 들어, 경찰청, 사회복지기관, 교육기관과 의료기관에서 여러 언어를 쓰는 전문가들은 자신의 업무 이외에 동료들로부터 통역해 달라는 요청을 받는다. 이것은 불공평한 부담이며 작업의 질을 저해할 수 있다. 첫째로, 이들 전문가들은 자신의 전문영역에서 통역 훈련을 받지 않은 경우가 많다. 통역 훈련을 받지 않았기 때문에 중대한 실수를 범할 수 있다. 둘째로, 통역이 그들 업무의 일부이고 통역에 쓰는 시간에 대한 보상으로 업무량이 줄어들지 않는 한, 이중 언어를 쓰는 전문가들에게 통역을 요구하는 것은 그들의 기존 업무 책임을 이행하는 것에 더해 두 가지 일을 하도록 강요하는 것이다. 이것은 그들에게 극도의 피로를 야기하며 좋지 못한 결과를 낳게 된다. 셋째로, 비록 그들이 이중 언어의 맥락에서 언어 능력을 충분히 갖췄다 하더라도, 영어나 통역을 하려는 언어에 대해 통역 실력이 좋지 않을 수 있다. 예를 들어, 나는 한 멕시코계 미국인 경찰관을 아는데, 그는 일터에서 라틴계 사람들과 의사소통했고 명백히 그의 스페인어가 도움이 되었다. 그는 동료들로부터 통역해 달라는 부탁을 받을까 봐 두려워했는데, 사실 그의 스페인어 실력은 그럭저럭한 수준밖에는 되지 않았기 때문이었다. 하지만 그는 자신은 통역에 대한 자격이 없다거나 스페인어 강의를 들을 필요가 있다고 상관에게 말하고 싶지 않았다. 그는 이 사실이 드러나게 되면 부서 내에서 그의 입지를 잃게 될 것이라고 믿었다.

　올바른 통역자를 찾는 것은 또한 내담자의 사투리를 이해하는 누군가를 찾는다는 것을 의미한다. 예를 들어, 북미 원주민 언어는 사투리가 다르기 때문에 내담자가 다른 방언을 쓴다면 통역 또한 달라진다. 아파치 무리의 사람들은 애스바스카어(Athebascan)를 쓰지만, 사투리가 서로 너무 달라 한 아파치 무리가 다른 무리와는 편하게 이야기할 수 없을 수도 있다. 만다린부터 아랍어와 케추아어(Quechua)❷까지,

❷ 역자 주: 안데스 고원에 사는 케추아 부족의 언어로 케추아족을 비롯하여 페루·볼리비아·에콰도르 등의 인디오가 사용함. 인디오의 언어로서는 남미 최대의 사용자 수(약 700만)를 가짐.

다른 여러 언어들에서도 똑같은 일이 일어날 수 있다. 사투리 간의 차이는 너무 넓어서 상호 이해를 불가능하게 만들 수 있지만, 오히려 상대적으로 차이가 적을 수도 있다. 스페인어는 국가와 지역에 따라 다양한 단어들이 많다. 나는 처음 에콰도르에서 스페인어를 배웠는데, 에콰도르의 스페인어에는 케추아어에서 온 많은 단어들이 속속들이 스며들어 있었다. 나는 스페인을 여행하며 오빠라는 뜻으로 *ñaño*라는 단어를 사용했을 때나 스웨터를 *chompa*라고 했을 때 멍한 시선을 받기 전까지는 그런 단어가 스페인어에 없다는 것도 몰랐다. 그러나 전문적인 훈련을 받은 통역자는 다양한 사투리를 알아들을 만큼의 충분한 유연성이 있어야 하며, '표준어'로 표현할 수 있어야 하고, 특정한 단어나 표현을 이해하지 못했을 때 질문을 할 수 있을 만큼의 충분한 자신감이 있어야 한다.

어떤 언어와 관련해서는 '전문적으로 훈련받은 통역자'를 찾기가 어렵거나 사실상 불가능할 수도 있다. 특히 작은 지역사회이거나 그 언어를 쓰는 사람이 흔치 않은 곳에서 그렇다. 예를 들어, 아메리카의 여러 토착어, 아프리카어, 아시아어 등이 당신의 지역사회에서 덜 흔하다면 그 언어에 대한 전문적으로 훈련받은 통역자를 찾기가 어려울 수도 있다. 테네시 주 법원에서 다뤘던 중요한 사건에서 멕시코어인 미스텍 말(Mixtec)을 통역하기 위해, 남부 빈민법 센터(the Southern Poverty Law Center)는 훈련받은 통역자를 캘리포니아로부터 데려왔다(Samuels, González, & Lockett, 2006). 명백하게 이것은 대다수 상황에서 우리가 일상적으로 활용할 수 있는 방법은 아니다. 훈련받은 통역자가 없을 때, 상담자는 통역자를 고르는 방법에 극히 신중해야 한다. 다음에 이어지는 두 부분은 이에 대한 몇 가지 제안이다.

전화 통역 서비스

어떤 기관들은 전화로 통역 서비스를 제공하는 회사들에 의존한다. 이 서비스는 월 단위로 계약을 하거나 사용한 만큼 분 단위로 돈을 지불하는 식으로 사용될 수 있다. 전형적인 방식은 기관이 전화를 걸어 내담자의 필요에 가장 근접한 통역자를 요청한다(예를 들면, 이집트식 아랍어나 도미니카 공화국식 스페인어를 쓰는 통역자). 전화 통역자들은 전화를 통역할 수도 있고, 면대면 면담과 면담 회기 동안 전화를 통해 통역할 수도 있다. 이렇게 직접 전화로 통역을 하는 면담의 경우에는 면담자가 내담자와 함께 앉아 있되 자신의 전화에 대고 영어로 말한다. 그리고 나서 통역이 내담자의 전화로 무슨 뜻이었는지 해석해 주고, 그다음에는 그 반대로 한다. 아예 통역을 안 하는 것보다 이런 방식이 훨씬 낫지만, 혼란스럽고 소원한 방법으로 느껴질 수 있으며(특히 아이들의 경우에) 오직 선택의 여지가 없을 때 마지막 수단으로서만 이용되어야 한다. 사람들은 보지도 못한 통역자가 비밀을 유지할 수 있을지에 대해 신뢰하기 어려울 수 있으며, 대화가 매우 부자연스러워질 수 있다. 비언어적 의사소통도 부자연스러워지며, 통역자는 비언어적 의사소통에 대해서는 아예 볼 수가 없다.

몇몇 병원에서는 의료 상담에 전화 통역을 이용한다. 비록 이에 대한 공식적인 평가를 본 적이 없지만, 나는 의료 상담에서 전화 통역의 효과에 대해 회의적이다. 의료 상담에서 환자들은 자신의 신체 부분을 가리키거나 의료진에게 어떤 것을 보여 주고 싶어 하기 때문이다. 통역자가 환자를 볼 수 없다는 것은 그 효과를 저해한다. 게다가 만약 전화 통역자가 의학적 통역에 대한 구체적인 준비를 하지 않는다면, 의학 전문 용어에 대해 적절한 번역을 하기 어렵다. 만약 통역자가 충분히 구체적인 단어를 쓰지 않는다면, 환자에 대해서 진정으로 전달하는 것이 아니다. 반면 그들이 지나치게 기술적인 용어를 사용한다면, 환자가 이해하지 못할 가능성이 높다. 이것은 모든 통역에서 일어나는 일이지만, 전화 통역자는 환자의 표정을 보지 못하고 환자가 이해하는지에 대해 확인하지 못한다는 단점을 지닌다.

컴퓨터를 통한 번역

런던의 몇몇 산파들은 이민자 임산부와 산후 환자들을 방문하러 갈 때 번역 소프트웨어가 장비된 휴대용 컴퓨터를 들고 가기 시작했다. 그들은 이것이 통역이 아예 불가능한 것보다 낫다는 것을 깨달았고, 그들의 기관은 정기적으로 통역자를 붙여줄 돈이 없었다. 산파들은 임산부가 가족처럼 친숙함을 느낄 수 있는 통역자를 직접 데려오는 것보다 컴퓨터를 이용하여 대화하는 것이 자신의 기밀성을 더 잘 유지할 수 있다고 믿었다. 그러나 이런 식으로 의사소통하는 방법은 어설프며 종종 부정확하다. 컴퓨터 번역 프로그램들은 많은 오류를 내며 철자는 같으나 다른 의미를 지닌 단어 간의 차이를 알려주지 못한다. 이를테면 곰을 의미하는 'bear'와 짐을 지거나 인내하는 것을 뜻하는 'bear'나 아이를 낳다는 뜻의 'bear'를 컴퓨터 번역 프로그램은 구분할 수 없다. 번역 프로그램들은 또한 그 여성이 문맹이거나 적절한 철자를 모를 때는 번역을 하지 못한다. 그리고 영어와 다른 알파벳을 쓰는 언어들, 이를테면 중국어, 아랍어, 러시아어로 영어를 번역하는 경우에도 쓸 수가 없다.

통역자 선발하기

통역자를 고를 때 다음 영역들에 대해 유념하도록 하자. 상담자의 상황이나 내담자의 특성에 따라 다음 중 어떤 것들은 상대적으로 다른 것들보다 더 중요하다.

- 두 언어에 숙달됨
- 필수적인 지역에서는 통역자 훈련과 인증서/자격증(증빙서류와 함께)
- 통역 경험(가능하면 증빙서류나 추천서와 함께)
- 논의될 주제에 대한 지식과 그 주제에 대해 편안감을 느끼는지의 여부
- 기밀을 유지하는 능력
- 내담자의 사투리/출신국에 익숙함
- 다른 전문가와 팀으로서 기꺼이 일할 수 있는지의 여부
- 자신의 문제를 내담자에게 떠넘기지 않을 수 있는 충분한 자기인식
- 성별, 성적 지향, 혼인 여부, 정치적 신념, 종교, 계층, 사회경제적 지위, 질병 상태, 정신 건강 문제 그리고 기타에 관계없이 모든 내담자를 존중하는 태도로 대하려는 의향
- 전문적인 경계선을 준수하려는 전문성과 흔쾌한 의지
- 통역자로서의 적절한 역할에 대한 이해

비공식적 통역

비공식적이고 임시변통적인 통역자, 즉 내담자의 가족, 친구, 직장 동료 등은 피하라. 기관들이 다른 언어를 사용하는 가족의 필요를 충족시키기 위해 마지막 순간에 닥쳐서 비서, 관리인, 형제 혹은 기타의 사람들에게 면담의 통역을 의존하기도 한다. 심지어 폭력을 휘두른 남성이 그 피해자인 아내와 아이들의 통역이 되어 달라고 요청받기도 한다. 나는 한번은 어떤 지역의 스페인어 교사에 관한 이야기를 들었는데, 그 교사는 사실상 학교 내의 모든 사람을 알고 있는 사람이었는데, 학대 아동과의 상담을 스페인어로 통역해 달라는 요청을 받았다는 것이다.

통역을 사용해야 할 때 아이들과 가족들은 자신에게 정말로 귀를 기울이는 사람은 면담자가 아니라 통역자라는 생각을 갖고 있다. 그 지역의 교사, 성직자들 중 한 사람 또는 그 민족 커뮤니티 내에서 유명한 사람이 통역을 할 때, 내담자는 솔직하게 이야기하기를 주저할 수도 있다. 그 커뮤니티에 속한 모든 사람이 자기 일에 대해 알게 될까 봐 걱정이 되기 때문이다.

훈련받지 않은 통역자를 쓰는 것은 다양한 이유에서 문제가 될 수 있다. 훈련받지 않은 통역자는 정확히 통역해야 하는 이야기에 대해 당혹스러워하거나 불안해할지도 모른다(최근 한 피해자가 폭행의 성적인 부분에 대해 말하기 시작하자, 포르투갈인 통역자는 얼굴을 붉히고 고개를 흔들더니 피해자가 말한 것을 반복해 말할 수 없다고 말했다.).

훈련받지 않은 통역자는 내담자나 내담자의 가족이나 그 커뮤니티가 체면을 지킬 수 있도록 도와주고 싶을 수도 있다. 그것 때문에 문제가 있거나 잘못한 것처럼 보이는 몇몇 정보에 대해서는 통역을 제대로 하지 못할 수 있다. 하지만 우리에게 가장 필요한 정보는 바로 그런 정보일 수 있다. 예를 들면, 한 푸에르토리코 소녀가 같이 사는 집의 삼촌으로부터 성추행을 당했다고 밝혔다. 조사관과 면담을 하던 도중 통역자는 소녀에게 스페인어로 이렇게 말했다. "성적 학대 말고 그저 신체적인 학대였다고 말하지 않을래? 그렇게 말해도 너는 그 집에서 나올 수 있을 것이고 그 삼촌도 말썽에 덜 휘말리게 되잖니."

훈련받지 않은 통역자는 이야기를 꾸미거나 면담의 성공을 방해하는 정보를 배제하는 경향이 상대적으로 더 많다. 이런 첨삭은 특히 법정 상황에서 진술에 모순(실제로 잘못된 통역으로부터 생긴)이 생길 문제가 많고, 사건을 심각하게 위태롭게 만들 수도 있다.

훈련받지 않은 비공식적인 통역자는 사투리에만 익숙한 경우가 많다. 훈련받은 통역자는 그 언어가 다양한 국가들에서 쓰이는 방식에 익숙해야 한다(예를 들어, *coger*는 스페인어에서는 흔히 쓰이는 단어이지만 세계적으로 의미가 다르다. 어떤 나라에서는 '~을 얻다'는 뜻의 상용어이며, 다른 나라에서는 성교를 의미하는 상스러운 단어다. 훈련받은 통역자는 이런 단어에 머뭇거려서는 안 되며 단어의 여러 가지 뜻에 대해서도 알아야 한다.).

훈련받지 않은 통역자는 내담자가 이해하지 못할 수도 있는 지역적으로 특수한 단어나 영어 단어를 의식하지 않은 채 사용할 수도 있다. 예를 들어, 나는 통역에 대한 훈련을 받지 않고 면담 내내 스팽글리시(Spanglish)를 사용하던 푸에르토리코인 사회복지사가 통역을 맡은 면담을 목격한 적이 있다(영어를 사용하는 국가에서 라틴아메리카계 사람들이 사용하는 스팽글리쉬는 영어로부터 '빌려온' 수많은 단어들을 포함하며 때때로 스페인어식 어미나 발음이 덧붙여진 스페인어 단어로 바뀌기도 한다.). 이 통역자는 아이에게 부활절(el Easter)에 무엇을 했는지 물었고, 체크리스트에 있는 어떤 문항은 *eskipear*(skip, 넘어가라) 하라고 말했다. 그 아이는 최근 중앙아메리카에서 이주한 아이였고, 통역자가 쓴 단어는 영어를 변형시킨 단어들이었기 때문에 이해할 수가 없었다. 이 사회복지사는 면담자의 질문인 '진실과 거짓말의 차이를 말해 줄 수 있겠니?'를 푸에르토리코어로 거짓말을 뜻하는 단어인 *un embuste*를 사용해서 통역했다. 그 소녀가 멍하게 바라보자, 그 통역자는 소녀가 그 둘의 차이를 모른다고 말했다. 소녀의 반응을 완전히 잘못 이해한 것이었다. 그 소녀는 푸에르토리코 속어를 알아듣지 못했던 것이다. 그 아이가 진실과 거짓말의 차이를 알지 못한다고 짐작했기 때문에 면담의 나머지 부분이 오염되었다.

내담자가 일관성이 없거나 말이 안 되는 진술을 할 때, 훈련받지 않은 통역자는 내담자의 마음을 읽고 일관성 없는 진술을 일관성 있게 만들려고 혼란스러운 진술을 '정리'할 수도 있다. 이처럼 통역자가 내담자가 말한 것보다 내담자가 의미한 것을 전달하려고 할 때 이를 과잉 해석(overinterpreting)이라고 부른다. 훈련받은 통역자는 대화의 내용 이외에 자신의 적격성을 전달할 수 있어야 한다.

훈련받지 않은 통역자는 면담에서 일어나는 것을 기밀에 부쳐야 한다는 규칙에 대해 모르거나 따르지 않을 수도 있다. '자신의 사적인 일이 모든 사람의 상식이 된다'는 인식보다 더 빠르게 사람들의 입을 꼭 다물게 만드는 것은 없다. 나와 가까운 병원에서 일하는 한 중국어 통역자는 다음과 같은 식으로 신뢰를 배반하곤 했는데, 응급실에 있는 한 환자에게 '3층의 왕 씨(Wang)에게 한번 들려 보시는 게 좋을 것 같아요. 간이 안 좋아서 입원해 있거든요.'라고 말하는 식이었다. 중국어를 할 줄 아는 한 간호사가 그 대화를 듣고 그 통역자를 신뢰할 수 없다는 것을 알아차릴 때까지, 병원은 왜 중국인 환자들이 자유롭게 대화를 나누지 않는지 이해할 수 없었다.

내담자나 내담자의 가족을 아는 사람 또는 그 가족이 다니는 종교 단체나 지역사회의 구성원이 통역의 역할을 맡았을 때 그 통역자는 내담자가 말하는 것을 통제하고 다른 사람들에게도 말하고 싶어 할 수도 있다. 사람들은 정확성에 대한 윤리적 의무사항을 존중하고, 기밀을 지키는 것을 이해할 만큼의 전문적인 통역자를 원할 것이다. 결국 그 통역자의 직업적 생명은 그럴 수 있느냐 없느냐에 달렸다.

통역자가 기밀을 유지하지 않는다는 느낌과 다중 관계에 대한 느낌을 내담자가 받는 것 또한 문제가 될 수 있다. 그 사람이 통역하는 것이 실제로는 기밀유지 조항을 위반하지 않았다 할지라도, 내담자는 걱정할 수 있다. 소규모의 민족 커뮤니티에서는 모든 사람이 서로 다 알고 지내며 비밀을 지키기는 어렵다. 훈련받은 통역자는 자신의 역할과 기밀유지라는 개념에 대해 설명할 수 있으며, 기밀유지에 대한 전문적인 서약 준수에 대해 간단히 설명할 것이다.

내담자의 직접적인 요청이 없는 한 가족 구성원은 통역자처럼 행동하거나 통역 과정에 참여해서는 안 된다. 심지어 요청을 했을지라도, 전문가는 그 통역자가 내담자에게 최선의 도움이 될 것인지의 여부를 확실히 검토할 의무가 있다. 가끔은 내담자의 가족이 가족의 관심사를 위해 고의적으로 내담자의 말이나 상담자의 말을 왜곡한다. 예를 들어, 한 아이가 상담자로부터 심리평가를 받으면서 자신은 학교가 끝난 뒤 네 명의 형제자매들을 돌봐야 하기 때문에 숙제를 하지 않았다고 말한다면, 통역자는 대신 그 아이가 숙제를 할 기분이 아니어서 숙제를 하지 않았다고 통역할 수도 있다. 그쪽이 가족의 평판을 덜 손상시키는 말이라고 믿기 때문이다. 비공식적인 통역자 또한 내담자가 제재나 처벌을 받을까 봐 내담자를 보호하기 위해 정보를 만들어 내거나 숨길 수도 있다.

어린이를 통역자로 사용하기

미성년자에게 면담을 통역해 달라는 요청을 해서는 안 된다. 면담 도중 아이가 참여하면, 내담자들은 종종 자신의 진정한 괴로움에 대해 이야기하는 것을 삼가거나 사건의 불쾌한 세부사항들은 지나치곤 한다. 아이 또한 아이가 접하지 않게끔 보호받아야 할 정보에 노출됨으로써 똑같은 피해를 입기도 한다.

통역 작업은 또한 어린이에게 부적절한 압력을 넣을 수 있다. 자신이 상담의 결과에 대해 책임이 있으며, 가족들이 상담의 결과에 대해 좋아하지 않는다면 가족들에게 자신이 비난을 받을 것이라는 느낌이다. 게다가 성적인 세부사항 또는 법적인 또는 의료적 정보를 아이가 이해하지 못하거나 통역하는 데 적절한 어휘를 모를 수 있다. 부모님의 의료 검사 결과에 대해 통역해 달라는 요구를 받았을 때의 아이가 얼마나 괴로울지, 또는 경찰과 같이 법 집행을 하고 있는 누군가에게 개인적인 정보를 전달해 달라는 요청을 받았을 때 아이가 느낄 압박감을 상상해 보라. 사랑하는 사람을 보호하기 위해 아이들은 통역을 정확히 하지 않을 수도 있다.[3] 성인들 또한 자신의 통역을 하는 아이에게 '가장 좋은 대답'을 대신 해 달라고 부탁할 수 있다. 때문에 그 아이는 가장 좋은 대답이 무엇일지 알아내야 하는 처지에 놓이게 된다.

---

❸ 저자 주: 2005년 미국 캘리포니아 주정부 의회(the California State Assembly)는 병원, 클리닉, 개인병원에서 15세 미만의 어린이가 통역하는 것을 금지하는 법안을 승인하였다. 이 법안은 어린아이에 의해 일어나는 임시적인 통역에는 영향을 미치지 않는다. 예를 들어, 다음 약속 시간을 전달하기 위한 통역 같은 것에는 영향이 없다. 대신 이 법안은 의료 제공자와 환자 사이의 실질적인 의료적 관심사에 초점을 맞추고 있다.

어린이가 통역을 했을 때는 너무나 많은 정보를 놓치게 된다. 어떤 주제들은 아이 앞에서는 말할 수 없거나 말하면 안 되는 것이기 때문에, 그 주제에 대해서는 전부 건너뛰게 된다. 어떤 개념들은 아이가 잘못 이해하거나 잘못 통역할 수 있다. 때때로 아이가 통역 도중 힘들어하거나 망설이고 있으면 부모는 아이가 말을 듣지 않거나 고의적으로 늦추고 있다고 생각하고 화를 내기도 한다.

어린이를 통역으로 쓰는 것에 대한 이 모든 경고들에도 불구하고, 나는 그렇게 해야만 했던 상황에 처했던 적이 있다.

한 늦여름, 나는 어떤 소말리아 여성의 집에 도착했다. 그 여성은 학교를 다니는 두 명의 아이들, 유치원을 다닐 나이가 된 아이, 걸음마를 배우는 아이, 그리고 갓난 아기와 함께 집에 있었다. 영어를 할 줄 아는 남편이 집에 있겠다고 했지만 내가 도착했을 때 그는 없었다. 면담 마감기한이 다가오고 있었기 때문에 시간이 없어서, 그 어머니와 나는 아이들을 챙겨서 학교로 걸어갔다. 그 학교는 그녀가 헤드스타트[4] 센터(Headstart Center; 연방 정부의 지원을 받는 유치원 프로그램)와 면담 약속을 잡아놓은 곳이었다. 그 센터는 내가 통역 요청을 했음에도 불구하고 통역자의 스케줄을 잡아 놓지 않았다. 내가 소말리아인 사회복지사들에게 전화를 해 보았지만, 연결이 되지 않았다. 아이를 센터에 등록하는 것은 중요한 일이었으므로, 우리는 학교에 다니는 두 아이들에게 통역을 해 달라고 하고 일을 진행했다. 문제가 발생하지 않은 것은 아니었다.

헤드스타트 초기 면접관(Headstart intake interviewer)은 다음과 같은 정보들을 알고 싶어 했다. 아이가 몇 살에 처음 똑바로 앉기 시작했나요? 아이에 대한 어머니의 목표는 무엇입니까? 아이의 강점과 약점은 어떤 것들입니까? 아이의 사교성은 어떻습니까? 아이가 좋아하는 활동들은 무엇인가요? 낮잠시간에 아이를 재우기 위해 선생님들이 어떻게 하면 좋겠습니까? 최소한의 영어 실력을 지닌 두 아이들이 어머니와 면접

---

[4] 역자 주: 미국 연방정부에서 경제적 · 문화적으로 불우한 아동들을 위하여 국가적으로 개입하여 만든 유아교육 프로그램.

관 사이에 다리를 놓기 위해 분투했지만, 인정하건대 많은 정보가 소실되었고 어떤 정보에 대해서는 면접관이 이해를 제대로 하지 못했다는 것이 명백했다. 두 아들은 '목표'라는 영어 단어를 알아듣지 못했고, 그뿐 아니라 나는 그들이 소말리아어로 '목표'를 뭐라고 하는지, 단어가 있다고 하더라도 같은 개념인지도 확신할 수 없었다. 이것은 이상적인 면담과는 거리가 멀었지만 아이는 결국 유치원에 등록이 되었고, 긴급 상황 시 연락처에 대한 정보와 의료적 정보들은 전달이 되었다. 현실적으로 정확성과 시간 사이에서 균형을 잡는 데 있어 이것이 우리가 할 수 있는 최고의 방법이었다. 이후 나는 그 가족과 센터 간의 관계를 더 원활히 하고, 첫 면담에서 어떤 부정확함이 있었다면 그 부정확한 정보가 아이의 학교생활에 영구적으로 영향을 끼치지 않게 하기 위해, 소말리아인 사회복지사에게 그 부모와 헤드스타트 책임자가 만날 수 있는 스케줄을 잡아 달라고 부탁했다.

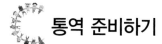

통역 준비하기

이상적으로 우리를 돕는 통역자는 전문적으로 훈련을 받고 자격증이 있으며 우리의 환경에 익숙한 사람들이다. 실제로는 종종 그렇지 않다. 기관들이 손에 쥐고 있는 자원들을 이용해서 간신히 통역하기 때문이다. 여기에서는 전문적이지 않은 통역자가 민감한 주제에 대해 통역하기 전에 필요한 몇 가지 방침에 대해 서술하고 있다. 이 방침들의 많은 부분은 전문적인 통역자에게는 필요가 없을뿐더러, 오히려 전문적인 통역자에게 이런 충고들은 모욕하는 것처럼 느껴질지도 모른다. 독자들은 어느 정도의 충고와 가이드가 필요할지를 결정하기 위해 각각의 통역자들을 잘 판단할 필요가 있다.

뉴욕 시 건강센터는 최근에 센터에서 근무하는 스페인어 통역자들 전부를 평가했다. 그중 오직 절반만 두 언어를 정확하게 통역하는 데 필요한 언어적 능력을 지니고 있는 것으로 드러났다. 그러고 나서 이 사람들은 통역에 대한 훈련을 받았고, 훈련에 대해 고마워했다. 마침내 자신들의 업무를 사람들로부터 인정받은 것이다. 그들은 자신들의 통역 능력을 증진시키는 데 열심이었다.

통역자를 평가하고 그들에게 공식적인 훈련을 제공하는 것이 이상적이므로, 훈련 프로그램이 만들어질 때까지 모든 관련 정보를 논의했다는 것을 확실하게 하기 위해 기관에서는 최소한 통역 서비스를 이용하기 전에 통역자에 대해 검토할 수 있는 체 크리스트를 준비하고 싶을 것이다.

통역을 면담에 준비시키기

전문적으로 훈련받은 통역자는 면담을 통역하기 위한 가이드라인에 이미 익숙할 것이다. 그러나 심지어 통역 기관에서 일하는 사람들조차 전문적인 통역 훈련을 받지 않은 경우가 있다.

- 면담과 관련한 모든 특별한 상황에 대해 통역자에게 알려라. 이를 테면 면담을 녹음 또는 녹화하는 것이나, 일방향 거울을 쓴다는 것 등이다.
- 통역자의 이름, 자격, 연락처에 대해 기록하라.
- 통역자에게 비밀보장이 가장 중요하다고 상기시켜라. 통역자는 내담자, 면담, 그 밖에 통역된 대화 속에서 알게 된 그 어떤 개인적인 정보도 다른 사람과 이야기해서는 안 된다. 면담한 내용에 대해 이야기하지 않을 것이며, 면담에 참여한 사람들의 정보를 드러내지 않을 것이라는 기밀유지 서약서를 통역자가 주의 깊게 읽게 하고 서명하도록 하라. 필요하다면 면담 시작 전이나 그 후에 통역에게 비밀보장에 대해 의심 가거나 상의할 것이 있는지 질문하라.
- 관련이 있다면 통역자에게 법정에 나가 증언을 해 달라는 요청을 할 수도 있음을 알려라.
- 통역자가 내담자나 그 가족을 알고 있다면, 내담자의 비밀이 보장된다는 느낌을 위태롭게 할 수 있기 때문에 통역에 참여해서는 안 된다고 말하라. 만약 면담이 시작한 후에 통역자가 내담자 가족과 관계가 있음을 알았다면, 통역자는 면담을 멈추도록 부탁하고 자신이 이중관계에 있음을 면담자에게 알리게 하고, 면담자가 면담을 어떻게 진행할지 결정해야 한다(몇몇 경우에는 심지어 통역자가 내담자와 사전 접촉한 적이 있을지라도 통역자의 역할과 기밀유지 서약에 대해 설명하는 것이 내담자의 불안을 가라앉히고 면담을 계속 진행시키는 데 중요할 것이다. 이와 다른 기타 상황에서는 다른 통역자가 필요할 것이다.).

- 통역자에게 당신이 맡은 면담의 성격과 이 면담에 요구되는 정확함의 정도에 대해 설명하라. 예를 들어, 일반적인 건강 진단을 통역하는 것은 범죄 수사 면담을 통역하는 것만큼 표현에 주의를 기울일 필요는 없는데, 내담자를 앞서서 이끄는 것에 대한 사항이 두 상황에서 동일한 법적 중요성을 갖지 않기 때문이다. 그러나 '아프다' '얼얼하다' '통증이 있다' '가렵다' '지근거리다' 등의 단어들 간의 미묘한 차이가 의료 면담에서는 중요할 수 있다.

- 범죄 수사 면담에서는 당신이 질문의 표현에 신중을 기해야 하며, 가끔 우습거나 어색하거나 간접적으로 보이는 질문을 할 것이라고 통역자에게 미리 알려라. 통역자가 어떤 질문의 표현도 바꾸어 말하지 말고, 그러면서도 내담자가 이해할 수 있는 방향으로 통역을 해야 한다는 지침을 미리 주는 것이 중요하다.

- 통역자에게 윤색, 생략, 편집을 하지 말고 확실히 정확하게 통역해 달라고 부탁하라. 중요해 보이지 않는 세부사항이라도 통역에서 빠뜨리면 안 된다. 추측하거나 요약하지 말고 단어를 그대로 번역해 달라고 부탁하라. 만약 번역해야 하는 단어나 표현에 대해 통역자가 이해하지 못한다면, 설명해 달라고 부탁하라고 요청하라.

- 내담자와 동일한 수준의 언어로 통역해 달라고 부탁하라. 정확히 번역되지 않을 수 있는 단어들, 이를 테면 의학적 또는 법적 전문용어들은 더 쉽고 이해할 수 있는 방식으로 전달되어야 한다.

- 내담자가 미완성 문장, 혼동되는 문장 또는 유아어(baby talk)로 대답했을 때, 이런 대답들은 진술된 그대로 의사소통이 되어야 하며, 바꾸거나 명료화하거나 더 낫게 만들어서는 안 된다. 통역자에게 내담자가 의미한 것을 짐작하는 대신 내담자가 말한 것을 정확하게 영어로 반복해서 말해 달라고 부탁하라. 당신은 내담자가 말한 내용에만 관심이 있는 게 아니라 내담자가 어떤 식으로 말했는지도 관심이 있다는 것을 통역자가 알도록 하라. 만약 내담자의 말이 어떤 식으로든 혼란스러우면 당신에게 말하라고 통역자에게 요청하라(좋은 통역자라면 내담자의 말에 이상한 것(irregularity)을 알려 주기 위해 상담 도중 '방백(aside)'의 시간을 요청할 것이다. 예를 들어, 내담자가 현저하게 말을 더듬거나, 약 과다복용이나 그 밖의 문제로 조음장애(articulation difficulty)가 있거나, 의식 변성 상태(altered state)가 보이거나, 그 밖에 통역하기 힘든 다른 특이한 점들이 있다면, 통역자는 이 정보를 당신에게 전달해야 한다. 이것이 통역의 질과 면담의 질문에 둘 다 영향을 미칠 수 있기 때문이다.).

- 면담 도중 내담자들은 가끔 재미없는 이야기를 하고, 역으로 통역자가 듣고 반복하기에

괴로울 수 있는 이야기를 하기도 한다. 내담자들은 통역자가 상상하거나 믿기 어려운 고통이나 폭력에 대해 이야기할 것이며, 통역자는 슬퍼지거나 혐오감을 느끼거나 분노할 수 있다. 가능한 한 통역자는 중립을 유지해야 하며, 내담자를 믿지 않는 것 또는 속이 상하거나 화가 나거나 역겨움을 느끼는 것을 태도나 표정으로 드러내지 말아야 한다고 지시하라.

- 면담자나 내담자(심지어 어린아이까지도)는 통역자가 듣기에 불편한 말, 이를 테면 비속어나 성적인 단어들을 쓸 수 있음을 통역자에게 알리라. 그럴 때 당혹스러운 감정은 버리고 있는 그대로의 단어를 정확하게 사용하도록 통역자에게 요청하라. 통역자는 당신과 내담자가 쓰는 같은 종류의 단어를 쓰도록 하라. 즉, 내담자가 모국어로 '불알(dick)'과 같은 단어를 쓴다면, 통역자는 이를 보다 격식을 차린 단어인 '성기(penis)' 같은 것으로 대체해서는 안 되며 비슷한 종류의 속어로 번역해야 한다.
- 내담자가 한 말에 대해 문자 그대로의 내용뿐만 아니라 말에 담긴 정서적 톤을 함께 전달해 달라고 부탁하라.
- 성생활, 정치, 낙태에 대한 권리, 가정 내 폭력, 마약 사용 등의 주제에 대한 통역자 본인의 의견은 통역에서 배제되어야 함을 알게 하라.
- 통역자에게 항상 공정성을 유지하도록 부탁하라. 정보를 정확하게 전달하는 대신 어떤 결과에 마음이 기울어지면 안 된다.
- 면담 도중 내담자가 경험할 수 있는 불안과 어려움에 대해 통역자가 민감해하도록 부탁하라.
- 통역자는 다른 문화권의 행동에 대한 문화적 신념과 규율들에 대해 경각심을 가지고 세심할 필요가 있다. 상황이 적절하다면 통역자가 이것들을 면담자에게 설명해 줄 것을 부탁하라.
- 만약 당신이 면담과 관계가 있는 문화적 이슈들에 대해 도움을 받고 싶다면, 통역자에게 알리라(이 장의 다음 부분을 보자.).
- 통역자에게 질문이 있는지 물어보라.

베이커(Baker, 1981)는 법원 심리에서 일어난 사례를 들면서 통역자가 이해보다 정확성을 지나치게 강조하는 것에 대해 주의를 당부했다.

판사가 통역자를 통해 보호자가 없는 난민 미성년자들에게 "이 기관이 양육권을 갖고 후견인이 되는 것에 동의하며 그에 따른 합당한 지침을 따를 것임에 동의하는지"를 물었다. 이후 밝혀진 것이지만 이 질문을 문자 그대로 통역해서 듣자, 아이들은 자신들이 노예가 되는 줄 알았다는 것이다(p. 392).

다시 말해서, 통역자는 내담자가 사용하는 언어 있는 그대로를 고수해야 하지만, 동시에 내담자의 말에 담긴 의미를 확실히 전달해야 한다.

문화 방백 그리고 상담을 잠시 중지하기 위한 그 밖의 이유들

어떤 종류의 면담에서는 통역이 면담자와 내담자 사이에 문화적 다리를 놓는 역할을 해 주기를 바랄 수 있다. 예를 들어, 무슬림 내담자가 배가 고프다는 이야기를 한다면, 통역자가 면담자에게 내담자가 지금 라마단 기간이라 일출부터 일몰까지 금식 중이라고 알려 주는 것이 도움이 될 것이다. 이런 문화적 정보를 이해하지 못하면 면담자는 내담자가 음식을 살 형편이 안 되어서 배가 고픈 것으로 이해하게 될 수도 있다.

반면 어떤 면담에서는 당신이 통역자의 통역에 의존할 필요가 있음에도 불구하고 내담자의 문화에 꽤 익숙할 수 있으며, 따라서 문화적 정보를 설명하는 대신 그저 내담자의 말을 전달해 달라고 통역자에게 부탁할 것이다. 정신분석가 페레스 포스터(1999)는 정신분석에서는 정확한 단어를 아는 것이 중요하다고 믿었기 때문에, 통역에게 내담자의 말에 담긴 의미 대신 내담자가 사용한 단어를 가능한 한 정확하게 단어 그대로 전달해 주는 번역가(translator)가 되어 달라고 부탁했다. 이것이 흔한 입장은 아니다.

상담이나 다른 치료 개입 과정에서 전문가가 불쾌한 질문이나 말을 할 수 있다. 대다수의 전문가들은 통역자가 그런 말은 문제가 된다고 알려주면 고마워하는데, 이것을 문화 방백(cultural asides)이라고 한다. 예를 들어, 일본인 가정을 상담할 때 내담자의 가정에 대해 더 알기 위해 상담자가 부모에게 자신들이 어렸을 때 학대를 당한 적이 있냐는 질문을 할 수 있다. 이때 통역자는 불쾌할 수 있는 질문을 상담자가 계속하도록 내버려 두기보다는, 이들 부모가 상담자와 관계를 맺고 유대감을 형성하기 전에는 이런 질문에 제대로 대답하지 않을 것이라고 알려주는 것이 나을 것이다. 이렇게 문화적 정보를 추가해 주는 것이 실제로 일어나는 일보다 더 나은 일일 것이다. 실제로는 상담자에게 문화적인 정보를 주는 대신 종종 통역자가 잠재적으로 불쾌할 수 있는 질문을 하지 않기로 스스로 결정하고는 상담자에게 이렇게 빠뜨린 부분에 대해 알려주지 않는다. 또는 통역자가 그 질문을 했다가 내담자가 불쾌감을 느끼고 상담의 남은 시간 내내 자신에 대해 말하길 거부할 수도 있다. 상담자는 자신이 그들에게 모욕적인 말을 했다는 것, 그리고 그것이 상담에 영향을 미쳤다는 것에 대해 전혀 자각하지 못할 수도 있다.

통역자는 질문을 하거나 개념을 명료하게 할 필요가 있을 때 면담을 멈추도록 해야 한다. 만약 영어나 다른 언어로 쉽게 번역하기 어려운 개념이 있다면, 통역자는 이것을 상담자에게 알려야 한다. 유사하게 통역자가 사투리나 그 밖의 다른 이유로 인해 내담자가 쓴 단어를 알아듣지 못했을 때에도 지체 없이 면담자에게 알려야 한다.

통역자는 특정한 사람이 특정한 맥락에서 사용한 단어의 의미에 대해 자신이 할 수 있는 한 최고의 추론을 해서 통역할 필요가 종종 있다. 예를 들어, 내담자가 스페인어로 살사(salsa)라는 단어를 언급했을 때, 이것은 살사 소스를 이르는 말일 수도 있고 살사 댄스를 이르는 말일 수도 있으며 성교를 뜻하는 말일 수도 있다. 또는 푸에르토리코 어로 구타를 뜻할 수도 있다. 또 다른 예를 들자면, 누군가가 성적 학대 경험에 대해 스페인어로 진술할 때 레체(leche)라는 단어를 썼을 때, 이것은 문자 그대로는 '우유'이지만 그 뜻은 유제품보다는 '사정' 또는 '정액'을 의미할 가능성이 높다.

통역자가 자신이 전문가로서 할 수 있는 최고의 판단을 내릴지라도, 여전히 실수를 저지를 수 있기 때문에, 주의를 기울이는 것이 좋다. 만약 내담자가 통역자에게는 익숙하지 않은 단어를 사용한다면(예를 들면, 신체의 일부분이나 음식 종류를 이르는 특별한 단어), 통역자는 면담자에게 그 단어를 원래 형태 그대로 전달한 다음 자신이 이 단어의 의미를 확실히 모르겠다고 설명할 수 있다. 그 뒤 면담자는 내담자에게 단어를 명료하게 해 달라고 부탁할 수 있다.

또한 통역자가 통역의 질에 있어서 무언가 잘못되었다고 믿는다면, 이것은 면담이 정확하게 이루어지지 않을 수 있다는 커다란 문제이기 때문에 지체 없이 면담자에게 알려야 한다. 때때로 내담자가 듣기 또는 말하기 능력에 문제가 있거나, 인지기능의 장애로 인해 말을 잘 못할 수 있다. 내담자가 자신의 모국어로 말하기 전까지는 이것이 잘 드러나지 않을 수 있다. 의사소통의 다른 장벽에는 내담자의 언어에 대해 잘못 짐작하는 것이 있다. 예를 들어, 가끔 포르투갈어를 구사하는 사람들이 카보베르데어(Cape Verdean)로 하는 면담을 통역해 달라는 요청을 받기도 한다(또는 프랑스어를 구사하는 사람에게 아이티어 통역을, 스페인어를 하는 사람에게 스페인어를 쓰지 않는 아메리카 지역의 토착민을 위한 통역을 부탁하기도 한다.). 면담이 시작되고 나서야 통역자는 내담자가 포르투갈어는 거의 못하고 주로 크리오루어(Krioulu)❹로 말한다는 것을 발견할 수도 있다. 카보베르데 공화국의 크리오루어(Cape Verdean Krioulu)에는 포르투갈어 단어들이 약간 포함되어 있지만, 이걸로 면담 전체를 진행하기에는 충분하지 않다.

만약 면담이 정말로 시급하다면, 예를 들어 어떤 사람이 임박한 위험 때문에 당장 그 날 긴급한 안전 계획을 수립해야 한다면, 적절한 통역자를 며칠 뒤 모집하는 것보다는 그 날에 면담을 진행하는 것이 보다 이상적인 통역 면담일 것이다. 그러나 공식적인 범죄 수사 면담의 경우에는 재판을 위해 완전한 정보를 얻는 것이 필수적이므로, 그 상황에서 찾을 수 있는 좋은 통역자가 준비될 때까지 면담을 지연시키는 것이 이상적인 경우일 것이다.

---

❹ 역자 주: 포르투갈어와 아프리카 방언이 혼합된 크레올어 방언. 서아프리카에 위치한 섬나라인 카보베르데 공화국은 포르투갈의 지배를 받았음.

통역의 역할

어떤 통역자들은 내담자를 포함하여 가족들과 친밀하고 지지적인 관계를 만들기 바라고, 거의 문화 중개자나 매개자 역할을 한다. 만약 통역자가 어떤 식으로든 문화 중개자 역할을 맡는다면, 그 통역자의 문화에 대한 묘사는 단지 하나의 관점일 뿐이라는 것을 기억하는 것이 중요하다. 그것은 대표적이지 않거나, 올바르지 않거나, 편견이 있을 수 있다.

경륜이 있는 통역자는 흔히 면담 전에 내담자를 잠깐 만나서 필수적으로 이렇게 말한다.

"저는 아무개입니다. 오늘 면담은 제가 통역을 할 것입니다. 당신이 저에게 말하는 모든 것은 제가 면담자에게 영어로 반복할 것입니다. 만약 당신이 저에게 뭔가를 직접 물으려고 한다면, 저는 그것도 면담자에게 영어로 반복할 겁니다. 제가 직접 반응하지 않아서 불친절하다고 생각하지 말아 주셨으면 좋겠습니다. 제 직업은 면담자가 당신에게 하는 말을 당신이 전부 이해할 수 있도록 돕는 것이고, 면담자가 당신의 말 전부를 이해하도록 돕는 것입니다. 또한 저는 한 번에 한 사람에게만 질문을 할 것입니다. 그래야 제가 각각 확실하게 들을 수 있으니까요. 저는 비밀을 유지할 것을 약속합니다. 이것은 당신이 저에게 한 말을 당신의 일과 관련 없는 사람에게 말하지 않는다는 뜻입니다. 만약 우리가 다른 상황에서 또 만나게 되어도 걱정할 필요가 없습니다. 저는 전문적인 훈련을 받은 통역자이고 당신이 한 말에 대해 비밀을 지킬 것입니다. 다른 질문 있으신가요?"

이렇게 간략히 미리 안내를 하는 것은 내담자로 하여금 통역의 과정을 이해하도록 돕는다. 범죄 수사 조사관은 가끔 공식적인 취조실에서 이 이야기를 하는 것을 더 선호하는데, 이렇게 간략히 소개하는 것이 녹음에 포함되기를 바라기 때문이다.

통역자는 대화 과정과 통역의 정확성에 전념함으로써 내담자와 면담자 모두의 옹호자가 된다. 통역자는 충고를 하거나, 조언을 하거나, 판단을 내리거나, 자신의 의견을 내세우며 말참견을 해서는 안 된다. 그러나 통역자는 화자의 의도를 명료화할 수 있는 비언어적 단서들 혹은 맥락적, 사회적 또는 문화적 논쟁거리들을 제기할 수는 있다.

이런 간략한 소개 이외에, 통역자는 면담자가 말하지 않은 내용을 내담자에게 말해서는 안 된다. 통역자는 내담자를 안심시키거나, 내담자에게 진실을 말하고 있냐고 묻거나, 무슨 일이 일어났는지에 대해 자기 의견을 말해서는 안 된다. 통역자는 내담자에게 어떠한 행동을 하도록, 또는 어떤 말을 하도록 영향을 미쳐서는 안 된다. 만약 내담자가 통역자에게 질문을 한다면 통역자는 그 질문을 면담자에게 전달해야 한다.

통역자는 가능한 한 불필요하게 관심을 끌지 말아야 한다. 통역자가 친절하게 행동할 수는 있지만, 내담자와 강하게 관계를 맺으려고 해서는 안 된다. 이것이 통역자의 직업이다. 일반적으로 면담 도중 통역자는 내담자와 눈을 의도적으로 마주치려고 해서는 안 된다. 통역의 일은 그저 내담자와 면담자가 성공적으로 의사소통할 수 있도록 돕는 것이다.

통역자는 전문가로서의 태도를 항상 유지해야 한다. 통역자가 내담자에게 노골적인 이중 역할, 예를 들어 옹호자인 동시에 통역자의 역할을 한다면, 통역자는 내담자에게 전화번호를 주거나, 전문적인 상황 밖에서 내담자와 개인적 관계를 만들려고 하거나, 이동 수단을 제공하거나, 내담자에게서 선물을 받아서는 안 된다. 이 모든 행동들은 통역자의 중립성을 위태롭게 만든다. 또한 통역자와 내담자 간에 이러한 공식적이지 않은 접촉이 이루어질 경우, 통역자는 내담자의 사례에 관련된 정보이지만 내담자가 전문적인 상황에서는 드러내지 않았던 정보를 알게 될 수도 있다. 이것은 굉장히 곤란한 상황일 수 있다. 예를 들어, 베이커(Baker, 1981)는 한 베트남 젊은이가 통역자에게 비밀을 지킬 것을 맹세시킨 뒤 자신이 후견인에게서 도망칠 계획이라는 것을 드러낸 사례에 대해 서술했다. 면담 뒤 내담자를 차에 태워 집으로 데려다주고 나서 그 내담자가 중대한 정보에 대해 거짓말을 했다는 것을 깨달은 통역자는 얼마나 곤란하겠는가! 전문적 경계선이 명확해질수록 이런 상황은 덜 일어나게 된다.

어떤 민족 커뮤니티에서는 이중 언어 사용자들로 이루어진 소규모 핵심 구성원들이 영어를 못하는 집단 구성원들의 필요를 사실상 모두 충족시킨다. 공식적으로 그리고 비공식적으로, 보수를 받거나 무보수로, 그들은 학교, 정부기관, 의료 서비스 제공자 사이에서 문화적 중개자의 역할을 맡을 수도 있다. 그들은 양식을 작성하고, 전화를 걸고, 중요한 행사에 동행한다. 그들은 공식적인 기관에서 보수를 받기도 하고, 다른 경우에는 개인에게서 보수를 받고, 다른 경우에는 자원봉사를 하기도 한다. 이 사람들은 윤리적이고 공동체 의식이 있거나, 반대로 비윤리적이고, 자신이 제공한 도움에 대해 성적인 보답 또는 재정적 이득을 요구할 수 있다. 공공 기관에서 보수를 받는 통역자들 또한 가끔씩 내담자들에게 비밀리에 보수를 요구하기도 한다. 이들 문화 중개자들은 종종 자신이 일하는 사람들과 같은 배경에서 온 사람들이기 때문에, 비슷한 트라우마, 궁핍, 압력에 취약하다. 나는 이것이 통역자와 문화 중개자의 서비스에 보수를 지급하는 것이 중요한 또 하나의 이유라고 믿는다. 만약 보수가 충분하다면 자격이 있는 사람들이 통역의 역할을 제대로 맡고, 윤리적으로 행동함으로써 자신의 입지를 덜 위험하게 할 수 있다.

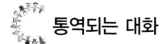

통역되는 대화

어떤 언어와 문화가 개념, 구조, 기원에 있어서 다른 언어, 문화와 멀리 떨어져 있을수록 통역은 더 어려워진다. 예를 들어, 광둥어와 영어는 독일어와 영어에 비해 더 적은 개념들을 공유한다. 하지만 심지어 유사한 기원을 가진 언어들 사이에서도 오해가 빈번하게 일어난다. 때때로 이중 언어 사용자들은 '코드 변환(code switch)'하거나 한 언어의 단어들과 개념들을 다른 언어로 사용한다(6장 '언어 역량'을 참고하라.). 이것은 통역을 굉장히 어렵게 만들 수 있다. 예를 들어, 멕시코계 미국인 소녀에게 무슨 일이 일어났느냐고 물었을 때 그 소녀가 *Mi hermano me molestó*라고 대답한다면, 스페인어로 이 말의 뜻은 "오빠가 나를 괴롭혔어요."라는 뜻이다. 그러나 만약 그 소녀가 영어를 약간 할 줄 알며 영어의 의미로 '성추행했다'는 뜻의 *molestar*라는 단어를 사용한 것이라면, 이 말은 "오빠가 나를 성추행했어요."라는 뜻이 된다(이 경우 molestar/molest는 허위 동족 언어(false cognate)로 다른 언어에 있는 단어와 발음이 비슷하지만 의미가 다른 단어다.). 통역자는 단지 네 단어로 이루어진 이 간단해 보이는 문장을 정확히 전달하기 위해 수많은 결정을 빨리 내려야 한다.

　면담자는 질문을 애매모호하게 하지 말고 면담자가 본래 의도한 대로 질문이 번역될 수 있도록 할 필요가 있다. 예를 들어, 종양학자(oncologist)가 남아메리카인 환자에게 "고메스 부인, 당신의 가정은 온전합니까?(Mrs. Gomez, is your family complete?)" 환자는 이 질문을 그녀의 핵가족에게(her nuclear family) 별 문제가 없나(was intact) 뜻으로 생각하고 긍정적으로 대답했다. 의사가 실제로 의미한 것은 "가정을 완성시키기 위해 원했던 만큼의 자녀가 있습니까?"였다(영어와 스페인어에서 'complete'는 어느 쪽으로든 통역될 수 있다.). 그 종양학자는 부작용으로 불임이 될 수 있는 치료법을 선택했다. 이 오해로 인해 이후 환자가 임신을 하려고 했을 때 가슴 아픈 결과가 나타나게 되었다(2006년 11월 21일, J. Cambridge와의 개인적 대화에서 인용).

의미 등가

　주의 깊은 통역을 위해 영어로는 훨씬 간단하게 설명될 수 있는 개념을 다른 언어로 전달하기 위해 긴 설명을 해야 할 때도 있다. 예를 들어, '위탁 돌봄(foster care)'이나 '위탁 가족(foster family)'의 개념과 정확히 같은 개념은 스페인어에 없다. 그리고 러시아어에도 '아내 구타(wife battering)'의 정확한 동등어는 없다. 이런 개념들을 전달할 때마다 통역자는 간단한 영어 단어를 사용하기보다는 보다 긴 표현과 설명을 사용해야 한다(물론 그 반대의 경우도 마찬가지다. 다른 언어의 어떤 개념을 영어로 전달하려면 더 긴 표현과 설명이 필요하다.).

　내담자가 서구의 의료 개념이나 사회복지 개념에 익숙지 않은 경우, 통역자가 간단한 문장을 전달하는데도 지나치게 긴 시간을 들이는 것처럼 보일 수도 있다. 예를 들어, 사회복지사는 내담자에게 "당신의 주치의와 이야기하고 싶은데 그 허락을 받고 싶습니다."라고 말할 수 있다. 이것은 통역하기에 상당히 쉬운 말처럼 보인다. 그

러나 통역자는 우선 내담자에게 비밀보장이 무엇인지 설명해야 하고, 내담자에게 그
권리가 있다는 것을 설명해야 한다. 그리고 나서 통역자는 사회복지사가 현재 비밀
보장의 예외를 요청하고 있다는 것을 설명해야만 한다. 그 뒤 통역자는 내담자에게
서류에 서명을 함으로써 이 일에 대해 승인하거나 거부할 수 있음을 알려주어야 한
다. 짧은 진술문 하나도 문화에 관한 강의처럼 매우 길어질 수 있다.

한 언어에서 다른 언어로 대화할 때 단어의 의미가 완전히 일치하지 않기 때문에,
통역되는 면담에서는 불가피하게 무언가를 잃어버리게 된다. 오카와(Okawa, 2008)
는 '고문(torture)'이라는 단어가 몇몇 언어에서는 단순하게 '구타(beating)'로 번역되
는 것에 대해 서술했다. 다른 형태의 고문을 받은 내담자는 자신이 구타를 당한 것은
아니기 때문에 고문당한 것을 부정할 수도 있다.

때때로 내담자가 고른 단어 또는 통역자가 고른 단어가 내담자의 의도를 완전히
전달하지 못하기도 한다. 예를 들어, 고문에서 살아남은 에티오피아 생존자는 '막대
기들(sticks)'로 구타를 당했다고 묘사했다. 질문을 거친 뒤, 그녀가 말한 '막대기'는
무거운 곤봉(clubs)이었음이 드러났다. 망명 여부 평가 보고서에 오직 '막대기들'이
라는 단어만 포함됐더라면 이 고문 생존자가 견뎌야 했던 것이 정확히 무엇이었는지
에 대해서 제대로 전달되지 않았을 수도 있었다.

언어는 은유적인 표현으로 가득 차 있다. 이런 표현은 간혹 문화 간의 오해를 유도
할 수 있다. 일반적으로 통역자는 영어 표현과 대응되는 원래 언어의 표현을 찾는 훈
련을 받는다. 즉, 만약 내담자가 스페인어로 *Me costó un ojo de la cara*(문자 그대로
해석하면 '그걸 위해 내 얼굴에서 눈을 대가로 주었다'; 'it cost me an eye from my face.')
라고 하면, 영어로 '그걸 위해 한 팔과 한 다리를 주었다(it cost me an arm and a leg.)'
로 통역될 수 있다. 실제로는 많은 은유적 표현들이 두 언어에 모두 대응하지 않기
때문에 순간적으로 생각해 내기가 어렵다. 위의 표현에 대해 통역자는 전형적으로
이렇게 말할 수 있다. "이분은 그것이 매우 비싸다는 뜻의 은유적 표현을 사용하셨습
니다."

실제적인 고려

통역을 통해 면담을 진행하는 것은 한 가지 언어로 직접 면담을 진행하는 것보다 상당히 오래 걸린다. 우리는 통역이 필요한 면담 회기 시간을 넉넉하게 잡아야 한다 (내담자가 참을 수 있다면). 그럼에도 불구하고 만약 면담자와 통역자가 제대로 협력한다면 서로 박자를 잘 맞출 수 있다.

면담자는 통역을 돕기 위해 상담실의 음향 시설을 보장하는 데에 최선을 다해야 한다. 잘 들리는 것이 통역을 가능하게 하는 열쇠다. 전문가는 선풍기나 배경음악처럼 관련 없는 소음을 없애기 위해 최선을 다해야 한다.

적대적인 상황, 이를 테면 폭력 가해 혐의로 기소되었을 때, 진술을 가능한 한 '순수'하게 유지하기 위해 피해자와 피의자를 각각 다른 사람이 통역해야 한다. 특히 피의자의 말을 통역하기 때문에 피의자의 '목소리'로 말하는 통역자를 본 아동은 그 통역자가 함께 있는 장소에서는 자유롭게 이야기하지 못할 수도 있다.

면담자는 내담자에게 직접 이야기하는 것처럼 말해야 한다. 예를 들어, 통역자를 바라보고 "내담자에게 오늘 아침으로 뭘 먹었는지 물어보세요."라고 하는 것보다 내담자에게 직접 "아침엔 뭐 드셨나요?"라고 물어보라. 그리고 내담자가 말을 하면, 통역자는 내담자의 목소리로 일인칭을 사용해 말해야 한다. "토스트를 드셨다고 합니다."보다는 "토스트를 먹었습니다."라고 하라. 이렇게 하면 직접적인 관계를 유지하고 혼란을 피할 수 있다(Bradford & Muñoz, 1993).

면담자와 통역자는 두 명의 면담자로서 작업하기보다는 통역자가 면담자와 내담자의 개인적인 성향과 접근방식을 전달함으로써 한 사람인 것처럼 작업하도록 노력해야만 한다. "예를 들어, 온화한 표현은 온화하게 번역되어야 한다. 대립은 적대적으로 번역되어야 하며, 지지해 주는 말은 그 내용 속에 따뜻함이 반드시 나타나야 한다."(Baker, 1981, p. 393) 그러나 연구결과에 따르면, 의료 장면에서 몇몇 통역자들은 일에 착수하는 데 너무 열성적인 나머지 의사들이 환자를 맞이할 때 하는 사교적인 인사를 통역하지 못하고, 결과적으로 라포 형성을 저해하게 된다(Davidson, 2000).

면담에서 면담자가 내담자와 관계를 형성하기 위해, 참여자들의 자리를 면담자가

정해 주어야 한다. 면담자는 통역자보다 내담자에게 더 가까이 앉아야 한다. 통역자는 내담자의 옆에, 그리고 살짝 뒤쪽에 앉는다. 면담자는 통역자가 아닌 내담자를 바라보아야 하며, 가능한 한 3인 대화가 아니라 2인 대화인 것처럼 대화해야 한다. 비록 처음에는 우스워 보일 수 있겠지만, 면담자는 통역자를 쳐다보지 않은 채 통역의 말을 들어야 한다. 면담자가 내담자와 통역자 사이에서 시선을 이리저리 돌리는 것보다, 면담자가 내담자에게 시선을 맞추고 미소를 짓고, 똑바로 말을 걸고, 가끔 눈을 마주치는 것이 내담자에게 결속감을 더 주기 쉬울 것이다.

    만약 기관이 동일한 통역자를 정기적으로 쓴다면, 이 통역자는 행정적 슈퍼비전 이외에 기술적 슈퍼비전의 혜택을 받을 기회를 가져야 한다. 만약 면담이 녹음된다면, 또 다른 전문적인 통역자가 녹음된 통역의 질을 검토하는 것도 가끔 도움이 된다(물론 원래 녹음된 면담의 기밀을 유지해야 한다.). 또는 다른 통역자에게 실시간 통역에 참관하도록 요청할 수도 있다. 이와 같은 동료 슈퍼비전은 다른 전문가들에 의해 받는 슈퍼비전과 유사하며 협력과 조력의 정신으로 행해져야 한다. 이런 종류의 공식적 또는 비공식적 동료 슈퍼비전은 통역자들이 기술을 연마하고 유지하며 소진을 예방하는 데에도 도움이 된다.

동시통역 대 순차통역

    동시통역에서는 말이 멈추길 통역자가 기다렸다가 기억하는 내용을 반복하는 대신, 듣고 말하는 것을 사실상 동시에 한다. 어떤 사람들은 동시통역이 통역의 정확성, 속도, 자연스러움을 증진시킨다고 주장한다(Bradford & Muñoz, 1993). 어떤 심리치료자들은 임상 장면에서 동시통역을 선호한다(Perez Foster, 1999). 그러나 동시통역은 면담에 있어서 최선의 접근이 아마 아닐 것이다. 동시통역은 두 사람이 동시에 말한다(예를 들면, 통역자와 내담자). 이것은 기록을 혼란스럽게 만들며, 대화를 기록하기 위한 속기사나 비디오카메라의 사용, 또는 녹음된 대화를 듣고 그 내용을 글로 옮기는 것을 사실상 불가능하게 만든다.

    일반적으로, 면담 상황에서 흔히 그렇듯이 대화가 녹음되고 문서로 기록되는 질의 응답 상황에서는 순차통역이 더 선호된다. 순차통역에서는 내담자와 면담자가 명확하게 말하고 상대적으로 말을 짧게 하며, 통역자가 통역을 할 수 있게 각각의 발언마다 말을 멈춘다. 오직 한 번에 한 사람만이 말을 한다. 이것은 동시통역보다 느리지만, 한 번에 한 사람의 목소리만 들리므로 덜 혼란스러울 수 있다. 순차통역을 하면 정보를 덜 놓치는 경향이 있으므로, 나는 면담에서 가능한 한 순차통역을 쓸 것을 추천한다.

발달 지체 아동 및 발달 지체 성인을 통역하기

발달 지체 또는 특정 정신 질환이 있는 어린 아동이나 성인을 통역할 때 통역자는 통역을 조정할 필요가 있을 수 있다. 예를 들어, 다섯 살 아동을 통역할 때 통역자가 스스로를 "내 이름은 존스(Ms. Jones)고 통역자란다."라고 소개한 뒤 즉시 면담자의 말을 (1인칭으로) 통역해서 "나는 캐럴라인 토머스(Caroline Thomas)란다. 나는 의사고 오늘 너에게 할 질문들이 조금 있단다."라고 말하면 아이는 혼란스러울 수 있다. 이렇게 끊임없이 사람을 바꾸는 것에 혼란스러워하는 사람들을 통역할 때, 통역자는 대신 "의사 선생님이 알고 싶어 하는 것은……"이라고 말할 수 있다. 다시 말해서, 통역자의 목표는 대화를 가능한 한 알아듣기 쉬운 방식으로 전달하는 것이다. 때때로 이를 위해 통역의 표준 실행 방식으로부터 벗어날 때가 있다.

게다가 어린 아동의 신뢰를 얻기 위해서 통역자는 진솔하게 행동할 필요가 있다. 아이는 통역자가 자신과 같은 민족 출신이고, 통역자가 면담자보다 더 문화적 규범에 대해 이해한다고 여길 수 있어서 자신이 실제로는 통역자에게 이야기하고 있다고 느낄 수 있다. 아동과의 면담을 할 때 통역자는 따뜻한 태도와 시선 접촉을 억제하면서 차가운 태도로 대하기보다는 따뜻하고 애정 어린 태도를 보임으로써 아동이 자신을 신뢰하도록 격려하는 쪽을 바랄 것이다.

경험이 풍부한 어떤 법정 통역자는 고등법원에서 다뤘던 잔혹한 강간 사건의 피해자 아동 빌리(Billy)를 통역했던 경험에 대해 서술했다. 빌리를 만났을 때 통역자는 빌리에게 자신이 어디에 앉았으면 좋겠냐고 물었다. 빌리는 증인석에서 자신과 함께 앉아 있어 달라고 부탁했고, 판사가 허락했다. 증언이 끝나자 빌리는 안전감을 느끼기 위해 통역자의 무릎 위로 기어들어왔다. 판사는 그 아이가 통역자로부터 신체적인 친밀감을 요구하는 것을 알아채고 그렇게 하도록 허락했다(2004년 3월 22일, I. Cornier와의 개인적 대화에서 인용).

 ## 통역자의 취약성

통역을 잘하는 것은 어려운 일이다. 통역자는 두 언어 모두 완벽하게 유창해야 한다. 통역자는 단어의 사용에 따른 차이에 세심하게 채널을 맞추어야 하며, 듣고 말하고 번역하는 것을 한꺼번에 해야 한다. 게다가 정서적인 라포와 공감이 중요하기 때문에, 능숙한 통역자는 통역을 받는 사람의 감정과 똑같은 감정을 전달하며 그 사람의 억양과 똑같은 억양을 사용한다. 여기에는 언어적인 기민함뿐만 아니라 정서적인 기민함 또한 필요하다.

대인 간 폭력과 기타 트라우마에 관한 상담을 통역하는 것은 특히 정서적으로 녹초가 될 수 있다. 경험이 매우 풍부한 법정 통역자가 나에게 다음과 같은 이야기를 들려주었다.

내가 가장 힘들었던 순간은 가학적인 강간의 영향에 대한 피해자의 진술을 통역할 때였다. 그 어린 소녀는 강간 이후 그녀의 삶이 얼마나 끔찍했는지에 대해 한 페이지씩 읽어나갔다. 그 진술을 읽으면서 소녀는 눈물을 흘렸고 마치 그 일이 나에게 일어난 것처럼 나는 '나'라는 1인칭을 사용해 모든 것을 반복해 말했다. 나는 그녀가 강조한 부분을 강조했고, 가능한 한 그녀의 말에 담긴 감정을 내 말로 전달하려고 했다. 법정이 휴회를 선언하자 나는 결국 화장실로 가서 세수를 했고, 그 뒤 나는 곧바로 다음 법정으로 들어가 다음 사건을 맡아야 했다. 나는 나뭇잎처럼 떨고 있었다. 가끔 나는 끔찍한 일들을 저지른 피고들을 통역해야 한다. 그들은 그런 일들에 대해 냉정하게 말하거나 심지어 잔인하게 말하기도 하는데, 그것 또한 힘든 일이다. 또 1인칭을 사용해서 그들의 목소리에 담긴 느낌을 전달해야 하기 때문이다. 1인칭을 사용하고 있었기 때문에 내 말은 거의 나 자신에 대해 이야기하는 것처럼 들렸다. 이것은 감당하기 어려운 일일 수 있다(2004년 2월 22일, I. Cornier와의 개인적 대화에서 인용).

통역은 중립을 유지해야 하며, 그렇기 때문에 어느 한쪽에 대한 편파적인 감정을 끊임없이 억눌러야 한다. 통역자는 내담자가 진술하지 않은 특정 정보들이 면담에 도움이 되리라는 것을 깨달을 수도 있지만, 추가적인 정보를 찾거나 전달하는 것은 통역자의 역할이 아니다. 전형적으로 법정 통역자들은 정신건강 훈련(mental health training)을 받지 않고, 사후 결과 회의(debriefing)를 함께 할 수 있는 지원 팀에 속해 있지도 않다. 그들은 자신의 일과 관련하여 고립될 수 있다.

통역자는 주로 자신이 통역하는 내담자와 같은 민족 출신이기 때문에, 비슷한 트라우마 역사를 공유할 수 있다. 예를 들어, 만약 내담자가 고문의 피해자이거나 전쟁의 증인이고, 통역자도 그와 비슷한 경험이 있을 때, 면담이 통역자 자신의 기억을 자극할 수 있다. 통역자는 이 점에서 아마도 특정한 종류의 면담을 통역하는 것을 자제하면서 경계선을 유지하도록 훈련을 받아야 한다. 이러한 문제에 대해 슈퍼비전을 받는 것 또한 도움이 될 것이다. 자신의 트라우마 경험에 대해 이야기하고 싶어지는 통역자는 면담 도중에는 내담자의 문제에 집중해야 한다는 것을 상기할 필요가 있다.

민감하고 고통스런 주제에 대해 통역자의 도움을 필요로 하는 아동 옹호 센터, 아동 보호 기관, 여성 위기 센터, 경찰서, 정신건강 기관, 변호사 등등의 사람들은 정기적으로 함께 일할 수 있으며 관련 체제에 익숙한 여러 명의 통역자를 발굴하도록 노력해야 한다. 특히 까다로운 회기 후에는 통역자와 짧은 결과 회의를 갖는 것이 중요하다. 이것은 통역자에게 기분 전환을 제공하여 차후에 그 사건에 대해 친구들이나 동료들과 이야기를 할 가능성을 줄일 것이다. 스스로를 팀의 가치 있는 일부로 느끼는 통역자의 경우에는 이후에도 다른 복잡한 면담들을 통역하러 돌아올 경향이 높아질 것이다. 또한 결과 회의는 통역의 정확도를 확인하는 포럼의 장이 되기도 한다. 비록 통역자가 사건에 대해 더 많이 알고 싶어 하더라도, 면담 도중 언급된 구체적 사항 너머의 것에 대해 이야기하는 것은 전문가로서 부적절한 일이 될 것이다.

이런 면담 후 논의는 통역자로 하여금 면담 중에 전달되지 않았던 정보, 이를테면 내담자의 억양, 표현, 정동, 그 밖에 간과되었던 의미 있는 세부사항들에 대해 전달할 수 있는 기회를 제공한다. 예를 들어, 통역자는 내담자가 스스로를 멕시코인이라고 했지만 내담자가 사용하는 은어와 억양은 콜롬비아 사람에 더 가깝다고 알려 줄 수 있다.

면담자는 통역 서비스가 이용되는 상황에서는 통역자에게 전적으로 의존하게 된다. 의도적이든 의도적이지 않든 만약 대화가 부정확하게 통역된다면, 면담자는 그 사실을 알아내지 못할 가능성이 높다. 따라서 유능하며 자신의 역할에 대한 경계선을 이해하고 존중하는 통역자를 발견하고, 훈련시키고, 관계를 구축하는 것은 매우 중요한 일이다.

통역자와 함께 면담 진행하기

- 내담자에게 직접 말하라. 즉, "그녀에게 기분이 어떠냐고 물어봐요."보다는 "기분이 어떠세요?"라고 말하라. 통역자를 향해 말하는 것을 피하라.
- 내담자와의 유대감을 높이라. 내담자를 향해 따뜻하고 개인적인 관계를 형성하라. 통역자를 통해 전달되는 것은 당신의 말뿐이다. 내담자와 직접 관계를 형성하라. 통역자보다는 내담자를 바라보라.
- 전문용어와 축약어는 피하라. 이것은 통역자와 내담자에게 익숙하지 않을 수 있다. 전문용어가 사용되어야 할 특별한 이유가 있지 않은 한(예를 들어, 만약 어떤 사람이 기소를 당했을 경우, 그 사람은 그 특정 기소가 무엇인지에 대해 알아야 하고 그것에 대한 설명을 들어야 한다), '선정적인 의도(lascivious intent)'와 같은 전문용어나 'perp'[5] 또는 'CPS'[6]와 같은 축약어를 사용하는 것은 피하라.
- **충분히 큰 목소리로 말하되 소리를 지르지 마라.** 때때로 사람들은 목소리를 충분히 높이면 심

---

[5] 역자 주: 범인이라는 의미의 속어.
[6] 역자 주: Child Protective Service(아동보호국)의 약어.

지어 그 언어가 모국어가 아닌 사람도 그 말을 이해할 것이라 생각한다. 이것은 위협적인 행동일 수 있다. 다른 한편으로, 웅얼거리는 것 역시 피해야 한다. 통역자가 당신의 말을 잘 알아듣지 못할 수 있다.

- 느리게 말하고, 짧은 문장을 쓰고, 통역을 위해 잠시 멈추어라. 대화를 통역하면 시간이 오래 걸린다. 이것은 피할 수 없는 일이다.
- 정정해 달라고 요청하고 대안에 대해 이야기하라. "만약 제가 틀렸으면 맞게 정정해 주십시오. 제가 이해하기로는……." 그리고 "다른 생각 있으십니까?"라고 말하라.
- 내담자가 꺼내는 주제들에 대해 탐구하라. 말하는 방식에 따라, 내담자들은 때때로 상관없어 보이는 이야기를 에둘러서 대답한다. 그러나 상관없어 보이는 주제도 중대한 정보를 담거나 통역의 어려움을 드러낼 수 있다. 많은 문화권에서 사람들은 질문에 스토리텔링(storytelling)을 하면서 간접적으로 대답한다. 이런 식으로 이야기하는 내담자를 면담할 때는 인내심을 기를 필요가 있다.
- 관심사를 좇으라. 당신이 문제라고 추측하고 내담자가 처음 부정적 반응을 보인 이슈로 돌아가라. 통역자로 하여금 당신이 원하는 것이 무엇인지 확실히 알게 하라. 어떤 식으로든 내담자의 반응이 적절하지 않게 느껴진다면, 주제와 관련된 질문을 사용하고, 표현을 바꾸고, 간접적으로 주제에 접근해 보라.
- 서면으로 지시사항을 제공하라. 만약 면담의 결과로서 내담자의 행동에 대한 계획이나 치료 계획이 나왔다면, 내담자가 그 계획을 약술하도록 함으로써 이해했는지 확인하라.
- 만약 대안이 존재한다면, 각각의 대안을 상세히 설명하라.
- 반복해서 강조하라.
- 비밀보장에 대한 내담자의 걱정을 다루어라. 소문, 질투, 사생활 그리고 평판은 사람들 간의 관계가 긴밀한 민족 커뮤니티 속에서는 중대한 문제들이다. 이 점에 대해 알고 있다는 것을 드러내고 당신과 통역자가 보장할 수 있는 비밀의 정도에 대해 설명하라.
- 성별이 문제가 될 수 있다. 몇몇 여성들은 남성 통역자 앞에서 성적인 주제, 부부생활에 관련된 주제, 신체적인 주제 또는 생식과 관련된 주제들에 대해 이야기하는 것을 극도로 불편해하고 그런 이야기를 하지 않으려 할 수 있으며, 신체검사를 받는 것에 동의하지 않을 수 있다. 반면 여성 통역자는 여성들과 함께 일하는 경우에 보다 더 적절하지만, 반대의 경우가 반드시 옳은 것은 아니다. 주제에 따라 어떤 남성들은 다른 남자 앞에서 약하거나 연약하게 보이는 것을 망설이기 때문에 여성 통역자를 더 선호할 수도 있다. 그

문화에 대한 진정한 이해는 면담자가 특정한 면담에 통역자의 성별이 어떠해야 할지를 결정하는 데 도움이 된다. 만약 통역자의 성별을 선택할 수 있다면, 면담자는 내담자에게 어떤 성별의 통역자를 원하느냐고 물어야 한다.

• 결과 회의를 하라. 가능하다면 언제든지 그리고 특히 당신이 한 통역자와 계속 작업을 진행하는 중이라면, 면담이 끝난 뒤 통역자에게 자신과 공유하고 싶은 우려사항이 있는지 간단히 확인하자.

• 당신이 걱정하는 바에 대해서 전달하라. 만약 당신이 통역의 질에 대해 걱정이 된다면, 통역 서비스 책임자에게 이야기하거나, 더 나은 훈련을 받은 통역자를 구하거나, 해결책이 강구될 때까지 당신이 걱정하는 바를 동료와 함께 논의함으로써 내담자의 권익을 옹호해야 한다. 어떤 통역자들은 훈련을 적절히 받지 않았거나, 비밀보장의 개념을 이해하지 못하거나 또는 따르지 않거나, 자신이 속한 민족 집단의 '체면을 지키기' 위해 내담자가 말한 것을 검열한다.

결 론

내담자가 사용하는 언어를 할 줄 아는 이중 언어자 면담자가 없을 경우 통역자가 면담에 있어 중요한 인물이다. 통역자는 면담의 성공 여부를 결정할 수 있는 커다란 힘이 있기 때문에, 자격이 있는 통역자를 찾고 사용하는 것, 당신이 필요한 바에 대해 통역자에게 알려주는 것, 통역자에게 작업을 할 수 있는 조용한 방을 제공하는 것, 통역자의 기술을 최대한 발휘할 수 있게끔 해 주는 것에 큰 관심을 기울여야 한다. 통역자의 도움을 받는 면담은 인내심과 연습을 요구한다.

영어를 하지 못하는 누군가를 위해 통역자를 사용하는 것은 그야말로 언어 접근성의 문제다. 대부분의 면담자는 언어적 배경에 상관없이 커뮤니티의 모든 사람들에게 봉사할 법적인 의무가 있다. 분명한 것은 서구 산업화 국가들에는 이민자가 늘어나는 추세이고 이민자들은 대도시에서 점점 더 작은 중소도시나 외곽 지역으로 이주하기 때문에, 우리 모두는 일부 면담에서 통역을 활용하는 것에 점점 더 친숙해질 것이다.

학습문제

1. 당신이 살고 있는 지역의 기관들이 역량 있는 통역자를 어떻게 더 활발히 이용할 수 있는지 논의하라. 최근에 어떤 이민자 집단이 서비스 수혜를 가장 잘 받고 있으며, 어떤 이민자 집단에게 서비스가 가장 필요한가?

2. 당신의 기관은 제한된 영어 실력을 지닌 사람들에게 다른 사람들과 같은 질의 서비스를 제공하는가? 만약 그렇지 않다면, 어떻게 해야 하는가?

3. 만약 당신이 통역자와 함께 일한 적이 있다면, 특별히 성공적이었던 경험에 대해 서술하라. 그 과정이 원활하도록 어떤 것이 도움이 되었는가?

4. 만약 당신이 통역자와 함께 일한 적이 있다면, 좌절했던 경험에 대해 서술하라. 무엇이 문제였는가?

5. 당신이 여덟 살이고 어른으로부터 당신이 이해할 수 없는 언어로 수많은 개인적인 질문들을 듣고, 그다음 당신의 모국어로 그 질문들을 다시 듣는다면 기분이 어떨 것 같은가? 이 과정을 더 쉽게 만들어 줄 수 있는 것이 있다면 무엇일까?

더 읽을거리

Fontes, L. A. (2005). Working with interpreters in child maltreatment. In *Child abuse and culture: Working with diverse families* (pp. 159–175). New York: Guilford Press.

Pochhacker, F. (2001). *Interpreting studies reader.* New York: Routledge.

08

정보 제공에 대한 주저함을
이해하고 다루기

입을 다문 채로 물 수가 없다.

― 한국 속담

면담자는 종종 내담자의 정보를 알 권리가 있다고 느낀다. 왜냐하면 내담자에게 가장 유익한 것이 무엇인지 진심으로 알고 있기 때문에, 우리가 속한 기관의 힘 때문에, 혹은 면담자에게 이야기를 털어놓는 것이 '바람직한 일'인 것 같기 때문에 그렇다. 내담자가 민감하고 개인적인 정보에 대해 기꺼이 드러내야 하고, 그래야 면담자가 효과적인 개입을 할 수 있게 된다는 것이 자명해 보인다. 우리는 힘든 경험에 대해 이야기하는 것이 안도감을 가져다줄 것이라고 믿는다. 혹은 면담자에게 이야기하지 않음으로써 얻어지는 결과에 대한 걱정 때문에 내담자들이 자신에 대해 이야기하는 것일 수도 있다. 하지만 내담자들은 실제로 이러한 생각들에 동의하지 않을 수 있다. 심지어 우리가 라포 형성의 전문가일지라도, 필요한 정보를 구할 때 장애물과 벽에 맞닥뜨릴 수 있다.

그러므로 우리는 왜 사람들이 면담자와 이야기하기를 망설이는지에 대한 이유를 반드시 이해해야 한다. 그런 후에 그들의 저항을 다루는 법을 배워야 한다. 다양한 상황에서 아동, 십 대 청소년 또는 성인을 면담할 때 이러한 지식을 가지고 있으면 정보의 가치와 양, 정보를 얻는 속도, 면담 도중 형성되는 관계의 질을 증진시킬 수 있다. 마지막으로, 면담자는 계속 질문을 던질 때와 중단할 때를 알 수 있는 윤리적 나침반을 반드시 갖고 있어야 한다. 이 장에서는 내담자가 우리에게 털어놓지 않으려 하거나 특정한 주제에 대해 언급하기를 망설이는 몇몇 문화적 이유에 대해 다룬다. 민감한 주제들에 대해 언급하는 방법과 필요한 경우 내담자의 저항을 극복하는 방법에 대해 서술할 것이다. 이 장에서는 여러 면담 장면에서 가장 중요하게 논의되지만 가장 까다로운 4가지 주제, 즉 약물 남용, 아동 학대, 친밀한 파트너의 폭력(intimate partner violence), 성폭행 주제를 보다 심도 있게 탐색하려 한다. 이 장은 사람들이 침묵을 지킬 권리를 존중해야 할 때와 그 방법을 설명하면서 마치려고 한다.

 ## 터놓고 말하는 것에 대한 태도

사람들이 면담자에게 대답하기를 망설이거나 단답형으로 대답할 때, 실제로는 너무 많이 말을 하지 않기 위한 문화적인 이유가 있는 망설임이지만, 겉으로는 병리적인 것으로 보일 수 있다. 인도 카슈미르 지방에서 성장한 쿨(Koul, 2002)은 말을 하는 것에 대한 자신의 태도를 이렇게 서술했다.

> 많은 것이 말하지 않은 채로 남는다. 밖으로 나온 말은 무시할 수 없는 힘이고, 영원히 우주에 울리며, 모든 종류의 반향을 이끌어낸다. 그 이유는 말이란 그 자체로 신성을 가지고 있기 때문이다. 마치 가혹한 여신이 내뱉은 한 마디의 말이 돌고 돌면서 절대 없어지지 않은 채로 악행과 선행을 불러일으키듯이 말이다(pp. 81-82).

한편 지구 반대편의 미국 나바호 원주민도 비슷한 믿음을 가지고 있다. 어떤 사람

이 무언가에 대해 말하면 그 말이 말한 사람에게 그대로를 가져다줄 것이라는 믿음
이다. 안 좋은 소식을 들으면, 이를테면 예후가 좋지 않다는 의사의 말을 들으면 나
바호 가족은 때때로 이야기를 하는 동안 안 좋은 소식을 전달한 사람에게서 등을 돌
리고 있다. 성폭력 상담에서 아동과 그 가족은 가끔 무엇이 일어났는지에 대해 이야
기하길 망설이는데, 어떤 이유에서 성폭력에 대해 이야기하면 성폭력을 자석처럼 더
끌어당길 것이라 느끼기 때문이다(Steele, 2007). 이것은 어떤 것에 대해 이야기를 함
으로써 '마음속에 있는 것을 다 털어놓고' 나면 기분이 나아질 것이라는 전형적인
서구 심리학적 관점과는 근본적으로 다르다.

　내담자들은 다양한 신념 때문에 상담자에게 자유롭게 이야기하기를 꺼린다. 예를
들어, 베트남 사람들은 자신의 법적인 권리가 위태로워질 것이라 믿기 때문에 개인
적인 정보를 드러내는 것을 망설이기도 한다(Novak, 2005). 서인도 제도 사람들과 카
리브해 지역의 영어 사용자들은 '사람들에게 자신의 일에 대해 말하지 말라.'와 '자
신에 대한 것을 길거리에 흘리지 말라.'는 것을 가치 있게 여긴다. 이렇게 다른 사람
에게 자신을 표현하지 않는 것은 그 문제에 대해 잘 모르는 가족 구성원이 있을 때 더
욱 강해질 수 있다(St. Hill, 2005). 라틴계 문화에서는 *la ropa sucia se lava en casa*
라는 표현을 사용하는데, 이는 더러운 빨래는 집에서만 씻으라는 의미로 집안의 수
치를 다른 사람에게 드러내지 않도록 하는 훈계다. 한국어에도 이와 유사한 '집안(jip-
an)'이라는 단어가 있는데, '가족 안의'라는 뜻이다. 한국인 가족은 집안의 사람이 아
닌 사람들에게 이런저런 이야기를 드러내기 망설이는데, 이는 가족의 평판을 지키고
가족을 수치로부터 보호하기 위해서다(Kim & Ryu, 2005, p. 352). 유대인들이 자신의
문화권 바깥의 사람들에게 문제를 드러내지 않으려 하는 것은 이디시어로 *shandeh
fur die Goyim*이라고 표현되는데, 대략적으로 번역하면 유대인의 수치스러운 상황
은 유대인이 아닌 사람들이 유대인에 대한 무기로 사용할 수 있다는 것이다. 이렇듯
여러 소수민족의 문화에서는 가족과 자신이 속한 문화 바깥의 사람들과 개인적인 문
제를 공유하는 행동은 외부자로부터 원치 않은 관심과 위협적인 관심을 쓸데없이 이
끌어 내는 것으로 보일 수 있다.

　어떤 문화에서는 간접적으로 개인적인 문제들에 대해 이야기한다. 더 많이 말하지

않을수록 좋다. 스페인어에는 *La mejor palabra es la que no se dice*('가장 좋은 말은 입 밖으로 나오지 않은 말이다.')라는 격언이 있다. 이 격언은 말을 하기 전에 신중하고 조심스러워야 할 필요성에 대한 것이다. 이와 유사하게 이데(Ide, 1995)는 "일본인들은 의사소통을 할 때 자신이 말하지 않은 부분에 대해 타인이 짐작할 것으로 기대한다……. 말하는 사람의 진정한 의도를 알아챌 만큼의 민감성은 사실상 듣는 사람의 책임인 것이다."라고 서술했다(p. 26). 일본어 '이신덴신❶(ishin denshin)'은 '말이 필요 없는, 두 마음 간의 즉각적인 의사소통'의 개념이다(Morsbach, 1987). 일본인의 관점에서는 면담자가 직접적이고 분명한 진술을 고집하면 듣는 사람으로서의 기술이 부끄러울 만큼 부족한 것으로 보일 수 있다.

이러한 장애물에도 불구하고 면담자는 직접적이고 분명한 진술을 얻어야 할 필요성에 종종 직면하게 된다(예를 들어, 법적 소송이 관련되었을 때 단지 직관이나 누군가의 표정을 읽는 능력에 의존할 수는 없다.). 이런 딜레마에 대해서는 다음에서 다룰 것이다.

침 묵

침묵은 단지 말이 없는 것 이상이다.

– 이집트 속담

당신의 침묵에 대해 이해하지 못하는 사람은 아마 당신의 말도 이해하지 못할 것이다.

– 앨버트 허버드(Elbert Hubbard)

다른 문화의 사람들이 말을 다양하게 사용하듯이, 침묵 또한 다르게 사용된다. 아랍 국가에서 침묵은 주로 피해야 할 것으로 여겨지기 때문에 사람들은 침묵을 피하

---

❶ 역자 주: 이심전심.

기 위해 말을 반복하거나 판에 박힌 문구를 이야기한다. 반면 일본에는 이런 표현이 있다. '아는 사람은 말을 하지 않고 말을 하는 사람은 알지 못하는 사람이다'. 미국, 캐나다, 영국의 주류 문화는 이 두 극단 사이의 어딘가에 해당한다.

면담자는 침묵을 편안하게 느낄 필요가 있다. 침묵은 그 사람이 거짓말을 하려고 하거나 대답을 하기 위해 도움이 필요하다는 것을 반드시 의미하지는 않는다. 만약 우리가 도움을 주어야겠다고 너무 빨리 뛰어들면, 이를테면 질문을 다른 말로 풀어서 다시 말한다든가 하면 실제로는 그 사람이 입을 열기 더 어렵게 만드는 것일 수도 있다.

내가 어렸을 때 우리 가족은 누군가의 말에 끼어들지 않으면 말할 기회를 얻을 수 없었다. 이것은 대가족 사이에서 자란 사람에게는 드문 일이 아니며, 또한 언어적 신속함에 가치를 두는 문화 집단, 이를테면 아프리카계 미국인, 유대인, 푸에르토리코인, 브라질인, 그리스인, 이탈리아인 출신 사람에게도 흔한 일이다. 이 문화권의 사람들은 다른 사람이 말하고 있을 때 끼어드는 경향이 있고, 종종 좋은 의도를 가지고 서로의 말에 끼어들거나 다른 사람의 말을 대신 끝마쳐 주며, 서로의 말을 '밟고' 말하며, 큰 목소리로 빠르게 대답한다. 이 문화 집단은 말과 말 사이의 평균 시간이 짧다.

반면 다른 문화에서는 말과 말 사이에 더 긴 정적이 있을 것이라 기대한다. 여기에는 대부분의 북미 원주민, 아프리카인, 여러 아시아 문화가 포함된다. 그들의 침묵은 습관적이고 문화적인 것이다. 북극 퀘벡 지방의 이누이트 족은 성숙한 아이들이라면 '말을 조심하고' 언제 말을 멈춰야 할지 알 것이라 기대한다(Crago, 1992). 전통적인 북미 원주민들은 단지 침묵을 깨기 위해 말을 하지는 않는다. 그들은 '말은 힘이 있는 것으로 여겨지며 그러므로 조심스럽게 선택되어야 한다.'(Shusta et al., 2005, p. 264)고 여긴다. 면담자가 지나치게 수다스럽다면 아마 북미 원주민 내담자는 더더욱 침묵을 지킬 것이다.

침묵의 의미

면담에서 침묵은 상황과 사람에 따라 여러 의미를 가질 수 있다. 당신은 대화 속에서 침묵의 의미를 판독하고 그에 맞추어 대화를 진행할 필요가 있다.

침묵은 때때로 이해의 부족을 나타낼 수 있다. 내담자는 말을 하기에는 단순히 너무 어리둥절하기 때문에 침묵하고 있을 수 있다. 많은 문화권에서 사람들은 권위자의 말을 이해하지 못하면 그것에 대해 질문하기를 주저한다. 자신이 이해하지 못했다는 것을 인정하기가 너무 부끄러울 수 있다. 내담자는 단어 자체(전문용어, 어려운 용어, 다른 지역의 사투리, 언어능력의 부족)만으로 혼란스러워하거나 맥락(왜 내가 이런 질문을 받고 있는 거지? 무슨 대답을 해야 하지? 내 대답에 대해 누가 알게 될까? 이 사람이 일하는 기관이 뭐지? 이 사람이 나에게 어떤 힘을 행사할 수 있을까?) 때문에 혼란스러워할 수 있다.

만약 면담자가 당황스러운 질문을 한다면, 이를테면 금기시되는 주제에 대한 질문이라면, 내담자는 그 주제에 대해 어떻게 이야기를 꺼내야 할지 불확실하거나 그 주제에 대해 이야기하기를 아예 거절하는 방법을 몰라 침묵을 지킬 수 있다. 침묵은 두 가지 공포, 즉 당황스러워질 것에 대한 공포와 비협조적으로 보일 것에 대한 공포로부터 기인한다.

특정한 면담자 앞에서 특정한 주제에 대해 이야기하는 것은 실례가 되는 것으로 여겨질 수 있다. 예를 들어, 남성들은 여성 상담자나 면담자, 통역자 앞에서 그 여성을 존중하는 의미로 일반적인 성적인 이야기나, 특정한 성적 일탈 행위에 대해 이야기하는 것을 자제할 수 있다. 또는 백인에게 부당한 대우를 받아 온 사람은 아마 백인 면담자와 면담을 할 때 면담자를 불쾌하게 할 것이 두려워 이야기하는 것을 어려워할 수도 있다. 유사하게 경찰로부터 폭행을 당했거나 심리치료자로부터 침해를 당한 사람은 그들과 같은 직업 집단에 소속된 사람에게 자신의 경험에 대해 이야기하는 것을 주저할 수도 있다. 내담자는 이런 상황에 대해 직접적으로 이야기하는 대신 관련 질문에 대한 대답으로 단순히 침묵을 지킬지도 모른다.

중앙아메리카, 나이지리아, 아시아, 아이티를 포함한 세계 여러 곳곳의 사람들은 권위자에게 불쾌감을 드러내지 않으려는 경향이 있다. 만약 권위자의 의견에 반감을 갖거나 반대를 한다면, 또는 심지어 집요한 질문에 불편감을 느끼면, 그들은 단순히 침묵을 지킬지도 모른다. 예를 들어, 만일 나이지리아 여성이 면담자로부터 앞으로 해야 하는 행동 방안을 듣고 의구심이 있다면 질문을 하는 대신 침묵을 지키고, 어깨를 으쓱하거나 심지어는 눈을 굴릴지도 모른다(Ogbu, 2005). 나이지리아 사람들은 공개적인 갈등을 피하기 위한 방법으로 항의를 하는 대신 침묵을 선택한다. 혁명의 지도자였던 체 게바라(Ché Guevara)의 말에 이러한 마인드가 담겨 있다. "침묵은 다른 방식의 주장이다."

침묵은 또한 주제의 중요성을 강조하는 데에도 사용될 수 있다. 예를 들어, 만약 면담자가 트라우마, 상실, 종교적인 행위 또는 '문제의 핵심(heart of the matter)'에 대해 묻기 시작한다면, 내담자는 그 주제의 무게를 안다는 것을 시인하기 위해 침묵을 지킬 수 있다. 만약 질문이 아주 강한 기억이나 개인적인 상실에 관한 것이라면 내담자는 감정에 복받쳐 목이 메어서 침묵을 지킬지도 모른다.

공포 또한 사람들을 침묵으로 이끈다. 대답을 하지 않는 것이 가장 안전한 대답으로 보일 수 있다. 내담자는 면담 자체를 두려워하거나 면담의 결과를 두려워할 수도 있다. 면담 도중 고문을 당하고, 폭행을 당하고, 체포되고, 수치를 당할 것이라고 내담자들이 의심하는가? 진실이 드러나면 누군가가 보복하러 올 것이라고 두려워하는가? 면담 후에 추방을 당하거나, 체포되거나, 가족으로부터 떨어지게 되거나, 죽임을 당하거나, 가족에게서 의절당하거나, 달갑지 않은 의료 절차를 받아야 할지도 모른다고 내담자들이 의심하는가?

때때로 내담자는 피곤하기 때문에, 또는 자신이 오해를 받고 있다고 믿기 때문에, 또는 이미 질문에 대답을 했고 더 말할 것이 없다고 믿기 때문에 침묵하게 된다. 때때로 영어로 면담을 받는 사람들은 어떤 단어나 구절을 모국어로 표현하고 싶어 하며 그 단어를 영어로 찾으려고 하면 '막힌'듯한 기분을 느낀다. 그들 자신에 대해 영어로 충분히 표현할 수 없기 때문에 많은 이민자들은 부끄럽고 굴욕적으로 느끼며 그에 따라 침묵으로 빠져든다.

침묵에 가치를 두는 문화의 사람들은 면담 도중 특정한 부분에서 갑자기 말을 멈출 수도 있는데, 단순히 말 만큼이나 침묵도 중요하다고 느끼기 때문이다. 한국인들 사이에서는 과묵한 것이 겸손하고 교육을 잘 받았다는 신호이며 특히 남성들에게 있어 더욱 그렇다(Im, 2005). 중국인들은 침묵이란 사려가 깊다는 것을 드러내는 것이고, 옆에 사람을 두고 사색에 잠겨 침묵을 지키는 것이 문제로 여겨지지 않는다. 파키스탄 사람들은 어려서부터 침묵을 강조하고 미덕으로 여긴다. 이들에게 침묵은 주로 수용, 승인, 관용의 신호다(Hashwani, 2005).

어떤 문화권에서는 아이들을 언어를 통해 매우 적극적으로 표현하도록 양육하지만, 다른 문화권에서는 반대의 태도를 가르친다.

> 말하는 것이 긍정적인 행위라는 가치관이 있다면, 그 가치관을 갖은 사람에게는 말하는 것은 주장성과 지능을 의미하는 것이므로, 부모와 교사가 아이들에게 자신을 표현하고 분명한 의사전달을 위해 언어 기술을 갈고 닦도록 격려할 것이다. 반면에 만약 침묵과 경청이 중요하다고 여기는 사람에게는 침묵이 사려 깊음과 배려를 의미하므로, 부모와 교사가 아이들이 말을 지나치게 많이 하지 않도록 제재함으로써 차분하고 다른 사람에게 정중할 수 있도록 가르친다(Kim & Markus, 2002, p. 442).

주류 문화 출신인 미국 중산층 가정의 어린이들은 대개의 경우 말을 많이 하도록 격려를 받지만, 전통적인 아시아 사람들과 북미 원주민 어린이들은 종종 말을 신중하게 골라서 하고, 질문을 한 다음에는 말을 멈추며, '바보같이' 너무 많이 말하지 않도록 교육받는다. 어린 시절의 이런 습관들은 성인기까지 지속될 수 있다. 예를 들어, 한국에서는 말이 많은 사람을 이르는 표현이 있다. "빈 수레가 요란하다(The empty carriage makes a lot of noise)." (Kim & Markus, 2002에서 인용)라고 표현한다. 미국 내 원주민 보호구역에서 자란 아이들은 부끄럼을 타고 외부인과 상호 작용하는데 익숙하지 않아서 외부 사람들과 있을 때에는 침묵을 지킨다. 푸에르토리코의 아이들은 *Los miños hablan cuando las gallinas mean*과 *Tu hablas cuando las ranas echan pelo*라는 말을 듣는데 각각 '아이들은 암탉이 오줌 눌 때만 말한다.'와 '개구리에서 털이 날 때 말해라.'라는 뜻이다.

마지막으로, 내담자는 면담자가 실수를 했기 때문에 면담 도중 침묵에 빠지기도 한다. 나 스스로도 내담자의 남편 이름과 내담자의 아이 이름을 혼동한 적이 있었고, 너무 뻔한 질문을 하거나, 이미 답을 알고 있는 질문을 한 적도 있었고, 기타 너무 명백한 실수여서 내담자가 내 실수를 지적하는 대신 나 스스로 실수를 깨닫고 정정할 수 있도록 그저 예의 바르게 기다려 준 적도 있었다.

요컨대, 우리는 내담자의 침묵을 해석하는 데에 반드시 신중을 기해야 한다.

누가 정보의 주인인가

어떤 문화권에서는 정보란 개인적으로 아는 것이기보다는 집단적으로 아는 것이다. 따라서 그런 문화권 사람들은 가족이나 집단에게 확인을 받지 않는 이상 외부자에게 정보를 드러내기 주저한다. 립슨(Lipson, 1994)은 열여덟 살이라고 말했지만 실제로는 열여섯 살짜리 아프가니스탄 소녀와 민족지적 면담(ethnographic interview)을 했던 경험에 대해 이렇게 서술했다.

> 나는 그 소녀에게 함께 걸으며 미국에서의 경험과 소녀의 건강에 대해 대화를 나누자고 설명했고, 소녀는 동의했다. 그러나 내가 질문을 하기 시작하자 그녀의 대답은 과반수가 "그것에 대해서는 아버지께 여쭤 보셔야 할 것 같아요."였다. ……그 뒤에 나는 여성이나 아이(미혼 성인들도 포함된다)와 면담을 하기 위해서는 그 아버지의 동의가 필요하다는 것을 배웠다(pp. 344-345).

이 소녀의 사례에서 정보는 오직 아버지의 동의가 있어야만 알려줄 수 있는 것이었다.

또 다른 경우에 사람들은 이야기를 털어놓기 전에 가족 전체, 문화 집단의 지도자, 성직자, 기도를 통해 신에게, 또는 믿을 수 있는 사람들에게 확인을 받고자 한다. 어떤 경우에는 민감한 주제를 드러내는 것은 내담자에게 이득을 가져다주는 동시에 다른 사람에게 해를 끼치거나 내담자의 문화 집단에 수치를 줄 수 있다. 예를 들어, 만약 학대를 당한 여성이 그 상황에 대해 드러내면 그녀의 안전은 나아지겠지만 그녀를 학대한 사람은 위험해지고, 그녀의 가족이 수치를 느끼며, 그녀의 민족 집단 전체가 망신을 당하는 것으로 보일 수 있다. 다른 예시로는, 마약을 하고 있는 십 대 소년은 그 이야기를 털어놓음으로써 도움이 되는 치료 개입을 받겠지만, 동시에 그의 가족에게 낙인이 찍힐 수 있으며 그의 민족 집단이 원치 않게 경찰의 주의를 끌게 될 수 있다. 이런 종류의 상황, 그리고 한 사람 이상의 사람들에게 영향을 미칠 수 있는 정보를 드러내는 상황에서 많은 내담자들이 침묵을 지킨다.

비밀과 갈등에 대해 공표하기

숨겨진 비밀을 바깥으로 드러내는 것 혹은 면담자와 미묘한 주제들을 논의하는 것은 갈등에 대해 이야기할 때 '바람직한 것'이라는 서양 면담자 스스로의 문화적 가치에 근거한 가정을 하지 않도록 주의해야 한다. 민감하고 부끄러운 주제들을 사적인 것으로 유지하는 것은 많은 문화권에서 미덕으로 여겨진다. 그 이유는 관련된 모든 사람들의 체면을 지키고 공공연히 수치를 당하는 것을 피할 수 있도록 하기 때문이다. 서양 사람들은 언론의 자유를 우선으로 놓지만 동아시아 사람들은 침묵을 지킬 자유에도 또한 높은 가치를 둔다. 일본에는 *fumon ni fusu*(Chung, 1992, Shibusawa, 2005, p. 343에서 인용)라는 문구가 있는데 이는 '불문에 부치다' 또는 특정한 주제에 대해서는 묻지 않는 관행을 뜻하며, 이는 미덕으로 여겨진다. 재정적 문제, 입양, 자살, 질병, 가족 간의 갈등, 약물 또는 음주, 혼외정사와 같은 민감한 주제들에 대해 비밀을 지키는 것은 많은 내담자들에게 중요한 문화적 기능으로 작용한다. 때문에 이를 적대적으로 직면시키거나 저항의 한 형태로 여겨져서는 안 된다.

어떤 문화에서는 비밀을 이야기하기 전에 끈끈한 개인적 유대관계가 우선되어야 한다. 면담 상황은 한 개인의 은밀한 세부사항을 논의하기에는 전적으로 부적절한 맥락이기 때문이다. 뉴질랜드의 마오리 부족은 지식에 대해 영적 태도를 유지하는 것으로 알려져 있다. 즉, 지식이란 지식을 전수받을 만큼의 가치가 있음을 스스로 중명한 선택된 소수의 사람들에게만 전해져야 한다는 태도다. 따라서 연구에 참여해 달라는 요청을 받았을 때, 마오리 족은 '(일단 마오리 족이 협조적이라는 전제하에) 정중함과 환영의 마음에서 자신들의 생각에 연구자가 원하는 답을 제공하거나, 연구자가 인식하거나 이해하지 못할 것이라는 마오리 논리에 따라 자신들의 반응을 심지어 고의적으로 왜곡시킬 수 있다(Stokes, 1992, p. 6).' 이와 비슷하게, 북미 원주민과 라틴 문화권 사람들에게 있어 특히 개인적으로 비밀을 이야기하는 것은 오직 오래 지속된 깊은 우정 관계에서만 가능하다(Sue & Sue, 2003). 나바호 족은 한 개인이 자신에 대해 지나치게 많은 말을 하게 되면 귀가 떨어져 나간다는 표현을 하기도 한다(Steele, 2007).

문화 때문에 자기노출에 적극적이지 않는 사람들은 경계심이 강하고, 의심이 많고, 내성적이며, 수동적이거나 편집적이라는 오해를 받을 수 있다(Sue & Sue, 2003). 몇몇 내담자는 어려움에 대해 털어놓는 것이 자신의 문화에서는 부적절하거나, 자기중심적이거나 심지어는 위험한 것으로 여겨지기 때문에 자신이 겪는 곤란에 대해 논의하기를 주저한다. 나이지리아인들은 다른 사람과 자신의 불행에 대해 거의 말하지 않는다. 그 이유는 결과적으로 듣는 사람이 말하는 사람을 부정적으로 지각할 것이라고 느끼기 때문이다. 따라서 그 반대로 자신을 긍정적으로 지각할 수 있도록 만드는 정보만을 다른 사람에게 말할 가능성이 높다(Ogbu, 2005). 개인적으로 나는 이러한 태도가 특히나 까다로움을 알게 되었다. 내가 갖고 있는 문화적 편향 때문에 나는 다른 사람과 가까워지기 위해 어려움을 나누는 것을 가치 있게 여긴다. 때문에 나이지리아인과 이야기를 나눌 때 내가 속한 문화에서 '진정한 대화'라 정의하는 바대로, '진짜로' 나와 대화한다기보다 그들에 대해 내가 좋은 느낌을 갖도록 조종당하는 듯이 느껴져 좌절감을 느낄 때가 있었다. 그래서 부정적으로 응대하지 않도록 내가 가진 편향들을 반드시 다스려야 한다.

두 사람 혹은 그 이상의 사람들 간의 다툼처럼, 갈등은 서로 다른 욕구, 가치 그리고 힘의 수준을 드러낸다. 토머스와 킬먼(Thomas & Kilmann, 1974)은 갈등을 다루는 다섯 가지 방식, 즉 통제(controlling), 협력(collaborating), 타협(compromising), 회피(avoiding), 조절(accomodating) 방식이 있음을 제시하였다. 특정 개인 혹은 집단이 특정 시기에 어떤 방식을 사용하는가는 그 사람이 속한 문화, 힘의 수준, 위험 여부, 갈등에서 '이기는 것'과 상대방과의 관계를 유지하는 것 중 어느 것에 더 가중치를 두는가에 따라 달라질 것이다.

 ## 금기시되는 주제들

면담자는 구체적인 특정 주제에 대해 반대하는 이야기를 할 때, 문화와 상황에 따라 강력히 작용하는 문화적, 종교적인 규율들을 유념해야 한다. 예를 들어, 미국의 직장 내에서 사람들은 대인관계, 성생활, 다이어트, 의료 문제 등 극히 사적으로 여겨지는 주제들에 대해서 이야기하지만 자신의 연봉을 드러내는 것은 거부한다. 사람들은 비록 다른 사람들의 인종적인 태도를 알아보려고 할 수는 있을지언정 여러 인종이 섞여 있는 집단에서는 인종과 관련된 주제에 대해 거의 이야기하지 않는다. 워크숍에서 나는 가끔 참가자들에게 각자 문화에서 금기시되는 주제가 무엇이냐고 묻는다. 우리는 정신질환, 암, 성, 성폭행, 아동학대, 배우자의 폭력, 약물 사용과 남용, 불륜, 가난, 노숙, 문맹, 재정 상황, 에이즈, 자살, 신체장애, 질병, 동성애, 죽음, 불법적인 활동, 그 외의 것들을 포함한 긴 목록을 만들었다.

어떤 문화에서는 특정한 단어를 몹시 강력하게 여겨서 입 밖으로 내지 않는다. 예를 들어, 정통파 유대교도는 신의 실제 이름으로 여겨지는 단어는 말하거나 쓰지 않고 돌려서 부른다[예를 들어, '거룩 중의 거룩(holy of holies)'이나 '우주의 지배자(ruler of the universe)'와 같은]. 몇몇 집단에서 사람들은 사람이 '죽었다'고 말하지 않고 그 사람이 '세상을 떠났다'나 '더 이상 우리 곁에 없다'고 말한다. 많은 사람들이 '암'이라고 말하는 대신 '오랜 우환'이라는 완곡어법을 사용한다. 라코타[2] 여성은 존경심을 나타내기 위해 시아버지의 이름을 부르길 피하고, '그'라고 언급할 수도 있다(Sutton

---

❷ 역자 주: Lakota, 미국 원주민 부족의 하나.

& Broken Nose, 2005).

　대다수의 문화권에서 전통적인 여성들은 성에 대해 이야기하는 것, 특히 의료인을 포함하여 잘 알지 못하는 사람과 그런 이야기를 하는 것에 대해 저속하고 상스럽게 여긴다. 일부 어린이들과 성인 여성들은 '쓰레기통 단어(garbage can words)'를 사용하지 말아야 한다는 규칙을 너무 잘 내면화했기 때문에 '아래쪽에서' 무엇이 일어났는지에 대해 말할 수가 없다고 느끼고, 심지어 성기나 성적인 행동에 대해 낯선 사람에게 이야기할 때 어떤 단어를 써야 할지 모를 수도 있다. 라틴계 여성은 원치 않았던 강간에 대해 "그가 나와 사랑을 나누려고 했어요."라는 식으로 표현할 수도 있는데, 단순히 다른 말로 어떻게 표현해야 할지를 모르거나 다른 단어를 사용하길 꺼리기 때문이다. 만약 그녀가 영어를 유창하게 하지 못한다면, 그녀는 성기나 성적인 행동에 대해 자신이 배운 영어 단어들이 상스럽고 불쾌한 것일까 봐 두려움을 느낄 수도 있다. 전통적인 라틴계 여성들은 성적인 활동에 대해 이야기하는 것을 *muy bajo* 또는 아주 저속한 것으로 여긴다. 레바논 사람들에게 '질(vagina)'이라는 단어는 대부분 욕설을 하는 데에 쓰이기 때문에 그 자체로 극히 저속하게 여겨진다. 대다수의 레바논 사람들은 여성의 성기를 언급할 때 프랑스어나 영어 단어를 사용한다[이브 엔슬러(Eve Ensler)의 희곡 「버자이너 모놀로그(The Vagina Monologues)」가 레바논 어로 번역되었을 때 문제를 유발했던 것을 생각하면 이해가 된다.].

　내가 면담했던 한 푸에르토리코 여성은 성에 대한 가족들의 금기에 대해 이렇게 묘사했다. "종교는 너무나 중요해서 절대 이야기해서는 안 되는 거예요. 죄도 마찬가지고요. 천국 아니면 갈 데가 어디 있겠어요? 만약 하느님이 당신이 말하는 걸 알기라도 하면, 아니 생각이라도 하는 걸 알기라도 하면 어떻게 되겠어요(Fontes, 1992, p. 90에서 인용)." 한 멕시코계 미국인 여성은 '섹스'라는 단어를 입 밖으로 낸다면 나쁜 아이가 될 것이라는 말을 들었기 때문에 성폭행당한 경험에 대해 밝히지 못했다. 심지어 면담에서 성적인 행동에 대해 이야기하는 것조차 거의 그런 행동을 하는 것만큼 더러운 일로 보일 수 있다.

　한 소말리아 통역자는 최근 나에게 자신이 소말리아 이민자들과 금기시되는 주제에 대한 이야기를 어떻게 했는지 말했다. 그 통역자는, 예를 들어 동성애나 매춘과 관련된 내용을 의사가 질문할 때 잠시 휴지 시간을 갖도록 요청했다. 왜냐하면 이슬람 종교에서 동성애와 매춘은 금지되어 있어서 질문 자체가 모욕적이므로 소말리아 남자라면 협조를 거부할 것이기 때문이다. 통역자는 다음과 같이 말하면서 환자들에게 질문을 통역하였다. "의사 선생님이 이제 질문을 하실 건데 이 질문이 불쾌하게 느껴지실 수 있을 겁니다. 하지만 당신을 불쾌하게 하려는 의도는 없습니다. 어떤 질병을 알아내기 위해 당신의 성적 활동에 대해 물어보실 겁니다. 의사 선생님은 이런 예민한 문제에 대해 모든 남자 환자들에게 똑같이 질문하고 있습니다. 괜찮으시겠습니까?" 남자 환자들이 질문의 맥락을 이해하고 질문들에 대해 동의했을 때 면담에 더 개방적이 되어 잘 진행할 수 있었다고 말했다.

때때로 내담자들은 면담자가 전혀 의심하지 않을 이유로 인해 특정한 주제에 대해 이야기하는 것을 불편하게 여긴다. 예를 들어, 많은 문화권의 사람들이 스스로의 성취에 대해 묘사하기를 꺼리는데, 그렇게 하면 자만하는 것으로 보이거나 흉안의 불행을 야기시킬 수 있기 때문이다. 또는 혐의가 있는 폭행범의 인종에 대해 이야기하는 것을 어린이가 불편해할 수도 있는데, 인종에 대해 이야기하는 것은 나쁘다고 배웠기 때문이다. 또는 무슬림, 모르몬교도, 여호와의 증인 교도들은 술과 관련된 상황에 대해 이야기하기를 불편해할 수도 있다. 그리고 종교적인 이유로 그들 자신이나 그들과 함께 있는 사람들이 술을 마시지 않았어야 했다고 믿는다. 북미 원주민 어린이들은 자기 부족이나 확대 가족 구성원을 좋지 않게 보이게 하는 행동들에 대해서 말하는 것을 두려워할 수도 있다. 때때로 소수문화의 사람들은 독특한 문화적 활동, 이를테면 토르티야를 만드는 것, 안식일 촛불을 밝히는 것, 마작을 하는 것 또는 민간요법을 사용하는 것에 대해 말하는 것을 당황스러워한다. 그리고 물론 아이들이나 어른들도 자신이 무언가 잘못했다라는 것을 암시하는 질문에 대해 대답하는 것을 불편해한다. 예를 들어, 만약 그들이 학교에 빠졌거나 출근하지 않고 넘어갔다면, 그 사실을 드러내지 않을 것이다. 만약 그들이 포르노를 봤거나, 매춘부를 찾아갔거나, 불법적이거나 강요된 성행위에 협조했다면, 그들은 창피함을 느낄 수도 있다. 만약 그들이 안 좋은 평판을 가진 이웃, 가정, 직업상의 관계자를 방문했다면 이것을 숨기고 싶을 수도 있다. 만약 그들이 불법 체류자들과 어울려 다닌다면, 자기 자신들은 불법 체류자가 아님에도 그 사실을 감추려고 할 수도 있다. 현재 가정 이외에 또 다른 가정을 갖고 있거나 외도 상대가 있는 남성들 및 여성들도 이것을 숨기려 할 수 있다. 만약 질문에 불법적인 행위에 관한 사항이 암시되어 있다면, 심지어 그 행동이 지금 하고 있는 면담과는 관계가 없어도, 내담자는 그것에 대해 이야기하기 망설일 수 있다. 사람들은 또한 규칙을 어긴 것을 드러내기 망설이는데, 이를테면 임대차 계약을 맺지 않은 집에 살거나 소득 전부를 당국에게 보고하지 않은 것 등이다.

　때때로 특정한 주제에 대해 이야기하길 주저하는 것은 문화적 이유로 인한 망설임 때문이 아니라 그 이야기를 들어주거나 도움을 줄 수 있는 믿을 만한 사람이 없다고 생각하기 때문이다. 한 멕시코계 미국인 여성은 아이가 성폭행을 당했다는 가족 내 비밀로 인한 절망감과 고립에 대해 다음과 같이 묘사했다.

　　누구에게 가서 이 이야기를 하겠습니까? 불법 체류에 영어도 거의 하지 못하는 멕시코 이민자들을 환영하는 기관이 몇 개나 있겠습니까? 그리고 당신도 알다시피 우리 문화에서는 냉대받을 것에 대한 두려움, 불법 체류자일 경우에는 강제로 추방될 수 있다는 공포가 있고, 백인이 보기에 우리 가족이 같이 살기에는 수가 너무 많거나 그 외 다른 이유로 가족으로부터 분리될 수 있다는 두려움이 있어요. 이 나라의 대다수 사람들은 멕시코 문화와 관습을 이해하지 못합니다. 그리고 물론이죠. 정보를 가족 외부에 공유하는 것에 대한 심한 두려움이 있다고요(Franco, 2006, p. 49에서 인용).

　이 사례에서 이 가족은 위협을 받을 것에 대한 두려움이 발생한 일에 대한 도움을 받으려는 강한 욕구보다 더 컸다. 그들의 주저함은 고립에 대한 두려움의 반영이지 문화적 금기를 반영한 것은 아니다.

　다양한 주제는 다양한 이유로 특정 내담자에게 특히 민감할 수 있으므로 특별한 관심을 기울일 필요가 있다. 왜냐하면 그러한 주제들은 자주 등장하며 영향력 또한 막대하기 때문이다. 마약 및 알코올 남용, 아동 학대, 배우자 폭력, 성추행과 같은 문제들은 다음 부분에서 보다 심도 있게 다룰 것이다.

약물 남용

왜 약물 남용을 따로 분리하여 설명할까? 첫째로, 약물과 술은 많은 사람들의 삶에 드리워지는 중요한 부분이 되며, 면담에서 이들의 영향력이 드러날 수도 있고 그렇지 않을 수도 있다. 둘째로, 약물 남용에 관한 내용은 인생을 바꿀 정도로 면담의 결과에 영향을 미칠 수도 있다. 누가 정부의 재정 지원 또는 정부 보조 주택시설 또는 의료보험 혜택을 받게 될 것인가? 아니면 그 사람이 징역을 살게 될 것인가? 이러한 질문들에 대한 대답은 그 사람이 특정 약물을 복용 중이거나 복용했던 적이 있는지 없는지에 관한 증거에 전적으로 달려 있을 수 있다. 셋째로, 면담자는 특정한 약물에 대한 각 문화의 태도가 어떻게 다른지를 반드시 알아야 한다. 그럼으로써 가장 민감하고 효율적인 방법으로 질문을 할 수 있기 때문이다.

특정한 문화적 맥락 속에서 사람들은 약물을 어떻게 사용하고 남용하는지에 대한 태도를 습득한다(Straussner, 2001). 사람들은 부분적으로 접근 가능성(비용을 감당할 수 있는지를 포함해서), 또래들 사이에서의 유행, 문화, 세대의 규준에 근거하여 의식(consciousness)을 바꾸고자 특정한 약물을 선택한다. 민족의 문화 또한 언제, 어떻게 그리고 누구와 함께 약물을 사용할지에 대해 영향을 미친다.

어떤 약물들은 다른 약물에 비해 보다 낙인이 찍히는 경향이 있다. 예를 들어, 불법 약물을 남용한 사람은 약이나 알코올에 대해 법적인 처방을 받고 남용한 사람보다 더 사회적으로 낙인이 찍힌다. 서구의 산업 국가들에서 가장 흔하게 남용되는 향정신성 약물이 술이라는 사실에도 불구하고 이러한 차이가 존재한다. 우리도 아는 바처럼, 알코올 섭취는 사고, 생산성 저하, 빈곤, 가정폭력, 그 외의 범죄들에 영향을 미친다는 면에서 어마어마한 사회적 비용이 든다. 하지만 알코올은 불법 약물만큼 심하게 낙인찍히는 일이 별로 없다. 나는 이 점을 강조하고자 하는데, 왜냐하면 당신의 문화에서 어떤 약물은 받아들이는 반면 어떤 약물은 금기시하도록 배웠을 수 있기 때문이다. 이 개념 중 많은 부분이 실제로 문화적인 것이며, 어떤 약물이 다른 약물보다 더 위험한지에 대한 문화적 개념은 반드시 통계적 수치에 기반하지 않는다는 것을 기억하는 게 중요하다.

약물 사용에 대해 질문을 할 때는 그 사람이 속한 민족 문화의 영향을 유념하는 것이 중요하다. 그러한 지식이 없으면 문제 행동을 간과하거나, 잘못 해석하거나, 문화적 맥락의 중요성을 축소하여 생각하기 쉽다.

어떤 집단에서 알코올과 여타 약물을 사용하는 것은 부정적인 낙인을 찍는 행위이지만, 다른 집단에서는 종교적인 행위로 간주되기도 한다. 대다수의 사회에서 약물 사용에 대해 만연해 있는 태도를 가장 잘 묘사하는 말은 '상황에 따라 다르다'일 것이다. 어떤 약물은 어떤 상황에서 어떤 사람들로부터 비난받지 않고 사용될 수 있고, 어느 정도 중독 상태가 될 때까지도 사용할 수 있다. 예를 들어, 남자 대학생이 토요일 저녁에 의식이 혼미해질 때까지 술을 마시는 것은 허용되는 일일 수 있다. 하지만 시험 주간에 이러한 행동을 하거나 운전하기 전에 이런 행동을 하는 것은 무책임한 것으로 간주된다. 미국의 모든 주에서, 술을 구매하고 소유할 수 있는 법적인 권리를 갖는 나이는 21세임에도 불구하고, 음주에 대한 이러한 관용은 미국 대학교에 널리 퍼져 있다(어떤 주들에서는 사유지에서 혹은 그 부모가 같이 있는 상황이라면 21세보다 더 어린 사람들도 술을 마실 수 있다.). 하지만 알코올 말고 다른 약물을 사용하는 남자 대학생은 폄하당할 수 있으며, 남자 대학생과 같은 양의 술을 마시는 여자 대학생 또한 폄하될 수도 있다.

약물 사용에 대한 문화적 패턴

특정 문화 내에서 허용되는 약물 사용의 패턴에 대해 배우기 위해서는 그 문화에 친밀해질 필요가 있다(물론 고정관념을 피하는 것이 중요하다. 문화 내에서도 개인과 가정에 따라 다양하기 마련이다.). 외부인의 눈으로 보기에, 이것은 마치 "남자들은 다 술을 마셔." 또는 "여자들은 약을 입에 달고 살아."와 비슷한 것으로 보일 수 있지만, 실제로 그 문화 내의 사용 패턴은 뚜렷이 다를 수 있다. 물론, 남자가 술을 마시는 것은 눈에 잘 띄는 현상이다. 남자들은 길 모퉁이에서나 술집에 모여서 술을 마신다. 마시지 않는 사람들은 눈에 잘 띄지 않는데, 직장에 조용히 남아서 초과 근무를 하거나 집에서 가족들과 함께 있기 때문일 수 있다.

문화적 의식에 따라, 특정한 종류의 음주는 지지를 받을 수도 있다. 예를 들어, 아일랜드의 장례식에서는 술을 지나치게 많이 마시는 것이 흔한 일이다(Straussner, 2001). 그리고 1년에 한 번 있는 유대인들의 축제인 부림절에는 참석자들이 '하만과 모르드개(부림 이야기의 두 주요 인물)를 혼동하게 될 때까지 마셔도 되는' 초대를 받는다. 일반적으로 유대인들은 적정한 선에서 음주를 즐기는 것으로 알려져 있으며, 특정한 기념일이나 금요일 저녁 안식일 저녁식사를 축하하기 위해 소량의 와인을 마신다. 물론 몇몇 유대인 가정 내에도 다른 문화권에서도 그렇듯이 알코올 중독이 존재한다. 일상생활에서, 계약을 맺을 때, 우정을 다질 때, 접대를 할 때 술을 마시는 폴란드와 러시아에서는 과음이 흔한 일이다(Gilbert & Langrod, 2001). 많은 유럽 나라들과 세계의 부유층 사람들은 집에서나 레스토랑에서나 저녁을 먹을 때 와인 또는 맥주를 마신다. 포르투갈에서는 식사를 하면서 와인을 마시는 것이 일반적이기 때문에, 식사 도중 물 한 잔을 요청하는 것을 놀리는 표현, 예를 들면 '물을 마시면 뱃속에 개구리가 생긴다'와 '물은 발을 씻으라고 있는 것이다'와 같은 표현도 존재한다.

일본에서 직장인들은 흔히 직장 동료들, 고객들과 함께 술을 마시도록 압력을 받는다. 동료 관계나 상하 관계는 근무가 끝난 뒤 술집에서 사교활동을 하는 것으로 더 끈끈해진다. 이는 술을 자제하고 싶은 사람에게는 정치적으로 어려운 일이다(Genzberger, 1994). 페루나 볼리비아의 지방에 살고 있는 토착민들은 자주 *chicha*(집에서 발효시켜 만든 알코올 음료)를 만들고, 시장이 열리는 날이나 특별한 상황에서는 인사불성이 될 때까지 이 음료를 마신다. 영국, 아일랜드, 뉴질랜드, 오스트레일리아 남자들은 청소년기에서 노년기까지 선술집(pub)에서 모이는 경향이 있다. 전 세계적으로 남자들은 스포츠 경기를 보면서 술을 마시는 경향이 흔하다. 이는 직접 관람하는 것이든 텔레비전으로 관람하는 것이든 상관없다.

알코올뿐만 아니라 다른 약물을 소비하는 것에도 문화적 맥락이 관련된다. 예를 들어, 일부 자메이카 사람들(과 다른 카리브 해 지역 사람들)은 연령대와 사회 각계각층을 통틀어서 마리화나(*ganja*)를 사용한다. 마리화나를 통해 약 효과뿐 아니라 영적인 효과를 볼 수 있다고 생각하기 때문이다. 마리화나는 기분전환을 위해, 이런 저런 의식(rituals)을 위해 소비되며, 서구 의약품에 접근하기 어려운 지역에 사는 사람들이 약초 재배자로부터 얻어서 약으로 사용한다. 이 약물에 대해 자메이카 사람을 면담할 때는, 이러한 마리화나의 사용을 문화적으로 지지하는 것에 대해 기본적인 이해를 갖추는 것이 중요할 것이다(Harris-Hastick, 2001).

몇몇 안데스 산맥 지역 국가 사람들은 코카나무 잎을 씹고, 남아시아의 어떤 사람들은 구장 나무 잎(betel)을 씹고, 몇몇 아프리카와 중동 국가 사람들은 콜라 나무 열매나 카트(khat)를 씹는다. 각성제로서의 작용을 하고 공복감을 피할 수 있기 때문이다. 이 물질들은 사용자를 '흥분(high)'되게 하거나 취하게 하거나 여타의 기능을 저하시키지 않는다. 그러나 이러한 약물들을 상용한 사람들은 이 약물들에 점점 의존적이 될 수 있으며, 섭취를 중단했을 경우 금단증상을 겪을 수 있다. 이와 유사하게, 아르헨티나, 우루과이, 브라질, 파라과이, 레바논, 시리아 사람들은 마테(maté, 각성작용을 하는 차)를 마신다. 마테를 마시는 것은 우루과이나 아르헨티나 여기저기에서 흔히 볼 수 있다. 지하철역, 공원, 직장에 이르기까지 공공장소에서 사람들이 보온병을 어깨에 끈으로 둘러매고 손에는 컵으로 쓸 수 있도록 속이 파인 호리병박 열매를 들고 있는 모습을 자주 볼 수 있다. 이는 서구에서 차나 커피를 끊임없이 마시는 것과 유사하다.

여러 전통 문화에서 사람들이 특별한 상황에서 영적 세계에 접촉하기 위해 환각 작용이 나는 버섯, 차 또는 약물을 섭취한다. 이러한 물질들은 공동체 구성원 모두가 사용할 수 있지만 이를테면 주술사들이나 원정 사냥을 떠나는 남자들 같은 특정 집단이 더 자주 소비한다. 환각 작용을 하는 물질들 중 가장 유명한 것은 아마도 카를로스 카스타네다(Carlos Castañeda)가 멕시코의 주술사에 대해 쓴 소설인 돈 후안 시리즈를 통해 알려진 페요테 버섯(peyote mushrooms)일 것이다. 주술사들이 전통적으로 이용해 온 아야화스카(ayahuasca)라고 불리는 식물로부터 만든 약물을 섭취하는 것에 대해 브라질의 모든 종교들이 인정하고 있다. 이 약물을 섭취하는 사람들은 아야화스카를 신성한 식물이라고 생각했으며 자기 자신과 우주에 대한 통찰을 가능하게끔 해 준다고 생각했다. 다른 약물을 유희용으로 사용하는 것과 이 약물을 사용하는 것을 동일시하지 않는 것이 중요하다. 아야화스카의 섭취는 현재 미국에서 불법이 아니다.

마지막으로, 주류문화가 갖는 특정 맥락 때문에 알코올과 다른 물질들의 사용이 지지되는 경우가 있다. 예를 들어, 학부생과 대학원생들은 종종 시험공부를 하면서 또는 보고서를 쓸 때 잠에 빠지지 않기 위해 리탈린(Ritalin)과 덱사드린(Dexadrine)과 같은 처방받은 각성제뿐만 아니라 불법 약물(코카인과 같은)을 사용한다. 댄스 바에 자주 들리는 사람들은 성적인 만족감을 늘려 준다고 생각하기 때문에 때때로 질산알킬(alkyl nitrate, 흔히 파퍼스(poppers)로 알려짐)을 흡입한다. 또한 알코올, 코카인, 그 밖의 다른 약물들을 과용하는 것은 유명인들 사이에서는 거의 필수적인 것처럼 보이기까지 한다.

약물 사용과 남용에 대해 이야기하기

법적인 문제 때문에 어떤 사람들은 약물 사용과 남용에 대해 이야기하는 것을 특히 불편하게 여길 수 있다. 예를 들어, 미국 시민이 아닌 사람들은 불법약물을 사용한 것 때문에 국외추방을 당할 수도 있다(심지어 영주권이 있더라도). 미국에서 약물과 관계된 범죄로 기소된 사람들은 연방정부에서 지원하는 학자금 대출을 거부당할 수도 있고, 공공 주택에서의 거주에 제한을 받을 수 있고, 여러 취직 기회를 잃게 될 수 있으며, 평생 동안 위탁 부모(foster parents)의 역할을 하지 못할 수도 있다. 따라서 면담을 할 때 약물 사용과 관련한 주제들을 다룰 때 조심스러워야 할 필요가 있다. 면담자는 내담자가 그에 대한 비밀유지와 한계에 대해 알도록 해야 한다.

말일 성도들(Latter Day Saints, 흔히 모르몬교도라 알려짐), 몇몇 침례교파(Baptists), 안식일 재림파(Seventh Day Adventists)들은 특정 알코올과 향정신성 약물의 사용을 허락하지 않는다. 이러한 물질을 사용한 사람은 파문당할 수 있다. 어떤 문화권에서는 가족 중 한 사람이라도 약물이나 알코올을 섭취한다면 나머지 가족 구성원들이 결혼하지 못할 가능성이 높다. 이미 고정관념과 비난에 시달리고 있는 소수문화 집단 출신인 사람들은 자신이 약물을 사용한다는 것을 드러내고 인정한다면, 혹은 스스로의 습관을 버리기 위해 휴가를 내고 치료를 받을 필요가 있다고 느낀다면 더 큰 고정관념과 비난을 불러일으킬 거라고 느낄 수 있다.

특정한 물질을 사용한다는 고정관념이 존재하는 민족 집단의 구성원에게는 이러한 물질들을 사용하는 것을 외부인과 이야기하는 것이 특히 어려울 수 있다. 예를 들어, 알코올 중독(alcoholism)은 흔히 '아일랜드인의 병(The Irish disease)'이라고 묘사된다(물론 다른 민족 집단의 사람들도 알코올을 사용하고 남용할지언정 말이다.). 제임스 조이스(James Joyce)부터 프랭크 매코트(Frank McCourt)에 이르는 유명한 아일랜드 작가들이 술을 과용하는 것이 얼마나 아일랜드 남자들과 그 가족을 망쳐 왔는지에 대해 자세히 기술했다. 선술집은 역사적으로 중요한 사교 중심지였고, 그 지역 내 성인 남자들이 모여서 이야기를 나누고, 축하하고, 서로를 지지하는 공간이었다. 남자들은 함께 술을 마시는 사람들에게 술 한 잔씩 돌린다. "따라서 실상은 이러한 관습에 따라 만약 다섯 명의 사람이 함께 술집에 들어간다면 이들이 각자 한 잔씩 돌릴 것이라고 예상하기 때문에, 결국에는 각자 다섯 잔씩 마시게 되는 것이다."(O'Dwyer, 2001, p. 204) 비록 아일랜드 여성들이 예전보다는 더 많이 술을 마신다하더라도, 술을 마시는 것은 여전히 여성에게 낙인이 찍히는 일이 된다. 때문에 이들은 몰래 술을 마시며, 심지어 알코올 치료 프로그램을 받고 있더라도 술을 마신다는 것을 부인하곤 한다(Corrigan, Butler & O'Dwyer, 2001에서 인용). 아일랜드 남성을 면담할 경우(남자들이 흔히 그렇듯이) 자신이 알코올을 섭취하는 정도를 축소하는 것이 규범적이라고 느껴지기 때문에, 혹은 아일랜드인에 대한 고정관념을 확인시켜 주는 셈이 될까봐 알코올 섭취에 대해 이야기하는 것을 망설일 수 있다. 또한 그는 면담자가 이미 자신에 대해 술을 많이 마시는 사람으로 짐작하고 있다고 믿기 때문에 알코올 사용에 대해 일부러 언급하지 않을 수도 있다.

면담자는 약물 소비에 관련된 언어 사용에 조심스러워야 할 필요가 있다. 중독자나 중독 또는 알코올 중독이나 알코올 의존에 대해 말하는 것은 극도로 위협적이며 모욕적인 것으로 받아들여질 수 있다. 어떤 면담자들은 개입을 하기 위해 의도적으로 이러한 직설적인 단어들을 사용하기도 하지만 그 영향에 대해 인식하고 있어야 한다. '문제성 음주' '빈번한 음주' '정기적인 약물 사용' 또는 '대마초에 몰두하는'과 같은 표현들이 더 포괄적이고 비난적인 표현들보다는 나을 것이다. 그리고 면담자는 내담자의 말에서 표현을 고를 수도 있다. 만약 그런 경우에는 어느 시점에서 그 표현이 어떤 뜻인지 지혜롭게 물어야 할 것이다. 내담자가 '조금 기분이 들떴다' 또는 '약간 가라앉았다', 또는 '무뎌졌다' 또는 '잠을 자려고 한 모금 마셨다'와 같은 표현을 쓴다면, 이것은 무엇을 의미하는가? 어떤 약물이 사용된 것인가? 어느 정도의 양이 사용된 것인가? 내담자는 얼마나 중독이 되었는가? 그 결과는 어떠했는가? 그리고 이 일들이 얼마나 자주 일어났는가?

약물 사용에 대한 최초의 질문을 할 때, '추정 질문(Presupposing questions)'(4장의 질문 유형 표를 참고하라.)을 하는 것이 도움이 될 수 있다. 예를 들어, "술을 마십니까?" 또는 "약을 하세요?" 같은 질문보다는 "당신의 알코올 사용에 대해 이야기해 주세요." 또는 "당신이 처방받은 약과 다른 약물을 사용한 것에 대해 이야기해 주세요."가 낫다는 것이다. 이러한 종류의 질문들을 세심하게 제시하면, 술이나 약물을 먹지 않는 사람들에게는 섭취하지 않는다고 말할 수 있게끔 하면서도, 섭취하는 사람들이 느낄 수 있는 수치스러움을 줄일 수 있다.

약물 남용에 대한 치료

우리는 우리가 면담하는 사람이 약물 사용에 대한 치료를 받지 않으려고 하거나 약물 사용을 끊지 못할 때 인내심이 약해질 수 있다. 알코올과 약물에 대한 치료가 모든 집단의 사람들에게 똑같이 받아들여지는 것이 아님을 기억하는 것이 중요하다. 약물 남용을 질병으로 바라보는 것은 많은 문화에서 낯선 개념일 수 있는데, 이를테면 약물 사용을 도덕적 약점, 신에 대한 믿음이 부족한 것, 죄악, 남자답다는 것에 있어서 중요한 요소, 또는 매일의 일상에서 필요불가결한 것으로 바라보는 문화들이 그렇다. 약물 남용 치료의 일부로서 어떤 사람들은 스스로의 감정을 잘 이야기한다. 다른 사람들은 책임감에 대해 이야기할 때 더 잘 반응하거나, 약물 남용이 그들의 가족이나 동료들에게 미칠 영향에 대해 가르쳐 주는 것에 더 잘 경청하기도 한다.

약물 남용의 치료 전략을 추천할 때는 그것이 내담자와 '맞는지'를 결정하는 것이 중요하다. 예를 들어, 익명의 알코올 중독 집단(Alcoholics Anonymous groups)은 민족, 인종, 사회적 계층, 전문 분야에 있어 매우 다양하게 구성되어 있다. 어떤 사람에게는 화요일 저녁 모임이 교회 지하에 모이는 것은 괜찮게 여겨질 수 있지만 수요일 아침에 열리는 모임은 괴로울 수 있다. 똑같은 교회, 똑같은 도시에서 모임을 갖지만 다른 그룹의 사람들이다. 약물을 사용하는 사람들은 정기적인 사교 모임과 밀접히 연결되어 있는 것처럼 보인다(예를 들어, 술집에서 모이는 것, 카드나 도미노 게임 모임, '여자들만의 저녁 외출' '남자들끼리 어울리기' 또는 일요일 오후 축구 모임 등). 따라서 이러한 사람들에게는 약물 사용과 관련이 없는 사회적 활동, 이를테면 종교 행사, 가치 있는 이유를 위해 모금을 하는 것, 협동조합 참여, 평생 교육 수강, 스포츠 팀 등의 활동을 권하는 것이 도움이 될 수 있다.

이슬람교도, 유대교인, 불교도, 힌두교도 또는 무신론자들은 기독교의 주기도문으로 끝나는 익명의 알코올 중독 집단을 반대할 수도 있다. 유대교도, 무슬림, 안식일 재림파들은 돼지고기를 대접하는 치료 센터에서는 불편하게 느낄 수 있다. 보편적인 자기개방에 눈살을 찌푸리는 문화에서 온 사람들에게는 원 모양으로 둘러앉아 사적인 정보를 드러내는 방식이 낯설고 당혹스러운 것일 수 있다. 혼성 집단에서 이렇듯 사적인 정보를 공유하게 되면 몇몇 사람들은 특히 어려워할 수 있다.

종종 약물을 남용하는 어머니들은 아이를 돌보는 시간이 줄어들기 때문에 치료에 참가하지 않는다. 특히 고립된 상태인 이민 가정 어머니들은 자신이 치료를 받는 동안 아이를 돌봐 줄 누군가를 찾는 것이 어려울 수도 있다. 아이 양육은 어머니의 역할이라는 관념이 지배적인 문화 출신 어머니들도 비슷한 어려움에 봉착한다.

 ## 아동 학대와 방임

아동 학대와 방임에 관한 의심보다 양육자에게 더 스트레스가 되는 주제는 없다. 또한 면담자에게도 단 한 회기 만에 필요한 정보 모두를 얻어내고 과정을 끝마쳐야 한다는 압력을 받고 있을 때 스트레스는 극심해진다. 아동 학대의 가능성이 있는 상황에서 면담자는 자신의 작업이 범죄 기소, 가족의 온전함, 아동의 안전과 정신건강에 직접적인 영향을 미칠 수 있다는 것을 안다. 만약 아동이 학대 사건에 대해 이야기한다면, 그 내용은 흔히 아동뿐만 아니라 면담자에게도 고통스럽게 느껴지곤 한다. 만약 아동을 학대하고 방임한 것이 드러났다면, 면담자는 경찰, 아동보호서비스, 그리고 가능하다면 학교나 의료진과 함께 조치를 취하도록 요구받을 수 있다. 그러고 나서, 아동 학대가 일어났다는 것을 의심할 나위가 없다면, 면담자는 흔히 두려움을 느끼고 이 면담이 그냥 다른 방향으로 가기를 바라고 있는 자기 자신을 발견한다. 여기에 언어적 차이와 문화적 차이가 섞일 때는, 온전하고 정확한 정보를 이끌어 낼 수 있을 만큼 충분히 라포를 형성하는 것이 거의 불가능해 보일 수도 있다.

이 책에서 일반적인 다문화 면담에 대해 제안하는 모든 것이 아동 학대 면담에서도 도움이 될 수 있다. 덧붙여, 면담자는 많은 아동과 성인이 신체적 학대, 성적 학대, 방임, 정서적 학대를 포함해 자신이 고통 받았던 행위에 대해 극심한 수치심을 느끼며, 특히 그러한 행위가 가족 구성원으로부터 행해진 것일 때 더욱 그러하다는 것을 유념해야 한다(Fontes, 2007). 아동(또는 아이들처럼 학대를 당하는 성인들)이 자신을 학대한 사람을 보호하고자 하고, 자신이 겪었던 일의 심각함을 부정하고, 자신에게 일어난 일이 학대가 아니며 자신의 잘못이었다고 다시 정의하고 싶어 하는 것은 드문 일이 아니다. 이렇게 하는 것은 아동으로 하여금 양육자의 자애로운 이미지를 지킬 수 있게 한다.

문화적 금기는 이러한 수치심을 키울 수 있다. 한 멕시코계 미국 여성은 자신이 성적 학대의 피해자라는 사실을 드러내지 못했던 이유에 대해 한 목사가 설교를 통해 성에 대해 생각하거나 말하는 것은 죄악이라고 했기 때문이라고 말한 적이 있었다(Franco, 2006).

신체적 학대와 훈육 사이의 경계선에서 가장 논쟁적인 몇몇 문화적 문제들이 생겨난다. 한 문화에서는 받아들여지는 처벌이 다른 문화에서는 학대로 여겨질 수 있다. 모든 문화권에서 아동을 향한 극도의 폭력은 학대로 여겨지지만, 문화에 따라, 시대에 따라, 아동이 위반한 것을 받아들이는 바에 따라, 그리고 아이와 어른과의 관계에 따라 덜 심한 폭력도 학대로 여겨지거나 혹은 받아들일 수 있는 것으로 여겨질 수도 있다(Fontes, 2005b). 예를 들어, 미국 어린이들은 때때로 처벌로 저녁을 거르고 잠자리에 들어야 한다. 많은 국가에서 아이들이 배가 고픈데 음식을 뺏는 것은 잔인하고 학대처럼 여겨진다. 신발, 나무로 만들어진 수저, 허리띠로 아이를 때리는 것은 많은 국가에서 용인되는 일이지만, 아이를 때려서 그 흔적이 남는다면 미국과 북유럽에서는 이를 신체적 학대로 간주하곤 한다.

가능한 신체적 학대에 대해 질문을 할 때는, '학대'와 같이 판단을 담고 있는 단어는 피하는 것이 가장 좋다. 보다 중립적인 질문을 함으로써 더 정확한 정보를 얻고는 하는데, 이를테면 "아빠가 너한테 정말 화가 났을 때는 무슨 일이 일어나니?" 또는 "네가 벌을 받았던 것 중 가장 안 좋았던 때는 어떤 일이 일어났었니?"와 같은 질문들이다. 양육자에게 질문을 하는 경우에는 이렇게 표현할 수 있는데 "주로 아이들한테 벌을 줄 때 어떻게 하십니까?" 또는 "아이(들)에게 특히 심한 벌을 줬던 때에 대해 이야기해 주세요." 물론 사람들이 개방적으로 응답하는가, 그렇지 않은가에는 많은 요인들이 작용한다(신체적 학대, 훈육과 문화에 대해 더 많은 논의를 보고 싶다면 Fontes, 2002, 2005b를 참고하라.).

지레짐작하는 것은 실수일 수 있지만, 이민자 집단의 아이들은 본토 출신 아이들보다 학대의 위험에 더 노출되어 있다. 사실, 미국과 캐나다의 연구결과에 따르면 어떤 것이 학대와 방임으로 여겨지는지는 문화에 따라 몹시 다르다(예를 들어, Maiter & George, 2003). 이민 경험은 부모들에게 스트레스 경험일 수 있는데, 부모들은 흔히 스스로가 고립되었고, 차별을 받고, 스스로의 삶과 자녀들의 삶에 미치는 힘이 줄어들고, 가끔은 주류 문화에 보다 더 적응한 자녀들에게 의존적이 됨을 느낀다. 이러한 이민 스트레스가 간혹 가족 내 갈등을 증가시킬 수 있다.

아동에 대한 성적 학대에 대해 이야기할 필요가 있을 때는, 피해자 그리고 자신이 아이를 보호할 수 있었다고 믿는 사람들에게 극히 어려운 일이 될 수 있다. 학대는 그 자체로 금기시되는 행동이며 관례적으로 관계에서 지켜야 할 경계선을 침해하는 것이다. 학대는 비밀로 유지되거나, 명백한 또는 암시된 협박에 의해 덮이게 되는 경향이 있으며, 대화에서 꺼내기에는 위험한 주제가 되고는 한다. 피해자와 그 가족들은 흔히 학대 사실이 알려지면 소문이 떠돌아다닐 것을 두려워한다. 남성에게 학대를 당한 소녀들은 학대가 향후 자신이 결혼하는 데에 악영향을 미칠까 봐 두려워할 수도 있다. 남성(과 자신의 가족)으로부터 학대를 당한 소년들은 자신이 동성애자로 인식되거나 잠재적인 미래의 학대자로 받아들여질까 봐 두려워할 수도 있다. 무기나 명백한 신체적 폭력이 사용되지 않았을 때, 더 나이가 많은 십 대나 성인으로부터 학대를 당한 아동들은 일반적으로 학대를 당한 것에 자신에게 책임이 있다고 느끼며 자신이 직면했던 상황의 강압적인 측면에 대해서는 과소평가할 수도 있다.

아동에 대한 성폭력에 대해 이야기할 때 야기되는 문화적 이슈들에 대한 온전한 논의는 다른 문헌에서 볼 수 있다(Fontes, 1995, 2007을 보라.). 천천히 그리고 부드럽게 진행하고, 내담자에게 그들의 관점을 설명해 달라고 부탁하고, 당신이 다양한 문화적 함의에 대해 공부를 하지 않은 이상은 특정 상황을 해결하는 가장 좋은 방법을 알고 있다고 가정하지 않도록 유념하라.

모든 종류의 아동 학대에 대해 묻는 것은 가정을 위험으로 밀어 넣을 수 있다. 미국에서 가정폭력의 가해자가 시민권자가 아닌 이상, 그 사람에게 영주권이 있더라도 국외로 추방된다. 많은 나라에서 가족은 가족 내에서 아동 학대가 있었음을 당국이 알게 되면 어른들은 체포되고 아이들은 다른 곳으로 이동하게 된다는 것을 알고 있다. 미국에서는 아동복지국과 위탁가정 서비스에 아프리카계 미국인, 북미 원주민, 라틴계 가정이 지나치게 많이 보고된다. 한 번 소수문화권의 가정이 이 제도들과 연루가 되면, 그들은 백인 가정에 비해 비우호적인 개입을 경험하고 아이들은 가정에서 영구적으로 격리되는 경향이 있다(Roberts, 2002). 이러한 법적인 문제점들에 덧붙여, 그 가정은 소문거리의 대상이 되기도 하거나 종교기관으로부터 파문을 당할 수도 있다. 이민 가정들은 아동 학대 사실이 알려지면 자신들이 속한 민족 집단에서 소외되거나, 원래 살던 나라에서도 소외될 것을 두려워할 수도 있다. 이러한 무거운 압박들 때문에 많은 가정들이 학대적인 사건이 일어났어도 정보를 숨기게 된다.

 파트너의 폭력

친밀한 파트너의 폭력은 전에는 아내 구타(wife battering)또는 여성 구타(woman battering)로 불렸던 것에 대한 성 중립적 단어다. 폭력적인 커플 관계 범위가 보다 넓어짐에 따라 이 표현이 만들어졌는데, 게이와 레즈비언 관계, 결혼하지 않은 관계, 그리고 드물지만 여전히 의미 있는 이성애 관계에서 남성이 여성 파트너에 의해 피해자가 되는 관계까지를 포함한다.

친밀한 파트너의 폭력에 대해 이야기할 때는 문화의 복잡성이 많이 고려된다. 어떤 문화적 맥락 속에서 아내를 때리는 것은 보기 드문 일 또는 문제가 되는 일로 여겨지지 않은 채 많은 여성들의 삶의 일부분이 되기도 한다. 따라서 어떤 국가들에서는 남편이 물리적으로 그리고 성적으로 아내를 폭행해도 처벌받지 않을 수 있다(남편 쪽의 가족 또한 여성에게 신체적으로 폭력을 행사할 권리를 갖고 있는 것으로 보이기도 한다.). 아내 구타나 아내 강간에 대한 법적 제재는 심지어 서구 산업화 국가에서도 비교적 최근에 생긴 것이며, 법적 제재도 흔하지 않은 경향이 있다. 내가 이제까지 만나 본 모든 문화권의 커플들은 가족의 사생활을 지키기 위해 폭력을 비밀로 숨기려고 했다. 가정폭력의 피해자는 흔히 자신이 폭력을 다룰 수 있다고 믿으며, 그리고 실제로도 관계에서 벗어나기 위한 다양한 전략이나 폭력의 치명성을 줄이기 위한 다양한 전략들을 사용하기도 한다.

친밀한 파트너가 행하는 폭력에 대해 이야기하는 것을 꺼림에 따라 면담에서 이 주제를 꺼내기는 특히 힘들어진다. 피해자들은 협박을 당하거나, 자신이 처한 곤경이 알려지면 스스로의 안전이 위험해질까 봐 무슨 일이 일어나고 있는지 드러내는 것을 원치 않을 수 있다. 그들은 자신에게 일어나는 일을 폭로하면 어떤 이득을 볼 수 있을지에 대해 미심쩍을 수도 있다. 폭력의 가해자가 집을 떠나면 스스로를(또는 아이들을) 부양할 재정적 수단이 없을 수도 있다. 피해자들이 가해자를 사랑할 수도 있고, 자신의 그를 향한 사랑이나 헌신 때문에 폭력에 대한 정보를 드러내지 못할 수 있다. 그들은 피해자가 된 것에 대해 스스로를 비난할 수도 있다. 만약 피해자가 이민자라면, 비자 또는 영주권이 가해자에게 달려 있을 수 있다. 또한 피해자들은 폭력에 대해 말을 한다면 그들이 속한 사회에서 외면당할까 봐 두려워 할 수도 있다. 또는 가정폭력의 피해자가 되는 것이 삶에서 흔한 일이라고 믿을 수도 있다. 몇몇 피해자들은 자신이 가해자로부터 아이들을 보호하지 못한 것으로 보임으로써 양육권을 빼앗기고 아이들을 다른 곳으로 보내야 하게 될까 봐 두려워하기도 한다.

심지어 피해자가 학대 사실에 대해 정보를 드러냈어도, 연구에 따르면 친밀한 파트너의 폭력 피해자들은 폭력에 대해 축소하고 정보를 누락시키는 경향이 있다 (Dunham & Senn, 2000). 학대를 수용할 만한 것으로 생각하는 여성 피해자들의 대다수가 폭력의 심각성을 축소시키고 세부사항을 빠트리는 경향이 있다. 이 연구결과는 너무나 흔히 실제로 일어나는 법적 절차의 관습에 반하는 증거인데, 전문가들이 피해자의 설명에서 차이 하나라도 발견한다면 전체 진술을 폐기하는 것이다(흔한 오해들에 관한 12장 '진실, 거짓말 그리고 이민' 부분을 참고하라.). 앞서 언급된 모든 이유들로 인해 피해자는 때때로 스스로가 전에 진술한 것을 부인하기도 하는데, 이것은 혼란스럽고 좌절감을 주는 일일 수 있지만 피해자의 진술 전부를 폐기할 만한 이유가 되어서는 안 된다.

가해자는 학대에 대해 이야기하고 싶지 않아 하는데, 체포되거나 사회적 제재, 심지어 어떤 경우에는 국외 추방을 포함한 제재를 당할까 봐 두렵기 때문이다. 가해자는 또한 폭력이 정당화될 수 있으며 사적인 일이라고 굳게 믿고 있을 수 있다. 아이들은 협박을 받았거나 가해자에 의해 학대를 당해 왔거나, 폭력에 대해 노출했던 과거에 경찰과 같은 공적인 시스템으로부터 보호받지 못했거나, 폭력에 대해 겁을 먹음에도 폭력이 삶의 일반적인 한 부분이라고 생각하기 때문에 목격한 폭력에 대해 이야기하기를 망설인다.

가정폭력에 대해 물을 때에는 낙인을 찍는 듯한 표현을 사용하지 않는 것이 가장 좋다. 도움이 되는 질문은 "공포를 느낀 적이 있나요? 어째서입니까?" 또는 "[당신의 파트너]에게 두려움을 느낀 적이 있나요? 그 이유는 무엇입니까?" "당신의 (또는 당신 아이들의) 안전에 대해 걱정이 되나요?" "당신과 [당신의 파트너]가 언쟁을 벌일 때는 무슨 일이 일어나나요? 그것이 폭력적으로 갔던 일이 있나요?" "[당신의 파트너가 당신을 밀치고, 뺨을 때리거나, 다른 방식으로라도 당신을 다치게 한 적이 있습니까?" 가정에서 폭력에 자주 맞닥뜨리는 사람들은 이것을 '학대'나 '가정폭력'으로 간주하지 않기도 하지만, 덜 비난하는 듯한 특정 질문들에는 여전히 긍정적으로 대답하려고 할 수 있다.

만약 어떤 사람이 폭력의 피해자라는 암시를 주지만 폭력의 세부사항에 대해서 이야기하는 것을 꺼려 할 때, 면담자는 걱정의 근원에 대해 묻는 것이 도움이 된다. 예를 들어 "당신은 [당신의 파트너]에게 두려움을 느낀다고 말씀하셨지만 그것에 대해 이야기하고 싶지 않은 것 같군요. 왜 그런지 제가 알 수 있을까요?" 이런 식으로 질문하면 내담자는 협박에 대한 정보나, 두려워하는 결과에 대한 정보를 면담자와 공유할 수 있다. 피해자가 오로지 자신과 같은 민족 집단 내의 사람에게만, 또는 자신과 같은 민족 집단 출신이 아닌 사람에게만, 또는 오직 여자에게만, 또는 오직 경찰이 아닌 변호인에게만 정보를 공유하는 것도 가능하다. 만약 피해자가 필요로 하는 도움을 면담자가 제공할 수 없거나 피해자가 면담자의 도움을 거절할 때, 피해자가 의지할 자원들에 대한 목록을 갖고 있는 것이 도움이 된다.

부부 성폭력은 특히 수치스러운 것일 수 있다. 많은 여성들은 남편이 요구하는 행동을 해야 할 의무가 있다고 믿으며, 심지어 그러한 행동이 고통스럽거나 굴욕적이더라도, 또는 임신이나 HIV/AIDS 같은 성적 행동으로 전염되는 병이 두렵더라도 그렇다. 이 주제들은 극도의 민감성과 세심함을 가지고 접근해야 한다. 가능한 경우에는 여성들에게 부부 성폭력을 포함한 관련 법규에 대해 알려주는 것이 중요하며, 전화 상담, 온라인 정보, 지지 집단, 상담 등 피해자가 선택할 수 있는 다양한 종류의 서비스를 알려주는 것이 중요하다.

성폭행

성폭행(sexual assault)에 대한 사건은 전 세계의 문화를 통틀어 너무나 흔하다. 이것은 마치 공포영화의 카탈로그와 같은 내용이다. 예를 들어, 베트남 여성 난민들은 보트를 타고 떠돌다가 해적들에게 강간당한다. 여대생들은 캠퍼스에서 강간당한다. 소년들과 남성들은 때때로 스카우트 단, 스포츠 팀, 대학의 남학생 클럽 또는 갱단에 대한 가입의 절차로서 다른 소년들이나 남성들을 폭행한다. 난민 캠프에서는 아이들과 성인 여성에 대한 성폭력이 만연해 있다. 정치적인 이유로 구금되어 있는 남성들과 여성들은 때때로 고문의 일환으로 성폭력, 굴욕 또는 신체손상 등을 감내해야 한다. 감옥에 갇혀 있는 동안 남성들과 여성들은 종종 다른 수감자나 교도관에게 폭행당한다. 배경과 상관없이 빈곤한 사람들은 음식을 대가로 받기 위해 성적인 행동을 하도록 압력을 받는다. 전쟁을 겪는 와중에 보스니아에서 라이베리아에서 콩고와 인도네시아에 이르기까지 여성들과 아이들이 폭행을 당했다. 친밀한 관계 속에서 사람들은 성폭력을 당한다. 그리고 마지막으로 사람들은 때때로 일자리를 얻거나 안식처를 얻기 위해, 또는 좋은 성적을 받기 위해 성적인 행동을 하게끔 압력을 받는다.

당신이 수행해야 하는 책임에 따라 성폭력에 대해서 반드시 물어봐야 할 필요가 있을 수 있다. 이것은 물론 내담자가 꺼내기 가장 어려운 주제 중 하나다. 내담자는 수치심으로 가득 찰 수 있으며, 그런 주제에 대해 이야기함으로써 트라우마 기억을 자극할 수도 있다. 피해자는 피해자가 된 것에 스스로 책임이 있다고 느낄 수도 있는데, 자신이 잘못된 시간에 잘못된 장소에 있었다고 여기거나, 취했었거나, 그 밖의 다른 방식으로든지 자기 자신을 위험에 스스로 밀어 넣었다고 느낄 수 있다. 피해자는 또한 자신이 속한 민족 집단에 의해 비난받을 것이 두렵거나, 부모 또는 친밀한 파트너가 폭행 사실에 대해 알면 자신을 거부할까 봐 두려워하기도 한다. 덧붙여 피해자는 이러한 행동에 대해 이야기하는 것은 가해자를 기소하고 싶은 욕구나 의지를 담고 있는 것을 암시할까 봐 두려움을 느낄 수도 있다. 성폭력에 대해 이야기하는 것은 말을 하는 것을 통해서 괴로움을 경감시키고자 하는 것이다. 하지만 몇몇 피해자들에게 이것은 그저 너무 고통스럽다.

아동 학대와 친밀한 파트너의 폭력에 관련된 주제들은 앞의 단락들에서 다루었다. 충고를 한다면, 다시 강조하지만 이러한 주제에 대해 이야기할 때는 '강간'과 같은 절대적인 단어를 피하고, "누군가가 당신의 허락 없이 당신과 성적으로 접촉했거나 당신을 불편하게 만드는 방식으로 접촉했나요?" "많은 사람들은 걱정스럽게 만들거나 기분 나쁜 성적 경험을 합니다. 이런 일들이 당신에게 일어났다면 말씀해 주세요."와 같은 질문을 던지는 것이 바람직하다. 많은 문화권의 여성들은 단순히 이런 주제에 대해 이야기하지 않으며 특히 남성 면담자 앞에서는 더욱 그렇다는 것을 기억하자. 만약 이 정보가 중요하다면, 이를테면 망명 여부를 결정지어야 하는 사례를 다루고 있다면, 이러한 주제들에 대해 탐문해 본 경험이 있는 여성 면담자의 도움을 요청할 필요가 있을 수 있다. 같은 남성에게 성폭행을 당한 남성은 자신의 남성성에 위협을 받거나 동성애자로 받아들여질까 봐 자신의 피해사실에 대해 알리려고 하지 않을 수 있다. 만약 이 정보가 중요한 정보라면, 그것이 이야기되어야 한다는 필요성에 대해 피해자에게 전달해야 한다.

만약 피해자가 성폭력 사실을 부인하지만 성폭력 피해를 입었을 것이라는 의심할 만한 이유가 있다면, 이 주제에 대해 나중에 언급하는 것으로 문을 열어 두라. 예를 들어, "오늘 저와 다루고 싶지 않은 주제들이 있을 수 있습니다. 특정한 주제들은 이야기하기 어려울 수 있어요. 만약 더 많은 것이 생각나신다면, 당신이 해야 할 일은 ……." 피해자가 폭행으로부터 현재 안전한지의 여부를 결정할 수 있도록 노력하라. 만약 그렇지 않다면, 피해자는 이야기하기를 꺼려 할 것이다. 그리고 마지막으로, 피해자가 적절한 의료 서비스를 받도록 하라.

주저함과 침묵에 대해 다루는 면담자 전략

생산적인 면담을 위해 면담자는 침묵을 지키는 관습에 대한 예외를 직접 언급할 필요가 있을 수 있는데, "대부분의 상황에서 당신은 말을 많이 하지 않으시겠죠. 하지만 여기서는, 제가 묻는 것에 대해 당신이 아는 모든 것을 이야기해 주신다면 굉장히 도움이 될 것입니다." 와 같은 말을 하는 것이 도움이 된다. 또는 아이들과 함께 면담을 할 때는 "대부분의 경우에 어른들은 아이들이 말을 많이 하지 않기를 원하지. 하지만 지금은 네가 앞으로 말해야 하는 것을 나는 꼭 들어야 한단다." 라고 말할 수 있다. 물론, 수줍은 사람이 갑자기 수다스러워지거나 권위자 앞에서는 조용하라는 가르침을 받은 사람이 갑자기 그러한 관습을 쉽게 떨쳐 내리라고 생각하는 것은 순진한 일일 것이다. 가능한 한 존중심을 갖고 개방적이고 판단적이지 않으며, 면담을 받는 사람이 선호하는 언어로 면담 받을 기회를 갖도록 모든 노력을 기울인다 하더라도, 막상 우리는 양방향인 대화에서 우리 쪽 측면만을 통제할 수 있다.

면담에서 어떤 침묵은 허용되는 것이 바람직하다. 너무 빨리 침묵을 깨거나, 새로운 질문으로 넘어가거나, 그 전의 질문을 다시 반복하지 마라. 그렇게 하면 내담자가 방해를 받거나 몰아세워지는 듯한 느낌을 받을 수 있으며 결국엔 마음을 닫아 버리는 결과를 초래할 수 있다. 그 침묵이 내담자에게 있어 편안한 것인지 편안하지 않은 것인지 알아낼 수 있다면 면담을 어떻게 진행할지 결정하는 데에 도움이 될 것이다. 만약 면담자가 끼어들어야 할 필요가 있다고 결정한다면, 방금 내담자가 당신에게 말한 부분을 반복해 말하거나, 질문을 반복하거나, 덜 위협적인 질문을 다시 하거나, 침묵 자체에 대해 말을 할 수도 있다. 다음과 같은 말들이 도움이 될 것이다. "이야기하기에 어려운 주제처럼 보이는군요." "제 마지막 질문의 어떤 점 때문에 조용해지신 것 같습니다. 무슨 일인지 조금이라도 이야기해 줄 수 있겠습니까?" "지금 무슨 생각을 하고 계신가요?"

때때로 사람들의 침묵에 대해 다른 방식으로 말하는 것이 도움이 될 수 있다. 예를 들어, "제가 보기에는 아직 당신이 저를 믿을 수 있을지 없을지 결정하지 못한 것으로 보이는군요. 괜찮습니다. 결정을 내리는 데 제가 도움을 주기 위해서 저에게 물어보실 것이 있다면 무엇인가요?"

흔히 우리는 정보를 끈기 있게 조사해야 하곤 한다. 심지어 그것이 문화적 이유로 인해 민감한 주제이거나 면담자가 하는 업무의 내용으로 인해 내담자가 위협감을 느껴 침묵에 빠지도록 만들었을지라도 말이다. 예를 들면, 아동 보호 조사관이 충분한 정보를 얻는 데 실패하게 되면, 아이들이 더 많은 학대에 취약한 상태로 남겨지게 된다. 또는 조사관이 범죄에 대한 세부사항을 묻는 데 실패하게 되면, 사건이 해결되지 않은 상태로 남게 된다. 심리학적, 교육적, 그 밖에 다른 맥락으로 어떤 사람을 정확하게 평가하기 위해서, 우리는 때때로 내담자가 언급하지 않을 수 있는 정보를 조사할 필요가 있다.

면담자가 면담에서 기대되는 바에 대하여 구체적인 정보를 준다면 내담자가 더 개방적으로 말을 할 수도 있다. 예를 들어, "제가 하는 질문에 가능한 한 철저하게 대답해 주세요." 또는 "그 일이 일어났을 때의 상황을 시작부터 끝까지 전부 이야기해 주십시오. 중요하지 않은 일처럼 보이더라도 전부 다 이야기해 주셔야 합니다." 또는 "지금부터 저는 무슨 일이 일어났는지에 대해 전체적인 그림을 그려 보고자 합니다.

그다음 제 동료가 더 구체적인 질문을 할 것입니다." 내담자가 대화의 성격과 목적에 대해 확실히 알게끔 하라.

당신이 면담의 어려움에 대해 알고 있다는 것을 드러내는 말을 질문 도중에 하는 것도 고려하라. 이를테면 "제가 질문을 많이 하고 있는 걸 저도 알고 있습니다. 피곤하실 수 있겠어요." 당신이 내담자에 대해 신경을 쓰고 있다는 것을 보여 주는 발언들, 이를테면 "현재까지 어떠신가요?" "거의 다 해 갑니다." 또는 "몇몇 질문은 정말 힘들었을 텐데 잘 대답하셨습니다." 와 같은 발언들을 통해 안심시킬 수도 있다. 이러한 발언들은 정보 그 자체보다는 과정에 초점을 맞춤으로써 대화가 보다 더 자연스럽고 인간적이도록 돕는다.

면담자는 대화의 솔직성을 증진시키기 위해 모든 라포 형성 기술을 사용할 필요가 있으며, 여기에는 예/아니요 질문보다는 개방형 질문을 하는 것, 비밀보장에 대해 확신을 주는 것, 안심시키는 태도와 함께 질문을 하는 것, 그리고 왜 솔직한 대화가 필요한지에 대해 설명하는 것 등이 포함된다. "이것이 이야기하기에 민감한 문제임을 알고 있습니다. 하지만 저는 정확히 무슨 일이 일어났는지 들을 필요가 있습니다." 와 같은 말을 하는 것도 도움이 될 수 있다.

진실을 말하고 진실을 둘러싼 세부사항을 밝힘으로써 얻어질 수 있는 이익에 대해 내담자를(그리고 때때로는 내담자의 가족을) 설득할 필요가 있다. 이 설득을 너무 강압적으로 한다면 의심스럽게 보일 수 있다. 부드러우면서도 차분하게 대하면서 신뢰를 얻을 시간을 갖는다(Fontes, 2005a).

몇몇 맥락에서, 면담자에 대한 신뢰로 얻어지는 이익에 대해 설득하는 것이 윤리적인 딜레마일 수 있다. 예를 들어, 아동 학대 사례에서 세부사항을 알아내려는 면담자의 욕구는 학대 사실을 드러내는 것이 아이의 삶을 낫게 하고 전체적으로 사회의 안녕을 돕는다는 가정에 기반을 두고 있다. 하지만 공공 체계는 아이들을 돕고자 하는 우리의 욕구보다 뒤떨어진다. 한번 정보를 드러내면 아이들은 흔히 뒤따르는 문제들을 떠맡게 된다. 즉, 가족 구성원이 감옥에 가는 것을 보는 것, 자신이 알았던 유일한 가족을 잃는 것, 그리고 가끔은 비우호적인 법적 절차에 참여해야 하는 것 등과 같은 문제들이다. 많은 아이들이 다시 할 수만 있다면 절대 말하지 않을 것이라고 사회복지사에게 말하곤 한다(Folman, 1998).

그렇다면 내담자에게 손해를 입힐 수 있는 제도권에 있으면서도 내담자의 신뢰를 얻는 것의 의미는 무엇일까? 이것이 각각의 전문가들이 자신의 양심에 따라 맞닥뜨리는 윤리적 딜레마다. 그리고 물론 이것은 우리가 일하는 시스템에 따라 다르다. 잠재적으로 우리가 실시하는 면담이 항상 도움이 되거나, 가끔 도움이 되거나 또는 반대로 종종 파괴적일 수도 있다. 심지어 처음에는 그렇게 보이지 않거나 모든 내담자들에게 그렇지는 않을지라도, 의심할 여지없이 우리는 면담이 궁극적으로 좋은 일을 위해서임을 이해하고 우리의 일을 한다. 만약 우리가 이런 가정을 할 수 없다면, 우리가 일하는 시스템을 바꾸려는 노력을 해야 한다.

필요하다면 내담자를 안심시키도록 한다. 현재의 면담 상황에서 민감한 주제에 대해 당신과 이야기하는 것이 괜찮은 일이라고 내담자가 확신을 갖게끔 하라. 만약 내담자가 무언가를 어떻게 말해야 할지 어려워하는 것처럼 보인다면, 내담자를 격려하는 말을 할 수 있다. 예를 들어, "괜찮아요." 또는 "말하셔도 됩니다." 또는 "잘하고 계세요." 등이다. 몇몇 면담자들은 다음과 같은 말을 하면서 내담자를 재차 안심시킨다. "오늘 저에게 말씀하시는 내용 중 어떤 것도 저를 충격 받게 하거나, 화가 나게 하거나, 당황스럽게 만들지 않을 겁니다. 그것에 대해서 걱정하실 필요가 전혀 없습니다. 저는 이런 종류의 문제를 가진 사람들과 매일같이 대화해 왔습니다."

만약 내담자가 어떤 것에 대해 이야기하고 싶지 않아하는데 내담자가 그 정보를 말하는 것이 중요하다는 인상을 받는다면, 내담자에게 왜 이 주제가 이야기하기 어려운 것인지 묻고, 가로막는 장벽을 당신이 어떤 식으로든 감소시킬 수 있는지 보자. 예를 들어, 내담자는 소문이 퍼질 것이 두려워서 비밀보장에 대해 재차 확인을 받는 것이 필요할 수 있다. 또는 내담자는 당신이 내담자를 냉정하게 판단할 것을 두려워하거나, 말을 한다면 나쁜 일이 닥칠까 봐 두려울 수도 있다(예를 들어, 국외 추방, 체포, 저주, 비자발적인 입원). 따라서 면담을 진행하기 전에 이러한 걱정에 대해 다룰 필요가 있다. 만약 면담자가 이것에 대해 묻는다면, 몇몇 내담자들은 자신이 말을 더 쉽게 할 수 있는 구체적인 전략을 당신에게 말할 수도 있다. 이를테면 눈을 감거나, 몸을 돌리거나, 모국어로 말하거나, 불빛을 낮추거나, 손으로 얼굴을 가리는 등이다.

몇몇 내담자들은 녹음기가 꺼져 있을 때만 이야기할 수도 있다. 반면에 다른 사람들은 면담자가 방에 없는 상태에서 녹음기를 향해 홀로 이야기하는 것을 선호하기도 한다.

어떤 내담자들은 자신이 비밀을 드러냈을 때 나타날 결과에 대해 외현적으로 또는 은밀하게 협박을 받기도 한다. 예를 들어, 흔히 성범죄자의 영향이 보이지 않는 유령처럼 아동 성범죄 피해자와의 면담에도 끼친다. 아이가 정보를 드러냈을 때 일어날 일들에 대해 모든 것을 이전에 성범죄자가 이야기했을 수 있다. "아무도 너를 믿지 않을걸. 너는 가족도 친구도 잃게 될 거야. 난 직장을 잃고 감옥에 가게 될 거고. 네 엄마는 한 푼도 없을걸. 네 엄마가 너를 비난하고 너한테 화를 낼 거다."

불운하게도 많은 경우 정보를 드러냈을 때 그 성범죄자가 협박한 것이 현실이 될 수 있다. 이것은 아이가 자신이 정보를 밝혔을 때 가족 중 어떤 사람이 국외로 추방될 것에 대해 걱정하거나, 영어를 할 수 있는 유일한 성인 가족 구성원이 감옥에 갈 가능성에 대해 걱정할 때 더 복잡한 문제가 된다.

협박은 다른 상황에서도 내담자가 정보를 드러내는 것을 가로막는다. 예를 들어, 어떤 사람이 전 직장 상사와 갈등이 있었는데 그것이 정말로 자신의 잘못이 아니었음에도 진실을 말할 경우 다시는 고용이 되지 않을 것임을 들었을 수도 있다. 또는 내담자가 속한 민족 집단의 치료자가 자신이 낙후된 것으로 보이지 않기 위해, 자신이 사용하는 약초들에 대해 서양 의사에게 말하지 말라고 환자에게 권고했을 수도 있다. 내가 상담했던 한 어린 소년은 어머니로부터 집에서 무슨 일이 있었는지 말하면 집에서 떠나 위탁 보호 시설에 가게 될 것이며, 남은 인생 동안 혹독하게 학대를 당할 거라고 줄곧 들어 왔다.

독재정권이나 억압적인 정치적 환경 하에서 사는 것은, 공권력, 심지어는 이웃이나 동료들과 사적인 정보를 공유하는 것에 대한 신뢰를 극도로 저해한다. 자신에게 전적으로 확실치 않은 동기나 모임에 대해 정보를 드러내지 않기 위해 침묵을 지키거나, 거짓말을 하거나, 농담을 하거나, 얼버무릴 수도 있다. 그들은 자신이 경험한 트라우마, 소속된 부족, 고문, 구금, 난민 캠프, 정치적 활동 그리고 그 밖의 것들에 대해 이야기하기를 망설일 수도 있다. 원래 살던 나라에서는 이것에 대해 이야기하는 것이 안전하지 않았기 때문이다. 그들은 면담자를 정부의 일원으로 바라보고 의심할 수도 있다.

나는 칠레, 포르투갈, 아르헨티나, 브라질, 그 밖의 가혹한 독재정권과 비밀경찰이 한때 지배했던 국가에서 발생한 민감한 가정문제에 관한 연구와 훈련을 해 왔다. 각 국가들의 사람들은 심지어 가족, 일, 정치성향에 관한 가장 시시한 정보조차 다른 사람을 믿기 어렵다고 보고하였다. 최소한 당신이 누군가를 알게 되고 그들의 소속을 알게 되기 전까지 이들의 기본 태도는 '가능한 한 적게 말하라.'이다. 이 국가들은 가장 억압적이던 시기에서는 벗어났지만, 불운하게도 많은 국가들이 여전히 내전과 독재정권으로부터 고통을 받고 있으며 사람들은 침묵이 가장 안전한 길이라고 믿게 되곤 한다. 이렇게 위험한 환경에서 자라온 사람과 면담을 할 때는 내담자가 개방적으로 정보를 이야기하도록 하는 것이 극도로 어려울 수 있다.

현재 면담하는 사람이 위험(당신의 속한 세계와 관련 없는 부분들이어서 당신이 간과할 수 있는 요인들)에 직면해 있어서 당신과 개방적으로 이야기할 수 있는 능력이 저해되어 있을 수 있다. 예를 들어, 현재 면담하고 있는 이민자들이 이민 온 현재의 나라에서는 성매매 종사자, 학대하는 남성들에 의해 사실상 구금된 상태인 여성, 원하지 않은 하녀 생활, 공장 노동자, 농장 근로자들 또는 편지 왕래만으로 안전하지 못한 가정에 결혼해 온 신부들일 수 있다. 당신이 면담하는 몇몇 십 대들과 성인들은 과거 또는 현재에 갱단의 일원일 수 있다. 또는 갱단 소속의 가족 구성원이 있어서 당신과 협력했다가는 삶에 큰 위협을 받는 상태일 수도 있다. 민감한 면담에서는 항상 그렇듯이, 당신이 면담하는 사람들에게 "지금 안전한 상태입니까?" "제가 알아야 하는 것이 있나요?" "당신이 오늘 여기를 떠났을 때 안전한가요?"와 같은 질문을 하라.

내담자는 질문과 관계없는 걱정으로 인해 괴로워할 수 있는데, 이것도 여전히 대화를 가로막는다. 예를 들어, 나는 소말리아 난민인 마디나(Madina)를 동반하여 면담에 참여했었는데, 면담이 예상보다 길어졌다. 갑자기 그녀는 조용해졌고, 면담자가 부드럽게 무슨 일인지 묻자, 그녀는 어린 딸이 이미 진작 학교에서 집으로 왔을 텐데 맞이할 사람이 아무도 없다고 말했다. 마디나는 면담을 중단할 힘이 자신에게 없다고 느꼈던 것이다. 면담자는 대화를 예상보다 일찍 끝마치고 마디나가 아이를 만나

러 가도록 허락했으며, 보다 더 편안한 시간에 면담을 다시 정해서 못 다한 면담을
끝마치도록 했다.

때때로 대화를 하는 데 있어 대안적인 방식을 제공하는 것이 도움이 되기도 한다.
트라우마 사건이나 민감한 주제에 대해 이야기하기를 꺼려 하는 사람은 대신 그것에
대해 글로 쓰고, 쓴 것에 대한 질문에 대답할 수도 있다. 어떤 경우에는 글로 쓰는 것
이 그 사람이 그 주제를 다루는 것에 대해 갖는 공포를 덜어 줄 수도 있다. 상황에 따
라 글로 쓰인 진술도 중요한 법적 서류가 된다.

어려운 주제에 대해 우리 스스로 더 편안하게 느끼기

면담자가 민감한 주제들에 대해 더 편안하게 느낄수록 내담자의 긴장을 풀어주는
면담자의 능력도 더 커질 것이다. 나는 면담자가 민감한 주제에 대해 이야기하는 연
습을 하면서 더욱 편안하게 느끼기를 권고한다. 빈 의자에 여러 다른 방식으로 질문
을 던지면서 연습을 하고, 동료들과 리허설을 해 보라. 당신에게는 특히 어렵게 느껴
지는 단어이지만, 일을 하는 데 있어 반드시 말해야 하는 단어가 있다면 그 단어가
불편하지 않을 때까지 반복해서 말해 보자. 질문을 여러 가지 표현으로 바꾸어 연습
해 보고 동료들에게 의견을 물어보라.

면담자 자신의 문화에 존재하는 금기들 때문에 특정 주제를 피하고 싶어지거나 오
직 피상적으로만 조사하고 싶어질 수도 있다. 부룬디에서 온 심리학 학부생이 나에
게 슬픈 표정으로 말하기를 자신은 절대 전문적인 심리학자로서 일할 수 없을 것이
라고 말했다. 왜냐하면 그녀가 섹스에 대해 이야기하는 것을 너무나 불편하게 여기
도록 자라왔고 심지어 미국 출신인 남편과도 이런 이야기를 하지 않는다는 것이다.
나는 그녀에게 모든 전문가가 한 가지 또는 그 이상의 개인적인 도전거리를 갖고 있
다고 안심시켜 주었다. 나는 그녀가 스스로의 한계에 대해 알아차린 것을 축하해 주
었고, 그녀가 편안한 방식을 찾을 때까지 더 많이 읽고, 훈련을 받고 섹스에 대해 말
하는 것을 연습하라고 격려했다. 만약 그녀가 스스로의 저항을 극복하기 위해 어려

운 작업을 거칠 의지만 있다면, 성적인 것에 대해 말하는 것이 어려워 고군분투한 스스로의 경험으로 인해, 특히 성에 대해 이야기하는 것을 피하라는 가르침을 받고 자라 온 사람들을 다루는 데 있어 효과적인 심리학자가 될 것이라고 확신시켜 주었다. 물론 문화에 따라 이러한 종류의 어려움이 존재한다.

　가능하다면 당신의 동료들로부터 배우라. 동료들의 면담을 녹화한 테이프를 볼 수 있는지 허가를 요청하고, 그들의 보고서를 읽거나 실제 면담 장면을 참관하라. 각자의 기술과 질문을 비교하라. 다른 사람들이 민감한 주제에 어떻게 접근하며 그 주제를 어떻게 다루는지를 보는 것은 놀랄 만한 경험이 될 수 있다. 선임들의 노트를 비교해 보고 싶은 유혹이 크겠지만, 신입들과 면담에 대해 토론함으로써 신선한 관점과 혁신적인 접근법을 알게 될 수도 있다. 한 여성 베테랑 경찰이 나한테 말하기를, 자신이 강간 사건에 대해 법적인 면담을 할 때 경험이 있는 경찰들은 물론 신참 경찰에게도 자신과 함께 들어갈 것을 격려하는데, 왜냐하면 그들은 젊은 여성 피해자에게 친절하고 부드럽고 따뜻하고 위협적이지 않게 말하는 법을 훈련받지 않았기 때문이라고 한다(2006년 2월, A. Velázquez와의 개인적 대화에서 인용).

　비디오카메라 앞에서 동료와 함께 면담 역할놀이를 해 보고 각자의 작업에 대해 비평하는 것 또한 도움이 된다. 만약 당신이 자신의 면담을 주로 비디오나 오디오 테이프로 녹화한다면, 이 테이프들에 대해 슈퍼비전이나 동료 슈퍼비전을 얻도록 하라. 만약 당신이 일방경 앞에서 면담을 하고 있다면 믿을 수 있는 동료에게 회기를 관찰하고 오직 슈퍼비전의 목적으로 메모를 해 달라고 부탁하자(물론 적절한 사전 동의를 먼저 얻는 것이 중요하다.). 가장 좋은 면담자는 자신의 일에 대해 지속적으로 피드백을 받고 그에 따라서 자신이 하는 것을 조정하는 면담자다. 심지어 경험이 많은 면담자들도 가끔 슈퍼비전 회기가 스스로의 기술이 낡지 않도록 '조율'할 수 있는 기회로 작용한다는 것을 발견한다.

　한때 나는 전일제 심리치료자로 일했다. 따라서 많은 내담자들을 만났는데, 아동, 십 대, 성인을 포함해 성적으로 학대를 당했거나 다른 종류의 가정폭력에 시달리는 사람들도 포함하였다. 나는 접수 면접 슈퍼바이저에게 다른 종류의 사례들도 달라고 부탁했고, 슈퍼바이저는 성폭력 이력이 없는 내담자들을 나에게 배정하였다. 그들의 신뢰를 얻고 적합한 질문을 던지자, 그들 중 다수가 그전에 드러내지 않았던 학대 경험에 대해 말하기 시작했다. 나는 내담자가 폭로를 하려고 할 때 보이는 신호를 스스로 알아차리기 시작했을 때 내 명치에 느껴졌던 감정을 기억하고 있다. 그 감정의 일면은 두려움 비슷한 것이었는데, 왜냐하면 이제 이 면담이 더 복잡해지고 면담자로서 보호적 행동을 필수적으로 취해야 함을 알았기 때문이었다. 나는 슈퍼비전과 스스로의 심리치료에 열심히 임했고, 이러한 두려움이 어떻게 해서든 내담자에게는 드러나지 않도록 확실히 해야 했다. 그렇지 않으면 내담자가 스스로가 말할 소식으로부터 나를 보호하기 위해 바로 말문을 닫아 버릴 것이기 때문이었다. 다른 분야에서 일하는 사람들 또한 슈퍼비전, 휴가, 동료들의 지지, 명상, 운동, 우정, 전문적 재교육 그리고 그 외에 극심한 소진을 피하기 위한 어떤 수단을 통해서든 스스로를 '신선한' 상태로 유지해야 하며, 그렇게 함으로써 사람들이 면담을 통해 스스로에게 진정 중요한 것을 드러낼 수 있도록 해야 한다.

결 론

이 장을 통해 내가 바라는 것은 내담자가 면담자에게 정보를 나누는 것과 민감한 특정 주제에 대해 이야기하는 것을 주저하고, 면담 동안 때때로 침묵을 지키고, 또는 면담자의 권위에 위협을 받는 여러 문화적이며 체계적인 이유들에 대해 당신이 이해하는 것이다. 또한 면담자가 이런 망설임을 극복하는 전략들에 대해 배움으로써 면담에서 얻을 수 있는 정보의 양을 늘릴 수 있기를 바란다.

동시에 나는 면담자가 내담자의 침묵을 지킬 권리와 어떤 정보들은 내보이지 않으려는 욕구를 존중하도록 격려하는 바이다. 대부분의 상황에서 우리는 강압적으로 내담자의 입을 벌려서 움직이는 혀를 펜치로 고정시키지 않는 것처럼, 주저하는 사람들에게 정보를 캐내기 위해 고압적인 기술을 사용해서는 안 된다. 면담자의 의도가 '도우려는' 것이었다고 해도 그러한 도움이 그 사람에게 심각한 악영향을 미칠 수 있다. 여기에는 내담자가 스스로에 대한 다른 관점을 갖도록 밀어붙이는 것, 금기를 깨는 것, 또는 이와 다른 방식으로 내담자들을 위험에 처하게 하는 것 등이 포함된다. 자연재해, 질병, 전쟁, 테러리즘, 그 외의 폭력의 영향하에서 내담자들은 대처능력이 떨어지거나 스스로를 착취, 사기, 무능력으로부터 보호하는 능력이 감소된다 (Sommers-Flanagan, 2007). 위기상황에 놓인 사람들은 스스로의 판단력을 제대로 사용하기 어렵기 때문에 훗날 후회할 방향으로 '협조'하려는 경향이 있을 수도 있다.

만약 주저하는 내담자들에게 말을 하라는 압력을 넣고 있는 자신을 발견한다면, 우리는 확실히 우리 자신의 동기를 이해해야 한다. 우리의 행동은 우리의 전문 분야의 윤리적 기준에 부합하는가? 내담자 또는 공공의 안녕에 대한 걱정이 우리를 동기화시키는가, 아니면 단순히 호기심 때문인가, 당면 주제가 자극적이어서인가, 아니면 도움이 되고자 하는 우리 스스로의 동기를 충족하려는 것인가? '모든 것을 털어 버리는' 것이 카타르시스에 도움이 된다는 개인적 확신감에 동기화되면서도 어떤 사람에게는 '모든 것을 털어 버리는' 것이 강한 수치심을 유발할 수도 있고, 심지어는 자살로 이끌 수도 있다는 것을 알지 못하는 것은 아닌가? 우리는 사람들을 당혹스럽게 만드는 토론 주제로 밀어 넣는 우리의 능력을 즐기고 있는 것은 아닌가?

내담자가 이야기하고 싶지 않아 하는 것에 대해 우리가 압력을 넣을 수 있는 도덕적 또는 윤리적 권한을 갖는 상황은 무엇인가? 특정한 주제에 대해 내담자가 이야기하고 싶지 않은데도 밀어붙일 권리나 의무가 우리에게 있는가? 스트레스를 불러일으키거나 트라우마를 재경험할 수 있는 주제에 대해 언급하도록 압력을 가할 권리가 우리에게 있는가?

앞서 언급된 질문들에 대한 대답에는 다양한 스펙트럼이 있다. 몇몇은 사람들에게 대답을 하도록 밀어붙이는 것은 전혀 괜찮지 않으며 오직 생사와 관련된 문제일 때만 수용 가능하다고 주장할 수 있다. 다른 전문가들은 덜 단호한 입장을 취하면서 누군가가 그들 자신이나 타인의 안전 또는 안녕을 증진시키기 위한 정보를 갖고 있는 경우에는 대답을 달래어 이끌어 내기 위해 어느 정도의 강압은 사용해도 괜찮다고 믿는다. 나는 특정한 영역에서 사람을 이야기하도록 밀어붙이는 것이 괜찮은 순간은 언제인지에 대해 내가 대답할 수 있을 것 같지 않다. 하지만 나는 당신이 이 질문에 대해 동료들과 함께 주의 깊게 고려하고, 어떤 윤리적 문제가 관련되었을지 논의해 보기를 바란다. 어떤 내담자에게는 우리에게 특정 정보를 말하지 않는 것이 자신에게 주어진 최소한의 자기 주장적 행동일 수 있다. 침묵은 건강한 자기 확인적인 저항의 한 형태일 수도 있다.

우리가 면담하는 사람들은 대개 프라이버시(privacy)를 지킬 권리가 있다. 미국질병통제예방센터(The Centers for Disease Control and Prevention, 1999)는 프라이버시를 '어떤 사람이 자기 자신에 대한 것을(행동적인, 신체적인 또는 지적인) 다른 사람과 공유하는 정도, 시간, 상황을 통제하는 것이며 그 사람에게 속한 정보'라고 정의하였다. 내담자가 프라이버시를 지킬 권리가 있다는 자각이 우리가 그들과 상호 작용하는 방식에 변화를 주는가? 그래야 하는 것인가?

우리가 면담하는 사람들에게는 우리가 상상할 수 없는 어떤 이유로 인해 우리와 정보를 공유하지 않을 적합한 이유가 있을 수도 있다. 그들은 자신들의 신체적, 정서적, 사회적 안전에 대해 진심으로 걱정하거나, 침묵을 지켜야 하는 타당한 문화적 이유가 있을 수도 있다. 그들은 단순히 조용히 있는 것을 선호할 수도 있다. 만약 그들이 정보를 드러내는 것에 거부함으로써 생기는 결과가 있다면, 우리는 그 결과들에 대해 내담자가 확실히 알도록 해야 한다. 하지만 우리는 일반적으로 정보를 얻기 위해 너무나 강압적으로 시도하는 것을 피해야 한다. 면담 관계를 강화하기 위해 흔히 필요한 것은 약간의 시간과 여유 있는 면담 절차를 갖는 것이다.

학습문제

1. 내담자가 면담 도중 침묵에 빠지는 세 가지 이유에 대해 논하라. 가능하다면, 특정 유형의 면담 상황에서 특정한 배경을 지닌 사람들에 대한 예를 들어 보라.

2. 문화적인 금기가 어떻게 면담자와 내담자 모두에게 성적인 주제에 대해 이야기하는 것을 불편하게 만드는지 서술하라.

3. 면담 도중 내담자의 개방성을 이끌어내기 위해 당신이 사용했던 방법에는 무엇이 있는가? 그 방법이 효과적이었던 때와 그렇지 않았던 때에 대해 서술하라.

더 읽을거리

Adelman, J., & Enguidanos, G. (Eds.). (1995). *Racism in the lives of women.* New York: Harrington Park Press.

Fontes, L. (1995). *Sexual abuse in nine North American cultures: Treatment and prevention.* Néwbury Park, CA: Sage.

Levesque, R. J. R. (2001). *Culture and family violence: Fostering change through human rights law.* Washington, DC: American Psychological Association.

Minow, M. (1999). *Between vengeance and forgiveness.* Boston: Beacon Press.

09
다문화 아동과 청소년을 위한 면담

모든 아이들은 이방인이다.

– 랠프 월도 에멀슨(Ralph Waldo Emerson)

어떤 의미에서 아이들과 하는 모든 면담은 다문화적이다. 왜냐하면 성인들은 어린 아이들의 관점에서 너무나 벗어나 있기 때문이다. 우리는 아동들과는 다른 사회적 지위, 습관, 스케줄, 가치 그리고 세계관을 갖는 경향이 있다. 이 장에서는 면담자와 다른 민족 출신인, 그래서 면담자에게 덜 친숙할 수 있는 아동과 청소년을 면담하는 것에 초점을 둔다.

아동과 청소년에 대한 다양한 면담을 통해 얻어진 결과는 대학 진학, 심리 진단, 취업 적성, 유죄 또는 무죄, 입학 및 그 외 여러 이슈들에 대한 중요한 결정에 영향을 미친다. 어른과의 면담에서도 그러겠지만, 문화적 차이, 언어적 오해 그리고 아동과의 면담에서 권위 인물의 심각한 잠재적 학대 등은 아동기가 갖는 본래적인 발달적, 법적 한계들 때문에 더 악화된다.

　　아동과 청소년에 대한 면담 기술은 이 책의 모든 장에서 논의되고 있다. 만약 당신이 아동을 면담한다면, 다른 장도 읽기를 바란다. 이 장은 단지 다른 장에서 논의되는 내용들을 더 보충하고 있을 뿐이다. 이 장은 다양한 문화의 어린이들에 대한 면담을 준비하고 그들을 적절하게 평가할 수 있는 방법을 가르쳐 줄 것이다. 면담자는 그들의 행동을 잘못 해석하는 것을 피할 수 있는 방법과 문화적인 이슈에 대해 학교 교직원과 대화하기 위한 몇 가지 팁을 배울 것이다. 또한 다른 문화 출신 청소년을 면담할 때 특히 생기곤 하는 몇몇 장애물들에 대해 배울 것이며, 이를 피하는 방법에 대해서도 배울 것이다. 이 장은 다양한 문화의 어린이들을 능숙하고 공정하게 면담할 수 있는 능력을 증진시킬 것이다.

 ## 아동 면담 시 발생하는 특별한 사안들

　　심지어 모든 조건이 최상일 때에도 아동 면담은 성인 면담보다 더 복잡하며 오랜 시간을 요한다. 우선 아동(또는 청소년)을 면담할 때는 최소 두 사람, 즉 아이와 보호자의 동의와 참여가 필요하다. 사실 면담(또는 평가) 과정에는 종종 여러 사람들이 참여하게 되는데, 이를테면 부모, 형제자매, 확대가족의 일원들, 양부모, 사회복지사, 교육자, 심리치료자, 법정 후견인, 의료인 등이 포함된다. 비록 이 모든 사람들이 동시에 면담실에 있는 것은 아닐지라도, 이들 중 다수에게 면대면 또는 전화로 면담을 하거나 기록에 대한 동의를 얻을 필요가 있을 수 있다. 또한 이 사람들이 평가를 위한 측정 도구에 응해야 할 필요가 있을 수도 있다. 위의 모든 중요한 사람들에게 접근하는 것은 종종 어려운 일이다. 어떤 사람들은 다른 주나 다른 나라에 살고 있기도 하고, 어떤 사람들은 영어를 하지 못한다. 어떤 사람들은 지나치게 바빠서 연락이 되지 않고, 어떤 사람들은 병원에 입원했고, 감옥에 있고, 노숙자이거나, 전화 없이 살거나, 불법 체류자이거나, 공공 기관으로부터 접촉을 피하기 위해 안간힘을 쓰고 있을 수도 있다. 나는 이처럼 부수적인 접촉의 부담을 피하기 위해 아동과 일하기를 거부하거나 업무에 있어 아동 관련 사례수를 엄격하게 제한하는 정신건강 전문가들을 알고 있다. 부수적인 접촉을 하는 데 소모되는 노력과 시간에 대한 금전적 보상이 없기 때문이다.

　미성년자의 경우, 면담 혹은 평가를 실시하기 위해 사전 동의를 얻기 전에 다양한 집단과의 자문이 필요할 수 있다. 너무나 자주 있는 일이지만 면담의 필요성이나, 문제의 본질, 문제의 중요성 혹은 면담 진행을 위한 최선의 방법에 대해 관련자들 서로의 의견이 일치되지 않을 때가 있다(Bereiter, 2007). 아동과 그 가족이 이민자이거나 소수 문화 집단 출신일 때, 이런 복잡함은 기하급수적으로 커질 수 있다. 따라서 관련자들 간의 분노와 불신, 언어적이고 문화적인 오해, 아이에게 무엇이 가장 좋은지에 대한 철학의 차이로 인해 면담이나 평가의 과정이 뒤죽박죽될 수 있다. 만약 해당 가족이 과거에 전문가로부터 배신을 당한 적이 있거나, 전문가가 '도움'을 주겠다고 약속했는데 그 결과에 만족하지 못했다면, 그 가족은 아이의 미래와 같은 중요한 결정에 대해 전문가를 다시 신뢰하는 데 특별히 꺼려 할 수 있다.

　아동이 갖는 취약성 때문에 아동은 전문가, 가족 구성원, 걱정해 주는 타인에게 강한 감정을 형성할 수 있다. 때문에 아동과의 면담과 관련하여 행하는 모든 연락 및 접촉은 감정적인 색채를 띠게 되어, 관점과 의견의 차이가 골치 아픈 갈등으로 비화될 가능성이 높아지게 된다. 보호자와 전문가 둘 다 아동에 대한 여러 주제들, 즉 훈육, 식이조절, 종교, 예의범절, 교육, 교우관계, 이성 관계, 성 문제 그리고 일과생활에 나름의 강한 의견을 갖곤 한다.

　다음의 시나리오에 대해 생각해 보자.

　　애팔래치아 지역의 변두리에 사는 열네 살의 토미(Tommy)는 폭력 사건을 일으킨 이후, 학교에 다시 돌아가기 전에 심리평가를 받고 공격성에 대한 치료를 받으라는 지시를 받았다. 심리치료자는 잔뜩 찌푸린 청소년과 화난 부모를 마주 대하고 있다. 토미와 부모는 모두 '정신과 의사'와의 과거 경험 때문에 아직까지 마음이 상해 있었고, 이 새로운 치료자가 그들의 편인지 학교의 편인지를 알아내려고 기다리고 있었다. 이 가족은 한 가지 주제, 즉 '정신과 의사'들에 대한 불신으로만 서로 결속되어 있는 것처럼 보였다. 이들 중 누구도 정신건강 전문가와의 치료 관계가 중립적이고 유익할 수 있을 것이라고는 상상하지 않았다.

분명하게 면담자는 아동, 청소년 그리고 그 가족과 일을 할 때 조심스럽게 발을 내딛을 필요가 있다.

아동과 보호자를 동시에 방문하여 단독 그리고 동반 면담하는 것이 이상적일지라도 성인이 면담을 받는 동안 어린아이나 형제자매들을 돌봐 줄 사람이 아무도 없을 때는 그렇게 하기가 어렵다. 만약 그 아동이 이전에 가족의 통역 역할을 맡았거나, 가족과 바깥세상 사이를 잇는 문화적 중개인의 역할을 맡았던 적이 있다면, 그 아동은 아마도 그런 역할을 맡지 않았더라면 몰랐을 수도 있는 정보들에 대해 이미 알고 있을 수도 있다.

 ## 두 세계에서 살기

이민자 아동들은 종종 두 개의 세상, 즉 집과 더 넓은 세상에서 산다. 이민자 아동은 만약 자신의 부모가 학교와 같은 더 넓은 사회와 교섭하는 것을 도와줄 수 없다면 극도로 스트레스를 받을 수 있다. 다음의 상황에 대해 생각해 보자.

> 부모가 모두 러시아인인 여섯 살 소녀 알리나(Alina)는 학교에서 괴롭힘을 당했다. 이후 알리나는 종종 학교에 가길 거부했으며 옷에 대변을 싸기도 했다. 학교 사회복지사가 아이와 그 어머니를 만났을 때, 어머니는 울음을 터뜨리면서 새로운 나라에서 느끼는 극도의 좌절, 지루함 그리고 고립된 느낌에 대해 이야기했다. 사회복지사는 엄지손가락을 빨고 몸을 흔들기 시작하고 있는 아이에 대한 이야기로 집중시키려 했다. 이 사회복지사는 아이가 면담을 방해하지 않게 하면서 필요한 정보를 얻기 위해서 어떻게 해야 할 것인가?

소수 문화 집단의 아이들은 종종 두 세계 사이에 끼곤 하며, 자신의 딜레마를 표현하는 데에 어려움을 겪는다. 예를 들어 멕시코계 아동인 로사리오(Rosario)는 매일 밤 최근에 돌아가신 할머니께 뭔가를 부탁하는 기도를 했는데, 로사리오는 이러한 행동을 멕시코인이 아닌 면담자라면 부정적으로 바라본다는 것을 알았다. 때문에 로사리오는 이것에 대해 면담자에게 말을 해야 할지 말아야 할지 혼란스러웠다. 파키스탄 소년 오마르(Omar)는 삼촌과 이모와 함께 여름을 보냈지만, 그들이 불법체류자였기 때문에 그들의 존재에 대해 드러내지 말라는 말을 들었다. 오마르는 학교와 뉴스에서 반이민 정서가 담긴 발언들을 들어 왔기 때문에 스트레스를 받고 불안해서 이것을 남에게 이야기하는 것을 두려워했다. 거기에는 면담자도 포함되었다. 브라질에서 온 그라시엘라(Graciela)는 교무실에서 집에 전화를 걸었다가 두려움에 찬 표정으로 얼어붙었다. 전화를 받은 것은 포르투갈어밖에는 하지 못하는 그녀의 할머니였고, 그라시엘라는 교무실에서 포르투갈어를 하는 것이 부끄러웠다. 그라시엘라는 자신의 가족이 '보통 미국인'이 아니라는 사실을 숨기려고 노력했기 때문이다.

다문화 아동 면담을 위한 계획 수립하기

비록 다문화 아동 면담 시 등장하는 모든 딜레마에 대한 답변을 마련하고 고안하는 것은 불가능하지만, 몇몇 문제들에 대해 미리 생각해 보고 만일의 사태들에 대해 계획을 수립하는 것은 도움이 될 수 있을 것이다.

언어 유창성

보호자와 아동의 영어 유창성 정도가 서로 다를 수 있다. 아동의 책임 하에 부모를 통역해야 하는 상황을 만들거나, 단지 영어 사용에 더 편하다는 이유만으로 아동에게 더 큰 권력을 인위적으로 부여하지 마라(언어 능력과 통역을 통한 면담에 관한 6장과 7장을 참고하라.). 적절한 통역을 준비하고 내담자가 사용하는 언어로 된 서류를 준비하라.

의뢰에 대한 이유

언어에 제한이 있거나 전문가가 어찌할 바 몰라서 설명을 충분히 하지 못한 상황에서는 아이뿐만 아니라 그 보호자도 면담 혹은 평가에 대한 의뢰의 이유를 진정으로 이해하지 못할 수 있다. 따라서 의뢰를 한 사람이 어떤 '증상'이나 행동들을 문제로 여기는지를 제대로 이해하지 못할 수 있다. 사전에 의뢰자로부터 이와 관련한 정보를 직접 얻도록 노력하고, 이와 더불어 면담 도중에 보호자와 아동에게 어떤 문제로 면담에 오게 되었는지를 이해하는지 물어보라. 만약 보호자와 아동이 면담에 대해 부정확한 짐작을 가지고 면담에 참여한다면, 면담을 왜곡시키거나 끝내기 어려울 수 있다. 면담을 하는 근본적인 이유가 무엇이며 어떤 목표를 갖고 있는지 면담자가 결정할 수 있는지 확인하라. 때로는 면담이 부적절하다는 것이 드러나서 취소해야 할 때도 있다.

나는 심리치료를 위해 8세 아동과 아동의 어머니와의 접수면접을 한 적이 있었다. 사무실에 들어왔을 때, 그 어머니는 아들에게 몸을 돌리고 이렇게 말했다. "이 분이 네가 얼마나 글러먹었는지를 알아내서 너를 어디에 집어넣을지 말지를 결정하실 분이다." 그 소년은 화가 나기도 하고 겁을 먹고는 나와 온전히 대화를 하지 못했다. 나는 그 어머니가 내가 보는 앞에서 그런 발언을 했다는 것이 다행스러웠다. 내가 그 오해를 정정할 기회가 생겼기 때문이었다. 또한 나는 우리가 알지 못한 사이에 얼마나 많은 아동들이 이러한 오해를 가지고 면담에 참여했을지 그리고 그것이 얼마나 그 어린이들의 태도와 행동에 큰 영향을 미쳤을지에 대해서 궁금해지기 시작했다. 비록 이것은 극단적인 사례이지만, 종종 우리가 면담하는 아동들은 비협조적으로 행동하거나 지나치게 겁을 먹는다. 면담자가 자신이나 자신의 과거 행적에서 무언가 미친 것을 발견하거나 나쁜 것을 찾아내려고 한다고 생각하고, 부정적인 것이 드러나면 비참한 결과가 나타날 것이라고 으레 생각하기 때문이다.

증상의 외현화와 내면화

어떤 아이들은 자신이 겉으로 한 행동(증상의 외현화)에 대해 보고하는 것보다 괴로워하는 것(증상의 내면화)에 대해 더 잘 보고하기도 한다. 아이들은 자신이 밖으로 감정을 폭발시킨 것 또는 남을 다치게 한 것에 죄책감을 느끼고 수치스러워하고 혼란스러워해서 이러한 정보들을 밖으로 꺼내지 않는다. 부모, 교사 그리고 기타의 보호자들은 이러한 외현화된 행동들을 정서적 갈등, 어려운 상황 또는 정신병의 소산이라고 보기보다는 의도적인 비행으로 보기도 한다. 강한 척하려는 아이들을 포함한 또 다른 아이들의 경우에는 내면의 괴로움은 감춘 채 자신의 비행에 대해 더 드러내놓고 이야기하는 경향이 있다.

아동의 신체 상태

아동은 신체적인 상태에 특히 영향을 받는다. 면담을 시작하기 전에 제대로 된 식사나 간단한 식사를 하지 못한 아이들을 위해서 건강 간식들을 챙겨 놓도록 하라. 배고픔, 목마름, 피로 그리고 화장실에 가고픈 욕구가 아동의 기억에 영향을 주어 시험을 잘 보지 못하도록 만들 수 있다(2장에서 논의했듯이, 아이가 음식이나 음료를 권했을 때 받지 않는 것은 그 아이의 문화에서는 권한 것을 처음에 바로 받는 것이 예의에 어긋난다고 생각하기 때문일 수도 있다.).

사례 이력을 얻기

아동들과 청소년들과의 면담에서는 핵심 서류를 통해 과거 이력을 얻는 것이 특히 중요한데, 아동이 스스로의 과거에 대해 완전한 정보를 알지 못할 수 있기 때문이다. 소아과 의사, 치료사, 학교 또는 특수교육 교사, 학교 상담사, 체육 교사, 정신과 의사, 사회복지사, 그 외의 여러 기관들과 보호자에게서 관련 서류를 얻어야 한다. 유감스럽게도, 이러한 가치 있는 정보들을 얻기 위한 유출 동의서(release)를 받고, 정보 자체를 얻기까지 시간이 많이 소요되기도 한다. 특히 그 가정이 다른 지역으로 이사를 다녔을 경우 더욱 그렇다. 흔히 접수면접을 통해 명확한 치료 계획이 수립될 것이라고 기대된다면, 최종 보고서는 핵심 인물들과 접촉하고 중요한 기록이 검토되고 난 후에 공표될 필요가 있다(면담자는 그 사이에 아동을 보호하고 지원하기 위해 특정 절차를 밟도록 제안할 수 있다.). 다른 경우, 예를 들어 흔히 일어나는 일로 한 가족이 다른 나라로부터 이민을 왔기 때문에 관련 서류들을 얻을 수 없는 상황에는 그 가족만을 주의 깊게 면담함으로써 건강, 학교, 발달사에 관한 중요한 정보를 얻어낼 필요가 있다.

치료 개입

치료 개입 전략을 추천하는 과정은 성인보다 아동을 상대로 할 때 더 까다로울 수 있다. 보다 많은 사람들에게 자문을 해 주어야 하기 때문이다. 어떤 사람들은 치료가 아이의 두뇌 또는 신체 발달에 대해 어떤 영향을 미칠지 걱정할 수 있으며, 개입이 아이에게 낙인을 찍지 않을까 우려할 수 있다. 아이의 보호자 입장에서는 면담을 받고 싶어 하지 않거나 저항적인 아이를 어떻게 따르도록 설득할 것인지 궁금해할 수 있다. 종교적 교리나 문화적 관습으로 인해 가족이 외부인과 정보를 공유하거나, 자녀에게 약물 치료를 받게 하거나, 추천되는 기타 다른 치료 개입에 참여하는 것이 힘들어 질 수 있다. 베레이터(Bereiter, 2007)는 열 살 소년에게 약을 처방해 주려던 정신과 의사의 예를 다음과 같이 제시하였다.

어머니는 약물 치료에 동의한다 하더라도, 아버지는 아들이 필요로 하는 것은 그저 더 많은 훈육일 뿐이라고 생각할 수 있다. 또는 두 부모가 다 동의하더라도 조부모는 부모의 양육 방식 문제라고 말할 수 있다. 또는 부모의 친구들이 "난 내 자식에게 약을 먹이지는 않을 거야."라고 말할 수 있다. 또는 부모가 동의하더라도 아이가 거부할 수 있다. 또는 그 어머니가 과거에 메탐페타민❶을 남용했기 때문에 부모가 약의 잠재된 중독성에 대해 걱정할 수 있다. 아니면 텔레비전에서 보았던 약물에 관한 취재 내용 때문에 동의하지 않을 수 있다.

부모들은 자식에게 '약을 복용시키는' 것에 대해 죄책감을 느낀다. 그들은 나쁜 유전자를 물려주었다고 자신을 책망하거나 충분히 좋은 부모가 되지 못했다고 스스로를 비난할 수 있다. 아동과 청소년은 약을 복용할 이유를 이해하지 못했기 때문에, 또래 아이들과 달라지고 싶지 않기 때문에, 또는 단지 약을 삼키기 어렵기 때문에 약 처방을 거절할 수 있다.

만약 상담자가 추천한 치료 개입 전략을 아이와 가족이 받아들이고, 시간이 흘러도 치료 개입 전략을 준수하고 성공적인 결과를 내기를 바란다면, 아이의 치료에 연관된 '마을 사람 전체'의 도움을 얻을 방법을 반드시 알아야 한다. 특히 집단주의 문화의 아동을 상담할 때에는 중요한데, 집단주의 문화에서는 단지 부모만이 아니라 친인척들과 공동체 집단 전체가 아이를 교육하기 때문이다.

감정적으로 반응하기

전문가인 동시에 인간으로서 우리 모두에게는 방어하고자 하는 충동이 있는데, 아동과 십대 청소년을 면담할 때 이것이 종종 표면으로 표출되곤 한다. 우리는 무책임하거나 학대하는 보호자에게 화가 나고, 제대로 기능하지 못하는 제도권에 대해 분노를 느끼며, 변화를 만들지 못하는 우리 스스로의 무능력에 좌절감을 느끼고, 그 아동이 살고 있거나 살았던 환경에 대해 슬픔을 느끼고, 회복 가능성에 대해 절망하고, 해결하기 불가능해 보이는 딜레마로 인해 당황스러워하고, 변화의 속도에 조급함을 느끼고, 그 밖에 여러 가지 반응을 보이는 우리 스스로를 발견하게 될 수 있다. 면담은 종종 감정적으로 고통스러울 수 있으며, 특히 내담자가 연약한 어린아이일 경우에 더욱 그렇다. 당신의 감정을 잘 알아차리도록 하고, 그 날 실시했던 면담들을 정리할 수 있도록 면담 사이사이에, 그리고 일과 시간의 마지막에 시간을 할애하라.

---

❶ 역자 주: Methamphetamin. 교감 신경 흥분약으로 필로폰이라는 이름으로 알려져 있음. 각성제로 습관성, 중독성을 지니고 있음.

면담과 관련된 여러 감정을 처리하기 위해 필요한 도움을 찾아보라. 면담과 관련하여 여러 감정을 느끼는 것은 정상이지만, 그 감정을 어떻게 해야 하는지 아는 것은 중요하다. 반대로 감정이 둔감해지는 것을 발견한다면, 당신이 극도의 피로를 느끼고 있다는 것에 대한 조기 신호일 가능성을 고려하고 스스로를 '생생하게' 유지할 방법을 찾아보라.

소수 문화 집단 아동의 행동 관찰

수많은 문화적 관습은 면담자를 잠재적으로 혼란스럽게 만들 수 있으며, 이 관습들 중 많은 수가 이 책의 여러 곳에서 언급되었다. 이 장에서는 특별히 아동이 이러한 관습에 대해 설명하기 힘들어할 수 있음을 기술하고 있다. 아이들은 그 관습이 존재하는 이유를 이해하지 못했거나, 그러한 관습에 당황스러워하거나, 외부 사람과는 이런 관습에 대해 이야기하지 말라는 말을 들었기 때문에 관습에 대해 설명하는 것이 어려울 수 있다. 아마도 이 관습들은 아동의 세계관(그리고 아동의 문화)에서 필요 불가결한 부분일 수 있고, 그래서 아동이 그 관습을 따로 설명할 필요 없이 너무 자명한 것이자 보편적인 것으로 간주할 수 있다. 아동이 보이는 특정한 행동, 믿음, 겉모습에 대해 병리적 증거라는 결론을 내리기 전에, 아동의 양육자나 아이가 속한 문화에 대한 정보를 제공하는 사람에게 그것이 병리적 행동이 맞는지 아니면 문화적인 설명이 가능한 행동인지 물어보라. 부모의 옷차림, 위생 상태 그리고 행동을 관찰하는 것 또한 문제인 것으로 보이는 사안의 뿌리가 아동에게 있는지 아니면 아동의 부모에게 있는지를 면담자가 결정하는 데에 도움이 될 것이다.

여기 정신 병리의 증거로 보일 수 있지만 사실은 문화적인 설명이 가능한 아이들의 행동 몇 가지가 있다. 아이들은 사랑했던 사람이 죽었을 때 그 사람의 목소리가 들린다고 보고할 수도 있다. 또는 사망한 영적인 지도자, 성자 혹은 신과 이야기하기도 하고 그들로부터 충고를 듣고 있다고 보고할 수도 있다. 아동은 다른 사람이 보기에는 말이 안 되는 이유로 단식을 하거나 특정한 음식을 피할 수 있는데 이것이 섭식

장애나 강박적 성격의 지표로 보일 수 있다. 아동은 저주의 눈이나 악마를 피하기 위해 부적을 가지고 다니거나 종교 의식 또는 기도를 할 수 있다. 여자아이는 문화적으로 요구되는 정숙함 때문에 특정한 활동들을 피할 수 있는데(체육복을 입는 것, 의료 검사를 하기 위해 옷을 벗는 것, 남녀가 함께하는 활동에 참가하는 것, 남들과 둥글게 모여 손을 잡는 것), 그 이유에 대해 설명하지 않을 수 있다. 남자아이가 야구 모자를 벗으라고 요구받았을 때, 벗지 않으려는 그 아이의 행동이 일반적인 청소년 반항으로 보일 수 있다. 하지만 실제로는 머리를 보이지 않아야 한다는 종교적 계율을 보다 완곡한 방식으로 지키고 있을 수도 있다.

우리는 행동 관찰에서 객관성을 유지하려고 노력할 수 있다. 그리고 어떤 기법은 우리를 도울 수도 있다. 예를 들면, 특정 행동이 1분에 몇 번 드러났는지 수를 세는 것이다. 이러한 접근은 단순히 행동에 대한 인상을 형성하는 것보다 더 객관적이곤 하다. 그러나 구조화된 관찰에서도 문화적인 요인이 영향을 미칠 수 있다. 예를 들어, 아자르(Azar, 2007)는 대학원생들을 훈련시키면서 어머니와 아이의 상호 작용을 녹화한 비디오테이프를 보여 주고 다양한 변인들에 대해 점수를 매기도록 했다. 그녀는 한 일본 학생이 어머니가 아이를 '못마땅해하는 행동'의 수를 다른 학생들보다 대단히 많게 기록한 것을 보고 놀랐다. 그 일본 학생은 다른 관찰자들은 전혀 보지 못했던 미묘한 준언어적 단서들, 이를테면 혀를 차는 것과 입술을 오므리는 것 등을 알아차리고 기록한 것이었다. 이 사례에서 일본인 관찰자는 미묘한 비언어적 표현을 알아차리는 문화적인 훈련으로 인해 다른 문화의 관찰자들보다 어머니의 못마땅한 반응을 더 잘 감지해 냈다. 평가자 간 신뢰도(관측한 것에 대해 다수의 평가자들이 동일하게 평가하는 정도)를 높이기 위해 관찰자들이 집단으로 훈련을 받으면, 이 같은 테이프를 평가하는 데 있어 문화적 편향이 일어날 가능성이 낮아진다. 그러나 많은 관찰 상황에서 전문가들은 단순히 자신들이 받은 '인상'을 기록함으로써, 그 상황에 대해 의도하지 않은 편견이 들어가게 된다.

해당 문화의 구성원이 아니라면, 우리가 보는 것을 해석하기가 대단히 어려울 수 있다. 이것은 이 책의 다른 장, 즉 5장의 '비언어적 의사소통'을 포함해 10장 '면담 보고서'의 '행동 관찰' 부분에서 어느 정도 논의가 되었다.

소수 문화 집단 아동의 행동을 정확하게 해석하기

만약 당신이 아동을 면담하고 있다면, 아이가 어떤 부정적인 성향들을 보인다는 보고서를 받았을 수도 있다. 그 보고서가 그러한 행동들을 유발하는 '문화적 분리(cultural disconnects)'에 대해 적절하게 고려하지 못했을 가능성을 유념해 두자. 사람들은 상대적으로 익숙지 않은 문화에 속하거나 언어를 사용하는 아동을 잘못 관찰하기 쉽다. 이 부분에는 종종 교육적 평가나 학교 보고서에서 볼 수 있는 아동의 행동에 대한 부정적인 해석에 관해 고려해 보아야 할 가능성들이 나열되어 있다. 이 목록은 이민 가정의 아동과 학교 내에서 소수 문화에 속하는 아이들에게 적용될 수 있는 포괄적인 목록이라기보다는 몇 가지를 제안한 정도라고 볼 수 있다. 여기 있는 예시들은 대다수가 학교 장면에 관련된 것이지만, 양육, 캠프, 집단 거주(group residences), 그 밖의 다른 상황에도 동일하게 적용된다. 이 예시들 중 어떠한 경우에는 치료 개입 방식을 포함하기도 한다. 만약 당신이 치료 개입을 하는 사람이 아니라면, 교사들, 치료자들 그리고 아이들에게 직접적인 치료적 개입을 할 수 있는 누군가와 이 내용을 공유하는 것이 유용할 것이다.

비사회적이다

제한된 언어 능력, 억양, 현재 거주하는 곳에 새로 이사 와 낯설기 때문에, 또는 스스로를 분리시키는 집단 정체성 요인으로 인해 집단으로부터 거절당해 환영받지 못한다고 느끼거나 부적절감을 느낄 때 아동은 냉담하고 불친절하게 보일 수 있다. 아동에게 개별적으로 그리고 전체 학생을 대상으로 개입하는 것이 해당 아동이 또래 집단에 더 잘 융화될 수 있는 데 도움이 될 수 있다.

산만하고 주의력이 없다

아이들은 지시사항을 이해하지 못하면 주의를 집중하는 데 어려움을 겪고, 공상에 빠지고, 과제에 체계적으로 접근하는 데 어려움을 겪을 수 있다. 또한 언어나 그 외의 어려움으로 인해 지시사항을 이해하지 못해서 과제를 완수하지 못할 수 있다. 이민 가정의 아이들은 어떤 때는 집중을 한 것처럼 보이고 다른 때는 그렇지 않은데, 면담이나 교실에서 쓰이는 언어에 피로감을 느끼고 이것에 대한 대처 방식으로서 잘 듣지 않는 것이다. 규칙을 따르고자 열성적인 아이들도 주의를 어디로 돌려야 할지에 대해 명백히 알지 못할 수 있다. 예를 들면, 이해하기 힘든 과제를 내고 있는 선생님과 이미 과제를 하기 시작한 급우들이 있을 때, 아이들은 둘 중 어느 쪽에 주의를 맞추고 어느 쪽의 행동을 따라 할 것인가?

충동적이고 과잉행동을 보인다

지시사항을 완전히 이해하지 못한 아이들은 스스로 이해했다고 생각하는 대로 따르려 함에도 불구하고 충동적으로 행동하는 것처럼 보일 수 있다. 그들은 이 상황에 필요한 적절한 행동 기준을 알지 못할 수 있다. 또한 어떤 아이는 교실의 규칙을 대신하는 문화적 관습을 갖고 있을 수 있다. 예를 들어, 안토니아(Antonia)는 자신의 가장 친한 친구가 다른 학생이나 교사로부터 부당한 대우를 받고 있다고 믿어서 친구를 옹호하기 위해 끼어든 것인데, 결국 이러한 행동 때문에 안토니아 스스로를 곤란에 밀어 넣는 것으로 끝나 버릴 수도 있다. 자신이 좋아하는 사람을 지지하기 위해 뛰어든 안토니아의 의도는 명예로운 것이었다. 비록 안토니아의 개입이 충동적인 것으로 보일지라도, 사실은 그렇지 않다. 그것은 친구의 명예를 옹호하려는 문화적 욕구에 기반 한 행동이었다. 마지막으로 과거의 또는 최근의 트라우마 때문에 어떤 아이들이 과잉행동하고 있는 것처럼 보이게 만든다('아동의 트라우마 증상' 부분을 참고하라.).

'지나치게 사교적이다'

교실 언어를 잘 사용하지 못하는 아이들이나 문화적인 이유로 인해 다른 아이들로부터 분리되었다고 느끼는 아이들은 자신의 언어를 구사하는 사람들이나 친밀감을 느끼는 사람들을 정기적으로 챙길 수 있다. 이것이 교육자의 눈에는 부적절한 사교적 활동일 수 있지만, 아이에게는 생존의 문제처럼 느껴질 수 있다. 따라서 그 아이의 언어를 쓰는 사람이나 아이가 편안함을 느끼는 사람 옆에 그 아이를 앉히는 것이 도움이 될 수 있다. 또한 어떤 종류의 의사소통이 문화적으로 허락되는지에 대해 구체적인 정보를 제공하라(예를 들어, "학교 숙제와 관련된 메모는 학급 친구들에게 건네도 되지만 다른 메모는 안 된단다." 또는 "과제가 주어진 다음에는 도움을 부탁해도 되지만, 선생님이 말하고 있을 때 그래서는 안 된단다."). 만약 이렇게 사전 합의를 하는 것이 너무 지장을 준다면, 아이에게 사교적 활동을 더 쉽게 할 수 있는 시간, 이를 테면 점심 시간이나 쉬는 시간과 같은 시간을 정기적으로 만들어 주는 것이 도움이 된다. 덧붙여 교사가 아이의 학습에 도움이 되면서도 다른 아이들을 산만하게 하지 않을 의사소통 가이드라인을 터놓고 이야기하고 싶을 수도 있다. 교실 언어를 잘하지 못했던 마르가리타(Margarita)는 언젠가 나에게 슬픈 표정으로 물어보았다. "저는 어떡해야 하죠? 선생님이 말씀하시는 것을 이해

할 수가 없어요. 항상 손을 들고 물어볼 수는 없잖아요. 옆자리에 앉은 아이에게 물어보는 것
도 문제가 되지만, 선생님이 하라는 것을 하지 않아도 문제가 될 거예요. 어떡하죠?" 확실히
마르가리타와 같은 아이가 해야 하는 것이 무엇인지는 확실하지 않다. 하지만 마르가리타가
자신에게 필요한 정보를 얻고자 노력하는 것 때문에 부정적인 낙인이 찍히게 되는 것은 명백
히 안 될 일이다.

　학교에 처음 온 어린아이들은 흔히 형제자매나 같은 민족 집단의 친구들을 살펴보기 위해
복도를 돌아다니곤 한다. 이들은 사람들과 함께 있을 때 안전 문제를 신경 써야 한다는 것을
이해하지 못했을 수 있다. 실제로 '어린 남동생이 잘 있는지 확인하는 것'이 의무처럼 느껴질
수도 있다. 가능하다면 이러한 돌보고자 하는 충동에 대해 질책하거나 못하게 막는 대신 조정
해야 한다. 아마도 매일 쉬는 시간이나 점심시간에 두 형제자매들이 서로를 들여다볼 만큼의
시간은 만들 수 있을 것이다.

규칙을 지키지 않는다

　때때로 교실 태도가 보다 격식을 갖추고 엄격한 나라(중국, 한국, 일본 등)에서 온 아이들은
적절한 균형을 발견하기 전까지는 들뜨고, 수다를 떨고, 행동이 약간 거칠 수 있다. 그 아이들
이 보기엔 미국, 캐나다, 유럽의 교실은 규칙이 없는 것처럼 보일 수 있다. 상대적으로 격식이
없어 보이기 때문이다. 체벌이나 직접적이고 엄중한 태도를 보이는 가족의 아이들은 때때로
교실에서 쓰는 부드러운 어조의 지시를 따르는 데에 어려움을 겪을 수 있다(Ballenger, 1998).

지나치게 진지하다

　다양한 문화 출신의 아이들은 학교의 문화적 배경을 공유하지 않기 때문에 어떤 활동이
'바보 같아' 보인다는 이유로 참여를 거부할 수 있다. 예를 들어, 많은 학교에서 반응형 교육
모델(Responsive Classroom model; Charney, 2001)을 실습하는데, 이때 아동들은 자신이 지닌 가
치들을 강화하고 지지하는 다양한 게임에 참여하게 된다. 이러한 활동에는 공 던지기, 이름
부르기, 넌센스 게임 그리고 크게 웃기 등이 포함될 수 있다. 하지만 어떤 아이들은 학교와 교
육을 몹시 진지한 것으로 생각하도록 자라왔다. 이 아이들은 어떻게 선생님이 그런 바보같은
활동을 하도록 격려하는지를 이해하지 못하고, 이러한 교육적 게임들에는 참여하지 않으려
한다.

지나치게 신체 접촉이 많다

몇몇 문화에서 사람들은 이야기하는 상대방의 팔을 가볍게 건드리고, 교실에서 행해지는 보통의 기준보다 더 가까이 붙어 있는 경향이 있다. 푸에르토리코에서 온 마르타(Marta)는 다른 사람들을 '너무 많이' 만지며, 그런 행동을 중단하려는 의지가 없다는 이유로 선생님이 다른 아이들에게 마르타에게서 조금 떨어져서 서 있으라고 말하는 것을 들었을 때 굉장한 수치심을 느꼈다(2007년 6월, M. O' Neill과의 개인적 대화에서 인용). 요르단에서 온 고등학생 마흐무드(Mahmoud)는 오클라호마의 급우들에게서 '이상한' 아이로 취급 받았는데, 그가 이야기를 할 때 지나치게 가까이 붙어 서서 친구들을 만지기 때문이었다. 이 때문에 학생들은 마흐무드가 동성애자라고 생각했다(5장 '비언어적 의사소통'을 보라.).

우울하다

학교에서 고립된 아이들이나 교실에서 쓰는 언어로 적절히 대화하지 못하는 아이들은 때때로 우울하게 보일 수 있다. 물론, 이 진단은 가끔 정확할 수 있다. 하지만, 이 문제가 주로 내적인 것인지 상황적인 것인지 파악하기 위해서는 그 아이들이 편안하게 느끼는 사람들이나 같은 언어를 사용하는 사람들과 있을 때 보이는 모습을 관찰하는 게 중요하다. 멕시코인 소년 에두아르도(Eduardo)는 스페인어를 하지 못하는 급우들에 대해 이렇게 말했다.

> 그 아이들은 저를 몰라요. 걔들은 내가 진지하고, 수줍음을 타고, 항상 슬퍼하는 도덕군자라고 생각해요. 그렇지 않아요. 하지만 내 진짜 모습이 어떤지에 대해 보여 줄 방법이 없어요. 저도 다른 아이들의 농담에 웃고 싶지만, 이해가 안 되기 때문에 언제 웃어야 할지 몰라요. 저도 웃긴 이야기를 하고 싶지만 할 수가 없어요. 처음에 타이밍을 잘못 맞춰 미소 짓고 있었기 때문에 바보같이 보였어요. 그래서 웃지 않기로 했어요. 다른 아이들은 언어 문제가 없는 친구를 사귀면 되는데, 누가 영어도 제대로 못하는 저와 시간을 보내고 싶겠어요?

에두아르도는 학교에서는 우울하게 보였지만, 가족을 포함해 스페인어를 쓰는 사람들 앞에서는 표정이 밝아졌다. 에두아르도는 정신건강의 문제로 우울한 것이 아니라 언어적인 어려움으로 괴로워하고 있었다. 그는 멕시코 억양을 부끄러워했으며 그걸 가지고 아이들이 놀리는 것을 좋아하지 않았다. 학교 생활에 적응하기 위해 집중적인 언어 교수 방법과 교실

내 개입 방식이 필요했을 뿐, 정신약리학적인 개입은 필요하지 않았다(6장 '언어 능력'을 참고하라.).

부정행위를 한다

아이들이 부정행위를 한다고 짐작하기 전에 그들이 특정한 상황에서 요구하는 것이 무엇인지를 제대로 이해했는지 확실하게 파악해야 한다. 고전적인 연구인 그린필드(Greenfield, 1997)의 연구 결과 마야 어린이들은 서로 협조하는 것이 자연스럽고 기대되는 행동이라고 본다. 협력하지 않는 것은 마야 어린이들에게는 이상한 것이며, 협력이 지식을 축적하는 데 중요하기 때문에 협력하지 않으면 적응적 기술을 제대로 사용하지 못해 실패하는 것처럼 느껴진다. 과거에 학교에서 신체적인 처벌을 받거나 언어 때문에 부끄러웠던 경험이 있는 아이들은 개별 과제를 하라는 지시보다도 맞는 답을 써야 한다는 내적인 압박감이 더 클 수 있다. 모욕적인 질책보다는 참을성 있고 부드럽게 교훈을 줌으로써 새로운 규칙을 가르치는 것이 가장 좋을 것이다.

정직하게 노력했으나 학교 성적이 좋지 않았던 학생들은 상습적인 부정행위자가 될 수 있다. 이런 패턴을 깨기 위해서는 교사나 학교상담자 그리고 학생이 비난을 하는 대신 그러한 패턴에 대해 개방적으로 이야기하고, 앞으로 어떻게 할 것인지에 관한 계획을 수립하는 것이 필요할 것이다.

시작이 느리거나, 일을 끝마치는 것이 늦다

교실에서 쓰는 언어(또는 시험에 사용되는 언어)를 쉽게 이해하지 못하는 아이들은 자신이 가진 능력을 최대로 보여 주지 못한다. 이러한 아이들은 과제를 시작하거나 마치기 위해 지시 내용을 모국어로 번역하고, 답안을 영어로 작성하는 데에 또 한 번의 번역 과정을 거칠 수 있기 때문에 별도의 시간이 필요할 수 있다. 학교(또는 시험) 상황에서 불편함을 느끼고, 환영받지 못한다고 느끼고, 스트레스를 받는 아이들 또한 보다 이상적인 상황에서 수행했을 때 성취할 수 있는 수준보다 더 낮은 수행 수준을 보이곤 한다. 교사들은 때때로 두 가지 전략이 유효하다는 것을 알게 되는데, 주어진 주제에 대해 설명이 끝난 후 질문을 할 것이라고 미리 경고하거나, 질문에 대한 대답을 옆의 다른 아이에게 말해 보라고 함으로써 직접 호명되어서 대답을 말해야 하거나 적어야 하기 전에 리허설을 해 볼 기회를 미리 주는 것이다.

정돈되지 못하다

공교육 과정을 거의 받지 못한 아이들, 이를 테면 난민 아이들은 학교의 물품을 제대로 챙기거나 과제를 파악하는 데 어려움을 겪을 수 있다. 어떤 아이들에게 있어서는 제2의 천성처럼 보이는 일들, 예를 들면 공책이나 가방의 각각 다른 부분에 물품을 구별해서 넣어두는 것, 책상 위와 밑 서랍, 사물함을 깔끔하게 유지하는 것, 과제를 달력에 표시하는 것 등이 학교에 대한 경험이 별로 없는 아이들이나 물건을 그리 많이 소유해 보지 못했던 아이들에게는 어려운 일일 수 있다. 단순히, 정리하는 것에 가치를 배우지 않은 아이들도 이러한 어려움을 겪을 수 있다. 보호소, 가족의 친구 혹은 친척 집을 돌아가면서 지내면서 주거환경이 고정적이지 않은 아이들 또한 학교나 시험 상황에서 정돈되지 않은 모습을 보일 수 있다. 이들을 '정돈되지 못하다'고 묘사하는 것이 비록 정확할지라도, 이것을 기본적인 성격 특성으로 귀인하기보다는 문제의 여러 가능성 있는 이유를 기록하는 것이 중요하다(3장의 근본적 귀인 오류를 기억하라.).

무질서한 환경에서 살았던 몇몇 아이들은 그들의 일, 공책, 스케줄을 조직화하는 방법을 가르쳤을 때 매우 잘 따를 수 있다. 소유물을 잘 정리하는 것은 그들로 하여금 자신의 삶에 통제권을 갖는 느낌을 준다. 때때로 학교에서 배운 이런 기술들을 집에서 적용하여 가정환경의 무질서 또한 줄일 수 있다.

잘 잊어버린다

교실에서 지시 사항을 전달할 때 쓰이는 언어를 완전히 통달하지 않은 아이들은 잘 잊어버리는 것으로 보일 수 있다. 명료하게 이해하지 못한다면, 과제, 지시 사항, 사실을 기억하는 것은 훨씬 힘들어진다. 게다가 트라우마나 삶의 이런 저런 차질 때문에 견디기 어려운 상황에 있는 아이들은 과제를 '마음속에' 기억하는 것이 어려울 수 있다. 이미 마음이 다른 긴급한 문제들로 가득 차 있기 때문이다. 이런 아이들에게는 탄탄한 체제하에서 친절한 충고를 통해 과제나 정보를 알려주는 것이 유용하다.

여기에 덧붙여, 알아야 하고, 주의를 기울여야 하고, 기억해야 한다고 아이들이 간주하는 것이 문화에 따라 다르다. 다양한 연구자들이 서구 사람들은 각각의 물체에 주의를 기울이는 반면, 동아시아 사람들은 추상적인 배경이나 맥락에 서구 사람들보다 더 주의를 기울인다는 것을 밝혀냈다(Okawa, 2008). 만약 동아시아 어린이에게 각각의 물체나 개개인의 각 행동을 기억해 내도록 요구한다면, 그 아이는 형편없는 기억력을 가진 것처럼 보일 수 있다. 그 아이는 맥락적 기억이 포함된 작업에서 서구 아이보다 더 잘 수행할 수 있다. 하지만 맥락적 과제는 학교나 시험 활동에서 중요한 영역이 아니다.

비협조적이거나 반항적이다

아이들은 반복되는 야단과 지시에도 불구하고 비행을 계속하거나 지속적으로 기대에 부응하지 못하는 것처럼 보일 수 있다. 이러한 비행은 고의적인 것이 아닐 수 있다. 환경이 아이들에게 기대하는 바에 대해 아이가 완전히 이해했는지를 확실히 하는 것이 중요하다. 학교에는 글로 쓰인 규칙들이 있는 한편으로, 글로 쓰이지 않은 여러 사회적 규칙들이 있으며, 규칙은 종종 다양한 교실에서 다르게 해석되곤 한다. 예를 들어, 교실 친구들과 이야기하는 것에 대한 규칙은 체육, 수학, 과학 시간마다 다를 것이다. 한 교실 안에서도 학생들이 바람직하게 이야기하는 방식이라는 것이 교사가 누구냐에 따라, 학생이 참여하는 조별 활동의 특성에 따라, 어제 다르고 오늘 다를 수 있다. 게다가 교사들도 같은 규칙을 개인마다 다르게 해석하곤 한다(예를 들어, 화장실을 가기 위해 교실을 나가는 과정 또는 숙제를 하지 않은 것에 대한 대응). 기대에 순응하는 데 어려움을 겪는 아이들은 제대로 순응하는 것이 어떤 것인지 이해하지 못했기 때문일 수도 있다. 나는 수단에서 온 소년 이스마엘(Ismael)을 기억하는데, 이스마엘은 영어를 잘 말하지도 쓰지도 못했다. 그는 칠판에 적힌 무언가가 다음 날까지 해야 하는 숙제인지, 오래 걸리는 과제인지, 아니면 과제 아닌 다른 것인지 알 수 없었다. 이스마엘은 매일 칠판에 적힌 것을 열심히 받아 적었고, 다음날이면 과제를 완성하지 못했다는 질책을 지속적으로 들었다. 그가 받아 적은 것을 이해할 수 있는 사람은 그의 집에 아무도 없었다.

보다 관계지향적인 문화에서 자란 아이들은 불분명한 출처로부터 자신과 별 관련이 없는 사람이 지시한 추상적인 규율보다는, 자신이 잘 아는 사람이 명확하게 표현한 지시에 더 잘 따를 수 있다. 지시가 명쾌할수록, 아이들이 순응할 가능성은 높아진다.

탐욕스럽다

때때로 아이들은 그들이 받아야 할 것보다 더 많이 가져간다. 딱 하나만 가져가라고 지시했는데도 사탕을 한 손 가득 쥐거나 연필을 몇 개씩 집어갈 수 있다. 아이들에게 교실의 규칙에 대해 가르쳐 줄 필요가 있지만, 교사들은 지나치게 비난적이고 처벌적인 태도로 아이들을 대하는 것을 반드시 피해야 한다. 탐욕스러움 외에 다른 설명으로도 이러한 아이들의 행동을 명료화할 수 있다. 예를 들어, 어떤 아이는 형제자매에 대한 애정 때문에 여분의 연필과 사탕을 챙겨 집으로 가져가려고 하는 것일 수도 있다. 또한 만성적인 방임이나 박탈을 경험한 아이에게도 물건을 비축하는 것이 일반적인 일이다.

특정 과목에 대한 실력이 형편없다

특정 과목에 대해서만 실력을 갖고 있는 아이들은 학교, 면담, 심리검사와 관련되어서는 그런 실력을 보여 주지 못하거나, 보여 주는 데에 관심이 없을 수 있다. 아이의 능력을 측정하기 위한 다양한 방법들이 존재하지만, 현재 검사 실시 방법은 대개의 경우 꽤 제한적이다. 예를 들어, 식료품점에서 가족을 위해 계산을 해 주거나 거리에서 값싼 장신구를 팔 때는 수학을 재간 있게 이용할 줄 아는 아이가 학교에서의 추상적인 수학 문제는 풀지 못할 수 있다. 델핏(Delpit, 2002)은 여자 중학생들의 수학, 화학, 배열, 회계, 경영 그리고 그 밖의 것들에 대한 관심을 자극하기 위해 이러한 것들을 현실에서 미용실을 운영하는 것에 적용해 보는 학습 상황을 만들었다.

학교 교직원은 모든 연령대의 아이들과 십대 청소년들이 과제를 할 때 부모의 도움을 받는다는 것을 기억하는 편이 좋다. 부모의 도움이 과제를 하는 데 있어 중요한 자원인데, 부모가 과제에 쓰이는 언어를 잘하지 못하거나 공교육 경험이 별로 없거나, 근무시간이 길거나(또는 야간 근무를 하거나) 해서 과제를 하는 데 도움이 필요하지만 부모가 제대로 도움이 안 될 수도 있다.

어떤 학생들은 표준화된 수학 시험에서 형편없는 성적을 내는데, 읽기 능력이 부족해서 일 수 있다. 이러한 스스로의 약점에 아이들은 부끄러움을 느낄 수 있다. 어떤 아이들은 드러나지 않은 시력, 청력, 그 외 의학적 문제 때문에 학교에서 실력 발휘를 잘 못하기도 한다.

소수 민족 출신의 청소년과 가족에 대해 심리평가 도구 사용하기

이 책은 검사보다는 면담에 초점을 맞추고 있지만, 여기에서는 심리평가 도구에 대한 내용을 다룰 것이다. 흔히 정식 심리평가 양식이 면담 과정에서 중대한 부분을 차지하지만, 검사를 할 때는 모든 종류의 편향이 들어갈 기회가 매우 많다. 검사는 공평하고, 정확하고, 공정해야 한다. 우리는 아동과 그 가족을 면담할 때 사용하는 심리평가 도구, 면담 안내서 또는 절차에 담긴 기본 가정을 민감하게 이해해야만 한다(더 자세한 사항을 참고하고 싶다면 Suzuki & Ponterotto, 2008을 보라.).

검사 상황은 그 자체로 다음과 같은 기본 가정을 담고 있다. 이를 테면 아동이 가만히 앉아서 한 번에 하나의 활동에 집중하고, 평가자를 위해서 수행을 잘하도록 동기 부여되어 있고, 평가자의 언어적 그리고 비언어적 의사소통을 이해할 것이라는 가정이다. 이러한 조건들이 이루어지지 않으면 아동은 자신의 능력 중에 최상의 수행을 보이지 못할 수 있으며, 때문에 자신이 지닌 기량을 충분히 발휘하지 못한다고 잘못 판단될 수 있다.

특정 연령의 아동과 그 가족에 대해 특정 맥락 속에서 정보를 가장 잘 제공해 줄 도구가 무엇인지를 결정하는 것은 어려운 일이다. 검사를 받는 사람이 영어를 유창하게 구사하지 못하거나, 주류 문화의 검사에 관한 개념들이나 접근법을 이해하지 못할 때 이 작업은 끝없이 어려워질 수 있다. 흔히 특정 문화 출신 아동 개인이나 집단에게 심리평가에 대한 일반적인 기준을 적용하는 것은 부적절하기 때문에, 면담자는 심리평가 절차 중 어떤 부분이 실제로 필수적인지 결정할 필요가 있다. 만약 필수적이라면 면담자는 유사한 영역을 측정하기 위한 대안적인 절차를 찾아보기 위해 창의성을 발휘해야 한다. 잘못된 심리평가 도구를 쓰거나, 심리평가 도구를 잘못된 방식으로 사용하는 것은 심각하게 유해한 일이며, 전문적으로도 비윤리적인 일이지만 이러한 일은 자주 일어나고 특히 소수 문화 집단의 아이들을 상대로 자주 일어난다(Suzuki & Ponterotto, 2008).

문화적, 언어적으로 소수 집단에 해당하는 아동은 생태학적 평가 시스템(ecological assessment system)이 유용할 수 있다(Gopaul-McNicol & Thomas-Presswood, 1998). 이 시스템을 통해 아동은 시간의 제약과 몹시 제한적인 검사의 특성에 영향받지 않고 모든 기량을 보여줄 수 있다. 예를 들어, 아동이 처음에는 풀지 못했던 수학 문제를 연필과 종이를 가지고 해결할 수 있다. 이 시스템을 이용하면, 아동이 검사 상황에서 보였던 언어 수행에 덧붙여 놀이터와 학교 식당에서 보이는 언어 능력도 동등하게 기록된다. 표준 지능검사에서 그렇듯이 그저 아라비아 숫자를 가지고 기억력을 검사하기

보다는 아이들에게 익숙한 물건의 이름을 사용하여 기억력을 측정한다.

IQ 검사나 수학능력검사(SATs; Scholastic Aptitude Tests)처럼 인지적 적성이나 학업 성취도를 측정하는 것으로 알려진 검사도구들은 소수 민족이나 소수 문화 집단의 아동에 대한 부정적인 편향 때문에 가장 격렬한 비판을 받아 왔다. 마찬가지로 학습장애나 정신병리를 진단하는 것으로 알려진 평가 도구들 역시 심한 비판을 받아 왔다(Parron, 1997; Caplan, 2004). 부적절한 물건(이를테면 최근 멕시코에서 이주한 사람에게 눈(snow)에 대해서 묻거나 도심지역에 사는 아동에게 농장의 비품에 대해 묻는 것), 부적절한 과제(퍼즐을 접해 본 적 없는 아동에게 퍼즐 과제를 주고 시간을 측정하는 것), 질이 낮은 번역(예를 들면, 같은 스페인어 사용 국가 출신이더라도 어떤 특정 국가 출신의 아동은 이해하기 힘든 스페인어로 번역한 심리평가), 검사를 시행하고 있는 집단에 대해서 표준화되지 않은 검사들, 부적절한 조건 하에서 또는 부적당한 상황에서 검사를 하는 것(이를테면 아이가 배고플 때 검사를 하거나 시끄러운 복도에서 검사하는 것), 검사를 받는 아동에게 제대로 검사에 대한 설명을 하지 않은 채 검사하는 것 등과 같은 부적절한 평가도구의 적용 때문에 비판받아 왔다.

검사에 사용되는 언어를 읽는 것과 쓰는 것에 완전히 유창하지 않은 아이들은 자신의 지닌 최상의 능력을 제대로 보여 주지 못할 수 있다. 학교 배정, 진단, 심리치료 처치와 같은 중요한 결정이 흔히 이러한 검사 결과에 기반해 내려지곤 한다. 다음과 같은 상황을 생각해 보자.

> 루벤(Ruben)은 푸에르토리코에서 온 열네 살 소년으로 아홉 살에 뉴욕으로 이민을 왔다. 11살에 루벤은 영어로 인지검사를 받았고 중도의 지적 장애가 있는 학생들과 한 교실에 배정되었다. 그는 3년 뒤 다시 그 검사를 받았고 이번에는 이중 언어로 검사를 시행했는데, 훨씬 더 나은 수행을 보였다. 하지만 불운하게도 루벤은 이미 그보다 훨씬 장애가 있는 급우들의 몇몇 습관과 특성을 습득해 버렸다(2007년 6월, M. O'Neill과의 개인적 대화에서 인용).

서구의 검사에서 이용되는 몇몇 형식은 다른 문화권에서 온 어린 아동이나 청소년에게는 익숙하지 않은 것인데, 예를 들어 다중 선택 문항, 예-아니요 질문, 점수를 매기는 척도, 문장 완성 검사, 아이가 조작하도록 요구되는 퍼즐과 블록 또는 기타 다른 물건을 사용하는 것이 포함된다. 검사에 사용되는 물품이나 형식에 익숙한 정도가 다른 것 때문에 검사결과의 타당도가 떨어질 수 있다. 한 검사에서는 잠비아(Zambia)에서 온 아동들과 영국(England)에서 온 아동들에게 철사, 연필과 종이 또는 찰흙을 이용하여 패턴들을 다시 만들어 내도록 요구했다. 영국 어린이들은 연필과 종이를 가지고 수행할 때 가장 좋은 결과를 보였고, 잠비아 어린이들은 자신들이 보다 많이 경험해 본 도구인 철사를 가지고 수행할 때 가장 좋은 결과를 보였으며, 찰흙을 가지고 할 때는 두 집단 모두 좋은 결과를 보였다(Neisser et al., 1996, Gopaul-McNicol & Thomas-Presswood, 1998에서 인용). 여기서 우리는 서구 산업화 국가 출신이 아닌 아동은 오로지 연필과 종이를 가지고 하거나, 오직 언어적 성취에만 의존하는 평가를 받을 때 불리하다는 것을 알 수 있다.

답을 빨리 말할수록 더 많은 점수를 주는 시험은 전형적으로 빠른 수행에 가치를 두는 서구 문화권의 아이들이 선호하는 방식이다. 동양 문화의 아이들은 전형적으로 속도보다는 주의 깊게 생각하고 숙고하는 것에 가치를 두도록 가르침을 받는다.

심지어 아동의 운동 수행을 보는 검사도 문화적 편향을 포함하고 있을 수 있다. 예를 들어, 아시아 어린이들은 흔히 스키핑(skipping, 이리저리 뛰기)에 익숙하지 않으며, 호핑(hopping, 한 발로 뛰는 동작)과 점핑(jumping, 두 발로 뛰는 동작)을 구별하는 데 어려움을 겪을 수도 있다(2007년 6월 23일, E. Fernández O'Brien과의 개인적 대화에서 인용).

컴퓨터를 이용한 인지평가, 성취도 평가, 직업 적성 검사와 심리평가가 점점 더 증가하는 추세다. 이런 검사들은 컴퓨터를 이용해 평가하기 때문에 특정 이점들이 있다. 분명히 어떤 사람들은 실제 사람과 얼굴을 맞대고 면담을 받는 상황보다 컴퓨터로 면담을 받을 때 민감한 주제를 보다 드러내고자 한다. 컴퓨터가 적절하게 사용된다면 사람들의 학습 능력을 향상시키거나 또는 신체적 장애로 인해 자신의 역량을 보여 주기 어려운 상황을 개선할 수도 있다(예를 들어, 청력 장애가 있는 사람은 말하는 컴퓨터를 이용할 수 있으며, 펜으로 쓰는 데 어려움을 겪는 사람은 키보드를 훨씬 쉽게 사용할 수도 있다.). 덧붙여 컴퓨터를 이용한 검사는 검사 상황에서의 편견을 줄일 수 있는 기회를 제공한다. 컴퓨터는 수험자의 인종에 기반해 점수를 매기지 않기 때문이다 (그러나 편향이 완전히 제거되지는 않는데, 흔히 검사를 받기 전에 몇몇 사람과의 접촉이 이루어지기 때문이다. 예를 들어, 접수 담당자와 불편한 대면을 했거나 통역자가 차별적으로 글을 읽어 주었다거나 하는 상황들이 검사 결과를 왜곡할 수 있다.).

면담자는 문화적으로 그리고 경제적으로 다양한 집단을 컴퓨터로 검사할 때 주의를 기울여야 한다는 것을 알아야 한다(Ahluwalia, 2008). 검사를 받는 사람들이 컴퓨터에 얼마나 익숙한지를 알아내는 것이 중요하다. 덧붙여 수험자가 검사에 사용되는 언어를 잘 읽을 수 있는지도 반드시 알아야 한다. 만약 검사를 받는 사람들이 컴퓨터에 익숙하지 않거나 컴퓨터를 사용하는 데 불편함을 느끼거나, 그들이 검사에 사용된 언어를 읽지 못한다면 그들의 수행은 예상치 못한 방식으로 저해될 것이다.

평가 도중 아동에게 도형을 베끼거나 퍼즐을 조립하거나 두 그림이 어떻게 다른지 알아보라고 묻는 것은 간단한 것처럼 보이지만, 특정한 배경에서 온 아이들에게는 거의 불가능한 일일 수도 있다. 나는 미국에 온 지 6개월 된 다섯 살의 소말리아 어린이를 기억하는데, 그 아이는 그림을 그리거나 글을 쓰는 도구를 들어 본 적이 없었다. 나는 충격을 받았는데 왜냐하면 내가 몇 개월 전에 그 아이의 가족에게 종이, 크레용, 연필, 펜들을 준 적이 있기 때문이었다. 그 가족은 그 물품들을 단순히 어른이 쓰는 가치 있는 물건이라고 여기고 다른 곳에 보관해 두었다. 그들은 만약 아이들에게 종이를 주었다가는 찢어 버릴 것이며 그렇게 낭비하기에는 종이가 너무 귀중하다고 말했다. 그 소년이 글을 쓰고 그림을 그리는 도구에 익숙하지 않은 것은 인지적 어려움을 나타내는 것이 아니지만, 이 사실을 모르는 관찰자나 검사자에게는 그렇게 보일 수도 있었다.

투사검사(projective tests)는 문화적인 면에서 보다 중립적으로 보이지만 그렇지 않다. 잉크 반점에서 무언가를 보거나, 이야기를 맞춰 그림을 나열하거나, 이미지로부터 자유연상을 하는 것은 어떤 사람들에게는 아주 낯선 일일 수 있으며 거의 불가능한 일일 수 있다. 덧붙여 문화적 정보가 없으면 통역자가 아동의 반응을 적절하게 통역하는 것이 어려울 수 있다. 예를 들어, "빨간색은 중국 문화에서는 행복과 번영을 나타내지만, 미국 문화에서는 위험, 공격성, 성적인 충동을 나타낸다"(Uba, 1994, p.

168). 이것은 중국 어린이의 잉크 반점에 대한 반응에 영향을 미칠 수 있으며, 이러한 반응이 어떻게 통역되어야 하는지에도 영향을 미칠 수 있다. 또 다른 예로는 푸에르토리코에서 온 호세(Jose)는 그림검사에서 집을 그릴 때 굴뚝을 그리지 않아서 가족치료를 추천받았는데, 검사자가 이를 가정에 온기가 결여되었다는 것을 나타내는 지표로 해석했기 때문이었다(그 가족이 따뜻한 기후의 지역에서 살았기 때문에 굴뚝이 없는 집에서 자랐다는 것을 나타내는 지표로는 해석하지 않았다.).

소수 문화의 아이들과 가족들에 대한 평가 도구를 고르는 데 있어 완벽하거나 쉬운 답은 없다. 오로지 철저하게 다양한 평가만이 다양한 문화적 경험을 지닌 사람들로 하여금 그들의 진정한 역량과 개성을 보일 수 있도록 해 줄 것이다. 많은 영역에서 적합한 검사라는 것은 존재하지 않는다. 따라서 개인적인 면담의 중요성이 커지게 된다.

아동의 발달을 평가하기

아이들을 면담할 때 우리는 흔히 그 아이가 '정상적인 발달 수준'인가 아닌가를 알아내고 싶어 한다. 의료 상황, 정신건강, 교육적 상황에서 이러한 질문에 대한 답을 내려야 할 필요성이 명백하고, 동시에 민법적인 상황, 형사법적 상황에서도 아이에게 특별한 취약성이 있는지 또는 믿을 만한 증인이 될 수 있는지를 알아내야 할 필요성이 있을 수 있다. 다른 문화권에서 온 아동의 발달 평가를 시행할 때, 검사자가 그 점을 고려하지 않는다면 검사에 편향이 들어갈 가능성은 매우 커진다. 여기에서는 독자들이 이와 관련된 몇몇 주제들에 적응할 수 있도록, 그리고 더 심도 있는 논의를 할 수 있도록 다양한 참고문헌을 제공할 것이다.

우리는 이중 언어 아동이 두 언어의 이해 및 사용에 차이가 있음을 기억해야 한다. 예를 들어, 아동은 자, 칠판, 구내식당, 쉬는 시간과 같은 '학교에서 쓰는 말'을 두 번째 언어인 영어로 알고 있는 반면, 소파, 장롱, 가족 관계를 부르는 이름들과 같은 '집에서 쓰는 말'은 첫 번째 언어로 알고 있을 수도 있다. 이러한 이유로 인해 단 한 가지 언어로만 검사를 받는 이중 언어 아이들은 자신의 어휘력과 개념적 이해를 모두 표현하지 못할 수 있다. 따라서 그들은 실제보다 학업적으로 또는 발달적으로 뒤처지는 것처럼 보일 수 있다.

"너희 이모의 빌딩 뒤에 있는 골목에서 무슨 일이 일어났는지에 대해서 네가 누군가에게 처음 말했을 때 너는 어디에 있었니?"라는 질문을 받았을 때, 영어가 모국어가 아닌 아이들은 여러 조동사가 합해진 가정법 문구(예: would have, should have, may have, might have once wanted)나 그 밖에 복잡한 동사의 형태를 훨씬 더 어려워할 수 있다. 면담자는 질문을 간결하고 직접적으로 해야 하며, 문법적으로 절속에 또 다른 절을 끼워 넣지 말아야 한다. 가끔 면담자는 아동에게 질문을 이해했는지 물어보아야 한다. 만약 면담자가 아이가 질문을 이해하지 못한 것 같은 느낌을 받는다면, 잠시 멈추고 아동이 잘 따라오고 있는지 확인해야 한다. 연령이 낮은 아동과 검사에 사용되는 언어가 모국어가 아닌 아동을 면담할 때 면담은 느리게 진행되기 때문에 아주 많은 시간과 인내심을 요한다.

발달을 평가하기 위해 우리는 흔히 아동이 잘 성장했는지 그리고 연령에 맞는 기술을 발달시키고 있는지를 알아보기 위해 생애 초기의 주요 발달과제(early milestones)에 대한 정보를 얻으려고 한다. 디트로이트 시와 근처 교외에서 진료를 하고 있는 정신과 의사인 캐럴린 킹(Carolyn King)에 따르면 아이들은 짧은 시간 동안 사람의 눈을 속일 수 있는 미묘한 증상을 종종 보일 수 있다고 말했다. 정확한 평가를 위해 킹은 의사들이 아이들을 가까이서 관찰하고, "태어났을 때부터 지금까지의 모든 발달 과제를 포함해 완전한 과거력을 얻어라."라고 권고한다(Carey, 2006). 이것이 모든 아동 평가의 이상적인 바탕이기는 하지만, 이것을 성취하기란 그리 쉽지 않다.

발달 과제에 관한 질문은 그 부모와 전문가 둘 다에게 좌절감을 주는 것일 수 있으며, 특히 다른 문화권의 사람들과 함께 작업할 때 그렇다. "언제 아이가 뒤집기를 시작했나요?" 또는 "아이가 몇 살 때 처음 완성된 문장을 말했나요?"와 같은 질문은 어떤 부모들에게는 기이한 질문일 수 있다. 예를 들어, 몇몇 북미 원주민 가정에게 이러한 사건들은 단순히 발달 과제가 아니고, 발달 과제가 될 수 있는 사건은 아이가 처음 웃은 것이다(Joe & Malach, 2004).

필리핀, 레바논, 멕시코와 같은 문화권에서는 아이들이 스스로 밥을 먹는 것, 젖을

떼는 것, 스스로 달래기, 혼자 자는 것 등을 서구 산업화 국가들의 아이들보다 훨씬 늦은 나이에 하기 시작한다. 이 문화권의 아이들은 양육자에게 보다 의존적인데, 전형적으로 양육자에게 계속 안기거나 업혀서 양육자와 함께 이리저리 다니다가 불편감을 느끼면 즉각 양육자로부터 위안을 받기 때문이다. 또한 이 아이들은 흔히 밤에 어머니와 함께 자는데, 같은 침대에서 자거나 같은 방에서 자곤 한다(Santos & Chan, 2004; Sharifzadeh, 2004; Zuniga, 2004). 이 문화권에서 어린아이들은 흔히 학교에 가기 전까지 원하는 것을 마음껏 충족하며 훈육이나 성취에 대한 기대는 덜 받게 된다. 예를 들어, 아동도 젖병으로 우유를 마시는 것이 허용되며, 어머니들은 미국, 캐나다, 북유럽에서 기대하는 시기보다 훨씬 더 늦은 나이까지 아이들의 음식을 잘라 주고 신발 끈을 매 준다.

소말리아, 수단, 인도의 일부 지역에서 이민 온 부모의 어린이들은 식기류를 이용하는 것에 불편함을 느끼는데, 그들은 손으로 음식을 먹는 것에 익숙해져 있기 때문이다[역으로 서구 산업화 국가의 아이들은 개발도상국에서 온 아이들보다 식칼을 사용하는 것, 불을 가지고 일하는 것, 집안일을 하는 것, 어린 형제자매를 보살피는 것 등에서 흔히 뒤떨어진다(Rogoff, 2003). 그러나 이러한 일들은 전형적인 발달 평가에는 기록되지 않는다.]. 이 같은 발달적 차이는 한 문화권이 그 문화에 속한 아이들을 다른 문화권의 아이들보다 더 발달되게 만든다는 것을 의미하지 않는다. 오히려, 아이들을 그 문화권의 가치체계와 성역할에 맞는 성인들로 키워내기 위해 다른 기술과 특성들이 강조될 뿐이다. 만약 우리가 아동을 평가하는 데 사용하는 방법이 오로지 한 가지 유형의 기술, 이를테면 읽기와 쓰기 같은 기술들에만 의존한다면, 다른 영역의 발달을 측정하기에는 부적합할 것이다.

검사에서 실시하는 발달에 관한 질문은 그 검사가 기반한 문화권 출신이 아닌 어린이들에게는 발달 지체로 보이는 상황을 만들어낼 수도 있다. 예를 들어, 검사 시 "아이가 ____를 할 수 있나요?(Can ~)" 보다는 "아이가 ____를 하나요?(Does ~)" 와 같이 질문할 수 있는데, "아이가 스스로 밥을 먹나요?"와 같은 질문을 받았을 때 그 아이가 스스로 밥을 먹을 수 있음에도 불구하고 할머니가 손으로 먹여 주는 것을 좋아해서 주로 그렇게 밥을 먹는다면 대답은 "아니요"인 것이다.

다문화 아동과 가족에 대한 심리발달 평가 실시하기

- 평가 도구를 고를 때는 아동과 그 가족의 언어와 문화에 적절한 것만을 고르자.
- 제한된 영어 실력을 지닌 사람들을 면담할 때 필요하다면 통역을 사용하라(7장을 참고하라.). 그러나 가장 잘 표준화된 평가 도구도 만약 그 평가의 타당도를 입증할 때 사용되었던 원래의 언어로 시행되지 않는다면 타당도가 떨어질 수 있음을 기억하자. 단순히 통역자가 그때그때 상황에 맞게 자연스럽게 통역을 해서 평가 도구를 사용할 수는 없기 때문에, 검사를 원래의 언어로 시행했을 때의 결과와 통역된 검사의 결과가 같은 것을 의미할 것이라고 기대해서는 안 된다.
- 필요하거나 적절하다는 판단이 들면, 양육에 대한 책임을 지는 중요한 가족 구성원이 모두 참여하도록 하라. 여기에는 아버지, 할머니, 조부모, 심지어는 나이가 많은 형제자매가 포함될 수 있다. 많은 가정들이 물결처럼 한꺼번에 이민을 왔다가 그다음 물결에 한꺼번에 이민을 온다는 것을 기억하라. 아동의 생애 초기에서 가장 중요한 양육자(예를 들면, 할머니나 이모)는 그들이 원래 살던 나라에 남아 있을 수도 있다.
- 아동과 그 가족이 편안하게 느끼는 장소에서 검사를 실시하라.
- 필요한 정보만 수집하라. 양식, 질문지, 그 밖의 서류작업의 개수를 제한하라. 서류작업이 일반적이지 않은 문화에서 온 사람들에게는 특히 번거롭고 당혹스러운 작업일 수 있다.
- 여러 명의 전문가를 관여시킴으로써 가족에게 압박감을 주지 말라. 특히 평가를 시작하는 시기에는 더욱 그렇다.
- 가족이 가장 걱정하는 주제부터 다루자.
- 필요하다면 가족에게 평가의 모든 단계에 대해 많이 설명하라.
- 상황에 적절하다면, 악수, 고개를 숙여 인사하기, 따뜻하게 맞아 주기, 차를 대접하기와 같은 해당 가족의 문화에 적절한 의례를 포함시키라(5장 비언어적 의사소통을 보라.).
- 개별적으로 그리고 다 같이 가족 전체로부터 의견을 듣도록 하라. 어떤 가족 구성원은 여러 사람과 말하는 것에 불편함을 느끼지만, 보다 사람 수가 적은 상황에서는 자신의 통찰과 의견을 전달하고 싶어 할 수도 있다.
- 가족이 당신에 대해 물어볼 시간을 주어라. 어떤 가족들은 격식을 차린 면담 상황에서는 질문을 하기에 너무 어색하게 느낀다. 이전에 당신이 접해 본 가족 가운데 지금 면담하고 있는 가족과 유사한 문화적 배경을 지닌 가족이 제기한 문제들에 대해 논의할 준비를

해 두어라.

• 아이가 다른 아이들에 비해 조용해 보인다면 그 의미가 무엇일지 너무 빨리 결론내리지 않는 것 역시 중요하다(8장의 주저함에 관한 내용을 보라.).

주. 린치와 핸슨(Lynch & Hanson, 2004, pp. 459~461)으로부터 부분 인용

아동에게 대안적 방식 사용하기

아동이 이야기하기를 망설인다면, 때로는 아이로 하여금 무슨 일이 일어났는지 그림을 그리게 하거나 도형을 그리면서 설명하게끔 함으로써 이야기하기에 쉬운 상황을 만들 수 있다. 하지만 말하려고 하는 사람에게 종이와 크레용을 내밀면서 말을 가로막지 않는 것이 중요하다. 일반적으로 우선 말로 설명하는 것이 바람직하다. 그림을 그리는 것은 내담자의 장소나 사람에 대한 지식을 전달하는 데 사용될 수 있으며, 또는 면담자가 정확히 무슨 일이 일어났는지 이해하고 사람들 간의 관계가 어떠한지 이해하는 것에 도움을 줄 수 있다.

수많은 연구에 따르면, 사건에 대해 그림을 그릴 수 있는 기회가 주어졌을 때 아이들은 사건에 대해 더 많은 세부사항을 제공한다(Faller, 2007). 라포를 향상시키고, 불안을 감소시키고, 사건과 관련된 정보를 얻는 방식으로서 면담 도중 그림을 사용할 수 있다. 그러나 그림이 특정한 조건이나 있었던 일을 입증하는 정확한 도구라는 연구결과가 입증되지는 않았다(Faller, 2007).

때때로 아동은 사건에 대해 이야기할 때 인형이나 꼭두각시를 사용하는 것을 선호한다. 만약 면담자가 법의학적 상황에서 일하고 있거나 실시한 면담이 이후 법정에서 이의를 제기당할 수 있는 상황이라면 이 점에서 조심스러워야 한다. 몇몇 사법권에서는 인형이나 꼭두각시를 이용한 면담은 증언으로서의 자격을 박탈하는데, 아이들이 상상력을 동원해 인형을 가지고 노는 경향이 있다고 생각하기 때문이다. 그러나 적절히 사용된다면, 인형은 아이들이 상담자에게 무슨 일이 일어났는지 보여 주

고 세부사항을 추가적으로 제공하는 데 도움을 준다(Faller, 2007; American Professional Society on the Abuse of Children, 1995, 2002). 면담에서 그림과 마찬가지로, 인형이 사용되었다면 말로 이야기한 이후에 사용하거나, 언어적 설명의 보충으로서 사용되어야지 언어적 설명의 대체로서 사용되어서는 안 된다.

아동의 트라우마 증상

트라우마 증상은 심리 발달 평가를 복잡하게 만들 수 있다. 예를 들어, 트라우마 사건을 겪은 아동은 분리 불안, 학교 공포증, 야뇨증, 유분증(encopresis), 우울증, 충동적 행동, 불안, 집중력 저하, 기분장애, 분노, 약물 남용, 자살 성향 그리고/또는 악몽 등에 시달릴 수 있으며, 이 모든 것이 정확한 발달 평가를 어렵게 만들 수 있다 (Greenwald, 2005). 트라우마를 겪은 아동은 큰 소리, 사이렌 소리, 고함, 비행기 소리, 화재 경보를 두려워하고 쉽게 깜짝 놀랄 수도 있다. 반대로 트라우마를 겪은 다른 아동은 공포스러운 상황을 찾아다니고, 아무것도 두려워하지 않는 것처럼 보이며, 사소한 일에 폭력적으로 반응하는 것처럼 보일 수도 있다. 트라우마를 겪은 아동은 구슬려야 음식을 먹거나, 아니면 마치 이것이 마지막 식사인 것처럼 재빨리 게 눈 감추듯 허겁지겁 음식을 먹어 치울 수도 있다.

트라우마 증상은 기질적 장애, 형편없는 양육, 반항 행동으로 잘못 해석되기 쉽다. 난민 아동들은 흔히 이주 전이나, 이주 과정 동안 혹은 이주 후에 트라우마에 직면하곤 한다. 이러한 악영향을 주는 트라우마에는 가족 구성원이 '사라지는' 것, 배고픔, 목마름, 집이 없는 것, 성추행, 시체를 목격하는 것, 상처를 입는 것, 신체적인 협박과 구타, 감금, 고문, 강간, 친족이 살해당하는 것을 목격하는 것, 잔학한 행위를 목격하는 것, 스스로의 도덕률에 맞지 않는 행동을 하도록 강요당하는 것, 오랜 기간 동안 생명의 위협을 당하는 것 등이 포함된다(Delgado, Jones & Rohani, 2005). 난민 캠프에서의 삶은 폭력과 질병, 부적절한 음식과 보호소, 공간 부족 등을 동반하여 흔히 보잘것 없고, 충격적이다. 심지어 공식적으로는 난민이 아닐지라도 불법 체류자들과 독재 국가로부터 이주해 온 사람들은 원래 살던 나라에서 트라우마를 경험하거나 새로운 땅으로의 고된 여행 도중에 트라우마를 경험할 수도 있다. 혹은 두 장소 모두에서 트라우마를 경험할 수도 있다. 그러나 새로운 나라에서의 삶은 이주민 아동에게는 안전하고 안정된 삶이 아닐 수도 있는데, 그 이유는 아동의 부모가 의사소통을 하지 못하고, 어떻게 대처해 나가야 할지 잘 알지 못하고, 상사나 임대주(landlords), 사회복지 서비스 제공자들, 그 밖의 다른 사람들의 예상치 못한 변화 때문에 시달리는 것을 목격할 수 있기 때문이다. 불법 외국인 신분으로 사는 것 역시 아이에게 충격적인 경험일 수 있으며, 또는 사랑하는 사람이 불법 체류자 신분이어서 매일 그 사람이 추방될 것에 대한 위험을 갖고 사는 것도 트라우마 경험일 수 있다. 때때로 이주 아동들은 고립되고, 수치심을 느끼고, 조롱을 받고, 심지어는 새로 이민 온 국가의 학교 친구들에게 구타를 당하기도 한다.

때때로 우리는 아주 어린아이가 트라우마 경험을 겪은 경우에는 어째서인지 그 경험의 영향을 받지 않는다고 짐작한다. 그러나 몇몇 정신건강 전문가들은 아동이 언어 능력을 발달시키기 전에 트라우마를 경험한 경우, 자신의 경험을 언어로 바꿀 수 있는 다른 어린이들보다 실제로 더 어려운 시간을 보낸다고 믿는다(Pynoos, Steinberg, & Goenjian, 1996).

트라우마를 겪은 아동을 평가할 때는 트라우마 내력에 대해 전부 알아내고 시간이 흐르면서 아이의 행동적 변화에 대해 묻는 것이 중요하다(Greenwald, 2005). 이 평가는 면담자가 아동이 보이는 증상의 기원에 대해 알아내고 가장 좋은 행동 절차가 무엇인지 결정하는 데 도움을 준다. 입양된 아동이나 극도로 혼란스러운 환경에서 자라 온 아동과 함께 작업할 때는 유감스럽게도 완전한 내력을 얻는 것이 불가능할 수 있다.

많은 아동들과 그 가족에게 있어 이민은 그 과정 자체로 트라우마 경험일 수 있으며, 만성적인 인종차별, 차별 대우, 배척의 경험인 것으로 밝혀졌다(Bryant-Davis & Ocampo, 2005). 다른 언어를 쓰고 다른 행동 규범을 가진 사람들로 꽉 찬 낯선 학교에 끼워 넣어진 아동이 경험할 계속되는 트라우마에 대해 생각해 보라. 그 아이는 계속 고립된 기분을 느끼고, 혼란스럽고, 아마도 매일 몇 시간은 존재감이 없는 것 같은 느낌을 받는다. 자신이 모르는 언어 속에 둘러싸인 채 3개월을 보낸 한 아이가 나에게 말하기를, 학교에서 자신은 유령이 된 기분이었다고 한다. 모든 사람들이 아이의 주변에서 왔다 갔다하며 가끔 그가 있는 방향을 쳐다보았지만, 아이는 그들과 의사소통을 할 수 없었기 때문에 마치 그들이 자신을 보지 못하는 것처럼 느껴졌다. 양육자가 학교 제도와의 다리 역할을 해 주지 못하는 아이들은 특히나 새로운 환경에서 어떻게 적응해야 할지 모르는 경향이 있다. 이전 환경에 대한 경험들만이 있기 때문에, 아동들은 자신이 이 새로운 환경에 적응을 할 것이며, 혼란스러움은 일시적인 것이고, 장차 새로운 언어를 배우고 친구를 만들 것임을 이해하지 못할 수 있다. 따라서 학교 교직원은 학교에 새로 온 아이들에게 관심을 기울이는 것이 매우 중요하며, 특히 극히 다른 문화권에서 온 아이들에게는 더욱 그렇다. 아동이 새로운 환경에 들어온 지 최소한 처음 2년 동안은 이러한 지원 활동이 지속되어야 하며, 아동이 학업 문제로 또는 대인관계로 계속 힘겨워하는 것처럼 보인다면 지원 활동은 더 오래 지속되어야 한다.

전문가는 아동의 증상이 트라우마로 인한 것이라고 여기지만, 아동의 가족 구성원은 흔히 다르게 생각하는 경우가 있다. 예를 들어, 웹(Webb, 2004)은 세계무역센터와 가까운 학교에 다니는 중국인 고등학생이 2001년에 발생한 9 · 11 테러를 목격한 뒤 악몽에 시달리고, 집중력 저하를 보이고, 성적이 떨어진 경우에 대해 이야기했다. 그 학생의 부모는 상담을 받으라는 학교상담자의 권고를 거부했고, 자신의 자녀가 겪는 어려움이 트라우마로 인한 것이라는 견해를 받아들이지 않았다. 대신 그 어머니는 아들의 학교 성적이 창피하다고 말하면서 아들이 잘 따르는 가족 구성원인 삼촌과의 만남을 제안했다. 어머니는 외상 후 스트레스 장애(PTSD)에 대해 이야기하는 것을 거절했다. 그 어머니는 자신의 아들이 정신 장애를 갖고 있는 것으로 낙인찍히는 것을 원치 않았다.

트라우마에 시달리는 사람들의 실제 증상 역시 문화에 따라 다양하게 나타난다. 예를 들어, UNICEF(United Nations International Children's Emergency Fund)에서 3,000명 이상의 르완다 어린이들에게 실시한 연구에 따르면, 20% 미만의 어린이만이 수면 장애를 겪고, 대학살 사건 이전보다 행복감이나 사랑을 느끼는 데 어려움을 겪으며, 집중하는 것이 어렵고, 그 사건에 대한 기분이 오락가락 요동치며, 자주 깜짝 놀라고, 불안하다고 보고했다. 그러나 이러한 일반적인 PTSD 증상이 일관적으로 어린이들에게 나타나지 않음에도 불구하고, 이 아동들은 전형적인 PTSD 아동이 보고하는 것과 같이 높은 수준의 회피와 침투적 사고를 보고했다(Dyregrov, Gupta, Gjestad, & Mokanoheli, 2000). 바꿔 말하면, 비록 트라우마 징후는 문화에 따라 다르게 나타났지만, 이 아동들은 자신이 노출된 사건으로 인한 트라우마에 시달리고 있었다.

청소년 면담에서의 특별한 이슈들

많은 문화권에서 청소년기는 삶의 독립된 한 단계로 여겨지지 않는다. 대신, 이러한 문화권의 아이들은 유년기에서 바로 성인으로 간주되는 시기로 넘어간다. 때때로 유년기에서 성인기로의 이행은 견진 성사(confirmation),[2] 바르/바트 미츠바(bar/bat mitzvah),[3] 고통스러운 할례와/또는 기쁨의 춤을 포함하는 성년식(initiation ceremony), 스윗 식스틴(a Sweet Sixteen),[4] 킨세아녜라(Quinceañera party)[5]와 같은 일정 연령이 되면 실시하는 의례로서 알 수 있다. 때때로 이러한 이행은 상징적인 변화보다는 실제적인 변화로 나타나기도 하는데, 이를테면 결혼을 하거나, 아이를 낳거나, 전통적인 작업에 성인들과 함께 참여하거나, 대학을 가거나, 직업을 갖는 것 등이다.

대조적으로 서구의 많은 산업화 국가에서는 청소년기란 아이가 초등학교를 졸업하고(12세나 그쯤) 온전한 성인으로서의 책임을 진다고 여겨질 때까지의 기나긴 기간이고, 대학에 진학한 사람일지라도 대학 기간 동안은 청소년기가 끝나지 않았다고

---

❷ 역자 주: 천주교 입문 성사 가운데 하나로 이미 세례성사를 받은 사람이 받는 성사를 가리킴.
❸ 역자 주: 유대교에서 남자(바르)의 경우 13세, 여자(바트)의 경우 12세가 되어 성년의례를 치른 사람을 가리킴.
❹ 역자 주: 미국에서 16세가 되었음을 가리키는 말로 꽃다운 나이를 간접적으로 표현함.
❺ 역자 주: 라틴 아메리카에서 여자아이의 15세 생일을 축하하는 파티를 가리킴.

볼 수도 있을 만큼 연장된 기간이라고 간주된다. 하지만 나는 13세부터 19세까지의 시기를 표현하기 위해 전통적인 의미 그대로 '십 대' 또는 '청소년기'라는 단어를 사용한다. 우리는 이것이 임의적인 구분임을 인식해야 한다. 이 시기는 젊은이들의 상황에 따라 매우 다양하다. 어떤 해는 재미, 스포츠, 여름 캠프, 학교, 파티들로 가득 찬 시기일 수도 있고, 다른 해는 약물 남용, 머물 곳 없음, 아이를 낳아 한 명이나 그 이상의 어린아이들을 돌보는 것, 일하는 것 등과 같은 일들이 발생하거나 한꺼번에 여러 일들이 겹친 시기일 수도 있다.

서구 산업화 국가에서 청소년기는 흔히 탐색의 시기, 자신에게만 몰두한 시기, 위험을 감수하려는 시기로 여겨진다. 그러나 다른 문화권에서는 청소년기를 꽤 다르게 받아들일 수 있다. 청소년기는 가족에 대한 책임(예를 들어, 어린 형제자매, 사촌들, 나이 든 친척들을 돌보는 것, 결혼을 하는 것, 가족의 일을 돕는 것), 그리고 속한 집단에 대한 책임(예를 들어, 기도, 사냥, 농사, 시장에서 물건을 파는 것)이 증가하는 시기로 받아들여질 수 있다. 전통적인 문화의 관점에서 청소년기는 흔히 소녀들의 몸가짐과 정숙함에 대한 규제가 증가하는 시기다. 정통파 무슬림과 유대인은 흔히 딸들이 사춘기에 도달하면 스스로 몸을 감추고 연령에 상관없이 남자들로부터 멀어질 것을 요구한다. 티셔츠와 청바지 차림으로 옆집 사는 남자아이와 노는 것이 허용되었던 어린 무슬림 여자아이는 성숙해질수록 그러한 놀이를 하지 못하게 규제를 받고 머리, 팔, 목과 다리를 감추도록 요구받을 수도 있다. 스포츠, 방과 후 클럽 활동, 영화관처럼 성별이 섞여서 하는 활동에 참여하는 것이 금지될 수도 있다. 만약 여자아이의 교실 친구들 중 무슬림이 아닌 학생이 포함되어 있다면, 그러한 규제들에 분개하고 비교적 자유로웠던 어린 시절을 그리워할 수도 있다. 면담자가 덜 익숙한 문화에서 온 청소년과 그 가족을 면담할 때는 이와 같은 청소년이 경험할 수 있는 압박을 고려할 필요가 있다.

어떤 면에서는 너무나 다른 국가에서 자녀들이 십 대를 보내고 있기 때문에, 이주 부모들은 흔히 자식이 주류 문화에 동화된 행동을 보이는 것에 혼란스럽고 화가 난다. 이들이 십 대 자녀들에 대해 다음과 같은 질문을 던질 수 있다. 왜 애들이 갑자기 자기가 다 큰 어른인 것처럼 생각할까? 왜 밤을 새워서 친구들과 돌아다니고 싶어 할까? 왜 그 애의 친구들은 자기 부모님에게 그토록 무례할까? 내가 애들을 어린아이로 대우해야 하는 것일까 성인으로 대우해야 하는 것일까? 만약 성인이라면, 왜 우리가 하듯이 힘들게 일하는 대신 여전히 학교에 가고 있는가? 한 명 이상의 십 대들의 부모가 되는 것은 자신이 살고 있는 사회에 매우 익숙한 사람에게도 충분히 혼란스러운 일이다. 때문에 다른 문화에서 온 사람들에게는 극도로 혼란스러운 일일 수 있다.

　면담이나 평가를 진행할 때는 이 삶의 시기를 지나고 있는 젊은이들과 그들의 이주민 양육자의 시각이 서로 충돌하는 것에 당황스러울 수도 있다. 십 대와 성인은 흔히 문제와 해결책에 대해 다른 정의를 내린다. 두 쪽 다 강렬한 감정을 경험할 수 있으며 둘 다 주의 깊게 다루어질 필요가 있다.

청소년과 문화적 정체성

> 정체성은 대인 관계, 권력, 문화를 통한 타협 과정이다.
>
> － 데이비드 무라(David Mura)

　백인 인구가 다수를 차지하는 미국을 포함한 기타 서구 산업화 국가들에서 대다수의 백인 젊은이들은 자신들과 같은 인종인 백인들과 대부분의 시간을 보낸다. 이는 일반적으로 자연스럽고 기대되는 행동처럼 여겨진다. 만약 학교에서든 구내식당에서든, 혹은 인근 공원이나 골목길에서 유색인종 젊은이들이 여럿이 같이 '돌아다니면', 이런 행동은 흔히 다른 사람들에게 비호감을 주거나 주변 사람을 아랑곳하게 여기지 않는 것으로 비치거나 그 젊은이들이 갱단의 일원인 것을 암시한다고 여겨진다.

　서구 산업화 국가의 십대로 사는 것은 흔히 어려운 일이다. 십 대는 급격한 호르몬 변화, 새로운 역할에 대한 기대에 적응해 나가는 것과 학교 및 직업 또는 이성교제와 약물 남용에 대한 의사결정을 내리는 것이 요구된다. 다른 두 문화 사이에 끼인 십대들은 이외의 도전거리가 추가된다. 여기에 덧붙여 성폭력, 학교에서의 실패, 정신적 또는 신체적 질병이나 장애, 특별한 재능 또는 자신이 게이이거나 레즈비언일 수 있다고 깨닫는 것과 같은 상황을 고려하면, 정말로 십 대 시기는 지뢰밭이 될 수도 있는 것이다.

　자신의 개인적 정체성에 관한 질문에 허우적대면서 청소년들은 흔히 성, 성적 지향, 인종, 사회 계층, 문화에 따른 집단의 규범에 잘 순응하고 있는지 알아보기 위해 또래들을 살펴보게 된다. 이들은 정체성이라는 틀에 깔끔하게 들어맞지 않는 사람들을 무자비하게 괴롭힐 수 있으며, 그것이 통제 바깥에 있는 요소들로 인한 것(예를 들면, 다른 인종의 부모를 둔 것) 때문이거나 삶의 방식, 옷차림, 말투, 행동에 대한 개인의 선택의 문제일지라도 상관하지 않는다. 또한 많은 맥락 속에서 십 대들은 주어진 문화, 인종 또는 사회적 계층의 구성원 '처럼 행동하는' 것이 무엇을 의미하는지에 대해 특히 융통성 없고 협소한 생각을 가진다. 소수 문화나 소수 인종 집단의 청소년들 중 학업적 성공에 목말라 있거나, 표준 영어를 구사하거나, 백인 친구들이 많은 청소년들은 표면적으로는 소수 집단에 속하더라도 '속으로는 백인(White on the inside)'이라고 비난받을 수도 있다. 이때 사용되는 몇몇 표현들은 다음과 같다.

- '트윙키(Twinkie)' 또는 '바나나(banana)' (아시아인에게 쓰는 표현으로, 겉으로는 노란색인데 속은 흰색이라는 의미) 또는 '청키(Chonky)' ('백인처럼 행동하는' 아시아인을 부르는 말)
- '사과(Apple)' (북미 원주민에게 쓰는 표현, 겉은 빨간색인데 속은 흰색이라는 의미)
- '오레오(Oreo)' (흑인에게 쓰는 표현, 겉은 검은색인데 속은 흰색이라는 의미)
- '코코넛(Coconut)' (라틴계, 흑인 또는 필리핀 사람에게 쓰는 표현, 겉은 검정색인데 안은 흰색이라는 의미)
- 포차(Pocha, 스페인어로 '색깔이 바랜' 또는 '너무 익은'이라는 뜻) – 라틴계 사람들이 자신이 보기에 지나치게 문화에 동화된 것 같은 다른 라틴계 사람들을 경멸적으로 부르는 말

소수 집단 청소년은 흔히 보편적인 옷차림, 쓰는 언어, 삶의 방식에 대한 사회적 규범에 순응하는 사람들에게 더 특권을 부여하는 사회적 규범과, 그와는 대조적인 가치체계를 내세우는 자신의 또래들 사이에 끼이게 된다.

트리니다드 섬에서 자란 조앤 킬고어 다우디(Joanne Kilgour Dowdy)는 예의 바른 영어를 쓴다는 이유로 집단 낭독 대회와 이야기 만들기 축제에 학년 대표로 나가 달

라는 부탁을 받았다.

> 우리 어머니는 우리가 '백인 식으로 악담하는 것'을 배울 필요가 있다고 항상 주입
> 시키셨다. 어머니가 의미한 것은, 아니 내가 생각하기에 어머니가 의미한 것은, 우리가
> 항상 백인 관중을 앞에 두고 연기해야 함을 자각하고 있어야 한다는 것이었다. 우리는
> 항의를 할 수도 있고, 화내는 모습을 보일 수도 있지만, 백인의 방식이라는 것이 있으
> 며 그것이 옳은 방식임을 기억해야 했다(Dowdy, 2002, p. 5).

그러나 다우디는 식민지 지배자의 언어인 영국 표준 영어를 사용했기 때문에 또래
들로부터 괴롭힘을 받았다. 그녀는 자신이 어떻게 말하는지에 대해 어머니, 할머니,
그리고 선생님이 기대하는 바와 또래들이 사용하는 트리니다드 여러 부족들의 언어
가 섞인 영어식 방언 사이에서 갈등했던 것에 대해 서술했다. 이런 종류의 딜레마는
한 개 이상의 문화에 속한 청소년들에게는 전형적인 일이며, 어느 쪽이 나을지 하루
에도 몇 번씩 선택해야 할 필요가 있다.

청소년들은 흔히 스스로가 아닌 다른 무언가로 보이는 또래들에게 별로 관용을 보
이지 않는다. 일반적으로, 그들은 워너비(wanna-bees)라고 불린다. 경멸조로 쓰이는
구체적인 단어들은 다음과 같다.

- 'ABCD' 또는 'CBCD'(American Born or Canadian Born Confused Desi) (스스로
  의 문화적 정체성에 대해 혼란스러워하는 남아시아 혈통 사람)
- '치니그(Chinig)'[6] ('흑인처럼 행동'하려고 하는 아시아 사람)
- '프리텐디언(Pretendian)' (인도계 배경이 거의 없거나 아예 없지만 인도 혈통이라고
  주장하는 사람)
- '웩시칸(Wexican)' (멕시코 사람처럼 행동하려고 하는 백인)

[6] 역자 주: Chinese(중국인)와 nigger(흑인을 비하하여 가리키는 말)를 합한 말.

- '화이트 초콜릿(White chocolate)' (흑인처럼 행동하려고 하는 백인)
- '위거(Wigger)' (White nigger를 뜻하는 말, '흑인처럼 행동'하는 백인 또는 '백인처럼 행동'하는 흑인 또는 흑인과 백인이 섞인 사람)
- '윙크(Wink)' [7] (아시아 사람과 많이 어울리는 백인 또는 '중국인'처럼 행동하는 백인)

때때로 청소년들은 그들의 인종이나 문화에 속하지 않는 사람과 데이트하는 또래들에게 냉혹한 태도를 보인다. 이것은 협소한 문화적 정체성에 대해 동조하도록 압박하는 또 다른 형태의 시도일 수 있다. 여기서 사용되는 몇몇 표현들은 다음과 같다.

- '초콜릿 디퍼(Chocolate dipper)' (흑인 남성이나 여성과 데이트하는 다른 인종의 사람)
- '인종배신자(Race traitor)' (다른 인종의 사람과 데이트하거나 그 사이에 자녀를 가진 사람)
- '라이스 킹(Rice king)' (아시아 여성과 데이트하는 비아시아 남성)

인종이나 민족적으로 섞인 아이들은 흔히 그들을 간단한 카테고리로 분류하기 힘들어 하는 다른 아이들의 특별 타겟이 된다. 혼혈 배경을 지닌 젊은이들을 묘사하는 데 쓰이는 많은 표현들을 몇 가지 살펴보면 다음과 같다.

- 'Blaxican' 또는 'Mexicoon' (흑인과 멕시코 혈통)
- 'Blew' 또는 'Jigger' (흑인과 유대인 혈통)
- 'Bumblebee' [8] (흑인과 아시아인 혈통)
- 'Halfrican' (반은 아프리카 혈통(half African), 반은 다른 혈통)

---

[7] 역자 주: White(백인)와 Chink(Chinese 혹은 아시아계 사람을 비하하여 가리키는 말)를 합한 말.
[8] 역자 주: 호박벌의 무늬가 노란 색과 검정 색으로 이루어져 있음.

- 'Jewarican' 또는 'Portajew' (유대인과 푸에르토리코 혈통)
- 'Zebra' 또는 'milano' (백인과 흑인 혈통, 밀라노라는 과자의 이름을 땀)
- 'Pakoniggy' (파키스탄과 흑인 혈통)
- 'Pinto' (하얀 말과 갈색 말의 교배종을 뜻하는 말로 백인과 북미 원주민 혼혈을 뜻하는 말)
- 'Sortarican' (푸에르토리코 혈통과 그 밖의 다른 혈통)
- 'Spink' (히스패닉과 아시아 혈통)

한 가지 배경만을 지니지 않은 청소년들이 접할 수 있는 정체성 확립의 어려움을 전달하기 위해 이 같은 표현들을 길게 첨부했지만, 사실 더 많은 표현들이 있다. 그렇기 때문에 문화적 그리고 인종적 배경에 대한 간단한 질문도 극도로 세심하게 해야 한다.

부모 없이 청소년 혼자 면담하기

경찰 면담 같은 상황에서는 미성년자와 면담을 하는 것에 대해 부모에게 고지하거나 부모의 동의를 얻는 것이 중요하다. 이것은 성인인 보호자가 미성년자의 권리를 보호할 기회를 준다. 그러나 다른 상황에서는, 이를테면 사회복지, 의료, 정신건강 면담에서는 성인이 없을 때 면담이 더 효과적인 경향이 있다. 하지만 면담을 하기 위해서는 법적으로 보호자의 동의가 필요할 수도 있다.

대부분의 청소년들은 부모가 함께 있을 때 문제에 관한 민감한 정보를 드러내기를 망설인다. 물론 이 문제에는 이성교제, 성문제, 약물 남용 등이 포함되지만 이것에 국한되지만은 않는다. 어떤 십대들은 부모 앞에서 학교 성적에 대해 이야기하고 싶어하지 않는데, 학업에 힘겨워하고 있기 때문이거나, 또는 부모님이 알면 실망하거나 화를 낼 것이 틀림없는 독자적인 진로를 추구하고 있기 때문이다. 어떤 십 대들은 친구에 대해 이야기하고 싶지 않아 하는데, 특히 부모가 특정한 민족적 또는 종교적 집단의 사람들과만 만나도록 하거나 혹은 특정 집단의 사람들이나 부모가 생각하기에 나쁜 영향을 미칠 만한 친구들과의 교우관계를 제약하려고 할 때 그렇다. 어떤 십대들은 자신이 아르바이트를 하게 되었거나, 자살 충동을 느끼거나, 면담을 받고 싶어하거나, 스포츠 팀에 들어가고 싶어 한다는 사실을 부모에게 숨긴다. 어떤 십 대들은 부모가 지나치게 엄격하다고 생각하기 때문에 정기적으로 자신들의 소재에 관한 거짓말을 한다. 어떤 십대들은 자신이 대학에 지원했다는 것을 부모에게 말하지 않는다. 푸에르토리코에서 온 마리아 루이사(Maria Luisa)의 이야기이다.

> "우리 가족은 누구도 고등학교를 마치지 않았으며 하물며 대학을 간 사람은 없었다. 나는 그들에게 내가 대학에 지원했다는 것을 말하지 않았는데, 말을 하면 그들이 나를 놀리거나, 내가 대학을 가기에 충분하지 않다고 하거나, 또는 그 비용을 댈 수 없다고 할 것이기 때문이었다. 나는 심지어 그들이 내가 대학에 가는 것을 막으려고 나를 다시 푸에르토리코에 있는 조부모님과 함께 살도록 보내 버릴까 봐 걱정했다. 나는 우리 가족이 내가 만약 공부를 계속한다면 자신들과 너무 멀어진다고 생각할까 봐 걱정했다. 나는 진로상담실에서 받은 입학지원서와 관련 서류에 가족의 이름을 위조해서 실었다. 그 뒤 내가 합격 통보를 받고 부모님에게 말하자, 부모님은 실제로 나를 위해 정말 행복해했다. 그들은 내가 집에서 나가기를 원하는 대신 내가 계속 공부를 한다는 것에 너무나 기뻐서 울었다. 내가 미리 가족에게 말을 했을 수 있겠지만, 나는 여전히 그들이 나를 막으려 할 것이라고 생각했을 것이다."

이민자 부모들은 그들의 십 대 자녀가 혼자 면담받도록 허락하는 데 망설일 수 있으며, "내 딸(또는 아들)은 나한테 모두 다 말합니다!"와 같은 태도를 보일 수 있다. 물론 부모가 있는 상황에서 청소년은 흔히 자신이 부모로부터 사적인 정보를 지킬 필요가 있다는 것을 부정한다. 그러나 십 대의 삶에 대한 온전한 전체 그림을 그리는 것을 목표로 하는 면담자는 십 대 혼자 면담을 진행해야 한다고 주장할 필요가 있으며, 부모에게 이것은 보편적인 표준 방식이라고 설명할 필요가 있다. 동시에, 십 대 청소년과 그 부모 둘 다에게 비밀보장의 한계에 대해 설명하는 것도 중요하다.

청소년 이민자에 관한 일반적 실태

청소년기의 관심사는 매우 다양하며, 이것은 그들이 이민 1세대(현재 사는 나라의 밖에서 태어남)인지, 이민 2세대(현재 거주하는 나라에서 태어났으나 최소 한 명의 부모가 외국에서 태어남)인지, 또는 이민 3세대거나 그 이상(본인과 그 부모 둘 다 현재 거주하는 나라에서 태어남)인지에 따라 다르다.

스스로 이주해 온 젊은이들의 경우에는, 그들이 이주해 왔던 때의 나이가 그들이 문화에 동화되는 정도와 새로운 나라의 언어를 구사하는 능력을 부분적으로 결정한다. 다음 소말리아 가족의 이야기를 생각해 보자.

> 티미라(Timira)와 그녀의 세 아이들은 입은 옷 외에 몇 벌의 옷과 난민으로서 정착 관련 서류만을 가지고 미국에 도착했다. 아이들은 미국에 도착했을 때 각각 2세, 4세, 13세였다. 3년이 지난 뒤, 티미라는 또 다른 아들 아이작(Isaac)을 낳았다. 큰 아이 압시르(Abshir)는 어린 시절 오래도록 말라리아를 앓았고 대체로 병약했다. 그는 4학년 급우들보다 두 살 더 나이가 많았지만 4학년으로 들어갔다. 교육청에서는 초등학교에서 몇 년을 더 보냄으로써 압시르가 영어를 배우고, 읽기 및 쓰기를 배울 기회를 갖기 바랐다. 그러나 그는 두 번째 언어로서 영어를 익히기에 충분한 가르침을 받지 못했고, 또한 급우들을 따라잡을 만큼의 특별한 관심을 받지도 못했다. 학교에서의 첫 날 압시르는 주로 실패, 좌절 그리고 외로움을 경험했다. 또한 집에서 숙제를 도와줄 수 있는 사람이 아무도 없었다. 그는 학교에서 경험하는 비참함과 고립을 피하기 위해 자퇴를 하고 싶었다. 반면 아이작은 18개월에 헤드스타트(Headstart) 유치원에 들어갔고, 그곳에서 빠르게 영어를 배웠으며 다양한 배경을 지닌 아이들과 친해졌다. 집에서 그는 어머니와는 소말리아어로 이야기를 했고 형제들과는 주로 영어로 이야기했다. 그가 나이를 먹어 가면서, 그는 형제들에게 학교 숙제를 도와 달라고 부탁할 수 있었다. 아이작은 학교의 급우들과 같은 나이였고 꼬박꼬박 숙제를 했으며 수학과 스포츠 둘 다 잘해냈다. 아이작의 십 대와 그의 형 압시르의 십 대가 얼마나 다른가! 아이작은 다양한 문화적 집단의 친구들과 즐겁게 지냈고, 영어를 마스터했으며, 학교를 좋아했다. 한 가

정 속에서도 압시르는 이민 1세대였고 그 동생 아이작은 이민 2세대였으며, 그들의 필요와 문젯거리는 꽤 달랐던 것이다.

결 론

순응하든지 반항하든지, 아이들은 자신들이 성인들의 의지에 크게 좌우된다는 사실을 알고 있다. 어린아이들은 면담이 함축하고 있는 의미를 이해하지 못할 수도 있고, 면담을 단순한 대화나 그림을 그리고 노는 기회로 바라볼 수도 있다. 보다 연령이 높은 아이들은 면담이란 어른이 그들을 평가하고, 판단하고, 그들의 미래에 대해 결정을 내리는 상황이라고 이해한다.

아동이나 청소년을 면담할 때 면담자는 막대한 책임을 맡는 것이다. 면담자는 복잡하고 까다로운 윤리적인 문제에 민감하게 알아차릴 필요가 있다. 면담자의 문화와 다른 문화에서 자란 아동을 면담할 때, 면담자는 평소보다 더욱 조심스럽고 진지하게 접근해야 할 필요가 있다.

학습문제

1. 사람이 자신이 속한 문화에 대해 이해하는 정도가 연령대에 따라 어떻게 달라질까? 유치원생, 초등학교 3학년, 고등학교 3학년을 비교할 때 각각 어떻게 다를 것인가?

2. 당신이 다른 문화권의 아동과 진행했던 면담에 대해 서술하라. 어떤 문화적 문제가 발생하였는가?

3. 당신의 전문 분야에서 만날 수 있는 특정 민족 집단 출신의 열 살짜리 아이를 상상해 보라. 이 아이의 발달에 대해 평가할 때 드러날 수 있는 문화적 관심사에는 무엇이 있는가?

4. 한 14세 소녀가 학교에서 자주 울고 급우들의 물건을 훔친다. 그 아이는 다른 아이들과 어울리지 않고 점심시간에 혼자 있고, 체육 시간 동안은 체육관의 구석에 혼자 서 있다. 그

아이가 최근 크로아티아나 라이베리아에서 이주한 아이거나, 혹은 아이의 오빠가 최근에 집 주변에서 총을 맞은 것을 알게 된다면 이 아이에 대한 당신의 평가는 어떻게 달라질 것 인가?

더 읽을거리

Canino, I. A., & Spurlock, J. (2000). *Culturally diverse children and adolescents: Assessment, diagnosis and treatment* (2nd ed.). New York: Guilford Press.

Delgado, M., Jones, K., & Rohani, M. (2005). *Social work practice with refugee and immigrant youth in the United States.* New York: Pearson.

Gopaul-McNicol, S., & Thomas-Presswood, T. (1998). *Working with linguistically and culturally different children.* New York: Allyn & Bacon.

Rogoff, B. (2003). *The cultural nature of human development.* New York: Oxford University Press.

Suzuki, L. A., & Ponterrotto, J. G. (Eds.). (2007). *Handbook of multicultural assessment: Clinical, psychological, and educational applications* (3rd ed.). New York: Jossey-Bass.

10

면담 보고서와 서류

3장에서 다룬 편향과 경계선의 문제에서 나는 면담을 관찰하는 것과 메모를 하는 것의 관계는 보는 것과 그림을 그리는 것의 관계와 아주 유사하다고 하였다. 여기에 또 다른 단계를 추가해 보자. 관찰하는 것, 메모하는 것, 보고서를 쓰는 것은 보는 것, 그림을 그리는 것, 완성된 그림을 제출하는 것과 비슷하다. 처음 두 단계는 세 번째 단계까지 가기 위한 필수적인 서막에 해당하지만, 대다수의 사람들은 오직 완성된 그림만을 접한다. 우리의 경우에는 최종 보고서가 그 완성된 그림과 같다.

면담의 확실한 '결과물'인 보고서를 작성할 때에는 면담에 사용되었던 것과 동일한 기술과 민감성을 반영해야 한다. 그러나 불행하게도 종종 보고서를 쓸 때는 뒷생각이 덧붙여지거나 시간에 쫓겨 허겁지겁 쓰게 된다. 어쨌든 문서 작업에 이런 종류의 시간과 에너지를 쓰는 면담자는 누구일까? 서류 작업을 잘하고 싶은 마음으로 자신이 지금 하고 있는 직업을 선택한 사람은 많지 않다. 대다수의 사람들은 보고서를 쓰는 것을 자신의 업무 중 지루하고 따분한 부분으로 간주한다. 서류 작업을 끔찍이 싫어하거나, 뒤로 미루거나, 거부하는 사람들에게는 면담을 통해 나오는 보고서야말로 면담의 중요도를 반영한다는 점을 상기시키라. 글로 쓰인 보고서는 영구적으로 남는다는 것을 기억하고 이 보고서가 면담자와 면담 기관의 업무를 대표한다는 점을 기억하라. 어떤 사람들은 한쪽 어깨 너머로 트집잡길 잘하는 변호사가 보고 있고 다른 쪽 어깨 너머로는 당신 분야의 전문가가 보고 있다는 이미지를 떠올리며 보고서를 쓸 것을 제안한다(2007년 6월, W. Moore와의 개인적 대화에서 인용). 우리는 그 정도로 조심스럽게 보고서를 써야 하는 것이다.

면담이 향상되면 보고서 또한 나아진다. 면담자와 내담자 사이의 관계가 굳건해질수록, 면담을 통해 더 정확한 정보를 얻을 수 있다. 그러나 면담 보고서의 효과성은 또한 면담이 끝난 뒤에 무슨 일이 일어나느냐에 전적으로 달려 있다. 즉, 보고서를 쓰는 사람의 정보를 조직화하는 기술과 글쓰기 또는 프레젠테이션 기술 등이 좌우한다. 이 장에서는 면담자가 다른 문화의 내담자와 면담을 한 이후 편견 없는 보고서를 쓰기 위해 맞닥뜨릴 수 있는 몇 가지 어려움에 대해 논의하고, 어려움을 극복하는 방법에 대해 이야기할 것이다.

완성된 결과물은 전형적으로 세 가지 보편적 요소를 반영한다. 객관적인 자료, 내력, 그리고 '프레젠테이션'이다. 광범위한 평가 중 양적인 측면은 논쟁의 여지없이 객관적인 자료를 바탕으로 하는데, 여기에는 약물 검사(drug screen), 법적 관련 기록, 교육적 또는 심리학적 검사 결과가 포함된다. 흔히 미래 행동을 가장 잘 예측할 수 있는 요인으로 여겨지는 내력은 광범위하고 이질적인 정보들이 포함한다. 이를테면 정신과 입원 기록이나 자살 시도 경험, 교육적 성취, 복용한 약, 직무 기록 등이다. 프레젠테이션은 이 세 가지 요소 중 가장 주관적인 영역으로서 면담자의 제시어에 따른 내담자의 반응을 살피고, 내담자에 대한 관찰을 통해 얻어진다.

 행동 관찰 기록과 프레젠테이션

면담자는 면담 도중 내담자의 행동에 대해 글로 쓸 수 있다. 녹화를 하지 않고서는 면담자의 보고서를 읽는 사람은 전적으로 면담자가 쓴 것에 의존한다. 만약 내담자가 울고, 한숨을 쉬고, 신음하고, 웃거나, 비꼬고, 친절하고, 화난 태도를 보이거나, 굳은 자세 혹은 늘어진 자세로 앉아 있고, 거칠게 몸을 흔들거나, 누더기 혹은 정장, 제복을 입고, 주사 자국이 있고, 흉터가 있고, 멍이 있거나 그 밖에 평범하지 않지만 면담과 관련이 있을 수 있는 신체적 특징이 있다 하더라도, 이 모든 것은 면담자가 그것을 단지 내담자가 사용한 단어 이상으로 기록할 수 있는 효과적인 방법을 찾지 않는 이상은 보고서에 드러나지 않을 것이다. 면담 도중 드러나는 행동은 다른 상황에서보다 내담자의 행동을 대표하는 것으로 추정되곤 한다.

내담자에 대한 면담자의 관점은 완전히 순수하고 중립적일 수 없다. 3장에서 이야기했듯이, 면담자가 면담을 하러 면담실에 들어갈 때 면담자가 지닌 편견도 함께 들어간다. 면담자는 자신의 눈으로 사람들을 바라보고 자신의 귀로 내담자의 말을 듣는다. 면담자가 보고 듣는 것은 얼마나 우리가 알아차릴 수 있을 만큼 두드러지는 무언가에 달려 있다. 우리의 편견과 기대는 우리가 인식하지 못한 사이에 우리의 지각과 기억에 필터를 씌운다. 예를 들어, 사람들은 다른 인종의 사람들의 얼굴을 기억하고 변별하는 데에 훨씬 더 큰 어려움을 겪는다(Anthony, Cooper, & Mullen, 1992).

우리가 실제로 지각하는 것 이상으로 우리의 기대와 편견 또한 우리가 어떤 것을 기록할 가치가 있는지와 어떤 것을 기록하지 않고 내버려 둘지도 결정한다. 회의, 식사 또는 명절과 같은 다른 사람과 함께 있었던 최근의 사건에 대해 생각해 보라. 그 자리에 참석했던 두 명을 머릿속에 그려 보라. 만약 그 사람들이 그 날의 경험을 쓰려고 한다면, 당신과 같은 것들을 기록할 것이라고 생각하는가? 아니면 자기에게 있어 더 중요하고 기록할 가치가 있다고 생각하는 특정한 진술이나 사건들이 있을 것이라고 생각하는가?

면담자의 면담에 대한 전문성과 목표 또한 무엇을 알아차리고 무엇을 기록할지를 결정한다. 똑같은 여성 내담자를 면담해도, 의사는 그녀의 피부가 상기된 것을 알아차리는 경향이 있는 반면 사회복지사는 그녀의 말이 자꾸 끊어지는 것을 관찰할 수 있다. 대학 입학 사정관은 그녀가 풍부한 어휘를 편하게 사용한다고 기록할 수 있는 반면, 형사는 그녀가 상담 도중 시계를 보고 휴대폰을 들여다봤음에도 자신이 바쁘지 않다고 부정한 것에 초점을 맞출 수 있다.

주로 추측에 근거한 관찰에 대해 적을 때에는 엄밀하게 기술해야 한다. 예를 들어, 내담자가 술 냄새를 풍긴다면 면담자가 음주측정기를 사용해서 측정하지 않은 이상 내담자가 술을 마신다는 결론은 오로지 추측으로서만 기록되어야 한다. 술 냄새는 다른 요인으로 인한 것일 수 있다(교통경찰이 운전자의 숨결에서 술 냄새가 난다고 믿고 운전자를 차 밖으로 나오게 해 길가에서 음주 운전 여부를 위한 검사를 할 수 있으나, 운전자가 그 검사에서 통과하지 못하기 전까지 음주 운전이라고 단정지어서는 안 된다.). 이와 비슷하게 만약 당신이 내담자의 팔뚝 밑에 흉터가 있는 것을 발견했다면, 그 흉터는 자해, 자살 시도 흔적, 요리하다 덴 자국, 일하다가 생긴 상처일 수도 있다. 당신이 그 흉터가 어떻게 생긴 것인지 확실하지 않다면, 흉터를 보았다는 관찰 사실에 대해서만 기록하고 그 흉터의 근원에 대한 추측은 기술하지 말라.

 ## 내담자의 태도, 몸가짐, 정동에 대해 기록하기

상황에 따라 내담자의 일반적인 몸가짐과 면담자를 향한 태도를 기록하라는 요구를 면담자가 받을 수 있다. 예를 들어, 정신 상태 검사(mental status exam)가 이에 해당된다. 일반적으로 이에 포함되는 몇 가지 차원들은 협조적/비협조적, 개방적/폐쇄적, 친근한/적대적 등이다.

내담자의 전반적인 모습에 대해 올바르게 해석하고 기록하기

내담자의 태도에 대한 면담자의 평가에 있어 면담자가 고려해야 할 문화적인 사항을 알아보자. 이 목록은 흔히 부정적으로 쓰이는 단어들에 초점을 맞췄다.

인내심이 없는
의자의 가장자리에 앉아 있고, 손가락이나 발을 두드리고, 시계를 보거나 자신이 바쁘다고 말로 표현하는 내담자는 '인내심이 없는' 것으로 기술될 수 있다. 이 단어는 내담자가 보이는 명백한 조급함에 대한 맥락 없이 사용된다면 면담 과정에 대한 저항으로 이해될 수 있다. 따라서 행동 뒤에 있는 이유를 알아내기 전에는 이 단어를 쓰는 데 조심스러워야 한다. 면담 과정에 대한 이의를 나타내는 지표가 아니라, 현재의 특정 상황에서 타당한 행동이었을지도 모른다. 내담자는 이러한 종류의 면담을 받은 것이 처음이 아니며, 그 전의 면담들은 그다지 큰 성과를 가져오지 않았을 수 있다. 또는 내담자가 20분 내로 직장에 가야 하거나, 화장실에 가고 싶어 하거나, 아이들을 데리러 가야 할 수 있으나, 이것에 대해 말하기는 불편했을 수 있다. 아마도 면담에 기반하여 결정되는 어떤 것이 우리가 상상하는 것보다 내담자에게 훨씬 더 중요해서 면담에 대한 내담자의 불안감이 우리에게는 인내심이 없는 것으로 보였을지도 모른다.

무관심한 또는 수동적인

때때로 보고서에는 내담자가 결과에 대해 신경을 쓰지 않으며 무관심하고 수동적이라고 기록되어 있다. 이전에 나는 아들의 양육권 공판 도중 껌을 씹은 아버지에 관해 이러한 표현을 들은 적이 있다(Azar, 2006). 사회복지사는 그 아버지의 껌을 씹는 행동을 아들에 대해 관심 없는 태도를 보여 주는 지표로 해석했지만, 사실 그 아버지는 굉장히 긴장하고 있었다. 법정에서 담배를 피우는 것은 금지되어 있었고, 그 아버지는 담배를 피우러 밖으로 나갔다가 공판 절차에 대해 하나라도 놓칠까 봐 담배를 피우러 나가지 않고 대신 껌을 씹었던 것이었다.

나는 또한 미국의 사회복지사가 보기에는 충격적일 만큼 수동적인 방식으로 반응한 캄보디아 난민들의 사례를 본 적이 있다. 그들의 그러한 행동은 자녀들에 대한 무관심으로 해석되었다. 실상은 그 부모들은 화가 났고 겁을 먹었지만, 캄보디아에서 권위자에 대해 반대를 표했을 때 겪었던 끔찍한 경험들 때문에 반대 의견을 표현하는 것이 두려웠던 것이었다.

마지막 사례 하나: 나는 이전에 통역을 통해 한 소말리아 난민과 대화를 했고, 초등학생 아이들에 대한 엄마로서의 교육적 결정을 듣고자 했다. 그녀는 내 질문들을 무시하고 계속 나에게 결정을 내려 달라고 부탁했다. 마침내, 그녀는 자신이 살면서 학교에 한 번도 가 본 적이 없으며 학교 내에서 무슨 일이 일어나는지 거의 모른다는 것을 나에게 말하였다. 그녀는 자신은 결정을 내릴 수 있을 만큼 충분히 알지 못하고, 내가 그녀에게 도움이 되는 방향으로 결정을 내려 주기를 바라며, 그 이유는 나의 판단을 신뢰하고 나를 제2의 어머니나 마찬가지로 여기기 때문이라고 말했다. 그녀는 무관심한 것과는 거리

가 멀었다. 사실 야스민(Yasmin)은 아이들의 교육에 대해 자기가 잘 모른 채로 결정을 내릴까 봐 몹시 걱정하고 있었다.

조종하는

내담자가 자신의 필요에 대해 직접적으로 요구하지 않고 다른 사람으로 하여금 자신의 필요를 충족시키도록 한다면, 때때로 그런 내담자는 사람을 조종한다고 서술된다. 하지만 많은 문화에서 직접적인 요구를 좋지 않게 여기는 것을 기억해야 한다. 간접적인 의사소통이 주된 방식인 문화권의 사람들은 직접적으로 요구하기보다는 제안을 하고 넌지시 뜻을 비치는 경향이 있고, 자신이 말한 것(또는 말하지 않은 것)의 의미를 추론하는 것은 다른 사람에게 맡긴다. 간접적인 의사소통을 하는 문화는 보다 집단주의적이며 조화를 강조하는 경향이 있다. 이 문화에 속한 사람들은 갈등을 피하기 위해 간접적으로 말한다. 예를 들어, 포르투갈인 환자와 주치의의 다음 대화를 머릿속에 그려 보라.

> 의사: (차트를 보며) 아직도 무릎이 아프십니까?
> 환자: (웃으며 무릎을 문지른다.) 조금요.
> 의사: (차트에 쓰며) 좋아요, 그럼 전보다 나아지셨군요.

이 의사는 환자의 말을 문자 그대로 통증이 적다는 뜻으로 해석했다. 반면 환자는 약해 보이거나 '불평꾼'처럼 보이지 않으면서 계속되는 통증에 대해 묘사하려고 했다. 만약 그 환자가 감히 통증에 대해 말할 용기가 있다면, 자신이 얼마나 무거운 기계를 자주 밀어야 하는지, 직장에서 계단을 자주 사용해야 한다는 것에 대해 간접적으로 언급함으로써 자신의 무릎이 완치될 수 있는 조치가 필요하다는 것을 의사가 이해하길 바랄 것이다. 의사는 환자의 힌트를 완전히 놓칠 수도 있고, 아니면 이 환자가 그로 하여금 진통제를 처방하게 하거나 집에서 휴식하도록 직장에 진찰서를 발급하게끔 자신을 조종하려 든다고 생각할 수도 있다. 환자는 자신이 고통을 억눌러 표현한 것을 의사가 알아차리고 해결책을 찾아 주기를 기대했다. 분명한 것은, 직접적인 의사소통을 하는 사람과 간접적인 의사소통을 하는 사람의 대화에는 수많은 오해의 가능성이 있다는 점이다.

환심을 사려고 하는, 또는 지나치게 비위를 맞추려 하는

내담자가 면담자의 인정을 받기 위해 지나치게 열성적으로 보이고, 비위를 맞추려는 듯하거나 자신을 긍정적으로 보이기 위해 너무 많이 노력하는 것처럼 보인다면, 이런 내담자는 때때로 '환심을 사려 한다'고 묘사된다. 권위자의 기분을 맞추는 것, 존경심을 보여 주는 것, 가능한 한 스스로를 긍정적으로 보이고자 하는 것은 내담자의 문화에서 기대되는 행동일 수 있다(8장을 보라.). 덧붙여, 그 내담자는 면담자의 힘을 과대평가했을 수 있고, 또는 비위를 맞추는 것이 그 상황에서 적절한 것이라고 짐작했을 수 있다.

적대적인 또는 공격적인

내담자가 큰 소리로 말을 하거나, 거친 말투를 쓰거나, 경멸이나 분노의 표시로 보이는 비언어적인 행동을 한다면(4장과 5장을 보라.), 이런 내담자는 때때로 적대적 또는 공격적이라고 기술된다. 당신이 내담자의 어조와 말하는 태도를 잘못 해석했을 수 있음을 기억하자. 경찰관은 간혹 교통 위반을 한 동아프리카 남성들을 멈춰 세웠을 때 이들이 차에서 내려 경찰차로 다가오고 경찰관에게 꽤 가까이 붙어 서는 것을 보고 이들이 적대적이라고 오해한다. 이런 행동들은 동아프리카 남성들에게는 습관적인 것들이다.

내담자가 면담의 성격을 오해하거나 면담자가 말한 것을 잘못 해석하고 이를 모욕이나 협박으로 받아들여 적대적으로 대응할 수도 있다. 이런 행동은 기록할 가치가 있을 수 있지만, 면담 보고서에 단순히 '적대적이다'라고 적는 것보다는 그런 오해를 정정하는 것이 중요하다. 예를 들면, 개인적으로 알고 있는 대학원 교수가 박사과정 지원자들에게 학비를 어떻게 조달할 것인지 습관적으로 물어보았다. 그녀는 이 질문을 모든 지원자들에게 했다. 그러나 특정한 집단의 사람들은 이를 모욕으로 받아들였고, "왜 내가 대학에 돈을 내지 못할 거라고 생각하는 거지? 내가 흑인이라 가난할 거라고 짐작하는 건가?"라고 생각했다. 지원자들이 이런 생각을 입 밖으로 내지는 않았지만, 그들은 그 질문을 모욕적으로 받아들이고 발끈했을 수 있으며, 때문에 적대적이라고 잘못 기록되었을 수 있었다.

이런 종류의 오해에 대해서는 이 책에 수많은 사례가 제시되어 있다. 여기 딱 하나 더 추가할 사례가 있다. 한 1학년 교사가 여섯 살 라몬(Ramón)의 어머니인 에바(Eva)와 대화를 하던 중, 라몬이 가끔 친구들 사이에서 '아주 엉뚱하게(silly)' 행동한다고 언급했다. 에바는 콜롬비아인이었고 미국에서 몇 년 살았지만 '엉뚱하게'라는 단어의 의미에 완벽히 익숙하지는 않았다. 에바는 그 말을 어처구니없거나 또는 우스꽝스럽다는 것으로 받아들였고, 그 말을 불쾌하게 받아들였다. 에바는 화가 났고 나머지 대화를 하는 동안 퉁명스러운 대답만을 했다. 이 어머니의 행동을 적대적이라고 기술하는 것은 기술적으로는 정확한 것이지만, 그 행동의 이면에 있는 동기를 알아보지 않고 오해를 한 나머지, 자신의 아이가 모욕당한 상황에 직면한 엄마로서 지각되는 대신 적대적인 사람으로 잘못 판단하는 결과를 낳는다. 이것은 3장에 나온 근본적 귀인오류, 즉 타인의 행동을 상황에 귀인하기보다 성격에 귀인하는 것의 사례다.

비협조적인, 폐쇄적인, 젠체하는 또는 조심스러운

8장에서 우리는 내담자들이 협조하기를 망설이고, 과묵하고, 특정한 주제에 대해 이야기하는 것을 피하는 여러 가지 이유에 대해 살펴보았다. 만약 그 주제들 중 몇 가지가 적용된다면, '비협조적이다'와 같은 일반화된 진술은 보고서를 읽는 사람으로 하여금 내담자를 이해하는 데에 도움이 되지 않을 것이다.

저항하는

이 단어는 정신건강 분야에서 일하는 사람들이 자주 사용한다. 특히 정신분석 훈련에서 그렇다. 내담자가 전문가의 평가에 동의하지 않거나 전문가의 추천을 따르지 않을 때 '저항적이다'라고 기술한다. 이 표현에는 '전문가가 가장 잘 아는 사람이다'라는 생각이 내재되어 있다. 이 생각이 종종 사실일지라도, 전문가의 평가에 실수가 있고 전문가의 결론이나 추천이 상황에 맞지 않기 때문에 때때로 사람들은 저항적으로 보이는 행동을 한다. 예를 들어, 한 학교상담자는 파키스탄인 부모에게 자녀가 고등학교에서 여러 가지 수업을 받도록 격려하고 아이가 방과 후 클럽이나 활동에 참여하도록 지원해 줄 것을 권장했다. 부모는 고개를 끄덕였다. 그러나 수업 등록에 서명을 해야 할 시간이 되자, 부모는 아들의 학업이 지나치게 막중하다고 주장하면서 예술과 관련된 수업들은 모두 피하도록 하고 아들이 방과 후 활동에 참여하는 것을 허락하지 않았다. 이 상담자가 부모를 저항적이라고 보는 것은 자연스러운 일일 것이다. 그러나 이 문제에 대해 더 거슬러 올라가면 훨씬 복잡한 동기가 드러날 것이다. 이 부모는 아들이 미국에서 고등학교를 다닐 수 있게 하기 위해 카라치(Karachi)에 있는 멋진 집을 떠나왔다. 부모는 모두 파키스탄에서는 의사였다. 하지만 현재 어머니는 백화점에서 일하고 있었고 아버지는 카라치에서 진료를 계속하면서 1년에 딱 한 번 가족을 보러 왔다. 아들의 교육에 대해 대단한 희생을 하고 있는 것은 그 가족뿐만이 아니었다. 아들은 어머니가 오후와 저녁 시간에 백화점에서 일할 수 있도록 학교가 끝난 뒤 할머니를 돌보아야 했다. 이 부모에 대해서 '저항적'이라는 표현보다 '불굴의'가 더 적절한 표현일 수 있었다. 그렇다면 이 상담자는 학생에게 무엇이 가장 좋을지에 대한 자신의 평가를 그만두어야 할까? 꼭 그렇지는 않다. 하지만 다양한 커리큘럼과 방과 후 활동의 이점을 그 부모와 함께 알아보고, 이것이 아이의 발달뿐만 아니라 대학 입학에도 유리한 조건이 될 수 있음을 탐색할 필요는 있을 것이다.

방어적인

보고서에는 때때로 내담자가 '방어적이다'라고 기술되어 있다. 이는 그 사람이 비판을 거부하거나 비판에 대해 충분히 고려하지 않는다는 것을 의미한다. 면담자가 내담자에게서 방어적인 태도를 지각하고 그러한 판단하에서 의사소통을 하지만 면담자가 잘못 평가한 것이거나 내담자는 그 상황을 다르게 바라보고 있는 것일 수 있으며, 문화적 차이가 이런 상황을 만들어낼 수도 있다. 예를 들어, 세 명의 아이가 있는 흑인 어머니인 세실리아(Cecilia)는 상담센터의 접수면접에 20분 늦었다. 면담을 시작하자 면담자는 세실리아에게 "당신은 이 약속에 대해 불안해했음이 틀림없다."고 말하면서 "정말로 변하려고 하지 않는다."고 말했다. 세실리아는 얼굴이 붉어졌고 이를 악물면서 "당신은 내게 어떤 일이 있는지 전혀 모르는군요."라고 중얼거렸다. 상담자는 세실리아의 이 반응을 방어적이라고 기술했다. 만약 세실리아에게 물었다면 세실리아는 상담자를 무식하고 무례하다고 묘사했을지도 모른다. 왜냐하면 세실리아가 지각한 이유를 상담자가 제대로 묻지 않았기 때문이었다.

유혹적인

보고서에는 때때로 내담자가 유혹적이라고 기술되어 있다. 많은 문화의 내담자들이 의도적으로 유혹적인 행동을 하기도 하지만, 또한 추파에 대한 기준은 문화마다 다양하다는 것을 주목해야 한다. 친근함과 유혹 사이의 선, 추파를 던지는 타이밍, 추파를 던지는 정도, 추파를 던지는 의도, 그리고 심지어는 어떤 것이 추파로 여겨지는지도 문화에 따라 달라진다. 덧붙여 눈맞춤, 접촉, 서로 간의 거리, 자세, 옷차림을 포함한 비언어적인 행동들도 그 사람에게는 일상적인 행동이지만 다른 문화 사람은 유혹적인 행동으로 잘못 해석할 수 있다. 미국과 캐나다의 직장에서 산 후안, 리우데자네이루, 부에노스아이레스에서 허용되는 정도로 가슴골을 드러낸다면 거의 스캔들과 다름없을 것이며, 무슬림의 몇몇 국가에서는 체포될 수도 있을 것이다. 결국 누군가가 의도적으로 유혹적인 행동을 한다고 짐작하기 전에, 면담자는 그 행동이 정확히 어떠한 행동인지 알아내고 내담자가 정말로 유혹적이라는 라벨을 받을 만한지 파악하는 것이 중요하다. 만약 면담자가 단순히 내담자를 매력적이라고 여길 뿐 내담자의 옷차림과 행동에 특별히 주의를 끌려는 기미가 없다면, '유혹적이다'라는 어휘를 쓰는 것은 아마 부정확할 것이다. 내담자가 매력적으로 느껴지는 것은 꼭 내담자에게서 기인한 문제는 아닐 수 있다. 반드시 우리는 우리 자신이 느끼는 것을 내담자에게 책임 지우지 않도록 조심해야 한다. '유혹적'이라는 표현을 썼다가 만약 당신이 법정에 불려갔을 때 지뢰밭이 펼쳐질 수 있음을 유념하라. 이 표현은 성적으로 편향되고 차별적이라고 비칠 수 있다.

수줍어하는, 내성적인, 소심한

문화에 따라 성격과 행동 방식은 달라진다. 예를 들어, 전통적인 일본 문화에서 이상적인 사람은 가능한 한 튀지 않고 내색하지 않는 사람이다(Ellsworth, 1994). 심지어 '튀어나온 못은 망치를 부른다.'는 속담까지 있다. 반면 미국에서 눈에 띄지 않고 내색을 잘하지 않는 사람은 비정상적으로 수줍어하고 상담이 필요한 사람으로 간주되곤 한다. 그러므로 만약 당신이 관찰한 바를 기록하고 있을 때, 해석하기보다는 단지 기술하도록 스스로에게 제약을 걸어라. 예를 들어, '후카야마(Fukayama) 씨는 직접적인 질문에만 대답했다.'는 중립적인 진술이지만 '후카야마 씨는 극도의 수줍음을 보였고 스스로를 표현하는 능력이 억제되어 있었다.'는 판단적인 것이다.

이 시점에서 면담자는 거의 모든 것이 문화로 인해 '잘 설명될' 수 있다면, 도대체 내담자의 품행과 태도를 어떻게 기술할 수 있을지 궁금할지도 모른다. 나는 면담자가 본 바를 무시하거나 묵살하라고 하는 것이 아니다. 오히려 결론을 비약하거나 지나치게 일반적이고 간략한 단어를 사용하는 것보다 가능한 한 많이 기술하는 것을 나는 지지한다. 예를 들어 면담자는 내담자가 '비협조적이다' 또는 '의심이 많다'고 쓰기보다는 '루엉(Luong) 씨는 서류에 서명하기 전에 많은 질문을 했다.'고 쓸 수 있다. 뿐만 아니라 내담자의 내키지 않는 모습은 내담자가 서류를 이해하기 어렵기 때문이라고 생각한다면, 면담자는 이를 내담자에게 물어보고 나서 보고서에 기입할 수 있을 것이다. 만약 롤랑(Rollán) 씨가 면담자에게 왜 메모를 하는지, 그 메모는 어디다 쓸 것인지에 대해 수많은 질문을 한다면, 면담자는 '의심이 많다'나 '편집적이다'와 같은 간략한 단어를 사용하지 않고 필요하다면 있는 그대로 구체적으로 기술할

수 있다. (만약 내담자가 메모에 대해 질문할 뿐 아니라 반복적으로 방 안을 살피고, 창밖을 흘끗 바라보고, 숨겨진 카메라나 마이크에 대해 묻는다면 당신은 각각의 행동들을 기술하고 '의심이 많은 패턴이 나타난다'와 같은 문장으로 요약하고 싶을 것이다. 그러나 나중에 알고 보니 그녀가 전남편으로부터 스토킹을 당하고 있었고 그 전남편이 그녀의 집과 직장에 마이크와 비디오카메라를 숨겨 놓은 것이 드러나면 아이러니하지 않겠는가? 그렇다면 내담자의 행동은 성격의 반영이라기보다는 상황에 따른 것이자 타당한 행동으로 여겨질 수 있다.)

정신건강 분야에서 일하는 사람들은 자주 내담자의 '정동(affect)'(감정에 대한 표현)에 대한 언급을 기대한다. 기뻐하다가 갑자기 슬퍼하고 다시 두 감정 사이를 왔다 갔다 하는 변화무쌍한 모습을 보이는 사람들은 '불안정하다'고 흔히 묘사되며, 감정 표현을 많이 드러내지 않는 것처럼 보이는 사람은 '단조로운'으로 묘사되고, 말하는 내용과 감정 표현이 맞지 않는 사람은 '내용에 부적절한'이라고 묘사된다. 다문화 면담에서 이러한 종류의 결론은 조심스럽게 내려야 하는데, 문화에 따라 감정 표현에 대한 다양한 규범이 있기 때문이다(5장 비언어적 행동을 보라.).

어떤 사건이 그 사람에게 무슨 의미를 갖는지 알지 못한 채 그 사람이 '부적절하게' 반응한다고 언급하는 것은 오해이다. 예를 들어, 몇몇 기독교인들은 사랑하는 사람의 죽음에 크게 기뻐하는 식으로 반응하는데, 그 사람이 천국에 갔을 것이며 천국은 영광스럽고 안락한 곳이라고 보기 때문이다. 비슷하게 몇몇 힌두교도와 시크교도들은 사랑하는 사람의 죽음에 평정심을 유지하는데, 육체는 죽어도 영혼은 살아 있으며 영원하다고 믿기 때문이다(Zachariah, 2005). 어느 레바논인 아버지는 어린 딸이 동년배의 이웃집 아이와 애무한 것을 알고 지나치게 절망스러워하거나 화를 내는 것처럼 보였다. 그의 문화적 공동체에 그 말이 새어나가면 딸과 가족 전체가 불명예를 얻을 것이기 때문이었다. 만약 한 가족의 정서적, 언어적 또는 행동적인 반응이 당신이 보기에 특이하다면, 그 사건이 그 가족에게 어떤 의미를 갖는지 확실히 물어 보라.

시선 접촉은 어떤가? (면담자는 심지어 처음에는 이것이 어떤 것을 의미하는지 완전히 확신할 수 없더라도 이것에 대해 기록할 수 있다.) 망설이는 것, 얼굴을 붉히는 것, 땀을 흘리는 것, 눈을 피하는 것과 같은 비언어적인 변화들을 면담의 어떤 시점에서 기록하였는가? 내담자가 일반적이지 않은 버릇이나 비언어적 행동을 보였는가? 면담자가 면담에서 기록하는 많은 측면이 문화적으로 기반한 것이며, 면담자가 일반적이지 않다고 생각하는 것 또한 문화적인 것일 수 있음을 기억하자(5장의 비언어적 의사소통을 살펴보고, 특정한 비언어적 행동이 무엇을 의미하는지 결론짓기 전에, 내담자의 문화적 배경과 동일한 배경을 지닌 사람으로부터 자문을 고려해 보라.).

 ## 메모하기

면담 도중 메모를 하는 것은 더 좋은 보고서를 쓰는 데 도움이 된다. 면담에 대해 주의 깊게 기록하는 것은 당신이 이 내담자와 유사한 다른 사람과 진행했던 이전 면담과 혼동하지 않게 해 준다. 어떤 면담은 녹화되거나 녹음되지만 대다수의 경우 면담에 대한 유일한 기록은 면담자의 메모일 것이다. 심지어 면담이 기계로 기록되고 있다고 믿는다고 해도 면담자는 아마 여전히 면담 과정에 대해 메모를 하고 싶을 것이다. 기계의 결함으로 인해 참담한 경험을 한 면담자가 나만은 아닐 거라고 확신한다. 한번은 소형 녹음기를 사용했는데 면담 도중 배터리가 떨어진 것을 면담이 끝날 때까지 알아채지 못했다. 또 다른 경우를 들자면, 극심하게 더운 날에 한 여성을 집에서 면담하고 있었다. 거실에 있던 선풍기 소리로 인해 녹음해 놓은 것이 전혀 들리지 않게 되었다. 만약 면담자가 기계적인 기록에 완전히 의존하고 있다면 나중에 후회할 위험성이 있다. 글로 쓰인 기록을 백업으로 남겨 두는 것이 아주 좋은 이유는 면담이 끝나고 하루 뒤나 한 시간 뒤, 심지어는 십 분 뒤에도 면담의 모든 것을 기억할 수는 없기 때문이다. 내담자가 면담자의 메모 사본을 얻을 수 있음을 보장하는 다양한 법률에 대해 유념하자. 개인적으로 속기하는 법을 익혀 두면 메모를 하는 과정이 용이해진다. 그러나 이 방법을 쓸 때는 내담자로부터 질문받았을 때 설명할 준비를 해 두라.

주로 면담자는 다른 사람들이 읽고 이해하기 쉬운 방식으로 메모를 하고 싶을 것이다. 하지만 이는 영어가 아닌 다른 언어로 면담을 진행하는 사람들에게는 시험대가 된다. 어떤 언어로 메모를 할 것인가? 많은 이중 언어자들은 영어 말고 다른 언어로 면담을 진행할 때 두 언어 모두로 메모를 하곤 한다. 스스로에게는 영어로 메모를 하고, 그리고 나서 내담자가 말한 바를 내담자의 모국어로 인용한다. 영어를 쓰는 국가에서 영어가 아닌 언어로 면담을 진행할 때는, 원래의 언어로 메모를 하는 것이 '그 순간에' 두 가지 언어로 동시에 작업해야 하는 의무에서 조금이라도 벗어날 수 있다. 또한, 내담자의 말을 내담자가 쓰는 언어로 인용하는 것이 보다 정밀하고 정확하다.

메모를 할 때 우리는 전형적인 속기법을 사용하지 않도록 조심해야 한다. 예를 들어, 미국 코네티컷 주 하트포드의 부경찰청장인 호세 로페스(José Lopez)는 자신의 경찰서에서는 아동 성폭행 피해자들의 익명성을 지키기 위해 '존 도(John Doe)'[1]와 '제인 도(Jane Doe)'를 사용한다고 말했다. 그러다 보니 어느 순간부터 경찰관들에게는 하나의 유행이 생겼다. 그들은 라틴계 피해자들에게는 '후안 도(Juan Doe)'와 '후아니타 도(Juanita Doe)'라고 쓰고, 아프리카계 미국인 피해자들에게는 '타이론 도(Tyrone Doe)'와 '오프라 도(Oprah Doe)'라고 쓰면서 희생자의 인종을 가지고 얼마나 더 근사하고 창의적인 이름을 붙이는지를 가지고 서로 경쟁심을 갖게 되었다. 로페스는 이런 행동을 피해자에게 실례가 되고 피해자를 희롱하는 것으로 보고 그만두게 했다고 말했다(2007년 1월, J. Lopez와의 개인적 대화에서 인용).

보고서를 읽는 사람

현재 자신이 쓰고 있는 보고서의 목표에 대해 생각해 보자. 성취하고자 한 것이 무엇인가? 자신이 의도하는 독자는 누구인가? 이에 대한 대답들은 보고서의 내용과 쓰인 방식에 부분적으로 영향을 미칠 것이다. 보고서는 한 가지 이상의 목표를 가지고

---

[1] 역자 주: '홍길동' '아무개'와 같이 미국에서 성명 불명인 남자를 가리킬 때 사용하는 표현. Jane Doe는 성명 불명인 여자를 가리키는 표현임.

쓰였을 수도 있다. 예를 들어, 정신건강 영역의 접수면접 보고서는 내담자를 담당할 정신과 의사에게 방향을 제시할 의도이며, 또한 보험 수급을 목적으로 서류화한 것이다. 특수한 용어 사용에 주의하고 보고서를 읽을 사람이 사용하는 언어에 맞추도록 유의하라. 예를 들어, 만약 법정 고소 문제와 관련하여 심리학적 평가 보고서를 쓰고 있다면, 심리학 용어나 용례법에 대해 설명하는 것을 가급적 피하고 싶을 것이다. 만약 상담자가 학부모가 읽을 학생의 학업성취 평가에 대해 쓰고 있다면, 사용하는 모든 기술적 용어에 대한 확실한 설명을 하라.

또한 면담자가 의도하였든 의도하지 않았든, 면담자의 보고서는 의외로 유통기한이 길어질 수 있으며, 또 다른 독자가 읽을 수도 있음을 기억하는 것이 중요하다. 예를 들어, 비록 흔한 사례는 아니지만, 양육권 심사 또는 역량 평가 공청회나 사법 재판에서 판사가 정신건강 접수면접 보고서를 소환할 수도 있다. 이 보고서는 기관의 품질 서비스 보증 평가의 일부로서 읽힐 수도 있고, 또는 내담자로부터의 소송 과정에서 제3자에게 읽힐 수도 있고, 또는 면담했던 내담자에게서 상해를 입은 누군가에게 읽힐 수도 있다. 예를 들어, 한 동료는 세간의 이목을 끌던 재판에서 정신건강 평가를 실시했는데, 그 결과에 대한 일부가 호색 타블로이드판 신문에 실린 것을 보고 기겁을 했다. 명백히 누군가가 내담자의 의료 파일에서 비밀보장이 유지되어야 할 보고서를 훔친 것이었다.

교육적 평가는 학교에서 아동의 학업 계획을 수립할 때 가장 자주 쓰이지만, 장애의 판단이나 보험금 청구, 또는 학교에 대한 집단 소송에서 사용될 수도 있다. 따라서 면담에 기반해서 결정을 내릴 사람들 혹은 면담을 의뢰하거나 비용을 지불한 단체 혹은 누군가에게 건네 줄 면담 보고서를 써야 할 때, 스스로에게 이렇게 묻는 것이 좋다. "최악의 경우, 이 보고서는 누구의 손에 들어가게 될까?" 시일이 지난 후에도 보고서가 차후에 있을 어떤 종류의 심문도 버텨낼 수 있도록 면담자는 작성해야 한다.

기호 편향

면담 과정에서 편향이 나타날 수 있는 만큼 보고서에도 편향이 나타날 수 있다. 3장에서 언급되었던 기호 편향(notational bias)은 우리가 측정에 사용하는 도구, 용어, 범주 그리고 심지어 작성 양식도 연구 결과에 편향을 만들 수 있다는 것이다. 이 편향은 어떤 것에 대해 기술할 때 사용되는 표기법이 그것에 대해 기술하고 접근하는 우리의 능력에 영향을 미칠 때 시작된다. 예를 들어, 서식에서 해당 민족을 표시해야 할 때 제시된 민족의 유형이 몇 개로 제한되어 있다면, 스스로를 '흑인이며 필리핀계'라고 생각하는 사람은 자기 자신에 대해 '기타'나 '혼혈'이라고 표기할 수 있다.

기호 편향은 타당도에 제한이 있을 수 있는 문제를 알아내는 데 간단하게 쓸 수 있는 방법이기도 하다. 예를 들어, 연구를 할 때 우리는 학습장애가 있는 아동들을 파악하기 위해 '특수 교육 서비스를 받는다'라는 범주를 사용할 수 있다. 그러나 물론, 아이들이 특수 교육 서비스를 받는 것에는 수많은 변인, 예를 들면 서비스에 대한 부모의 태도, 학교에서 검사 프로그램 실시가 가능한지 여부, 그 외 여러 가지가 영향을 미친다. 그리하여 우리가 학습장애에 대해 오직 두 가지 범주, 즉 특수 교육 서비스를 받은 사람과 받지 않은 사람 밖에는 없다면, 우리는 서비스를 한 번 받았지만 지금은 받지 않는 사람, 서비스를 받아야 했으나 받지 않은 사람, 미래에 서비스를 받을 사람, 그런 서비스가 필요하다고 확인이 되었으나 그 부모가 허락하지 않은 사람, 그 외의 여러 사람들을 놓치고 있는 것일지도 모른다.

우리가 사용하는 양식은 미묘한 문제의 중간 지대를 보고하게끔 허용하지 않는다. 면담자는 학생의 아버지가 집에서 사는지 살지 않는지만을 기록해야 하며, 그가 집에 있었다 없었다 한다는 것을 기록할 방법은 없다. 비록 어떤 사람이 수많은 직업에 종사하고 있어도, 그 사람의 전문 분야에 대해서도 딱 한 분야만 기입해야 한다. 마찬가지로 우리는 범주에 딱 들어맞지 않는 사람에게도 진단을 내리도록 압력을 받을지도 모른다. 보고서에 쓰이는 양식과 범주는 그 자체로 의도치 않은 오류를 낳을 수 있다. 면담자는 이것을 경계해야 하고, 사용하는 양식을 발전시켜 나가며, 보고서에

서술적인 부분을 넣음으로써 복잡한 현실에 대해 기록할 수 있다.

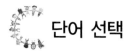 단어 선택

우리는 면담의 요소들 중 어떤 것을 강조하고 어떤 것을 경시할지에 대해, 그리고 정보를 제시하는 방식에 대해 필연적으로 선택을 할 수밖에 없다. 예를 들어, 말을 하면서 발과 손가락으로 어딘가를 톡톡 두드리는 내담자를 묘사하기 위해 쓸 수 있는 단어들로는 동요된, 가만히 있지 못하는, 조급해하는, 초조한, 꼼지락거리는, 들뜬, 흥분한, 불안한, 신경질적인 등이 있다. 이러한 단어들은 읽는 사람의 내담자에 대한 인식에 영향을 미칠 수 있는 어조를 전달한다. 가장 정확하면서도 편향을 최소화하는 서술은 물론 단순히 '내담자는 대화하는 도중 계속 손가락과 발로 어딘가를 톡톡 두드렸다.'라고 기록하는 것이다. 우리가 선택하는 단어의 미묘한 의미 차이에 따라 보고서를 읽는 사람으로 하여금 보고서에 묘사된 사람에 대해 특정 결론을 내리게끔 영향을 끼칠 수 있다. 따라서 면담자는 편견 없이 단어를 고르도록 최선의 노력을 기울일 필요가 있다.

우리가 선택하는 단어는 다문화에 대한 이해나 자민족 중심주의의 증거가 될 수 있고, 공정 혹은 불공정한 결과의 원인이 될 수 있다. 보고서에서 편향된 단어 선택을 없애는 것이 중요하다. 이것은 어려운 일인데, 우리가 매일 사용하는 많은 단어에 의식하지도 못한 편향이 들어가 있기 때문이다. 예를 들어, 'gyp(협잡꾼)'이라는 단어는 누군가에게 부정한 행위를 하거나 사기를 치는 것을 의미하는데, 이는 '집시(gypsy)'에서 온 말이다. 이것은 특정 민족에 대한 받아들일 수 없는 경멸적 표현인 것이다.

다른 예를 들면, 때때로 사람들은 쇠퇴하거나, 주로 저소득 사람들이 사는 인근 또는 학교에 대해 '도심 지역(inner city)'이라는 단어를 사용한다. 미국에서 이 단어는 주로 흑인들과 라틴계 사람들이 많이 산다는 것을 함축한다. 예를 들어, 뉴욕 시에는 미국에서 최고인 학교들과 더불어 학습 성취가 부진하고, 쇠퇴하고, 위험한 학교들이 있다. 하지만 오직 후자만이 '도심 지역'이라는 명칭으로 불린다. '도심 지역'은 근본적으로 '게토(ghetto)'라는 단어의 현대식 대체어다. 나는 보다 구체적인 단어를 쓸 것을 추천한다. 예를 들어, 만약 당신이 학교에 대해 서술할 때, 많이 쓰이는 단어 이지만 오해의 소지가 있는 '도심 지역'이라는 단어를 사용하기보다는, '학생이 과잉으로 밀집된' '자금 부족을 겪는' '부식되고 있는 건물' '환하게 실내 장식되어 있는' '헌신적인 교직원' 그 밖에 구체적인 단어를 쓰는 것이 가장 적절하며 상황을 정확하게 묘사하는 것이다.

　인근 지역에 대해 서술하는 것에도 같은 원리가 적용될 수 있다. 일반적인 표현보다는 구체적인 표현을 사용하고, 내담자가 사는 지역의 이름에 대해서는 보고서를 읽는 사람이 알 만한 표현을 사용하거나 구체적인 세부사항을 적으라. 이를테면 '경찰에 따르면 도시에서 가장 범죄율이 높은 지역으로 고층의 정부 보조 아파트가 밀집된 지역'과 같이 말이다.

　사람에 대해 서술할 때 특히 조심스러울 필요가 있다. 옷차림에 대해 언급할 때, 그녀가 '고딕 스타일(Goth)로 입었다'고 쓰기보다는 '진(Jean)의 옷은 전부 검정 색이었고, 레이스가 달린 찢어진 스타킹을 신었으며, 까만 아이라인을 그렸고 까만 립스틱을 발랐다'고 쓰라. 또는 제임스(James)가 '갱스터 스타일로 옷을 입었다'고 쓰는 대신에 '배기팬츠를 입었고 면담 도중 몇 번 바지를 끌어올렸으며, 야구 모자를 뒤로 돌려 썼고, 금으로 된 두꺼운 체인, 그리고 손가락에 커다란 반지 몇 개를 끼었다'라고 쓰라.

　때때로 그다지 지적 수준이 높지 않거나 영어를 편안하게 구사하지 못하는 사람들, 또는 그런 사람들의 보호자의 경우에는 자기 자신이나 자녀의 상태에 대해 부정확하거나 혼란스러운 정보를 제공할 수 있다. 예를 들어, 그들은 학습장애와 지적 장애, 동기 부족을 혼동해서 아이가 겪고 있는 '장애'에 대해 명확히 표현하지 못할 수 있다. 심지어 면담자가 다른 정보원으로부터 완전하고 정확한 정보를 더 찾아보고 있음에도 내담자가 사용한 표현을 사용하고 싶을 수 있다('존(John)의 어머니는 존이 학교에서 공식 시험을 치르기 위해 추가 시간을 허락받았다고 보고했다'). 만약 내담자가 사용한 표현을 사용한다면, 인용 부호를 붙이고 누가 그 말을 했는지를 확실히 하라.

인종, 민족, 그 밖의 정체성 집단에 대해 언급하기

　　면담자는 내담자의 인종, 민족, 그 외 정체성 집단의 특징을 어떻게 언급해야 할지 궁금할 수 있다. 어떤 상황에서는 해당하는 곳에 체크해야 하지만 카테고리의 수가 제한된 경우에는 선택의 여지가 없을 것이다. 예를 들어, 경찰 보고서에 흔히 동반되는 페이스 시트[2]나 표지에는 인구학적 정보란이 있으며, 접수면접 과정이나 의료 또는 정신건강 치료 상황에서 주로 사용되는 인구학적 정보 관련 질문지가 있다. 출생과 사망, 인구, 건강 관련 연구 자료는 너무나도 자주 부정확한 것으로 판명되는데, 그 이유는 분류를 잘못했기 때문이다. 예를 들어, 백인으로 잘못 분류된 사람들에게 직접 스스로의 민족 정체성을 정의해 보라고 묻자, 그들은 스스로를 북미 원주민, 아시아인 또는 태평양 제도민, 다인종 또는 '기타'라고 보고했다(Wilson & Williams, 1998).

　　일반적으로, 사람의 인종이나 민족을 추측하지 않는 것이 가장 좋다. 당신이 면담하는 아이와 그 어머니 모두 백인으로 보일 수 있지만, 실제로 아이는 두 가지 인종이 섞인 경우(biracial)일 수 있다. 일본인 가족 출신이지만 브라질에서 자란 사람은 어느 카테고리에 넣겠는가? 면담자가 어떤 사람의 이름이 로베르토 산체스(Roberto Sanchez)인 것을 보고 그 사람이 라틴계일 것이라고 짐작할 수 있다. 하지만 그 사람은 필리핀 출신일 수 있다. 면담자가 일하는 직장에는 이와 관련하여 구체적 지침이 마련되어 있을 수도 있다. 만약 없다면, 나는 면담자에게 짐작하지 말고 가능한 한 세심하게 질문할 것을 추천한다. 나는 "제가 당신의 인종 혹은 민족이 뭐라고 생각하면 좋으시겠어요?"라고 묻는 편이다. 만약 이러한 질문이나 절차가 효과적이지 않은 상황이라면, 내담자에게 카테고리들을 읽어 주고 스스로가 어디에 해당하느냐고 물을 수 있다. 두 가지 민족 혹은 다민족 사람들은 종종 '기타'를 선택하는 것에 반대한다. 이것은 그들로 하여금 사람이 아닌 '기타'에 포함되는 것으로 느끼게 할 수 있다. 많은 인구통계학자들과 실천 운동가들은, 공식적인 네 가지 인종적 집단 중 하나 이상에 속한 부모로부터 태어난 사람들을 위해 '다민족' 카테고리를 포함시키는 것을 지지한다(Wilson & Williams, 1998).

내담자에게 면담자가 반응하는 방식과 면담을 기록하는 방식을 좌우할 수 있는 인종과 민족에 대한 개념이 있다. 하지만 이러한 인종과 민족에 대한 개념은 즉각적으로 떠올릴 수 있는 영역의 바깥에 있을 수 있다. 인종과 민족에 대한 개념들과 우리의 내담자에 대한 반응에 더욱 신경을 쓸수록, 면담자가 실시하는 면담과 그에 따른 보고서에는 편향이 덜 반영될 수 있다.

일반적으로 면담자는 불쾌감을 유발할 수 있는 글쓰기를 피해야 한다. 가능하다면 면담자는 내담자가 자신을 묘사할 때 스스로가 선택한 표현을 사용해야 한다. 만약 그런 표현이 전문적이지 않다면, 인용문으로 넣을 수 있다. 예를 들어, "자신의 정체성에 대해 질문하자, 호세피나(Josefina)는 자신이 'queer spic'❸이라고 말했다. 더 자세히 설명해 달라고 하자 그녀는 자신이 멕시코계 미국인이며 남자와 여자를 둘 다 좋아한다고 말했다." 명백하게 이것은 어떤 맥락에서는 적절하지만 다른 맥락에서는 그렇지 않다.

미국심리학회에서 발행한 출간 지침서(*Publication Manual of the American Psychological Association*, 2001)는 낙인이 될 수 있는 이름(labels)을 피할 것을 권장했다. 예를 들어, 임상연구에서 사람을 '사례'라고 쓰기보다는 '환자'라고 언급하는 것이다. 또한 그 사람의 상태와 그 사람 자체를 동일시하지 않을 것을 권장했다. 예를 들어, '짐(Jim)은 정신분열증적이다'라고 쓰는 대신에 '짐은 정신분열증으로 진단받았다'라고 써야 한다. 또한 '정상'이라고 불리는 가상의 집단과 사람들을 비교하는

❸ 역자 주: 'queer'는 동성애자, 양성애자, 성전환자를 가리키는 속어. 'spic'은 스페인어를 말하는 멕시코 혹은 중앙아메리카 출신의 사람을 비하하여 부르는 말.

것을 피하는 것이 좋다. 예를 들면, '샘(Sam)은 일반적인 아이들보다 자기 자신에게만 몰두해 있다'라고 쓰는 것이다. 일반적으로, 우리는 불구자, 발작 환자, AIDS 환자와 같은 명사들을 사용하기보다는 사람이라는 단어를 앞에 넣어서 '___가 있는 사람' '___와 함께 살고 있는 사람' '___를 지닌 사람'과 같은 표현을 이용해야 한다 (American Psychological Association, 2001, p. 69).

미국심리학회의 지침서에서는 상담자가 인종에 관련하여서는 주기적으로 달라지는 통상법을 존중하도록 권장한다. 이 책이 쓰인 시점의 미국에서는 흑인(Black)과 아프리카계 미국인(African American)이 비록 동일한 용어는 아니어도 둘 다 받아들일 수 있는 단어로 간주하지만, 니그로(Negro)나 아프로 아메리칸(Afro-American)은 받아들일 수 없는 것으로 간주되는 단어다. 'Black'과 'White'를 사람이나 집단에 대한 서술 또는 언급에 형용사나 명사로서 사용할 때는 앞 글자를 대문자로 써야 한다. 반면에 유색 표현, 예를 들면 노란(yellow), 갈색(brown), 빨간(red)과 같은 단어를 다른 집단에 대해 묘사할 때 사용해서는 안 된다.

'히스패닉(Hispanic)'과 '라틴계(Latino)'라는 표현은 크게는 두 가지 범주에 동일하게 들어가는 사람들로부터 각각 선호되는 단어다. 왜냐하면 '라틴'은 스페인어에 있는 단어인 데 반해, '히스패닉'은 미국 인구조사(U.S. census)에서 발전한 영어 단어이기 때문에 '라틴계'라는 단어가 더 인기가 있다. 가능하다면 라틴계나 아시아인처럼 덜 구체적인 단어를 사용하기보다는 '라몬(Ramón)은 쿠바계 미국인이다'와 '윙(Wong)은 홍콩 출신이다'와 같이 보다 구체적인 지리적 언급을 사용하여 말하는 것이 가장 좋다.

미국에 있는 대다수의 북미 원주민들은 '북미 원주민(Native American)'이나 '아메리카 인디언(American Indian)'과 같은 포괄적인 단어보다는 부족 단위로 언급되는 것을 선호하는데, 이를테면 나바호 족(Navajo)이나 오지브와 족(Ojibwa) 같은 식이다. '북미 원주민'과 '아메리카 인디언'이라는 단어들은 북미 토착민들을 언급할 때 사용할 수 있는 단어다. '북미 원주민'은 하와이 혹은 사모아 원주민을 아우르는 보다 더 넓은 범위의 단어다. '퍼스트 네이션(First Nations)'은 캐나다 원주민을 언급하는 데 쓰이는 최근 단어다.

지나치게 이국적으로 느끼게 하는 단어인 '오리엔탈(oriental)'보다 '아시아인 (Asian)'이 더 선호된다. '백인'이나 '유럽계 미국인'이 '코카시언(Caucasian)'보다 더 선호되는데, 후자의 단어는 인종에 대한 생물학적 모델에 기반한 단어이고 우리는 이제 그 모델이 대체로 부정확하다는 것을 알기 때문이다.

민족과 인종뿐만 아니라 내담자가 면담 상황에서 자신의 종교에 대해 말할 때가 있다. '모르몬교도(Mormon)'보다 '말일 성도(Latter Day Saints)'라는 단어가 주로 선호되고, 유대인들은 '히브리교도(Hebrew)'보다 '유대교도(Jewish)'이라고 불리는 것을 강하게 선호한다. 이외도 유사한 경우가 있으니, 확실하지 않지만 면담과 관련이 있다면, 내담자에게 물어보라. 면담자는 '무슬림(Muslims, 이슬람교를 믿는 사람들)'과 민족 집단을 광범위하게 묘사하는 단어인 '아랍인(Arabs)'을 혼동하지 않도록 조심해야 한다. 또한 그 사람이 해당 종교의 관습을 얼마나 준수하는지, 또는 그 사람이 따르는 종교의 분파가 어디인지를 모르고 그저 그 사람의 종교가 무엇인지 두루뭉술하게만 안다면, 아마도 그 사람이 어떻게 사는지에 대해 많은 것을 알 수는 없을 것이다.

연령을 언급할 때, 지침서에서는 우리가 '노인(elderly)' 대신 '연령이 많은(older person)'을 사용하라고 권장한다. 고등학생과 그 이하의 연령대를 언급할 때 '소년 (boy)'과 '소녀(girl)'를 사용하는 것은 괜찮으나, 많은 십 대들은 십 대(teen)나 젊은이 (youth) 또는 청소년(adolescents)이라고 불리는 것을 선호한다. 18세 이상의 사람들에게는 '젊은 남성(young man)'이나 '젊은 여성(young woman)'이라는 단어를 사용하기보다는 '남성(men)'과 '여성(women)'을 사용하고, 그 사람의 나이 혹은 적어도 근사치의 나이를 구체적으로 명시해야 한다.

미국심리학회 지침서에는 '게이 남성(gay men)'과 '레즈비언(lesbian, 여성의 경우)'이라는 단어들을 사용하도록 권장하고 있다. '동성애적(homosexual)'은 구식의 단어이고 과거에 부정적인 뉘앙스를 담고 있었으므로 피해야 한다. 동성과 성관계를 갖는 사람들 모두가 스스로를 게이, 레즈비언, 양성애자라고 생각하지는 않는다. 예를 들어, 어떤 남성들은 여성과 결혼해 이성애자로서의 삶을 살지만 가끔 다른 남성과 성적인 활동을 한다. 만약 성적 지향이 어떻게 되냐고 물으면 그들은 자신이 이성애자라고 보고할 것이다. 하지만 다른 남성과의 성관계에 대해 물으면, 마지못해 인정할지도 모른다.

성적인 착취나 아동에 대한 동성 간 성폭행을 언급할 때 '동성애적'이라는 단어를 피하는 것 역시 중요하다. 즉, 동성 간 폭행(homosexual assault)이나 '동성 간 강간(homosexual rape)' 또는 '게이 학대(gay abuse)'처럼 포괄적이고 부정확한 단어를 쓰는 대신, '스튜어트(Stewart)는 성가대 지휘자 토머스 존스(Tomas Jones)가 자신에게 연습 뒤 남으라고 한 뒤 성기를 만졌다고 보고했'고 쓰는 것이 보다 정확하다 (남자아이를 성적으로 학대하는 성인 남성을 동성애자 남성(gay men)과 혼동해서는 안 된다. 후자는 합의하에 다른 성인 남성과 성적인 관계를 갖는 성인 남성을 이르는 말이다.).

미국 외의 다른 국가들에서는 다수와 소수 인구를 언급하는 데 쓰는 자국만의 용어들이 있다. 모든 표현에 대한 포괄적인 논의는 이 책에서 다룰 범위 밖이다. 확신이 서지 않을 때는 내담자가 선호하는 표현을 선택하고, 면담자의 전문 분야에서 발간되는 핵심적인 최근 교재들을 읽어 보라.

대다수의 보고서에는 보고서의 대상이 되는 사람의 인종이나 민족에 대해 적는 것이 필수적이지만, 부수적인 사람에 대해서는 적을 필요가 없다. 예를 들어, 만약 내과의사가 환자와의 면담 상황에 대한 보고서를 작성할 때에는 의사의 인종은 중요한 것이 아니므로 보고서에는 포함되지 않아야 한다.

 ## 면담자의 의견을 기술하기

어떤 보고서는 결론이나 판단 없이 사실만을 제공하려고 하는 반면, 다른 보고서에는 어느 정도의 의견이나 통합, 권고사항(recommendations)이 있을 것이라고 기대된다. 예를 들어, 범죄현장에 대한 경찰 보고서는 무엇을 보았는지, 어떤 냄새를 맡았는지, 무엇을 들었는지, 그리고 무엇을 경험했는지에 대한 마음의 사진이다. 정확한 세부사항이 매우 중요하다. 처음에는 중요하게 보이지 않았던 세부사항에 사건 전체가 달려 있을 수도 있다. 보고서를 쓸 때 경찰관들은 짜깁기 하거나 개인적인 의견, 추측을 덧붙이거나 결과를 예측하지 않도록 지시받는다. 보고서는 진실하고, 완전하며, 편향되지 않고, 전문적으로 쓰여야 한다. 경찰 보고서에는 1차 증언과 2차 증언(경찰관이 목격한 것과 증인이 이야기한 것 둘 다)이 모두 포함된다. 경찰 보고서는 해당 경찰이 법정에서 증언할 수 없을 때 그 자체로 증언이 된다(2007년 6월 26일, A. Velasquez와의 개인적 대화에서 인용). 그러므로 경찰 보고서는 객관성으로 보면 가장 최상의 위치에 있다. 경찰 보고서는 사실을 제공할 뿐, 결정을 내리는 것은 판사나 배심원이 그 보고서를 읽고 다른 증거들을 고려해서 하는 것이다.

그러나 경찰 보고서조차 편향될 수 있다. 한 경찰관은 나에게, 자신의 동료들은 그 사건을 법정으로 가져가고 싶은지 아닌지에 따라 어떤 사실들을 포함시키고 누락시킬지 정확히 알고 있다고 말했다. 이 경찰관의 말에 따르면, 이와 관련하여 그는 종종 인종적인 편견을 목격했는데, 어떤 동료 경찰관은 흑인이 저지른 범죄를 수사할 때에는 유죄 판결에 중요한 정보들을 포함시키는 경향이 있지만 백인이 저지른 범죄를 수사할 때는 그런 세부사항들을 배제하는 경향이 있었다. 만약 이것이 의도적이었다면, 이렇게 사실을 선택적으로 기록하는 것은 비윤리적인 일로 여겨지고 불법적인 행위가 될 수도 있다.

다른 보고서들은 면담에서 얻은 정보와 다양한 정보원에서 얻은 정보들을 통합하여 권고사항을 제시해야 할 필요가 있다. 어떤 보고서들은 막대한 양의 정보를 합치고 분석해야 하며, 따라서 면담자의 관점이 필연적으로 포함된다. 예를 들어, 심리학자와 정신과 의사의 진단을 위한 면담은 종종 '사례 개념화(case formulation)'를 포함한다. 이 사례 개념화는 다양한 방식으로 쓰일 수 있다. 한 형태는 사례 이력에 대한 간략한 재진술과 변별 진단(다른 가능한 장애의 목록), 가장 적절한 진단, 증상에 기여하는 요인과 내담자의 장점, 필수적인 추가적 정보, 치료 계획 그리고 향후 예측을 포함한다(Morrison & Anders, 1999).

어떤 면담 보고서들은 면담자의 결론을 전달하는 수단보다 조금 더 큰 의미를 갖도록 의도된다. 이러한 결론들로는 교육, 고용, 양육권, 정신건강, 사회복지 또는 입학 추천 등을 위한 심리학적 진단까지 다양하다.

명백하게 많은 보고서에 사견과 개인적 판단에 대한 여분의 공간이 있다. 항상 그

것이 공정하며, 강점과 약점을 함께 서술하도록 해야 하며, 특정 민족 집단의 사람들에게만, 이를테면, 인종 혹은 민족에 기반해 특정한 진단이나 치료 계획을 부여하는 경향을 피해야 한다. 하지만 불행하게도 내담자의 민족이나 인종적 정체성이 법적, 의료적, 정신건강 그리고 교육적 결정에 지나치게 영향을 미치는 것으로 드러났다 (DelBello, 2002).

 ## 면담자의 목소리와 선택

당신이 면담하는 내담자의 인간성에 대한 기본 감정을 지켜야 한다. 심지어 그 사람이 불쾌한 활동에 연관되었거나(예를 들어, 성범죄), 다른 사람들보다 '부족한' 것으로 보이는 질병(예를 들어, 지적 장애)을 겪고 있더라도 말이다. 그 사람은 단순히 사례(case), 환자, 내담자, 문제, 우울증 환자, 피해자, 용의자인 것이 아니다. 내담자는 다양한 측면을 가지고 있는 한 사람이다. 확신이 들지 않을 때는, 전문성과 존중을 갖고 접근하는 것이 필요하다. '내가 이 사람의 입장이라면 나는 어떻게 불리고 싶을까?' 또는 '우리 어머니(또는 딸)가 이러한 입장에 처해 있다면 나는 어머니의 처지를 어떻게 설명하고 싶을까?'와 같은 질문을 스스로에게 던져 보라.

 ## 문화적 개념화

정신건강 전문가들에게 있어 진단을 위한 가장 권위 있는 책인 『정신질환 진단 및 통계 편람』(*Diagnostic and Statistical Manual of Mental Disorders: DSM-IV-TR*, American Psychiatric Association, 2000)[4]은 '문화적 개념화' 부분을 포함하여 개인의 배경에 대

❹ 역자 주: 2013년에 DSM의 제5판(DSM-5)이 출간됨.

한 충분한 정보를 제공할 것을 권고한다. 그러나 실제 상황에서는 유감스럽게도 대다수의 면담 보고서에서 이러한 요소들이 빠져 있다. 나는 다양한 면담 보고서에 문화적 개념화를 포함시키도록 충고한다. 여기서 나는 다양한 면담 상황에서 보다 널리 적용될 수 있도록 DSM의 권고사항을 적용시켜 보았다. 보고서에 다음 부분들을 포함시키면 내담자의 상황에 대해 더 잘 전달할 수 있을 것이다.

A. 개인의 문화적 정체성: 문화적 참조 집단(cultural reference groups), 언어 능력, 언어 사용, 선호하는 언어를 포함시키며, 그리고 이민자들과 다른 소수문화 집단의 구성원의 경우에는 그들이 스스로의 소수문화와 주류문화에 관여하고 있는 정도에 대해 포함시키도록 하라. 예를 들어, '샘(Sam)은 스스로를 흑인 도미니카공화국 사람(Black Dominican)으로 자신의 정체성을 밝혔다. 그는 스페인어를 하며 워싱턴 하이츠(Washington Heights)의 도미니카공화국 사람들이 사는 소수민족 거주지에 산다.'

B. 개인의 상황에 대한 문화적 설명: 내담자가 처한 상황에 대해 본인이나 그 가족이 어떻게 설명하는지를 알아보라. 예를 들면,

  1. 증상이 어떻게 표현되는지(네르비오스(nervios)[5] 또는 신경증, 신체화 관련 호소 문제, 갑작스런 눈물 등등).

  2. 그 사람의 상황이 어떤 의미이며 얼마나 심각한지에 대해 그 문화적 참조 집단에서 어떻게 바라보는지(예를 들어, 빙의(sprit possession)의 약한 징후 또는 그 영혼에게 완전히 사로잡혀 버린 표시인지).

  3. 그 사람이 처한 상황을 가리키는 그 문화 집단만의 범주가 존재하는가(예를 들어, 칼로레스(calores)는 트라우마나 극한 스트레스로 인해 엘살바도르 사람들이

---

[5] 역자 주: 주로 스페인어를 구사하는 사람들에게서 나타나는 정신적 스트레스에 대한 취약성과 신경증 증상이 증가되는 것을 가리키는 말.

나타내는 신체화 증상을 설명하기 위해 쓰는 단어다). **❻**

4. 그 사람의 상황에 대한 이유나 설명이라고 지각되는 것.

5. 최근 그리고 과거에 전문적 또는 전통적 치료를 받은 경험이 있는지 여부.
예를 들어,

라우라(Laura)는 아버지가 돌아가신 뒤 악몽을 꾸고 있다. 그녀는 아버지가 아프실 때 쿠바에 있는 아버지를 방문하지 못한 것에 대해 아버지가 자신에게 화를 내고 있다고 말했다. 그녀는 심령술사(espiritista) **❼** 에게서 악령을 쫓는 의식을 받았는데, 잠시 도움이 되는 것 같았지만, 결국 다시 악몽을 꾸기 시작했다. 그녀는 자신이 심리치료사의 도움을 구한 것은 이번이 첫 번째이며, 자신은 내키지 않지만 딸이 강권해서 왔다고 말했다.

C. 그 사람의 심리사회적 환경과 기능에 관련된 문화적 요인들: 사회적 스트레스원에 대해 문화적으로 관련이 있는 해석이나, 종교나 대가족 네트워크와 같은 구체적인 문화적 지지 요인들에 대해 기록하라.

D. 면담자와 내담자 간 관계에 영향을 미치는 문화적 요인들: 상담자와 내담자 사이의 문화적 차이 그리고 사회적 계층 차이, 그 밖에 면담 장면에서 드러날 수 있는 어려움에 대해 지적하라. 예를 들어, 문화적으로 기반한 라포 형성의 어려움과 언어 또는 의사소통의 어려움에 대해 기록하라.

E. 진단과 치료에 대한 전반적인 문화적 접근: 이 부분에서는 보고서의 권고사항에 있어 문화적 요인의 중요성에 대해 언급하라.

---

❻ 저자 주: DSM-IV-TR은 해당 문화에서 나타나는 증상과 질병에 대한 용어 목록을 제시하고 있다. Bartholomew(1995)가 기만(deception)의 형태로서 문화적 증후군(culture-bound syndroms)에 대해 논한 것도 읽어 보라.

❼ 역자 주: espiritismo(스페인어와 포르투갈어로 spiriticism에 해당하는 말로 혼령이 살아 있는 사람의 건강 등에 영향을 준다는 믿음)를 수행하며 혼령들과 의사소통한다고 여겨지는 무당과 같은 존재.

기여 요인

만약 당신이 정신건강, 사회복지 또는 교육 관련 보고서를 쓰고 있다면, 당신은 내담자의 상황에 영향을 주었을 만한 다양한 요인들에 대해 알아보고, 기여 요인(contributing factors)에 대해 서술할 것이다. 여기에서는, 중요한 문화적, 언어적, 사회경제적 그리고 종교적 요인이나 환경의 변화에 대해 언급해야 한다. 예를 들어, "제인(Jane)의 어머니는 제인이 유치원에서 잘하고 있지 못한 이유로 제인이 어렸을 때 '하루 종일 TV를 보는 것' 외에는 놀 것이 없었기 때문이라고 말했다."라고 쓰는 것이 합리적일 것이다. 이 경우 당신은 추론을 하는 대신 어머니가 진술한 바를 기록하고 있다. 또한 다음과 같이 쓰는 것도 합리적인데, '제인의 어머니는 제인이 집에 장난감을 많이 갖고 있지 않았고, 제인이 10시간 또는 그 이상 동안 텔레비전을 보았다고 보고했다. 아마도 집에서 직접적 자극이 부족했던 것이 제인의 교실 내 활동에 참여하기 위한 능력을 저해했을 수도 있을 것이다.' 그러나 '제인은 형편없는 가족에게서 자랐기 때문에 교실 활동에 어떻게 참여해야 할지 모른다'고 쓰는 것은 잘못된 기술일 것이다.

권고와 예후

많은 면담 보고서에서 당신은 하나의 권고나 여러 개의 권고사항들을 포함하여 결론을 지어야 할 필요가 있을 것이다. 이것은 오직 두 가지 선택 중 하나에 영향을 주는데, 이를테면 누군가를 고용할지 고용하지 않을지, 아버지에게 방문권을 줄지 거부할지, 그 외 등이다. 흔히 당신이 하는 권고는 단순히 위에서 언급한 두 가지 경우만 있기보다는 보다 구조화되어 있고 세심할 것이다. 예를 들어, 당신은 치료 계획, 교육 계획 또는 양육권 합의서를 작성하도록 기대될 수 있다.

당신이 가진 정보가 결론을 내리기에 불완전하고 불충분하다면, 정보를 더 얻을 것을 권고할 수 있다. 이것이 이상적인 결론은 아닐지라도, 부적당한 정보에 기반해 결론을 내리는 것보다는 훨씬 낫다. 당신의 면담과 보고서는 의심의 여지없이 전체 그림을 완성하는 데 도움이 될 것이며, 권고를 결론짓기 전에 어떤 간격이 존재하는 지 알아낸 셈이다. 다문화 면담은 흔히 불완전한 상태인데, 라포 형성의 어려움 또는 언어적 오해와 그 밖의 여러 원인들 때문이다.

권고를 내릴 때는 관련이 있는 모든 정보에 더하여 현실성과 법적인 의무를 고려해야 한다. 권고를 제시하기 전에 다음 내용들을 생각해 보라.

1. 면담을 통해 얻은 결론의 정확성
2. 내담자의 강점과 약점
3. 당신의 권고를 따를 체제나 조직이 보유하고 있는 강점과 약점
4. 권고사항에 더하면 유용할 수 있는 추가적 자원들
5. 당신이 작성한 글의 명확성과 정확성
6. 권고사항을 시행할 개인 혹은 조직을 포함하여, 권고에 대한 충분한 세부사항
7. 추가적인 사정이나 평가의 필요성
8. 후속 조치의 필요성-언제, 누가 후속 조치를 취할 것인가(Sattler, 1998, p. 236에 서 발췌)

당신이 제안하는 바는 정형화되거나 천편일률적이 되어서는 안 되며, 내담자 개인에 기반해야 한다. 당신이 속한 기관의 관례에 해당되지 않는 이상, 당신의 제안은 우선순위에 따라 쓰여야 하며, 가장 긴급한 문제가 첫 번째로 언급되어야 한다. 권고의 내용은 실제적이어야 하고, 사실에 의거하여야 하며, 당신의 전문 분야의 윤리적 지침과 가장 최상의 실무 지침에 기반하여야 한다.

'높은 위험성(high risk)'과 같은 암호 단어를 사용하거나, 부정적이고 암울한 예측을 하는 것에 신중을 기울여야 한다. 다양한 경로를 통해서도 동일한 결과로 이어질 수 있으며, 하나의 사건이 장차 미래에 수많은 결과를 낳을 수 있다. 당신은 내담자가 현재 어떻게 하고 있는지, 그리고 과거에 기반하여 내담자의 미래가 어떠할지에

특정한 암시를 할 수 있지만, 당신의 예측에 대해 지나치게 확신하는 태도를 보이는 것을 극히 조심해야 하며, 특히나 먼 미래에 대한 예측일수록 더욱 그렇다. 당신이 미래에 대해 어떠한 주장을 할 때는 그 주장에 대한 자기 확신의 정도를 명확하게 진술해야 한다. 관찰과 면담에서 얻은 정보를 이용해서 보고서를 읽는 사람이 당신이 내린 권고와 예후의 기반을 이해하도록 도우라.

예를 들어, 심리 평가 보고서에서 여덟 살인 '라몬은 양아버지로부터 성폭행을 당했고 그 결과로 몇 년 동안 고통을 받을 것이다. 라몬은 지속적으로 행동 문제를 보일 수 있으며 향후의 성적인 문제에 대해 주의 깊게 살펴보아야 할 필요가 있다'라고 쓰는 것은 부정확하기도 할뿐더러 부적절하다. 다음과 같이 쓰는 것이 정확하고 적절한 서술이 될 것이다.

> "결론적으로, 라몬은 2006년 9월 어머니의 남자친구가 집으로 이사를 온 이래로 유분증, 변실금, 공공장소에서의 빈번한 자위, 그리고 학교와 집에서 분노 폭발을 보였다. 보고된 바에 따르면 이 증상들은 빈도와 강도 양 측면에서 시간이 지남에 따라 끊임없이 악화되었다. 라몬의 행동, 의료 검사 결과, 면담 도중 라몬의 언어적 진술 그리고 경찰 보고서가 모두 일관되게 라몬이 양아버지로부터 성적 학대를 당했을 가능성을 시사한다. 지금까지 라몬의 어머니는 학대가 일어났다는 것을 인정하기를 거부했고 그러한 문제들에 대해 라몬을 비난해 왔다. 건강한 결과를 보장하기 위해서 라몬의 안전을 확보하고, 그의 증상이 지속적으로 악화되는 것을 막기 위해 그의 가족을 지원하는 것이 중요하다. 권고할 전략은 다음과 같다……."

만약 당신이 권고를 포함해서 내담자에게 면담의 결과에 관한 전체적인 설명을 하고 싶다면, 권고한 내용을 내담자가 따르기에 방해가 될 수 있는 현실적이고 문화적인 장벽에 대해서 언급하도록 노력하라. 당신은 자녀 양육이나 이동 수단의 문제가 있을 것이라고 미리 예측할 수 있기 때문에 해결책을 제시해 줄 수도 있다. 만약 당신이 그 문화에 익숙하거나 그 문화에 속한 사람과 상의할 수 있는 기회가 있다면, 권고를 따르는 데 잠재적인 다른 장벽들을 알아내고 그것을 극복할 수 있는 길을 파악할 수 있을 것이다. 예를 들어, 내가 면담했던 한 소말리아 여성은 매달 극심한 생리통 증상으로 고통받고 있었다. 그녀의 부인과 의사는 고통을 경감시키기 위해 피임약을 먹도록 권고했다. 이때 처방약은 피임을 위해 사용될 수 있지만, 그녀의 경우에는 통증 완화 목적으로 추천된 것이라고 내담자에게 적절히 안내해 주도록 의사와 통역에게 미리 설명해 주는 것이 중요했다. 이것은 민감한 문제였다. 이 여성은 결혼하지 않은 상태이지만 난민캠프에서의 성폭행으로 인해 두 아이가 있다. 그녀는 결혼하지 않았는데 아이를 낳았다는 이유로 다른 소말리아인들로부터 거부를 당했다. 따라서 의사가 피임약을 추천함으로써 그녀의 도덕성을 비난하는 것이 아니라는 것을 다시 확인시켜 주는 것이 중요하다.

권고사항들이 실제로 실천가능한 것인지 혹은 내담자가 실천할 의지를 불러일으킬만한 것인지 그리고 실천하는 데 장애가 될 만한 것은 없는지 내담자에게 물어보는 것이 언제나 그렇듯 도움이 된다. 이민자들에게 있어, 이들이 원래 살던 나라에서는 이와 같은 서비스가 없었거나, 또는 특정 관련 법률이 없었거나, 또는 법적 보호가 부재했기 때문에, 이들은 새로운 나라에서 서비스를 다르게 이용할 수 있다. 예를 들어, 일본에서는 부부 중 한쪽이 거부한다면 이혼을 하기 힘들다. 요시하마(Yoshihama, 2001)는 이 때문에 미국에서 가정폭력을 당한 일본인 여성들이 남편이 이혼에 동의하지 않을 경우 이혼하기가 어려울 것이라고 생각한다고 말하였다.

마지막으로, 권고를 이행할 수 있는 가능성을 높이기 위해, 상황에 따라서는 개입할 수 있는 방법을 알아내는 것이 즉각적으로 도움이 될 것이다. 많은 이민자들과 저소득 가정은 여러 기관에서 제공하는 서비스에 익숙하지 않거나, 우리의 개입이 도움이 될 거라고 기대하지 않는다. 기관이 할 수 있는 무언가 현실적인 도움을 지목하라. 예를 들어, 임대주의 편지를 번역하는 것, 교사에게 전화를 하는 것, 아이를 맡아주는 것이나 난방 연료 쿠폰을 마련하는 것, 부모를 영어 강의에 등록하는 것, 무료급식소에 연락하는 것, 또는 그 가족을 의료 제공자와 연결시키는 것 등으로 신뢰 관계를 시작할 수 있다. 상대적으로 주류 문화에 동화되지 않은 저소득 가정과 이민자들의 경우에는 특히 모든 종류의 도움이 필요하다. 개략적으로, 우리가 흔히 약속하곤 하는 장기적인 '도움'은 그들에게 쉽게 이해되는 것은 아니며, 그 가족이 바로 손에 쥘 수 있거나 매일 밤마다 먹을 수 있는 어떤 것보다 더 가치 있게 여겨지지 않을 수도 있다. 일단 그 가족이 기관이나 면담자의 의도가 선하다는 것을 깨닫고 좋은 결과를 가져올 수 있다고 신뢰하게 되면, 굉장히 성실해지는 경향이 있다.

만약 정보가 모순된다면 결론을 내는 데 극히 조심해야 한다. 모순되는 정보는 앞으로 더 탐색해 볼 여지가 있음을 의미하기도 한다(Sattler, 1998).

구두로 보고하기

구두 보고는 격식없는 전화 또는 담당자와 복도에서 마주쳤을 때 나누는 이야기와 법정에서의 대화에 이르기까지 다양할 수 있다. 사람들은 주로 전자에 대해서는 덜 불안해하며 후자에 대해서는 훨씬 더 불안해한다. 그러나 항상 전문성을 유지하는 것이 중요하며, 단지 공식적인 상황이 아니라는 이유로 정당하지 못하게 내담자에 대한 뒷담화에 빠지거나 단순히 내담자를 스테레오타입화하지 않는 것이 중요하다.

완성된 보고서 검토하기

일단 보고서를 다 썼다면, 객관적인 시선으로 점검하라. 다음의 내용들을 확인해 보라.

- 내담자의 이름을 정확히 기록했는가?
- 내담자의 인구학적 정보, 이를테면 나이, 인종, 직업, 출신 국가 등에 대해 정확하고 존중심을 가지고 기록했는가?
- 보고서가 잘 조직화되었는가?
- 완성되었는가?
- 약어나 전문적 특수 용어를 피했는가?
- 내담자의 사생활을 존중하고, 오직 관련있고 적절한 정보만 보고서에 포함시켰는가? 그 사람의 비밀보장을 위태롭게 할 만한 정보는 보고서에 들어가지 않았는가?
- 내담자나 관련된 사람들을 존중하는 방식으로 서술했는가?

- 읽는 사람이 보고서의 결과를 이해하기 위해 필요한 문화적이고 언어적인 정보를 포함 시켰는가?
- 통역을 이용했다면, 그 통역자의 이름과 연락처를 기록했는가?
- 문화적 오해로 인해 결과에 의문점이 있었다면, 이 의문점을 해결했는가?
- 당신이 미리 내담자에 대해 기대한 것 대신, 면담에서 경험한 있는 그대로 기록함으로써 고정관념으로부터 벗어나도록 했는가?
- 당신은 보고서를 내담자와 공유하는 것에 편안함을 느낄 것인가?
- 당신은 보고서를 당신의 상사 혹은 슈퍼바이저와 공유하는 것에 편안함을 느낄 것인가?
- 당신은 보고서를 지방 정부 윤리위원회와 공유하는 것에 편안함을 느낄 것인가?
- 만약 이 보고서가 신문에 실려도 될 만큼 흠 없이 쓰였으며, 공적으로 발표되더라도 당신이 쓴 것에 대해 자신감이 있는가?
- 설명에 도움이 되는 실례를 제공하였는가?
- 내담자가 직접 진술한 인용문을 적절하게 포함시켰는가?
- 포괄적인 정보 대신에 구체적인 정보를 포함시켰는가?
- 당신의 사례를 과장하지 않았는가?
- 단점에 대해 평가하고 기록한 만큼, 장점에 대해서도 그리하였는가?
- 어떤 정보가 어떤 출처로부터 나왔는지에 대해 보고서에 기록되어 있는가?
- 권고사항이 결과로부터 논리적으로 도출되었는가?
- 추론에 기반하지 않고 사실에 기반하여 결론, 권고, 향후 예측을 하였는가?
- 상황을 고려하였을 때, 권고사항은 현실적이고 달성할 수 있는 것들인가?
- 보고서를 전문적인 형식으로 작성했는가? 내용, 문법, 맞춤법에 대해 교정을 보았는가? (만약 작문 기술이 충분하지 않다면, 비밀보장을 준수하면서 당신의 보고서를 편집해 줄 사람이 있는가?)
- 독자가 보고서를 오해할 가능성을 최소로 줄였는가?

어떤 면담자들은 법정, 부모와 교사들 그리고 행정가가 함께 참여하는 교육적 포럼, 또는 사례 검토 회의 등과 같은 공공 상황에서 자신의 보고서를 제시하기도 한다. 이러한 상황에서 보고서를 제시하는 것을 기관을 대표해서 당신이 기관의 가치

를 증명할 기회로 바라보자. 따라서 당신의 보고서는 정확해야 한다. 그리고 당신이 보고서를 제시하는 방식에 따라 당신과 당신의 기관에 대한 청중의 신뢰가 증진될 수 있고, 나아가 당신의 기관으로부터 더 많은 일이 맡겨질 수 있다. 내담자의 이름을 어떻게 발음하는지 확실히 알도록 하라. 많은 경우에 청중은 당신이 쓴 보고서의 내용을 듣는 것과 더불어 당신이 어떤 종류의 사람인지도 듣는다.

증인석에 앉아 있을 때는 아마도 구두 보고를 하는 데 있어 가장 심한 스트레스 상황일 것이다. 이때는 당신의 자연스런 능력, 전반적인 준비, 경험 그리고 당신의 역할과 특정한 사례에 대한 이해가 이 상황에서의 성공적 수행에 열쇠가 될 것이다(Stern & Meyers, 2002). 태도, 어조, 얼굴 표정을 통해 당신이 지닌 전문성과 내담자를 향한 존중심을 확실히 전달해야 한다.

물론 전반적인 과정 동안에도 존중심을 확실히 전달해야 한다. 만약 당신이 보고서를 진지하게 받아들이고 있지 않다면, 그 누구도 그 보고서를 진지하게 받아들이지 않을 것이다. 비록 사례의 결과와 관련하여 당신이 특정 입장을 취하고 있다 하더라도, 특정한 방식을 옹호하기보다는 사실에 기반을 두고 객관적이며 정확한 방식을 취했는지 보다 진지하게 고려해야 한다(물론 당신의 역할이 특정한 결과를 지지하는 것이 아니라면 말이다.).

 결 론

면담에 관한 보고는 구두나 서면으로 기록될 수 있고, 종종 공식적인 형식과 비공식적인 형식 둘 다로 제시된다. 면담 보고는 휴게실에서 나누는 격식 없는 대화에서부터 법정에서 변호에 필요한 엄청난 양의 법적 서류의 일부분으로서 한 문단의 내용까지 다양할 수 있으며, 아마도 인생을 뒤바꿀 결과를 가져올 수 있다. 면담의 상호 작용 그 자체의 중요성을 최소화하지 않으면서, 나는 면담의 공적인 대표물로서 면담 보고서의 중요성에 밑줄을 긋고 싶다. 보고서는 미래의 중요한 결정에 영향을 끼치면서 몇 달, 몇 년 또는 몇십 년 동안 계속 존재할 수 있다.

만약 표준화된 검사 결과처럼 '객관적인 측정'이 가능하다면, 이를 보고서에 확실히 포함시켜라. 그러나 이러한 도구 중 다수가 소수 민족 집단이나 영어를 잘하지 못하는 사람들에게는 표준화된 도구가 아니고, 따라서 특정한 사람들에게는 이 측정 도구들의 정확도를 확신할 수 없음을 기억해야 한다(9장을 보라.). 우리의 행동 못지않게 우리가 하는 말이 우리가 누구인가를 알려준다. 다문화 면담 보고서를 쓸 때 우리는 우리가 사용한 모든 단어를 살펴보고, 공정하고 편향 없는 언어를 쓰는 것이 중요하다.

학습문제

1. 어떤 사람의 인종이나 민족에 대해 보고서에 기록할 때 주의해야 할 것에 대해 논의하라.

2. 당신이 의무적으로 써야만 하는 보고서에서 쓸 수 있는 내용을 제한시키는 양식이나 형태에 대해 서술하라.

3. 내담자로서의 당신 자신을 상상해 보고, 당신이 보고서를 쓰는 방식으로 당신 자신이 기록되고 있다고 상상하라. 무엇을 말하는 것이 중요할 것인가? 면담자가 당신에 대해 보고서에 '잘못' 기록할까 봐 걱정되는 것은 무엇인가?

더 읽을거리

Biggs, M. (2004). *Just the facts* (2nd ed.). Upper Saddle River, NJ: Pearson/Prentice Hall.

Sattler, J. M. (1998). *Clinical and forensic interviewing of children and families.* San Diego: Sattler.

11

특정 분야의 전문가에 대한
권위와 신뢰 문제

어떤 사람들은 '사회제도'가 자신들의 편이라고 느끼면서 자라난다. 면담을 진행하는 사람들을 신뢰하면서 면담자가 자신들을 도우려는 사람이며, 충분히 그럴 능력이 있을 것이라 믿는 경향이 있다. 또 다른 사람들은 '사회제도'가 자신들 편이 아니라고 느끼면서 자라난다. 이 사람들은 모든 전문가로부터 거리를 유지하려는 경향이 있다. 만약 이 사람들이 '사회제도'를 대변하는 사람들을 만나도록 강요받는다면, 그들은 경계심을 갖고 자신이 가진 최악의 공포를 확인할 준비를 할 것이다.

전 세계 인구의 4분의 3 이상이 서양 문화가 아닌 문화권에서 살고 있다. 만약 그들이 제도권 관계자와의 만남에 대한 사고방식과 기대를 그대로 가지고 서양으로 이주한다면, 과거 그들과 접촉했던 경험에 대한 복잡한 감정을 모두 유지하고 있을 것이다. 비서구권 국가의 사람들은 '직업상 우정(professional friendship)'이라는 개념에 대해 익숙하지 않을 수 있다. 직업상 우정이란 서로 친한 관계를 유지하기는 하지만 개인적인 우정과는 다르다. 다시 말하면 그런 관계에 익숙하지 않은 사람은 비밀 보장에 대해 이해하지 못하거나 그런 개념을 기대하지 않을 수 있다. 그들은 권위자 위치에 있는 사람들은 모두 서로 정보를 공유하며, 정부기관과도 정보를 공유하고, 심지어는 위협적인 경찰에게도 비밀을 공유할 거라고 짐작할 수 있다. 그들은 자신들이 부유하지 않기 때문에, 또는 연줄이 없기 때문에 공정하게 대우받지 못할 거라고 짐작하기도 한다. 그들은 면담을 시험 또는 취조와 동일하게 여기며 면담의 진정한 의미와 면담으로부터 얻을 수 있는 이득을 이해하지 못할 수도 있다. 또한 교육수준이 낮은 사람들은 면담과 면담자에 대해 잘못된 믿음을 품고 있을 수 있다. 그 결과 면담자의 힘을 과대평가하거나 과소평가할 수 있다. 어떤 사람은 자신이 원하는 결과를 얻을 수 있는데 도움이 되는 다양한 행동이나 응답과 관련된 눈에 보이지 않는 암호를 이해하지 못할 수 있다.

신뢰와 권위에 관한 이러한 논쟁점들은 우리의 면담 작업에 영향을 미치지만, 전문 분야에 따라 그 특색은 다양하다. 이 장의 대부분은 특정 전문 분야에서 문화적 역량을 측정하는 데 할애되어 있다. 이 장에서 특별히 언급되어 있는 내용들은 이 책의 나머지 부분을 보완하기 위해 적용가능한 조언을 담기 위한 목적이지, 책의 나머지 내용을 대신하기 위한 내용은 아니다.

사회복지

중상위층 사람들은 종종 문제가 있는 가족들에게 사회복지사가 도움이 된다고 믿는다. 이 사람들이 주로 만나는 사회복지사는 학교와 의료 장면에서 일하는 사람들로 한정되는 경향이 있다. 이러한 사회복지사들은 사회 제도를 집행하기보다는 유용한 서비스를 제공하는 사람들이다.

반면 저소득층 사람들, 특히 소수 민족이나 소수 이주민 출신의 저소득층 사람들은 호의적이지 않은 상황에서 사회복지사와 훨씬 더 많이 접촉한다. 아동 보호 서비스를 제공하는 사회복지사에 대한 공포심은 많은 집단에서 찾아볼 수 있으며, 사회복지사는 '아이를 낚아채 가는 사람들(kid snatchers)'로서 가난한 사람들의 아이들을 데려가서 위험한 위탁가정에 맡기는 사람들로 보일 수도 있다(Folman, 1998; Roberts,

2002). 빈곤으로 인한 진짜 위험과 아동 학대 방지 제도의 모든 면에 대한 편견으로 인해, 저소득 지역에 거주하는 사람들이 아동복지 제도로 인해 뿔뿔이 흩어진 가족을 알게 되는 경우가 고소득 사람들에 비해 훨씬 더 많다. 그러므로 그들은 사회복지사를 매우 두려워한다(Roberts, 2002).

또한 저소득 가정은 복지, 주택 보급, 공중 보건 기관과 같은 상황에서 사회복지사와 맞닥뜨리는 경우가 많다. 이런 상황에서 사회복지사는 서비스를 결정짓는 문지기 역할을 하며, 서류를 요구하는 반갑지 않은 작업을 이행하고, 거슬리는 질문을 하고, 어떤 것을 준수하였는지 확인한다. 이런 일들을 하는 사회복지사는 내담자의 눈에 긍정적으로 보이지 않는다.

리(Lee, 2005)는 태어나자마자 미국인 가정에 입양된 한국 출신 십 대 청소년을 도우려고 했던 사회복지사의 사례를 다음과 같이 기술했다.

> "너는 자신이 남들과 다르다는 것에 대한 감정을 직면하기 두려워하는구나."라고 사회복지사(이 독선적인 사회복지사 때문에 나는 'MSW'❶란 사회복지사 석사학위를 가진 사람이 아니라, '소수민족을 구원하려는 여자(Minority Savior Woman)'의 약자라고 마음먹었다.)가 말했다. "그래서 네가 네 주변 사람들에게 덤비려 드는 거지, 모든 사람들에게 상처를 주면서 말이야."(p. 53)

비록 가상이긴 하지만, 앞선 문단은 도움을 주려는 사회복지사에 대한 내담자가 지닐 수 있는 양가감정을 시사한다. 내담자는 상대적으로 자신이 비하되는 느낌을 받을 수 있다. 또는, 사회복지사의 노력이 진실함에도 불구하고 그가 제공하려는 '도움'이란 것에 대해 의심스러울 수도 있다. 앞 인용문은 또한 다수문화 출신의 사회복지사가 소수문화 사람들에게 접근할 때 일어날 수 있는 추가적인 어려움을 보여

---

❶ 역자 주: MSW는 Master of Social Work 혹은 Master of Social Welfare의 준말로 사회복지 전공 석사학위를 가리키는 말.

준다.

문학 작품에서 또 다른 예를 인용하자면, 시인 사파이어(Sapphire)가 쓴 소설 『푸쉬(Push)』는 친아버지의 아이를 임신한 반문맹인 아프리카계 미국인 십 대 소녀의 시점에서 진행된다. 그녀는 사회복지사에 대한 불신을 다음과 같이 생생하게 묘사한다.

그 여자는 그저 메모지를 휘갈겨 쓰는 또 한 명의 사회복지사에 불과해. 그녀가 나에 대한 보고서를 쓰고 있다는 것을 알아. 보고서는 서류로 남겠지. 서류를 보면 내가 쫓겨나면 얻을 수 있는 것, 내가 갈 수 있는 곳을 알겠지(p. 115).

이 인용문은 저소득 사람들의 삶에 미치는 사회복지사가 갖는 힘에 대해 흔히 가질 수 있는 분노를 보여 준다. 물론, 많은 사회복지사들이 저소득층 내담자와 군건한 작업 관계를 만들고, 그들이 제공할 수 있는 서비스 때문에 심지어는 구원자처럼 여겨지기도 한다. 하지만 특정 사회복지사가 유용한 도움을 주었다고 할지라도, 이런 긍정적인 관계가 일반적인 사회복지사에 대한 내담자의 태도를 변화시키지 않을 수도 있다.

특정 국가의 이민자들은 사회복지사에 익숙하지 않아서 사회복지사의 전문적 역할에 대해 이해하지 못한다. 그들은 사회복지사의 권위를 무가치한 것으로 치부하고 '진짜 의사'나 '책임자'와 이야기하고 싶다고 요구할 수도 있다. 그들이 이런 말을 하는 것에는 아무런 악의도 없다. 이런 경우 사회복지사는 자신이 하는 일과 면담의 목적에 대해 신경을 더 세심하게 써서 설명해야 한다. 이것은 기본적이고 자명한 것으로 보일지 모르겠지만, 매우 중요하다. 다음과 같은 설명이 하나의 예시가 될 수 있다.

"내 이름은 ○○○입니다. 나는 사회복지사이고 ○○○[기관]에서 일하고 있습니다. 이전에 다른 사회복지사와 만난 적이 있나요? [대답을 기다린다. 만약 그들이 긍정적으로 대답하면, 과거에 사회복지사와 접촉했던 경험이 어떠했는지 묻는다.] 사회복지사들은 여러 종류의 일을 합니다. 여기서 제 역할은 ○○○입니다. 오늘 우리는 ○○○에 대해 대화를 나눌 겁니다. 그리고 그 결과 ○○○을 얻을 수 있습니다."

특히 우리가 일하는 시스템에 완전히 익숙하지 않은 사람들과 함께 일할 때 이런 설명이 매우 중요하며, 어떤 때에는 반복해서 설명할 필요가 있을 수도 있다.

사회복지 영역에서의 다문화 면담 진행을 위한 유용한 정보

- 언어 장벽을 줄이자. 필요하다면 통역을 쓰며, 이중 언어 구사 직원으로 하여금 내담자를 보살피도록 하고, 서면 자료는 가능하다면 내담자가 사용하는 언어로 쓰였는지 확인하라(다른 모국어를 사용하는 내담자와의 작업과 통역을 사용하는 것에 대해서는 각각 6, 7장을 참고하라.).
- 면담자의 역할에 대해 신중히 설명하고 내담자가 질문할 기회를 주라.
- 비밀유지에 대해 설명하고 그 한계에 대해 설명하라.
- 내담자로부터 정보를 얻을 때 존중심을 전달하라. 어떤 주제들이 당신에게는 통상적인 것일지라도 내담자에게는 대단히 민감한 것일 수 있음을 기억하라.
- 만약 당신이 특정 문화권에서 온 어떤 가족 혹은 여러 가족들과 많은 시간을 작업해야 한다면, 그 문화에 대해 배울 수 있는 한 배우라. 책을 읽고, 사회적 행사에 참석하고, 그 문화권 출신의 친구를 만들고, 필요하다면 문화적 도움을 받을 수 있는 목록을 작성하라. 이 모든 조치들을 통해 면담자가 내담자와 더 효과적으로 일할 수 있게 될 것이다.
- 만약 당신의 내담자가 최근 커다란 어려움에 직면하고 있다면(예를 들어, 질병, 무주택 또는 이민 관련 트라우마), 최근 어려움을 겪기 이전의 가족 기능 수준을 평가하라. 당신이 지금 보는 모습은 그들이 그들의 삶을 더 잘 통제했을 때 보였던 모습과는 상당히 거리가 먼 모습일 수 있다는 것을 기억하라.
- 면담자가 내담자의 집에 방문할 때, 음식이나 음료수를 가져가야 하는지, 신발을 벗어야 하는지 등을 알아보도록 하라(2장의 '내담자의 집에서' 부분을 참고하라.).

의료, 간호 그리고 관련 전문 분야들

모든 문화는 의사, 치료자와 친숙하다. 소득수준, 민족, 인종을 통틀어 의료 전문가가 서양 의학 훈련을 받았든, 토속 문화에 바탕을 둔 치료자이든 상관없이 사람들에게 도움을 주는 숙련된 사람으로 여긴다. 그러나 서양 의학의 의사와 겪은 경험은 사회 계급에 따라 매우 다를 수 있다. 개인 병원에 갈 수 있는 사람들은 몸이 안좋거나 건강 검진을 받으려고 방문하고, 특정한 의사나 간호사와 지속적이고 정성어린 관계를 맺는다. 이런 상황에서는 의료인들을 친절하고 헌신적이고 현명하다고 생각한다.

저소득층 사람들은 오직 병에 걸렸을 때만 의료 서비스를 찾는 경향이 보다 강하며, 종종 진료비가 비싸고 불편하기 때문에 진료 받는 것을 미룬다. 그들은 응급실이나 긴급한 치료 상황에서 처음 만나는 의료인에게 진료 받는 경향이 보다 더 크다. 만약 당신이 부유층이 아니라면, 의료 서비스를 받는다는 것은 종종 불편하고 붐비는 대기실에서 오래도록 기다리는 것이 연상될 것이다. 바쁜 의료인들이 마침내 나타나면, 그들은 흔히 시간에 쫓기고 있는 상태여서 당신의 말을 주의 깊게 들을 수 없다. 저소득층 사람들은 또한 의료인이 아동 보호 서비스나 그 밖의 기관에 자신들에 대해 보고할까 봐 걱정할 수도 있으며, 이러한 우려로 인해 의료인에 대한 신뢰가 저해된다.❷ 사회경제적으로 극빈층에 속하는 사람들에게 사회복지사와 마찬가지로

❷ 저자 주: 미국의 흑인, 히스패닉, 북미 원주민 아이들은 아동 학대가 의심된다고 의료인들에 의해 과장되어 보고되는 경우가 많다는 것을 나타내는 연구 결과가 많다. 한 응급실 연구에서는 아동에게 나타난 상처가 학대로 인한 것이 아니라 사고로 인한 것이며 독립적으로 생긴 상처인데도, 12개월에서 3세에 이르는 흑인과 히스패닉 어린이들인 경우 골격 조사(skeletal survey)(과거에 있었던 골절을 파악하기 위해 전신의 뼈를 조사하는 엑스레이 종류의 조사)를 동일한 조건의 백인 어린이들에 비해 약 다섯 배 정도는 더 많이 받는 경향이 있었다. 흑인과 히스패닉 아이들은 또한 아동복지 서비스에 세 배 정도 더 많이 보고되었다(Lane, Rubin, Monteith, & Christian, 2002). 특정 집단의 가정들을 과도하게 보고하거나 축소시켜 보고하는 것은 두 가지 위험성을 초래한다. 과도하게 보고된 문화 집단의 가정은 보다 면밀한 조사를 받는 경향이 있고 사회적 서비스로부터 불필요하게 가족원들이 분리될 가능성이 있으며, 축소되어 보고된 집단의 어린이들은 전문적 개입을 받지 못한 채로 남는 경향이 있다.

의료인들도 종종 고용이나 필요한 복지혜택, 예를 들면 장애로 인한 혜택, 산업재해, 건강보험과 생명보험 등과 같은 혜택을 결정짓는 문지기 역할을 한다. 이 때문에 환자는 의료 서비스 제공자를 향한 분노와 두려움을 가질 수 있다.

어떤 소수민족 출신의 사람들은 의료 서비스 제공자들이 최선을 다해 관심을 기울이지는 않는다는 의심어린 시선으로 바라본다. 북미 원주민들은 종종 건강관련 종사자를 정부를 위해 일하는 사람으로 간주하며 그들이 자신들을 무력화시키기 위한 목적을 갖고 있다고 여긴다. 미국 개척시기에 원주민들에게 감염된 담요를 나누어 주어 신체적으로 나약해지고, 결국에는 질병과 사망을 초래한 전례가 이미 있기 때문이다. 몇몇 북미 원주민 부족들과 알래스카 원주민들은 DNA 샘플 채취를 거부한다. 왜냐하면 그들의 유전적 기원에 대한 정보가 그들의 토지권을 인정하지 않는 데 쓰이거나, 유전병에 대한 정보를 통해 그들에게 불리하게 작용하거나, 연구자들이 그 유전적 정보로부터 재정적으로 이득을 보면서 정보를 공급해 준 사람들과는 그 성과를 나누지 않는다고 생각하기 때문이다(Bowekaty & Davis, 2003).

어떤 이민자들은 의료인들을 조심스러워하며 꼭 필요하지 않은 정보는 제공하지 않는다. 안토니오(Antonio)의 상황을 보자.

안토니오는 소작농 가족의 장남으로 과테말라에서 스무 살까지 살았다. 과테말라의 여러 독재정권 중 한 정권 때 그는 땅을 빼앗겼고, 결국 미국으로 강제로 이주해야 했다. 이후 안토니오는 미국의 합법적 거주자로서의 지위를 얻었다. 안토니오는 아플 때면 가능한 한 서양 의사를 찾아가는 것을 피하고 **보태니카**(botánica, 전통적 물품들을 제공하는 사람)를 찾아가서 각종 허브와 연고를 부탁했다. 보태니카의 치료에도 별 반응이 없는 골치 아픈 병이 생기면, 그는 희망과 불신이 섞인 마음으로 서양 의사를 찾아갈지도 모른다. 그는 입 밖으로 내지는 않았지만 다음과 같은 규칙들을 마음속에 새기고 있었다.

1. **한 번에 한 문제만**. 이 규칙에는 두 부분이 있다. 첫 번째, 의사에게 한 번에 너무 많은 짐을 지우지 말 것. 심지어 다양한 증상이 안토니오가 전혀 이해하지 못하는 방식으로 서로 연결되어 있었음에도 안토니오는 증상들을 한 번에 다 이야기하지

않았다. 그는 나약하게 보이고 싶지 않았고 징징거리거나 불평하는 사람으로 보이고 싶지 않았다. 두 번째, 만약 의사가 두 가지 이상의 약을 추천한다면, 안토니오는 두 가지 약을 같이 먹는 대신 한 가지 약부터 먹기 시작하는 경향이 있었다. 다른 약을 먹어 보기 전에 약 하나의 효과부터 시험해 보고 싶었기 때문이었다. 또한 안토니오는 돈을 아끼고 싶었다. 만약 약 하나가 '충분히' 효과가 있다면 다른 하나를 살 필요는 없기 때문이었다. 심지어 각기 다른 증상 조건에 해당하는 약들을 처방받았을 때도 그랬다. 안토니오는 단순히 한 번에 몸 안에 너무 많은 약물을 집어넣는 것에 불신이 있었다.

2. **의사에게 전부를 얘기하지는 말라.** 안토니오는 권위자들 모두에게 그렇듯이 의료인에게도 양가감정을 느꼈다. 안토니오는 자신의 직업이나 생활환경, 가족, 이민자 신분, 습관 또는 그의 신체적 조건에 대해 너무 많이 드러내는 것을 경계했다. 독재 정권 하에서 살아온 경험으로 인해 그는 또한 권위란 믿을 만한 것이 못 되며, 정보원은 어디에나 있고, 가장 중요한 정보는 자신만 간직하는 것이 낫다는 것을 배웠다.

3. **의사의 권고를 따르기 전에 신중하게 생각하라.** 안토니오는 의사가 자신을 위해 권고해 주는 것을 감사하게 여겼지만, 배가 아프거나 열이 날 때 의사의 권고사항을 따르길 망설였다. 이를테면 콜레스테롤, 혈당, 예방약 등을 포함하는, 덜 구체적이고 덜 익숙한 건강 관련 우려 사항이 있을 때는 더욱 그랬다. 만약 의사의 권고 내용이 안토니오의 세계관에 맞지 않고 그 내용의 목적을 의사가 주의 깊게 설명하지 않는다면, 안토니오는 따르지 않곤 했다.

4. **의사가 눈살을 찌푸릴 주제들에 대해서는 이야기하지 말라.** 안토니오는 자신이 치료용 차나 물약을 어떻게 이용하는지, 자신이 따르지 않은 의사의 권고 사항, 금기시되는 성적 활동들 또는 약물(substances) 사용에 대해 이야기하지 않을 가능성이 높다. 안토니오는 자신의 개인적인 약함이나 한계에 대해 의사에게 밝히고 싶지 않다. 안토니오는 자신이 청력에 문제가 있고, 글을 읽지 못하고, 약을 어떻게 복용하라고 했는지 기억이 나지 않는다는 것을 드러내기 망설였다. 안토니오는 아내가 떠난 뒤로 어지러움을 느끼기 시작했다는 것이나, 오는 겨울에 등유를 살 돈이 없다

는 것, 환자 부담 진료비가 너무 많아 일을 더 해야 하므로 직장에서 시간을 뺄 수가 없어 의사에게 추천받은 물리치료를 할 수 없다는 것을 말하고 싶지 않았다. 그는 라디오 프로그램에서 우울증은 종교적 믿음의 부재로 인해 생긴다는 말을 듣고 항우울제를 그만 먹기 시작했다는 것을 의사에게 말하지 않았다. 안토니오는 수치스럽거나 당황스러울 수 있는 주제들은 입 밖으로 내지 않았다.

5. **삶은 힘든 것이며 육체가 쇠락하는 것은 불가피한 일이다.** 안토니오는 자신의 신체적 문제들 중 대다수는 노화, 고된 일, 찬바람, 걱정 또는 유전적 특징으로 인해 자연적으로 생긴 것이라고 짐작했다. 그는 아버지로부터 '안 좋은 다리'를 물려받았고 어머니로부터 '위산과다'를 물려받았으며 '불안'은 과테말라에서 감옥에 갇혀 고문당했던 일로부터 생겼다고 믿었다. 이 모든 질병들에 설명이 존재하거나 과거 선행 요건이 있었기 때문에 의사에게 말할 이유가 없다고 안토니오는 생각했고, 이 병들이 의료적 개입으로 인해 나을 거라고도 기대하지 않았다. 그는 병으로 인해 고통받는 것은 사람이라면 누구나 겪는 일이라고 믿었고, 치료를 받는다고 변화가 생기지 않을 것이라 믿었다.

6. **간호사는 의사보다 더 믿을 만하다.** 왜냐하면 간호사는 사회적 계급에서 그와 더 가깝기 때문이었다. 반면에 안토니오는 의사의 말을 간호사의 말보다 더 권위 있게 받아들였다.

휴! 의료인에게 안토니오는 명백하게 까다로운 대표적 사례다. 안토니오에게 제공되는 의료행위의 질을 높이기 위해서는 어떻게 해야 할까? 우선, 상호 간의 관계가 다른 무엇보다 중요하며 이에 대한 특별한 관심이 필요하다. 의료 면담을 실시하는 사람은 최고의 존중심으로 안토니오의 믿음과 습관에 대한 관심을 보여 주어야 한다. 전문가는 가능한 한 수직적이지 않은 관계를 형성해야 하며, 깔보는 듯한 태도나 가르치는 듯한 태도는 피해야 한다. 의료인은 안토니오를 마치 오랫동안 알고 지낸 이웃처럼 반겨야 하며, 안토니오의 행복에 진정으로 관심을 쏟고 있는 사람처럼 행동해야 한다. 면담자는 추가적인 증상이나 불만에 대해 반복적으로 물어야 한다. "그 밖에 당신을 성가시게 하는 것은 없나요? 제가 도와드릴 것은 없나요?" 만약 치료가 권고 사항이라면, 의료인은 안토니오가 그 목적과 각각의 절차를 확실히 이해하도록 해야 한다. 만약 고통이 바로 완화되는 것이 아니라면, 안토니오에게 이것을 주의 깊게 설명해 주어야 한다. 왜냐하면 그가 별 도움이 되지 않는다고 느껴서 시기상조로 치료를 포기해 버리는 일이 없도록 해야 하기 때문이다.

　의료인은 가능하다면 후속 조치를 계획해야 한다. 또는 안토니오의 상태가 어떠하며 처방받은 치료는 잘하고 있는지 확인하기 위해 전화를 해야 한다. 만약 안토니오가 권고 사항을 따르지 않고 있다면, 안토니오가 그런 결정을 내린 이유를 물어보되 비난하는 듯한 방식으로는 하지 말아야 한다. 원래 받았던 권고 사항의 내용을 안토니오가 잘못 이해했을 수도 있다. 부작용이 두려웠거나 혹은 실제로 부작용을 경험했을 수도 있다. 어떠한 이유로든지 치료를 미루기로 결정했을 수 있다. 또는 그것이 반드시 따라야 하는 권고사항인 것처럼 '느껴지지' 않았을 수도 있다. 비록 이런 종류의 태도가 의료 서비스 제공자에게는 좌절되는 일 일지라도, 자신의 치료를 선택할 권리는 온전히 안토니오에게 있다.

　또한 의료 처방 준수를 방해하는 실제적인 문제들을 기억하는 것이 중요하다. 이것은 외국어 통역의 부족, 처방된 약을 어디서, 어떻게 구해야 할지 모르는 것, 처방전을 잃어버린 것, 건강보험이 없는 것, 건강보험에 대한 지식이 없는 것, 이동수단의 부재 또는 약병에 적힌 지시사항을 읽지 못하는 것 등이 여기에 포함된다.

　의료 종사자를 향해 양가감정을 가진 사람들은 자신의 건강관리에 대해서는 극도로 수동적인 입장을 취하거나, 처방받은 약물 요법에 저항할 수 있다. 그들은 순응하지 않는 사람들로 여겨지는 까닭에 묵살당하고 무시당하거나 적개심의 대상이 된다.

　연구에 따르면 의사들은 영어를 잘 못하는 환자들과 통역 없이 대화할 때 의사소통 능력이 매우 다양하다(Erzinger, 1999). 마찬가지로 의료 통역자들은 다리를 놓는 역할을 해야 하지만, 가끔은 의료 종사자와 환자 사이에 예상치 못한 장벽의 역할을 할 수도 있다. 연구들을 보면 의료 통역자들이 대화의 일부분을 빼고 통역하고, 대화의 방향을 주도하고, 문제를 정의내리고, 나름대로 메시지를 전달하고, 환자로 하여금 서둘러야겠다는 기분을 갖게 만드는 것으로 평가된다(Davidson, 2000). (7장 '통역과 함께 하는 면담'을 보라.)

최근 미국 내 몇몇 지역에서는 합법적인 거주민임을 증명할 수 있는 사람들에게 병원이 무료 서비스를 제공하는 것을 금지하고 있는데, 이 때문에 심각한 불신이 초래되고 있다. 이 법들은 때때로 이민자인 환자들, 즉 합법적인 거주민이 맞지만 그것을 증명해야 하는 것이 두렵거나 그걸 증명할 서류가 없는 많은 사람들을 겁주거나 쫓아 버리게 된다.

의료 종사자와 환자 사이에 신뢰를 쌓는 것에 성별이 문제가 될 수도 있다. 많은 문화권에서 여성은 남자 의사나 간호사들에게 진찰받고 싶지 않아 한다.[3] 어떤 문화에서는 남자 의료인이 부인과나 산과와 관련된 질문을 하는 것조차 부적절하고 사생활을 침입하는 것으로 여겨진다. 나는 남자에게서 산과나 부인과 관련 검사를 받는 것을 거부한 전통적인 중국 여성들과, 남성 통역자가 같은 방 안에 있을 때 어린 딸의 기저귀를 갈아주기를 거부한 소말리아 여성들을 알고 있다. 한 지역사회 활동가는 이란에서 최근 이민을 온 이슬람교도인데, 남자 의사가 부인과 검사를 위해 방 안에 들어온 것을 보고 충격을 받았다. 언어와 문화적 차이 때문에 그녀는 이런 일이 일어날 것이라고 알지 못했고 어떻게 반대 의사를 밝혀야 할지 몰랐다. 그녀는 검사를 받긴 했지만 그 후로 몇 년 동안 출산건강관리(reproductive health care) 서비스를 피했다(Family Planning Advocates of New York State, 2006).

가능하다면 여성 의료인에 대한 요청은 존중받아야 한다. 우리는 많은 여성들이 성적 트라우마와 성폭행 경험이 있다는 것을 기억할 필요가 있다. 그들의 요구는 '단

---

[3] 저자 주: 우리는 여성들이 남성 전문가와 일하는 것을 어떻게 바라볼지에 대해 부정적인 짐작을 하기보다는 여성 개개인에게 물어보아야 한다. 예를 들어, 런던에 사는 한 남자 간호사이자 조산사(midwife)는 임신한 벵골 여성 사이에서 몹시 유명해졌는데, 그 여성들 중 한 명이 더듬거리는 영어로 이렇게 말했다. "좋은 남자 산파가 나쁜 여자 산파보다 낫다." (2006년 6월 16일, L. Ahmet과의 개인적 대화에서 인용) 이 경우에서, 일반적인 경우였다면 이슬람교도 사람들은 산부인과 진찰이나 분만 시 남자가 있는 것에 망설였을 것이지만, 남다른 남성 조산사의 기술과 능숙함으로 인해 이 남자 조산사는 이슬람교도 사이에서도 유명해지게 되었다.

지' 문화나 정숙함과 관련된 문제가 아니라 트라우마 경험을 다시 자극받고 싶지 않기 때문일 수도 있다. 물론 어떤 이슬람교도들은 만약 남성 의료인이 고무장갑을 꼈거나 여성 보조자 또는 여성 간호사가 보고 있는 상태라면 여성이 그런 검사를 받아도 된다고 허락한다. 만약 알 수 없다면, 물어보라. 여성 의료 종사자가 없다면, 다른 기관에서 검사를 받거나 여성 의료인이 있는 다른 진료 시간대를 추천하는 등 대안을 제공하라. 만약 남성 의료 종사자에게서 검사받는 것에 여성 환자가 동의한다면, 여성 환자가 편안함을 확실히 느낄 수 있도록 할 수 있는 일을 하라. 여기에는 검사를 하는 동안 방 안에 여자 간호사나 간호조무사, 또는 환자가 지정한 다른 여성이 함께 있도록 하는 것도 포함될 것이다(물론 환자가 단정한 모습을 유지할 수 있도록 보호하면서 말이다.).

보건 장면에서 다문화 면담을 진행하기 위한 팁

- 언어 장벽을 줄이자. 이중 언어를 구사할 줄 아는 직원, 필요하다면 통역을 쓰고, 환자가 사용하는 언어로 쓰인 자료를 제공할 수 있는지 살펴보라(6장과 7장의 다른 언어를 사용하는 내담자와의 면담과 통역을 사용하는 것에 관한 부분을 참고하라.).
- 돌봄과 관련된 문화적 쟁점을 고려하여 서로 이야기하라. 예를 들어, 특정 집단의 사람들에게 일상적인 식이요법이나 종교적 단식이 당신이 권고한 사항을 따르는 데 어떠한 영향을 미칠 것인지 이야기하라.
- 현재 상태에 이르게 된 이유가 무엇인지, 그리고 더 나아지기 위해 어떤 것을 해야 할 것 같은지 환자에게 물어보라. 질병에 대한 설명('음양의 부조화'와 같은)이 다르기 때문에 다른 치료 방법을 야기할 수 있다는 것을 마음에 새겨두자. 만약 당신의 권고가 환자의 전통적인 믿음과 상반된다면, 환자가 그 권고를 따를 가능성은 더 적을 것이다. 만약 당신이 환자의 신념 체계를 알고 있다면, 환자가 더 잘 따를 만한 방식으로 권고할 수 있는 더 좋은 기회를 갖게 될 것이다.
- 당신을 만나러 오기 전에 환자가 어떤 과정을 거쳤는지 묻자. 환자가 따르고 있을 수도 있는 대체의학에 대한 질문도 여기 포함된다. 약, 비타민, 민간요법, 그 밖에 환자가 사용하고 있을 수 있는 다른 '치료'에 대해 물어보라.

- 권고사항을 이야기 해 주었다면, 환자에게 이 사항을 따르는 데 있어 장애물이 존재하는지 물어보자. 재정상태, 단식, 외국 여행, 권고사항에 대한 이해 부족 등 가능한 장애물들을 마음속에 새겨두라.

- 환자와 같은 문화 출신인 친구나 동료를 만들라. 필요하다면 이들에게 문화에 대한 자문을 구하라.

- 만약 환자가 불만족스러워 하고, 혼란스러워하거나, 화가 난 것 같다면, 그러한 점에 대해 물어보라.

- 당신의 환자에게는 익숙지 않을 절차를 밟는 이유를 확실히 설명하라. 서구 산업화 국가에서는 꽤 일반적인 절차가 건강에 대해 다른 철학을 가진 문화권에서는 혼란스러운 것일 수 있다.

- 만약 당신이 특정 문화권과 특정 언어권의 사람들과 지속적으로 일하고 있다면, 당신의 직장에서 언어와 문화적 역량에 대한 훈련을 정기적으로 할 수 있는지 살펴보라.

- 커뮤니티와 종교 집단에 대한 아웃리치 프로그램을 포함해, 다양한 공공 건강 캠페인 접근법을 이용하라. 풍물 장터와 문화 축제에서 정보를 나누라. 라디오, 텔레비전, 다양한 언어로 인쇄된 캠페인, 전화 상담, 지역 내 특정 민족이 주로 이용하는 상점에 정보를 붙여 놓기, 집단 내에서 신뢰받는 사람을 교육하기, 특정 집단 내에서 활용 가능한 전단지를 만들어 배부하라.

- 당신의 기관과 환자의 문화 사이에 놓여 있는 문화적 간격을 메울 수 있는 문화 브로커(cultural broker)를 이용하는 것을 고려하라(문화 브로커에 대해 더 많은 정보를 얻고 싶다면, 조지타운 대학교의 문화 역량 센터(National Center on Cultural Competence)를 살펴보라.).

정신건강 전문가

전통적으로 정신건강 전문가들에게 보다 강하게 의지하는 문화권의 사람들, 이를테면 유대인들이나 혹은 보다 높은 수준의 정규교육을 받은 가정의 사람들은 삶에서 심리치료나 상담 장면에 맞닥뜨리는 것을 완전히 평범한 일이자 수용 가능한 일,

유익한 일이라고 생각한다. 이들은 '심리학적 마인드'를 갖고 있을 수 있다. 이들은 심리치료에 쓰이는 일종의 기본적인 정신건강 개념들에 대해 이미 익숙한 사람들이다. 예를 들어, 어린 시절에 어떤 사건을 겪었느냐가 현재 우리의 모습에 영향을 미친다는 믿음이나, 우리는 우리의 의식 바깥에 있는 충동으로 인해 동기 부여될 수 있다는 것, 또는 심지어 문제에 대해 이야기하는 것이 유익하다는 것 등에 이미 친숙해져 있다.

반면에 정규교육을 많이 받지 않은 일부 사람들이나 문화에서는 정신건강 전문가에 대한 불신이 일반적이다. 많은 문화권에서 정신건강 전문가로부터 도움을 받고자 하는 사람들은 '미친 사람'으로 간주된다. 가족들은 전문가로부터 어떤 서비스를 제공받을 수 있는지, 그리고 그것이 어떻게 도움이 될 수 있는지 이해하지 못한다. 이들은 전문가에게 지극히 주저하거나 두려워하는 태도를 가질 것이다. 자신들이 보이는 반응으로 인해 자신들에게 낙인이 찍히거나, 어딘가에 수감되거나, 또는 '미쳤다'는 꼬리표가 붙을까 봐 걱정되기 때문이다. 인기 있는 매체들에서 나타난 정신건강 전문가들의 모습 또한 이러한 불신에 공헌했다는 것은 의심할 바 없다. 영화에서 정신과 의사들은 종종 무능한 것으로 비쳐지거나(예를 들어, 〈넛츠(Nuts)〉와 〈밥에게 무슨 일이 생겼나?(What about Bob?)〉), 비윤리적이거나(예를 들어, 〈사랑과 추억(The Prince of Tides)〉), 또는 심지어 사악하다(예를 들어, 〈양들의 침묵(The Silence of Lambs〉, 〈뻐꾸기 둥지 위로 날아간 새(One Flew Over the Cuckoo's Nest)〉, 〈사이먼 컨저러에 관한 전설(The Legend of Simon Conjurer)〉).

결국 정신건강 제도에 덜 익숙한 사람들은 누가 그들의 정보에 접근할 수 있는지에 대해 걱정하게 된다. 만약 우울증, 불안 또는 알코올 의존에 대해 고백한다면, 이로 인해 직업을 잃을 수도 있을까? 분노를 느낀다는 것을 인정하면 양육권을 잃게 될까? 가정폭력의 피해자이거나 섭식장애로 인해 고통받는다는 사실을 드러내면, 그 때문에 의료보험을 잃을 수도 있을까? 분명한 것은 정신건강 전문가들에게 덜 긍정적인 태도를 지닌 사람과 라포를 형성하기 위해서는 더 많은 노력이 필요하다는 점이다.

정신건강 전문가들은 문화가 다른 사람들에게 진단을 내릴 때 큰 어려움에 맞닥뜨리게 된다. 미국에서의 연구는 이 점과 관련된 편견을 보여 주었다. 예를 들어, 아프리카계 미국인들은 정신분열증으로 잘못 진단되는 경향이 있는 반면, 기분장애는 덜 진단되거나 따라서 덜 치료받는 경향이 있다(DelBello, 2002). 이런 잘못된 진단들은 환자로 하여금 잘못 처방된 약의 부작용, 사회적 불명예, 필요 없는 고통과 같은 몹시 부정적인 결과를 겪게 만들 수 있다. 아프리카계 미국인 아동은 백인 아동에 비해 ADHD 진단으로 인한 약물치료를 덜 받는 경향이 있는데, 이 결과 학업 실패의 가능성을 더 크게 야기할 수 있다. 진단과 처방에서의 이러한 차이는 질병과 증상의 비율이 비슷한데도 일어나곤 한다(DelBello, 2002). 정신건강 전문가는 다양한 문화 집단의 사람들에 대한 상담, 진단, 개입에 대한 심화 훈련을 쌓도록 적극 권장하는 바이다.

'기분이 나아지기 위해' 말을 하는 것은 모든 사람이 공유하는 문화적 구성요소는 아니다. 모든 문화에서 누군가의 문제에 대해 이야기하는 것이 그 자체로 유익하거나 유용한 개입을 가져다줄 거라고 믿지는 않는다. 많은 사람들은 단순히 스스로에 대해, 자신의 감정과 사적인 걱정거리에 대해 어떻게 이야기해야 할지 모른다. 그들은 개인적인 걱정거리를 다른 사람에게 가지고 갈 때 커다란 수치심을 느낄지도 모른다. 또한 자기가 지닌 문젯거리의 내용으로 인해 다른 사람들이 자신을 판단 내릴 것 같다고 느낄 수도 있다(8장의 저항에 관한 부분을 살펴보라.). 그들은 자신이 다른 사람이나 법원 또는 기타 사회 제도권자에게 도움을 구하는 초라한 위치에 있다는 것에 부끄러워할 수도 있다. 자신의 문제에 대해 이야기하는 것은 약함의 표시이자 심신을 약화시키는 것으로 느낄 수도 있기 때문이다.

따라서 정신건강 전문가를 위한 몇 가지 아이디어들로는 자신의 역할과 상담의 목표, 상담에 따른 가능한 결과에 대해 좀 더 깊이 소개하는 것이다. 초기부터 구체적인 작업을 하는데, 이를테면 사람들에게 필요한 서비스를 제공하려고 할 때나 전반적인 학교 체계와 원만한 관계를 맺도록 도와줄 때에 이러한 점이 상당한 도움이 된다. 어떤 경우에는 단순한 비유를 사용하는 것이 도움이 되기도 한다. 예를 들어 보면 다음과 같다.

우리 모두는 자기 인생에서 문제를 갖고 있습니다. 때때로 이 문제들이 너무 심각해져서 우리가 가는 길을 방해하기도 합니다. 마치 우리가 여행을 다니는데 가지고 다닐 수 없는 꽉 찬 여행 가방과 비슷합니다. 상담을 하면서 당신은 그 여행 가방에 든 물건들을 꺼내고, 그것들을 살펴보고, 다시 개어서 넣거나 가방에서 빼버리기도 합니다. 이렇게 하다 보면, 여행 가방은 조금씩 부피가 줄어들고 덜 골칫덩어리가 됩니다. 결국 당신은 그 여행 가방을 들어 올려 다른 곳에 치워 둘 수도 있게 되어, 대부분의 시간 동안 가방에 대해서는 잊어버리고 있어도 됩니다. 하지만 그 여행 가방에 대해 아무 것도 하지 않는다면, 그 가방은 계속 당신의 문젯거리로 남아 있게 될 것입니다.

다문화 심리치료와 상담에 대해 유용한 내용들이 책으로 쓰였고, 몇몇 책은 이 책의 여러 장의 마지막 부분에 참고문헌으로 제시되어 있다.

정신건강 장면에서 다문화 면담을 진행하기 위한 팁

- 이중 언어를 사용하는 직원을 두거나, 필요하다면 통역의 도움을 받아 언어 장벽을 줄이자. 내담자가 사용하는 언어로 작성된 서면 자료들이 있는지 보라(6장과 7장 참고).
- 비밀보장에 대해 설명하고 그 한계에 대해 설명하라.
- 현재 가지고 있는 어려움에 대해 내담자에게 설명해 달라고 요청하라.
- 현재 겪고 있는 어려움이 어떻게 해결될 수 있다고 생각하는지 질문하라.
- 당신이 추천하는 치료 개입 방안을 최대한 덜 낙인찍는 방향으로 제시하라. 예를 들어, 사람들은 '심리치료(psychotherapy)'보다는 '상담(counseling)'이라는 단어에 보다 긍정적으로 반응하고, '약물(drugs)'보다는 '약(medicine)'이라고 표현할 때 더 긍정적으로 반응한다.
- 당신의 역할과 상담의 목표, 추후 절차에 대해 가능한 한 많은 정보를 제공하라.
- 만약 당신이 내담자에게 익숙하지 않은 정신건강 용어에 대해 설명하고 있다면, 될 수 있는 한 많은 배경 정보를 확실히 제공하라.
- 기관들이 한 곳에 몰려 있지 않고, 대중교통으로 접근이 가능하다면 소수 민족 집단에 속한 사람들의 접근성은 향상된다. 지역 단체, 사회복지 기관, 지역 활동 기관, 보건 센

터, 종교 단체, 학교 그리고 주변 지역에서 이용할 수 있는 서비스를 확인해 두라.

- 어떤 기관이든지 이민 상태에 상관없이 모든 이민자 집단의 사람들에게 서비스를 제공할 수 있음을 확인하라. 심지어 이민 자격을 갖고 있는 사람들도 때때로 제출 서류를 요구받으면 위협감을 느낀다.
- 기관과 내담자의 문화 사이의 간격을 메우기 위한 문화 브로커를 이용하는 것을 고려하라(문화 브로커에 대해 더 많은 정보를 얻고 싶다면, 조지타운 대학교의 문화 역량 센터(National Center on Cultural Competence)를 살펴보라.).

법 집행자

서구 산업화 국가의 중산층과 상류 계층의 백인 지역에서 자란 사람들은 주로 경찰이 친절하며, 부르면 응답하고, '나쁜 놈'을 잡아 가두고, 질서를 지키게 한다고 믿는다. 예를 들어, 이러한 지역에 사는 부모들은 아이들에게 길을 잃어버렸을 때는 경찰을 찾아가라고 말하는 경향이 있다. 어른들은 '수상한 행동'을 보면 경찰을 부를 수 있는데, 흔히 그 수상한 행동이라는 것은 그 거주 지역 밖의 사람이나 다른 인종의 사람이 단순히 눈에 띈 것뿐이다. 더 부유한 지역에서 사는 사람들은 경찰과 직접 마주치는 일은 거의 겪지 않으며, 교통사고가 났을 때나 범죄를 보고하기 위한 매우 드문 상황에서나 경찰과 마주친다. 이런 지역에서는 학교에 경찰이 왔을 때에는 주로 도움을 주며 친절한 행동을 하는 것으로 여겨진다.

상대적으로 빈민 지역에서 자란 사람들은 경찰에 대해 앞의 관점과는 철저하게 다른 관점을 갖는 경향이 있다. 부모들은 아이들에게 경찰을 피하라고 가르치는 경향이 있는데, 경찰이란 위협적인 존재를 대표하기 때문이다. 한 아프리카계 미국인 경찰이 자신이 자란 저소득 지역에서 보이는 그러한 태도에 대해 언젠가 나에게 말해 준 적이 있었다. "경찰에게 전부 다 말하면 안 된다. 할 수 있는 한 경찰을 피해라. 하지만 만약 경찰이 너한테 무언가 물어본다면 그냥 모른다고 말해라. 그들은 골칫덩

어리야."

　유색인종들이 많이 사는 저소득 지역의 거주민들은 경찰이 자신들의 연락에 신속히 응답하지 않고 심지어 갈등을 악화시키기도 한다고 믿기도 한다. 한 연구결과에 따르면, 아동 학대로 의심되어 경찰에 의해 가정으로부터 분리된 아이들은 스스로를 경찰에 의해 구출된 피해자로 보는 것이 아니라 경찰로부터 위협받고 있는 대상으로 여긴다(Folman, 1998).

　미국에서는 경찰이 아프리카계 미국인과 라틴계 소년들을 괴롭히고, 여성을 존중하지 않고, 남자를 두들겨 패는 사례들은 사람들을 돕기 위해 조용히 자신의 책무를 수행하는 사례보다 훨씬 대중의 이목을 끌게 되는데, 이런 사례를 통해 많은 사람들은 경찰이 위험한 존재이며 가능한 한 피해야 할 존재라는 인식을 하게 된다. 한 연구에서는 10명 중 7명의 라틴계 뉴욕 시민들이 범죄의 피해자가 될 것이 걱정스럽다고 응답했고, 또한 10명 중 6명이 경찰의 만행에 피해자가 될까 봐 두렵다고 응답했다(Lombardi, 2000). 저소득층 지역의 학교에서 일하는 경찰들은 종종 신뢰를 형성하는 것에 어려움을 겪으며, 자신들이 학교에서 아이들과 유대감을 쌓기보다는 범죄를 수사하느라 더 바쁘다는 것을 깨달을 수도 있다. 궁극적으로 이것은 학생들과 그 가족들에게 그 경찰이 덜 호의적으로 보이는 결과를 낳으며, 불신의 굴레에 또 공헌을 하게 된다.

　미국 역사에서 경찰관들은 반이민자 및 인종차별적인 다양한 정부 정책을 시행하도록 강압당해 왔다. 예를 들어, 제2차 세계 대전 동안 경찰은 일본 혈통인 사람들을 강제 수용소로 집어넣도록 명령을 받았고, 아메리칸 원주민 어린이들을 집에서 빼내 기숙학교에 강제적으로 넣었고, 인종 분리를 강화하기 위해 다른 인종 사이에서 아이를 출산한 죄(miscegenation, 또는 '인종 섞기')를 물어 사람들을 체포했고, 2001년 9월 11일에 뉴욕 시에 공격이 가해진 이후 중동 배경이 있는 사람들을 심문했다. 전세계적으로 이와 비슷한 일이 일어났으며, 또한 현재에도 일어나고 있다. 경찰은 토착민, 소수집단 또는 이민자 집단을 그 대상으로 삼는 정부 정책의 강압적인 집행자다. 그들의 직업이 원래 그렇기 때문에, 그리고 몇몇의 사건이 세간의 이목을 끌고 전체의 이미지를 손상시켰기 때문에, 사법제도 도처에 만연한 인종주의 때문에, 법

률을 집행하는 위치에 있는 사람들은 흔히 저소득층, 소수민족, 토착민, 이민자 집단
으로부터 의심과 불신을 사게 된다.

　원주민들이 자신들의 거주 지역에서 어느 정도의 법률을 집행할 수 있는 권위를
부여 받은 미국과 기타 다른 국가들에서는 사법적인 문제가 특히 복잡하고 다양하
다. 토착민들은 평행 환경(parallel environment)이라고 묘사될 수 있는 곳에서 사는
데, 그들이 끼어 사는 문화와는 구조, 시스템, 법, 관습, 가치 그리고 전통이 다르다
(그들은 흔히 이 두 세계 사이를 왔다 갔다 하는데, 여기에는 혼란과 스트레스가 내재될 수 있
다.). 또한 원주민들은 공식적인 자원이 종종 부족하고, 두 개 이상의 문화가 정기적
으로 서로 부딪치는 개척자적 환경에서 살아간다. 이러한 상황 속에서 면담자는 내
담자를 관찰하고, 경청하고, 내담자가 자신을 안내해 줄 것을 요청할 준비가 되어 있
어야 한다. 면담자는 적절한 프로토콜을 따르고, 상황에 해당되는 연방법과 토착법
및 규정 모두를 준수해야 한다. 정확히 어떤 규칙이 어디에 그리고 언제 적용되는가
는 아마 면담을 받는 사람의 부족 정체성, 면담 장소, 조사받고 있는 사건, 그 밖의
여러 요인에 따라 다양할 수 있다. 만약 프로토콜을 따르지 않으면 면담에서 얻은 모
든 자료가 법정에서 인정되지 않을 수 있다.

　전쟁 지역에서는 경찰, 경비대, 군대가 흔히 즉각적인 위험을 상징하기 때문에, 전
쟁 지역에서 온 사람들은 앞서 묘사한 것과 같은 경찰에 대한 몇몇 불안감을 더 극심
하게 느낄 수 있다. 예를 들어, 보스니아, 캄보디아, 엘살바도르, 소말리아, 모잠비
크, 콩고, 인도네시아, 수단, 라이베리아에 이르는 다양한 지역에서 온 많은 난민들
은 군인, 무장 경비, '평화 유지군(peacekeepers)', 경찰로부터 실제 성폭력이나 성폭
력 위협을 경험한 적이 있다. 이 지역에서 온 여성들은 경찰이나 보안 요원과 같은
법집행 분야에서 일하는 남성이면 누구든지 두려워하는 경향을 보인다.

　어떤 집단은 평범한 옷을 입은 사람을 진짜 경찰이라고 믿지 않을 수도 있으며, 또
는 여자가 경찰이라고 믿지 않을 수도 있는데, 이러한 개념이 그들에게는 익숙하지
않기 때문이다. 평범한 옷차림을 한 경찰이나 여성 경찰은 신뢰를 얻기 위해 배지를
보여 줄 필요가 있을 수도 있다.

　경찰을 두려워하거나, 불신하거나, 심지어 미워하기까지 할 수 있는 내담자로부터

경찰이 신뢰를 얻기 위해서는 무엇을 할 수 있을까? 나는 이 점에서 이 책 전체가 도움이 되기를 기원한다. 덧붙여, 만약 당신이 면담하는 사람들이 용의자가 아니라, 지역사회 구성원이거나 범죄 피해자라면, 그들에게 위압감을 주는 일은 무엇이든지 피하라.

법 집행 영역에서 다문화 면담을 진행하기 위한 팁

- 내담자가 속한 집단의 구성원과 지도자와 협력하라. 그 민족 문화 집단에 대해 배우고 그 집단 사람들과 친구가 되도록 노력하라.
- 신체적으로 위협적이지 않게 앉거나 설 수 있는 방법이 있는지 살펴라(당신이 의도적으로 위협적인 태도를 보이려고 하지 않는 한).
- 당신의 질문이 의도한 바에 대해 가능한 한 구체적으로 설명하라(예를 들어, 내담자가 용의자는 아니라는 것).
- 가능하다면 그 사람의 모국어로 면담을 진행하거나 통역을 이용하라.
- 공감과 존중심을 보이라.
- 당신이 면담하는 사람들이 당신과 협력했다는 이유로 보복을 받을 수도 있다면, 그들이 보다 신체적으로 안전하게 느끼는 장소에서 면담을 진행하라.
- 특정한 배경의 집단 구성원과 일하는 것, 또는 성폭력과 같은 구체적인 주제에 대해 전문지식이 있는 동료나 옹호자에게 도움을 요청하라. 필요하다면 물러나는 것을 망설이지 말고, 가능한 한 맡은 일이 달성되는 데 초점을 두라. 어떤 상황들은 다른 사람이 다루는 것이 더 낫다고 기꺼이 인정하는 것이 필수적이다.
- 문화적으로 다양한 배경을 지닌 경찰을 모집하고 유지하기 위한 노력을 기울이라. 이것은 경찰 집단과 당신이 속한 집단의 다양한 구성원들 사이의 관계를 증진시킬 것이다.

교육자

고소득 가정의 어린이들은 책, 게임, 그 밖에 학습을 위한 자료에 쉽게 접근할 수 있는 편안한 환경에서 학교를 다닌다. 학생-교사 비율이 적은 학교에 다니는 고소득 가정의 어린이들은 교사들과 보다 긍정적인 애착을 형성하는 경향이 있다. 그들은 미술, 음악, 춤, 체육, 과외 활동과 같이 자신이 즐기는 특별 학교 활동에 참여할 기회가 보다 많다. 따라서 고소득층 어린이들은 학교에 대한 소속감이 더 크며, 학교에서의 수행 또한 성공적이다라고 느낄 가능성이 높다. 따라서 이들은 학교와 교육자를 보다 긍정적으로 지각한다.

반면에, 많은 저소득 가정의 어린이들은 학생 수가 지나치게 많은 학교에 다니고, 교사들과 보내는 시간을 포함해 자원에 접근할 기회가 적다. 교사들은 학생들의 성취에 대해 낮은 기대치를 갖고 있는 경우가 흔하며, 진심이 담긴 칭찬과 보상보다는 협박과 여러 종류의 강압으로 학생의 행동을 통제하기도 한다(Boykin, 2001). 미술, 음악 그리고 체육 교육 프로그램은 심각하게 제한적이거나 없을 수도 있다. 그리고 아이들이 거주하는 지역은 야외 활동을 허용하기에는 너무 위험하거나 설비가 지나치게 부족할 수도 있다. 저소득 지역의 몇몇 특정 학교들은 학생들의 성취를 돕는 데 성공적이지만, 전체적으로 이러한 지역의 학교들은 지나치게 학생수가 많고 충분한 재원이 없어 학생들의 의욕을 고취시키기보다는 오히려 학생들을 학교와 소원하게 만드는 경향이 있다.

표준화된 시험에 강조를 두는 최근의 경향은 아이들에게 압박감을 주어 실패를 두려워하게 할 수 있으며, 실제로 어린 나이부터 실패를 경험하게 만들 수 있다. 하버드 대학의 인권 프로젝트(The Civil Rights Project)를 통해 미국 학교 내에서의 인종차별을 다룬 보고서 시리즈가 출간되었는데, 최근 2003년의 인종차별 정도가 1969년의 수준과 같으며 수십 년 후퇴한 결과라는 분석이 제기되었다(예를 들어, Orfield & Lee의 2006년도 연구). 많은 도시의 견실치 못한 저소득층 학교들은 거의 흑인과 라틴계 학생들로 채워져 있는 반면, 교사들은 대부분 백인인 경향이 있다. 이들 학교의 아이들은 교육자들이 자신들을 통제하려는 세력의 일부분이라고 느낄 수 있다. 서유럽, 캐나다, 오스트레일리아에서도 이와 비슷한 계층 및 민족 간 긴장 관계가 보고되었다.

어떤 아이들의 학교에 대한 첫 경험 중 하나는 그들과 그들의 가족의 말하는 방식이 틀렸다고 배우는 것이다. 델핏(Delpit, 2002)은 미국 교사들이 저소득층 흑인 학생들에게 '바르게 말하라'고 압력을 가하고, 아이들은 정체성의 일환으로서 스스로의 언어를 유지하려고 하는 지속적인 싸움에 대해 서술했다. 그녀는 아이들이 집에서 쓰는 언어에 어른들이 부정적으로 반응할 때, 아이들은 학교에서 쓰는 언어를 거부하고 학교와 관련된 모든 것을 거부할 수도 있음을 시사했다. 그녀는 아이에게 '에보닉스(Ebonics)를 쓰지 말라.'고 말하는 성인이 있다면 어떨 것 같은지 물었다(에보닉스는 아프리카계 미국인이 쓰는 영어 방언으로 과거에는 흑인 영어(Black English)라고 불렀다.).

> 이는 에보닉스를 말하지 못하게 하고자 하는 욕구를 나타내는 것뿐이다. 에보닉스를 못하게 막는 것은 그 아이뿐만 아니라 그 아이가 처음으로 양육을 받았던 때, 처음으로 사랑을 느낀 사람, 처음으로 미소를 지었던 사람들로부터 받은 모든 것을 근절하라는 것이다. 이것은 우리의 첫 번째 언어가 모국어로 불리는 하나의 이유이기도 하다. 아이들이 학교로 가져온 언어를 쓰지 말라고 하는 것은 그들이 어머니로부터 받은 것을 하지 말라고 막는 것을 뜻한다……. 아이러니하게도, 우리가 아이들이 집에서 쓰는 언어를 학교에서 제거하려고 하면 할수록 그들은 더욱 그것을 유지하려고 한다(p. 47).

델핏은 교육자들이 아이들에게 표준 영어를 가르치는 한편으로 아이들이 집에서 사용하는 언어와 방언의 다양성을 일제히 기뻐해 줄 것을 추천했다.

라틴계 인구가 많은 지역에서 학교 심리학자로 일한 경험이 있는 한 푸에르토리코 심리치료자는 몇몇 교육자가 행한 인종차별에 대해 이야기한 적이 있다. 그녀는 이러한 인종차별의 이유가 교사들이 가장 열악한 환경에서 소수 집단의 사람들과 접촉했기 때문인 것으로 보았다.

교사들은 때때로 그들의 배경 때문에라도 인종차별주의자다. 교사들은 학교 제도 내에서 대처해야 하는 여러 상황들 때문에 때때로 인종차별주의자가 되거나, 기존의 인종차별주의적 태도가 더 악화되기도 한다. 교사들은 35명의 학생을 한 교실에서 가르치는데 그 학생들 중 다수는 그 학년에 맞는 기본적인 학습 수준이 되어 있지 않다. 학생들은 지지적인 가족이 없는데 가족이 이미 너무 많은 문제들에 처해 있어서 학교에서 일어나는 것은 중요한 문제에 끼지도 못하기 때문이다……. [그 가족들]은 현재의 문제가 해결되지 않기 때문에 미래를 살피기 힘들다……. 그래서 교사들은 이 아이들과 홀로 씨름해야 한다. 그리고 교사들 또한 학교로부터 많은 지원을 받지 못하기 때문에, 자신이 지닌 분노를 아이들에게로 향한다. 따라서 아이들은 또다시 피해자가 된다. 이러한 상황을 고려하면 예외적인 경우를 제외하고는, 교사에게 신뢰를 느낄 기회는 그리 많지 않다(Fontes, 1992, p. 70에서 인용).

비록 지나치게 학생 수가 많고 재정 지원이 좋지 않은 학교와 편견에 사로잡힌 교사들이 저소득층 사람들 사이에서 교육자의 평판을 떨어뜨려서, 그 결과 교육적 면담과 평가가 복잡해지더라도 저소득층, 이민자, 소수집단의 구성원 모두 혹은 대다수가 교육자에게 의심을 품는다고 말하는 것은 옳지 않다. 반대로 많은 사람들은 그 교육이 자신과 아이들의 발전에 희망적인 열쇠라고 믿는다. 저소득층 소수집단 지역에서 일하는 교육자들이 필연적으로 차별적일 것이라고 바라보는 것 역시 마찬가지로 옳지 않다. 나는 저소득층 소수집단 지역에 자신이 필요할 것 같다고 여겨서 그곳에서 일하는 가장 헌신적이고 훌륭한 교육자 몇몇을 알고 있다.

많은 북미 원주민 아이들은 부모와 조부모가 강제로 가족으로부터 떨어져 기숙학교로 들어감으로써 가족이 헤어지고, 모국어를 쓰면 벌을 받고, 체계적으로 그들의 문화를 빼앗았던 교육자들에 의해 행해진 학대 경험에 관한 이야기를 듣고 자란다. 북미 원주민 아이들과 일하는 교사들은 아이들의 다양한 배경에 존중심 어린 관심을 보임으로써 자신들은 그와 같은 교육자가 아니라는 것을 보여 줄 필요가 있다.

푸에르토리코에는 *La maestra es la segunda madre*('선생님은 두 번째 어머니와 같다.')라는 속담이 있다. 여러 유형의 교사들이 모든 사회에 존재한다. 교육을 덜 받은 성인들은 흔히 교육자에게 대단한 존중심을 갖곤 하며 심지어 경외하는 마음을 갖기도 한다. 만약 그들이 학교 행사나 모임에 참석하길 망설이고 면담 도중 자신의 의견을 제대로 피력하지 못한다면, 그것은 교육자가 싫어서가 아니라 학교 상황에 익숙하지 않거나 영어 능력이 부족해서일 수 있다.

교육 장면에서 다문화 면담을 진행하기 위한 팁

다문화 학급, 다양한 문화적 배경을 지닌 학생들과 그 가족과 함께 일하는 것에 대한 많은 내용들이 이미 다양한 저서들을 통해 소개되었다(Ballenger, 1998; Neito & Bode, 2007). 여기에는 교육 장면에서 다문화 면담을 진행할 때 유념해야 할 몇 가지 지침을 소개하고자 한다.

- 성인에게 교육 수준이나 고용 상태에 대해 질문할 때는 매우 신중하고 존중하는 태도를 보여라. 이것은 매우 민감한 영역이다(나는 우리 할아버지가 떠오르는데, 할아버지는 폴란드에서 온 이민자로 몇 가지 언어를 쓰고 말할 수 있었지만 영어를 쓸 때는 매번 틀리게 쓰셨기 때문에 철자와 문법적 실수에 고통스러울 정도로 수치스러워하셨다.).
- 학교에 익숙하지 않은 부모들을 개인적으로 초대해서 면담 또는 행사에 참석하도록 격려하라. 만약 부모의 언어 능력이 능통하지 않다면, 전화를 하거나 가정을 방문하거나, 혹은 자녀가 부모에게 메시지를 쓰고 읽어 주도록 할 수 있다.
- 가능한 모든 방법으로 양육자에 대한 그리고 그들의 문화에 대한 존중심을 전달하라. 그들이 자신을 면담자와 비교하여 상대적으로 비하하지 않도록 주의를 기울이는 태도를 취하라.
- 자녀의 문제를 전달할 때, 문제만을 이야기하는 것이 아니라 좋아하는 점과 잘하는 것에 대해서도 전달하라.
- 만약 당신이 부모의 모국어로 이야기를 제대로 나누지 못할 것 같은 염려가 든다면, 통역을 원하는지 물어보라.
- 마지막으로, 부모가 면담의 후속 조치를 따르기를 당신이 기대한다는 점을 확실히 전달하라. 예를 들면 다음과 같다.

"오늘 저에게 주신 정보 덕분에 자녀분을 이해하는 데 정말 도움이 되었습니다. 우리는 아이가 학교에서 더 잘 지낼 수 있도록 많은 지원을 할 생각입니다. 만약 부모님이 아이의 숙제를 매일 살펴보고, 하루에 9시간은 푹 자도록 부모님이 신경을 쓰신다면 더 큰 도움이 될 것입니다."

교육자는 소수 민족 아이들과 주류 사회를 이어주는 유용한 다리 역할을 할 잠재력을 지니고 있다. 때때로 학교가 아이와의 관계를 통해, 그리고 가족 문맹 퇴치(family literacy)와 같은 지역사회 봉사 프로그램을 통해 가족 모두가 새로운 땅에 적응하는 것을 도울 수가 있다.

변호사

부유층과 중산층 사람들은 변호사를 친구나 이웃으로 지니고 있을 수도 있다. 그들은 주택 구매나 사업 관련된 일을 해결하기 위해, 유서를 작성하거나, 소유권 분쟁을 합의하거나, 그 외의 것들로 인해 변호사와 법정에서 일해 왔을 수 있다.

그러나 많은 이민자와 저소득층 사람들에게 변호사란 익숙하지 않은 존재다. 몇몇 주에서는 변호사들이 지역 텔레비전 방송을 통해 자신의 서비스를 팔러 다니고, 중고차 매매인조차 얼굴을 붉힐 만한 현란한 문구를 통해 전화번호부의 뒷면에 광고를 싣는다. 점점 더 변호사는 범죄 프로그램이나 법정 드라마 속에서 영리하고 극적인 웅변가로서 비쳐지거나, 더 높은 가격을 제시한 사람에게라면 영혼까지 팔 수 있는 부정직하고 음해하는 악당으로서 비쳐진다. 저소득층의 사람들은 흔히 법정에서 변호사와 덜 긍정적인 직접적 접촉을 경험한다. 아동 보호 서비스, 퇴거 명령, 미지불된 교통 벌금, 범죄 재판과 같은 불쾌한 주제들이 여기 포함된다. 변호사와 법정 관련해서 긍정적인 경험이 별로 없는 사람들은 아마 이들 전문가들이 힘 있는 사람의 관심사에만 흥미가 있다고 믿을 수도 있다. 또한 그들은 소송 후견인과 법정 변호사의 동기를 불신할 수도 있다. 그들은 변호사에게 면담을 받거나 증언을 녹취할 때 극도로 경계하고 본인 스스로 취약한 기분을 느낄 수 있다. 심지어 변호사가 그들의 관심사를 위해 일하고 있음에도 그렇다.

각 국가의 법 제도는 각자의 문화를 반영하고 있다. 종교적 또는 전통적인 법률의 경우를 제외하고, 법 제도는 논리적이고, 정연하고, 선형적이고, 대립 관계를 전제 삼도록 디자인되었다. 별개의 부분으로 나누어진 정보는 전체의 맥락에서 순차적인 질서를 갖는다. 오직 견고한 사실만이 고려 대상이 된다. 상당한 근거를 지닌 사실에 지지받지 않는 소문이나 의견은 무관한 것으로 간주된다. 법 제도에 영향을 미치는 일련의 공식적 원칙들이 다양한 민족 문화의 가치와 습관과 단순히 일치하지는 않는다.

원주민법(First Nations Justice, 미국과 캐나다의 원주민들에게 적용되는 법적 시스템을 이르는 말)은 가족, 부족, 자연 간의 균형에 관심을 갖고, 다양한 사건 관련자들(예를 들면, 피의자, 피해자 그리고 쌍방의 지지자)이 함께 모여 이야기를 나누면서 조화와 균형을 회복하는 데 관심을 둔다. 이 제도의 목표는 치료와 평화 유지이며, 이 제도는 영성을 포함하는 접근이다(Mirsky, 2007).

법의 복잡함은 변호사가 아닌 사람 누구에게든 이해하기 어렵지만, 특히 교육 수준이 낮거나 법의 대리인을 깊이 불신하는 사람들에게 더욱 그렇다. 특히 북미 원주민들은 변호사와 법정을 불신하는 경향이 있다. 북미 원주민의 역사는 깨어진 조약과 부당하고 심지어 대량학살적인 법정 결론으로 얼룩졌다. "그냥 여기에 서명하시오."는 우리에게는 중립적인 단어이지만, 많은 북미 원주민들에게는 참혹한 역사의 메아리가 담긴 단어다.

공술서 작성에는 몇 달이 걸릴 수도 있기 때문에, 변호사들은 라포를 형성하거나 겁을 주거나 문화적 복잡성을 알아보거나, 아니면 다시 고정관념으로 빠질 수 있는 충분한 기회가 있다. 그들이 어느 방향으로 밀고 나가기로 결정하는 것은 주로 그들이 어떤 동기를 지녔느냐에 달렸다.

법적 상황에서 다문화 면담을 진행하기 위한 팁

- 만약 당신이 통역을 쓰고 있다면, 면담에 들어가기 전에 중요한 표현을 통역하는 데 쓸 특정 단어 목록을 만드는 데 시간을 들여라. 통역이 다양한 가능성의 이득과 손실 모두의 측면에 대해 이야기할 기회를 주어라. 흔히 다양한 단어가 많이 사용되는데 그 단어가 일정하게 쓰이지 않는다면 혼란을 줄 수 있다.
- 문화에 따라 갈등에 대해 접근하는 방식이 다르며 갈등이 어떻게 해결되어야 하는지에 대한 이해도 다르다. 많은 사람들은 대다수의 법 제도의 대립적 관계 측면을 편안하게 느끼지 않는다. 가능하다면 사람들이 보다 자연스럽게 느껴지는 방식으로 갈등을 해결하도록 돕자. 대립적 접근에 따른 경제적 그리고 사회적 비용이 너무 높을 수 있다. 만약 대립적 접근이 내담자에게 이득이 된다면, 왜 그런지와 어떻게 진행할지에 대해 설명하라.
- 면담의 목적과 당신의 역할에 대해 주의 깊게 설명하라.
- [이해관계를 분명하게 하기 위하여] 당신이 대변하는 사람이 누구이며 당신의 봉급을 누가 주고 있는지에 대해 설명하라.
- 이민자와 함께 일하고 있다면, 법 제도가 국가에 따라 크게 다르기 때문에 법 제도의 기초 운영 방식에 대해 간략하게 설명할 필요가 있을 수 있다.
- 내담자가 당신에게 질문을 하게끔 허락하라. 내담자가 질문을 하는 데 망설이는 것처럼 보인다면 내담자가 마음속에 갖고 있을 법한 질문에 대한 답을 제공하라. 간단한 몇 가지 예를 들면, 내 권리가 무엇인가요? 진행하다가 취하하고 싶거나 마음이 변하면 어떻게 해야 하나요? 내 사건에 해로울 수 있는 정보에 대해서도 당신을 신뢰할 수 있나요? 거짓말을 했을 때의 결과는 어떠한가요? 이 정보가 비밀 보장될 거라고 확실히 믿을 수 있을까요? 등이 해당된다.

연구자

많은 민족 집단에서 연구자들을 의심스럽게 바라본다. 리사 델핏(Lisa Delpit, 1995)

은 교실 내에서의 문화적 갈등을 다룬 훌륭한 책에서 이러한 태도를 서술했다. "유색
인종의 사람들은 연구가 우리의 운명을 결정 지을 수 있다는 점에서 대개 회의적이
다. 결국 학술 연구들은 유색인종인 우리가 유전적으로 열등하고, 문화적으로 박탈
되어 있으며, 언어적인 능력이 부족하다는 결론을 짓는다(p. 31)."

대부분의 전문 분야 연구를 진행하는 데 있어 윤리적 지침은 참여자가 속한 문화
공동체의 권리를 보호하기 보다는 연구 참여자로서의 개인의 권리를 보호하도록 디
자인되었다(Fontes, 1998). 또한 이 지침들은 누가 정보를 소유하고 있으며, '외부인'
에게 말을 한다는 것이 갖는 의미가 무엇이며, 어떤 개념의 의미를 해석하는 데 있어
어떤 문화적 차이가 있는지, 연구의 가치가 집단에 따라 어떻게 다른지와 관련하여
문화적 차이를 종종 고려하지 못하기도 한다. 너무나 흔하게도 연구에서의 문화적
역량의 부재가 연구의 과학적 가치를 제한할 뿐 아니라 비윤리적인 연구를 낳고는
한다(Fontes, 2004; Gunaratnam, 2003b).

연구의 역사는 장애가 있는 사람들이나 감금된 사람들, 저소득층, 소수 인종과 민
족에 속한 다양한 사람들을 남용한 일들로 가득하다. 아프리카계 미국인들은 터스키
기 실험(Tuskegee experiments)을 기억하는데, 이 실험을 통해 아프리카계 미국인 남
성들이 자신도 모르는 사이에 매독에 걸린 채 몇십 년 동안 치료받지 못한 채로 지냈
으며, 자신들만의 개인적인 극심한 고통에만 국한되지 않고, 그들이 속한 집단에까
지 병을 옮기게 되었다. 1965년에는 푸에르토리코 여성의 3분의 1이 본인들의 동의
없이 불임수술을 받았다(Presser, 1980). 어떤 사람들은 소수 집단에 대한 사회과학 연
구의 윤리적 역사도 의학적 연구에 비해 나을 것이 없다고 주장할 것이다. 이들 연구
중 다수가 소수 집단의 강점을 입증하고 해결책을 알아내기보다는, 사회 계층 간 힘
의 불균형을 강화하고 오히려 문제들과 병리적 원인들을 확인시켜 주는 역할을 했다
(Fontes, 1998).

기록된 자료뿐만 아니라 사람들을 포함한 연구에는 언제나 관계 맺기가 포함된다.

이런 관계는 심층 면담(in-depth interview)과 같은 친밀한 상황에서 가장 명백해진
다. 하지만 심지어 익명의 전화 면담이나 서면 조사에서도 관계가 등장하고 만들어진

다. 연구자들은 스스로에게 이렇게 물어야 한다. "내가 이 연구를 통해서 형성하고 싶은 관계는 무슨 종류의 관계일까?"(Fontes, 1998, p. 54)

연구 상황에서 연구 방법이 얼마나 협력적 특성을 띤 방법이든지 간에 연구자는 언제나 피연구자보다 더 강한 권력을 갖는다. 만약 연구자가 사회적으로 보다 더 힘이 있는 집단에서 온 사람이라면 (더 부유하고, 더 교육받고, 보다 특권이 있는 인종이나 민족 집단) 상황은 더욱 불균형해진다.

연구의 대상이 되는 집단에 대한 철저한 이해가 없다면, 선의를 가진 연구자조차 실수를 저지르기 쉽다. 예를 들어, 나는 칠레 사람들이 사는 변두리 빈민가에서 연구를 진행했던 적이 있는데, 나는 내 연구를 공들여 설계함으로써 연구 참가자들의 익명성을 보장했지만, 정작 참가자들은 이에 반대했다. 그들은 자신들이 면담한 것에 대해 개인적으로 인정받기를 원했다. 그들에 따르면 과거에 너무나 자주 노동의 대가에 대한 인정을 받지 못했다는 것이다. 나는 그들에게 익명성을 보장해 주려고 최고의 노력을 기울였지만, 그들은 익명성보다 인정에 보다 더 가치를 두었기 때문에 역효과가 났다. 만약 내가 연구를 디자인하고 내부 심의위원회(internal review board)에 제출하기 전에 그 집단 내의 구성원과 보다 가까웠더라면 그런 어리석은 실수를 저지르지 않았을 것이었다.

어떤 연구자들은 중동에서 온 사람들이 간혹 동의서(consent form)에 서명하는 것을 거부한다는 사실을 알게 되었다. 형식화된 절차보다 악수를 하며 말로 약속하는 것을 더 신뢰하기 때문이었다. 다른 집단의 사람들도 서면으로 작성하는 동의서를 꺼려할 수 있는데, 불법체류자이거나, 문맹인데 그것을 인정하기 부끄러워하거나, 사회적으로 낙인이 찍힌 집단의 일원으로서 자신들의 이름이 연구와 관련되는 것을 원치 않거나, 자신이 연구에 참여한 사실이 공공에 알려진다면 가족이나 정치적 집단 또는 범죄 집단으로부터의 보복을 얻게 될까봐 두려워하기 때문일 수 있다.

다문화 면담을 진행하는 연구자들을 위한 팁

- 연구 설계, 자료 수집, 자료 분석, 연구 결과의 보급 등이 포함되는 연구의 모든 단계에 있어서 문화적인 쟁점에 대해 사려 깊게 생각하고 다른 사람들에게 자문을 구하라.
- 연구의 모든 단계에서 중요한 의사 결정을 내릴 때 그 집단의 구성원을 포함시켜라. 이 것이 단순히 그 집단의 신용을 얻기 위한 '위장' 이어서는 안 된다.
- 당신이 조사하는 집단이 지닌 '관심사' 와 관련된 질문을 하자. 단순히 외부인의 관심사 만에 국한해 질문하지 말라.
- 당신이 조사하는 집단에 규준이 제공되지 않은 검사 도구를 단순히 번역하거나 적용시 키지 말고, 그 검사 도구를 사용하여 얻어진 결과가 타당할 것이라고 짐작하지 말자.
- 연구 참가자들의 문화적 맥락 내에서 적합한 연구 방법과 도구를 선택하라(더 자세한 정 보는 Fontes의 1997, 1998, 2004년 연구를 참고하라.).

연구 대상인 사람들을 철저하게 연구에 통합시키지 않는다면, 보다 중요한 질문들을 할 수가 없다.

> "한 동료는 이민자 여성들에게 피임을 하는 데 있어서 어떤 장애물이 있는지를 묻는 설문지를 만들고 있었다. 선행 연구가 부족한 상황에서 그녀는 설문지의 마지막 단계에 접어들게 되었다. 그 때 이민자 여성의 문화에 친숙한 어떤 사람과 이야기를 나누게 되었다. 그 사람은 이민자 여성은 대체로 남자친구와 남편이 하라는 대로 피임을 한다라고 답해 주었다. 내 동료는 설문지에 이 질문을 추가하였고, 결과적으로 이 질문이 가장 영향력 있는 문항이 되었다."

이 사례는 대상 집단의 구성원에게서 충분한 조언을 받지 못한 채 만들어진 연구 도구는 부적절하다는 것을 보여 준다. 우리는 특정 집단을 바탕으로 개발한 면담 지침을 단순히 수용해서는 안 되며, 심지어 그 도구가 번역된 도구일지라도 기타 집단에도 들어맞을 거라고 간주해서는 안 된다.

요시하마(Yoshihama, 2001)는 일본, 그리고 미국 내 일본계 미국인 사이에서의 파트너의 폭력에 대한 문화 간 비교 연구를 진행했는데, 다문화 면담에서 중요한 요소들을 놓치기가 얼마나 쉬운지에 대한 예시들을 서술하였다. 일본에서는 특별히 관련이 높은 폭력 범주들이 미국의 표준 조사에서는 빠질 수도 있었다. 예를 들어, 일본의 학대자 남성들은 밥상을 뒤집는 행동과 더 관련이 있었다. 요시하마는 이에 대해 "밥상은 가족의 활동이 이루어지는 장소를 대표하며, 더 나아가 일본 가정 속 여성들의 정당한 역할이나 장소로서의 상징을 겸하기 때문(p. 310)"이라고 하였다. 추가적으로 일본의 학대하는 남성들은 가끔 그들의 파트너에게 물을 뿌린다. 일본에서 물을 뿌리는 것은 더럽거나 불결한 것으로 간주되는 물체를 깨끗하게 하는 것에서 기인한 행동으로, 따라서 파트너에게 물을 뿌리는 것은 가혹한 모욕이다. 요시하마는 이러한 행동들이 '사회-문화적으로 기인한(p. 310)' 것이라고 강조하면서, 일본 사회의 사회문화적 가치를 반영하지만 일본에서는 특이한 일이 아니라고 하였다. 이러한 행동은 '표준' 면담 도구를 사용한다면 드러나지 않을 것이며, 일본 문화에 덜 익숙한 면담자는 이러한 행동이 끼치는 충격을 과소평가할 수도 있다.

이러한 사례들은 우리가 특정한 문화권의 사람들에게 사용할 연구 도구, 면담 지침, 설문지를 설계할 때 그 문화권의 사람을 중요한 의사 결정자의 역할로서 포함시키는 것이 전적으로 중요하다는 것을 가리킨다(Fontes, 1997 참조). 해야 할 것을 덜 하는 것이야말로 우리가 던지는 질문이 핵심을 건드리지 못하는 결과를 낳게 된다.

소수 문화 집단의 사람들에 대한 연구를 보다 공정하게 만들고 참가자들이 연구에 솔직하게 참여할 수 있게 만드는 방법들에 대한 철저한 논의는 이 책에서 다루는 영역 밖이다.

조력 분야의 잠재적 고용인

미국의 중상위 계층 사이에서는 '스스로 자신의 경적을 울리고', 자신의 미덕을 드러내는 것이 취업 면접에서뿐만 아니라 다른 상황에서도 기대되는 행동으로 여겨진다. 보다 더 많은 교육을 받고 경제적으로 안정된 계층 출신의 사람들은 잠재적 고용인과 대화할 때 스스로의 경험을 가장 우호적인 방식으로 조명하며, 심지어는 과장된 방식으로 드러내는 것을 배운다. 아마도 자신의 강점을 강화하고 자신감을 북돋우는 훈련들을 받았을 것이다. 아마도 몸의 자세를 가다듬고, 악수를 하고, 눈을 마주치는 방법에 대해 배워 왔을 것이며, 그 자리에 자신이 적합하다는 특권 의식을 희미하나마 전달할 것이다. 그들은 사회적 상황에서 좋은 인상을 주기 위해서는 각기 다른 종류의 옷차림이 요구된다는 것을 이해하면서, 어떻게 해야 전문적인 인상을 줄 수 있는 옷차림을 하는지 배워 왔다. 또한 그들은 친구들과 이야기할 때와는 다른 어휘와 방식을 사용하며 전문적인 방식으로 대화하는 법을 배웠다. 비록 교육받고 부유한 사람도 때때로 취업 면접에서 긴장을 하거나 겁을 먹기도 하지만, 그들은 여전히 호감 가는 인상을 주는 특정한 종류의 자신감과 자격을 전달하는 경향이 있다.

반면 저소득 계층의 사람들, 교육을 덜 받은 사람들, 그리고 많은 개발도상국으로부터 노동계층으로서 이주한 사람들은 취업 면접에서 자신이 부적합하다고 느끼고, 위협감을 느끼고, 스스로의 강점을 조명하는 데 덜 능숙할 수 있다. 그들은 읽고 쓰는 자신의 능력이나 영어를 적절하게 구사할 수 있는 능력에 대해 자신이 없을 수 있다. 또는 그들은 그저 자신의 기술을 어떻게 '보여 주어야' 하는지에 대해 알지 못할 수 있다.

미국에서는 직업 유동성이 극단적으로 증가하는 추세이며, 때문에 미국인들은 새로운 직장에 지원하는 데 익숙하다. 심지어 일자리가 드문 직업군 내에서도 자신의 직업적 삶에서 고용인에서 또 다른 고용인으로, 한 위치에서 다른 위치로 이동하는 것이 증가했다. 하지만 많은 국가들에서 이와 비슷한 파트타임, 임시직, 정규직 직업을 가질 기회를 제공하지 않는다. 다른 많은 국가들에서는 심지어 웨이터, 가게 점원, 공장 노동자들도 풀타임으로 일하며 오랜 기간 동안 근무하는 경향이 있다. 이러한 사회에서 취업 면접은 보다 진지하게 진행되며, 면접관은 보다 위압적으로 보이는 경향이 있다.

많은 문화권에서는 겸손한 태도에 가치를 두지만, 이는 면접관에게 낮은 자존감이나 자격의 미달을 나타내는 태도로 오해될 수 있다. 마찬가지로 많은 문화권에서 호감을 사고 좋은 인상을 주는 것을 미국에서만큼 가치 있게 여기지는 않는다. 호주에서 미국적인 태도란 "'좋은' 인상을 주려는 것에 대한 강박"이라고 묘사된다(Renwick, 1980; Wierzbicka, 1994에서 인용). 스칸디나비아에서 겸손함이란 자신이 특별한 존재라고 믿지 않는 것이며 자신의 자리를 모르는 것에 대해 갖는 경계심으로 묘사된다(Erickson, 2005). 남아시아 문화권에서도 '겸손하고, 자신을 내세우지 않는 성격, 즉 누군가가 더 많은 성취를 하면 할수록, 더욱 겸손하게 행동할 것을 기대 받는 것'을 가치 있게 여긴다(Lee, 1997, p. 86). 포르투갈을 포함한 라틴계 문화권에서도 겸손한 태도에 가치를 둔다. 스페인어에는 다음과 같은 표현이 있는데, *Nadie diga de sí nada, que sus obras lo dirán*, 다시 말하면 근본적으로 사람들은 스스로에 대해 말하지 말고, 자신의 행동이 스스로에 대해 말해 주도록 해야 한다는 뜻의 표현이다. 명백하게 겸손함을 미덕으로 여기는 문화 출신의 사람들은 보다 겸양적인 태도를 보일 것이며, 면접관을 보다 위협적으로 느끼고, 면접을 받는 동안 자기 자신을 두둔하며 말하는 경향이 보다 적을 수 있다.

　구직자에게 특히 신경 쓰이는 면접 질문 중 하나는 "급여를 얼마나 원합니까?"이다. 이것은 많은 지원자들에게 스트레스를 주는 질문이지만, 경험이 많은 중산층 구직자들은 (특히 남성의 경우에는) 흔히 그러한 질문에 대해 준비를 한 채로 면접을 하러 오며, 협상을 위한 하나의 계책으로서 비현실적으로 높은 급여를 요구하는 것을 두려워하지 않는다. 여성들과 이민자들은 흔히 자신이 응당 받을 만한 급여보다 더 적은 급여를 받게 되곤 하는데, 충분한 돈을 달라고 요구하지 못하기 때문이다. 급여를 적게 받는 피고용인들은 장기적으로는 만족한 상태로 있지 못하기 때문에, 취업 면접관들은 이러한 차이를 마음속에 새겨두어야 한다.

　"당신과 일한다면 어떤 점이 좋을까요?" "동료 직원으로서 당신의 가장 좋은 자질은 무엇입니까?" 또는 "당신의 성격에 대해 말해 보세요."와 같은 질문들은 여러 문화권의 사람들에게 꽤 낯설게 여겨지고 거의 이해하기 힘든 질문일 수 있다. 만약 더듬거리면서 대답하거나 불완전한 대답을 할 때, 고용주는 그 사람이 무언가를 숨기고 있다고 짐작해서는 안 된다. 차라리 다른 소식통으로부터 그에 대한 정보를 얻어 내는 것이 보다 생산적일 것이다.

취업 면접을 실시하는 사람들은 존중심을 전달하면서 피면접자가 비언어적 의사소통을 통해서 보다 편안한 마음을 갖게 하고, 영어가 모국어가 아닌 면접자를 위해 통역을 사용하는 것에 대해 이 책에 포함된 많은 권고사항을 따르는 것이 좋을 것이다. 특정 직업의 특정 자리에 지원하는 누구라도 존엄성이 손상되는 대우를 받아서는 안 된다. 덧붙여 취업 면접을 진행할 때 면접에서 잘 수행하지 못하는 것이 반드시 그 사람이 직업에서도 잘 수행하지 못할 것을 의미하지는 않음을 기억해야 한다. 왜냐하면 그 두 상황에서 요구되는 기술이 다를 수 있기 때문이다. 지원자에게 면접의 목적에 대해 가능한 한 상세하게 설명해 주는 것이 도움이 될 수 있다. 면접 장면에서 자기 자신을 가장 좋은 모습으로 보여 주지 못할 수 있다는 것을 면접관이 알고, 피면접자가 이전에 경험했던 직업에 대해 상세하게 물어보고 싶을 수 있다. 예를 들어, 만약 당신이 피면접자가 병원에서 비서로 일한 것을 알았다면, 정확한 직무가 무엇이었는지 물을 것이다. 그러면 그 사람은 사무실을 관리했고, 몇몇 행정직원들을 감독했고, 환자의 추후 자기 돌봄과 관련한 훈련을 담당했고, 환자에게 주는 인쇄물을 작성했고, 의료 기록을 추적하기 위해 복잡한 문서 정리 시스템을 개발한 것이 드러날 수 있을 것이다. 때때로 이민자들은 지원서에 그들이 새로 이주한 나라에서 종사했던 직업들만 기재할 수 있다. 질문을 하다 보면 잠재적 고용주는 그 여성이 새로운 나라에 도착한 이래 백화점 점원으로만 일했지만, 이민을 오기 전에는 화학 분야에서 석사 학위를 땄고 의료 연구실을 관리했다는 것을 발견할 수도 있을 것이다.

때때로 당신의 배경과는 매우 다른 배경을 지닌 사람의 개인적 특성에 대해 평가하는 것이 어려울 수 있다. 많은 직업에서 근면함, 다른 사람들과 잘 지내는 능력, 스스로의 직업에 대한 자부심과 같은 대인관계와 관련된 특성들이 궁극적으로 과거의 직업 경험보다도 더 중요할 수 있다. 구체적인 직무 요구사항에 대해 새로운 직원을 훈련시키는 것은 처음에는 상당한 투자를 요구하겠지만 나중에는 초기의 투자를 상쇄할 만한 가치를 얻을 수도 있다.

위기에 처한 여성들을 위한 복지사들

대부분의 개발도상국에서는 폭력 피해자 여성을 위한 보호소나 성폭행 피해자를 위한 센터, 또는 위기에 처한 여성들을 돕는 기관들이 없다(심지어 그러한 서비스가 존재하는 지역에서도 수요를 충족시키기에 충분한 정도의 수용력을 가진 경우는 드물다.). 그러므로 이러한 기관들의 직원은 개발도상국 세계에서 온 사람들에게는 알려지지 않은 개념을 대표하는 사람이 된다. 심지어 이러한 기관들이 존재하는 국가에서도 대중들에게는 잘 알려지지 않은 경우가 많다.

위기에 처한 여성들을 위한 센터에서 일하는 사람들은 흔히 '반남성적' 또는 '반가정적'인 사람들이라는 고정관념이 있다. 위기 전문가를 만나는 여성은 그녀의 남편이나 가정을 버리도록 그 전문가로부터 압력을 받게 될 거라고 많은 사람들은 믿는다. 때때로 여성은 그녀의 남편, 남자친구, 어머니 또는 시어머니의 허락 없이는 위기 여성을 위한 기관의 전문가를 지속적으로 만나지 못하거나, 여성 스스로가 그러한 만남에 대해 숨기지 않고서는 전문가와의 만남을 계속 이어가지 못한다.

여성 보호소 또는 위기 여성을 위한 센터에서 일하는 사람들은 여성의 문화적 가치체계를 반대하기보다는 그것을 이해하고 일하는 직업을 지닌 사람으로서 스스로를 표명할 필요가 있다. 그러한 문화재 가치 체계에는 가족에 대한 반박의 여지가 없는 강렬한 유대가 포함될 가능성이 있다. 앞서 서술된 모든 전문가의 경우에서처럼, 위기 여성을 위한 센터도 그들의 주된 서비스 대상인 문화권 출신의 사람을 직원으로 고용한다면 문화적 자각 의식과 역량을 가장 효율적으로 전달할 수 있을 것이다(더 많은 정보를 얻고 싶다면 8장의 파트너의 폭력과 성폭행 부분을 참고하라.).

결 론

우리는 전문가로서의 입장 때문에 권위자의 위치에 서기도 하는데, 이 경우에는 우리와 같은 권위자들을 피하거나 두려워하도록 배운 내담자들에게서 신뢰를 받기 위해 커다란 간극을 뛰어넘어야 할 수도 있다. 왜 사람들이 우리를 신뢰하지 않는 성향을 갖게 되었는지에 대한 여러 이유를 추정하는 데에는 면담자의 라포 형성 기술이 특별히 중요하다. 이것을 마음속에 새기고, 면담을 신중하게 준비하고, 적절한 태도로 올바른 어조를 띠고, 비언어적 의사소통을 현명하게 사용하고, 통역의 장점을 최대한 이용해야 한다.

일을 진행할수록 우리가 일하는 영역의 다른 사람들의 평판이 영향을 미친다. 유사하게, 우리가 면담을 마칠 때마다 내담자들에게 우리 영역의 사람들에 대한 인상을 남긴다. 그 인상은 내담자, 내담자의 가족 그리고 아마도 내담자가 속한 집단에까지 메아리처럼 파장을 남기며, 우리가 사례 파일을 종결한 뒤에도 오래도록 남아 있을 것이다.

학습문제

1. 당신의 전문 분야에서 면담을 할 때 내담자의 신뢰를 얻기 위한 도전적 과제 세 가지에 대해 서술하라. 당신이라면 이 세 가지 도전을 극복하기 위해 무엇을 할 것인가?
2. 당신의 전문 분야에서 내담자가 특정한 문제에 대해 이야기하기를 거부할 때 일어날 수 있는 몇 가지 결과에 대해 서술하라.
3. 당신의 전문 분야에서 면담자가 다른 문화에서 온 내담자와 라포를 형성하고 면담을 진행하는 데 도움이 될 훈련 방법에 대해 서술하라.

더 읽을거리

Lipson, J. G., & Dibble, S. L. (2005). *Culture and clinical care*. San Francisco: University of California, San Francisco, School of Nursing Press.

Ponterotto, J. G., Casas, J. M, Suzuki, L. A., & Alexander, C. M. (Eds.). (2001). *Handbook of multicultural counseling.* Thousand Oaks, CA: Sage.

Shusta, R. M., Levine, D. R., Wong, H. Z., & Harris, P. R. (2005). *Multicultural law enforcement* (3rd ed.). Upper Saddle River, NJ: Pearson Prentice Hall.

12

다문화 면담에서 발생하는
흔한 딜레마와 오해

　문화적 역량(cultural competence)은 명백한 방향은 있지만 뚜렷한 목적지는 없는 여행같이 여겨질 수 있다. 우리는 결코 완벽한 문화적 역량에는 도달할 수 없다. 오히려 다양한 문화에 대한 많은 지식, 깊은 자기이해 그리고 다른 문화의 사람들과 함께 일할 때 어떻게 해야 하는지에 대한 깊은 통찰이 있더라도, 여전히 아직도 갈 길이 얼마나 먼지를 깨닫게 된다.

　문화적 역량을 향한 여행을 막 시작할 때, 우리는 우리 자신의 삶과 타인의 삶에서 문화가 갖는 중요성에 대해 보통 인지하지 못한다. 우리는 우리가 하는 행동을 '자연스러운' 것으로 보고자 하는 경향이 있고, 다른 사람들이 대조적인 관점, 믿음, 관습을 가지고 있다는 것을 의식하지 않을 수 있다. 그러므로 우리의 전문 분야에서 우리의 가치체계와 행동을 기준으로 삼아 다른 모든 사람들을 가늠하는 경향이 있다. 이것을 자문화 중심주의(ethnocentrism)라고 한다. 문화적으로 역량 있는 전문가가 되기 위한 발전 단계 중 이 단계에서 우리는 '문화맹(culture blind)' 또는 '색맹(color blind)'(피부색에 무관심한)이어서, 모든 사람들을 '똑같이' 다루는 것을 목표로 삼을

수 있다. 소수 문화 집단의 사람들에게는 '똑같이'라는 것이 공정하지 않을 수 있다는 것을 이해하지 못한 채 말이다. 이 단계에서 우리가 저지르는 실수는 다른 사람들도 우리의 가치체계를 공유할 것이라는 것(또는 반드시 공유해야 한다.)과 '보통'은 우리의 문화적 배경에서 뜻하는 '보통'이다라는 가정에 기반한다.

우리가 하는 일에서 문화의 중요성을 배워감에 따라, 문화적 차이를 주로 뉘앙스의 문제, 그리고 우리가 주로 하는 일에 대한 잠재적 장애물로 여길 수 있다. 다른 사람의 문화를 이해해야 하는 이유가 단지 그 사람으로 하여금 서비스를 받아들이도록 설득하기 위해, 그럼으로써 그 사람을 '보다 주류' 또는 지배적인 문화에 더 비슷하게 변하도록 영향을 미칠 수 있기 때문이라고 생각할 수도 있다. 이 단계에서 우리는 우리가 하는 일과 내담자가 속한 특정 집단의 문화 간격을 어느 정도 '좁힐 수 있는' 서비스를 제공하는 방법을 알고자 한다.

우리가 더 많은 지식을 얻어갈수록 우리는 문화를 역동적이며 변화하는 것, 경직되기보다 유연한 것, 고정되기보다 진화하는 것으로 바라보게 된다. 큰 범위의 문화 집단(아프리카계 미국인, 라틴계, 아시아인과 같은)의 보편적인 습관들에 대해 단순히 알아내는 것 대신, 우리는 각각의 사람을 한 개인으로서 이해하게 되며, 그들이 같은 집단 내의 몇몇 구성원과는 어떤 특징을 공유하지만 다른 면에서는 서로 독특한 사람들임을 이해하게 된다. 지역 내 문화 공동체와 개인들이 일반적인 문화적 규준을 조정하고 변화시킨다. '전통적인 믿음' 또는 '문화적 규준'에 대한 보편적인 정보가 흥미로울 수 있지만, 그것이 우리가 만나는 내담자가 어떤 사람인지, 우리 스스로가 어떤 사람인지, 또는 어떻게 우리가 가장 잘 관계를 맺을 수 있을지에 대해 모든 것을 이야기해 주지는 않는다는 것을 우리는 안다.

문화적 역량을 얻기 위한 여행이 얼마나 멀든지 간에, 면담에서 상담자의 실수는 계속될 것이다. 면담자에게 덜 익숙한 문화의 사람들과 상호 작용하는 기간이 길어질수록, 크고 작은 문화적 오해는 필연적으로 생길 수밖에 없다.

이 장에서는 이 책의 다른 곳에서 다루지 않은 흔히 발생하는 딜레마에 대해 다루고 있다. 이 장의 목표는 면담자가 흔한 오해를 더 많이 피할 수 있도록 돕는 것이다. 그러나 실수를 아예 범하지 않는 것은 불가능하다. 나는 이 장을 읽는 독자 개개인이다 각자의 배경 지식을 바탕으로 이 장의 내용을 해석하기 때문에 어떤 요소들은 명료하지만 다른 요소들은 의외일 수 있다. 균형을 위해 면담자에게 이 정보들이 다문화 면담 장면에서 새롭고 유익한 정보이기를 바란다.

다문화 면담 장면에서 범하는 흔한 실수

면담자는 다문화 면담 장면에서 이런 저런 실수를 저지르게 된다. 누구나 그렇다. 실수를 배움의 기회로 받아들이도록 노력하고 스스로에게 친절해지자. 다음 목록은 면담자가 할 수 있는 많은 실수들 중 일부다. 심지어 면담자 스스로 나는 '더 잘 안다'고 믿을지라도 실수를 저지를 수 있다.

- 내담자는 그저 생각을 정리하는 중이었는데 내담자가 말을 다 했다고 생각하고 방해하는 것
- 그저 문화적 차이를 반영하는 것에 불과한 행동 또는 상태를 문제(병리적인)의 증거로 간주하는 것
- 영어나 다른 언어의 단어를 내담자의 기분을 불쾌하게 하는 방식으로 무심코 사용하는 것
- 내담자가 말하는 것과 어떤 신념을 바탕으로 행동하는 것을 이해한다고 생각하지만, 그 신념에 대해 잘못 알았음이 드러나는 것
- 내담자 문화에 적절히 대응하지 못함으로써 내담자와의 라포를 손상시키는 것(예: 종교적 휴일에 면담 일정을 잡는 것)
- 내담자의 특정 행동이 실제로는 개인적 또는 제도적 요소로 인한 것인데, 문화적인 행동으로 믿는 것
- 문화적으로 접촉이 갖는 다양한 의미 때문에 만지면 안 되는 사람과 신체적으로 접촉하는 것

비록 이 모든 실수들은 불운한 일이지만, 치명적 실수는 아닐 가능성이 높다. 만약 당신이 실수를 저질렀다면, 사과하고, 설명하고, 유머감각을 이용하고, 다음에는 똑같은 실수를 하지 않도록 하라. 그러기 위해서는 당신이 면담하는 사람의 문화, 그리고 이 책과 기타 다른 다문화 자료에 익숙해지는 것이 필수적이다.

기초 인구학적 정보를 얻기

기초 인구학적 정보를 얻는 것은 복잡한 일이 될 수 있다. 특히 면담자와 내담자가 서로 다른 문화적 배경을 가졌을 때 그렇다. 이례적인 가족 구성, 이민 과정에서 없어지거나 바뀐 정보, 그리고 거짓말 등과 관련된 문제가 여기에 포함된다.

가족관계와 생활환경

최근 몇십 년 동안 우리 중 대다수는 부모와 아이들로 이루어진 핵가족 형태가 그저 여러 가능한 가족 구성 중 하나라고 알고 있었다. 확대 가족 구성원과 성인 형제자매들이 같은 집에 살거나 같은 아파트 동에 살 수도 있다. 가족과 가까운 친구들은 혈연이나 결혼으로 연결되지 않았음에도 이모나 삼촌이라고 불릴 수 있으며 가족과 어느 기간 정도 같이 살 수도 있다. 성인 형제들, 이모들, 삼촌들, 조부모들, 대부와 대모가 아이들의 양육자 역할을 할 수도 있어서 부모만큼이나 아이에게 큰 영향을 미칠 수 있다. 아이들은 대가족 내의 가정들을 번갈아 돌아다닐 수도 있는데, 이를테면 방과 후에는 할머니네 집에 가고, 이모네 집에서 저녁을 먹고, 때때로 대부모 집에서 잠을 자는 것이다. 주소가 불일치하는 것은 거짓말의 표시가 아니라 저소득 가정이어서 주거지가 유동적이라는 것을 나타내거나, 아이들이 동시에 많은 가정과 연관되어 있음을 나타내는 것일 수 있다. 사회복지사들은 어머니의 냉장고에서 식료품을 확인하다가 텅 비어 있는 것을 보고 혼란스러울 수도 있다. 하지만 이는 아이들이 다른 가정에서 주로 식사를 한다는 것을 나타낼 수도 있다.❶

> ❶ 저자 주: 많은 국가에서 사람들은 일주일에 한 번씩 마트에 가서 음식을 사서 냉장고에 쟁여 놓지 않는다. 대신에 매일 시장에 가서 그 날 먹을 음식을 산다. 시장에 가는 것은 사회생활에 중요한 일부이기도 할뿐더러 가장 신선한 음식을 구입할 수 있는 기회이기도 하다. 사회복지사가 찬장이 텅 비어 있는 것을 발견하더라도 그 집 아동이 음식을 제대로 먹지 못할 것이라고 단정지어서는 안 된다. 그 대신 음식을 어떻게 구입하는지와 어디서 가족이 식사를 하는지 등에 관해 질문해야 한다.

대가족 구성원이 부모와 함께 아이를 돌보거나 또는 부모 대신 아이를 돌보는 것이, 부모만이 아이를 돌보는 것보다 더 불리하다고 보면 안 된다. 쿨(Koul, 2002)은 조부모 가정에서 자란 자신의 경험에 대해 이렇게 서술했다.

> 나는 조부모와 살았던 것에 대해 만족스러웠고, 모든 사람의 관심이 나에게 집중되는 것이 행복했다. 아무튼 우리는 이런 대가족의 삶 속에서 우리 자신만의 핵가족이 존재한다고 막연히 생각했다. 그것은 그리 중요한 것이 아니었다. 더 큰 집단이 중요했다. 심지어 우리 부모님이 계실 때에도 조부모님들이 사실상 부모 역할을 했고 가정을 이끌었다……. 나는 어엿한 가족 구성원이었고, 내 집이 아니라는 느낌을 받은 적은 거의 없었으며, 집안의 유일한 손자인 것을 즐겼다. 집 말고 다른 곳에서는 그렇게 느껴 본 적이 한 번도 없다(p. 67).

이와 같은 카슈미르 지역의 젊은 여성의 경우 조부모에게 양육된 경험은 분명히 안전하고 편안한 것이었다. 전 세계의 많은 가정의 어린이들에게도 그렇듯이 말이다.

면담자는 응답자가 그들 삶의 복잡함을 인정할 수 있는 방법으로 질문을 해야 한다. 예를 들어, 여러 양육자들, 비공식 입양, 혼외자녀, 사실혼 배우자, 게이 또는 레즈비언 파트너, 그리고 '가상의 친족(fictive kin)' 등의 복잡한 측면 등이 해당된다. '가상의 친족'은 혈연이나 결혼 또는 법적인 승인 등으로 반드시 묶이지 않고도 서로 가족처럼 느끼는 사람들을 뜻한다. 스페인어에는 *padres de crianza*라는 표현이 있는데, 이것은 양육을 담당하는 부모를 뜻하는 말로, 영어에는 이런 단어가 없다.

비공식 입양은 아프리카계 미국인들 사이에서 흔한 일이다(Boyd-Franklin, 2003). 가족들과 친구들이 서로의 아이를 자기 집에서 지내도록 함으로써 서로를 돕는 것이다. 이렇게 하는 이유는 십 대가 낳은 아이를 나이가 많은 친척이 맡아 길러 줌으로써 십 대 모가 교육을 지속할 수 있도록 하기 위함이고, 학군이 좋은 지역에 사는 가족이 더 좋은 학교를 다닐 수 있도록 어린아이를 데려와 지내게 하기도 하고, 경제적으로 곤란해진 어머니가 집을 잃고 불규칙하게 일을 하게 되면 어머니의 사정이 좋아질 때까지 다른 친척이 아이를 맡아 길러 주기 위함이다. 때때로 어머니들은 자신의 아이들을 친척들에게 '빌려' 주도록 강요받기도 하는데, 어머니 자신의 교육을 위해서, 혹은 약물 남용 치료에 참여하기 위해서다. 이렇듯 유연한 가족 체계는 경제적으로 곤란한 상황에 있는 가족의 지지 체계로서 효과적이지만, 면담 장면에서는 혼란스러울 수도 있다. 최근 나는 이런 경우를 '불법 입양'으로 언급하는 것을 들었다. 내 생각에 이런 표현은 피해야 한다. '불법 입양'이라는 표현에는 악의적이거나 범죄적인 의도가 함축되어 있기 때문이다. '비공식적 입양'이 아마 더 수용적인 표현일 것이다.

난민과 이민자는 종종 비공식적 입양을 하기도 한다. 난민 수용소의 한 부부는 자녀를 데리고 난민 신분을 부여받아 이민 갈 때에 자신의 조카들을 자신의 자녀라고 속이고 함께 데려가려고 할 수 있다. 조카들을 전쟁이나 기아로부터 구해내고 더 나은 삶을 조카들에게 주기 위한 희망을 갖고 말이다. 하지만 이는 가족 관계를 명확히 하고자 하는 면담자를 혼란에 빠뜨릴 수 있다.

우리는 '대디(Daddy)' '파피(Papi)' '파파(Papa)' 또는 심지어 '파더(Father)'도 생물학적 아버지, 새아버지, 할아버지, 어머니의 남자친구 또는 그 외 아이의 삶에서 중요한 남성을 뜻하는 말일 수 있다는 것을 기억해야 한다. 아이는 자신이 엄마와 함께 산다고 말하지만, 그 엄마는 할머니이고, 주말에 진짜 엄마를 보러 갈 수도 있다. 인도, 파키스탄, 방글라데시뿐 아니라 많은 북미 원주민 가족들은 알고 지내는 나이먹은 여성을 전부 '이모(Auntie)'라고 부른다. 이들은 또한 전문가에 대한 존경과 애정의 표시로 이모나 삼촌이라고 부를 수도 있다.

중국의 한 아이만을 낳는 산아제한정책 때문에 어떤 어린이들과 청소년들은 자신과 같은 연령의 아이를 형제 또는 남매·자매라고 표현하지만 실제로는 친척이거나 이웃이곤 하다. 중국과 북미 원주민 가족들은 같은 조상을 가진 마을이나 부족 출신이라는 이유로 다른 사람을 친척이라고 부를 수도 있다. 스페인어에는 첫 번째 친척을 부르는 말인 *primo hermano*라는 단어가 있는데, 이것은 문자 그대로 '사촌형제(cousin brother)'이다.

사람들은 당신이 들어보지 못한 이름으로 자신들의 친척을 부를 수도 있다. 예를 들어, 나바호족은 '형제사촌(brother cousins)'이라고 부를 수도 있다. 블랙피트

(Blackfeet) 인디언들이 사용하는 피에건어(Piegan)에는 특별한 표현이 존재하는데, 형이 동생을 부르는 데 쓰는 단어와 그 반대로 부를 때 쓰는 단어다. 이 단어들은 단순히 무언가를 부르는 데 쓰이는 단어만이 아니다. 이런 단어가 존재한다는 것은 블랙피트 문화에서는 태어난 순서가 중요함을 강조하는 것이다(Ivanova, 2002). 크로아티아어, 보스니아어, 터키어를 쓰는 사람들은 어머니의 형제와 아버지의 형제를 각각 다르게 부르는데, 영어에는 이 단어들에 대응하는 표현이 없고 둘 다 똑같은 '삼촌'이다.

최근 나는 하비보(Habibo)와 대화를 나눴는데, 그녀는 소말리아 반투족(Bantu) 여성으로 영어 실력이 그다지 좋지 않았다. 나는 그녀 가족의 가족 관계를 알아내려고 노력했는데, 이 작업은 매우 힘들었다. 왜냐하면 소말리아에서 쓰이는 이름이 몇 개 안 되어서 그녀의 가족 중 모하메드(Mohameds), 이샤(Ishas), 하산(Hassans)이 여러 명 있었기 때문이었다. 한번은 그녀가 "우리 아버지가 내 삼촌이에요."라고 말한 적이 있었다. 몇 달 전이었으면 나는 아마 그녀의 말이 영어에 익숙하지 않아서 나온 실수라고 짐작했을 것이라고 생각하면서 속으로 웃었다. 하지만 이제는 소말리아 문화에 대해 조금 알게 되었고, 소말리아에서는 남자가 자기 형제의 가족을 보호하는 방식 중 하나로서 형제의 미망인과 결혼하는 일이 보통이라는 것을 알았다. 그러므로 물론 하비보의 아버지는 그녀의 삼촌이었다. 다시 말해서, 그녀의 생물학적 아버지는 난민캠프에서 살해당했고 지금 그녀의 아버지는 생물학적 아버지의 형제였던 것이다. 그 결과로 하비보는 수많은 형제자매들, 아버지가 다른 형제들(half-siblings), 그리고 의붓 형제자매들이 있었다. 그들 중 몇몇은 또한 그녀의 사촌들이기도 했다. 이후에 나는 한 남자가 그녀와 같이 있는 것을 보았는데, 나는 그 남자를 흐릿하게 알아볼 수 있었다. "이분이 형제이신가요?"라고 나는 하비보에게 물었다. 그녀는 미소를 지었다. "네, 같은 어머니, 같은 아버지예요." 이런 특수함이 소말리아 사람들 사이에서는 중요한데, 어머니나 아버지만 같은 형제와 의붓 형제 관계가 널리 퍼져 있기 때문이다. 어머니나 아버지만 같은 형제들과 의붓 형제들은 어머니가 다르고 다른 집에서 살지만 함께 시간을 보내고 서로 잘 지내는 경향이 있다. 이들은 첫 번째 부인의 아이들이 두 번째 부인의 아이들과 친하게 지낼 때 어떤 영향을 받을지에 대해 생각하지 않고 그에 대한 어색함도 느끼지 않는다. 동시에, '같은 어머니, 같은 아버지'는 보다 가까운 친족 관계를 의미한다.

관계와 주거환경의 다양함에는 끝이 없다. 우리는 사람들 각각의 현실에 대해 귀를 열고 들어야 한다. 우리가 문서에 기록할 때에는 비공식적 입양 가족, 함께 사는 확대 가족, 게이 또는 레즈비언 파트너, 의붓 그리고 절반 형제자매들, 위탁가족, 가족의 삶에서 중심이 되는 친구들, 그리고 그 외의 관계에 대해 기록할 수 있어야 한다.

라틴 아메리카 사람들, 스페인 사람들, 포르투갈 사람들, 이탈리아 사람들은 종종 대부(godfather)와 대모(godmother)를 혈연이 없음에도 가족으로 간주한다. 부모가 어떤 사람을 자식의 대부 또는 대모로 삼을 때, 부모와 대부모 둘 다 성문화된 관계가 된다. 이들은 스페인어로 꼼빠드레(compadres) 또는 꼬마드레(comadres)라고 불리고 이탈리아어로는 꼼빠리(compari)와 꼬마리(comari)(문자 그대로, 공동아빠[cofathers] 또는 공동엄마[comothers]다.)라고 불린다. 대부모는 일상생활에서도 가족에게 중요하거나, 또는 힘든 사건이 있을 때나 가족 주기상 변화를 겪을 때에만 가족에 관여하기도 한다. 이들에게 가족에 대해 물어볼 때는 대부모에 대해 물어보는 것이 좋다. 대부모가 중요한 영향을 미치고 있다면 대부모도 면담에 참여하거나 개입에 포함되어야 하는지 알아보기 위해서다.

많은 문화권에서 결혼은 단지 두 사람만의 결합이 아니라 두 가족의 결합이다(〈나의 그리스식 웨딩(My Big Fat Greek Wedding)〉〈몬순 웨딩(Monsoon Wedding)〉〈결혼 피로연(The Wedding Banquet)〉과 같은 영화들에서 그리스, 인도, 중국 가정이 생생하게 묘사되어 있다.). 어떤 문화에서 혼인으로 맺은 관계(in-laws)는 품격 있는 이름으로 불린다. 스페인어에서는 꼰수에그로스(consuegros, 문자 그대로 '사돈')라고 불리고, 이디시어(Yiddish)에서는 마차타이니스타(machatainisteh), 결혼으로 맺어진 두 가족은 미스푸차(mishpucheh)라고 불린다. 많은 미국 원주민 문화에서는 혈연으로 맺어진 친척과 결혼으로 맺어진 친척 사이에 구분이 없다. 사위도 아들이고 며느리도 딸이다(Sutton & Broken Nose, 2005).

생년월일

이민자와 일할 때 전문가는 때때로 이민자의 생일이 계속 바뀌거나 정확히 알기 어렵다는 것을 깨닫곤 한다. 내가 병원에서 포르투갈 친척의 말을 통역할 때, 서류를 작성하기 위해 생일이 언제냐고 물어보면 그녀는 언제나 이렇게 말했다. "어떤 생일이요?" 그녀는 포르투갈의 작은 마을에서 태어났는데, 그곳에서는 부모가 자식이 태어나면 두 달 이내로 출생등록을 할 수 있는 권한을 주었다. 그녀의 부모님은 가난했고 등기소와 먼 곳에 살았기 때문에, 그리고 아기가 태어난 지 처음 몇 달을 무사히 보내야 살아남는 것이 확실해지기 때문에 '악마의 눈'에 띄지 않으려고 출생등록을 하는 데 몇 달을 기다렸다. 하지만 법에 맞추기 위해 부모님은 아이가 단지 생후 2개월이라고 말해야 했다. 이런 이유로 그녀는 생일이 주민등록증의 공적인 생일과 가족이 축하하는 실제 태어난 생일 두 개였다. 이런 종류의 상황은 이민자 가족에서는 드문 일이 아니다.

난민과 일하는 사람들은 간혹 1월 1일이나 7월 1일생이라고 말하는 사람들이 특이하게 많다는 것을 알게 된다. 서류가 없는 가족들이 난민 수용소에서 미국으로의 입국을 신청할 때, 관리들이 모든 사람들을 1월 1일이나 7월 1일생으로 기록하곤 한다. 아이들은 영양실조 때문에 실제 나이보다 어려 보이곤 하며, 때문에 실제 나이보다 적게 생일이 등록되곤 한다(어떤 경우 어린아이일수록 식료품과 보호소 우선권을 받기 때문에 부모가 의도적으로 아이의 나이를 줄여 말하기도 한다.). 한 번 이런 실수가 공적인 서류에 기록되면 바꾸기는 매우 어렵다.

가끔은 아이의 진짜 나이를 결정하는 것이 중요하다. 우바(Uba, 1994)는 서류에는 열한 살이라고 기재되었지만 실제로는 열일곱 살이었던 라오스 어린이의 사례를 자세히 이야기한 적이 있다. 그 아이는 사춘기가 시작되는 기미를 보였고 데이트를 하려고 열심이었으며 다른 열한 살짜리 아이들과 한 교실에 있는 것을 몹시 불편해했다. 그러나 그의 부모님은 그의 진짜 나이가 드러나는 것을 원치 않았는데, 그가 법적으로 미성년자가 아니게 되면 가족이 복지 혜택을 못 받게 될뿐더러 그 또한 고등학교에서 조기에 나가야 해서 교육을 받을 기회를 잃을 것이기 때문이었다.

방글라데시인 친구가 미국으로 이민을 올 때, 그의 아버지는 그와 남동생의 나이를 한 살 더 적게 이민 서류에 허위 기재했다. 그는 아들들이 나이에 비해 조숙해 보이는 것이 이득일 거라고 생각했다. 그러나 아들은 이러한 결정에 한탄을 했는데, 운전면허를 따는 것, 법적으로 술을 마실 수 있게 되는 것, 법적인 서류에 서명하는 것 등이 늦춰졌기 때문이었다. 자식을 실제보다 어리게 보이도록 만드는 것은 드문 일이 아니다. 반대의 경우 또한 드물지 않다. 부모가 집 밖에서 맞벌이를 하기 위해서 아이들이 학교에 1년 더 빨리 들어가도록 부모가 아이들의 실제 나이보다 1년 이상을 높여 말하는 경우도 있다.

때때로 부모가 아이의 생일을 바꾸기도 한다. 불운을 불러온다고 믿는 날짜나 연도에 아이가 태어났기 때문이다. 멕시코의 경우 죽은 자의 날(Day of the Dead), 중국의 경우 닭의 해(year of the Rooster), 힌두교 신자 가족의 경우 상서롭지 못한 시간 등이 해당된다. 다른 경우에는 수치스럽다고 생각하는 사건을 감추기 위해 새로운 이야기와 새로운 출생일을 지어내기도 한다. 예를 들면, 강간이나 불륜으로 인한 임신, 혼외자녀, 심지어 이전의 결혼이나 간통으로 인한 임신도 포함된다.

시골 출신이나 전쟁을 겪은 사람들은 단순히 자신의 '진짜' 생일이 양력으로 언제인지 모를 수도 있다. 흔히 전통적인 농업 사회 출신 사람들은 생일을 챙기거나 축하하지 않는다. 이들은 아이들의 생물학적 생일보다도, 아이들의 성숙함을 바탕으로 그들이 얼마나 자랐으며 어떤 일을 할 수 있을 것인지 가늠한다. 공적으로 등록된 생물학적 나이가 부모에게 그리 중요하지 않을 수 있으며, 이들은 자식들의 공식적인 나이를 기억하지 못할 수 있다. 중국 가족들은 흔히 그 사람이 태어난 날짜보다 그 사람이 임신된 날짜를 생일로 축하한다. 중국의 음력 날짜를 양력으로 바꾸는 것 또한 혼동되기 쉽다. 유럽에서 날짜를 기록할 때는 주로 일이 월 앞에 온다. 따라서 1986년 7월 12일에 태어난 사람의 경우 미국에서 기록하듯이 7/12/86이 아니라 12/7/86이 된다(캐나다는 프랑스어와 영어로 두 방식을 모두 사용한다.). 유럽과 미국 날짜들은 흔히 공공 서류에서 이런 식으로 뒤바뀌곤 한다.

진실, 거짓말 그리고 이민

불분명한 비자 상태에 있거나 불법 이민을 한 사람들과 일할 때에는 "우리 기관에는 이민국에 서비스 이용자의 정보를 제출하지 않는 정책이 있습니다."라고 말하는 것이 바람직할 수도 있다. 만약 소속 기관에 그런 정책이 없다면, 그런 정책을 만들어야 할 것이다. 또한 대기실에 그러한 정책이 몇 개의 언어로 게시되어 있어야 하고, 책자로도 제시되어야 한다. 그러나 몇몇 관할 지역의 경찰과 아동보호국은 서류상 존재하지 않는 불법체류자에 의해 저질러진 특정 범죄들에 대해서는 당국에 보고하도록 되어 있다. 우리는 자신의 역할에 맞는 책임에 대해 경각심을 갖고 있어야 하며, 소속 기관과 이민자 사이의 관계에 손상을 입힐 위험을 피하기 위해 특정 질문을 하지 않을 수도 있다.

전쟁이나 박해를 피해 도망쳤거나 쫓겨난 사람들은 흔히 안전을 얻기 위해 '적당한' 이야기를 만들어 내야 하는 상황에 맞닥뜨린다. 그들은 난민 캠프에 들어가기 위해서는 특수한 이야기가 필요하며, 새로운 국가에 입국하기 위해서는 다른 이야기를 만들고, 시민권을 보장받기 위해서는 또 다른 이야기를 꾸며 낼 수도 있다. 난민 캠프에는 당국이 '납득할 만한' 이야기가 무엇인지에 대한 루머들이 넘쳐나며, 난민 지위를 적법하게 얻기 위한 가족은 그러한 루머들에 맞추어 가끔 자신들의 약력을 왜곡하기도 한다. 만약 거짓말을 한 것이 드러난다면, 그 가족은 국외 추방을 당할 위기에 직면할 가능성이 높다. 국외 추방을 당할 때 그들이 마주칠 수 있는 실제 위험과는 상관없이 말이다.

다음 사례에 묘사된 바와 같이, 난민 가정이나 최근 이주한 가정의 기본적인 인구통계학적 정보를 얻는 것은 특히 어려운 일이 될 수 있다.

> 탐바(Tamba)는 자신의 고국인 라이베리아에서 내전이 벌어졌을 때 고문을 당하고 생명의 위협을 받았다. 그는 미국대사관으로 도망을 쳤고 가족과 함께 미국으로 갈 수 있도록 허가를 받았다. 탐바는 부인과 자신의 두 아이, 그리고 자신의 누나와 누나의

두 아이를 데려갔는데, 누나는 자신의 장모, 누나의 두 아이는 자신의 아이라고 주장했다. 그는 자신의 대가족을 지키기 위해 거짓말을 할 필요가 있었다. 전쟁의 혼란스러운 상황 속에서 그들은 새로운 서류를 얻을 수 있었고 난민으로서 미국에 안전하게 도착했다.

그러나 이러한 거짓말은 가족에게는 큰 비밀이 되었다. 탐바의 자녀들은 학교에 입학했고, 자신의 '할머니'가 실제로는 고모이고, 누나들은 사촌이라는 것을 알고 있었다. 이러한 거짓말을 사실인 것처럼 만들기 위해서는 그들의 생일 역시 위조되어야 했다. 여덟 살짜리 딸 빈두(Bindu)가 숙제에 대해 교사에게 거짓말을 한 것이 드러나자 교장이 가족에게 연락을 했다. 그래서 가족은 소녀의 혀에 매운 고추를 올려놓는 벌을 주었다. 그들은 학교에서 연락이 온 것을 아이에게 벌을 주라는 요구로 해석했고, 자신들이 학교의 그러한 요구에 적절하게 반응했다고 생각했다. 하지만 아이는 자신이 받은 벌에 대해서 교사에게 이야기했고, 교사는 아동보호국에 연락을 했다. 이 가정을 방문한 조사관은 누가 누구이고 실제로 무슨 일이 일어났는지 알아내는 것이 무척 힘들었다. 이 가족은 생일이나 가족관계 같은 기본적 인구통계학적 정보에 대해 거짓말을 했다. 이 거짓말들은 의심스럽게 보였고, 가족은 두려움을 보였지만 이것은 아동 학대를 감추려 하고 있기 때문이 아니었다. 오히려 다음과 같은 사실 때문이었다.

- 그들은 입국했을 당시에 거짓말을 했다는 것 때문에 국외로 추방될까 봐 두려워했다.
- 그들은 한 집에 너무 많은 사람들이 산다는 것 때문에 임대차 계약이 해지될까 봐 두려워했다.
- 그들은 조카들을 자기 아들과 딸이라고 말했던 것 때문에 두려워했다. 왜냐하면 아이들이 더 이상 아버지의 의료보험 혜택을 받을 수 없을까 봐 두려웠기 때문이다.
- 그들은 아이들의 실제 나이가 드러나면 학교에 다니지 못하게 될까 봐 두려워했다.
- 그들은 라이베리아의 당국에서 가혹한 취급을 받은 경험이 있기 때문에 당국에

대한 공포심을 갖고 있었다.

서로를 아끼고 유대감이 강한 이 가족은 단지 이민 와서 정착한 국가에서 수용되는
정상적인 아동 양육 방식은 무엇인가에 관한 교육을 받을 필요가 있을 뿐이었지, 처벌
적인 조치를 받을 필요는 없다.

모든 유형의 가정에서 자란 아이들이 거짓말을 한다. 이민 신분 상태 혹은 불법적
활동을 숨기기 위해서, 깜짝 생일파티를 숨기기 위해서, 또는 레스토랑에서 아동용
식사 가격으로 음식을 먹기 위해서 등의 이유로 거짓말을 한다. 나이나 가족 관계에
대해 거짓말을 하는 것은 면담자의 관심을 끌게 되고 면담자로서 우리가 하는 일을
복잡하게 만들 수도 있지만, 이를 그 가족이 일반적으로 믿을 만하지 못하다는 지표
로 보아서는 안 된다.

내담자의 진실성 문제를 제대로 다루려면 어떻게 해야 할까? 개인이나 그 가족의
신뢰를 얻고, 전문가로서 우리의 역할을 명확히 하고, 그 가족에게 누가 자신들이 제
공하는 정보에 접근할 것인지에 대해 알려주는 것이 중요하다. 우리는 이민 과정에
서 많은 가족들이 자신들의 인생에 대해 새로운 이야기를 만들어 내야 한다는 사실
을 알아야 한다. 우리는 중요한 사항에 대해서는 진실이 무엇이냐고 물어보아야 하
지만, 중요하지 않거나 관계없는 사항에 대해 거짓말을 한 가족 구성원에게 벌을 주
거나 당혹스럽게 만드는 것은 피해야 한다. 예를 들어, 면담자는 가족에게 이렇게 말
할 수 있다.

"이 시점에서 제가 이해가 안 되는 몇 가지 문제들이 있는데요. 저에게 이야기하기
에는 두려운 문제일 수도 있고, 또는 아이들 앞에서 이야기하고 싶지 않은 주제일 수
도 있습니다. 제가 오늘 꼭 모든 것을 알아야 할 필요는 없습니다. 하지만 제가 반드시
확인해야 할 중요한 요점들에 대해서는 제가 오늘 제대로 알 수 있도록 부모님과 단독
으로 이야기할 수 있으면 좋겠습니다."

아이들이 없는 장소에서 이야기함으로써 그 부모가 체면을 세울 수 있다.

영어에는 "진리가 너희를 자유롭게 하리라."라는 말이 있다. 스페인어에는 *La verdad no mata, pero incomoda*(진실이 사람을 죽이지는 않지만, 불편하게 만들 수는 있다)라는 말이 있다. 실제로 억압적인 정권 하에서 사는 사람들은 진실로 인해 살해당할 수도 있다. 어떤 이민자들이나 난민들은 진실이 아닌 이야기를 함으로써 생존할 수 있었을지도 모른다. 더 안전한 환경에서 살아온 대다수의 사람들에게는 낯선 현실이지만 말이다. 자기 보호를 위해 거짓말을 하는 것은 깨뜨리기 힘든 습관이다. 우리가 하는 일을 위해서라도 우리는 진실을 찾을 필요가 있지만, 이는 내담자에게 수치심을 주지 않는 방식으로 내담자와의 신뢰관계를 형성한 뒤에 섬세하게 시도되어야 한다.

 ## 시간 엄수 그리고 대안들

> 더 미룰수록, 더 좋은 때에 도착한다.
>
> – 카시미르 속담

미국, 캐나다, 북유럽에서는 시간을 지켜야 하는 것, 낭비하지 말아야 하는 것, 지혜롭게 사용해야 하는 것으로 보는 반면에, 많은 문화권에서는 보다 유동적인 시간관념을 가지고 있다. 우리는 시간을 밀레니엄, 세기, 10년, 년, 월, 일, 시, 분, 초로 나눈다. 이것은 선형적인 시간 감각이다. 선형적인 시간 감각을 가지고 사는 사람들은 일정을 따르고, 한 번에 하나씩만 하는 계획을 짜고, 자신의 스케줄에 대인관계를 종속시키는 경향이 있다. 이러한 선형적인 시간감각은 면담 상황에 너무나 깊이 박혀 있어 우리는 거의 눈치 채지 못한다. 우리들 대부분은 일정한 면담 시간을 정해 놓고 면담 중에 어떤 일이 발생하더라도 일정표를 준수하기 위해 면담을 종결시킨다.

그러나 세계 여러 곳곳에서, 그리고 서구 산업화 국가 내 많은 소수 민족 집단 사람들은 시간을 역동적이고, 순환적이고, 선조들의 과거로부터 후손들의 미래로 흘러가는 것으로 간주한다. "시간은 절대 일직선을 따라 앞으로 움직이지 않는다. 시간

은 순환적이어서 시작한 곳에 끝이 있다."(Koul, 2002, p. 32)

　시간에 대해 보다 유동적인 감각을 가지고 있는 사람들이나 양력에 익숙하지 않은 사람들은 구체적인 질문에 대답하는 데 어려움을 겪을 수도 있다. 예를 들어, 가족 행사 날짜, 문제나 질병이 언제부터 시작되었는지, 약물치료 일정이나 약속과 같은 중요한 사건들이 여기 포함된다. 만약 면담자가 문서를 확인할 때 도움이 되는 정확한 날짜 혹은 시간 개념이 필요하다면, 날짜를 정확히 기억할 수 있는 사건과 관련지어 만든 문장으로 물어보라. 예를 들어, "아이들이 학교에 가지 않고 집에 있었던 주말에 아팠나요?" 또는 "그린필드로 이사하기 전에도 그런 공포가 있었나요?" 또는 "그가 당신의 집을 방문하는 것은 저녁 먹기 전인가요, 후인가요?" 이러한 질문에 대한 답이 추정한 시간이라는 것을 공식적인 기록에 남길 때에는 반드시 이 날짜나 시간이 추정된 것이라는 점을 포함시켜야 한다. 그렇지 않으면 사람들이 차후의 면담에서 다른 날짜들을 제시하게 될 때 처벌받을 가능성이 있다.

　만약 내담자가 비서구 문화권 사람이라면, 그 사람이 약속 시간에 관계없이 일찍 오거나 늦게 오는 것을 알아차릴 수도 있다. 주로 사회적 지위가 높은 사람들이 사회적 지위가 낮은 사람들을 더 많이 기다리게 하는 경향이 있다. 오랫동안 기다리는 것에 익숙해진 사람들은 '3시 약속'이란 4시 30분에 시작하는 것이라고 짐작하고 습관적으로 늦을 수 있다. 그들은 늦게 도착함으로써 모욕적인 행동을 하려는 의도가 없고, 이렇게 늦게 오는 것이 자신에게 기대되는 행동이라고 생각하기 때문에 사과하는 경향도 없다. 내가 함께 일했던 몇몇 라틴 아메리카 사람들은 약속 시간보다 일찍 오는 경향이 있었다. 예를 들어, 만약 내가 "다음 주 수요일 6시에 뵈어요."라고 말하면, 그들은 "잘됐네요! 일 끝나고 바로 올게요."라고 말하고는 5시 30분에 나타날 것이다. 이것은 나와 그 사람들 사이에 시간 개념의 차이가 있음을 알려준다. 나는 시간이란 무언가 고정된 것이자 정확히 측정 가능한 개념으로, 일정 노트에 기록된 그대로로 생각하지만, 그 사람들에게 있어 시간이란 과거에서 미래로 여러 사건들을 거쳐 흘러가는 것이다. 그들은 구체적인 약속 시간보다는 '일이 끝나고' 오기로 한 것을 기억하는 경향이 있으며 일정표에 시간을 기록하지 않는 경향이 있다. 그러나 만약 내담자가 정확한 시각에 오는 것이 중요하다면, 면담자는 내담자에게 가능한 시간을 확실히 알아보고 시간 엄수가 왜 중요한지에 대해 설명해야 한다.

몇 년 전 내가 대학원 세미나에서 강의를 했을 때, 한 나이지리아 학생이 매 주마다 계속 강의가 시작한 후 15분 내지 20분이 넘어서 들어오곤 했다. 여러 번의 강의 후에 결국 나는 개인적으로 그 학생에게 제시간에 수업에 들어오는 데 방해되는 것이 있느냐고 물어보았다. 그 학생은 이렇게 대답했다. "아, 수업 시작 전에 제가 들어와야 하는 건가요? 수업이 정말 4시 정각에 시작하나요?" 그는 다시는 늦지 않았다. 서로 기대하는 바에 대한 명백한 의사소통이 중요하다.

물론, 문화가 다르면 시간을 측정하는 방식도 다르다. 소말리아에서는 해가 뜨는 시각을 1시로 친다. 그러므로 소말리아 사람들에게 오전 1시는 많은 서구 산업화 국가의 시간으로 따지면 오전 8시다. 이것은 면담에서 혼란을 야기할 수 있다.

하지만 시간을 지키지 않는 것에 대해 지나치게 문화적 설명에 의지하지 않는 것이 중요하다. 때때로 사람들은 매우 실제적인 이유로 늦기도 한다. 예를 들어, 그 사람들이 이동 수단을 사용할 형편이 되지 않거나, 아이 때문에 약속 시간을 엄수할 수가 없을 수도 있다. 가끔 사람들은 가족, 이웃 또는 가축을 돌봐야 하기 때문에 업무 시간이나 책임을 미루기도 한다. 만나기로 한 시간에 늦는 사람들, 때로는 몇 시간씩 늦는 사람들에게는 쉽게 좌절감을 갖는다. "만약 다음에도 늦게 오시면, 저는 당신의 사회복지사(또는 보호 관찰관[probation officer])에게 당신이 비협조적이라고 말해야 합니다."와 같이 단순하게 위협하기보다는, 그런 문제가 생기는 이유를 내담자로부터 알아내는 것이 중요하다. 우리는 이러한 아주 현실적인 문제를 해결하기 위해 내담자와 협력해서 일해야 한다. 아마 보다 편안한 장소 혹은 보다 편안한 시간에 그 사람과의 면담 약속을 잡을 수도 있다. 이동 수단이나 무료 교통이용권을 제공할 수도 있다. 또한 면담을 하는 동안 돌봄 서비스를 제공해서 아이가 보살핌을 받을 수 있도록 하거나, 또는 아이를 집에서 돌보기 위해 누군가를 고용하도록 보육 수당을 제공할 수도 있다.

출신에 대해 직접적으로 물어보기

사람들의 인종, 민족, 종교, 성적 지향, 그 외 다른 소속된 집단에 대해 직접적으로 물어보는 것은 곤란한 일일 수 있다. 어떤 상황에서는, 예를 들어 특정한 채용 면담에서 이런 종류의 질문을 하는 것은 불법일 수도 있다. 어떤 맥락에서 이런 질문에 대한 대답은 선택사항인 반면, 다른 맥락에서는 특정 범주에 맞아야 혜택을 수령할 수 있기 때문에 이와 같은 질문에 대한 대답이 중요할 수 있다. 정체성을 느끼는 소속 집단에 대해 탐문을 할 때에는 면담자가 실시하는 면담이 어떤 유형에 해당하는지 결정하는 것이 우선이다.

어떤 경우에는 "출신 배경에 대해 조금만 이야기해 주세요."와 같은 일반적인 질문이 원하는 답을 끌어낼 수도 있다. 다른 경우에는 선택 문항을 읽고 "위 집단들 중 어느 것이 당신에 대해 가장 잘 묘사하고 있는지 골라 주세요."라고 말할 수도 있다. 물론, 많은 사람들은 인종, 민족, 종교, 성적 지향 그리고 심지어 성별도 자기 자신이 '실제로' 누구인지를 묘사하기는 부족하다고 느낀다(10장의 기호 편향에 관한 부분을 보라.).

이런 종류의 질문들을 어떻게 물어보아야 할지 결정할 때는 우선 왜 그 질문을 해야 하는지에 대해 생각해보는 것이 도움이 된다. 예를 들어, 만약 연방정부에서 특정인이 어떤 민족의 범주에 들어가는지 파악하라고 지시를 했기 때문에 그 사람에게 민족에 대해 물어본다면, 선택지 리스트를 읽어 주는 것이 적절할 것이다. 만약 당신이 일반적인 질문을 했는데 사람들이 연방정부에서 제공하는 표준 범주에 포함되지 않는 답을 한다면, 그 대답을 어떻게 기록해야 할지 난감할 수 있다. 예를 들어, 면담자가 한 여자 내담자에게 자신의 민족성을 어떻게 정의하느냐고 물어봤을 때, "저는 카리브 해 호랑이여서 제 아이들을 위해서라면 뭐든지 할 거예요."라고 대답할 수 있다. 이것은 흥미로운 대답이긴 하지만, 당신이 연방 양식지에 포함된 범주 어디에 체크해야 할지를 결정하는 데는 도움을 주지 않을 것이다. 다른 한편으로는, 만약 당신이 문화적으로 유능한 방식으로 내담자와 면담하고자 한다면, 보다 일반적인 방식,

예를 들면 "원활한 면담을 위해 제가 당신과 당신의 문화에 대해 알아야 할 것들을 이야기해 주세요."라는 질문은 완벽하게 적절할 수 있다.

이와 유사하게 성(sexuality)에 대한 질문이 포함된 의료 상황에서의 면담에서도, 일반적으로 그 사람의 성적 지향(자신을 동성애자, 이성애자, 양성애자 등으로 생각하는지와 같은) 자체에 대해서는 묻지 않는 것이 적절한다. 남자와 성관계를 하는지, 여자하고 성관계를 하는지, 아니면 남자와 여자 모두와 성관계를 하는지, 아니면 성관계를 하지 않는지 등으로 질문하는 것이 적절할 것이다. 그리고 특정한 성적 행동에 대해 지레짐작하지 말고 직접 물어볼 필요가 있다. 자신을 이성애자로 간주하는 많은 사람들이 동성과도 성관계를 한다(이 부분에 대해 더 많은 정보를 보고 싶으면 10장의 보고서 쓰기 부분을 보라.).

면담자의 역량과 적절성이 의심받을 때

가끔은 내담자들이 우리를 거부할 수도 있다. 처음 만났는데 그들이 우리를 위아래로 훑어보고는 "으흠, 난 당신과는 이야기하지 않겠어요."라고 간단히 말할 수도 있다. 또는 팔짱을 끼고, 등을 뒤로 젖혀 앉고, 우리를 좋아하지 않거나 신뢰하지 않는다는 것을 비언어적 행동을 통해 드러내면서, 굳이 그러한 태도를 숨기려고 하지 않을 수도 있다. 우리는 내담자의 이런 태도에 상처받을 수 있으며, 적대적이고 방어적으로 대응하고 싶은 유혹이 생길 수 있다.

면담자의 성별, 인종, 나이, 혼인 여부, 성적 지향, 가족 상황, 민족, 종교, 출신 국가, 그 외 다른 요인들 때문에 내담자가 의심을 하거나 면담자를 거부한다면, 면담자는 침착함을 지키고 방어적인 태도를 보이지 않으려고 노력해야 한다. 그러한 거부의 이유가 무엇인지 수용하고, 경청하고, 이해하도록 노력하라. 면담자의 다정하고 신중한 관심이 내담자가 갖는 염려의 일부를 가라앉힐 수도 있다.

어떤 경우에는 다른 면담자가 호출될 필요가 있다. 이것은 소속 기관의 정책, 면담의 상황, 그리고 내담자의 거부 이유와 관련이 있다. 내담자의 특정 염려가 처리되면, 내담자가 훨씬 긴장을 풀고 보다 편안히 진행할 수 있게 되기도 한다. 어느 비라 틴계 상담자는 유창한 스페인어를 구사하며 많은 푸에르토리코 사람들과 일해 본 경 험이 있음에도 불구하고, 상담을 시작할 때 자주 내담자들에게서 문제 제기를 받는 다고 나에게 털어놓았다. 내담자들은 라틴계 상담자가 배정되지 않은 것에 대해 실 망스러워한다. 그녀는 내담자가 자신을 거부하는 것을 인정하고, 많은 푸에르토리코 내담자들이 처음에 흔히 이런 걱정을 한다고 내담자에게 말한다. 그녀는 첫 회기를 시험 삼아 진행해 보되 30분이 지나도 여전히 다른 상담자와 상담하는 것이 나을 것 같다고 여긴다면 기꺼이 라틴계 상담자에게 상담 의뢰를 하겠다고 내담자에게 제안 한다. 그녀는 첫 번째 회기만으로도 내담자로 하여금 그녀가 내담자에게 신경을 쓰 고, 이해하고, 그에게 알맞은 치료자라고 확신을 주는 데 충분하다고 말한다. 그녀가 유창한 스페인어를 구사하고 푸에르토리코 문화와 매우 친숙하기 때문에 상담자에 대한 신뢰성은 증가된다. 드문 경우이지만 내담자가 계속 라틴계 치료자를 원하는 경우에 그녀는 라틴계 상담자의 도움을 받을 수 있는 곳을 내담자에게 소개한다.

　많은 나라에서 젊어 보이는 여성은 지위가 낮고 나이가 많은 남성은 지위가 높다 고 짐작한다. 만약 그들이 젊은 여성과 면담을 하게 된다면, 그들은 기관에서 자신들 의 상황을 덜 중요한 것으로 여긴다고 생각할 수 있다. 지위나 능력에 대해 의심을 받았다면, 면담자는 자신의 자격증과 수료한 훈련, 자격증이나 증명서 그리고 경험 에 대해 방어적이지 않은 태도로 이야기해야 한다. 가끔은 유머감각이 도움이 되기 도 한다. "저는 의사를 하기에는 너무 어려 보인다는 말을 듣습니다. 하지만 흰머리 를 감추려고 무지 애를 쓰고 있어요!"

　다른 예를 들어 보자. 만약 내담자가 드러내 놓고 당신에게 아이가 있느냐고 묻고 당신은 없다고 대답했다면, 내담자는 당신이 아이가 없기 때문에 자신의 아이들과 관련된 문제를 해결하는 데에는 도움이 되지 않을 거라고 짐작할 수도 있다. 이 문제 를 정면으로 다루는 것이 도움이 될 수도 있다. "저에게 아이가 있냐고 물어보셨지 요. 제가 아이가 없으면 당신의 상황을 이해하지 못할까 봐 걱정되시는 건가요?" 그 러고 나서, 어쩌면 "제가 어머니/아버지가 (아직) 아니기는 하지만, 저는 따님 또래의 아이들 수십 명을 상담해 왔습니다. 그래서 저는 그 나이 아이들이 어떤지, 어떤 문제들이 있는지, 그리고 어떻게 다뤄야 하는지 알고 있습니다."

때때로 트라우마를 겪은 내담자나 중독으로 인해 극심한 고통을 겪고 있는 내담자는 치료자를 확정짓기 전에 "……본 적이 있나요?" 류의 질문들, 이를 테면 "가장 친한 친구가 당신 바로 곁에서 산산조각 나는 경험을 해 본 적이 있나요?" "굶주려 본 적이 있나요?" "아버지에게 강간당해 본 적이 있나요?"와 같은 질문을 하기도 한다. 이런 질문들은 마치 면담자를 시험하며 도전하는 듯하지만, 또한 절망의 표현이자 도움을 받는다는 것에 대한 회의를 표현하는 것이기도 하다. 내담자는 면담자와 거리를 두려고 하거나, 허세 뒤로 수치스러움을 감추려 하거나, 트라우마로 인한 깊은 고통과 고립감을 드러내려고 노력하는 것일 수도 있다. 홀로코스트 생존자들을 치료했던 정신과 의사들은 트라우마 환자들에게는 "무슨 일이 일어났는지 저에게 이야기해 주세요. 당신이 그것에 어떻게 반응했었는지, 그리고 현재에 당신의 삶에 어떤 영향을 주는지에 대해 이야기해 주세요."와 같이 말했다고 한다(Walter Reich, Satel, 2007에서 인용). 트라우마 경험을 보다 명료하고 온전하게 이야기하도록 하는 이러한 초대를 통해, 내담자는 트라우마 경험에 압도당하기보다 자신의 사적 세계로부터 벗어나 트라우마 경험을 통합할 수 있게 된다.

내담자가 자신의 경험을 이해하도록 조력하기 위해 면담자가 수없이 많은 세밀한 질문을 해야 할 수도 있다. 다른 경우에는 특정 문화나 문제를 경험해 본 누군가의 도움을 구하는 것이 현명하기도 하다. 예를 들어, 특정 국가 내의 난민 수용소에 익숙하지 않은 면담자는 내담자의 경험을 이해하기 위해 그 난민 수용소와 관련된 정보가 필요할 수 있다. 헤로인 중독, 국제입양, 고문, 그 외 다른 문제들의 경우에도 같다. 오카와(Okawa, 2008)는 어떤 카메룬 망명 신청자의 사례를 들었는데, 그는 매일 '모닝커피'를 위해 독방에서 나왔다고 말했다. 이 나라에서 고문을 당해 본 경험이 있는 사람들만이 '모닝커피'의 뜻이 아침마다 가해진 잔혹한 매질임을 이해할 수 있었다. 면담자의 경험과 내담자의 경험 사이에 커다란 간격이 있다면, 내담자의 문화에 대한 책을 읽고, 문화 전문가나 통역에게 자문을 구하고, 적절하다면 훈련 과정도 찾아보고, 경험이 있는 동료나 내담자에게 안내를 부탁하는 것이 필요하다.

때때로 내담자에 비해 특권계층 출신인 면담자들은 사회로부터 부당한 대우의 끝을 받아 본다는 것이 어떤 것인지 근본적으로 이해하지 못한다는 피드백을 듣곤 한다. 만약 면담자가 이런 말을 듣는다면, 면담자의 지위로 인해 다른 관점을 가지고 있음을 인정한다. 하지만 내담자의 관점을 이해하기 위해 전념하고 있으며 내담자의 괴로움을 인식할 수 있다고 말하는 것이 도움이 된다. 예를 들어, "맞습니다. 저는 이 나라에서 흑인 소년으로 자란다는 것이 어떠한지 알지 못합니다. 그것은 너무 어려운 일일 수밖에 없습니다. 저는 당신의 상황에 백 퍼센트 공감하고 제가 할 수 있는 어떤 방법으로든 도우려고 합니다. 당신에게서 배울 수 있도록 당신이 하시는 이야기를 귀 기울여 듣겠습니다." 이 부분에서 중요한 것은 면담자가 내담자의 걱정을 축소시키거나, 자기 잘못이 아님을 해명하려 들어서는 안 된다는 것이다. 대신 면담자는 내담자의 걱정과 그 중요성을 인정하고, 동시에 강한 작업 동맹(working alliance)을 쌓으려고 노력해야 한다.

　면담자가 팀으로 일한다는 점을 강조하는 것도 도움이 될 수 있다. 비록 면담자가 내담자가 가치를 두는 특징 중 하나도 보유하지 못했더라도(당신이 남자, 라틴계, 게이, 부모님, 그 외 등등이 아니라는 이유로), 그러한 특징을 보유한 동료가 있어서 정기적으로 면담 사례에 대해 논의할 수도 있다. 만약 당신이 현재 수련 중이어서 내담자에게 신뢰성을 보증할 학위나 직함이 없다면, 자격증이 있는 슈퍼바이저와 밀접하게 면담 사례에 대해 슈퍼비전을 받고 있다는 것을 강조하는 것이 도움이 될 수도 있다. 심지어는 당신의 슈퍼바이저를 내담자에게 소개시켜 주는 것도 도움이 될지 모른다. 어떤 상황에서는 내담자가 원하는 특성을 보유한 다른 전문가에게 내담자가 면담을 받도록 하는 것이 최선일 수 있다. 내담자의 삶에서 특정 순간에서는 자신의 민족 혹은 문화적 배경, 혹은 다른 바람직한 특성을 공유하는 사람으로부터 서비스를 받는 것이 더 나을 수 있다.

　언젠가 나와 내 동료는 아동 학대의 성인 생존자를 위한 심리치료 집단의 구성원을 선발하기 위한 면담을 실시한 적이 있었다. 많은 참가자들이 치료자들을 신뢰할 수 있을지 파악하기 위해 나와 내 동료가 아동 학대를 경험한 적이 있는지를 물었다. 우리는 "당신이 경험한 것과 동일한 경험을 하지는 않았습니다. 하지만 당신의 상황을 이해하는 데 도움이 되는 경험은 가지고 있습니다." 라고 대답했다. 이러한 상황에서 이 정도의 말은 상담자의 자기노출로는 적당하다고 느껴졌다(3장의 자기노출에 관한 내용을 살펴보라.).

내담자가 왜 특정 순간에 면담자의 능력을 의심하는지 생각해 볼 필요가 있다. 내담자가 보이는 의심이 내담자의 여러 질문들과 이어지는 가운데 표현된 것인지, 아니면 면담자가 특정 말과 행동을 한 뒤에 표현된 것이었는가? 어떤 식으로든지 내담자에게 무례하거나 편견을 가진 태도를 무심코 보이지 않았는가? 면담자의 실수를 인정하는 것이 그러한 실수를 다시 반복하지 않는 효과적인 방식이다. 또한 내담자와의 라포를 향상시키는 좋은 방식이기도 하다.

 ## 계층의 간극을 넘어

많은 사회과학자들은 '사회 계층'이란 기회, 사회적 자본, 물질적 부를 나타내는 개념이라는 것에 동의한다. 하지만 어떻게 사회 계층을 측정하는지, 그 영향이 정확히 어떻게 느껴지는지, 그리고 사회 계층의 영향력에 어떤 변인들이 영향을 미치는지에 대해서는 서로 동의하지 않는다. 많은 연구에서 사회 계층이란 소득, 교육수준, 직업에서의 지위에 관한 질문을 통해 정의된다. 이 질문들은 서로 다른 연구들에서 다양한 방식으로 질문되어 왔으며 같은 구성 개념을 측정하는 것이 아닐 수 있다 (Bradley & Corwyn, 2002).

이렇게 정의가 다양하기 때문에, 사회 계층은 건강, 교육적 성취, 직업적 포부를 포함한 수많은 조건들과 관련이 있다(Liu, Soleck, Hopps, Dunston, & Pickett, 2004). 그러나 같은 사회 계층 출신이라고 모두 동질적이지는 않으며, 세계관 또한 국가적 혹은 지역적 배경, 종교, 직업 그리고 부동산 소유 여부, 그 외 여러 변인에 따라 종종 대단히 다양하다.

사회 계층은 면담자와 내담자의 세계관, 기술, 태도, 지식, 가치체계, 역할, 경험, 기회 그리고 가정에 영향을 미칠 수 있다. 우리 중 다수는 사회 계층을 나타내는 미묘한 지표에 주기적으로 반응한다. 예를 들어, 우리는 두 사람이 똑같은 옷을 입고 있어도 누가 벼락부자이고 누가 조상 대대로 재산이 있는 사람인지 구분할 수 있다고 믿는다. 사람들이 스스로의 사회적 계층에 걸맞은 방식으로 행동한다는 믿음을 갖고 있을 수도 있다. 따라서 자신의 사회적 계층에 무언가 '맞지 않는' 방식으로 행동하는 사람들은 폄하되고, '분에 넘치게' 돈을 쓰는 사람이나 '허세를 부리는 사람' '꽃뱀' '벼락부자' '졸부 자녀'로 여겨질 수도 있다.

사회적 계층의 차이로 인해 면담자와 내담자가 이해하고 관계를 맺는 것에 거대한 간극이 생길 수 있다. 특히 상담자가 의식하지 못한 채 사회적 계층으로 인한 편견(계급주의, classism)을 품고 있을 때 더욱 그렇다. 사회 계층 편견은 면담을 진행하는 방식, 면담자가 표현하는 공감, 면담에 면담자가 쏟는 시간, 면담자가 추천하는 성과, 그리고 면담자가 작성하는 최종 보고서에 영향을 미칠 수 있다.

극단적인 경우, 사회 계층 편견은 사회적 계층이 낮은 사람들을 향한 경멸적인 언급이나 태도로서 나타날 수 있다. 이를테면 '트레일러 쓰레기(trailer trash)'[2] '촌뜨기(hillbillies)'[3] '빨갛게 탄 것들(rednecks)'[4] '촌놈(yokels)'[5] '밑바닥 인간(low-lifes)' 또는 '동네친구(homies)' 등이 있다. 덜 일어나는 일이긴 하지만, 사람들은 높은 사회적 계층의 사람들에게도 편견을 가지고 그 사람들에 대해 '지루한 사람들(boojies)'[6] '돈 많은 녀석들(rich bastards)' '사립학교생들(preppies)'[7] '똥덩어리(Cosby kids)'[8]

---

[2] 역자 주: 트레일러 같은 곳에서 사는 가난한 백인들을 부르는 말. 트레일러에서 사는 사람들 중 낮은 언어 능력과 사회적으로 공격적인 행동을 보이는 일부 사람들을 가리킴.

[3] 역자 주: 미국의 중부 산악지대(hills)에 사는 사람들을 부르는 말. 미국의 산악지대 사람들은 시대역행적이고 폭력적이며 예의가 없다는 부정적 이미지가 있는데 이러한 부정적 고정관념에서 나옴.

[4] 역자 주: 교육 수준이 낮고 정치적으로 보수적인 미국의 시골 사람, 특히 시골 지역의 저소득층 백인 노동자를 부르는 말. 햇볕에 목이 발갛게 탄 모습에서 유래함.

[5] 역자 주: 세련되지 못한 태도를 보이는 시골 사람들을 일컫는 말. 직설적이고 단순하며 쉽게 속일 수 있는 이미지로 흔히 묘사됨.

[6] 역자 주: 주로 세인트루이스 지역의 젊은 층에서 사용하는 속어로 어떤 것이 바보스럽고, 우스꽝스럽거나 좋지 않은 것을 가리킴.

[7] 역자 주: 비싼 사립학교에 다니는 학생 같은 청년들을 부르는 말. 관습적이고 보수적인 태도와 행동, 옷차림을 보이는 청년들을 가리킴.

[8] 역자 주: 똥같이 하찮은 것 혹은 사람을 완곡하게 가리키는 말.

'싸가지 없는 여자애(spoiled brats)' 또는 '아빠의 작은 공주(daddy's little girl)' 등으로 언급하거나 또는 그렇게 생각하기도 한다. 이런 계층 편견은 인종적 편견, 고정관념과 자주 섞인다. 그 결과 '백인 쓰레기(White trash)' '남부놈(cracker)'[9] '물빠진 놈(wetback)'[10] '유대계 미국인 공주(Jewish American Princess)'[11] 그리고 '현관 원숭이(porch monkey)'[12]와 같은 단어가 생겨난다.

전문가로서 면담자는 주로 사회적 위계에서 보다 아래에 있는 사람들, 즉 상대적으로 가난하고, 교육을 덜 받았고, 보다 차별받고, 다양한 면에서 면담자보다 사회적힘이 더 적은 사람들과 면담을 진행한다. 교육, 심리치료 이용, 의료, 이동수단, 주거조건, 방과 후 돌봄과 활동, 여가시간에 대해 면담자가 하는 질문들에는 종종 계층에 기반한 가정(assumptions)이 담겨 있다. 면담자들은 아이들과 라포를 쌓기 위해 흔히아이들의 침실, 영화, 장난감, 휴일에 하는 활동 등에 대해 묻는다. 그러나 저소득 가정의 아이들은 침실이 없거나 심지어 침실을 함께 쓸 수도 있고, 영화를 보거나 장난감을 가질 형편이 안 될 수도 있고, 어떤 경우에는 명절을 쇠지도 않을 수 있다. 나는교회 지하층에서 추수감사절 저녁을 먹은 한 소녀와 이야기를 나눴던 것을 기억한다. 그 소녀는 그런 점에 대해 깊이 수치스러워했고 그 일에 관한 이야기를 꺼내고싶어 하지도 않았다. 나는 가볍게 대화를 시작하려는 의도로 추수감사절 이야기를꺼낸 것이었지만, 그녀는 괴로워하는 반응을 보였다.

면담자는 스스로를 돌아보고 계층을 비롯한 여러 요인들에 대해 자신이 가진 편견을 발견하고 그 편견이 무엇이든지 간에 뿌리 뽑아야 한다(면담자 자신의 개인적 배경

---

[9] 역자 주: 미국 남부 출신의 가난하고 교육 수준이 낮은 백인들을 부르는 말. 노예 소유주들이 채찍을 휘두르는(crack the whip) 것에서 유래한 말. 일반적으로 노예 소유주들은 백인이었기 때문에 백인을 모욕하는 말이 되었음.

[10] 역자 주: 미국으로 밀입국한 멕시코인. 리오그란데 강을 헤엄쳐 건너오는 사람이 많은 데서 나온 말.

[11] 역자 주: 상류층 자녀로서 과잉보호된 젊은 여자에 대한 고정관념에서 비롯한 말. 원래 뉴욕 시도심에서 세 들어 살다가 갑자기 부자가 된 유대인들이 롱아일랜드, 뉴저지, 코네티컷 등의 전원 교외 주택지로 이사하면서 상류층이 된 데에서 비롯함.

[12] 역자 주: 현관에서 흔들의자에 앉아 지나가는 행인이나 바라보는 게으른 흑인이라는 부정적 고정관념에서 나온 말.

에 관계없이, 면담자는 전문가로서 이미 중산층에 진입한 것이다.). 많은 전문가들이 다른 사회 계층 사람들의 동기, 선호하는 성과 또는 선호하는 개입 전략에 대해 편견을 갖고 있다. 그리고 상충되는 연구결과에도 불구하고 이러한 편견을 계속 유지한다. 예를 들어, 많은 심리치료자들은 저소득층 사람들에게는 통찰지향 치료(insight-oriented therapy)의 효과가 저조하고, 집단치료나 행동치료가 더 효과적이라고 믿는다. 연구결과는 이 같은 믿음을 지지하지 않았다. 아마 중산층 그리고 중상위층 상담자들이 단순히 저소득층 내담자들을 덜 편안하게 여기고, 저소득층 내담자와 회기 도중 관계를 맺기가 더 어렵기 때문에, 친밀함을 덜 요구하는 방법인 집단치료나 행동치료를 추천하는 것일지도 모른다(Smith, 2005).

스미스(Smith, 2005)는 '가난한 사람들'은 적절한 보호시설, 의료적 돌봄, 개인적인 안전, 수입을 얻을 수 있는 수단을 필요로 하지만, 또한 심리치료자로부터 받을 수 있는 주된 혜택들, 이를 테면 공감적 경청과 자신의 삶에 대한 성찰의 기회와 같은 것에서도 이익을 얻는다는 것을 상기시킨다. 스미스는 저소득층 집단과 일하기 시작했을 때 직면했던 몇 가지 감정들에 대해 서술했다. 그녀는 내담자들이 그녀가 제공하는 서비스에 선뜻 응하지 않자 자신이 인정을 덜 받는 것 같은 기분을 느꼈다. 스트레스로 지친 내담자들에게 성실히 개입했음에도 불구하고 내담자에게 만족스러운 삶을 제공할 수 없을 때 그녀는 자신이 무능하다고 느꼈다. 그리고 그녀는 자신이 목격한 일상적인 잔인한 빈곤에 슬픔을 느꼈다. 그녀는 많은 심리학자들이(그리고 나는 다른 분야의 전문가들도 그렇다고 믿는다.) 이런 감정들을 피하기 위해 저소득층 고객들로부터 눈을 돌릴 가능성을 시사했다. 따라서 상담자는 이러한 염려가 자신의 일에 어떻게 드러나는지 그리고 내담자의 필요를 충족시키기 위해 계층 편견을 어떻게 극복할지를 이해할 필요가 있다.

면담자와 내담자가 같은 소수 민족 집단 출신일 경우, 계층 문제가 민족 문제를 대체할 수도 있다. 즉, 주류 문화의 가치체계 내에서 훈련을 받은 중산층 아프리카계 미국인 전문가는 흑인 내담자가 보기에 완전히 '우리 같은 사람'이 아닐 수 있다. 심리언어학과 사회언어학을 전공한 어느 아프리카계 미국인 교수는 본래 저소득 가정 출신으로, 아프리카계 미국인 전문가들에게 자신이 이전에 가졌던 불신에 대해 썼다. "나는 전문가들, 특히 'boozje'(부르주아) 흑인들에 대해 강한 불신과 반감을 가졌다……. 왜냐하면 흑인 전문가들은 언제나 '적절하게 말하고' '점잔 빼는' 것처럼 보였기 때문이었다. 그들은 피상적이고, 진솔하지 않고, 거짓투성이인 것처럼 보였다(Smith, 2002, p. 19). 그러므로 면담자나 면담자의 슈퍼바이저는 면담자와 내담자 두 사람이 같은 인종이거나, 같은 소수 민족 출신이거나 같은 국가 출신이라면 라포를 더 쉽게 형성할 수 있을 거라고 기대할 수 있지만, 내담자는 오히려 면담자와의 사회적 계층 차이 때문에 상당한 거리감을 느낄 수 있다.

물론, 가끔 면담자는 자신보다 더 높은 사회적 계층의 사람들을 만나기도 한다. 높은 사회계층의 사람들을 향한 편견에는 스노비즘(snobbism)[13]과 엘리트주의에 대한 (잘못된) 인식, 사무실 근무만 하는 사람들을 '펜대만 굴리는 사람(pencil pushers)'이라고 폄하하는 것(Liu et al., 2004)과, 높은 사회적 계층의 사람들은 다 사교계 여왕(debutantes)들이고, 머리가 비었고, 부패했고, 자격 없는, 게으르고, 무감각하거나, 타락했다는 가정 또한 여기에 포함된다.

엄청난 부 역시 그만의 스트레스를 불러일으킨다. 사생활을 침입하는 파파라치나 유괴에 대한 공포, 그들의 부유함이나 영향력 때문에 그들과 친해지려는 사람들로 인한 타인에 대한 불신이 해당된다. 적어도 부분적으로는 미모의 도움을 받아 경제적으로 풍족한 결혼생활을 할 수 있게 된 여성들은 자신의 지위가 허약하다고 느낄 수도 있으며, 젊어 보이는 용모를 유지해야 한다는 커다란 압박감을 경험하고 그것에 매달리기도 한다. 부유층 내담자들은 상담자의 정치적 관점에 대해 질문하고 면담자의 자격에 대한 정보를 요구할 수도 있다. 그들은 비밀유지에 대해 합의할 것으로 짐작하고, 만약 비밀유지에 대해서는 보장할 수 없다는 말을 들으면 화를 낼 수도 있다. 그들은 고소하겠다고 재빠르게 위협할 수도 있다. 면담자는 자신의 직무를 양심적으로 행하는 데 있어 이런 책략들이 지장을 주게 해서는 안 된다.

---

[13] 역자 주: 고상한 체하거나 잘난 체하는 것.

'예'의 여러 가지 의미

미국과 캐나다, 북유럽의 주류 문화 사람들이 "예"라고 할 때 이것은 주로 이해, 동의, 승인 또는 이야기하고 있는 주제에 대한 수용을 의미한다. 저맥락 문화(low-context cultures)에서 "예"는 "예" 그 자체를 의미한다. 그러나 간접적인 것을 선호하고, 고맥락(high-context) 의사소통을 하고, 상담자에게 "아니요"라고 말하는 것은 무례한 행동으로 간주되는 문화에서 "예"는 다양한 의미가 담겨 있을 수 있다. 이 사람들은 질문에 "예"라고 대답하지만, 이것이 "예"의 주된 의미와는 다른 무언가를 의미하는 대답일 수도 있다. 아시아 사람들과 태평양제도 사람들이 "예"라고 대답할 때 여기에는 다음과 같은 의미가 있을 수 있다.

> (1) "네, 당신의 말을 알아들었습니다(하지만 당신과 동의할 수도, 동의하지 않을 수도 있습니다)." (2) "네, 당신의 말을 이해합니다(하지만 내가 이해한 바를 실행할 수도, 하지 않을 수도 있습니다)." (3) "네, 이것이 당신에게 중요하다는 것을 알겠습니다(하지만 이것에 대해 많이 동의하지 않습니다)." (4) "네, 동의합니다(그리고 당신이 말한 바를 실행하겠습니다)."
> (Shusta et al., 2005, p. 148)

사람들이 제안이나 질문에 "예"라고 대답할 때, 우리는 그들이 단지 예의를 지키기 위해 그렇게 대답하는 것인지, 아니면 우리가 묻는 바를 이해해서 진지하게 동의한 것인지 확실히 할 필요가 있다. 한 문화 집단과 익숙해질수록 "예"를 뜻하는 "예"와 다른 뜻을 가진 "예"를 구분하는 미묘한 의사소통을 더 쉽게 이해하게 된다.

몇몇 아시아 내담자들은 얼버무리는 것 같거나 애매한 대답을 할 수도 있다. 당신이 권위자의 위치에 있기 때문에, 그들은 "아니요"라고 대답하기를 피하거나, 대답이 면담자를 불쾌하게 만들거나 당혹스럽게 만들 것 같아서 솔직하게 답하지 않기도 한다. 그들은 면담자의 실수를 정정하거나 잘못된 가정에 대해 논쟁하지 않는 경향이 있다. 이런 의사소통 스타일은 보다 직접적이고 솔직한 방식의 말하기와 단어의

'효율적인' 사용에 익숙한 전문가들에게는 어려울 수 있다. 아시아 문화에서 자란 사람들은 맥락과 비언어적 의사소통에 보다 민감한 경향이 있기 때문에, 흔히 '동의 하지 않는다'를 나타내는 미묘한 신호들을 해석할 수 있고 그에 따른 후속 조치를 취할 수 있다. 아시아 내담자로부터 얼버무리는 것 같은 대답을 들었더라도 조급하게 반응하지 말아야 한다. 면담자는 아시아 내담자가 자기 자신을 보다 편안한 방식으로 표현할 기회를 줄 필요가 있다.

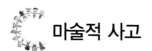 ## 마술적 사고

'마술적 사고(magical thinking)'는 사회과학에서 쓰이는 용어로, 사람들이 논리적 이지 않은 방식으로 환경을 이해하거나 영향을 미치려고 하는 것을 뜻한다(Carey, 2007). 서구 산업화 국가에서 행해지는, 예를 들자면 미래를 예견하거나 미래에 영향을 미칠 수 있는 신호를 찾아다니는 것(예를 들어, 동전을 발견하고 행운을 바라며 그 동전을 줍는 것), 불운을 피하기 위해 어떤 의례적인 행동을 하는 것(예를 들어, 나무를 두드리기), 불운을 피하기 위해 특정한 행동을 피하는 것(예를 들어, 집 안에서 우산을 펼치지 않는 것), 특정한 것에 대해서는 언급을 피하는 것('호랑이도 제 말하면 온다'), 또는 관계없는 행동이 미래에 영향을 미칠 수 있다고 믿는 것(예를 들어, 좋아하는 스포츠 팀이 연승 중일 때는 옷을 갈아입지 않는 것) 등이다.

'나무를 두드리거나' '나무를 만지는' 관습은 전 세계에 널리 퍼져 있지만, 이것의 기원은 불분명하다. 유대인들은 무언가 긍정적인 이야기를 하고 나면 *Keynehore* (no evil eye)라는 말을 할 수도 있는데, 자신들이 고마운 줄 모르고 그것을 당연시하고 있지 않다는 것을 전능자가 알도록 하기 위해서이다. 무슬림과 유대인은 손에 장식품을 가지고 눈가에 색을 칠하면 그것이 악마의 눈이 지닌 힘으로부터 그 사람을 보호해 준다는 것에 동의한다. 태어난 아기와 관련된 수많은 마술적 사고 또한 널리 있다. 예를 들어, 전통적인 소말리아 어머니들은 악마의 눈을 쫓기 위해 마늘 한쪽을 꿴 귀걸이를 하고 아기에게는 허브를 끈으로 꿰어 만든 팔찌를 해 준다.

대다수의 사람들은 어떤 형태의 마술적 사고를 가지며 비록 그것이 비논리적이라는 것을 알고 있더라도 '나중에 후회하는 것보다 조심하는 것이 낫지'라는 태도를 가질 수도 있다. 많은 사람들은 자신이 갖고 있는 마술적 사고가 직관적으로 옳은 것으로 여긴다. 하지만 다른 사람들의 마술적 사고 중 익숙하지 않은 것들은 이상하고, 비논리적이거나, 미신적인 것으로 여겨진다. 예를 들어, 나는 그것이 '그냥 미신일 뿐'이라는 것을 알고 있음에도 불구하고 나는 내 아이들에 대해 무언가 좋은 말을 하고 난 뒤 나무를 두드린다. 나는 또한 포르투갈어에 있는 표현인 *Que o diabo seja ceigo, sordo e mudo*(악마가 귀가 먹고, 눈이 멀고, 벙어리이게 내버려 두어라.)나, *Keynehore*라고 덧붙일 수도 있다. 나는 내 아이들에게 불운이 미칠 그 어떤 기회도 생기게 하고 싶지 않기 때문에 이러한 비논리적인 행동들을 한다. 그러나 검은 고양이나 숫자 13에 대한 공포나 사다리 아래를 걸어가는 것 또는 인도의 금 간 부분 위를 걸어가는 것에 대한 두려움, 그리고 불운을 피하기 위해 왼쪽 어깨 뒤로 소금을 뿌리는 것은 나에게 비논리적인 미신으로 여겨진다.

많은 문화에서 사람들은 좋은 소식에 대해 이야기하거나 칭찬하는 것에 망설이는데, 그것이 악마의 눈의 관심을 끌거나 좋지 않은 운명을 불러올까 봐 두렵기 때문이다. 쿨(Koul, 2002)은 카슈미르에 존재하는 이러한 믿음에 대해 서술하였다.

> 우리는 절대로 좋은 소식을 발표하지 않는다. 악마의 눈이 두렵기 때문이다……. 만약 누군가가 우리에게 잘 지내냐고 물으면 우리는 마치 무언가로부터 회복하는 중인 것처럼 보이려고 하며, 누구도 우리를 번창하거나 잘 지내는 것으로 보는 것을 원하지 않는다. 우리는 번영과 안녕(well-being)을 편안하게 느끼지 않으며, 단지 그것들을 아주 잠시 가까이에서만 볼 수 있을 뿐으로 여긴다……. 우리의 역사는 두 가지 요소의 공동 보호하에 흘러 왔다. 즉, 억압적인 지배자라는 한 요소와, 지진, 기근, 홍수로 이루어진 자연의 3인조가 또 다른 요소다. 이것은 우리의 유전자 속에 아로새겨졌고 우리는 심지어 가장 좋은 상태에 있을 때조차 이것을 잊지 못한다(p. 18).

많은 문화권에서 아기들은 특히 사악한 힘에게 연약한 것으로 간주되는데, 아마도 초기 몇 개월간 영아 사망률이 높은 것에서 기인했을 것이다. 몇몇 라틴계 국가에서는 아기를 만질 때 아기에 대한 칭송을 하면서 만져야 한다. 이런 식으로 아기를 건드리지 않으면 악마의 눈을 끌어당길 수 있다. 많은 국가에서 아기들은 일정한 나이 전까지는 진짜 이름이 아닌 거짓 이름으로 불린다. 리(Lee, 2005)에 따르면 한국 가정에서는 아이에게 "젖먹이 시절 이름(milk-name), 이를테면 개똥이 같은 것을 붙인다. 이 이름을 붙임으로써 얼마나 아이가 소중한지를 신들에게서 감출 수 있기 때문이다." (pp. 46-47)

전 세계적으로 '마술적 사고'의 범주에 들어가는 믿음은 끝없이 다양하다. 당신이 면담하는 사람이 당신이 보기에는 비논리적이거나 미신적인 마술적 사고 같은 믿음에 대해 언급할 때, 존중하는 태도를 유지하고 그 사건이 그 사람의 관점에서 얼마나 중요한지를 주의 깊게 경청하는 것이 중요하다. 면담자는 그 믿음이 문화적인 것인지, 아니면 기이한 망상적 사고(delusional thinking)인지 알아보기 위해 문화에 관한 정보를 제공해 줄 수 있는 사람에게 자문을 구할 필요가 있을 수도 있다. 한 사람에게는 종교적인 것이 다른 사람에게는 마술적 사고라는 것을 기억하라. 세계 인구의 상당 부분이 특정한 상황에서 포도주는 신의 아들의 피요, 제병(wafers)은 그의 몸이라고 믿거나(가톨릭교도), 또는 신의 진짜 이름을 말해서는 안 된다고 믿거나(유대교도), 메카로 순례를 가면서 검은 돌에 키스하거나 만짐으로써[하즈(the Haj)][14] 그 사람의 죄를 씻어낼 수 있다고 믿는다(이슬람교도).

꿈의 의미

또한 일반적으로 꿈의 의미와 중요성에 대한 믿음도 문화에 따라 다르다. 이것은 면담에서 혼란을 야기하거나 잘못 진단 내리는 결과를 초래할 수 있다. 어떤 문화에

---

[14] 역자 주: 메카로 가는 이슬람교 순례자를 일컫는 말.

서는 꿈이란 돌아가신 조상들에게서 받는 메시지라고 믿는다. 또한 어떤 문화에서는 미래와 관련된 예언이나 충고를 담고 있다고 믿는다. 몇몇 서구 사람들에게 꿈이란 내적인 심리적 갈등의 표현이라고 믿는다. 웨스터마이어(Westermeyer, 1987; Ridley, 2005에서 인용)는 중국 난민이 미국 의사에게 정신병적 우울증(psychotic depression)으로 진단받은 사례에 대해 서술했는데, 그 난민은 그녀의 돌아가신 어머니가 자신과 함께 새로운 나라로 가기 위해 사후 세계에서 돌아왔다고 믿었다. 웨스터마이어는 그와 그의 동료들이 이 증상을 '최근 꿈에서 돌아가신 어머니를 보기 시작한(몇몇 아시아인 환자에게는 이것이 정신증의 증상이라기보다는 죽음에 대한 흔한 징조다.) 우울한 여성에게 나타나는 문화적으로 일리가 있는 믿음'이라고 재해석했다(p. 58).

오카와(Okawa, 2008)는 아프리카인 난민과 망명 지원자에게 꿈이란 죽은 친척이나 죽은 사람이 그 사람과 의사소통하려고 시도하는 징후이거나, 꿈을 꾸는 사람 앞에 어떤 일이 기다리고 있는지에 대한 전조라고 보고했다. 만약 내담자가 면담자에게 꿈에 대해 이야기한다면, 면담자 스스로의 해석이나 설명을 하기 전에 내담자에게 일반적으로 꿈이 어떤 의미를 지니는지 물어보고, 내담자가 꾼 특정한 꿈이 무슨 의미를 갖는지 물어보라.

결 론

우리는 다른 문화적 배경을 지닌 사람들에 대해 미리 예상하고 지레짐작하는 것을 피해야 한다. 심지어 이 책에서 제시하는 개념들로도 지레짐작하면 안 된다. 민감성과 자각을 가지고 면담자는 내담자들에게 현재 살고 있는 국가에서의 경험과 본국에서의 경험 둘 다를 물어볼 필요가 있다. 내담자 문화의 전통을 이해하고 내담자의 경험을 내담자로부터 배우는 것이 필요하다.

우리는 실수를 저지르게 되어 있으며, 때때로 면담에는 오해가 발생할 수 있다. 다양한 면담 기술과 더불어 진실하게 전념하기만 한다면, 면담자의 문화적 역량은 시간이 흐르면서 더욱 발전할 것이다.

학습문제

1. 비서구권 국가의 사람들이 면담에 늦게 올 수 있는 세 가지 이유에 대해 서술하고 당신이라면 이런 상황을 어떻게 다룰 것인지 논의하라.

2. 당신이 직장에서 일하고 있는데, 내담자가 서류상 생일과는 다른 생일을 제시하는 상황에 대해 상상해 보라. 이것은 무엇을 뜻하는 것인가? 당신이라면 이 상황을 어떻게 다룰 것인가?

3. 당신이 면담을 하며 겪었던 문화적 오해에 대해 토론해 보라. 어떤 상황을 겪었으며 만약 지금 그 상황에 맞닥뜨리게 된다면 당신은 어떻게 행동할 것인가?

더 읽을거리

McGoldrick, M., Giordano, J., & Garcia-Preto, N. (2005). *Ethnicity and family therapy* (3rd ed.). New York: Guilford Press.

Shweder, R. A., Minow, M., & Markus, H. R. (Eds.). *Engaging cultural difference: The multicultural challenge in liberal democracies* (pp. 432-452). New York: Russell Sage.

후기

상담자 스스로 자원이 되기

인간으로서 우리가 부딪치는 가장 힘든 과제는 개인차를 뛰어넘어 의미를 전달하는 것이다. 그 과제는 사회적 경계, 인종적 경계, 문화적 경계, 혹은 불평등한 권력상 경계를 넘어서 의사소통하려고 시도할 때 상상할 수 없이 고약한 과제이다.

– 리사 델핏

지금까지 면담에서 요구되는 문화적 역량을 향상시키기 위해 중요한 노력을 기울인 독자들에게 박수를 보내고 싶다. 말할 것도 없지만 단 1권의 책이나 단 1회의 훈련 및 교육이 면담자를 다문화적 배경을 지닌 내담자와의 상담 전문가로 만들 수 없다. 이 책에서 상당히 많은 영역을 다루었다. 아마 독자들은 이 책에서 제시된 수많은 지침들 모두를 따르면서 동시에 내담자에게 경청할 수 있는지 궁금할 것이다.

초점을 맞춰 한 번에 한두 가지 영역을 향상시키도록 하라. 예를 들어, 개방형 질문을 던져서 내담자가 온전한 대답을 할 수 있는 충분한 시간을 주는 것부터 시작하라. 이러한 기술에 자신감이 붙으면, 다른 기술들을 연습하는데 주의를 기울일 수 있다.

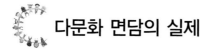

다문화 면담의 실제

유능한 다문화 면담자는

- 모든 사람을 똑같이 대하는 것이 역효과를 낼 수 있음을 인식한다.
- 내담자와의 면담 중 적절한 시기에 문화의 차이가 존재함을 인정한다.
- 내담자로 하여금 자신의 세계관을 표현하고 자신의 경험의 본질을 명확히 함으로써 고정관념으로부터 벗어날 수 있도록 격려한다.
- 문화가 내담자에게 미치는 영향을 민감하게 이해하고 자각할 수 있다.
- 문화적으로 적절하고 타당한 평가 도구만을 사용한다.
- 다문화적 배경을 갖고 있는 내담자의 스트레스를 최소할 수 있는 면담 환경을 조성함으로써 내담자가 심리적으로 더 편안함을 느끼고 면담에 잘 참여하게 됨으로써 내담자의 온전한 협조를 이끌어낸다.
- 가능한 서비스 혜택을 내담자가 온전히 받을 수 있도록 권고사항이나 상담계획을 고안한다.
- 개인, 가족, 경제, 기타 상황적 요소들 뿐 아니라 문화적 요소가 행동을 설명할 수 있음을 고려한다.
- 집단 간 뿐 아니라 집단 내에도 다양성이 존재함을 인식한다.
- 소수 집단에 속한 내담자와의 면담 능력을 향상시킬 수 있도록 면담자가 속한 기관에서 변화 촉진자로서 역할을 다한다.
- 언어와 이중언어 문제를 고려한다. 내담자가 익숙하지 않은 언어를 의무적으로 사용하도록 함으로써 내담자를 불리하게 만들지 않는다.
- 사회적 권력의 차이를 인정하고 이해한다. 더불어 이러한 차이를 문화, 성격 혹은 병리적 원인으로 혼동하지 않는다.
- 내담자에게 겸손하다.
- 전문성의 한계를 인식하며 내담자와 유사한 문화적 배경을 지닌 면담자 혹은

자문자의 협력을 요청한다.

● 타인에게 자신의 가치, 관점 혹은 편견을 부가하지 않도록 끊임없는 자기점검
을 한다.

● 내담자의 세계관과 경험을 이해함으로써 역기능에 관한 개념을 지나치게 단순
화하지 않는다.

(일부는 드 수자(De Souza)의 1996년도 논문에서 발췌함.)

안심하라. 대부분의 내담자는 표현하지는 않더라도 면담 중 자신을 편안하게 해주
려고 노력하는 면담자에게 감사하는 마음을 갖는다. 무엇보다 면담에서 가장 중요한
요소는 당신이다. 즉, 인간으로서 상담자 자신(self), 그리고 당신의 초점, 면담에 주
의를 기울여 집중함 그리고 헌신이다. 내담자는 개방적이고 친절하며, 지지적인 태
도를 감지할 수 있다. 만약 당신이 첫인사를 서투르게 했다거나 문제를 혼동했다고
하더라도 낙심하지 말라. 회복의 기회가 있다. 방법은 겸손과 유머를 잃지 않는 것이
다. 실수를 순순히 인정하고 용서를 구하고, 내담자로부터 배울 수 있는 기회를 만들
라. 스스로에게 인내심을 갖고 앞으로도 지속적으로 확고한 노력을 기울인다면 문화
적 역량이 시간이 지남에 따라 향상될 것이다.

아는 것의 한계

면담, 특히 형사 관련 면담에 관한 모든 연구들에도 불구하고, 우리가 확실히 알
지 못하는 것들이 여전히 많다. 예를 들면 다음과 같은 질문들에는 아직 확실한 답이
없다.

● 문화적 역량 훈련을 받은 전문가들은 훈련을 받지 않는 전문가들과 비교할 때
면담 기술이 어떻게 다른가?

● 면담자와 내담자가 같은 문화 출신일 때와 비교해서 서로 다른 문화 출신일 때

여러 다양한 전문 분야에서 실시되는 면담의 결과는 어떠한가?

● 자살가능성을 확인하거나 위험요인을 예측하기 위해 던지는 표준 질문들은 다양한 문화권에 속한 사람들에게 올바른 질문들인가?

● 면담 환경은 면담 보고서의 내용과 결과에 어떤 영향을 끼치는가? 예를 들어, 배우자 폭력의 희생자인 여성이 자녀의 양육권을 얻기 위해 면담을 할 때 자신의 집에서 혹은 법원에서 혹은 변호사의 사무실에서 혹은 피해자 쉼터에서 대변인에게서 면담을 받을 때 서로 다른 모습일 것인가? 각각의 환경이 피해자의 인상을 달리 하는 데 영향을 줄 것인가? 더군다나 피해자의 안정적인 특성, 예를 들면 지능, 정신 건강, 양육 능력 등을 측정하는 평가에서 피해자의 수행은 달라질 것인가?

● 어떤 상황에서, 어떤 사람들이 면대면 면담에서 가장 적합할 것인가? 혹은 어떤 사람들이 기술적 도움, 예를 들면 전화, 비디오, 컴퓨터 등을 이용한 면담에 가장 적합할 것인가?

● 이중언어를 구사하는 내담자가 이중언어 구사자인 면담자에 의해 면담을 받을 때, 통역을 통해 면담이 실시될 때 혹은 다른 사람의 도움 없이 내담자가 제2의 언어로 직접 면담에 임할 때 어떻게 다를 것인가?

이러한 질문에 대한 답 그리고 다문화 면담에 관한 기타 많은 질문들에 대한 답은 여전히 확실하지 않다.

문화적 역량과 사회 정의

문화적 역량은 문화적 배경이 다른 내담자와 보다 효과적으로 대화할 수 있도록 도움을 준다. 또한 보다 정확한 평가를 하고, 보다 유용한 권고사항을 마련하도록 도움을 준다. 하지만 문화적 역량만으로 내담자가 당면한 모든 문제에 대한 만병통치약이 될 수 없다. 문화적 역량은 빈곤층 소수 민족에 속한 이민자 가족의 생활환경을 향상시킬 수 없고, 그들이 더 취업이 잘되게 하거나 교육을 더 잘 받을 수 있도록 해 줄 수 없으며, 제도권이 갖고 있는 선입견을 바로잡을 수도 없다.

상담자가 주류 문화의 가치, 관습, 신념을 점검하지 못한 채 문화적 소수 집단에 속한 사람들의 가치, 관습, 신념들을 신비화한다면 그저 그런 정도의 문화적 자각 능력은 위험할 수 있다. 우리는 문화적 역량에 쏟는 헌신만큼, 문화적 정체성이 무엇이든지간에 모든 사람에게 동등한 기회를 부여할 수 있는 사회적 정의에도 헌신해야 한다. 또한 우리는 문화적 겸손을 실천해야만 한다. 다른 사람에게 자신의 가치를 부과하지 않도록 자기성찰과 자기비판의 습관을 위해 노력해야 한다. 우리는 다양한 문화의 지도자들과의 존중어린 파트너십을 형성해야 한다. 그리고 우리는 문화적 차이를 좁히는 책무가 내담자에게 있지 아니하고, 다양한 배경을 지닌 내담자에게 적절한 태도, 서비스, 정책을 발달시키도록 특별한 노력을 기울여야만 하는 면담자에게 있음을 기억해야 한다.

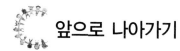

앞으로 나아가기

문화적 역량을 향해 나아가는 길이 이제 막 혹은 어느 정도 시작되었지만 끝에 다다른 것은 아니다. 문화적으로 유능해질수록 앞으로 여전히 배워야 할 것이 많음을 깨닫게 된다.

이 책이 앞으로 문화적 역량을 위한 자신만의 여행을 떠날 수 있도록 하는데 도움이 되기를 바란다. 원한과 오해로 얼룩진 부정확한 면담을 피하면서 말이다. 또한 나는 이 책이 공정하고, 정확하고, 효율적인 면담을 할 수 있도록 도움이 될 뿐 아니라, 인간으로서의 유대를 느끼는 만족스러운 경험이 될 수 있는 면담을 실시하는 데 도움이 되길 바란다.

참고문헌

Ahluwalia, M. K. (2008). Multicultural issues in computer based assessment. In L. Suzuki & J. Ponterotto (Eds.), *Handbook of multicultural assessment: Clinical, psychological, and educational applications* (3rd ed., pp. 92-105). New York: Jossey-Bass.

Altarriba, J., & Morier, R. G. (2004). Bilingualism: Language, emotion and mental health. In T. Bhatia & W. C. Ritchie (Eds.), *The bilingual handbook* (pp. 250-280). Malden, MA: Blackwell Publishing.

Alvarez, J. (2004). *The woman I kept to myself.* Chapel Hill, NC: Algonquin Books.

American Professional Society on the Abuse of Children. (1995). *Guidelines for the use of anatomical dolls.* Available from *www.APSAC.org*

American Professional Society on the Abuse of Children. (2002). *Guidelines on investigative interviewing in cases of alleged child abuse.* Available from *www.APSAC.org*

American Psychiatric Association. (2000). *Diagnostic and statistical manual* (4th ed., text rev.). Washington, DC: Author.

American Psychological Association. (2001). *Publication manual of the American Psychological Association* (5th ed.). Washington, DC: Author.

Anthony, T., Cooper, C., & Mullen, B. (1992). Cross-racial facial identification: A social cognitive integration. *Personality and Social Psychology Bulletin, 18*, 296–301.

Axtell, R. E. (1998). *Gestures: The do's and taboos of body language around the world* (rev. and exp. ed.). New York: Wiley.

Azar, S. (2006, November 17). *A social information processing perspective on the role of race and ethnicity in making judgments about parenting in child maltreatment cases.* Conference on Race, Class, Culture and Crisis, St. Johns University Law School, Queens, New York.

Baetens-Beardsmore, H. (1986). *Bilingualism: Basic principles* (2nd ed.). San Diego, CA: College-Hill Press.

Baker, N. G. (1981). Social work through an interpreter. *Social Work, 26*, 391–397.

Ballenger, C. (1998). *Teaching other people's children.* New York: Teachers College Press.

Bartholomew, R. E. (1995). Culture-bound syndromes as fakery. *Skeptical Inquirer, 19*(6), 36–41.

Bauer, M. (1996). The narrative interview. *Papers in social research methods, 1.* London: London School of Economics.

Bereiter, J. (2007, May 1). Psychiatric evaluation of children and adolescents: It takes time. *Psychiatric Times, 24*(6).

Bhatia, T., & Ritchie, W. C. (Eds.). (2004). *The bilingual handbook.* Malden, MA: Blackwell.

Biggs, M. (2007). *Just the facts: Investigative report writing* (3rd ed.). Upper Saddle River, NJ: Pearson/Prentice Hall.

Bird, H., Canino, G., Rubio-Stipec, M., Gould, M., Ribera, J., Sessman, M., et al. (1988). Estimates of the prevalence of childhood maladjustment in a community survey in Puerto Rico. *Archives of General Psychiatry, 45*, 1120–1126.

Bowekaty, M. B., & Davis, D. S. (2003). Cultural issues in genetic research with American Indian and Alaskan native people. *Ethics and Human Research, 25*, 12–15.

Boyd-Franklin, N. (2003). *Black families in therapy: Understanding the African American experience.* (2nd ed.). New York: Guilford Press.

Boykin, A. W. (2001). The challenges of cultural socialization in the schooling of African American elementary school children: Exposing the hidden curriculum. In W. Watkins, J. Lewis, & V. Chou (Eds.), *Race and education: The roles of history and society in educating African American students* (pp. 190–199). Needham, MA: Allyn & Bacon.

Bradford, D. T., & Muñoz, A. (1993). Translation in bilingual psychotherapy. *Professional Psychology: Research and Practice, 24,* 52–61.

Bradley, R. H., & Corwyn, R. F. (2002). Socioeconomic status and child development. *Annual Review of Psychology, 53,* 371–399.

Bryant-Davis, T., & Ocampo, C. (2005). The trauma of racism: Implications for counseling, research, and education. *Counseling Psychologist, 33,* 574–578.

Burnard, P. (2004). Some problems in using ethnographic methods in nursing research: Commentary and examples from a Thai nursing study. *Diversity in Health and Social Care, 1*(7), 45–51.

Burgoon, J. K., Buller, D. B., & Woodall, W. G. (1995). *Nonverbal communications: The unspoken dialogue* (2nd ed.). New York: McGraw-Hill.

Canino, I. A., & Spurlock, J. (2000). *Culturally diverse children and adolescents: Assessment, diagnosis, and treatment* (2nd ed.). New York: Guilford Press.

Caplan, P. J. (2004). Confusing terms and false dichotomies in learning disabilities. In P. J. Caplan & L. Cosgrove (Eds.), *Bias in psychiatric diagnosis* (pp. 109–113). New York: Jason Aronson.

Carey, B. (2006, November 11). What's wrong with a child? Psychiatrists often disagree. *New York Times.* Available at *www.nytimes.com/2006/11/11/health/psychology/ 11kids.html*

Carey, B. (2007, January 23). Do you believe in magic? *New York Times,* pp. F1, 6.

Centers for Disease Control and Prevention and Agency for Toxic Substance and Disease Registry. (1999). Employee scientific ethics training program (Not available to the public).

Chan, C. S. (1999). Culture, sexuality and shame: A Korean American woman's experience. In Y. M. Jenkins (Ed.), *Diversity in college settings: Directives for helping professionals* (pp. 77-85). New York: Routledge.

Chan, S., & Lee, E. (2004). Families with Asian roots. In E. W. Lynch & M. J. Hanson (Eds.), *Developing cross-cultural competence* (3rd ed., pp. 219–298). Baltimore: Brookes.

Charney, R. (2001). *Teaching children to care: Classroom management for ethical and academic growth, K-8.* Turners Falls, MA: Northeast Foundation for Children.

Chen, W. L., O' Connor, J. J., & Radin, E. L. (2003). A comparison of the gaits of Chinese and Caucasian women with particular reference to their heelstrike transients. *Clinical Biomechanics, 18*, 207–13.

Crago, M. B. (1992). Communicative interaction and second language acquisition: An Inuit example. *TESOL Quarterly, 26*, 487–505.

Davidson, B. (2000). The interpreter as institutional gatekeeper: The social–linguistic role of interpreters in Spanish–English medical discourse. *Journal of Sociolinguistics, 4*(3), 379–405.

Davis, S. L., & Bottoms, B. L. (2002). Effects of social support on children's eyewitness reports: A test of the underlying mechanism. *Law and Human Behavior, 26*, 185–215.

DelBello, M. P. (2002, March 1). Effects of ethnicity on psychiatric diagnosis: A developmental perspective. *Psychiatric Times, 19*(3).

Delgado, M., Jones, K., & Rohani, M. (2005). *Social work practice with refugee and immigrant youth in the United States*. New York: Pearson.

Delpit, L. (1995). *Other people's children: Cultural conflict in the classroom*. New York: New Press.

Delpit, L. (2002). No kinda sense. In L. Delpit & J. K. Dowdy (Eds.), *The skin that we speak* (pp. 31–48). New York: New Press.

Delpit, L., & Dowdy, J. K. (Eds.). (2002). *The skin that we speak*. New York: New Press.

De Souza, R. (1996, October). *Transcultural care in mental health*. Paper presented at the annual Australian and New Zealand Conference of Mental Health Nurses, Auckland, Aotearoa, New Zealand.

Dowdy, J. K. (2002). Ovuh dyuh. In L. Delpit & J. K. Dowdy (Eds.), *The skin that we speak* (pp. 3–13). New York: New Press.

Dunham, K., & Senn, C. Y. (2000). Minimizing negative experiences: Women's disclosure of partner abuse. *Journal of Interpersonal Violence, 15*, 251–261.

Dunkerly, G. K., & Dalenberg, C. J. (1999). Secret-keeping behaviors in black and white children as a function of interviewer race, racial identity, and risk for abuse. *Journal of Aggression, Maltreatment and Trauma, 2*, 13–35.

Dyregrov, A., Gupta, L., Gjestad, R., & Mokanoheli, E. (2000). Traumatic exposure and psychological reactions to genocide among Rwandan children. *Journal of Traumatic Stress, 13*, 3–21.

Ellsworth, P. C. (1994). Sense, culture and sensibility. In S. Kitayama & H. R. Markus (Eds.), *Emotion and culture* (pp. 23–50). Washington, DC: American Psychological Association.

Ensler, E. (2001). *The vagina monologues*. New York: Virago Press.

Erickson, B. M. (2005). Scandinavian families: Plain and simple. In M. McGoldrick, J. Giordano, & N. Garcia-Preto (Eds.), *Ethnicity and family therapy* (3rd ed., pp. 641–653). New York: Guilford Press.

Erzinger, S. (1999). Communication between Spanish-speaking patients and their doctors in medical encounters. In G. X. Ma & G. Henderson (Eds.), *Rethinking ethnicity and health care: A sociocultural perspective* (pp. 122–140). Springfield, IL: Charles C. Thomas.

Faller, K. (Ed.). (2007). *Interviewing children about sexual abuse: Controversies and best practice*. New York: Oxford University Press.

Family Planning Advocates of New York State. (2006). *Promoting cultural competency among family planning providers: Lessons from the field*. New York: Planned Parenthood Federation of America.

Folman, R. D. (1998). "I was tooken": How children experience removal from their parents preliminary to placement into foster care. *Adoption Quarterly, 2,* 7–35.

Fontes, L. A. (1992, December). Considering culture and oppression in child sex abuse: Puerto Ricans in the United States. *Dissertation Abstracts International, 53*(6-A), 1797.

Fontes, L. A. (1995). *Sexual abuse in nine North American cultures: Treatment and prevention*. Newbury Park, CA: Sage.

Fontes, L. A. (1997). Conducting ethical cross cultural research on family violence. In G. K. Kantor & J. L. Jasinski (Eds.), *Out of the darkness: Contemporary perspectives on family violence* (pp. 296–312). Thousand Oaks, CA: Sage.

Fontes, L. A. (1998). Ethics in family violence research: Cross-cultural issues. *Family Relations, 47,* 53–61.

Fontes, L. A. (2002). Child discipline and physical abuse in immigrant Latino families: Reducing violence and misunderstanding. *Journal of Counseling and Development, 80,* 31–40.

Fontes, L. A. (2004). Ethics in violence against women research: The sensitive, the dangerous, and the overlooked. *Ethics and Behavior, 14,* 141–174.

Fontes, L. A. (2005a). *Child abuse and culture: Working with diverse families.* New York: Guilford Press.

Fontes, L. A. (2005b). Physical discipline and abuse. In *Child abuse and culture: Working with diverse families* (pp. 108-134). New York: Guilford Press.

Fontes, L. A. (2007). *Sin vergüenza:* Addressing shame with Latino victims of child sexual abuse and their families. *Journal of Child Sexual Abuse, 16,* 61-82.

Fontes, L. A., Cruz, M., & Tabachnick, J. (2001). Views of child sexual abuse in two cultural communities: An exploratory study with Latinos and African Americans. *Child Maltreatment, 6,* 103-117.

Franco, E. M. (2006). Intrafamilial childhood sexual abuse and a culture of silence: Experiences of adult Mexican survivors with disclosure. Unpublished master's thesis, Smith College School of Social Work, Northampton, Massachusetts.

Genzberger, C. A. (1994). *Japan business.* Petaluma, CA: World Trade Press.

Gilbert, J., & Langrod, J. (2001). Polish identity and substance abuse. In S. L. A. Straussner (Ed.), *Ethnocultural factors in substance abuse treatment* (pp. 234-249). New York: Guilford Press.

Giles, H., & Niedzielski, N. (1998). Italian is beautiful, German is ugly. In L. Bauer & P. Trudgill (Eds.), *Language myths* (pp. 85-93). New York: St. Martins Press.

Givens, D. (2005). *Love signals.* New York: St. Martins Press.

Givens, D. (2006). *The nonverbal dictionary of gestures, signs, and body language cues.* Available at *members.aol.com/nonverbal2/diction1.htm*

Goldin-Meadow, S. (2003). *Hearing gestures: How our hands help us think.* Cambridge, MA: Harvard University Press.

Gopaul-McNicol, S., & Thomas-Presswood, T. (1998). *Working with linguistically and culturally different children.* New York: Allyn & Bacon.

Greenfield, P. M. (1997). You can't take it with you: Why abilities assessments don't cross cultures. *American Psychologist, 52*(10), 1115-1124.

Greenwald, R. (2005). *Children and trauma.* Binghamton, NY: Haworth.

Grieger, I. (2008). A cultural assessment framework and interview protocol. In L. Suzuki & J. Ponterotto (Eds.), *Handbook of multicultural assessment: Clinical, psychological, and educational applications* (3rd ed., pp. 132-162). New York: Jossey-Bass.

Grossman, H. (1995). *Teaching in a diverse society.* Needham Heights, MA: Allyn &

Bacon.

Gunaratnam, Y. (2003a). More than words: Dialogue across difference. In M. Sidell, L. Jones, J. Katz, A. Peberdy, & J. Douglas (Eds.), *Debates and dilemmas in promoting health: A reader* (2nd ed., pp. 112-121). Basingstoke, UK: Palgrave.

Gunaratnam, Y. (2003b). *Researching "race" and ethnicity.* Thousand Oaks, CA: Sage.

Hall, E. T. (1973). *The silent language.* New York: Anchor Books.

Harris-Hastick, E. F. (2001). Substance abuse issues among English-speaking Caribbean people of African ancestry. In S. L. A. Straussner (Ed.), *Ethnocultural factors in substance abuse treatment* (pp. 52-74). New York: Guilford Press.

Hashwani, S. S. (2005). Pakistanis. In J. G. Lipson & S. L. Dibble (Eds.), *Culture and clinical care* (pp. 360-374). San Francisco: UCSF Nursing Press.

Heredia, R. R., & Brown, J. M. (2004). Bilingual memory. In T. Bhatia & W. C. Ritchie (Eds.), *The bilingual handbook* (pp. 225-248). Malden, MA: Blackwell.

Heslin, R. (1974). *Steps toward a taxonomy of touching.* Paper presented at the meeting of the Midwestern Psychological Association, Chicago.

Hockenberry, M. J., Wilson, D., & Winkelstein, M. L. (2005). *Wong's essentials of pediatric nursing* (7th ed.). St. Louis, MO: Mosby.

Hoffman, E. (1989). *Lost in translation.* New York: Dutton.

Ide, K. (1995). Not telling stories: A Japanese way. *Family Journal, 3,* 259-264.

Im, E. (2005). Koreans. In J. G. Lipson & S. L. Dibble (Eds.), *Culture and clinical care* (pp. 317-329). San Francisco: UCSF Nursing Press.

Javed, N. S. (1995). Salience of loss and marginality: Life themes of "immigrant women of color" in Canada. In J. Adelman & G. Enguídanos (Eds.), *Racism in the lives of women* (pp. 13-22). New York: Harrington Park Press.

Javier, R. A. (1995). Vicissitudes of autobiographical memories in a bilingual analysis. *Psychoanalytic Psychology, 12,* 429-38.

Joe, J. R., & Malach, R. S. (2004). Families with American Indian roots. In E. W. Lynch & M. J. Hanson (Eds.), *Developing cross cultural competence* (pp. 109-134). Baltimore: Brookes.

Juarbe, T. C. (2005). Puerto Ricans. In J. G. Lipson & S. L. Dibble (Eds.), *Culture and clinical care* (pp. 389-403). San Francisco: UCSF Nursing Press.

Kim, B-L. C., & Ryu, E. (2005). Korean families. In M. McGoldrick, J. Giordano, & N. Garcia-Preto (Eds.), *Ethnicity and family therapy* (pp. 349-362). New York:

Guilford Press.

Kim, H. S., & Markus, H. R. (2002). Freedom of speech and freedom of silence: An analysis of talking as cultural practice. In R. A. Shweder, M. Minow, & H. R. Markus (Eds.), *Engaging cultural difference: The multicultural challenge in liberal democracies* (pp. 432–452). New York: Russell Sage.

King, N. M., & Churchill, L. R. (2000). Ethical principles guiding research on child and adolescent subjects. *Journal of Interpersonal Violence, 15,* 710–720.

Kitayama, S., & Markus, H. R. (Eds.). (1994). *Emotion and culture.* Washington, DC: American Psychological Association.

Knapp, M. L., & Hall, J. A. (2005). *Noverbal communication in human interaction* (6th ed.). Belmont, CA: Wadsworth.

Kolata, G. (2007, June 26). Study says chatty doctors forget patients. *New York Times.* Available at *www.nytimes.com/2007/06/26/health/26doctors.html*

Koul, S. (2002). *The tiger ladies: A memoir of Kashmir.* Boston: Beacon Press.

LaFromboise, T., Coleman, H. L. K., & Gerton, J. (1993). Psychological impact of biculturalism: Evidence and theory. *Psychological Bulletin, 114,* 395–412.

Lane, W. G., Rubin, D. M., Monteith, R., & Christian, C. W. (2002). Racial differences in the evaluation of pediatric fractures for physical abuse. *Journal of the American Medical Association, 288,* 1603–1609.

Lee, E. (1997). *Working with Asian Americans: A guide for clinicians.* New York: Guilford Press.

Lee, M. M. (2005). *Somebody's daughter.* Boston: Beacon Press.

Lipson, J. G., & Askaryar, R. (2005). Afghans. In J. G. Lipson & S. L. Dibble (Eds.), *Culture and clinical care* (pp. 1–13). San Francisco: UCSF Nursing Press.

Lipson, J. G. (1994). Ethical issues in ethnography. In J. M. Morse (Ed.), *Critical issues in qualitative research methods* (pp. 333–345). Newbury Park, CA: Sage.

Lipson, J. G., & Dibble, S. L. (2005). *Culture and clinical care.* San Francisco: UCSF Nursing Press.

Liu, W. M., Soleck, G., Hopps, J., Dunston, K., & Pickett, T. (2004). A new framework to understand social class in counseling: The social class worldview model and modern classism theory. *Journal of Multicultural Counseling and Development, 32,* 95–122.

Lombardi, F. (2000, June 24). Most Hispanics fear cops: Poll finds concern about NYPD brutality and bigotry. *New York Daily News*, p. 8.

Lynch, E. W., & Hanson, M. J. (Eds.). (2004). *Developing cross-cultural competence* (3rd ed.). Baltimore: Brookes.

Maiter, S., & George, U. (2003). Understanding context and culture in the parenting approaches of immigrant South Asian mothers. *Affilia, 18*, 411-428.

McGoldrick, M., Giordano, J., & García-Preto, N. (Eds.). (2005). *Ethnicity and family therapy* (3rd ed.). New York: Guilford Press.

Meleis, A. I. (2005). Arabs. In J. G. Lipson & S. L. Dibble (Eds.), *Culture and clinical care* (pp. 42-57). San Francisco: UCSF Nursing Press.

Miller, J. G. (1984). Culture and the development of everyday social explanation. *Journal of Personality and Social Psychology, 46*, 961-978.

Mirsky, L. (2007). Restorative Justice Practices of Native American, First Nation and Other Indigenous People of North America: Part Two. Accessed online on July 8, 2007 at *www.realjustice.org/library/natjust2.html*

Morris, D. (1994). *The human animal*. New York: Crown.

Morrison, J., & Anders, T. F. (1999). *Interviewing children and adolescents: Skills and strategies for effective DSM-IV diagnosis*. New York: Guilford Press.

Nieto, S., & Bode, P. (2007). *Affirming diversity: The sociopolitical context of multicultural education* (5th ed.). New York: Allyn & Bacon.

Novak, T. T. (2005). Vietnamese. In J. G. Lipson & S. L. Dibble (Eds.), *Culture and clinical care* (pp. 446-460). San Francisco: UCSF Nursing Press.

O'Dwyer, P. (2001). The Irish and substance abuse. In S. L. A. Straussner (Ed.), *Ethnocultural factors in substance abuse treatment* (pp. 199-215). New York: Guilford Press.

Ogbu, M. A. (2005). Niegerians. In J. G. Lipson & S. L. Dibble (Eds.), *Culture and clinical care* (pp. 343-359). San Francisco: UCSF Nursing Press.

Okawa, J. (2008). Considerations for the cross-cultural evaluation of refugees and asylum seekers. In L. A. Suzuki & J. G. Ponterotto (Eds.), *Handbook of multicultural assessment: Clinical, psychological, and educational applications* (3rd ed., pp. 165-194). New York: Jossey-Bass.

Orbach, Y., & Lamb, M. E. (2000). Enhancing children's narratives in investigative interviews. *Child Abuse and Neglect, 24*, 1631-1648.

Orfield, G., & Lee, C. (2006). *Racial transformation and the changing nature of segregation.* Cambridge, MA: Civil Rights Project at Harvard University.

Parron, D. L. (1997). The fusion of cultural horizons: Cultural influences on the assessment of psychopathology in children. *Applied Developmental Science, 1,* 156-159.

Perez Foster, R. (1999). *The Power of language in the clinical process: Assessing and treating the bilingual person.* New York: Jason Aronson.

Pezdek, K., & Taylor, J. (2002). Memory for traumatic events in children and adults. In M. Eisen, J. Quas, & G. Goodman (Eds.), *Memory and suggestibility in the forensic interview* (pp. 165-184). Mahwah, NJ: Erlbaum.

Piller, I., & Pavlenko, A. (2004). Bilingualism and gender. In T. K. Bhatia & W. C. Ritchie (Eds.), *The handbook of bilingualism* (pp. 489-511). Malden, MA: Blackwell.

Pitchforth, E., & van Teijlingen, E. (2005). International public health research involving interpreters: A case study from Bangladesh. *BMC Public Health, 25.* Available online.

Ponterotto, J. G., Casas, J. M., Suzuki, L. A., & Alexander, C. M. (Eds.). (2001). *Handbook of multicultural counseling.* Thousand Oaks, CA: Sage.

Portes, A., & Rombaut, R. G. (2001). *Legacies: The story of the immigrant second generation.* Los Angeles: University of California Press.

Potter, C. (2002). Improving prospects. *Pittsburgh City Paper.* Accessed on line (n.d.).

Presser, H. B. (1980). Puerto Rico: Recent trends in fertility and sterilization. *Family Planning Perspective, 12*(2), 102-106.

Purcell-Gates, V. (2002). "....As soon as she opened her mouth!": Issues on language, literacy, and power. In L. Delpit & J. K. Dowdy (Eds.), *The skin that we speak* (pp. 121-141). New York: New Press.

Pynoos, R. S., Steinberg, A. M., & Goenjian, A. (1996). Traumatic stress in childhood and adolescence: Recent developments and current controversies. In B. A. van der Kolk, A. C. McFarlane, & L. Weisaeth (Eds.), *Traumatic stress* (pp. 331-358). New York: Guilford Press.

Richie, B. (1996). *Compelled to crime: The gender entrapment of battered black women.* New York: Routledge.

Ridley, C. R. (2005). *Overcoming unintentional racism in counseling and therapy* (2nd ed.). Thousand Oaks, CA: Sage.

Ritchie, W. C., & Bhatia, T. (2004). Social and psychological factors in language mixing. In T. Bhatia & W. C. Ritchie (Eds.), *The bilingual handbook* (pp. 336-352). Malden,

MA: Blackwell.

Roach, P. (1998). Some languages are spoken more quickly than others. In L. Baeur & P. Trudgill (Eds.), *Language myths* (pp. 150–158). New York: St. Martins Press.

Roberts, D. (2002). *Shattered bonds: The color of child welfare.* New York: Basic Books.

Rogoff, B. (2003). *The cultural nature of human development.* New York: Oxford University Press.

Samuels, S., Gonzalez, J., & Lockett, P. (2006). Do you have to speak English to raise your own child? Paper presented at the meeting of the American Professional Society on the Abuse of Children, Nashville, TN.

Santiago-Rivera, A. L., & Altarriba, J. (2002). The role of language in therapy with the Spanish-English bilingual client. *Professional Psychology: Research and Practice, 33,* 30–38.

Santos, R. M., & Chan, S. (2004). Families with Pilipino roots. In E. W. Lynch & M. J. Hanson (Eds.), *Developing cross-cultural competence* (3rd ed., pp. 299–344). Baltimore: Brookes.

Sapphire. (1996). *Push.* New York: Random House.

Satel, S. (2007, June 12). "Been there?" Sometimes that isn't the point. *New York Times.* Available at *www.nytimes.com/2007/06/12/health/psychology/12essa.html*

Sattler, J. M. (1998). *Clinical and forensic interviewing in children and families.* San Diego: Author.

Saywitz, K. J., Goodman, G. S., & Lyon, T. D. (2002). Interviewing children in and out of court: Current research and practice implications. In J. E. B. Myers, L. Berliner, J. Briere, C. T. Hendrix, C. Jenny, & T. A. Reid (Eds.), *The APSAC handbook* (pp. 349–377). Newbury Park, CA: Sage.

Schrauf, R. W. (2003, September 3). A protocol analysis of retrieval in bilingual autobiographic memory. *International Journal of Bilingualism, 7,* 235–256.

Sharifzadeh, V. S. (2004). Families with Middle Eastern roots. In E. W. Lynch & M. J. Hanson (Eds.), *Developing cross-cultural competence* (3rd ed., pp. 473–414). Baltimore: Brookes.

Shibusawa, T. (2005). Japanese families. In M. McGoldrick, J. Giordano, & N. Garcia-Preto (Eds.), *Ethnicity & family therapy* (3rd ed., pp. 339–348). New York: Guilford Press.

Shusta, R. M., Levine, D. R., Wong, H. Z., & Harris, P. R. (2005). *Multicultural law enforcement* (3rd ed.). Upper Saddle River, NJ: Pearson/Prentice Hall.

Smith, E. (2002). Ebonics: A case history. In L. Delpit & J. K. Dowdy (Eds.), *The skin that we speak* (pp. 15–30). New York: New Press.

Smith, L. (2005). Psychotherapy, classism and the poor: Conspicuous by their absence. *American Psychologist, 60,* 687–696.

Sommers-Flanagan, R. (2007). Ethical considerations in crisis and humanitarian interventions. *Ethics and Behavior, 17,* 187–202.

Sommers-Flanagan, J., & Sommers-Flanagan, R. (2003). *Clinical interviewing* (3rd ed.). New York: Wiley.

Springman, R. E., & Wherry, J. N. (2006). The effects of interviewer race and child race on sexual abuse disclosures in forensic interviews. *Journal of Child Sexual Abuse, 15,* 99–116.

Steele, L. C. (2007, January 23). *Native American children and the forensic interview.* Workshop delivered at the 21st annual conference on Child Maltreatment, Chadwick Center, San Diego, CA.

Stern, P., & Meyers, J. E. B. (2002). Expert testimony. In J. E. B. Myers, L. Berliner, J. Briere, C. T. Hendrix, C. Jenny, & T. A. Reid (Eds.), *The APSAC handbook* (2nd ed., pp. 379–402). Newbury Park, CA: Sage.

St. Hill, P. F. (2005). West Indians/Caribbeans. In J. G. Lipson & S. L. Dibble (Eds.), *Culture and clinical care* (pp. 461–473). San Francisco: UCSF Nursing Press.

Sternberg, R. J., & Grigorenko, E. L. (2008). Ability testing across cultures. In L. Suzuki & J. Ponterotto (Eds.), *Handbook of multicultural assessment: Clinical, psychological, and educational applications* (3rd ed., pp. 449–469). New York: Jossey-Bass.

Stokes, E. (1992). Maori research and development. In M. K. Hohepa & G. H. Smith (Eds.), *The issue of research and Maori* (Monograph No. 9). Auckland, New Zealand: University of Auckland Research Unit for Maori Education.

Straussner, S. L. A. (Ed.). (2001). *Ethnocultural factors in substance abuse treatment.* New York: Guilford Press.

Sue, S., & Sue, D. (2007). *Counseling the culturally diverse* (5th ed.). New York: Wiley.

Sue, S., Fujino, D. C., Hu, L., Takeuchi, D. J., & Zane, N. W. S. (1991). Community mental health services for ethnic minority groups: A test of cultural responsiveness hypothesis. *Journal of Consulting and Clinical Psychology, 59*(4), 533–540.

Suleiman, L. P. (2003). Beyond cultural competence: Language access and Latino civil rights. *Child Welfare, 84*, 185-200.

Sutherland, A. H. (2005). Roma (Gypsies). In J. G. Lipson & S. L. Dibble (Eds.), *Culture and clinical care* (pp. 404-414). San Francisco: UCSF Nursing Press.

Sutton, C. T., & Broken Nose, M. A. (2005). American Indian families: An overview. In M. McGoldrick, J. Giordano, & N. Garcia-Preto (Eds.), *Ethnicity & family therapy* (3rd ed., pp. 43-54). New York: Guilford Press.

Suzuki, L. A., & Ponterotto, J. G. (Eds.). (2008). *Handbook of multicultural assessment: Clinical, psychological, and educational applications* (3rd ed.). New York: Jossey-Bass.

Thomas, K. W., & Kilmann, R. H. (1974). *Thomas-Kilmann conflict mode instrument.* Tuxedo, NY: Xicom.

Tomm, K. (1988). Intervention interviewing: Part III. Intending to ask lineal, circular, strategic, or reflexive questions? *Family Process, 27*, 1-15.

Uba, L. (1994). *Asian Americans: Personality patterns, identity, and mental health.* New York: Guilford Press.

U.S. Department of Health and Human Services, Office of Minority Health. (2001, March). *National standards for culturally and linguistically appropriate services in health care* [Final report]. Washington, DC: Author.

U.S. Department of Justice, Civil Rights Division. (2004, September 21). *Executive order 13166: Limited English Proficiency Resource Document: Tips and Tools from the field.* Washington, DC: Author.

Volpp, L. (2005). Feminism versus multiculturalism. In N. Sokoloff (Ed.), *Domestic violence at the margins* (pp. 39-49). NJ: Rutgers University Press.

Webb, N. B. (2001). *Culturally diverse parent-child and family relationships.* New York: Columbia University Press.

Webb, N. B. (Ed.). (2004). *Mass trauma and violence: Helping families and children cope.* New York: Guilford Press.

Wex, M. (2005). *Born to kvetch.* New York: St. Martin's Press.

Wierzbicka, A. (1994). Emotion, language and cultural scripts. In S. Kitayama & H. R. Markus (Eds.), *Emotion and culture* (pp. 133-196). Washington, DC: American Psychological Association.

Wilson, E. G. (2008). *Against happiness.* New York: Farrar, Straus and Giroux.

Wilson, L. C., & Williams, D. R. (1998). Issues in the quality of data on minority groups. In

V. C. McLoyd & L. Steinberg (Eds.), *Studying minority adolescents* (pp. 237-250). Mahwah, NJ: Erlbaum.

Yoshihama, M. (2001). Immigrants-in-context framework: Understanding the interactive influence of socio-cultural contexts. *Evaluation and Program Planning, 24,* 307-318.

Yoshino, K. (2006). *Covering: The hidden assault on our civil rights.* New York: Random House.

Zachariah, R. (2005). East Indians. In J. G. Lipson & S. L. Dibble (Eds.), *Culture and clinical care* (pp. 146-162). San Francisco: UCSF Nursing PRess.

Zuniga, M. E. (2004). Families with Latino roots. In E. W. Lynch & M. J. Hanson (Eds.), *Developing cross-cultural competence* (3rd ed., pp. 179-218). Baltimore: Brookes.

찾아보기

저자 소개

Lisa Aronson Fontes

미국 버몬트 주 브래틀보로의 유니온 대학 임상심리학 전공 대학원에서 학생들을 가르치고 있다. 사회복지, 정신건강, 법조계, 의료계 등에서 다문화 내담자에게 적합한 서비스를 제공할 수 있도록 약 20년 동안 헌신하였다. 폰테스 박사는 1996년에 『북미지역의 아홉 가지 문화 안에서 행하는 성적 학대: 치료와 예방(Sexual Abuse in Nine North American Cultures: Treatment and Prevention)』을 편집하였고, 2005년에는 『아동 학대와 문화: 다문화 가족 상담하기(Child Abuse and Culture: Working with Diverse Families)』를 집필하였으며, 그 외에 수많은 논문과 공동 집필한 다수의 책을 통해 아동 학대, 여성에 대한 폭력, 다문화 연구와 윤리에 있어서 다문화로 인한 주요 쟁점들을 다루었다. 폰테스 박사는 상담자로서 수많은 다문화 내담자를 미국 내에서 만났을 뿐 아니라, 다른 문화권인 칠레의 산티아고에서 연구를 수행한 바 있다. 2007년에는 풀브라이트 재단에서 수여하는 펠로우십을 수상하여 아르헨티나의 부에노스아이레스에서 거주하기도 하였다. 폰테스 박사는 스페인어, 포르투갈어에 능통할 뿐 아니라, 여러 컨퍼런스나 워크숍에 초대되는 인기 강사로 정평이 있다.

역자 소개

강영신

현재 전남대학교 심리학과 교수로 근무하고 있으며 지역사회의 다양한 기관에서 운영 위원 및 자문 위원을 맡아 상담자 및 상담관계자와 만나고 있다. 전남대학교 영어영문학과를 졸업하고 전남대학교 심리학과 석사학위(상담심리학 전공)를 수여받았으며 박사과정을 수료한 후 미국 유학길에 올라 미국 보스턴 소재의 노스이스턴 대학교에서 상담심리학 분야로 박사학위를 취득하였다. 관심 분야는 트라우마 및 애도 상담, 성격심리 및 성격장애, 다문화 상담, 가족상담, 아들러 상담, 상담자 자질 및 윤리 등이다.

다문화 상담 면접 기법
−다문화 면담의 준비 과정에서 보고서 작성까지−
Interviewing Clients across Cultures: A Practitioner's Guide

2016년 9월 20일 1판 1쇄 발행
2023년 6월 20일 1판 3쇄 발행

지은이 • Lisa Aronson Fontes
옮긴이 • 강영신
펴낸이 • 김진환
펴낸곳 • (주)학지사
　　　　04031 서울특별시 마포구 양화로 15길 20 마인드월드빌딩
대표전화 • 02)330-5114　　　팩스 • 02)324-2345
등록번호 • 제313-2006-000265호

홈페이지 • http://www.hakjisa.co.kr
페이스북 • https://www.facebook.com/hakjisabook

ISBN 978-89-997-1076-6 93180

정가 20,000원

이 도서의 국립중앙도서관 출판시도서목록(CIP)은 서지정보유통지
원시스템 홈페이지(http://seoji.nl.go.kr)와 국가자료공동목록시스템
(http://www.nl.go.kr/kolisnet)에서 이용하실 수 있습니다.
(CIP제어번호: CIP2016020609)

교육문화출판미디어그룹 학지사

심리검사연구소 인싸이트 www.inpsyt.co.kr
원격교육연수원 카운피아 www.counpia.com
학술논문서비스 뉴논문 www.newnonmun.com